经典名著卷

书卷多情似故人

SHUJUANDUOQINGSIGUREN
JINGDIANMINGZHUJUAN

中国古典名著是中国历史上闪烁着灿烂光辉的经典著作，是世界文化宝库中令人瞩目的瑰宝。

中华文明历史长卷

李玉青 ◎ 编著

北京工业大学出版社

图书在版编目（CIP）数据

书卷多情似故人：经典名著卷/李玉青编著. —北京：北京工业大学出版社，2013.1
（中华文明历史长卷）
ISBN 978-7-5639-3320-4

Ⅰ.①书… Ⅱ.①李… Ⅲ.①名著—介绍—中国 Ⅳ.①Z835

中国版本图书馆CIP数据核字（2012）第276329号

书卷多情似故人——经典名著卷

编　　著：李玉青
责任编辑：钱子亮
封面设计：宋双成
出版发行：北京工业大学出版社
　　　　　（北京市朝阳区平乐园100号　100124）
　　　　　010-67391722（传真 bgdcbs@sina.com）
出 版 人：郝　勇
经销单位：全国各地新华书店
承印单位：三河市元兴印务有限公司
开　　本：787 mm × 1092 mm　1/16
印　　张：25
字　　数：484千字
版　　次：2013年1月第1版
印　　次：2021年1月第2次印刷
标准书号：ISBN 978-7-5639-3320-4
定　　价：58.80元

版权所有　翻印必究
（如发现印装质量问题，请寄本社发行部调换 010-67391106）

总　　序

　　在世界文明的历史长河中，中华文明作为最浩浩荡荡的一条支脉，曾为世界注入过滚滚洪流。至少3000年以前，中华文明就已经开始对周边地区产生主导性的影响，带动周边广大地区逐渐走上高等文明之路。马克思关于"四大发明"对世界历史进程影响的论述，仍然是可以成立的："火药把骑士阶层炸得粉碎，指南针打开了世界市场并建立了殖民地，而印刷术则变成了新教的工具……"在这个文明中，读书写字被上升到审美的高度，于是汉字拥有了这世界上独一无二的头衔——书法艺术。在这个文明中，家不仅是安身立命的居所，也是寄情抒怀的天地，于是胸中丘壑化为园林楼台，虽由人作，宛自天开。在这个文明中，人们从艰难到从容地活在每一方水土之上，于是点土成金，向世界奉献了瓷器这朵绚烂的花……无数事实证明，中华文明在诸古代文明中堪称绝无仅有。

　　正因如此，我们精心编写了这套"中华文明历史长卷"丛书，它包括：《人间巧艺夺天工——发明创造卷》、《挥毫落纸如云烟——书法卷》、《淡墨挥毫暗生香——绘画卷》、《巧剜明月染春水——陶瓷卷》、《书卷多情似故人——经典名著卷》、《人间有味是清欢——饮食卷》、《今朝放歌须纵酒——酒文化卷》、《至精至好且不奢——手工艺卷》、《多少楼台烟雨中——古迹卷》、《一尘一刹一楼台——寺庙卷》、《自是林泉多蕴藉——园林卷》、《淡妆浓抹总相宜——山水卷》、《宫阙并随烟雾散——墓葬卷》、《龙章凤姿照鱼鸟——图腾卷》共十四卷。这些辉煌灿烂的古代文明让我们如数家珍，每个领域的每一项成就，如同人类文明天空中的璀璨明星，透射出中华民族耀眼夺目的卓越华魂。

　　作为炎黄子孙，传承并发扬这些文明成果，是我们光荣而神圣的历史使命。虽然有那一百年的备受欺凌，但我们用今天崭新的面貌告诉世界：我们的文明没有中断，智慧仍在传承，这个持续了五千年的古老文明依然具有强盛的生命力！

前　言

　　经典名著是人类智慧的结晶，是人类精神宝库中最灿烂的部分，凝结了思想巨匠们对人生、社会和时代的思考，具有永恒的艺术魅力和深刻的思想内涵。阅读经典名著，不仅能提高理论修养、扩展知识范围，而且能陶冶情操、领悟人生并获得智慧。

　　《经典名著卷》是一部帮助读者学习和掌握经典名著的工具书，精选了中国历史上名气最大、影响最深、流传最广、价值最高的重要著作，内容包括儒家经典、史地要著、诸子杂谈、诗文词赋、小说戏剧、现代作品，从不同角度和层面解析这些著作的内涵，为读者快速学习和掌握这些著作提供权威、科学、全面的指导。

　　全书设置了"名家传略"、"名作述略"、"经典阐述"、"历史评说"、"书海拾贝"多个栏目。这些栏目从不同角度和层面剖析名著，浓缩名著精华，提炼名著主旨，讲述名著背后的故事，捕捉名著中的点睛之笔，全方位阐释名著内涵，从而给读者营造出一种轻松的阅读环境，让读者在较短的时间内跨越鸿篇巨制的障碍，把握名著的精髓、领略名著的风采，为以后深入学习和研究这些名著奠定基础。

目 录

第一章 儒家经典

《周易》 1
《尚书》 4
《诗经》 8
《周礼》 13
《春秋》 19
《左传》 22
《论语》 24
《孟子》 27
《四书章句集注》 31
《尔雅》 35
《说文解字》 38

第二章 史地要著

《史记》 41
《汉书》 44
《后汉书》 46
《三国志》 48
《资治通鉴》 50
《通典》 53
《通志》 57
《国语》 61
《战国策》 63
《贞观政要》 66
《山海经》 69
《水经注》 72

《洛阳伽蓝记》 ... 74
《大唐西域记》 ... 76
《徐霞客游记》 ... 78

第三章 诸子杂谈

《老子》 ... 80
《庄子》 ... 82
《太平经》 ... 84
《抱朴子》 ... 87
《墨子》 ... 89
《荀子》 ... 91
《韩非子》 ... 96
《孙子兵法》 ... 100
《孙膑兵法》 ... 103
《纪效新书》 ... 105
《三十六计》 ... 108
《吕氏春秋》 ... 111
《淮南子》 ... 116
《论衡》 ... 120
《齐民要术》 ... 125
《农桑衣食撮要》 ... 126
《农政全书》 ... 129
《天工开物》 ... 131
《黄帝内经》 ... 133
《伤寒杂病论》 ... 134
《针灸甲乙经》 ... 136
《千金方》 ... 140
《本草纲目》 ... 143
《梦溪笔谈》 ... 144
《容斋随笔》 ... 147
《明儒学案》 ... 148
《明夷待访录》 ... 153
《日知录》 ... 155

《阅微草堂笔记》……………………………………………… 157
《颜氏家训》…………………………………………………… 158
《菜根谭》……………………………………………………… 160
《曾国藩家书》………………………………………………… 162
《百家姓》……………………………………………………… 163
《三字经》……………………………………………………… 165
《九章算术》…………………………………………………… 167
《茶经》………………………………………………………… 169
《金刚经》……………………………………………………… 171
《坛经》………………………………………………………… 173
《永乐大典》…………………………………………………… 175
《四库全书总目提要》………………………………………… 178

第四章　诗文词赋

《楚辞》………………………………………………………… 183
《古诗十九首》………………………………………………… 186
《陶渊明集》…………………………………………………… 190
《文选》………………………………………………………… 197
《李太白集》…………………………………………………… 201
《杜工部集》…………………………………………………… 209
《唐诗三百首》………………………………………………… 217
《东坡集》……………………………………………………… 219
《宋词选》……………………………………………………… 223
《元曲选》……………………………………………………… 224
《古文观止》…………………………………………………… 228
《文心雕龙》…………………………………………………… 232
《诗品》………………………………………………………… 235
《人间词话》…………………………………………………… 239
《历代名画记》………………………………………………… 245

第五章　小说戏剧

《搜神记》……………………………………………………… 251
《三国演义》…………………………………………………… 255

《水浒传》 260
《西游记》 264
《封神演义》 268
《金瓶梅》 270
《三言二拍》 275
《醒世姻缘传》 278
《聊斋志异》 280
《红楼梦》 285
《镜花缘》 291
《儒林外史》 293
《海上花列传》 297
《官场现形记》 298
《唐宋传奇集》 300
《窦娥冤》 301
《西厢记》 302
《琵琶记》 307
《牡丹亭》 311
《长生殿》 315
《桃花扇》 319

第六章　现代作品

《呐喊》 324
《阿Q正传》 329
《林家铺子》 332
《骆驼祥子》 334
《激流三部曲》 337
《边城》 341
《呼兰河传》 342
《传奇》 344
《金粉世家》 345
《沉沦》 348
《围城》 350
《青春之歌》 354

《红岩》…………………………………………………… 357
《吾国与吾民》………………………………………… 360
《朱自清文集》………………………………………… 364
《徐志摩诗全编》……………………………………… 365
《艾青诗选》…………………………………………… 368
《女神》………………………………………………… 369
《繁星》、《春水》…………………………………… 373
《茶馆》………………………………………………… 375
《雷雨》………………………………………………… 376
《上海屋檐下》………………………………………… 382

第一章 儒家经典

《周 易》

【名作述略】

《周易》以八卦构成，每卦有卦辞，每爻有爻辞。卦辞与爻辞为经文，称为《易经》，后人对卦辞和爻辞进行说明、解释，甚至加以发挥的文字为传文，称为《易传》。关于《周易》的作者，历来说法不一，传说伏羲氏画卦，周文王作彖辞，孔子作传，备为一说。据现代研究表明，《周易》可能产生于殷商之际，是对于古代卜卦的记录，经过较长时间的积累而成，而其中的传文等形成于战国晚期，经多人合作而成。

关于《周易》的书名，"周"字有两种解释，其一认为"周"指代名，即周朝；另一种解释认为"周"有周密、周遍、周流的含义，指理论上的严密性和完整性。"易"字有变易、简易、不易三种意思，所谓变易，就是指概括、穷尽了万物变化的规律；所谓简易，是指用最简明、最基本的道理解释、驾驭变化万千的大千世界；所谓不易，就是指揭示的规律具有最本质的特征，是永恒不变的真理。

【经典阐述】

《周易》的内容非常丰富，上论天文，下讲地理，中谈人事，从自然科学到社会科学，再从社会生产到社会生活，上自帝王将相治国之道，下至平民百姓的处世做人等，都有详细的论述，可以说是无所不包。

早在原始社会，生产力水平低下，人们对自然和社会现象缺乏客观性的认识，因而产生宗教迷信。人们根据神灵的启示来判断吉凶，其手段即是占卜。

进入阶级社会之后，占卜逐渐从生产劳动中分离出来成为一门专业，从事这门专业的人叫做"卜人"或"筮者"。这些人，把他们积累的经验编辑成书，供翻检和传授。

但是，《周易》引进了当时自然科学上的关于天文历算的成就，以及在社会生活中常常接触的复杂现象，且对这些现象做出解释和说明。从这个意义上讲，《周易》不仅是一部宗教信仰书，还包含着丰富的哲学思想。

在哲学上，《周易》将人们在自然中经常接触的天、地、雷、风、水、火、山、泽八种物质，看作万物之源。这其中又以天、地为最根本，其他六种为天地所产生。因此也可以说《周易》是以八卦构成。所谓八卦，指的是象征构成物质世界的八种成分，即天（乾）、地（坤）、雷（震）、风（巽）、水（坎）、火（离）、山（艮）、泽（兑）。其本源是所谓"一"，由"一"的变化而发展为"八"，天、地等八种物质相互矛盾、相互影响从而产生宇宙万物。这也就是由"一变"生"二"，"二变"生"三"，"三变"成"八"，"八卦"发展为六十四卦，六十四卦而后又发展为三百八十四爻。

用物质性的东西来说明万物的产生，这是朴素的唯物主义观点。在《易传》的作者看来，"有天地然后有万物，有万物然后有男女"（《序卦》），人是自然的产物，因此，人与自然之间的关系也应表现为统一性。《说卦》曰："乾，天也，故称乎父；坤，地也，故称乎母；震一索而得男，故谓之长男；巽一索而得女，故谓之长女；坎再索而得男，故谓之中男；离再索而得女，故谓之中女；艮三索而得男，故谓之少男；兑三索而得女，故谓之少女。"这就是说，在大自然中，天（乾）、地（坤）与雷（震）、风（巽）、水（坎）、火（离）、山（艮）、泽（兑）诸事物之间的关系，也就相当于人们的社会关系中父母与子女之间的关系。《易传》在解释客观世界的变化时，使用了"乾坤"、"阴阳"、"刚柔"等范畴和命题。《易传》和《系辞》中说，天地间一切事物都是不断变化的，"穷则变，变则通，通则久"。"穷"即事物发展到顶点，"变"即由顶点向反面变化，"通"即变为反面之后又开始新的发展，"久"即说明事物有这些变化过程之后才会长期存在下去。这些发展了《易经》里的朴素的辩证法思想。

《周易》用变化来观察事物之间的相辅相成，并认为事物发展到一定程度，还会过渡到"物极必反"的对立中去，这亦具有朴素的辩证法思想。关于《周易》的辩证法，郭沫若给予高度的评价，他在《周易时代的社会生活》中写道："《易》的出发点原是一种辩证观。"在《周易之制作时代》中写道："从《易》的纯粹的思想上说，它之强调着变化而透辟地采取着辩证法的思维方式，在中国的思想史上的确是一大进步。"

《周易》将"道"作为宇宙的本体，如履卦九二爻辞"履道坦坦，幽人贞吉"，还有随卦九四爻辞"有孚在，道以明，何咎"。这里所讲的"道"，就是宇宙本体的"道"。"十翼"对于《周易》中提出的作为宇宙本体的"道"，应该说理解得很深刻，发挥得相当透彻，超越了《周易》作者的水平。《系辞》第五章中说："一阴一阳之谓道。"第十一章："易有太极，是生两仪。"意思是，"道"可以产生出阴和阳来。第二章："刚柔相推而生变化。"意思是由阳和阴自己配合和相互配合，就进一步生成以乾象征天、以坤象征地等八种物质来。人事的是非得失、吉凶祸福，也都相伴随发生、发展，以至于天地之间的一切无不具备。

《周易》提出了"道"，但没有对"道"展开阐述，老子在《道德经》中进行了阐明，并表明了自己的看法。什么是道？按《道德经》的说法，"道可道，非常道"，

"道之为物，惟恍惚。惚兮恍兮，其中有象；恍兮惚兮，其中有物。窈兮冥兮，其中有精；其精甚真，其中有信。自古及今，其名不去"。简而言之，道是制约天地万物存在、发展、变化状态的，恒久稳定的、不可轻易改变的内在规定性。如果我们透过笼罩在《周易》身上的层层"迷雾"，就不难发现，《周易》的确可以称为探索大道式的著作。凡是能称作"道"的东西，应具备如下特征：（一）内在的规定性；（二）恒久性；（三）广泛的适用性。在这三个特征中，"内在的规定性"与"恒久性"已被《周易》研究的历史所证明。

至于"广泛的适用性"，《四库全书总目提要·易类》中说："易之为书，推天道明人事者也……又易道广大，无所不包，旁及天文、地理、乐律、兵法、韵学、算数，以逮方外之炉火，皆可援易以为说，而好异者又援以入易，故易说愈繁。"

如果再进行稍微深入一些的研究就可以发现，《周易》与许多领域的联系并非机械的、牵强的，而是圆通的、有机的。并且《周易》还被奉为许多领域的指导思想，不但从哲学的高度，而且从实践的方法的基础层面，有力地指导人们的各种实践。《周易》思想"广泛的适用性"是无可辩驳的。

【历史评说】

黑格尔是德国著名的哲学家。在哲学史上，他提出了正反合辩证逻辑定律，在西方哲学界享有较高的声誉。他批判了康德的不可知论。《易经》的变化原理与黑格尔的哲学观点完全相通。黑格尔的哲学思想一直影响很大，成就很高。这不是偶然的现象，原来黑格尔也曾研习并运用中国的《易经》。黑格尔在他的自传中承认，他提出的正反合辩证逻辑定律正是来自《易经》的启发。他还在《哲学史讲演录》中赞叹《易经》，说："《易经》包含着中国人的智慧。"据说，黑格尔后来曾经感慨地说，他一生中最大的遗憾是没有把中国的《易经》完全学透！

英国物理学家牛顿（1642年—1727年）以力学三大定律著称于世。而这位举世闻名的大科学家，用自己发现的力学规律，始终解释不了行星绕日运动的第一推动力问题。后来他在晚年的时候，只能把行星绕日运动的第一推动力说成是上帝的力量。

1972年10月23日，诺贝尔奖获得者、著名物理学家李政道在香港大学发表演讲时说："牛顿力学已被量子力学代替了，在量子力学中有条很基本很重要的定律'测不准定律'。"李政道还提出，这个原理与《易经》及老子学说有类似的地方。

李政道、杨振宁还从《易经》的阴阳消长的原理中受到启发，首先提出了原子形态二组的奇偶性虽是不灭的，但不是不变的，并且存在着盛衰消长的变化，这一重大发现使他们获得了当年的诺贝尔物理学奖。

杨振宁曾在抗战时期的西南联合大学学过《易经》，世界万事万物互相联系变化的观点、阴阳互变的原理、阴阳互补等问题，在他的脑海中比较透彻分明，六十四卦的变化启发他与李政道共同打破了宇宙守恒定律，而提出了强弱相互作用条件下的宇宙不守恒定律。杨振宁在学习《易经》以后，对奇偶性不灭定律也产生了怀疑。

《周易》最主要的功用是运用其所具备知识以及义理，来预测自然界、社会与人本身的信息。《周易》中的八卦和六十四卦的卦辞、爻辞，不仅系统地记载了自然科学、社会科学、人体科学和医学方面反映出来的、潜藏的过去、现在和未来的信息，同时还指出预测信息的宝贵方法。可以说，《周易》是我国预测学、决策学、信息科学的起源和基础，在当今世界学术界，被誉为"宇宙代数学"、"科学皇冠上的明珠"。

自古以来，《周易》都以其玄妙而神秘的魅力吸引着人们。

相传孔子晚年非常喜欢研究《周易》，由于他多次翻阅竹简，把串连着书简的皮带子弄坏了三次（"韦编三绝"）。历史上许多帝王为确保社会统治的安定性和稳固性，也纷纷求助于《易经》，并以《易经》为治理天下的学问，甚至连朝代名称也求助于《易经》。如元世祖忽必烈采纳汉族官员刘秉忠的建议，改国号为"元"，是根据《易经》的《乾·象》中"大哉乾元"取意。还有明朝的"明"字取自《易经》中乾卦象辞"大明终始"之义。大明为日，而日又主宰宇宙间光明，日月如天，故取名为"大明"。

除了朝代的命名以外，我国及其他东方国家，如日本、朝鲜、越南等国的帝王们还经常采用《易经》起年号。如隋炀帝的年号"大业"、唐太宗的年号"贞观"、唐高宗的年号"咸亨"等，都来源于《周易》。其他如日本的年号"明治"，取自于《易经》的《说卦》："圣人南面而听天下，响明而治。""大正"，也是取自《易经》的《无妄·象辞》："大亨以正，天之命也。"

《周易》作为中国乃至世界古代论述辩证法的经典，至今仍有极高的研究价值。它是中国乃至世界的一份十分珍贵的文化遗产。中国文化连绵数千年，一脉相承以至今日，其顽强的生命力与其发源阶段就具备了较高的素质。在这个方面，《周易》功不可没。

【书海拾贝】

无平不陂，无往不复，观贞无咎。

立天之道曰阴与阳，立地之道曰柔与刚，立人之道曰仁与义。

《尚 书》

【名作述略】

《尚书》又称《书经》，是中国年代最为久远的一部重要历史文献，从《尚书》中可以查阅到许多有关殷周时代的历史文件和原始材料。人们常说的"四书五经"，其中

"五经"之一即是《尚书》。在华夏五千年的古老文明中，《尚书》堪称是第一部用文字记载的中国上古史。《尚书》共58篇，各篇均有独立名称。但《尚书》的整个历史记载，除篇尾的《秦誓》以外，均无年月可记。尽管如此，《尚书》还是依其时代先后顺序，把这部中国的上古史留给了后人，为研究上古时期的历史提供了不可或缺的重要资料。

因这部书所记载的是上古的史事，故称《尚书》。远古之时，自有文字始，国家组织的雏形已经具备了。为记录君王言行和当时所发生的事件，其权威者便命史官分门别类的记录下来。《尚书》不仅记言，也有史实。唐朝刘知几的《史通》里把史论分为六体，其中《尚书》就占有显著位置，由此可见，《尚书》中言论与史实是同时存在的。

被后人称为"万世师表"的孔子是《尚书》的编订者。"五经"中属《尚书》学术价值最高，也最为艰深难读，尤其是从先秦到唐代，《尚书》的版本和内容经历了多次的变化，其中掺杂了不少伪造的篇章。诸多的社会历史原因，使之面目全非，愈加难于整理。经过历代学者的努力，虽然有了进展，但距离彻底清楚之日，似乎还很遥远。

秦始皇统一六国后，各项改革也相继实施。在文化方面，用一种比较简单易行的隶书作为日常通用文字。官方所用的《尚书》，是用隶书改写过的；而民间所收藏的却并非全用隶书改写。这很可能使《尚书》产生了字体不同的版本。秦始皇晚年，下令焚书。先秦文字所写的《尚书》原本几乎全部被销毁。幸而当时的博士（古代学官）伏生藏《尚书》于墙壁的夹缝之中，才保留了完整无缺的29篇。

秦朝灭亡后，汉高祖下旨求天下失亡之书。汉文帝时，经多方打听，才得知有位在民间传授《尚书》的大师伏生还健在，欲请他讲学。

西汉初年伏生所传的古文《尚书》亡于晋朝，孔安国在西汉中叶所献的古文《尚书》失于唐朝，只有刘宋时期出现的伪《孔传古文尚书》保留到了今天。

【经典阐述】

《虞书》4篇记载了我国上古唐、虞时代的历史传说，内容涵盖唐尧禅位给虞舜，虞舜和他的大臣禹、皋陶等人的谈话等情节，且均以虞舜为中心，被称作《虞书》。

《夏书》2篇中的《禹贡》记载了夏代初期禹治水以后全国的地理面貌，另一篇《甘誓》记载禹的儿子启征讨诸侯有扈氏的誓师辞。

现今的学术界大多数人认为，《虞书》和《夏书》6篇都不是虞舜和夏朝当时的历史记录，而是战国时期，甚至晚至秦代的作品。其中只有《甘誓》一篇见于战国前期学者墨子的著作中，文字与今本《尚书》大同小异。春秋、战国时期的人们曾引用过《虞书》4篇中的个别词句，但值得一提的是当时所见的篇文是否与今本相同，还有疑问。此外，换个层面考察，这4篇保存的不少有关尧舜时代的可靠传说，至今仍不失为研究我国上古历史的重要资料。《禹贡》一篇内容，未见征引于前秦任何著作，因而出现的时间最晚，但它是我国古代对地理面貌做出综述的第一部文献，有极为重要的学术价值，现在人们普遍把它当作战国晚期前后的地理文献来看待。

《商书》共7篇，除第一篇《汤誓》是记载商汤伐桀的事情外，另外6篇则是商代后半期史料。其中《盘庚》3篇记载的是盘庚迁都于殷时告谕臣民的讲话。其余3篇则是记载商朝末年的事，其中两篇与商纣王有关，与《周书》中前一部内容直接相连。在这7篇当中，除《汤誓》被人们认为是后来追叙的历史传说以外，其余6篇全部是比较直接的档案。

《周书》共20篇，可分为两大部分。第一部分是指从《牧誓》到《立政》为止的14篇，这些篇目内容极为丰富，是《尚书》的精华之所在。它们集中地阐述了周朝灭殷（即商朝）以及周人如何巩固对殷人的统治等情况，主要情节和内容以当时著名的政治家周公旦为中心人物。第二部分包括《顾命》等以下6篇，《顾命》与《康王之诰》从性质以及内容、文字来看，本为一篇，因此，也可以说是5篇。这5篇中，时代早的属于西周前期，时代晚的则属于春秋中叶。前3篇为周朝中央王室的档案，后2篇则即分属于鲁国和秦国。

全书内容综合起来，大体上可分为三组：一是关于尧、舜、禹、皋陶、启等人的远古时期的历史传说；二是关于周朝建国初年的重要文献，其中重点反映了周公旦的活动；三是一些零散孤立的档案，所属时代不同，每篇只涉及某一事件，与其他篇章没有直接的联系。

书中各篇的文体亦不尽相同，多数篇章为"记言"，少数篇章为"记事"或"记言兼记事"。它的文体大致可以分为六类。

第一类为"典"，如《尧典》。在古代象形文字中"典"字表示尊重，因此，凡是受人尊重的书册即可称为"典"，"经典"、"典范"等此类意义都由此而来，《尚书》中的"典"即"经典"之意。属于这种体裁的文献在《尚书》中所占比例极小。

第二类为"谟"，如《皋陶谟》。"谟"字的读音和字义都与"谋"字相通，因此"谟"的意思可作"谋议"讲。属于这种体裁的文献在《尚书》中也并不多见。

第三类是"训"，如《伊训》。"训"意为"教训"。属于这种体裁的文献，全书现仅存《伊训》1篇。

第四类为"诰"，如《大诰》。有些虽未以"诰"为篇名，但实际也是"诰"。如《盘庚》、《梓材》、《多士》、《多方》等。"诰"意为"告谕"，从口头上或用书面告谕别人都称为"诰"。《尚书》中的"诰"大多为上级对下级的指示以及统治者对臣民群众的讲话。"诰"体大多是记录讲话者的口语，由于商、周时代的口语与近代口语距离相差甚远，还因口语本身不像书面文字般有条理，故"诰"体文献特别生涩难懂，这也是《尚书》中最难理解的部分。属于"诰"体的文献占全书一半左右，是《尚书》中最为重要的部分。

第五类为"誓"，如《汤誓》。"誓"一般是指出兵征伐时或交战之前所宣布的誓师词。在《尚书》中属于"誓"体的文献所占的比重仅次于"诰"体，比较多见。"誓"词多数都有节韵，最具代表性的当属《秦誓》。"誓"体力求简捷明了，故比较容易读懂。

第六类为"命"，如《文侯之命》。"命"即"命令"的意思。《尚书》中的"命"体是古代常见的一种"命辞"，多数为君王奖励或赏赐某个臣子时而宣布的命令。在《尚书》中属于"命"体的文献很少。

既然《尚书》为孔子所编订，孔子又是儒家学派的创始人，因而，《尚书》也充分体现了儒家思想的精髓。

归纳起来，儒家思想以仁为核心，而以礼为实行仁的手段，即"以仁为本，以礼为用"。它反对滥刑苛政，主张"为政以德"，做人修养上，又注重发扬"仁"的品德。

《尚书》中记载，尧在位时，想选择贤能之人禅位。当时本想举四岳为继承人，四岳说自己德薄，不可有辱于帝位，于是推选纯孝之人舜。舜以孝闻名天下，故被物色为天子的继承人。由此可以看出儒家倡导的"以孝治天下"的思想。

儒家的"孝"与"忠"的思想是互为相连的，忠于其君，忠于其国，则都必须以孝为基础。

在《尚书》中，我们可以看见忠于人民的汤、武革命，也可以看到两个忠君爱国的伟大典型，他们就是商汤时的伊尹和周初的周公旦了。孔子尤其对周公旦崇拜得五体投地，把他树为后世忠臣的楷模。

西汉时期的董仲舒，提出"独尊儒术，罢黜百家"的倡议，开创了以儒家为正统学说的局面。于是从西汉开始，就形成了学习儒家的经典热。后来的董仲舒、刘向、郑玄、韩愈、朱熹、王阳明等人，均步孔子的后尘，使儒家学说根深蒂固地植于历代中国人的思想中，成为中国人的精神支柱。两千多年以来，儒家思想始终统治着中国人的政治思想。

由于《尚书》在儒学上占有极其重要的地位，在当时的封建主流社会又备受推崇，故对中国历史产生了极其深远的影响。

此外，《尚书》还反映出了儒家学派孕育中的民主思想。《尚书·五子之歌》里提出"民为邦本，本固邦宁"，意思是说百姓是国家的根本，只有人民安定，国家才能昌盛、安宁。

【历史评说】

汉朝时，朝廷实行统一思想、独尊儒术的政策，因此把儒家的经典定为官方学术研究科目。知识分子为了步入仕途，都学习经学，所以经学开始大为盛行。当时各经均有不同的学派，朝廷对各经只选其中某一学派定为官方规定的科目，被选定的这一学派便称为"立于学官"。汉朝灭亡以后，三国时期，古文经学仍盛极一时，尊行集经学大成的郑玄的学说。魏国将郑玄的《古文尚书》和其他著作立于学官。另有古文石经，如《尚书》、《周易》、《论语》等，是于东汉灵帝熹平四年（公元175年）所刻写的，故又称《熹平石经》。在当时物质条件极端匮乏的情况下，能将《尚书》等刻为石经，可见《尚书》在人们心目中的地位。

《尚书》作为中国古代文化的正统，在人们的心目中占有极其重要的地位，故历代都有不少文人政客研究。

现代集《尚书》研究于大成者，当属顾颉刚先生，他倡导应以科学态度研究《尚书》，实事求是地找出其根据，以还其本来面目。

《尚书》是很难读懂的一部古书，这主要在于它的时代太古，所用字眼、词汇、语义与语法结构都属于殷、商时代的上古汉语系统，不仅与今天的白话文大不相同，就是与常见的一般文言文也不相同。我们通常将一般的文言文称为"古文"，而这种"古文"大致是以战国、秦、汉时代的古汉语作为典范，但《尚书》比这些古汉语时代更古、形式更有所不同，因此比一般的古文更难懂。

无论在史料价值上还是在思想价值上，《尚书》都被视为儒家经典之一。它垂范后世已有两千余年，但经过历代学者千百人的研究阐释，仍历久弥新。

【书海拾贝】

无稽之言勿听，弗询之谋勿庸。

克勤于邦，克俭于家。

为山九仞，功亏一篑。

《诗 经》

【名作述略】

《诗经》是我国最早的一部诗歌总集，收录了从西周到春秋中叶的305首诗，距今已有两千多年的历史。在先秦时代，它不叫《诗经》，有两个名称，一个为《诗》，另一个为《诗三百》，这是因为《诗经》一共有300余篇。汉武帝时，"罢黜百家，独尊儒术"，认为孔子整理过的书，能为人之常法，便尊它为经。《诗经》即在此列。当时设立了"五经博士"的专门官职，确定了《诗经》这个名称，一直沿用至今。

《诗经》的作者多达数百人。其中有平民，也有士兵，有男子，也有妇女，有下级官吏，也有达官显贵。时至今日，他们的真实姓名大都已无法考证。然而这些无名诗人在文学史上的地位，并没有因为其姓名的消失而降低。

《诗经》产生的地域覆盖了陕西、山西、河南、河北、山东和湖北的北部等地区。在当时交通不便、语言互异的情况下，要把如此广阔地区的诗歌收集起来，并不是件容易的事情。

《诗经》三百篇的韵部系统和用韵规律大体一致，形式基本为整齐的四言诗。

此外，《诗经》作品的创作时间，跨度比较大，从公元前11世纪一直到公元前6世纪，前后500年。难以想象古人是如何将这些作品汇集起来的。后人经过研究，将其大致分为三种情况：

第一种是"采诗"。古代天子为了考察人民的疾苦、政治的得失，设立采诗的官员，定期到各地采集诗歌，献给太师（乐官），最后加以整理献给天子。《汉书·艺文志》有记载："诵其言谓之诗，铺其声谓之歌。故古有采诗之官，王者所以观风俗，知得失，自考正也。"

其二是"献诗"。周代有公卿列士向天子献诗的制度。《国语·周语》亦云："天子听政，使公卿至于列士献诗，瞽献曲……师箴，瞍赋，蒙诵。"襄公十四年《左传》师旷语略同。这些诗，有的为公卿自己创作的，还有的可能来自于民间，其内容不外乎颂美和讽谏。

其三是"作诗"。一些祭祀诗以及记述统治者游猎出兵或宫室落成的诗，可能就出自巫祝、史官之手。

《诗经》之所以在我国文学史上有如此崇高的地位，而且至今仍不失它的光彩，是因为无论在思想内容还是在语言表达上，《诗经》都有自己独特的优点。韩愈说："《诗》正而葩。"《进学解》指出"正"是就思想内容而言的。孔子说："《诗》三百，一言以蔽之，曰：思无邪。"（《论语·为政》）司马迁说："《国风》好色（男女情爱）而不淫，《小雅》怨诽而不乱。"这就是正。"葩"是就《诗经》的语言表达而言的，和谐的用韵，丰富的词汇，多样的句式，多种修辞的方式，整齐而多变的章法，使诗的语言生动活泼，美妙匀称，表达感情细致入微。这就是"葩"。《诗经》做到了"正"与"葩"的统一，即实现了思想性和艺术性的统一，所以它能够在漫长的历史中保持长久的生命力，有的至今读来仍然优美感人。

【经典阐述】

《诗经》以音乐为标准将作品按《风》、《雅》、《颂》三部分来编排，风、雅、颂都是乐调名。其中风包括十五"国风"，有诗160篇；雅分"大雅"、"小雅"，有诗105篇；颂分"周颂"、"鲁颂"、"商颂"，有诗40篇。一共有305首诗。《诗经》各篇均可以合乐歌唱，《墨子·公孟篇》中说"弦诗三百，歌诗三百"。因为古代《诗经》整理编订者们按此标准将诗篇分类，于是这三种乐调便称为《诗经》中三种不同的体裁。

《诗经》中的"风"就像现在的"通俗歌曲"，"国风"就是两千多年前我们祖先流传的民歌。采风之作，众口相传，简单而真挚，文字间可见上古民间语言的质朴和优雅。

雅诗和颂诗均为统治阶级在特定场合所用的乐歌。因为它们或多或少地反映了社会生活的某些方面，在今天看来仍有一定的社会意义和认识价值。诗人徐志摩的传记类文章中记载，林徽因原名林徽音，"徽音"是其祖父林孝恂（进士出身，后为清朝翰林）为她取的，出自《诗经·大雅·思齐》的第一节："思齐太任，父王之母。思媚周姜，京室之妇。太姒嗣徽音，则百斯男。"大意为太任端庄而又严谨，文王父母有美名相传。周姜美好有德行，大王贤妻居住于周京。太姒继承了好的遗风，多子多男王室兴盛。"徽音"是相传美誉的意思。

多数雅诗和颂诗均为统治阶级的庙堂文学和宫廷文学，后世封建文人便把这些继承下来，用来歌颂统治阶级的文治、武功和祖先的"圣明"。历代礼乐志中记载的郊庙歌、燕射歌，以及虚夸的赋、颂、铭、谏等均属这一类作品。

另外，《诗经》还用了三种杰出的艺术表现手法，分别是赋、比、兴。有人把风、雅、颂、赋、比、兴放在一起，统称为诗之"六义"。赋、比、兴是《诗经》里常常可以看到的语言表达手法，比、兴的大量运用更是《诗经》语言艺术的一大特色。对赋、比、兴的概念朱熹有比较简单的说法："赋者，敷陈其事而直言之者也。""比者，以彼物比此物也。""兴者，先言他物以引起所咏之词也。"

古代时《诗经》按乐调分类，是乐师为了适应统治阶级的需要。后人在研究《诗经》时按其内容分为如下八类。

第一类，生产劳动的诗歌。

《诗经》里反映生产劳动的诗歌大致有两种情况。一种是劳动人民在耕作渔猎中直接的歌唱，表现出劳动的愉悦，如《芣苢》；有的则表现被剥削的痛苦，如《七月》。另一种情况，是统治阶级把民歌加以修改，作为自己的歌唱，如《载驰》、《良耜》等。它们的政治倾向也极为明显，始终反映统治阶级的利益，把人民辛苦劳作所创造的财富，归为统治者祖先的功劳，并规劝人民更加致力于生产，让他们剥削到更多的东西。

《周南·芣苢》再现了古代劳动妇女愉悦地采车前子的情景：

采采芣苢，薄言采之。采采芣苢，薄言有之。采采芣苢，薄言掇之。采采芣苢，薄言捋之。

采采芣苢，薄言捋之。采采芣苢，薄言襭之。

译为现代文就是：车前子哟采呀采，快点把它采下来。车前子哟采呀采，快点把它采得来。车前子哟采呀采，快点把它拾起来。车前子哟采呀采，快点把它抹下来。车前子哟采呀采，快点把它捋起来。车前子哟采呀采，快点把它兜回来。

方润玉在《诗经原始》中这样评价这首诗："读者试平心静气，涵铺此诗，恍听田家妇女三三五五，于平原秀野，风和日丽中，群歌互答，余音袅袅，若远若近，忽断忽续，不知其情之何以移，而神之何以旷，则此诗可不必细详而自得其妙焉……今世南方妇女，登山采茶，结伴讴歌，犹有此遗风焉。"

《七月》诗的主题，是反映了当时人民的劳动负担和被剥削压迫的情况。它同《鸱鸮》等诗一样，或者嗟叹无休止的强迫劳动，或者借比兴的手法来祈求领主的同情。诗中有悲伤，有哀怨，唯独没有愤怒，没有反抗。这是因为人民还存在着逆来顺受的心理。

第二类，反剥削反压迫的诗歌。

到了东周、春秋时代，统治者们加深了对人民的剥削和压迫。在水深火热中的老百姓走上了反抗的这条路。他们不像《七月》那样无可奈何地一味嗟叹，也不像《鸱鸮》那样盲目地诉苦，而是用匕首般的语言，与统治者做英勇的斗争。《诗经》民歌中的《硕鼠》、《伐檀》、《行露》等，就是其代表作。

《伐檀》描述了一群在河边砍伐檀木替领主造车的农民愤怒仇恨的情绪。第一章里写道：

坎坎伐檀兮，置之河之干兮，河水清且涟漪。

不稼不穑，胡取禾三百廛兮？不狩不猎，胡瞻尔庭有县貆兮？

彼君子兮，不素餐兮！

意思是：（老百姓）砍檀树，放在河岸两边，河水清澈起波纹。（领主们）你不种田不收割，凭什么积聚五谷无数？你不出狩不打猎，为什么猪獾挂在你家院内？那些大人老爷们，可不要白白吃闲饭啊！

农民们的两个问题是如此尖锐！与其说在提问，不如说在揭露。在这慷慨激昂的歌声中，没有诉苦没有乞怜，有的是对寄生虫的蔑视，对吸血鬼的激愤，对剥削者的仇恨，对统治者的反抗。《毛诗序》在一定程度上指出了这首诗的内容实质："伐檀，刺贪也。在位贪鄙，无功而受禄……"

第三类，反映战争徭役的诗歌。

《诗经》中描写战争的诗篇有很多。周统治者进行的正义战争是被人民所拥护的，而春秋时诸侯间的兼并战争被人民所深恶痛绝。《豳风·东山》是《诗经》中有名的诗篇，讲述的是一位跟随周公东征三年幸获生还的兵士在归途中的歌唱。虽然历史学家肯定了这场战争,但它给战士们带来的,却依然是妻离子散和田园荒芜的悲哀。

第四类,揭露统治阶级丑恶与残暴的诗歌。

统治阶级残酷剥削劳动人民的劳动力及其所有物,过着寄生的生活。他们所进行的一切行为,为人民所鄙视痛恨。《诗经》里有这样一种民歌,以嬉笑怒骂的口吻,摆事实讲道理的手法,尖锐地揭发和暴露统治阶级的丑陋嘴脸,具有很强的斗争性和感染力。如《邶风·新台》,它揭露了昏君卫宣公劫儿媳的丑恶行径。

《诗经》里还有揭露统治阶级残暴罪行的诗,例如《秦风·黄鸟》,它反对秦国残酷的陪葬殉葬制度。《左传》、《史记》对此都有记载。

第五类,恋爱、婚姻与家庭生活的诗歌。

《风》诗里有大量的情诗,它如实地反映了《诗经》时代的男女关系,记录了人们在恋爱结婚过程中各种不同的感受,包括恋爱、结婚与礼法制度的矛盾和妇女家庭生活的各个方面。当然,这是由一定的社会历史条件来决定的。统治者为了增加人口,规定每年春天二月作为开放月,青年男女可以自由选择对象,自由同居。如《郑风·野有蔓草》可能就是一位男子在仲春之月遇见一位倾心女子的诗。

第六类,反映统治阶级内部矛盾的诗歌。

西周在文、武、成、康时代,史书上称盛世。传至厉王时,暴虐无道,导致上下离心,社会矛盾和阶级矛盾更加尖锐,这时产生了一些政治讽刺诗。"二雅"里包括了大部分反映此种矛盾的诗,作者多半是受统治阶级内部压抑的人物。有的是反映贵族间争田夺民的情形,如《大雅·瞻卬》、《小雅·十月之交》等;有的还反映了统治阶级内部为争夺政权而发生的激烈斗争,如《大雅·桑柔》等。

第七类,周族史诗。

《大雅》里还包括数篇祭歌,反映周族起源、发展直至建国的情况,属史诗性质。它们包括《生民》、《公刘》、《绵》、《皇矣》等。

《生民》歌颂了周族的始祖后稷。《公刘》通过具体事实,歌颂公刘率领周族人民由邰(今陕西武功)迁徙到豳(今陕西彬县一带)的英雄事迹,刻画了公刘的英雄形象。《绵》是歌颂文王的祖父古公亶父率领周族再次长途迁岐(今陕西岐山县)的事迹。《皇矣》是叙述太王、王季的德行,描写文王伐密、伐崇的战绩。

第八类,贵族的庙堂乐章及其他。

庙堂乐章以"三颂"(《周颂》、《鲁颂》、《商颂》)为代表,是周王或诸侯祭祀、宴会时演奏歌舞方面的诗,其中保存下来的神话和史实值得参考和研究。

【历史评说】

《诗经》的现实主义精神对后世文学影响颇深。特别是其中民歌部分所表现的"劳者歌其食,劳者歌其事"。它告诫人们不要把文学看作仅供消遣的东西,推动了诗人、文人以更加积极的姿态关心国家的命运和人民的疾苦。

《诗经》是历代民歌承袭的渊源,从汉魏乐府至近代歌谣都深刻体现出了它的现实主义精神,它们一直是广大人民手中最锐利的战斗武器。历代进步文人在创作中崇尚"比兴"、"风雅",其实就是倡导《诗经》的现实主义精神。在新乐府运动中,白居易也以"风雅"、"比兴"为标准,批评了齐梁以来的形式主义文风,又总结魏晋以来现实主义诗歌创作的成就,提出了"文章合为时而著,歌诗合为事而作"的观点,这正是《诗经》现实主义的进一步发扬。

艺术来源于生活,来源于民间,真正的诗歌首先是由劳动人民创造出来的。劳动人民所具有的非凡的艺术创造力在《诗经》中得到了很好的证明。它启发和推动了后世文人重视民歌,通过学习民歌,在创作上得到更新的血液,更新的进展。在文学史上由于文人们向民歌学习,常常形成一个时代文学的革新。魏晋五言诗的发展,唐代诗歌的繁荣,很好地印证了这一点;另一方面由诗到词、由词到曲的文体转变,也很好地说明了这一点。

《诗经》对后代文学也具有负面影响。由于《诗经》内容十分复杂,被后人做了种种歪曲的解释,掩盖了《诗经》的真正面目,成了名副其实的说教工具。但人民和历代的进步文人并没有完全被此所迷惑,相反他们能够了解《诗经》的真正价值,继承并发扬它的传统,使诗歌成为自己的战斗武器。正是基于这种意义,《诗经》奠定了我国古典诗歌现实主义的基础,在文学史上永远闪烁着光芒!

【书海拾贝】

蒹葭苍苍,白露为霜。所谓伊人,在水一方。

死生契阔,与子成说。执子之手,与子偕老。

一日不见,如三秋兮。

《周 礼》

【名作述略】

《周礼》是搜集周王室官制和战国时代各国制度,添附儒家政治理想,增减排比汇编而成。因为我国早在夏、商、周时就进入了奴隶社会,而周为奴隶社会的鼎盛时期,所以《周礼》是中国最早、最完整的官制记录,也是世界古代一部最完整的官制记录。

《周礼》直至西汉才为人所知。《史记·封禅书》首先以《周官》为题提到它,后来,《汉书》卷三十著录了"《周官经》六篇";《汉书》卷九十九下也有提及,书题为《周礼》。荀悦(公元148年—209年)认为,书名《周官》更为《周礼》是刘歆(公元前46年—前3年)所为。陆德明(公元556年—627年)在《经典释文·叙》中重申了这一观点。荀悦认为，刘歆还提议把此书称为《礼经》，但对《周礼》来说，这一书题只是偶尔使用。刘歆还曾试图立《周礼》于学官。因《汉书》著录时已题为《周官经》，由此可知从刘歆起，《周礼》已经被当为一种经书。

人们通常认为《周礼》出现在公元前2世纪中叶。《汉书》卷三十、卷五十三、《隋书》卷三十二和部分保存在贾公彦的《周礼废兴》中的马融（公元79年—166年）的概述都不同程度地表达了这一观点。直到某一姓李的人将《周礼》献于西汉河间献王（公元前155年—前129年在位），此书才为人所知。河间献王即刘德，汉景帝之子，汉武帝之弟，他还是古籍收藏家。他得到《周礼》时，第六部分《冬官》已经佚失。所以，他以千金求购，但仍然未能得到，后来便用《考工记》来替代。相传，河间献王后来又把它献于其兄汉武帝的秘府。

可是它不仅没有受到官方学者的认真对待，而且，还遭到了他们的批评和蔑视，可能是它与其他经文表达的占统治地位的观念不同的原因。这一批判的细节没有保留下来，但可以推测，至少可以说这与很快就要被称为"今文学派"的官方学术把持了学术界这一事实有关。周礼作为古文经，不可能引起当时官方学者的多少好感，也不太可能受到他们的客观对待。

马融认为，秦始皇焚书时，《周礼》是要特别销毁的一本书，因为它全面地体现着周王室的传统的、正宗的官制，是公然和他的中央集权的政府体制对抗的。这就是说，无论谁胆敢有意收藏被这本禁止的《周礼》，他就有性命之忧。这可用来解释它在河间献王之前失载的现象。

河间献王把它献于秘府后，《周礼》除偶尔遭人蔑视外，一直不为人所接触。这种情况一直持续到王莽时期。王莽时，因为他有意仿周公确立的政府模式，通过设官以使自己的统治具有合法性，还有《周礼》已被视作周公的著作，它自然被看作记载国家机构的权威著作。刘歆在为王莽效力时，不仅提倡《周礼》，使它摆脱了湮没于秘府的噩运，而且，他还努力使其被确立为一种官学。

王莽统治结束后，《周礼》失去了皇帝的青睐，这并不奇怪。但是，后汉正统的儒家学者，尤其是郑玄（公元127年—200年）对它极为重视。这不是出于政治原因，主要是它本身是一种重要的古代文献，至少某些人认为，它是周公所著，所以，它就处于正统观点的中心地位。刘歆的弟子杜子春曾准备为《周礼》作注。郑兴、其子郑众及贾逵都曾为《周礼》作注，这是人所共知的事实，但是，除见于其他文献中的一些引文外，它们都佚失了。

在王莽之前，已有人持周公撰写《周礼》的看法，但是，首次正式表述它的是郑玄《周礼》注。直至宋代，这一观点都广为流传。但是，郑玄尚在世时，就有何休（公元129年—182年）等怀疑论者。现已没人认真坚持《周礼》为周公所做的了。这有许多明确具体的文献佐证，其中最重要的两大证据，其一是它的语言显然是春秋晚期和战国时代的古典汉语，而不是西周时代的前古典语言，其二是它多处出现确切具有春秋晚期和战国时代特点的概念和思想，如"五行"、"五帝"和"五岳"等就属此类，它们至早见于公元前4世纪的文献。这和它的西周早期成书相矛盾。再者，《周礼》中记述的祭祀、法律、丧服、农业技术、分封过程和信仰等都大致与已知其为战国时代的而非西周时代的其他原始材料相一致。关于《周礼》的成书年代还有另一极端观点。宋朝时，有人主张，《周礼》是刘歆伪造的，这是他给王莽统治披上合法性外衣而在文献中所做的一种努力。早期持这种观点的是司马光（1019年—1086年）、洪迈（1123年—1202年）和苏辙（1039年—1112年），较近的有康有为（1858年—1927年）。这一观点的总依据为，《周礼》在刘歆校书秘府时发现它之前，几乎不为人所知。其实，在刘歆之前，关于它的资料全然没有。而《周礼》被刘歆所效力的王莽垂青也加深了关于刘歆伪造此书的怀疑。

许多人都反对它为刘歆伪作这一观点。陈振孙（约1190年—1249年）指出，《周礼》使用了较多汉代罕为人知的古字及事物名称，这就说明其起源早于汉代。毛奇龄（1623年—1716年）也反对刘歆伪造《周礼》的观点。他提出《汉书·艺文志》中记载，早在魏文侯（公元前445年—前396年）时魏国就有一名叫窦公的乐师，他有一篇称作《乐书》的古书，在汉文帝（公元前180年—前157年）时有人献出此书。它被证明就是《周礼·大宗伯》中的音乐部分。

有人已论证刘歆不是个大作伪家。关于《周礼》，最重要的西方学者对这一问题的研究要属高本汉的论文《〈周礼〉和〈左传〉的早期历史》。通过证实大量《周礼》文字见于刘歆之前的其他文献（即《史记》、《毛诗注》和《尔雅》）中，高本汉得出结论：如果不会更早，那么，就在公元前2世纪中叶，《周礼》就已以现代人所知的形式和内容相近似的本子出现了，它不是刘歆的伪作。这个年代与传统记载此经首次出现的时间吻合。

顾颉刚同样认为《周礼》为战国晚期的真文献，甚至就其作者的具体身份和籍贯做了推测。郭沫若以高本汉忽略的东周青铜器铭文为依据而得出《周礼》可能是晚周荀卿编著的结论。但顾颉刚提出了它是齐国某人所做的观点，但没与具体个人相联系。虽然此类假设尚属推测，可是《周礼》是一部真正的前汉代文献的结论仍然让人信服。

【经典阐述】

《周礼》原本名叫《周官》，有时亦称《周官礼》，它精心构思同时还细致翔实地叙述了周朝官制的结构与组织。经文分天官冢宰、地官司徒、春官宗伯、夏官司马、秋官司寇以及冬官考工记这六大部分。每部分都对应着周朝等级制中六种首要官职之一，它们又分别相应地负责一大类政务，具体情形如下：

(一) 天官冢宰：首相（掌管全面政务）。
(二) 地官司徒：公众事务官（掌管教化）。
(三) 春官宗伯：负责祖先事务的族长（掌管祭祀）。
(四) 夏官司马：军事官员。
(五) 秋官司寇：掌管刑罚事务的官员。
(六) 冬官考工记：工艺审核记录。

除第六部分之外，每部分的开始都分别依等级从高至低列举各种属官及其爵级，如第一部分开始列举冢宰是职权跨越于各专司之上的国家最高官员，最终列举宫廷的日常小官如阍人、缝人、染人以及履人，接下来就是对爵位不同的各级官员职责的详尽而系统的记叙。这类叙述的措辞显得公式化：它先记述官名，后面再接动词"掌"，再就是所讨论职官的明确职责。很明显，六部分分别设计有 60 个官职，整个《周礼》的官职总数就是 360。郭沫若认为这种 6×60 的官职结构具有春秋末期和战国时代所特有的天文学和宇宙论的意义，所以他强烈地反驳把此书的本源定得太早的观点。不管怎么样，根据司文·布劳曼的列表统计，各部分官职的实际数字不是理想中的 60，而是大于或小于这个数。

原第六部分经文《冬官》原本是关于司空（公共工程监工）官属的记载。西汉时《周礼》首次为人所知时，这部分经文就已经佚失，便用《考工记》来替补。

《考工记》是我国先秦时代的手工艺专著，经多方验证为春秋末年齐国的官书，作者至今仍是个谜。令人感到可惜的是，年代的久远和社会频繁的动荡，尤其是秦朝统治者的"焚书"暴政，使这部珍贵的科学文献一度散佚，直至西汉才重新成书。适值河间献王广征图书，开献书之路，有人进献《周官》5 篇，唯独缺《冬官》1 篇，千金悬赏而不得，于是用《考工记》补入代替，因此《考工记》又叫《周礼·冬官考工记》。全书记载的内容很广，包括生产工具、容器、玉器、皮革、染色等诸多项目，每一项目又有各自更细的分工。

具体说来本书的科技成就主要在于：

在金属冶铸上，"攻金之工·六齐"条记录了不同使用性能的器物其合金成分不同，说："六分其金而锡居一，谓之钟鼎之齐；五分其金而锡而一，谓之斧斤之齐……"这是世界上关于合金的最早记载。"翰氏为量"条记录了合金熔炼过程中，如何依据火焰和烟气颜色来辨别熔炼进程，这是人类关于观察熔炼火候的最早记载。

在丝绸漂印染技术上，"幌氏涑丝"条记录了"以栏为灰，渥淳其帛"、"昼暴诸日"等丝绸漂染操作，这是我国古代关于灰脱胶、日光脱胶漂白的最原始记载。

在标准化管理上，"翰氏为量"条记载，说金属在熔炼时，需"不耗然后权之，权之然后准之，准之然后量之"。又比如"车有六等之数"条说："兵车轮六尺有六寸，田车之轮六尺有三寸，乘车之轮六尺有六寸。"若依齐尺（每尺约合19.7厘米）推算，此兵车、乘车之轮直径应为1.30米；而经测量，河南辉县琉璃阁战国墓出土的16号车轮直径正好为1.30米。

关于力学，则论述较多，在"轮人"、"辀人"、"弓人"、"矢人"、"匠人"等条都有涉及。如记载的惯性现象，书中指出"马力既竭，辀犹能取也。"意思是说，马力作用于车的时候，车会前进，就算马力突然脱离了车，车还会前进一段距离。此外，《考工记》中还记载了一些其他的力学知识，如力的测量、斜面受力分析等。

在声学上，中国古人就已经发现了物体发声的高低与物体的振动之间的关系。《考工记》中记载："凫氏为钟……薄厚之所震动，清浊之所由出。"这里的清浊意为音调的高低。我们现在知道音调的高低由振动的次数决定，而振动情况与发声物体的厚薄有关。中国古代工匠在公元前3世纪就发现了这个道理，并将之应用于实践。《考工记》中记载："磬人为磬，上则磨其旁，已下则磨其端。"说的是，如果石制的磬体发声太高，可以磨磬体的两旁，使其变薄，这样就减少了振动次数，声音就正常了；反之就磨它的两端，使磬体相对变厚，通过提高振动次数，声音就变得正常了。另外从《考工记》记述制钟、制鼓的文字中可以看出，中国古代工匠对声音的音色、响度等概念也有一定认识。

在实用数学上，"车人之事"条、"筑氏为削"条、"轮人为轮"条、"矢人为矢"条、"栗氏为量"条等，都包含了丰富的实用数学知识，并分别涉及到了分数、角度、嘉量容器的计算方法等问题，对后世产生了不同程度的影响。如"车人之事"条谈到了矩、宣、欘、柯、磬折，这是我国最早的一套角度概念。

《考工记》中对测温知识也有记载。据《考工记·轮人篇》记载，当用火烧烤一根木条并希望把它弯成轮牙时，只要恰当地控制火候，可使木条外不断绝，内不折裂，而一旁弯曲。在论述熔铸青铜合金时，书中明确记载要把铜熔化再放锡料（含有锌、铅），并准确的描写了在冶炼过程中火候、合金颜色发生的变化。今天我们知道，在熔铸青铜过程中，温度的控制是成功的关键，特别要注意缩短液体合金在高温下停留的时间。这是由于组成青铜的原料铜、锡、锌等熔点不一，铜的熔点最高，为摄氏1083度，而锡、锌等熔点都远低于这个温度。所以现代冶炼青铜时，都总是先把铜熔化，然后加锡、锌等原料。中国古人在两千多年前就掌握了这个诀窍，实属不易。

《考工记》是我国古代比较全面地反映先秦时期整个手工业技术的唯一的一本专著，多方面地反映出了先秦科技的发展和对生产过程的设想。自被汉代人发掘出来，并被整合为《周礼》后，《考工记》一直受到世人推崇，被历代知识分子作为必读之物，影响极其广泛。唐朝时，《周礼》便传到了日本，19世纪50年代，又被译成了法文，随着时间的推移，《考工记》越来越受到外国学者的关注。

【历史评说】

郑玄注是现存时代最早又保存完整的《周礼》注,其中引用了多种年代更早的《周礼》注的一些内容。汉代学者注释《周礼》的全部佚文都已辑入马国翰(1794年—1857年)的《玉函山房辑佚书》。王谟(1778年进士)于《汉魏遗书钞》中也辑录了马融注。另一部现存的重要注解是贾公彦疏。这两种注和陆德明的《音义》合在一起是清前的此经的重要的注疏。

清代时对《周礼》的研究很广博,其中有三位学者尤为突出:阮元(1764年—1849年),他主要的著作是校勘记;江永(1681年—1762年),他除文字学和音韵学的总体研究外,对三礼的经文特别感兴趣,撰写了《周礼疑义举要》;孙诒让(1848年—1908年),他编著了78卷本《周礼正义》。

此经在汉末至唐朝期间的流传模糊不清。《隋书》卷32著录有《周礼》研究著作15种,其中有两种已注明佚失。这15种书题包括马融注和郑玄注、王肃(公元195年—256年)注和干宝注,还有沈重疏40卷。孙诒让受陈振孙的影响,推测沈重疏是一个世纪后的贾公彦疏的基础,姑且不论其他,两者的卷数一致。藤原佐世的书目列有主要著作9种,分别冠以《周官礼》、《周礼义》或《周礼》等不同题目;还有《周礼音》1卷,《周官图》2种,分别为15卷、10卷。

除书目以外,我们还知道,《周礼》是西魏时的重要书籍。宇文泰(公元507年—556年)刻意按照它记述的官制机构来组建政府。顾颉刚说,这是《周礼》所设计的行政系统首次付诸实践。

公元175年的东汉熹平石经中无《周礼》。在唐开成年间(公元836年—840年),它才和其他11种经典一同镌刻立碑,现西安碑林中可见。

《周礼》于932年首次印刷,作为冯道932年下令雕版印刷的九经之一。此次印刷完工,其底本是唐石经本。它通称为五代监本《周礼》。从此后,《周礼》的流传大致能从成套儒经的印刷史之中寻觅线索。官方于公元988年至994年间第二次发起儒经印刷。此次刊刻的底本是五代印本,此次印本称国子监重行校刻九经。

据《玉海》记载,李沆(公元947年—1004年)与杜镐在公元996年奉命校订贾公彦的《周礼》疏和《仪守》疏及其他文献。1001年他们的工作完成并呈送朝廷。于是,皇帝命于杭州刻版印刷这些著作。这是第一次印刷贾公彦所作《周礼》和《仪礼》疏。按当时的惯例,注疏与经文本身是分离的。现在我们所熟悉的明清以来将《周礼》和郑玄《注》、贾公彦《疏》一起印刷的习惯,出现在南宋绍兴年间(1131年—1162年),这一印本通称茶盐司本,或称黄唐本,即用负责刊刻者的姓名命名的。

此后,其影响比茶盐司本还大的是略晚的一个南宋本枣十行本,它之所以称作十行本是因为它每面有十行文字。它可能印于福州,称《(附)释音周礼注疏》,后来所有的《周礼》注疏本的印本都源于此本，其中最重要的五种印本如下：

（一）明嘉靖（1532年—1567年）李元阳本，雕版印刷，每面九行，也称九行本，通称闽本，以李曾做闽地御史而得名。

（二）明万历（1573年—1620年）监本，通称北监本，其底本是李元阳本。

（三）明崇祯（1628年—1644年）毛晋的汲古阁本，其底本是北监本。

（四）1736年武英殿本，底本是北监本，此本的经文曾用其他版本校订过，因此一些宋以来的文字讹误被改正，优于北监本和毛晋本。

（五）清嘉庆（1796年—1820年）阮元本，它直接依据的底本是十行本，但也参考上述（一）、（二）、（三）版本及其他版本校订。它以附校勘记而著名。它比其他十行本的派生本都好，但武英殿本可能是个例外。

除上述外，最著名的《周礼》的私人印本之一是南宋岳珂（1183年—1240年）本，它是相台九经之一。如果岳珂的《九经三传沿革例》所言属实，则他收藏有15种以上的经书版本，他在确定自己的经文时参照了不止一种本子。他的印本被认为是最好的南宋私人印本之一。《四部丛刊》和《四部备要》的《周礼注》的底本均为相台本。

【书海拾贝】

以和邦国，以统百官，以谐万民。

《春　秋》

【名作述略】

《春秋》是传统经典之一。它记载了鲁国的国内事件、外交事宜、内外战争、鲁国与其他国家的联系，也有关于日食、洪水、地震和自然奇观的记载。

《春秋》所载历史事实按年代顺序编排。它的书名通常被认为是一年四季的代喻，此外这一书名还是该书所涵盖那一时代（公元前722年—前481年）得名的根源。

孟子是提出孔子为《春秋》的真正作者的观点的第一人。在这一点上，他的意见被后人继承了下来；直到20世纪早期，没有人怀疑《春秋》处于一种经典的神圣地位。

【经典阐述】

我们研究《春秋》，都是通过如下三种注实现的。它们是《公羊》、《榖梁》、《左传》。现存的三家注原本起源于《春秋》的不同的解释学派，他们相互之间激烈争论，因为他们都声称自己是孔子的真传；此外，三种注所依据的《春秋》版本也有不同，关于其异文的研究主要由清代学者，如毛奇龄（1623年—1716年）、赵坦和朱骏声

（1788年—1858年）等完成。《公羊》与《穀梁》被看作是今文学派的代表，因为两者所依据的《春秋》是今文《春秋》，也就是用汉代通行文字所书写的《春秋》。在西汉时期，两家就被官方承认为正统解释。另外，《左传》还与古文学派有一定的关系，因为，西汉末年皇帝注意到它时，《左传》声称其依据则是比较古老的古文《春秋》——即用先秦文字所书写的《春秋》。

《公羊》与《穀梁》在某些方面有相似之处，最重要的方面是两者在结构上都采用教义问答形式；它们都通过一问一答来阐释《春秋》经的含义，解释孟子规范的史书的"褒贬"书法。依据这种理论，孔子编著《春秋》显然是为了对其所处时代的暴力、法律徒具空文以及腐败等现象做出评判。《公羊》与《穀梁》都从《春秋》读出了政治、道德的教训，它们使得特定信息的省略或增加以及特定词语的选择都被看作是包含并表达着某种深刻的含义。如何休（公元129年—182年）所概括（见《公羊传解诂》，隐公二年），传统观点为，《公羊》源于孔子的弟子子夏，此后便一直口耳相传，至公羊氏方在汉景帝（公元前157—前141年在位）时在竹简丝帛上留下笔录。这是传统观点。但是，根据现代学术研究成果，早在战国末期，《公羊》即已成书。此文献在秦时被拆散，在汉初则又汇集成书。因《穀梁》大量转录《公羊》或对《公羊》增改，因此，人们一般认为，《穀梁》成书较晚。而公元前51年石渠阁论经后，《穀梁》亦被官方认可。

《左传》与上述两种注有些不同，它所涵盖的时间（公元前722年—前463年）比《春秋》要长，较注重所述及史事的历史背景，因此也提供了当时有价值的附加信息，显然它是三种注中篇幅最长的。

关于《左传》作者的传统观点是基于两个主要假设而提出的：一是《左传》的作者为《论语》中提及且相传与孔子同时的左丘明，二是《左传》为《春秋》注解。

第一个假设已经遇到啖助和赵匡等唐代学者的挑战，唐、宋、明和清代一些学者支持他们的新说。

第二个假设存在一个特别复杂的问题，《左传》原本就有两个本子：其中一个是西汉的通行本，一个是藏于秘府的《左传》和古文《春秋》。汉哀帝（公元前7年—前1年在位）时，刘歆把它介绍于世人。《汉书》卷三十六载了此事："及歆校秘书，见古文《春秋》、《左氏传》，歆大好之。……初《左氏传》多古字古言，学者传训诂而已，及歆治《左传》，引传文以解经，转相发明，由是章句义理备焉。"

很长一段时间内，人们一直相传《左传》是注《春秋》的，但刘逢禄（1776年—1829年）强调《左传》与《春秋》的文本间的区别，由此引发了一场长时间都没有有定论的争论。事实上，这个观点并非刘氏新创。总的来说，它是典型的今文学派的观点。我们发现，在汉代时就有《左传》不注《春秋》的观点。还可以看出《左传》和

《春秋》有很多不同之处，如有时经文下没有注，有时注前没有经文。这些不同之处有多种解释。康有为承袭并夸大了刘逢禄的论点，他提出：刘歆及其父刘向（约公元前77—前6年）是首先接触当时秘府所藏而为世人罕见的文献的学者，刘歆便利用这一机会为王莽效力；于是，他伪造《左传》作为《春秋》注，从而替王莽的政策辩护。他认为刘歆在很大程度上是根据鲁国左丘明的《国语》伪造《左传》的。

洪业提出了另一假设，《左传》确为给《春秋》作传而作，但其成书年代比较晚。洪氏认为它的成书在汉惠帝在位期间（公元前195—前188年），进而提出其作者可能为学者兼天文学家张苍。这一观点至今还在争论，汉初对《左传》兴趣的复兴并不能作为张苍是《左传》作者的直接证据。洪氏还对《左传经》（即我们所见附于通行本《左传》的《春秋》）和《左传经》（即公元前2世纪《左传》作者使用的原《春秋》经）加以区分，来解释《左传》和它与《春秋》的不同。他认为前者直接出自《春秋古经》12篇，是刘歆将它与《左传》联系在一起的。而后者，它和《古经》并不相同，因为在刘歆发现它之前，就已经流传，并且缺乏内在同一性，由附益、修改、转录其他《春秋》注及《国语》等其他文献而成。依照他的观点，这后一个本子早就失传了，但还断断续续地见于通行的《左传》。

马伯乐有第三种理论。关于解释《左传》和《春秋》的异同上，他和洪业的意见不一样。马伯乐认为，人们所知道的《左传》原本是两部不同的著作组成：其中一部是小型的《春秋》文字训诂，主要为礼仪和伦理问题，它与《公羊》、《穀梁》相似，但源于不同的学派；另一部长篇纯编年史，它原与《春秋》，甚至与鲁国无关。这部分主要和晋国有关，故而与《国语》紧密相联。马伯乐将这部书的年代上溯为公元前5世纪早期或4世纪晚期，它们就很快合并成通行的《左传》，而其历史编年部分则被分割开来，以适应《春秋》条目。

马伯乐的观点得到了发现于1973年毁损严重且不完整的马王堆帛书的支持。上面记载有春秋时代的历史事件，其中与《左传》有相符之处，而解释的类型不同，也没有编年细节，还有一些史事《左传》中亦无记述。

《汉书》卷三十著录《公羊》和《穀梁》各有11卷，除在位时间很短的闵公在原本中附于庄公外，每位鲁公一卷。自陆德明（公元556年—627年）的《经典释文叙录》开始，据说《公羊》有12卷；《隋书》卷三二著录《穀梁》有12卷和13卷。

《公羊》和《穀梁》可能原来都没有拆散而隶属于《春秋》各纪年之下，至于它们在什么时候被拆散隶属在《春秋》至今各纪年之下成为今天这种形式，这还是个疑问。公元175年蔡邕所刻的《公羊》石经残片中没有《春秋》经文。严可均（1762年—1843年）认为，两书同经书的交融一定是何休（公元129年—182年）在后汉完成的，可是在他的《公羊》解诂之中，他并没有解释《春秋》经本身。

1041年,《崇文总目》第一次著录的疏有30卷,作者不详。此疏随后被认为是徐彦(唐或更早)所作。《四库全书总目提要》中,此书著录为28卷。《提要》推测,失传的两卷一定与两卷《春秋》经一致,故而它与《公羊》的文本是不一样的。可是,山浦丰治是根据一个单疏稿本30卷而写的,此稿本原来依据的是一个宋本,它现存于名古屋市蓬左文库;他可以证明《四库全书》关于疏由30卷减为28卷的推测不对,且此疏的年代一定晚于唐朝。

人们通常都认为是范宁(公元339年—401年)在其《春秋榖梁传集解》中把《榖梁》拆散开分属于《春秋》各纪年的。伯希和在敦煌发现了隆朔年间(前66年—前64年)的两件残本;它们可能是同一抄本的两个部分,它们展示了与通行本不同的有趣的异文。

杜预(公元222年—284年)的30卷《春秋经传集解》中把《左传》隶属于《春秋》。敦煌发现了4件六朝的、2件初唐的钞本残本,和金泽文库所藏的更为完整的"古钞本卷子"是现存的最早的文献残片,并代表了其年代可追溯至六朝的文献版本系统。"古钞本卷子"被认为是后来的许多《左传》版本的祖本。

以下版本通常都包括并附有陆德明《音义》对三家传注的标准诂解和校注。其一《公羊》:何休的《解诂》和一种作者不详的《疏》;其二《榖梁》:范宁的《集解》和唐杨士勋的《疏》;其三《左传》:杜预的《集解》和孔颖达的《正义》。

《四部备要》本的底本为金蟠和葛（约1523年）的1604年本。

其他重印本多依据《重刻宋本十三经注疏》,附阮元(1764年—1849年)于1815年编著的校勘记,其底本是南宋的岳珂本。1926年以来,它在上海、台北和东京多次重印。近年来,杨伯峻于1981年在中华书局出版了四卷《春秋左传注》。这是个标准本,将阮元本作为底本。

【历史评说】

《春秋》我国最早的编年体史书,是传统经典著作之一,传递着极有价值的历史信息。

【书海拾贝】

夫有尤物,足以移人。

善败由己。

《左 传》

【名作述略】

《左传》是研究春秋时期历史的最重要典籍,在文学史上有着极高的价值。但其作者不详，多认为是左丘明所著，而清代的姚鼐、章炳麟等人认为是由吴起纂集而成，现代学者如郭沫若、童书业、钱穆等也赞同此说。

【经典阐述】

《左传》全名为《春秋左氏传》，又称《左氏春秋》，是我国古代时期记述春秋时期周王以及各诸侯国事迹的编年体名书。全书共18万余字，主要内容为春秋列传以及有关言论。其他有天道、鬼神、灾祥、卜筮、占梦等，只要是作者认为可资劝戒的，都记载其中。

《左传》的记事文体基本可分三类。第一种文字比较简短，但有月日，这一类应出自当时史官记事，其史料价值最高。第二种是一般记事，一般没有时间记载，大多数出自各国私人记录，史事和传说都有，一般可信，少数为后人插入，那部分不可信。第三种是一些长篇大论的文章，类似《国语》，像是后人借题发挥，可信度较小。

《左传》注重完整地叙述事件经过和因果关系。它叙事最突出的成就在其战争描写，如城濮之战、鄢濮之战等大战的描述一直被人们所称赞，甚至它的小战役也写得精彩生动。而且，《左传》对事件因果关系的叙述，还有道德化与神秘化的特点。

《左传》是一部历史著作，其作者有时就像在讲述一个故事，把事件叙述得很有戏剧性。大量生动的戏剧性情节，使这部书充满故事性。此外，《左传》有的叙事记言，明显不是真实的记录历史事实，而是出于臆测或虚构。《左传》中人物的行动、对话构成了表现人物的主要手法，而对人物进行外貌、心理等主观静态描写极少。通过人物在重大历史事件中的言行，来展现人物性格，使人物形象得以完成。《左传》在战争描写中还有许多整个战争的一些具体情状，在战争中无重要意义。《左传》中在叙述复杂的战争过程、政治事件中，对细节大量描写。以往史书不写或略写，但《左传》却大量地描写了这些琐事细节，在叙事生动和人物刻画方面具有文学意义。

《左传》通过人物言行表现的进步思想非常显著。首先是民本思想。其次是爱国思想。

【历史评说】

《左传》不单单是一部内容丰富、史料价值高的重要历史巨著，而且还是一部富有很高的文学价值的历史散文名著。它对行文辞令的表达，委婉曲折却又刚劲有力。

它在唐宋时期被定为"大经"。

唐代时，《榖梁传》和《公羊传》被定为"小经"，在宋代被定为"中经"。《春秋》与三传合刊，均被列入十三经中。司马迁承袭《左传》的传统，为世人留下了亦史亦文巨著《史记》；司马光的《资治通鉴》，体裁及手法均深受《左传》影响。

【书海拾贝】

多行不义必自毙。

※ 中华文明历史长卷 ※

居安思危，思则有备，有备无患。

《论　语》

【名家传略】

孔子（公元前551年—前479年），名丘，字仲尼，春秋后期鲁国人，儒家学派的创始人，是中国古代最有影响的思想家和教育家。

中国有两千年之久的封建社会，占据主流地位的统治思想是儒家思想。古时的文人，几乎人人都在儒家思想的熏陶下成长，依据儒家思想的内容来确立为人处事的原则、标准，按照儒家思想来规划人生，在儒家思想的指导下为官，因此，儒家思想对中国古代文人的影响是极为深刻的。

孔子是儒家思想的创始人，而唯一一部直接体现孔子思想的书就是《论语》。

《论语》在中国古代文人心目中的地位可谓是至高无上。南宋大思想家朱熹编定的"四书"中，《论语》列在首位，而"四书"成为自宋以后知识分子必须记得滚瓜烂熟的教材，儒家经典十三经中《论语》亦位列第一，可见其地位的重要。

孔子的祖先曾是宋国的贵族。孔子很小的时候，他的父亲就去世了，因此孔子童年时代的生活十分曲折，他干过各种各样的工作，包括管理牛羊和仓库。但他具有普通人难以具备的三种素质，那就是：对知识的渴望，坚定不移的信念，不达目的誓不罢休的顽强毅力。这使他从同时代人中脱颖而出。从34岁开始，孔子开始办学讲学。第二年，鲁国发生了内乱，孔子去往齐国。齐景公久慕孔子的大名，对他的到来表现出极大的热情，并给予极高的礼遇。后来，孔子回到鲁国，相继担任过不同职务的官员。55岁那年，因与当权者政见不合，实现抱负无望，他决定离开鲁国，开始周游列国，向各国的当政者讲述自己的政治见解与抱负，希望能够被采纳。他整整漫游了13年，拜访了卫、宋、陈、郑、蔡、楚等国家，但是没有一个国家愿意实施孔子视为理想政治的"王道"。

孔子一次一次地遭到拒绝，但他没有放弃，又一次一次地鼓起勇气，恢复信心，向着下一个国家进发，继续为他心目中的理想政治而努力。旅途的劳累、统治者的拒绝、世人的不理解、人事的变化、年龄的增长，都不能动摇他心中的信念。在漫游列国的过程中他忍受了许许多多的风霜、苦楚与困厄，他的名气也渐渐传遍了各个诸侯国，人们都知道有这么一位为自己那不合时宜的理想而永不放弃的人，即使所有的人都不同意他的观点，他也依然坚持，绝不动摇，坚持自己的理想信念。孔子是伟大而坚强的，但他也是孤独的。

13年之后，孔子年老了，精力也衰退了，他便回到了鲁国，尝试用办学讲学的方式来证明自己的价值。后来，门下的弟子们将孔子的讲授记录下来，编成一本书，名叫《论语》。

自此，两千年来，历代读书人都诵读着《论语》，将孔子的理想承袭下来，当作自己的理想，有无数的读书人用无数次的政治实践和生命实践义无反顾地朝孔子讲述的那一理想政治而努力，无数的读书人在前赴后继地为实现孔子没有实现的理想而奋斗。孔子为他的思想与理想找到了一个超越个人生命的、永不间断的实现历程。孔子一边教授弟子，一边努力修订古代的文化经典，在对《诗》、《书》、《礼》、《易》、《春秋》的整理中，孔子倾注了自己的心血和思想，而孔子对中国的贡献也记入文化之洪流中，使其变得更为浩荡。

在孔子回到鲁国的第五个年头，孔子奋斗不息的生命终于停止了，终年73岁。后世的人们尊称他为"至圣先师"、"万世师表"，时至今日，中国人依然受惠于他的思想，甚至连外国人也极为推崇。

【经典阐述】

《论语》内容相当广泛，涉及哲学、政治、文学、教育等，是儒家思想和中国文化最重要的典籍。全书20篇，共498章，以记录孔子言论为主。

《论语》的核心思想是"仁"。"仁"的含义是"爱人"。论语中写道：

已欲立而立人，已欲达而达人。已所不欲，勿施于人。

简单来说，"仁"即对人的尊重、同情和爱护。为政者应该以对人的"爱"为前提，节用而爱人，使民以时。要求当政者爱护民力，节约财用，不要无休无止地役使人民。有道德的统治者应对老百姓：

道之以政，齐之以刑，民免而无耻；

道之以德，齐之以礼，有耻且格。

为政，若仅仅用行政手段和法律治理百姓，百姓虽不敢违犯法律，却没有廉耻；而若用礼乐和道德管理人民，人民不但不会违法，且会温义有礼，义质彬彬。理想的政治应使贤人和有才能的人都有机会参与政治体制，充分发挥其才能：

举直措诸枉，则民服，举枉措诸直，则民不服。

这就是说，只有有才能的人都得到重用，老百姓才会信服。

《论语》中体现的孔子的人生理想同样建立在"仁"、"爱人"的基础上。孔子认为人应克制自己的欲望，遵守伦理道德规范。

克己复礼为仁。

非礼勿视，非礼勿听，非礼勿言，非礼勿动。

只有如此，人与人之间才可以和谐相处，才可以为每个人维持一个温馨的生活环境，人与人之间才可以真诚相待。为了实现"仁"，孔子说：

志士仁人，无求生以害仁，有杀身以成仁。

凡是志士、君子，当生存与坚持理想发生冲突时，不应为了苟活世间而抛弃理想，应为了维护理想和信念而献出自己的生命。

《论语》中还记录了孔子关于人的成长的一些论点，他思考的问题是：人怎样才能在各方面知识的教育熏陶下成长为一个有健全人格的人？人如何才能在社会的文明之中成长为一个真正意义上的人？其答案是：文学艺术能够帮助人达到这一目标。

兴于诗，立于礼，成于乐。

就是说，诗、乐对人具有非常重大的影响作用，文学艺术能够使人的心灵变得博大而温暖，因而孔子主张人们应多读《诗经》：

小子何莫学夫《诗》？《诗》可以兴，可以观，可以群，可以怨；迩之事父，远之事君；多识于鸟兽草木之名。

《论语》中还主张文与质的统一，提倡中和之美，让"中庸"之道成为国人追求的人生境界与审美理想。

孔子有时还会抛开这些严肃的内容，回复到纯粹感性的诗意而优美的体验之中，让生命被心灵的情感而笼罩。

岁寒然后知松柏之后凋也。

子在川上曰："逝者如斯夫，不舍昼夜。"

四季常青的松树，代表的是某种坚定不移的信念，而奔流不息的滔滔逝水，则暗示着时间的迁移以及万事万物的变动不居。其间包含的深刻哲思与诗意感动过世代中国人的心。一生为理想而奋斗的孔子，心目中理想的个人生活样式是：

饭蔬食，饮水，曲肱而枕之，乐亦在其中矣。不义而富且贵，于我如浮云。

这种对单纯而精简的生活方式的认同，让后来历代的知识分子在坚持道德而过清贫生活与抛弃气节而享高官厚禄的生活选择中义无反顾地选择了前者，保持了人格的纯洁。

孔子一生共有弟子三千余人，其中有名的七十二人，这七十二个弟子人人兼通六艺。他们把孔子教给他们的学习方法也记录在《论语》之中，传之后世：温故而知新；学而不思则罔，思而不学则殆；多问阙疑；不耻下问；不愤不启，不悱不发；学而时习之，不亦说乎？这些已经成为后来无数读书人身体力行的原则。孔子死后，他的学生不断地宣传他的思想与主张，孔子学派的影响越来越大，使更多的人信奉儒家思想。至汉代，汉武帝在儒生董仲舒的建议下，为巩固其统治的稳定，施行"罢黜百家，独尊儒术"，这样，原本是诸子百家中一子、一家的孔子及儒家，便被提到了前所未有的高度。朝廷通过行政命令及相应的教育措施使所有的读书人必须学习儒家思想，而禁止他们再接触其他思想派别。各家思想的力量对比几乎成为定局，虽然在魏晋南北朝、唐等朝代有过几次反复，但均无法动摇儒家思想的主导性地位。至明清时期，朝廷的科举制度规定《四书》是必考的科目，读书人只能将所有的时间花在研习《四书》上，以求能顺利通过科举考试，更无暇接触其他思想。虽然历代都有人对儒家思想的某些方面提出质疑，但通常作为儒家思想的补充，而不是对立面。因此，若对中国文化史进行一番巡礼，我们能看到的最显著的人、最突出的思想以及绵延最长久的意识形态便是孔子和他创立的儒家学派。

【历史评说】

《论语》是语录体著作，句子简明、质朴、精确，闪烁着哲理和智慧的光辉，成为传世的格言。可以说，孔子在《论语》中提出的思想，很多都是我们这个民族乃至全人类的精神食粮，具有不可磨灭的历史价值。

【书海拾贝】

岁寒，然后知松柏之后凋也。

三人行，必有我师焉。

《孟 子》

【名家传略】

孟子名轲，字子舆，战国时邹（今山东邹县东南）人，其先世是鲁国公族。孟子是战国时期著名的思想家、政治家和教育家。关于孟子的出生年月，有多种不同的说法。大致可以肯定孟子出生于周烈王四年（公元前372年）。

孟子曾是子思的门下，后由于儒学的分化，独当一面，被称为思孟学派，代表孔门的嫡系正传。

中年时的孟子，以收徒讲学、宣扬儒家学说为主。44岁那年，他带领其学生周游列国，到齐、宋、鲁等国宣扬他的"仁政"、"王道"学说。因受战乱影响，这种"仁"的思想和各国统治者所推崇的以暴力和杀戮争夺地盘和利益的方略背道而驰，因此没有得到重视和采纳。年过花甲却屡遭挫败的孟子于是隐退闲居，除继续讲学外，还同弟子一起著书立说，编撰《孟子》7篇。

【经典阐述】

《孟子》一书，共计30000余字，在这为数不多的篇幅里，却涵盖了孟子儒家思想的精华，言简意赅，形象生动。

孟子的思想代表着由氏族奴隶主演变而来的封建地主的利益，在当时是一种进步的思想学说。

第一，性善论。

孟子的哲学思想，主要是他的人类性善论。"性善论"是孟子谈人生和谈政治的理论根据，构成了他的思想体系中的一个中心环节。"性善论"的主要论据有：

恻隐之心，人皆有之；羞恶之心，人皆有之；恭敬之心，人皆有之；是非之心，人皆有之。恻隐之心，仁也；羞恶之心，义也；恭敬之心，礼也；是非之心，智也。仁、义、礼、智，非由外铄我也，我固有之也。（《告子》上）

人之所不学而能者，其良能也；所不虑而知者，其良知也。（《尽心》上）

恻隐之心，仁之端也。羞恶之心，义之端也。辞让之心，礼之端也。是非之心，智之端也。人之有是四端也，犹其有四体也。（《公孙丑》上）

在孟子看来，"仁、义、礼、智"是人们与生俱来的东西，并不是来源于客观存在着的外部世界。这是唯心主义的一种说法，不过，孟子以"性善论"为人们修养品德和行王道仁政提供了理论根据，具有一定的进步意义。

第二，道德论。

"仁义"是孟子道德论的核心思想。孟子所说的"仁义"是有阶级性的，构筑在封建等级社会的基础之上。但是，他不赞成统治者对庶民的剥削，反对国与国和家与家之间的战争。

仁是一个古老的政治思想范畴。《说文》中这样解释仁字："孟子论仁，亲也。从人二。"随着社会的发展，它的含义也随之变化。孔子论仁，则给予了更多的充实和发挥。仁是孔子最高的道德理想。孔子在多个层面上运用仁的概念，反映了在理论上孔子学说还不够完整严谨。孟子也最重仁。孟子对于孔子仁的思想的承袭与发展，尤其表现在孟子以"性善论"为基础，提出由此衍化而来的仁、义、礼、智四德，其中仁为中心点。还进一步论述仁、义、礼、智四者的关系，此外，在关于仁的伦理思想的基础上，孟子又提出了仁政的学说。孟子以仁作为施政的出发点来要求统治者，还具体地提出了在经济、政治等方面具体的仁政措施。

第三，政治及经济方面。

孟子发展了孔子的"仁"的思想，提出了"仁政"的政治主张。

"仁"、"义"是孟子论思想的核心，也是他的政治经济学说的出发点。孟子的政治论，是以仁政为内容的王道，代表着封建统治阶级的利益。

孟子认为仁，就是"人心"。究竟怎样才算是仁呢？第一，亲亲。孟子主张统治者要"与百姓同之"，"与民同尔"。第二，用贤良。"为天下得人者谓之仁。"（《滕文公上》）"尊贤使能，俊杰在位。"（《公孙丑》上）"贤者在位，能者在职；明其政刑。"第三，尊人权。孟子公开宣扬"民为贵"、"君为轻"的主张，提倡融洽统治者和劳动人民的关系。第四，同情心。孟子要求统治者拿"老吾老以及人之老，幼吾幼以及人之幼"的推恩办法来治民。只有这样做才能得到人民的欢迎和拥护，从而达到"无敌于天下"。第五，杀无道之者，也是仁，而且是最大的仁。孟子对所有的暴君污吏予以谴责，力图把现实的社会发展到"保民而王"的政治轨道上来。

针对当时各国统治者的虐政，孟子还对国君或卿大夫个人的行动提出极严厉的批判。

关于"义"的概念，通俗而论，就是分别事理，各有所宜。"义"包括如下几种含义：

一是尊君敬长。"敬长，义也。"（《尽心》）

二是尊贤。"用下敬上，谓之贵贵；用上敬下，谓之尊贤。贵贵尊贤，春义一也。"（《万章》下）

三是反对祸害百姓的非正义的兼并战争。但不反对汤武式的吊民伐罪的正义战争。

四是尊重私有财产权和保护私有财产权。这种思想，正是新兴地主——商人的阶级利益的反映。

孟子以"仁政"为根本的出发点，创立了一套以"井田"为模式的理想经济方案。提倡"省刑罚、薄税敛"、"不违农时"等主张，要求封建统治者在征收赋税的同时，一定要注意生产，发展生产，使人民富裕起来，保证财政收入有充足的来源。这种思想，是值得肯定的。此外，孟子还提出重农而不抑商的理论，改进了传统的"重农抑商"的思想，是历史的一种进步。孟子的"井田制"模式，对后世确立限制土地兼并、缓和阶级矛盾的治国理论产生了深远的影响。

第四，哲学思想及认识论等方面。

孟子的观点中包含了一定程度的唯心主义成分。孟子的天道认为天是最高的，是有意志的，人世间的朝代更替、君王易位，以及兴衰存亡、富贵穷达，均是由天命所定，人必须依顺于天，"顺天者昌，逆天者亡"，天意是不可抗拒的。

他站在唯物主义反映论的对立面，认为人的思想不是社会存在的反映，人生下来就具有与生俱来的善性的萌芽。

孟子的思想是复杂的，以唯物主义的成分居多。表现为朴素的唯物主义思想。

他说："……天将降大任于斯人也，必先苦其心志，劳其筋骨，饿其体肤，空乏其身，行拂乱其所为，所以动心忍性，曾益其所不能……"（《告子》下）指出有许多知能一定要经历困难、挫折、失败，不断吸取教训，得到锻炼，而后才能得之。客观世界有其自己的规律，是人不可以违反的。

孟子明确地看到，一切事物发展和变化有其特定的规律。他列举了一个故事作为比喻：宁人有闵其苗之不长而揠之者，芒芒然归，谓其人曰："今日病矣！予助苗长矣！"其子趋而往视之，苗则槁矣。天下之不助苗长者寡矣！以为无益而舍之者不耘苗

者也。助之长者揠苗者也,非徒无益,而又害之。(《公孙丑》上)

认识世界是为了改造世界,最重要的一环在于掌握客观规律。孟子拿夏禹治水根据水势就下、可导而不可遏的规律,来说明人认识世界、改造世界都须如此。

孟子阐述与发展了人的主观能动性的思想。认为人的聪明才智要靠自己的主观努力,认为一个人只要不自暴自弃,同时具备了一定的条件,通过自己的主观努力,圣贤也不是不可以达到的。

他的这一思想,有一定的破除迷信、解放思想的作用,在今天仍有现实意义。

《孟子》一书中包含的朴素唯物主义辩证观点还有:孟子从自然界和人类社会中发现了事物的矛盾现象,认为,事物矛盾双方的对立是相对的、而不是绝对不变的。矛盾对立双方所处的地位不是绝对平等的,它们有主次之分。矛盾对立双方在特定条件下可以互相转化。而且,孟子积极地主张为事物的转化创造条件。

孟子在自己长期的教学实践中提出了很多教学方法,其中有不少现在还值得我们学习。《离娄上》中孟子提出教师首先必须要端正自己,用正道来教育学生,他说:"教者必须以正",主张教师要以身作则,为人师表。并且要提示学生读书时,同时要注意思考分析,不要死读书,说:"言近而指远者,善言也;守约而施博者,善道也。君子之言也,不下带而道存焉;君子之守,修其身而天下平。"(《尽心下》)。教师在教学生时,要用浅近的语言来说明深远的道理。

孟子在进行教育时,注重采取因人而异的多种方法,继承了孔子教育方法中"因材施教"的思想。

而且孟子对孔子的"因材施教"有了进一步的发展,认为教育学生一定要有相应的标准,使学生朝一个明确的目标奋斗。孟子所主张的学习和教育方法是我国古代教育学的结晶,至今对我们的学习和教育仍然有着一定的参考价值。

此外,孟子还非常重视自身修养。在心性修养方面,孟子从"性善论"这一根本思想出发,认为君子大发"仁心"是实行善政的最重要动力。这种"良知"、"良能","操之所存,舍之所亡",在于一个"养"字。孟子以子思的"思诚之道"为依据,提出了"尽心"、"知性"、"知天"等观点,从而形成了一套包括一些主观唯心主义成分的思想体系。

【历史评说】

孟子所表现出来的思想主张,对新兴的封建制度的发展和维护、结束战乱割据的格局、实现统一产生了重要的影响和作用。其所作的《孟子》一书,是儒家的重要著作,倡导了儒家的重要思想,同时孟子在散文写作方面取得的成就,对后世影响颇深。《孟子》一书所阐述的儒家思想,尽管在战国时期未被采纳,却几乎在后世的每个朝代都占据了一席之地。汉文帝时把《论语》、《孝经》、《尔雅》和《孟子》各置博士之官,叫"传记博士",《孟子》被视为辅翼经书的传记。《孟子》与《论语》并列表明两汉统治者对《孟子》的重视程度进一步提升。不久,《孟子》又被列入"经书"一类。后来理学家朱熹将《礼记》中的《大学》和《中庸》两篇单独提出,与《论语》、《孟子》一起,称其为"四书"。

【书海拾贝】

民为贵,社稷次之,君为轻。

人性之善也,犹水之就下也。人无有不善,水无有不下。

尽信书,则不如无书。

《四书章句集注》

【名作述略】

朱熹于1190年在漳州刊出《四书章句集注》19卷。他将《大学》、《中庸》、《论语》、《孟子》这四部书合为一书,名曰《四书章句集注》。其中《大学章句》1卷、《中庸章句》1卷、《论语集注》10卷、《孟子集注》7卷。从清人陈衍《福建通志》的统计中可知,仅福建朱子学者的这方面著作就有150种之多。这些著作多是重义理而轻训诂,继承了不空谈、务致用的传统。《四书章句集注》一书,上承经典,下启群学,对中国传统文化的构成不可低估。

【经典阐述】

包括《论语》在内的《四书章句集注》儒家经典,在先秦并没有受到重视。秦始皇的焚书坑儒严重影响了儒家学派的发展和其思想的传播。在西汉初年,道教的黄老之学占统治地位。到了汉武帝之时,著名的汉儒大家董仲舒提出"罢黜百家、独尊儒术"的主张。此后,人们倍加推崇孔子的思想,《论语》也被奉为圭臬。儒家学派又开始盛行,儒学思想也开始被官化与神化。然而,汉儒并不重视《大学》、《中庸》、《孟子》三书。《论语》在当时已为专门之学,有专人传授,而《孟子》只是被人称引,却未见传人。《汉书·艺文志》把《论语》列为六艺类,把《孟子》列为诸子类。这足以证明《孟子》在当时一些大家心中价值并不高。《中庸》与《大学》著者说法不一。汉人把这两篇儒学著作收入《礼记》一书中,但它们在当时的影响很有限。汉以后,《论语》的声誉日见高涨。魏晋时期《论语》才逐渐被人重视,其地位等同于经。《隋书·经籍志》已把它列入经类。此时,《孟子》也受到了一定的重视,特别是赵岐称孟子为"亚圣",此书被赵岐进行注释和宣传。然而并非所有人都欣赏《孟子》一书。因而《孟子》仍然不能和《论语》并列。

《孟子》、《大学》、《中庸》直到韩愈、李翱、二程,特别是到了朱熹,才受到了异乎寻常的重视。韩愈和二程都竭力阐发和宣扬孟子的思想，因而使《孟子》一书的地位有了明显提高。不仅如此，韩愈和李翱对《中庸》和《大学》的思想也给予了充分重视，如李翱的《复性书》将此二篇的部分观点加以融合、发挥，建构了一个较为完整的思想体系，开启了宋代理学大门。二程沿着这个方向，尊奉《中庸》，并把《大学》与《论语》、《孟子》并提。

在编排次序上，首列《大学》，次列《论语》和《孟子》，最后列《中庸》。其意图是要人先读《大学》，以定其规模；次读《论语》，以立其根本；再读《孟子》，观其发越；次读《中庸》，以求古人微妙之处。朱熹认为《大学》为人提供了修身治人的规模和为学的纲目。朱熹认为《中庸》是孔门传授心法的经典，并引用程颐的话，说"这本书一开始说的是一个道理，中途便散为万事万物的道理，到了末尾又合为一个道理。把它放开，和所有的事物都是相通的，将它收回来看，它又是那么神秘。"由此不难看出，朱熹把《大学》视为理学的纲领，而把《中庸》视为理学的精髓。此外，朱熹认为《论语》和《孟子》也是一定要读的，"以探其本"。他说："学者之要务，反求诸己而已。反求诸己，别无要妙，《语》、《孟》二书，精之熟之，求见圣贤所以用意处，佩服而力持之可也。"这不仅进一步巩固了《论语》的地位，而且进一步提高了《孟子》的地位。对于孔孟形象及其精神的重塑与发挥、对中国传统文化的汇聚和提炼，朱熹的功劳不可磨灭。《四书章句集注》就是他重塑孔孟形象、发挥儒家精神、宣传理学道义的最简要、最普及、最权威的一部教科书。因此，有人说它的地位几乎和《圣经》、《古兰经》相等。

在注释方式上，朱熹不同于汉唐学者的作风。汉唐学者注释，注重经书的原本，文字的训诂和名物的考证分量很重，做法烦琐。朱熹注释则注重阐发"四书"中的义理，并往往加以引申和发挥，其意已超出"四书"之外。总之，朱熹注释"四书"，目的不仅仅是整理和规范儒家思想，宣扬和贯彻儒家精神，其更主要的目的是把"四书"纳入到自己的理学轨道，用"四书"中的哲理作为构造自己整个思想体系的间架。从这个意义上说，《四书章句集注》不仅是儒家学说的大成，而且是朱熹儒学体系的基础。

《大学》即大学问的意思，就其实质来说，它乃是儒家的政治哲学。它对儒家理想人格的修为之道从内到外进行了总结，全篇阐释的是一种修己治人之道，即儒家思想历来所贯之的内圣外王之道。它一开始便讲"自天子以至于庶人，壹是皆以修身为本"。将"修身"作为其整个道德修养体系的价值目标与根本目的，且成为其治国平天下的逻辑出发点。具体来说，它明确提出的有两条最基本的儒家道德修养原则："三纲领"说和"八条目"说，"修身"则正是其"三纲八目"说的核心。它开宗明义写道："大学之道，在明明德，在亲民，在止于至善。""明明德"即修明天赋的光明德性，

"亲民"即管理好臣民百姓，"止于至善"即要达到至善至美的境界。这三个基本原则被认定为封建统治者一生的努力方向和奋斗目标，因此也叫"三纲领"。要做到这三个基本原则，必须加强个人的道德修养。

《大学》在提出了"三纲领"说之后又提出了"八条目"之说。它提出的"修身"途径主要指"八条目"中的格物、致知、诚意、正心，可以概括为两个步骤：正心诚意与格物致知。它认为，修身的起点乃是格物致知，《大学》对格物致知没作过多解释，而通过历代一些学者的注疏可以看出，"格物"即"对自然外界进行研究"的意思，"格物"与"致知"是联系紧密而层层递进的两个步骤。《大学》还教人如何防止个人感情欲望的发展。它把修身看作根本，而修身则是建立在取消或抑制忿恨、恐惧、好乐、忧患等各种感情欲望基础之上。也就是说，只有对这些感情欲望彻底消除或者抑制，方能达到"致知"，否则"修身为本"只能说是一句抽象的空话。《大学》认为最根本的修身方法是"慎独"，即"内心反省"。也就是说要使自己的意念真诚，就不要欺骗自己，就像厌恶臭味与喜欢美色一样。因此，君子即便是独自一人时，也务必谨慎地进行内心反省。在政治观上，《大学》直接秉承了孔子与孟子的思想，主张统治者不能过分地盘剥人民，要爱民，目的在于巩固其封建等级制度；它强调统治阶级修己，目的即在于取得被统治阶级的理解，达到所谓的上行下效的结果。

《中庸》着重体现了以"诚"为本体的唯心主义世界观。"诚"原意为十分完美的、"至善"的精神世界。在《中庸》里"诚"作为一个道德概念，组成世界的本原，成了第一性的东西。"诚"就是天道，它并非由其他的比它更高的东西产生，而是"自成"，进而言之，它不但"自成"，而且还产生万物、衍生万物。《中庸》讲述的这个从道德精神演变为物质的"诚"，体现的是唯心主义宇宙观。而这种宇宙观推衍方法的前提是"至诚无息"。

同时，《中庸》也体现了"尊德性"、"道学问"的认识论和修身术。《中庸》说，一个人如果达到了"至诚"的境界，就可与"天道"合一成为"圣人"。《中庸》认为有两条途径可以达到"至诚"，一条是明白自己的本性，即"尊德性"，一条是从事学习，接受教育，即"道学问"。《中庸》说："天命之谓性，率性之谓道。"这就是说，人的本性是由天命决定的，顺着天赋这种本性的行为，才称之为中道。因而"反求诸其身"，明白和保持这种天赋的道德本性——"尊德性"，成了修身的根本要求。"道学问"是"至诚"的另一条途径，可分为五个步骤，即"博学之，审问之，慎思之，明辨之，笃行之"。人们如果能按照上述这五个步骤去做，"人一能之，已百之；人十能之，已千之。"在认识论中，《中庸》把"诚"当作是最可靠的、最根本的知识。另外，"明"也可以达到"诚"，"明"的目的就在于恢复"诚"。

《中庸》认为，"诚"的具体化，就是"中庸"，也作"中和"、"中道"。该书把

"中庸"当做处世从政的根本法则。"天下之达道"就是"君臣也，父子也，夫妇也，昆弟也，朋友之交也"。这五者是人人都具有的五方面的关系，而处理这五方面关系的准则为"君惠臣忠"、"父慈子孝"、"夫义妇顺"、"兄友弟恭"、"朋友有信"。

在谈及人与政治制度等政治实体的的关系时，《中庸》认为人是活的主体因素，治国之本在人而不是在于政治实体，如制度、法律、已形成的政治体系等，主张人治、反对法治。同时《中庸》认为只有修身之人才能处理好德与才的关系。

朱熹注释四书的明确目的是希望能改变道德沦丧、教化不行的社会文化现象。《四书章句集注》正是这种"政教"的范本。它在文化上的成果主要有三个方面。

第一，整体的思维模式。

《四书章句集注》以"理"为中心，阐述了"理"与儒家经典中的范畴体系的联系，并在此基础上界定了这个范畴体系中的重要范畴。实现了"天人合一"、"心理合一"、"心性合一"。此三种合一说，奠定了朱熹"四书"理论基础，也反映了朱熹思维模式的整体性。朱熹对儒学进一步体系化使《四书章句集注》成为"政教"的范本。

第二，道德理性与道德实践的高度结合。

《四书章句集注》统一了宇宙本体和道德本体，结合了纯粹理性和实践理性以及至高的道德性和自觉性的道德实践。朱熹借助"理一分殊"这个思辨之网，完成了道德理性的绝对化、本体化。他说："天即理也。"天理流行，大化不息，生人生物，各有其理。而"性即理也"。他认为人可以通过继善成性，摆脱"人心"，实现"道心"。也就自然完成了道德的本体，即是天理。自觉追求的道德精神即"道心"也称之道德理性。写实为内容的实践理性取决于追求道德精神的自觉程度。二者的有机结合，实现了道中庸而极高明，致广大而尽精微，尊德性而问道学，实现人与自然、社会的完全和谐，实现人生的最高真理和人生的真正价值。儒学精典的教化作用在道德理性与道德实践的高度结合中增强了。

第三，道德教育的整治化。

"明伦"宗旨贯穿《四书章句集注》始终。"明人伦"，就是维护统治秩序，以实现政治上的安定。"正心术以立纲纪"的治国大计，以"正心诚意"为定国安邦的大计是他对统治者多次提醒的内容。道德教育是为了政治目的。《四书章句集注》之所以一直受到封建统治者的重视，使之成为中国古代政治文化中的重要现象就因为其明确的政治目的。

朱熹对儒家经典的高度重视集中体现在《四书章句集注》，他的文化观，深深影响一代又一代的正统人士，他们的理想、信念、志趣和心态，都与这部书联系在一起。

【历史评说】

朱熹对"四书"的研究用了毕生精力，写成了多部著作。"四书"经过他的反复研究，颇为完整，条理贯通，无所不备。南宋之后"四书"代替了"五经"的权威地位。

《四书章句集注》被宋以后的历代封建统治者所推崇。南宋宁宗嘉定五年（1212年），把《论语集注》和《孟子集注》列入学官，作为法定的教科书。理宗于宝庆三年（1227年）下诏盛赞《四书章句集注》"有补治道"。宋以后，元、明、清三朝都以《四书章句集注》为学官教科书和科举考试的标准答案。理学成为官方哲学，占据着封建思想的统治地位，而《四书章句集注》作为理学的重要著作，也被统治者捧到了一句一字皆为真理的高度，对中国封建社会后期思想产生了深远、巨大的影响。

【书海拾贝】

自古圣贤相传，只是理会一个心，心只是一个性，性只是有个仁义礼智能。

圣经贤传之旨，灿然复明于世。

《尔 雅》

【名作述略】

《尔雅》是一部以解释五经为主通释群书语义的训诂汇编，最早著录于《汉书·艺文志》，但未载作者姓名。关于《尔雅》的写作年代及作者，后来说法不一。据史料推测，其成书的上限不会早于战国，因为书中用到了《庄子》等书中记录的资料，而这些书是战国时代的作品。《尔雅》成书的下限不会晚于西汉初年，因为在汉文帝时已经设置了《尔雅》博士，到汉武帝时形成了《尔雅法》。

【经典阐述】

书面语言应该以当时社会能普遍接受为准则，《尔雅》成书时代的规范书面语言是"雅言"，就是"五经"、"六艺"中的通语。《论语·述而》中说："子所雅言，诗、书执礼，皆雅言也。"孔安国为其作注说："雅言，正言也。"郑玄进一步解释说："读先王典法，必正其音，然后义全，故不可有所讳，礼不涌，故言执。"由此可见，以"雅言"来"正言"的《尔雅》，正是用经典中的规范书面语，作为规范社会语言文字的标准来编著的。这种作用，正如郭璞在其《尔雅序》中所说："《尔雅》者，所以通训诂之指归，叙诗人之兴咏，总绝代之离词，辨词实而殊异者也。"

《尔雅》全书的内容，有解释经传文字的，有解释先秦子书的，也包括一部分战国秦汉间的地理名称。它在训释古代词语时，基本按词义系统和事物分类而编纂，但在训释一些词义时，有把某些同义词或类义词收在一起而出现不必要的重复现象；有的内容又出现了前后矛盾，或者体例不一的现象；在引用古书时也有出自不同时代、不同学者之手的痕迹。由此可见，《尔雅》一书绝非出自一人之手，而是由几个时代的众

※ 中华文明历史长卷 ※

多文人学士编纂增益，后又经东汉以后至东晋初郭璞注《尔雅》，才把它最终完成。

我国古代的学者之所以要编纂《尔雅》，而《尔雅》又能得以流传，是由于其适应了当时社会、文化的发展，与语言文字提出的实际要求是分不开的。

以汉代为例，据《汉书·艺文志》和《说文解字·序》讲，按照当时的法令规定，学童17岁以上，可以参加考试，能"讽籀书"9000字才可以担任官职；试以"八体"成绩优良者便可以做尚书；吏民上书给皇帝时字写错了，就要被揭发判罪。这里所说的"籀书"即懂得字义，"讽书"即要求懂得字音，"试八体"即要求懂得字形。国家如此重视文字，儒生们自然要奋起研讨字形、字音、字义了。而研讨字形、字音、字义就成为当时读书人步入仕途的主要渠道。《尔雅》作为训释字义的语言文字工具书也就自然成为研习"官书"的一门专门学问了。

从春秋战国时期到汉代，人们都崇尚经学。值得一提的是要通经就得识字，因而由识字到通经是读书人步入仕途的必经之路。通经首要的是能正确解释前人流传下来的经义，但当时能这样做的人并不多，且训释字义又多不规范。为了达到规范正确的目的，这就要求读书人懂得训诂之学。所谓"训诂"，《说文解字》解释说："诂，训古言也。"由此可知"训诂"就是"训故"。汉代把《诗》、《书》、《礼》、《易》、《春秋》定为"五经"，朝廷也专门成立学校讲授五经。讲授经书并不是件随意的工作，必须"古文读应'尔雅'，故解古今语而可知也"（《汉书·艺文志》）。这里的"尔"是"近"的意思，"雅"是"正"的意思，"读应尔雅"就是要求讲解经义要达到正确的要求，就必须依照故训"尔雅"了。正因为受如此器重，汉武帝时，《尔雅》被提到了很高的地位，曾被列为官书，供儒生学习。从语言文字的角度来看，作为工具书的《尔雅》，向世人展示了我国古代汉语文学语言的形成和发展，已日趋成熟。《尔雅》中收集的词语达2091条，包括通用词和专用词两大部分，收词语4300多个。这为人们研究古代汉语词汇，提供了便利。《尔雅》一书的出现，标志着我国古代语言学已经从萌芽阶段进入了建立阶段。

再从社会生活层面来看，《尔雅》就像一部百科全书，它客观地为人们反映了我国秦汉以前古代社会的文物制度和那时人们对客观事物的认识，保存了古代一些社会制度、天文、历法、地理等方面的资料；封建家族宗法社会制度在《释亲》中得到反映；农、牧、渔业及家庭饲养业的情况在《释木》、《释草》、《释虫》、《释鱼》、《释鸟》、《释兽》、《释畜》中均有记载。这些训释，不仅解释了经典文献，更是对我国古代人民日常生活用语的总结。

正因为如此，自秦汉以来《尔雅》一直影响着我国的古代语言学。而且，《尔雅》也深受研究者的好评。

【历史评说】

《尔雅》汇总、解释了先秦古籍的许多古词古义，成为当时读书人进入仕途的重要的教材，到宋代时，被列为十三经之一。但事实上，它是一本独立的词典。人们借助于该词典，可以增长各种知识，《尔雅》首创的按意义分类编排的体例和多种释词方法，对后世也产生了很大的影响。

"尔雅之学"的形成，带动了"雅学"的兴起，涌现了一大批以"雅"为书名的语言学专著。诸如《小尔雅》、《骈雅》、《广雅》、《通雅》、《尔雅翼》、《说雅》，等等。它们的出现标志着"雅学"成为古代语言学当中的一门。

《尔雅》流传于世后，有多家为之作注，文字也互有异同。据唐代陆德明《经典释文》中记载，唐代之前就有犍为舍人、李巡、樊光、孙炎诸家。这些书，在唐代以后都逐渐亡佚了，流传于世而影响极其深远的是晋代郭璞注及宋代邢昺疏的《尔雅注疏》本。宋代陆佃的《尔雅新义》、郑樵的《尔雅注》也颇有影响。清代朴学兴盛，对《尔雅》研究建树颇多、影响较大的有戴震的《尔雅文字考》、王念孙的《广雅疏证》、邵晋涵的《尔雅正义》、阮元的《尔雅校勘记》、王引之的《经义述闻·尔雅》、郝懿行的《尔雅义疏》、王闿运的《尔雅集解》、陈玉澍的《尔雅释例》等。俞樾的《群经平议·尔雅》、王国维的《尔雅草木虫鱼鸟兽释例》、刘师培的《尔雅虫名今释》等也各有建树。

现今，人们研习《尔雅》再不是把《尔雅》作为"通经"进入仕途的桥梁，它的意义在于：

第一，通过《尔雅》可以了解古代的社会和自然各方面的知识。

尽管《尔雅》的训释文字不多，但它包含的古代自然和社会的知识却是非常丰富的。如《释亲》中，既可寻找亲属称谓古今的渊源区别，又包含了人际的礼制关系、亲属间的依次称谓等；《释宫》中，既可看到封建社会等级制度下的居住差异，又可知道古建筑物的鲜明的民族风格；从《释器》上，可以了解到古代服饰、纺织印染工艺，以及古代炊具、礼器的情况；在《释乐》中，记载了我国古代音乐特别是乐器的知识；在《释天》中，可以了解到古代的纪年方法、古代的天文历法知识、年月的别称等；从《释地》、《释丘》、《释山》、《释水》中可以了解到古代丰富的地形分类知识、分布在我国不同地域的生物的差异；在《释草》、《释木》中，记载有大量的植物名称、植物栽培情况；在《释虫》、《释鱼》、《释鸟》、《释兽》、《释畜》中可以发现古代动物的形态、分布、生理、生态、遗传、进化以及与人类的关系。

第二，利用《尔雅》认识和研究汉语词义的演变。

《尔雅》汇集的词语中，保存了大量的先秦古义。如《释宫》中的"宫谓之室，室谓之宫"，由此，可知先秦时期宫和室是同义词。再则，"宫"在先秦时期不仅是名词，而且还是动词，表示"围绕"的意思。《尔雅》的《释山》中这样训释："大山宫小山",就是明证。由此可见,"宫"在先秦时期同属于名词、动词。了解了这一点,我们就不会把动词的"宫"当作名词的"宫",反之亦不会把名词的"宫"当作动词的"宫"来理解。再如"舅",现代都指母亲的兄弟,而先秦时期,它既指母之兄弟,也指"公公"。《尔雅》的《释亲》有这样的训释:"谓我为舅者,吾谓之甥也","妇称夫之父为舅",这两项词义区别是非常清楚的。

通过研习《尔雅》,我们就可以认识汉语中一些常用词词义的演变情况。

第三,《尔雅》又是编纂同义词典、百科辞典的借鉴。

可以说《尔雅》是我国第一部同义词典。其《释诂》、《释言》、《释训》三篇所使用的同义类聚的训释方法,按其性质而言,实际就是同义词典的训释方法。

《尔雅》自《释亲》以下十六篇,把先秦时期指称社会与自然各科的词语和专门词语加以综合,构成知识的体系。这种体系,大可极天地四时之悠渺,细可察昆虫草木之琐屑,显能悉人事之庶,微能析群言之错。同时它代表了先秦、汉魏时期人们对社会和自然的认识水平,给百科辞典的编纂者以启迪。

【书海拾贝】

春为发生,夏为长赢,秋为收成,冬为安宁。

谷不熟为饥,蔬不熟为馑,果不熟为荒,仍饥为荐。

《说文解字》

【名家传略】

《说文解字》亦简称《说文》,它的作者许慎(公元 30 年—124 年),字叔重,汉昭陵人。曾经任汶长,太尉南阁祭酒。从贾逵受业,博通经籍,时人叫他"五经无双许叔重"。许慎在病中遣其子许冲将这本书连同一份相宜的奏章献给安帝。《说文》之所以会在编成之后被耽误了 20 多年才面世,这跟许慎编纂这本书的目的,以及跟一世纪末到二世纪初的汉代朝廷的政治、学术环境有密切的关系。

《说文解字》是在经学斗争中产生的一部巨著。古文经学与今文经学之争是汉代学术思想领域中最重要的一场争论。秦以前的典籍均为六国时文字写的,汉代时称六国文字为"古文",用古文书官的经书叫古文经。秦始皇出于愚民政策的需要,将这些用古文字写成的《诗》、《书》等经典付之一炬。西汉初年,一些年老儒生凭记忆把五经口授给弟子,弟子用隶书记录下来。隶书为汉代通行的文字,称"今文经",后来不断发现用古文字写的经书。于是在汉代经学家中就分成了今文经学家和古文经学家。两派的区别不仅表现为所依据的经学版本和文字不同,最重要的表现是怎样使经学为封建统治服务上。今文经学家往往对经书作牵强附会的解释和宣扬迷信的谶纬之学;而古文经学家则主张读懂经典,真正理解儒学精髓,为此偏重名物训诂,重视语言事实,比较简明质朴。许慎属于古文经学派，他编著《说文》是要用语言文字为武器，扩大古文经学在政治上和学术上的影响。

【经典阐述】

《说文》是中国历史上第一部字典，全书一共收单字9353个，另有重文（异体字）1163个，附在正字的后面，把9353个字都放在540个部首之中。

《说文》有以下四个贡献：

第一，建立部首是许慎的重大创造之一。

汉字是凭借形体来表示意义的，所以，以汉字义符加以分析，把所有汉字都按照它所属义符加以归类，这项汉字学家的工作，最先由许慎完成了。《说文》一共分540部，除了极少数部首可以合并与调整外，从总体上说它都是合理的，都符合造字的意图。许慎在安排540部的次序上费尽心思，把形体相近或相似的排在一起，这就相当于把540部又分成若干大类，这可以帮助读者更深刻地去理解义符，更正确地理解字义。每部所属的字排列并不是杂乱无章没有顺序的，而以类相从的原则去排列。具体说来有三种情况：一是词义相近的字排在一起；二是词义属于积极的排在前边，消极的排在后边；三是前边排专有名词，后边排普通名词。许慎发明的540部首和一部之中各个字的排列方法，都是从文字学角度考虑的，这种排列方法更能体现部首与部首、字与字之间的意义联系，这跟从检字法角度的分部和按笔画多少是不同的两种分类。

第二，训释本义。

许慎在《说文》中紧紧抓住字的原来的意思，并且只讲本义，这就抓住了词义的核心问题，因为所有的引申喻义等都是以本义为出发点的，掌握了本义，就可以以简驭繁，可以推知引申意义，从而把一系列有关词义的问题都一一解决了。此外，许慎在训释本义时，常常增加描写和叙述的语言，这样就可以使读者加深对本义的理解，增加读者的知识面，丰富本义的内涵和外延。

第三，分析汉字形、音、义三方面。

许慎在每个字下，首先训释词义，接着对字形构造进行分析，如果是形声字，在分析字形时就指示了读音，假如是非形声字，则往往用读若、读与某同等方式指示读音。汉字是属于表义系统文字，是由最初的图画文字演变而来的，这样通过字形分析来确定、证实字义跟汉民族语言文字的一般规律完全符合。而语音是语言的物质外壳，文字仅仅是记录语言的符号，许慎深知音义相依、义傅于音的原则，因此在《说文》中非常重视音义关系，往往到声音线索来说明字义的由来，这为后世训诂学者提供了因声求义的原则。

第四，以六书分析汉字。

在许慎之前，有仓颉造字的传说。现代文字学家认为，六书是对汉字造字规律的总结，不是汉字产生之前的造字模式。许慎之前，就光只有六书的名称：象形、指事、会意、形声、转注、假借,没有详细的阐述,更没有用来大量地分析汉字。许慎把六书理论发展了,明确地给六书下定义,并把六书付诸实践,逐一分析《说文》所收录的 9353 个汉字,这些在汉字发展史和研究史上起着承前启后、继往开来的意义,因此确立了汉字研究的民族风格、民族特色。

《说文》成书以后,研究者一时蜂起。清代是《说文》研究的高峰时期。清代研究《说文》的学者有二百余人,其中有数十人称得上专家。清代《说文》之学,可分为如下四类:其一,是进行校勘和考证工作,如严可均的《说文校方议》;其二,对《说文》进行匡正,如孔广居的《说文疑疑》等;其三,对《说文》进行全面研究,如段玉裁的《说文解字注》、桂馥的《说文解字义证》、朱骏声的《说文通训定声》、王筠的《说文句读》等;其四,订补前人或同时代学者关于《说文》研究的著作,如严章福的《说文校议》、王绍兰的《说文段注订补》等。其中最为重要的要属第三种,段玉裁、桂馥、朱骏声、王筠一起被誉为清代《说文》四大家。四人之中,尤以段玉裁、朱骏声最为突出。

《说文解字》一书就阅读来说,是相当困难的。因此,阅读该书最好能选择其注释本,如段玉裁《说文解字注》、王筠《说文释例》和《说文解字句读》、朱骏声《说文通训定声》和桂馥的《说文解字义证》。

【历史评说】

《说文》是第一部我国语言学史上分析字形、说解字义、辨识音读的字典。同时,它发明了汉民族的文献语言学,文献语言学的奠其之作就是《说文》。《说文》对传统语言学的形成与发展有着非常大的影响,后世所说的文字、音韵、训诂,基本都不超过《说文》所说的范围,而《说文》本身则形成一个专门学科。《说文》较完整而系统地把小篆和部分籀文保存下来了,是我们认识上古文字——甲骨文和金文的桥梁;《说文》的训解是我们现在注释古书、整理古籍的重要根据。《说文》是从事语文工作与常阅读古代文献的人所必备的工具书。

【书海拾贝】

古者庖羲氏之王天下也,仰则观象于天,俯则观法于地,视鸟兽之文与地之宜,近取诸身,远取诸物;于是始作《易》八卦,以垂宪象。及神农氏,结绳为治,而统其事。庶业其繁,饰伪萌生。黄帝史官仓颉,见鸟兽蹄迒之迹,知分理之可相别异也,初造书契。百工以乂,万品以察,盖取诸夬。"夬,扬于王庭",言文者,宣教明化于王者朝廷,"君子所以施禄及下,居德则忌"也。

仓颉之初作书也,盖依类象形,故谓之文。其后形声相益,即谓之字。文者,物象之本;字者,言孳乳而寖多也。著于竹帛谓之书。书者,如也。以迄五帝三王之世,改易殊体,封于泰山者七十有二代,靡有同焉。

第二章 史地要著

《史 记》

【名家传略】

中国是一个注重修史的国家。上下五千年，25个主要朝代，波澜壮阔的历史事件，叱咤风云的历史人物，虽已如时间长河中的滔滔逝水，但后人却能从历朝历代的层出不穷的官修和私撰的史书里重温那远去的一切。在众多官、私史书之中，最为人们所重视的是二十四史，将二十四史的内容顺次排队，人们便能清晰地看见古代历史流动的痕迹。《史记》被鲁迅称为"史家之绝唱，无韵之《离骚》"。可以说，即使将《史记》与任何世界一流的历史著作相比，也毫不逊色。

《史记》的作者司马迁，被称为具有"良史"之才。这位作出杰出贡献的历史学家在他的一生中的所作所为和他的著作一样极具启发意义。

司马迁生于汉景帝中元五年（公元前145年），青少年时代在家乡度过。过了20岁以后，他离开家乡到各地游历考察，为一个历史学家应该具备的知识与见识打好基础。他去过全国的许多地方，在旅行中搜集了许多历史素材，然后他回到首都长安，任郎中之职，这是一个非常贴近皇帝的侍从性质的官职，所以他得以随同皇帝对许多地方进行考察。这是他成为成熟历史学家进程中的第二个准备阶段。后来他的父亲司马谈病危，临终前再三嘱咐他努力写好《史记》，可能就是从这个时候起，司马迁开始明确地为写作《史记》而收集资料。

【经典阐述】

《史记》分本纪、世家、书、表、列传五种文体，其中本纪、世家、列传都是以人物为核心来记叙事件的，而不是以年代来为核心的。"本纪"是根据历朝帝王顺序年代为纲而作的历史大事纪；"世家"是那些有爵位、封地、世代相传的家族的历史，从春秋战国时代就已存在的各个诸侯国和汉代帝王所封的王侯都包括在内；"列传"是一些有作为、对社会有影响的人物的传记；"书"记叙的是有关经济、军事、水利、祭礼，以及礼、乐方面的制度史；"表"记叙错综复杂的历史事件，把它们谱列成表格。如果从内容上来说，《史记》这部书非常博杂，包含哲学、政治、经济、军事、法学、医学、天文、地理等多个学科和领域。

《史记》中有非常多的人物传记写得特别生动有趣,就像是一篇篇的故事。

楚霸王项羽的本纪写道:项籍少时,学书不成,去;学剑,又不成,项梁怒之。籍曰:"书足以记名姓而已,剑一人敌,不足学,学万人敌。"于是项梁乃教籍兵法,籍大喜。略知其意,又不肯竟学……秦始皇帝游会稽,渡浙江,梁与籍俱观。籍曰:"彼可取而代也。"梁掩其口,曰:"毋妄言,族矣!"梁以此奇籍。籍长八尺余,力能扛鼎,才气过人,虽吴中子弟,皆已惮籍矣。

这样的写法使人仿佛亲眼见到一样。在为汉初三杰之一的韩信写的传记《淮阴侯列传》中,司马迁这样写刘邦封韩信为齐王的过程:

汉四年,(韩信)遂皆降平齐。使人言汉王曰:"齐伪诈多变,反覆之国也。南边楚,不为假王以镇之,其势不定,愿为假王便。"当是时,楚方急围汉王于荥阳。韩信使者至,发书,汉王大怒,骂曰:"吾困于此,旦暮望若来佐我,乃欲自立为王!"张良、陈平蹑汉王足,因附耳语曰:"汉方不利,宁能禁信之王乎?不如因而立,善遇之,使自为守。不然,变生。"汉王亦悟,因复骂曰:"大丈夫定诸侯,即为真王耳,何以假为?"乃遣张良往立信为齐王,征其兵击楚。

这段描写非常清楚地把张良、陈平作为刘邦心腹之士的身份和他们比刘邦高明的地方体现出来,而刘邦同时也被塑造成一个反应机敏、随机应变的人。

司马迁的《史记》中还有许多错综复杂的场面,有代表性的一段是著名的"荆轲刺秦王",出自《刺客列传》。首先故事交待了荆轲和助手秦舞阳怎么样离开燕国,接着又怎样来到秦的朝廷之中,他们接下来假装向秦王献上燕国的地图:

秦王闻之,大喜。乃朝服,设九宾,见燕使者咸阳宫。荆轲奉樊於期头函,而秦舞阳持地图柙,以次进。至陛,秦舞阳色变振恐。群臣怪之。荆轲顾笑舞阳,前谢曰:"北蕃蛮夷之鄙人,未尝见天子,故振慴。愿大王少假借之,使得毕使于前。"秦王谓轲曰:"取舞阳所持地图。"荆轲取图奏之,秦王发图,图穷而匕首见,因左手把秦王之袖,而右子持匕首揕之。未至身,秦王惊,自引而起,袖绝。拔剑,剑长,操其室。时惶急,剑坚,故不可立拔。荆轲逐秦王,秦王环柱而走,群臣皆愕,卒起不意,尽失其度。而秦法,群臣侍殿上者,不得持尺寸之兵;诸郎中执兵,皆陈殿下,非有诏召,不得上。方急时,不及召下兵,以故荆轲乃逐秦王。而卒惶急,无以击轲,而以手共搏之。是时,侍医夏无且以其所奉药囊提荆轲也。秦王方环柱走,卒惶急,不知所为。左右乃曰:"王负剑!"负剑,遂拔,以击荆轲,断其左股。荆轲废,乃引其匕首以掷秦王,不中,中桐柱。秦王复击轲,轲被八创。轲自知事不就,倚柱而笑,箕踞以骂曰:"事所以不成者,以欲生劫之,必得约契以报太子也。"

这个刺客在朝廷上刺杀君王的事件场面或许不是很大,因此司马迁写得十分细致周到,但即使是两军交锋这样宏大的场景《史记》也一样写得既细致周到又活泼生动,同时气势磅礴。

《项羽本纪》中记录了历史上著名的大战役——巨鹿之战：

项羽已杀卿子冠军，威震楚国，名闻诸侯。乃遣当阳君、蒲将军，将卒二万渡河，救巨鹿。战少利，陈馀复请兵。项羽乃悉引兵渡河，皆沉船，破釜甑，烧庐舍，持三日粮，以示士卒必死，无一还心。于是至则围王离，与秦军遇，九战，绝其甬道，大破之，杀苏角，虏王离。涉间不降楚，自烧杀。当是时，楚兵冠诸侯。诸侯军救巨鹿下者十余壁，莫敢纵兵。及楚击秦，诸将皆从壁上观。楚战士无不一以当十，楚兵呼声动天，诸侯军无不人人惴恐。于是已破秦军，项羽召见诸侯将，入辕门，无不膝行而前，莫敢仰视。项羽由是始为诸侯上将军，诸侯皆属焉。

除上面已列举的人物传记之外，《史记》中著名的人物传记还有《廉颇蔺相如列传》。这篇传记中包括三个著名的小故事，它们是常常出现在舞台上的蔺相如完璧归赵、廉颇负荆请罪和秦赵渑池之会。

可能是由于司马迁自己一生遭遇坎坷、愤懑压抑的原因，他对人情世态有非常深的了解，这使得他著的《史记》有一个明显的不跟其他历史作品相同的地方，那就是对世态炎凉、人情淡薄的感慨有很强的个人抒情性。《史记》难以避免地染上了很浓厚的个人化色彩，这样就使得这部杰作中的许多人物、情节、原委、对话也许并不是以历史的真实面貌而出现的，司马迁是通过对人物的评论与写法，将他对历史事件和人物的态度渗透于这部书。所以任何一个阅读这部书的人都很容易受到司马迁个人意见的影响，以至于很多时候，司马迁喜欢的人物我们就喜欢，司马迁讨厌的人物我们就讨厌，这样也许呈现在我们眼前的历史并非是真实的历史。

就跟许多历史学家和哲学家所说的那样，无论如何后人都不可能把历史的原貌考证出来，任何历史都仅仅是当代史，是一种解释罢了，任何历史学家呈现给这个世界的都是真实历史的某一个方面而已。所以，对于已经永远消逝的过去，后代人应该做的，并不是全力去发掘它的绝对真实的面貌，而是通过对历史的不同方面的了解去积累对当代人有益的经验，从而获得个人的体悟。

【历史评说】

不论从哪个角度来看，司马迁的《史记》都给我们认识西汉及其以前的历史提供了一个特殊而真实的世界，让我们看到司马迁曾看到、感受到、想象到的一切，而在所有古代历史学家向我们展现的世界里，司马迁的世界是其中最丰富、最生动、最有趣的。

【书海拾贝】

以权利合者，权利尽而交疏。

智者千虑，必有一失；愚者千虑，必有一得。

《汉 书》

【名家传略】

班固（公元32年—92年），字孟坚，东汉扶风安陵（今陕西省咸阳市东）人。班固出身一个世代富豪的显贵家族，并且极富家学渊源。父亲班彪，字叔皮，东汉光武帝时做望都长。班彪博学多才，专攻史籍，是著名的儒学大师。由于他不满当时许多《史记》的续作，于是就作《后传》65篇，以续《史记》。班彪有班固、班超二子。班超是东汉时通西域的著名将领。班固从小就很聪明，9岁能作诗文。长大之后，班固博览群书，并深入研究。他有着渊博的学识以及很强的写作能力，为他以后的作史创造了一个十分有利的条件。在23岁那年，父亲去世，班固私自修改国史，所以被捕入狱。班超赶到洛阳，替班固申辩。正好在这时汉明帝看中了他的才华，于是任他为兰台令史，负责掌管图籍，校定文书。在这之后他与陈宗、尹敏、孟异等共同写《世祖本纪》。接着又迁任为郎，典校秘书。此后，班固用了二十多年的时间完成《汉书》。永元四年（公元92年）班固因为窦宪以外戚谋反畏罪自杀而受到牵连，之后被捕入狱，61岁时死于狱中。

班固生活的时代，正是东汉社会经济文化繁荣的时期，而东汉统治者为了总结历史经验，迫切需要编写前朝的历史。司马迁的《史记》只写到汉武帝，武帝以后便缺而不录，虽然有许多学者相继加以续补，但不是一部完整的史著；另外司马迁又把汉初的历史"编于百王之末，侧于秦项之列"，这与"汉承尧运"是不相宜的，也是东汉统治者所不能接受的。西汉一代历史应该重新编写，独立成书，这些就是班固创立断代史的客观要求。

【经典阐述】

《汉书》是我国第一部纪传体断代史，《汉书》有纪、表、志、传，没有世家。《汉书》沿袭《史记》的体例，但作了部分改动，同时也有一些创新。在纪部分，《汉书》不称"本纪"，而改称"纪"，在《史记》的基础上，《汉书》增有《惠帝纪》，用来弥补《史记》的缺略；在《武帝纪》之后，还接着写了昭、宣、元、成、哀、平等6篇帝纪。《古今人表》和《百官公卿表》，是《汉书》新增加的两种表。《古今人表》专议汉代以前的古代人物，体现了班固评论人物的论事标准，同时也暗示出他对汉代人物褒贬的立意，也不是没有好处。而《百官公卿表》是研究古代官制史、政治制度史的重要资料，有非常高的学术价值。在志部分，《汉书》把《史记》中的"书"部分改为"志"而又予以丰富和发展，形成我国史学上的书志体。《汉书》将《史记》的《律书》、《历书》合并为《礼乐志》，增写《史记·平准书》为《郊祀志》、《天文志》,《河渠书》为《沟洫志》。除上述诸志增加了武帝以后的内容之外,《汉书》还创设了刑法、五行、地理、艺文等10种志。其中,改变或合并八书名称的有律历、礼乐、食货、郊祀、天文、沟洫等6种,但它们的内容有的不同,有所增损。如《食货志》在继承了《平准书》部分材料的同时,又增加新的内容,分为上、下两卷。上卷记"食",主要是农业经济情况;下卷载"货",为工商及货币情况。《史记》列传篇题的定名,或用姓,或用名,或用官,或用爵,多不齐一,且不按顺序排列。《汉书》则一律以姓名题篇,排列顺序是先专传、次类传、后四夷和域外传,最后是外戚和王莽传,整齐划一。《汉书》将《史记》的《大宛传》扩编为《西域传》,详细记述了西域几十个国家、民族的历史,是研究古代中国各兄弟民族和亚洲有关各国历史的珍贵史料。

《汉书》主要有以下四个特点。第一,《汉书》真实地记述和评论了西汉时期的政绩及其盛衰变化,对于各时期所取得的成就进行了一番热情的称颂。《汉书》用"时"、"势"或"天时"变异来表达历史以及评述西汉政治是发展的看法。第二,《汉书》非常广泛地评价了每种人物在西汉政治中的作用。它记述到汉代的兴盛,是因为有众多的文臣武将和智谋极谏之士,在中央和地方的事务中竭尽全力地为朝廷作贡献。第三,《汉书》暴露了皇权的争夺、外戚的专横和封建统治阶级的淫奢,把人民的痛苦生活以及为此作的反抗斗争都反映得真实。《汉书》暴露了西汉外戚势力的专横、残暴与奢侈,并用许多笔墨来暴露王室及大臣聚敛财富、奢侈淫逸的现象。第四,《汉书》非常详细地记叙了古代特别是汉代的政治典制,表现了西汉文化的发展规模和它的重要价值。其中的《刑法志》记述了古代的兵学简史,叙述刑法详细明确,首尾备举,论其变化正本清源。《食货志》比较系统地记述了西周到王莽时期的农政以及钱法,所映了一千多年中社会经济发展的重要侧面。《地理志》由古之九州一直记到秦的郡县变迁,是中国古代地理最详尽的记载。

读者在阅读《汉书》时,可以与司马迁的《史记》对比阅读。《汉书》在一定程度上承袭了《史记》的风格,但《汉书》十志对纪传体史书的书志部分有深刻的影响,形成了中国史学史上的书志体,读者在阅读时可以注意此特点。

【历史评说】

《汉书》,亦名《前汉书》,是我国第一部纪传体断代史,在史书体例上是一个重大的飞跃。继《汉书》之后,历代正史都效仿断代史的形式,所以《汉书》在我国史书体例的发展上具有非同寻常的意义。《汉书》开拓了史学研究的新领域,同时又是一部文史结合的典范。但是因为东汉时期谶纬非常流行,《汉书》因此也难免有神学思想混杂其中。

【书海拾贝】
前车之覆,后车之鉴。
绳锯木断,水滴石穿。
当断不断,反受其乱。
差以毫厘,谬以千里。

《后汉书》

【名家传略】

范晔(公元398年—445年),字蔚宗,南朝宋顺阳人。范晔的祖先是东晋时期的世家大族,祖父范宗曾任豫章太守,同时著有《春秋穀梁集解》一书;父亲范泰,曾经任御史中丞。范晔在很小的时候就出继给叔父范弘之,被封武兴县五等侯。刘裕势力发展时,范晔投靠刘义康,在其部下担任要职,参预军机大事。在宋文帝元嘉五年(公元428年),父亲死后他守制去官。此后他尽管提任了很多官职,但是却一直受到权贵的打击排挤,最终被人告发参与拥立刘义康一事,以谋反罪被杀,终年48岁。他不但是南北朝时的著名的史学家,同时还是有贡献的文学家、音乐家和发明家。范晔为人正直,屡屡触犯封建礼法;有才华,但却恃才傲物,跟同僚不合,他的死跟这些是有一定的联系的。

范晔死的时候,只是写成了《后汉书》的纪和传,没有志。到南朝梁时,齐昭取晋司马彪《续汉书》的八志30卷,附在范晔原著的后面。一直到南宋的时候,人们才将范晔所著和司马彪《续汉书》的八志30卷合为现在所看到的《后汉书》。

范晔著《后汉书》始于宋文帝元嘉九年。当时的刘宋王朝正处于兴盛时期,政治稳固。统治者为了进一步巩固政权,很重视思想文化方面的工作,而编著史书,总结前朝的经验和教训则是其中极为重要的一项。范晔就非常重视从历史中去总结经验,他编撰《后汉书》的目的就是要总结前人之得失。因为范晔当时处于被贬地位,苦不得志,他著《后汉书》亦有寄情于著述之意,要通过对历史的论述来表达他的政治见解。在范晔著《后汉书》时,前人已撰写过许多的东汉史,对于前人的著作,范晔都用发展的眼光来进行考察。

【经典阐述】

《后汉书》共120卷,记载了从汉光武帝建武元年(公元25年)一直到汉献帝建安二十五年(公元220年)间东汉一代的史事,包括10卷本纪,80卷列传,30卷志。

《后汉书》在撰写上,不但吸取了前人的撰史经验,接受过去行之有效的治史方法,同时还根据当时的具体情况与要求,进行了大胆的创新。

第一，体制的继承。

《后汉书》继承了《史记》和《汉书》的体制，大体都是按照已有的传目去叙事的，对东汉一代特有的社会风尚和特点，适当地增设一些新的传目去反映。

第二，立传以类相从，叙事繁简得宜。

《后汉书》继承了《史记》和《汉书》立类传的做法，同时在一些领域有新的发展。《后汉书》中的类传，一般不受到时间的限制，或按人品相同，或按事迹相近，或按性质相类等原则来归类立传，使得历史事件或人物得到一个集中的反映。在《后汉书》类传中，传主是分别有独立的传记的，与整个类传联系起来看，可表现出它的一般性，而个人的事迹又表现出其个别性。

第三，注重史评，特崇论赞。

论赞是《后汉书》的一个重要组成部分，在书中占有非常多的篇幅。论是在纪或传之后，主要是针对著名人物或历史事件而写的评论，或者是作者对于历史、社会、政治的见解。赞放在每篇纪传的最后面，是四字一句的韵语，作为史学评论的一种特殊的形式，用来品评人物，或补充正文与前论辉映。

范晔著《后汉书》，主要探讨东汉社会问题，贯彻了"正一代得失"的宗旨。

书中的《王充王符仲长统传》，载王符《潜夫论》5篇，仲长统《昌言》3篇，均为探讨东汉为政得失的名作。在传末他写了一篇长约600字的总结，对其言论进行具体分析。

范晔重视对外关系，尤其注意当时的交通问题。公元97年，班超派甘英出使大秦，这是关于中西关系的一件大事，丝绸之路在这个时候重新出现兴盛的势头。《西域传》中大段描述了当时情况，"立屯田于膏腴之野"，"邮置于要塞之路"，真是一派繁荣的景象。范晔还在《西域传》中叙述了大秦的繁荣富裕，并认为这跟其民主政治密不可分，大秦国王按时治理国事，"国无常人，皆简立贤者，国有灾异及风雨不时，辄废而更立，受放者甘黜不怨"，而"置三十六将，皆会议国事"。显然，范晔这是作中西对比，以史为鉴，痛砭当时封建君主专制的不当，也寄予了他对大秦民主政治制度的向往之情。

《后汉书》具有非常高的文学成就。书中的论赞是范晔用力最多的地方，一般都具有精湛思想理论、深刻历史见解与高超文字技巧相结合的特点。他非常欣赏自己在史论后加的赞语："赞自是吾文之杰思，殆无一字空设。奇变不穷，同含异体，乃自不知所以称之。"

因为《后汉书》注重对史料的评价，尤其重视论赞，论赞是作者对历史人物或历史事件而提出思想见解的评论，我们可以抓住这些论赞，了解作者对各人物和事件的观点，便于更好地读懂《后汉书》。

【历史评说】

《后汉书》、《史记》、《汉书》、《三国志》这四本书被并称为"前四史",其中《后汉书》是纪传体史书的代表作之一,它引用第一手材料比较多,所写的内容涉及面广,通过这些各种各样的人物的言行事迹,使东汉社会的各方面都能得到一个真实的反映。《后汉书》结构严密,体例完备,内容丰富,记载翔实,叙事详略得当,文辞流畅精妙,是一部具有很高的文学价值和史学价值的史学著作。

【书海拾贝】

大丈夫处世,当扫除天下,安事一室乎!

男儿要当死于边野,以马革裹尸还葬耳。

《三国志》

【名家传略】

陈寿(公元233年—297年),字承祚,西晋巴西安汉(今四川南充北)人,西晋史学家。他少好学,就有志于史学事业,对于《尚书》、《春秋》、《史记》、《汉书》等史书进行过深入的研究。他师事同郡学者谯周(蜀国天文学家),蜀汉时任观阁令史。当时,宦官黄皓专权,大臣都曲意附从。陈寿因为不肯屈从黄皓,所以屡遭遣黜。入晋以后,他历任著作郎、治书侍御史等职。公元280年,西晋灭东吴,结束了分裂局面。陈寿当时48岁,开始撰写《三国志》。

陈寿写《三国志》以前,已出现一些有关魏、吴的史作,如王沈的《魏书》、鱼豢的《魏略》、韦昭的《吴书》等。《三国志》中的《魏书》、《吴书》,主要取材于这些史书。当时蜀汉没有设置史官,无专人负责搜集材料,编写蜀史。《蜀书》的材料是由陈寿采集和编次的。

陈寿写书的时代靠近三国,可资利用的他人成果并不多,加上他是私人著述,没有条件获得大量的文献档案。阅读《三国志》时,就会发现陈寿有史料不足的困难,内容显得不够充实。陈寿没有编写志,了解三国时代的典章制度,只好借助于《晋书》。陈寿还著有《益部耆旧传》、《古国志》等书,整理编辑过《诸葛亮集》,可惜这些书后来都失传了。

【经典阐述】

《三国志》全书共65卷,其中《魏书》30卷,《蜀书》15卷,《吴书》20卷。陈寿是晋朝臣子,晋承魏而得天下,所以《三国志》尊魏为正统。《三国志》为曹操、曹丕、曹睿分别写了武帝纪、文帝纪、明帝纪,而《蜀书》则记刘备、刘禅为先主传、后主传。记孙权称吴主传,记孙亮、孙休、孙皓为三嗣主传。均只有传,没有纪。

《三国志》主要善于叙事，文笔也简洁，剪裁得当，当时就受到赞许。与陈寿同时的夏侯湛写作《魏书》，看到《三国志》，认为没有另写新史的必要，就毁弃了自己本来的著作。后人更是推崇备至，认为在记载三国历史的一些史书中，独有陈寿的《三国志》可以同《史记》、《汉书》等相媲美。因此，其他各家的三国史相继泯灭无闻，只有《三国志》还一直流传到现在。南朝人刘勰在《文心雕龙·史传》篇中讲："魏代三雄，记传互出，《阳秋》、《魏略》之属，《江表》、《吴录》之类，或激抗难征，或疏阔寡要。唯陈寿《三国志》，文质辨洽，荀（勖）、张（华）比之（司马）迁、（班）固，非妄誉也。"这就是说，那些同类史书不是立论偏激，根据不足，就是文笔疏阔，不得要领，只有陈寿的作品达到了内容与文字表述的统一。

陈寿所著的《三国志》，与前三史一样，也是私人修史。他死后，尚书郎范頵上表说："陈寿作《三国志》，辞多劝诫，朋乎得失，有益风化，虽文艳不若相如，而质直过之，愿垂采录。"由此可见，《三国志》书成之后，就受到了当时人们的好评。陈寿叙事简略，三书很少重复，记事翔实。在材料的取舍上也十分严谨，为历代史学家所重视。史学界把《史记》、《汉书》、《后汉书》、《三国志》合称"前四史"，视为纪传体史学名著。

陈寿还能在叙事中做到隐讳而不失实录，扬善而不隐蔽缺点。陈寿所处时代，各种政治关系复杂，历史与现实问题纠缠在一起，陈寿在用曲折方式反映历史真实方面下了很大功夫。《三国志》对汉魏关系有所隐讳，但措词微而不诬，并于别处透露出来一些真实情况。如建安元年（公元196年）汉献帝迁都许昌，本是曹操企图"挟天子以令不臣"之举。陈寿在这里不用明文写曹操的政治企图，这是隐讳。但写迁都而不称天子，却说董昭等劝太祖都许，这就是微词了。另外，他在《荀彧传》、《董昭传》和《周瑜鲁肃吕蒙传·评》中都揭露了当时的真实情况。陈寿对蜀汉虽怀故国之情，却不隐讳刘备、诸葛亮的过失，记下了刘备以私怨杀张裕和诸葛亮错用马谡等事，这也是良史之才的一个表现。

【历史评说】

《三国志》不仅是一部史学巨著，更是一部文学巨著。陈寿在尊重史实的基础上，以简练、优美的语言为我们绘制了一幅幅三国人物肖像图，人物塑造得非常生动，可读性极高。

《三国志》取材精审，作者对史实经过认真的考订、慎重的选择，对于不可靠的资料进行了严格的审核，不妄加评论和编写，慎重地选择取材之源。这虽然使《三国志》拥有了文辞简约的特点，但也造成了史料不足的缺点。

元末明初，罗贯中综合民间传说和戏曲、话本，结合陈寿《三国志》和裴松之注的史料，根据他个人对社会人生的体悟，创作了《三国志通俗演义》，现存最早刊本是明嘉靖年间所刊刻的，俗称"嘉靖本"，24卷。清康熙年间，毛纶、毛宗岗父子删改后，成为今日通行的120回本《三国演义》。

【书海拾贝】

唯才是举，吾得而用之。

非学无以广才，非志无以成学。

《资治通鉴》

【名家传略】

司马光（1019年—1086年），字君实，号迂叟，北宋陕州夏县涑水乡（今山西夏县）人，世称涑水先生。司马光进士出身，历任馆阁校勘、同知礼院、天章阁待制兼侍讲、知谏院、御史中丞、翰林院学士兼侍读等职。熙宁三年（1070年），他因与王安石政见不同，坚辞枢密副使，以端明殿学士出知永兴军（今陕西西安市），次年改判西京御史台，退居洛阳，专事著史15年。哲宗即位，高太后临政，召司马光入主国事，任命为相（尚书左仆射兼门下侍郎），死后追赠太师，封温国公，谥文正。

司马光家世代为宦，父亲司马池为宋仁宗宝元庆历间名臣，官至兵部郎中、天章阁待制，一生以清直仁厚享有盛誉。司马光受家庭熏陶，笃诚好学，7岁时，"凛然如成人，闻讲《左氏春秋》，即能了其大旨"，从此，"手不释书，至不知饥渴寒暑"，15岁时所写文章，时人称许"文辞纯浑，有西汉风"，20岁时中进士甲第，可谓功名早成。但他并不以此"矜夸满志，昆明于物，如谓天下莫己若也"，而是豪迈地提出："贤者居世，会当履义蹈仁，以德自显，区区外名何足传邪！"这些话反映了青年司马光的胸怀与器识，立志以仁德建功立业，不求虚名。因此，步入仕途后的司马光，继续广泛深入地学习，达到了博学无所不通，音乐、律历、天文、术数皆极其妙的渊博程度，其中最用心力的是对经学与史学的研究，尤其古籍阅读极广，考察极细，可谓通习知晓，烂熟于胸。他随读随作札记，仅26岁一年所写读史札记，便多达30来篇，胸中萌发了删削卷帙浩繁的古史成一部编年体通史的著史想法，以方便阅读，而更为深沉的动力，则是封建政治的需要。

在当时，北宋建国近百年，已出现种种危机，具有浓厚儒家思想的司马光，以积极用世的态度，连连上疏，陈述自己一整套的治国主张，大致是以人才、礼治、仁政、信义作为安邦治国的根本措施，这在当时，是有积极意义的。除上疏陈述主张外，在从政活动中，他亦能坚持原则，积极贯彻执行有利于国家的决策方略，尤其在荐贤斥佞的斗争中，他犯颜直谏，面折廷争，从不顾及个人安危，被称为社稷之臣，神宗也感慨地说："如光者，常在左右，自可无过。"

在"熙宁变法"中,司马光与主持变法的王安石发生严重分歧。就其竭诚为国来说,二人是一致的,但在具体措施上,各有偏向。王安石主要是围绕着当时财政、军事上存在的问题,通过大刀阔斧的经济、军事改革措施,来解决燃眉之急。司马光则认为在守成时期,应偏重于通过伦理纲常的整顿,来把人们的思想束缚在原有制度的制约之内,即使改革,也定要稳妥,认为"治天下譬如居室,敝则修之,非大坏不更造也",因为"大坏而更改,非得良匠美材不成,今二者皆无,臣恐风雨之不庇也"。司马光的主张虽然偏于保守,但实际上是一种在"守常"基础上的改革方略。王安石变法中所出现的偏差和用人不当证明了司马光在政治上的老练和稳健,除了魄力不及王安石外,他在政治上是成熟的。

在政见不同、难于合作的情况下,司马光退居洛阳,通过编纂史著,从历史的成败兴亡中,提取治国的借鉴,"使观者自责善恶得失"。应该说,司马光著史,是其从政治国的另一方式。早在宋仁宗嘉祐年间,他曾与刘恕商量说:"余欲托始于周威烈王命韩赵魏为诸侯,下讫五代,因丘明编年之体,仿荀悦简要之文,网罗旧说,成一家之言。"这说明他30多岁时,已酝酿出《资治通鉴》的规模。宋英宗治平元年(1064年)首呈《历年图》25卷,二年后又呈《通志》8卷,说明他在政事活动之余,已进行撰写。他的著史得到宋英宗、宋神宗的称赞、支持,宋英宗同意他设立书局,自择官属,神宗以此书"鉴于往事,有资于治道"而命名为《资治通鉴》,并亲制序文,以示重视。除了允许其借阅国家所有的图书资料外,神宗还将颍邸旧书3400卷,赏赐给司马光参考,修书所需笔、墨、绢、帛,以及果饵金钱之费,尽由国家供给,为他提供了优厚的著书条件。

司马光著史,还选取了刘恕、范祖禹等人作为助手,他们既是当时第一流的史学家,又与司马光在政治、史学上观点一致,故能在编书中各显其才,通力合作。《资治通鉴》的成功,与他们的努力分不开,但最终使《资治通鉴》达到光辉顶点的,还决定于主编司马光的精心著述。正如刘恕之子刘羲仲所说:"先人在书局,只类事迹,勒成长编,其是非予夺之际,一出君实笔削。"

【经典阐述】

《资治通鉴》将历史事件按照年代的顺序记叙出来,是一部编年体的史书,不同于《史记》。它从"三家分晋"开始写起,接孔子的《春秋》而作。

《资治通鉴》的编写目的在于政治,而不在于学术或历史本身,这决定了《资治通鉴》是以政治斗争、政治分野、政治权力的交替、政治策略的制定与实施为主,所以后人将此书称为"政治史"并不为过。《资治通鉴》是读者最多的一部史书,历朝历代注释研究《资治通鉴》的学者更是不计其数。

在这部政治史著作中,每一篇的末尾都有司马光以"臣光曰"发表的政治见解。

司马光用比较符合历史发展规律的思维方式与看问题的深刻眼光来分析历代的治乱兴衰，对政治、人事的议论也往往是历史主义的，而不是出于个人的好恶、褒贬去粉饰历史，其真实程度，即使是现代的历史学家也难以企及。

《资治通鉴》中所依据的史料，除了历代正史以外，还有各种谱录、墓志、碑碣、行状、别传、野史，甚至包括小说，对于可疑之处，或者材料记录不详的，司马光都要仔细地考证，最后形成了一部三十卷的《通鉴考异》，可见司马光的认真态度和敬业精神。这部"政治工具"已准确到无懈可击的程度。司马光完成整部《资治通鉴》及《通鉴考异》所留下的草稿，堆满了整整两间屋子，从这整整两屋书稿中离析出来的这部伟大史书，其价值与可靠性自不待言。

《资治通鉴》中有许多精彩的篇章，它们叙事脉络清楚，头绪与线索井井有条，前因后果分析得清清楚楚。这些都是历史叙事最可贵的。《资治通鉴》在记叙"安史之乱"时，将安禄山叛乱从迹象微露到叛乱暴发，到平叛过程，直至最后战火完全熄灭，全都记叙得清清楚楚，一笔不乱：

二月，辛亥，安禄山使副将何千年入奏，请以蕃将三十二人代汉将，上命立进画，给告身。韦见素谓杨国忠曰："禄山久有异志，今又有此请，其反明矣。明日见素当极言；上未允，公其继之。"国忠许诺。壬子，国忠、见素入见，上迎谓曰："卿等有疑禄山之意邪？"见素因极言禄山反已有迹，所请不可许，上不悦；国忠逡巡不敢言，上竟从禄山之请。他日，国忠、见素言于上曰："臣有策可坐消禄山之谋。今若除禄山平章事，召诣阙，以贾循为范阳节度使，吕知海为平卢节度使，杨光期为河东节度使，则势自分矣。"上从之。已草制，上留不发，更遣中使辅璆琳以珍果赐禄山，潜察其变。璆琳受禄山厚赂，还，盛言禄山竭忠奉国，无有二心，上谓国忠等曰："禄山，朕推心待之，必无异志。东北二虏，藉其镇遏，朕自保之，卿等勿忧也！"事遂寝。

安禄山归至范阳，朝廷每遣使者至，皆称疾不出迎。盛陈武备，然后见之，裴士淹至范阳，二十余日乃得见，无复人臣礼，杨国忠日夜求禄山反状，使京兆尹围其第，捕禄山客李超等，送御史台狱，潜杀之。禄山子庆宗尚宗女荣义郡主，供奉在京师，密报禄山，禄山愈惧，六月，上以其子成婚，手诏召禄山观礼，禄山辞疾不至。秋，七月，禄山表献马三千匹，每匹执控夫二人，遣蕃将二十二人部送。河南尹达奚珣疑有变，奏请"谕禄山以进车马宜俟至冬，官自给夫，无烦本军"。于是上稍寤，始有疑禄山之意。会辅璆琳受赂事亦泄，上托以他事扑杀之，上遣中使冯神威赍手诏谕禄山，如期策。且曰："朕新为卿作一汤，十月于华清宫待卿。"神威至范阳宣旨，禄山踞床微起，亦不拜，曰："圣人安稳。"又曰："马不献亦可，十月灼然诣京师。"即令左右引神威置馆舍，不复见，数日，遣还，亦无表。神威还，见上，泣曰："臣几不得见大家！"

《资治通鉴》在记事上的细致之处达到了古代史书记述的最高水平。这和司马光政治家的身份密切相关。

在司马光的时代，他称得上是政治名流，以稳健著称，用现在的话说就是保守。但他并不顽固和落后。熟谙历史的司马光对当朝政治有其独到的见解，在王安石变法前，他指出新法的种种弊端，并预言后果将会如何。因为王安石变法他拒绝出任枢密副使，这种先见之明在当时就被人叹为"真宰相"。在王安石当政期间，司马光退居洛阳，全力编撰《资治通鉴》，他的事在民间传开了，人称司马相公。神宗驾崩之时，司马光赶赴汴京参加丧礼，他所到之处，百姓夹道聚观，请求他留下来辅佐天子。宋哲宗即位以后，司马光被拜为宰相，全部新法迅速废止，他因此受到朝野普遍的拥护。司马光为人严谨，颇有大家风范。他生活俭朴。出任宰相后，更是日理万机。他身体虚弱，直到弥留之际，说的还是朝廷天下事。司马光死后，汴京罢市，举行吊唁。司马光的人格与精神已深入民心。

【历史评说】

《史记》与《资治通鉴》虽称为史书"双璧"，但却有着各自不同的特色。司马迁是个纯粹的史官，他从全面的整体的角度去写历史，着重于在历史中塑造人格；而司马光则本质上是一个政治家，从政治的角度看待历史，目的是从历史事件中总结经验，吸取教训。但无论是全面记述历史的《史记》，还是着重于政治史的《资治通鉴》，都是了解中国古代历史的路径。

【书海拾贝】

千人之诺诺，不如一士之谔谔。

知足不辱，知止不殆。

丈夫为志，穷当益坚，老当益壮。

水所以载舟，亦所以覆舟，民犹水也，君犹舟也。

《通 典》

【名家传略】

《通典》是中国首部记述典章制度的通史，确立了中国史籍中与纪传体、编年体并列的典制体，确立了史学著述的新体例。在《通典》影响下，《通志》、《文献通考》等书陆续问世，为研究中国历代典章制度提供了极大的便利。

《通典》自传说中的唐虞之世，至唐肃宗、代宗时，记述了历代经济、政治、礼法、兵刑等典章制度以及地志、民俗等。

杜佑（公元735年—812年），字君卿，京兆万年（今陕西西安）人，是著名的政治家、理财家、史学家。杜家世代官宦，地位显赫。曾祖父杜行敏，曾任荆、益二州都督府长史、南阳郡公。祖父杜悫，曾任右司员外郎、详正学士。父亲杜希望，唐玄宗时曾任鄯州都督，立有战功。杜佑幼年以父荫入仕，为济南参军、剡县丞，后历任检校主客员外郎、工部郎中、江西青苗使、抚州刺史、御史中丞、容管经略使、工部郎中、金部郎中、水陆转运使、度支郎中、和籴使、户部侍郎、判度支、苏州刺史、饶州刺史、御史大夫、尚书左丞、陕州观察使、岭南、淮南等镇节度使。唐德宗贞元十九年（公元803年），拜检校司空、同平章事，充太清宫使。按当时的制度，皇帝在大臣中任选数人，给以同中书门下平章事的名义，事实上即为宰相，简称同平章事。杜佑历德宗、顺宗、宪宗三朝为相，封岐国公，食邑3000户，故后世亦称他杜岐公。

杜佑从唐玄宗到宪宗，历仕六朝，出将入相，显赫异常。他从地方小吏至封疆大吏，从流转中央各部做到当朝一品，可以说对中央及地方各种制度都有亲身的体会，而且善于理财，财政部门的各级官职他均做过。杨炎改革财政时，以他为工部、金部二郎中，后改度支郎中，兼和籴等使。王叔文改革时，以他主持财政。他还曾指挥平定徐淮等地叛乱。

71岁时，他请求退休，未得到皇帝允许，仍为宰相，准他三五日一入中书理事。皇帝为表示尊崇，不直呼其名，只称司徒。他77岁去世，朝廷停朝三日，册赠太傅，谥曰安简。诏书上夸耀他："岩廊上才，邦国茂器；蕴经通之识，履温厚之姿，宽裕本乎性情，谋猷彰乎事业。博闻强学，知历代沿革之宜；为政惠人，审群黎利病之要。由是再司邦用，累历藩方，出总戎麾，人和鼎实，聿膺重寄，历事先朝，左右朕躬，夙夜不懈。命以诏册，登之上公，肃恭在廷，华发承弁。兹可谓国之元老，人之具瞻者也。"

杜佑不仅长于政事，而且尤为好学。虽位极将相，但手不释卷。白天处理政事，接待宾客，晚上则挑灯夜读，孜孜不怠。他通涉古今，以富国安民之术为己任。

杜佑虽然一生仕途平坦，但他所处的时代并不平静。他20岁时，"安史之乱"爆发，唐帝国迅速衰落。他亲眼看到整个社会制度转瞬间天翻地覆，集权统一的政治局面为藩镇割据所取代，维系集权统治的均田制和府兵制完全破产，不仅边疆多事，且社会内部的矛盾日益突出。曾经赫赫一时的大唐帝国几乎是在苟延残喘了。杜甫在诗中写尽了那个转型期文人的苦闷和痛苦。

面对日益尖锐的社会矛盾，不少有识之士渴望把国家从风雨飘摇中拯救出来。如刘晏、杨炎理财，如二王八司马的革新。杜佑不仅参与其中，还焦虑苦思，他在思考现实改良的同时，也把思考引向历史深处，探索制度改良的途径。

【经典阐述】

杜佑从唐代宗大历初（公元766年）开始写作《通典》，到德宗贞元十七年（公元801年）写成，首尾历时30余年。

《通典》共200卷约190万字，分为食货、选举、职官、礼、乐、兵、刑、州郡、边防九门（也有兵刑合为一典，称八典的），综论历代政治、经济、州郡建置以及边防政令等，略古详今，时间断至天宝年间，部分内容至中晚唐。

《通典》规制宏大，上自《史记》八书、《汉书》十志，下至晋、宋、齐、魏、隋书诸志，皆所取资，并参照了《隋官序录》、《隋朝仪礼》、《大唐仪礼》、《开元礼》、《太宗政要》、《唐六典》等典制政书。

杜佑是以揭举先代"致治之大方"，为唐朝统治者提供"龟镜"为目的编撰《通典》的。按照"经邦济世，治国安民"的原则来看，经济条件是治理国家最重要的条件，因此《通典》列食货典为九门之首。这和以前的志书是不同的。它一改过去把礼乐、天文之类置于志首的格式。杜佑在书序中说："理道之先，在乎行教化；教化之本，在乎足衣食。"长时间主管国家财赋，使杜佑体验到社会经济对政治、文化的重大作用。他认识到农业生产在整个国民经济中起着主导作用。因此《食货典》中，先述田制，然后贯穿到了生产和流通的整个过程。杜佑"征诸人事，将施有政"，把原属地理志的人口内容收入食货典，又将原地理志的内容改编为州郡典，单开"历代盛衰户口"之目，另增边防典。并在食货典中增加"轻重"子目。这些调整都体现了他"经邦济世"的写作原则。

《食货典》共12卷，其安排具体如下：

第一卷、第二卷，记载历代田制，水利和屯田；

第三卷记载乡党组织和土地、版籍；

第四卷、第五卷、第六卷，记载历代赋税制度；

第七卷，记载历代盛衰户口；

第八卷、第九卷，记载历代钱币制度；

第十卷，记载漕运、盐铁；

第十一卷，记载鬻爵、榷酤、算缗、杂税、平准、均输；

第十二卷，记载轻重、平籴、常平、义仓。

至下面依次为《选举典》（6卷）、《职官典》（22卷）、《礼典》（100卷）、《乐典》（7卷）、《兵典》（15卷）、《刑典》（8卷）、《州郡典》（14卷）、《边防典》（16卷）。

100卷的《礼典》，占了《通典》的一半。其中，前65卷阐述了历代有关吉、嘉、宾、军、凶五礼的情况；后35卷，乃是摘抄《大唐开元礼》而成。唐代重视礼，以礼设科取士。陈寅恪写《隋唐制度渊源略论稿》首先就用了很大篇幅写礼仪。要想了解六朝、隋唐时的风俗与社会风尚最好通读《礼典》，因为六朝、隋唐时的社会风气对礼特别看重。

杜佑在《通典自序》里说："夫理道之先，在乎行教化，教化之本，在乎足衣食。……夫行教化在乎设职官。设职官在乎审官才。审官才在乎精选举。制礼以端其俗，立乐以和其心，此皆先哲王致治之大方也。故职官设然后兴礼乐焉，教化隳然后用刑罚焉，列州郡俾分领焉，置边防遏戎狄焉。是以食货为之首，选举次之，职官又次之，礼又次之，乐又次之，刑又次之，州郡又次之，边防末之。"表达了他在全盘理解封建制度的基础上对结构设计的整体考虑，形成了严密的逻辑构成。

《通典》分门别类叙述历代典章制度，唐代最为详尽，因为作者身处其中，对这方面比较了解。唐以前，虽较简略，但也有资料价值。《通典》所记隋代仓库之富，唐代仓储、天宝计账，以及唐代不少格式和臣僚们的奏疏，都是后人研究唐史的重要资料。杜佑意识到"古今既异，形势亦殊"，适当肯定了隋唐的科举制度、唐代两税法。他参与了两税法的改革，因此记载较为详细。其中《选举典》的记事，为后世编写《新唐书·选举志》提供了重要资料。

《兵典》15卷中，因作者曾亲自带过兵，所以特别注意兵法、计谋和战例等。对唐初李靖的兵法以及包括不少农民战争在内的许多战例都作了记录，并保存了下来。但它也忽视了论述汉、唐间有关军事组织、训练和指挥等有关兵制的基本内容。

边防典偏重介绍边疆民族和域外王国情况，较忽略防务制度措施。

和通常志书不同的是《通典》删除了天文、律历、五行、释老等内容。

《通典》收集资料广泛，有较为严谨的叙述。《四库提要》八十一卷说《通典》"博取五经群史及汉魏六朝人文集奏疏之有神得失者，每事以类相从，凡历代沿革悉为记载，进而不繁，简而有要，元元本本，皆为有用之实学，非徒资记注者可比"。《通典》大量引用古代文献资料，使得部分丢失的文献得以保存。所以该书对研究中国古代史具有较高的史料价值。此书四分之一以上的内容关于唐代，因为绝大部分是直接取自当时的官方文书、籍账、大事记以及私人著述等第一手材料，所以也是研究唐史的基本史料。然而有些部分取材不当，顾此失彼，间有遗漏，有的轻重失检。

【历史评说】

《通典》记事，始自上古，原则上止于唐天宝末。自序称"其有要须议论者，亦便及以后之事"。书中肃、代、德宗时事，证明了序说属实。其书在贞元十七年上呈，今本《通典》中偶有记宪宗元和事数处，是后人添加的。

《通典》以历代制度和对制度的讨论，为制度的演变、发展结合各个时期人们对这些制度在贯彻中的得失、利弊的评论和分析开拓了历史认识与历史撰述的新领域，为典制体史学独立发展在理论上和撰述实践上奠定了基础，改变了此前只有编年、纪传的格局，推动了中国古代史学的发展。

杜佑在详尽、系统论述典章制度发展的同时，还表述了自己对政治、经济的一系列看法。杜佑认为治理国家的关键是粮食、土地和人；只有家足才能国足，家足才能使社会安定、国家富强；提倡通过"薄敛"和"节用"，减轻百姓负担，使国家经济正常运转；强调"随时立制，遇弊则变"，赞赏历史上的商鞅变法、废封建立郡县，以及当时的两税法等改制措施。

杜佑是政治家，注重历史与现实的统一，对于历史的研究是掌握政治的需要，是对未来的思考。这是《通典》与一般历史著作不同之处。《通典》问世后，一些人就认为它有"昭昭乎其警学者之群迷"的作用，认为其所载"语备而理尽，例明而事中，举而措之，如指诸掌"；说它"诞章闳议，错综古今，经代立言之旨备焉"。清代乾隆皇帝还把《通典》视为"恢恢乎经国之良模"。杜佑的政治生涯和著书生涯实现了历史与现实的结合，他既取得了斐然的政绩，也创作了一部不朽的著作。

在体例之外他还发展了自注的方法，包括音义、典故、史事、互见、考释史料五类。他治史的科学态度充分显示在考释史料一项中。

【书海拾贝】

夫理道之先，在乎行教化；教化之本，在乎足衣食。

制礼以端其俗，立乐以和其心，此先哲王致治之大方也。

古今既异，形势亦殊。

《通 志》

【名家传略】

《通志》，南宋郑樵撰，是一部以人物为中心的纪传体通史，是继《史记》之后，现存的又一部纪传体通史性巨著。因为在典章制度方面的突出贡献，《通志》与《通典》、《文献通考》并称"三通"。

郑樵（1104年—1162年），《宋史》有传，字渔仲，宋兴化军莆田（今属福建）人，自号溪西遗民，其家乡莆田有夹漈山，郑樵终年在此读书，于是世人称其为夹漈先生。宋徽宗宣和元年（1119年），郑樵16岁时，父亲卒于姑苏。郑樵扶灵还乡后，就在夹漈山修筑房屋，专心读书。他读书生活非常艰苦。由于家境贫寒，买不起书，他便向当地藏书丰富的人家借阅。他学习异常刻苦用功。他在《献皇帝书》中曾描述自己的读书生活："寸阴未尝虚度，风晨雪夜执笔不休，厨无烟火而讽诵不绝。"他立志"欲读古人之书，欲通百家之学，欲讨六艺之文而为羽翼"，自负才能可与刘向、扬雄相比。

一起与他致力读书的还有郑厚，两人相互鼓励，一心求学。在"学而优则仕"的年代，郑樵无心参加科举考试，不愿做官。后来学业有成，朝廷多次引荐，他都委婉拒绝。深居夹漈山中，闭门谢客，一心一意读书、讲学30多年，从者200余人。其间他还游历名山大川，搜奇访古，途中如果遇到藏书丰富的人家，必然请求借住，读完人家藏书才肯离去。

他在治学上兴趣十分广泛，对经史、文字、礼乐、天文、音韵、地理、虫鱼、草木以及方术、校雠、目录等各门学科都有深入探究。

在探究中，郑樵很有求实的科学精神，注重调查研究，主张把书本知识和实际观察相结合。他认为农民虽认识田野里的植物，但却不知道诗书的意义；读书人虽通晓诗书，却不认识田野里的植物。要探究学问，必须把两者相互结合，不能死读书。他为了了解动物植物方面的情况，一面亲身到田野里去观察，一面向农夫们请教，"不问飞潜动植，皆欲究其情性"，晚上有时候竟与鹤猿等杂处。他为了学习天象，一面读《步天歌》，一面观察天象。他在《通志·天文略·天文序》里写道："时素秋无月，清天如水，长诵一句，凝目一星，不三数夜，一天星斗，尽在胸中。"

郑樵也不是光读书不问世事的。他生活的时期，正是宋金对峙时期。他壮怀激烈，忧国忧民，虽生活在远离战场、相对安定的福建山区他的心还是平静不下来。他和郑厚先后上书江常、宇文虚中，申述报国之志，主张抗金，但都没有结果。当时郑樵还结识了抗金名将李纲、韩世忠。《宋史》说："赵鼎、张浚而下皆器之。"绍兴十七年（1147年），郑樵第一次向朝廷献书。希望自己的著述能被朝廷所藏。绍兴二十八年（1158年），因王纶、贺允中举荐，郑樵被宋高宗面召对策，他述说自班固以来历代史家著作的不足之处，提出自己的观点。高宗非常赞赏，说："闻卿名久矣，敷陈古学，自成一家，何相见之晚耶。"专差潭州南岳庙，给笔札以资助郑樵撰著抄写《通志》，绍兴三十二年（1161年）抄成之后献于高宗，被任命为枢密院编修官，后又兼摄检详诸房文字，请入秘书省翻阅书籍修金正隆官制，比附中国秩序。

在治学上，郑樵希望能有自己的创见。一生努力著述，30年间，著书84种，1000余卷。他的著作除《通志》外，还有《尔雅注》、《夹漈遗稿》、《诗辨妄》（辑佚本）等传世。地方志的"艺文"类保存了他著作的目录，所散佚部分大部内容均保留在他的《通志》里面。

他的"六书"说在文字学史上是一家之言。他的《韵图》是现今可考的最早韵图。他的目录学十五分类法和相关撰述在目录学史上有非常重要的地位。他的关于校雠类例的主张，一直为学人所推崇。他对于《春秋》的看法、对自然灾害的认识，含有科学成分。

多方面的探索，也为他撰写《通志》这样一部空前的宏著奠定了基础。《通志》是他的代表作，也是他毕生心血的结晶。

【经典阐述】

《通志》全书200卷，18卷帝纪、3卷世家、2卷后妃传、4卷年谱、52卷略、106卷列传、8卷载记、7卷四夷传，共500多万字。

《通志》是传记体史书，但也修正了一些体例，把"年表"改称"年谱"，把"志"改称"略"，保存了《晋书》的"载记"部分。

《通志》卷帙浩繁，时间跨度大。其记事断限，大抵本纪从三皇到隋，列传从周到隋，二十略从远古到唐。郑樵刻意模仿了《史记》的特点，讲求会通，说"自《春秋》之后，惟《史记》擅著作之规模，不幸班固非其人，遂失会通之旨，司马氏之门户自此衰矣"。他推崇刘知几，自觉实践他的史学主张，但他并不赞同刘知几尊班固抑司马迁的观点。他说："天下之理，不可以不通。史家据一代之史，不能通前代之史；本一书而修，不能会天下之书；散落人间，靡所底定，安得谓成书。"主张修通史，主张史书应"极古今之变"，反对写断代史。事实上，通史与断代史，各有其利弊，二者应彼此并存，互相补充。《通志》其纪传部分也多是袭用旧史，少量的补充了史料。郑樵注重全面地汇总各种史料，按照年代先后予以整理、编排，探其源流。最后把这些综合整理的研究成果，归纳入纪、传、谱、略、载记之中。

全书的精华部分是"总序"和"二十略"，尤其是其中氏族、六书、七音、都邑、昆虫草木五略，是郑樵独创，前史所无，实属珍贵。

《通志·总序》是对郑樵史学思想的系统阐发，是一篇非同一般的史学论文。

《二十略》世所公认是《通志》一书的精华。也是郑樵用心之所在。在《通志·总序》中他详细写了二十略部分。他说："臣今总天下之大学术而条其纲目，名之'略'，凡二十略，百代之宪章，学者之能事，尽于此矣。其五略，汉唐诸儒所得而闻；其十五略，汉唐诸儒所不得而闻也。""夫学术超诣，本乎心识，如人入海，一入一深。臣之二十略，皆臣自有所得，不用旧史之文。"

《二十略》分别是：《氏族略》5卷、《六书略》5卷、《七音略》2卷、《天文略》2卷、《地理略》1卷、《都邑略》1卷、《礼略》4卷、《谥略》1卷、《器服略》2卷、《乐略》2卷、《职官略》7卷、《选举略》2卷、《刑法略》1卷、《食货略》2卷、《艺文略》8卷、《校雠略》1卷、《图谱略》1卷、《金石略》1卷、《灾祥略》1卷、《昆虫草木略》2卷。

《氏族略》、《都邑略》、《昆虫草木略》发展了刘知几增三志主张。《六书略》、《七音略》是郑樵的创造。《艺文略》、《校雠略》、《图谱略》、《金石略》对正史《艺文志》有所创新。除礼、器服、选举、刑法等略外，其余各略也有新意。

郑樵非常关注创建于宋的金石之学，专门设了《金石略》，收集整理宋以来在这方面取得的成绩，此略也具有很高的价值。

中国自古以来就有书和图是相辅相成的"图经书纬"的说法，然而后人却专注于书而忽略了图。郑樵在《图谱略》中，用《索象》、《原学》、《明用》三个标题，说明了图与书的关系。《记有》著录了当时尚存的图谱。《记无》著录了当时已经亡佚的图谱。清儒胡煦认为"古河图"、"古洛书"，以"龙马旋毛"、"龟甲坼文"为做图元素，都是郑樵《通典》所定。

《校雠略》，总结了他一生访书、求书、著录书的经验，此略被后人视为文献学引向理论探索的开山之作。

食货在《通典》里排序第一，此书的内在逻辑线索是杜佑的行政实践。郑樵并不重视经济，把《食货略》排在14位，在经济认识上墨守传统观点，认为井田制是最好的，其次是均田制。他认为秦朝废井田、开阡陌是暴政，导致田、赋分离；汉代因秦之弊，没有实行授田的办法，老百姓没有得到恩惠。他热情歌颂开创均田制的北魏孝文帝和均田制；"伟哉后魏孝文帝之为人君也，真英断之主乎。井田废七百年，一旦纳李世安之言而行均田之法，国则有民，民则有田。周齐不能易，隋唐不能改其贯，故天下无无田之夫，无不耕之田。口分世业非井田之法，而得三代之遗意。"他虽爱民但不懂经济发展的规律，缺乏实际操作的经验。对此，他把那些善于理财的政治家看做是"言利之臣"，他说："言利之臣，无代无之。有恨少，无恨多；有言加，无言减。"他怀着传统的偏见去激烈批评杨炎和他的两税法。但其立论还是从爱民角度思考的："自两税以来，赋不系于田，故名色之求，罔民百出，或以方圆取，或以羡余进，或言献奉，或言假贷，初虽暂时，久为成法。"他感叹："呜呼，后世之为民也，其难为民也。"他简单地认为当时还能实行均田制度。他说只要现在还有没有田的农民，就没有资格去议论北魏至唐的均田制度。其实均田制是在特殊的历史背景下产生的。两税法的产生也是历史的必然。两税法简化了税制和征收办法，影响深远。但郑樵因为一直没有真正进入社会公共生活，遂造成了他偏激的观点。

郑樵编书的目的是为了维持名教，维护专制统治。在《谥略》中他直言不讳："使百代之下为人臣为人子者，知尊君严父，奉亡如存，不敢以轻重之意行乎其间，以伤名教者也。"对于孔子，他认为："惟仲尼以天纵之圣，故总诗、书、礼、乐而会于一手，然后能同天下之文，贯二帝三王而通为一家，然后能极古今之变。是以其道光明百世之上，百世之下不能及。"但是他不同意用天命观看待历史。认为天人感应的灾异说是"欺天之学"、"妖学"。

【历史评说】

郑樵一生专心治学，但不乐仕进。他书成之后，虽有人举荐，但宋高宗并不欣赏他。绍兴三十一年（1161年）书抄成之后，他进京献书，终于得了一个枢密院编修的官衔，得以进入秘书省翻阅书籍，但马上就被人弹劾。他死后，受到很多人的讥贬。

章学诚是第一个出来肯定他的。章学诚是清朝著名史学家，一生致力讲学和著述，他的《文史通义》是史学理论名著。他在《申郑》、《答客问》等篇章指出发凡起例是郑樵的主要成就。章学诚说："郑樵无考索之功，而《通志》足以明独断之学，君子于斯有取焉。"他称赞郑樵："独取三千年来遗文故册，运以别识心裁，盖承通史家风，而自为经纬，成一家之言也。"现代著名史学家顾颉刚先生高度评价了郑樵，在《郑樵传》和《郑樵著述考》中论述了郑樵的重要学术贡献。顾颉刚收集了郑樵的辩《诗序》的文字，恢复郑樵《诗辨妄》一书的大部分内容。顾颉刚说："郑樵的真学问，在'部伍'和'核实'的两个方法上。""部伍"是指郑樵的治学方法有像治军那样严整的"类例"。"核实"是指郑樵对古人不合适处不肯留一点余地。他提出："诗主于声，不在于意。犹今都邑有新声，巷陌竞歌之，岂其辞意之美哉，只为其声新耳。礼失则求诸野，正为此也。"他把一向尊为标准释义的《毛传》、《卫序》、《郑笺》、《孔疏》都归结为一个"失"字，这难免招致一些道学家对他的怨恨。顾颉刚说"于是他就成了众恶所归了"。

郑樵成就这样一部鸿篇巨制是以一人之力、五十年之学、三年之功，而且条件艰苦、资料不齐备，他取得这样的成就实属不易。梁启超在《中国历史研究法》中说："史界之有（郑）樵，若光芒竟天之一彗星焉。"

《通志》和《通典》的体例和编纂方法一样，两书对后世都产生了深远影响。清乾隆年间续修了《续通志》和《清朝通志》。马端临的《文献通考》以及《九通》中的其他著作，在体例上也吸取了《通志》的成果。

【书海拾贝】

夫学术超诣，本乎心识，如人入海，一入一深。

时素秋无月，清天如水，长诵一句，凝目一星，不三数夜，一天星斗，尽在胸中。

《国　语》

【名作述略】

《国语》作者不详，有人认为乃是与孔子同时代的左丘明所著，唐宋以后许多学者对此提出异议，现代学者中亦有认为《国语》乃战国初年编辑而成，作者有待考证。

【经典阐述】

《国语》中言谈为事实而发，事实作为言谈的验证。因其着重记述"邦国成败，嘉言善语"，故取名《国语》。它是我国第一部国别体史书，记载了共约500年间的历史，内容涉及周、鲁、齐、晋、郑、楚、吴、越8国，记载言论为主，其中夹杂记事成分。全书有《晋语》9卷，《周语》3卷，《鲁语》、《楚语》、《越语》各2卷，《齐语》、

《郑语》、《吴语》各1卷。

《国语》中记载晋国史事最多，内容也最丰富，其卷数占到整书将近一半，故有人将其称之为"晋史"。

《国语》记录有西周穆、共、厉、幽、宣和东周襄、定、灵、景、敬共10王在位期间的大事，为后代保留了研究周王室的宝贵资料。

《国语》以记叙西周末年到春秋时期各国贵族言论为主要内容，通过不同风格以及特色的语言塑造人物性格，表述不同人物的思想命运，记录波澜壮阔的历史大事。其记史风格生动、精练，为历代所称道。《吴语》、《越语》记载吴越两国斗争的全部过程，从越败于吴，越王勾践事吴王夫差，最终灭吴，包括两国最高层的谋略，大臣的谏言及两国的外交、内政。除重大历史事件外，《国语》还善于用一些精彩的言论来反映重大社会问题，如《周语》"召公谏厉王弭谤"，提出了统治者怎样对待民间舆论的问题，对那些霸道专横，妄图用高压专制来震慑人民的统治者提出了警告："防民之口，甚于防川。"这一著名观点也反映了当时统治阶级中开明之士的重民思想。《国语》中的《鲁语》，记载有孔子的言论，含儒家思想；《齐语》记管仲谈霸术，含法家思想；《越语》记范蠡尚阴柔，功成身退，带有浓厚的道家思想。因此，《国语》又是古代思想史研究的重要资料来源。

《吴语》和《越语》在全书中风格颇为特殊，以吴越争霸和勾践报仇雪耻之事为中心，写得跌宕起伏，很有气势。其中有一处写到吴王夫差发兵北征，与晋国逐鹿中原，尚未成功，后院起火，传来了越王勾践突袭吴都姑苏的消息。夫差急召大臣商议，采用王孙雒的方法，连夜布成三个万人方阵，中军白旗白甲，左军红旗红甲，右军黑旗黑甲，望去"如荼"、"如火"、"如墨"。晋军"大骇不出"，吴王借机要求晋君让他当盟主，然后连夜撤兵，班师回吴。这一段写得绘声绘色，笔法宛如后世小说。

《国语》所反映的进步思想虽没有《左传》鲜明，但如祭公谏穆王征犬戎时说："先王耀德不观兵。"又说："无勤民于远。"召公谏厉王弭谤时说："防民之口，甚于防川。川壅而溃，伤人必多，民亦如之。是故为川者决之使导，为民者宣之使言。"均为很有意义的言论。从文学上的成就来看，《国语》远逊于《左传》。这从长勺之战就能看出来。两书所记，意同而辞不同，《左传》简练而姿态有神，《国语》平庸而枯槁乏味。试一比较，优劣自见。

但《国语》亦有风趣绝佳者，如《晋语》记姜氏与子犯谋醉重卫一段，重卫和子犯二人对话，生动幽默，当时情景如在眼前；而《左传》于此过于简单，反觉有所不足。还有《晋语》八记叔向谏晋平公事，滑稽讽刺如《晏子春秋》；《越语》中越王勾践与范蠡的问答多韵语，也别具特色。

【历史评说】

《国语》是我国历史上具有里程碑意义的一部作品，它开创了以国分类的国别体例，对后世产生了极其广泛的影响，陈寿的《三国志》、常璩的《华阳国志》、崔鸿的《十六国春秋》、吴任臣的《十国春秋》这些都是《国语》体例的发展。《国语》还具有较高的文学价值，特别是其缜密、生动、精练、真切的笔法，在历史散文中占有比较重要的地位。

《国语》与《左传》既有史家"尚实录，寓褒贬"的传统，又能运用形象思维来写历史，具有较强的文学和史学研究价值。

【书海拾贝】

才上平如水，人中直似蘅。

人之有学也，犹木之有枝叶也。木有枝叶，犹庇荫人，而况君子之学乎？

《战 国 策》

【名家传略】

刘向（公元前77年—前6年），西汉人，他将整理出的七种战国史料——一些性质相同而来源不同的著作合编成书，定名《战国策》。《战国策》共33篇，分为12国，为古本，因夹杂有为儒家所排斥的纵横阴谋之术，故传诵较少，多残缺。宋代曾巩补充编订的《战国策》为今本，也凑足了刘向古本的篇数。

【经典阐述】

今本《战国策》，共33篇，486章，由吴师道依据曾巩校补本而订定。其中《西周策》1篇，17章；《东周策》1篇，22章；《秦策》5篇，64章；《齐策》6篇，57章；《楚策》4篇，52章；《赵策》4篇，66章；《魏策》4篇，81章；《韩策》3篇，69章；《燕策》3篇，34章；《宋卫策》1篇，14章；《中山策》1篇，10章。

吴师道所著《战国策校注》至今通行。宋人鲍彪改变原书次序作新注，近代金正炜有《战国策补释》。东汉高诱曾为旧本《战国策》作注，现残缺。1973年，在湖南长沙马王堆出土西汉帛书，记述战国时事，定名为《战国纵横家书》，与《战国策》内容相似，可补今本《战国策》之讹误与不足。

《战国策》中绝大多数文章，都体现了民本思想。如《赵威后问齐使》（《齐策四》）中赵威后把"民"的地位提高到了国君之上。《邹忌讽齐王纳谏》（《齐策一》）中也说，由于齐威王听取了民众的意见，故齐国大治，"燕、赵、韩、魏闻之，皆朝于齐"。

《冯谖客孟尝君》（《齐策四》）中的策士冯谖，为孟尝君"焚券"、"市义"，赢得

"民称万岁"，孟尝君因此能以区区薛地作为避难免死的安乐之"窟"。在《中山策》中有一篇《昭王既息民缮兵》，则是从反面论述民心的重要性。长平之战，秦军名将白起大破赵军，可是后来当秦昭王再次命他攻击赵国，他不肯去。他说："今秦破赵军于长平，不遂以时乘其震惧而灭之，畏而释之，养孤长幼以益其众，缮治兵甲以益其强，增城浚地以益其固。主折节以下其臣，臣推体以下死士。至于平原君之属，皆令妻妾补缝于行伍之间。臣人一心，上下同力，犹勾践困于会稽之时也。"因此，他断定"兵出无功"，"臣见其害，未睹其利"。

《战国策》热情歌颂那些蔑视王侯、敢于反抗强暴的义侠和高士等英雄人物。例如面对齐宣王不愿趋颜附势的颜周，他不但敢于直斥"王前"，还公然宣称"士贵耳，王者不贵"，"生王之头，曾不若死士之垄也"（《齐策四》）。如身为一介布衣的鲁仲连，发誓宁肯"赴东海而死"，也不忍做暴秦的臣民（《赵策三》）。还有荆轲、聂政等人物，匡扶正义，疾恶如仇，敢于献身，为被凌辱者复仇。另有一些"济弱扶困"、反对侵略的人物，例如说服燕赵两国出兵救魏的孟尝君、谏止魏王与秦一起攻韩的信陵君，不惜"百舍重茧"折服楚王、免除战争的墨子等。对于这些人物的高志洁行，《战国策》中都给予充分的肯定和高度的赞扬。

《战国策》还体现了器重贤能、珍惜人才以及崇尚智谋和智巧的进步思想。齐宣王采纳王斗的建议，"举士五人任官，齐国大治"（《齐策四》）；秦孝公拜商鞅为相，实行变法，一年内，就"道不拾遗，民不妄取，兵革大强，诸侯畏惧"（《秦策一》）。《战国策》不但对这些历史上有重大影响的高才奇能的人给予充分赞扬，而且对某些在一些事上能出"奇策异智"或在某一方面有特长的人，不论身份尊卑，不问职业贵贱，也同样予以肯定，表现了"不取其污，不听其非，察其为己用"的进步观念。如姚贾原本是梁国一个看门人的儿子，又有偷盗行为，因为他很会外交，秦王就命他为外交官。他为秦国解除了一场被4个国家合攻的危机。又如《苏子谓楚王》（《楚策三》）、《汗明见春申君》（《楚策四》）等篇，也都从不同方面说明了识才、惜才、容才、任才的重要性。

战国时期，群雄争霸，兵祸连连，百姓生活于水深火热之中。苏秦对齐湣王说："夫战之明日，尸死扶伤，虽若有功也，军出费，中哭泣，则伤主心矣。死者破家而葬，夷伤者空财而共药，……故民之所费也，十年之田而不偿也。"（《齐策五》）战争中的巨大开支，战争中的死伤破坏，终究都由人民来承受。在秦国攻打赵国的长平时，一次就坑杀降卒四十万。知伯围赵襄子于晋阳，决晋水而灌之，致使"城中巢居而处，悬釜而炊，财食将尽，士卒病羸"（《赵策一》）。统治者对外穷兵黩武，对内则逸谀用事。宋康王为了"威服天下"，辱骂敢于直谏的重臣，劈开驼背人的背脊，刀截渡河人的小腿，放辟邪侈，无所不为（《宋卫策》）；楚怀王削掉美人之鼻（《楚策四》）；秦宣太后与魏丑夫私通,临死还要"必以魏子为殉"(《秦策二》)。这些文字,有力地揭露了统治者的残暴和无耻。为取"卿相之尊"的苏秦,先以"连横之策"说秦王,后又以与"连横"完全对立的"合纵"之策说赵王,自己没有一定的政治主张,为了取得相位,不惜出尔反尔,变幻往复。张仪为秦国出使楚国,答应献商于之地六百里,转脸就不认账。对苏厉的吹嘘撒谎、陈轸的圆滑世故、甘茂的狡黠等,书中也都有深刻的描绘。

此外,《战国策》对许多战事和故事的记述,有力地揭露了统治者的凶狠和无耻。

【历史评说】

《战国策》的艺术性主要表现在以下几方面。

第一,论点明确,方法周密,逻辑性强。

其中非常出色的有《庄辛论幸臣》(《楚策四》)。文中叙述襄王沉迷于声色,拒绝庄辛的劝诫,终招亡国之祸。这是用事实来说明全书的中心论点:只顾眼前享乐,丧失警惕,必将导致后患。接着就开始正面的论证,证实此论点的必然性、普遍性、真理性。在论证过程中,不是抽象的说理,而是以比喻性的具体形象作为论据来说服楚襄王。从生物界微小的蜻蜓,到较大的黄雀,再由黄雀到更大的黄鹄。这些虫鸟们平时自由飞翔,悠游自乐,原本以为与人无争,不会有什么灾祸。其不知,就在它们自鸣得意的时候,旁边却隐伏着杀机,最终不免死亡的厄运。无知的生物尚且如此,何况人类,更何况凌驾万乘的一国之君呢!接着又举出人事中的蔡灵侯之事,继而联系到书襄王。从生物到人类,从小到大,一层深于一层,一步紧迫一步,深刻有力,使得襄王不得不为之变色,浑身发抖。形象而逼真的比喻,严谨而自然的逻辑推理,使论据显得格外有力,说服力强。如此典范性的策论文,在《战国策》中有很多,如《楼缓虞卿论割地略秦》(《赵策三》)、《苏秦以合纵说赵》(《赵策二》)、《张仪以连横说秦》(《秦策一》)、《司马错论伐楚》(《秦策一》)等,它们分析形势,了如指掌,权衡得失,则尺寸计较。

第二,形象地描写了错综复杂的历史事件,结构完整,情节曲折而生动有趣,且故事性强。

《战国策》,共486篇,几乎每一篇都是一个故事。其中的名篇有《聂政刺韩傀》(《韩策二》),先写韩臣严遂和宰相韩傀的仇隙,严遂想找一位可替自己报仇的人,以此为故事的起因。接着写严遂在齐国"阴交聂政",因其母亲尚在,聂政不敢以身许人,便拒绝了严遂的请求。故事到此处为之跌宕。作者又写了聂母去世后,聂政感念旧遇,只身仗剑,刺杀了韩傀。故事看似将要结束,但又由聂政死时"皮面抉眼"的情节引出其姐。韩国统治者不惜千金悬赏以征求认领尸体的人的情节、聂政之姐不惜自杀于尸下的情节,与前面"皮面抉眼"的情节,既自然连贯,又呼应合拍。结尾一段，为东方各国听到这个故事的反应和作者的评论，也是对两位英雄人物的赞扬。故事有始有终，跌宕起伏，事件脉络清晰，彼此配合默契，构成了一个故事性极强的艺术整体。此外像《荆轲刺秦王》（《燕策三》）、《吕不韦相秦》（《秦策五》）、《苏秦止孟尝君入秦》（《齐策三》）、《慎子告襄王三计并用》（《楚策二》）、《不死之药》（《楚策四》）等，文中或赞扬美善，或批露丑恶，或写智巧解患，或写妙语解颐，无不风趣横生，引人入胜。

第三，形象地刻画出了性格不同的历史人物形象。

如苏秦和张仪都是能言善辩的策士，为了取得相位，诈变反复是他们的共同特点。可是苏秦的刻苦、自信与张仪的阴毒、无赖，毕竟不同。前者使人同情，后者让人憎恶。荆轲与聂政，均为重义轻生的勇士，但荆轲的沉着机智、倔强又略带冷漠的个性，与聂政的孝顺、忠诚、爽直且勇于决断的性格，显然又有所不同。还有头脑冷静敏锐、善于观察分析的邹忌、为人排忧解难而不要任何回报的鲁仲连、善于利用矛盾来解决矛盾的冯谖、机智老练而又风趣活泼的触龙等，以及秦宣太后、吕不韦、楚怀王等人物形象，在《战国策》中都被刻画得活灵活现，使读者有如闻其语、如见其人的感觉。

另外，《战国策》语言流畅犀利且笔调辛辣，巧妙地将寓言故事穿插于文中，从而说明抽象的道理，以阐述自己的论点，是策论文中的典范。后来有很多寓言和比喻都成了著名的典故，如"画蛇添足"、"狐假虎威"等。

《战国策》不仅具有很高的艺术性和其思想性，还有很高的史学价值，特别是刘向编校成书的古本，在中国古代史上曾占有极其重要的史料地位。《战国策》记载了继《春秋》之后，讫楚汉之争，共245年的历史，保存了很多珍贵史料，如西周君、东周君二国情况，楚幽王为春申君之后，郭开谗李牧，吕不韦立子楚等，这些史料都是独家占有，也是司马迁修《史记》取材的重要史料来源。

【书海拾贝】

臣见其害，未睹其利。

夫战之明日，尸死扶伤，虽若有功也，军出费，中哭泣，则伤主心矣。……故民之所费也，十年之田而不偿也。

《贞观政要》

【名家传略】

吴兢（公元670年—749年），唐朝汴州浚仪（今河南开封）人。吴兢为人正直不阿，勤奋好学，善于研究古代经书，特别是对历史有较深的造诣。青年时期，他结识了当时的著名人物魏元忠、朱敬则等，并从他们那里得到了不少的教益。约在武周圣历三年（公元700年）前后，当时武三思主持修撰国史，但因以朋党为界限，记事不实，吴兢具有忠于历史的赤诚，意欲为后人留下信史，愤而私撰《唐书》、《唐春秋》。唐中宗时，他任右补阙，与刘知几等人共修《则天实录》，书成后，转任起居郎，又迁水部郎中。开元初，他自请继续修史，得准与刘知几撰《睿宗实录》，并重修《则天实录》。刘知几去世后，张说为相，见到书中记载经他诬陷魏元忠之事，感到不安，颇有政治见识的吴兢，因唐玄宗澄清了七八年的混乱局面所以对他很敬仰，热切地给新皇帝上了一道奏书要求皇帝纳谏。吴兢得到唐玄宗的重视和信任，约在开元三年（公元715年）前后，升任谏议大夫、太子左庶等官，并兼文馆学士，不久，又任卫尉少卿，兼修国史。开元十七年（公元729年），吴兢被贬官，出任荆州司马，后又历任地方郡守，辗转迁任，不得重用，寂寞地度过了自己的晚年。

【名作述略】

《贞观政要》一书写于"贞观之治"之后政治上出现危机之时，为了保证唐皇朝的长治久安，吴兢深感有必要总结唐太宗君臣相得、励精图治的成功经验，为后来的帝王树立起施政的楷模。此书约完成于唐玄宗开元后期或开元、天宝之际，一直以其具有治国安民的重大参考价值，而得到历代的珍视。

【经典阐述】

《贞观政要》以问答形式分类编录了唐太宗与魏徵、房玄龄、杜如晦等君臣之间有关国家大事的商议，也记载了大臣争议和所上谏疏，并旁及政治设施、刑法等等，"用备观戒"。"贞观政要"即"贞观年间的施政要领"。《贞观政要》并非按时间顺序记载史实，而是总结唐太宗治国施政的经验，将君臣问答、奏疏、方略等材料，按照为君之道、任贤纳谏、君臣鉴戒、教诫太子、道德伦理、正身修德、崇尚儒术、固本宽刑、征伐安边、善始慎终等一系列专题内容归类排列。这部著作不仅记载了史实，而且有很强的政论色彩，蕴含着丰富的治国安民的政治观点和成功的施政经验。

全书10卷42篇、250章，共8万字左右。

第一卷首篇是《论君道第一》，主要记载了唐太宗和时任谏议大夫的魏徵关于"为君之道"的讨论。唐太宗认为先存老百姓，才是为君之道，如果损害了百姓来奉养自身，就如同"割股以啖腹，腹饱而身毙"。君主要想安定天下必须首先严于自律，否则上行下效，国家的安定将无从谈起。第一卷第二篇是《论政体第二》，继续记述唐太宗君臣对治国之道的讨论，只是这种讨论从单纯的治国指导思想转入到了具体的治国方式。

第二卷《论任贤第三》、《论求谏第四》和《论求谏第五》，吴兢更详细地记录了唐太宗身边的几个股肱之臣被选拔任用的经历。唐太宗珍惜和重视贤才，对那些贪官污吏深恶痛绝。这一时期的官吏多能做到"清廉自谨"。

※ 中华文明历史长卷 ※

第三卷包括《君臣鉴戒第六》、《论择官第七》、《论封建第八》3篇。唐太宗君臣善于从隋亡中吸取教训，认为君主应该力戒骄奢淫逸，并随时采纳忠直之言，选用贤良，励精图治。而臣子应该忠诚不二，敢于直言。要点是遵循"任官惟贤才"的择官原则。

第四卷主要记录了关于对太子及诸王的封授、教育、规谏的问题。唐太宗采纳了褚遂良的建议，为太子延请师傅，教育太子尊师重道，为将来君临天下做准备，给太子高于诸王的待遇。诸王也应该选择良师益友，接受他们的直言规劝，不得独断专行。

第五卷和第六卷共有16篇，记录了君臣应该恪守的道德准则，包括仁义、忠义、孝友、公平、诚信、俭约、谦让、仁恻、慎所好、慎言语、杜谗邪、自省、廉洁等。

第七卷包括《崇儒学第二十七》、《论文史第二十八》、《论礼乐第二十九》3篇，记录了太宗自践位以来，确立了儒家思想在社会中的统治地位。

第八卷包括6篇，分别是《论务农第三十》、《论赦令第三十一》、《论刑法第三十二》、《论贡献第三十三》、《禁末作附（三章）》、《辩兴亡第三十四》。

第九卷包含《议征伐第三十五》和《议征伐第三十六》2篇，主要内容是记录了从唐初期到唐太宗后期，唐朝与周边国家、地区关系的情况。

《贞观政要》全书内容涉及非常广泛。概括起来，基本上可分为以下4个方面：君主的自身修养和作风；官员的选拔和作风要求；对内对外的大政方针；规谏太子，确保国家长久，社稷永存。

《贞观政要》全面而详备地记述了封建社会的政治问题。吴兢认为封建政权的关键是君主，他在开卷的第一篇《君道》中，首先探讨了为君之道。要想当好君主，必先安定百姓，要想安定天下，必须先正自身。他用唐太宗的言论证明了他的观点。作为君主的两个要素是安民与修养自身。君主清心寡欲和虚心纳谏是个人修养中最为重要的。唐太宗成功的关键就是做到了这两点，纵观历史可知，这两点对于政权安危具有普遍意义。

《贞观政要》中，也有一些消极东西。如关于封建伦理道德的一些说教，关于修身养性的议论。虽然这些是希望统治者能够正身修德，作出表率，但也反映出吴兢对封建伦理的重视和虔诚。

阅读此书时要注意两点：一是《贞观政要》的写作背景，作者是在特定的环境下来记载这些言论；二是文中的对话主要是围绕为君之道、任贤纳谏、君臣鉴戒、教诫太子、道德伦理、正身修德、崇尚儒术、固本宽刑、征伐安边等众多专题内容展开的，根据专题来阅读，效果较好。

【历史评说】

《贞观政要》虽然记载的是史实，但却有很强的政论色彩，此书记录了"贞观之治"的历史，包含着丰富的治国安民的政治观点和成功的施政经验。这部书更新了中国史学史上古老的记言体裁，是一部独具特色、对人富有启发的历史著作。它在史料学方面也具有重要价值。《贞观政要》是现存记载唐太宗时期历史较早保存了较多的重要史实的一部史书。

【书海拾贝】

求木之长者，必固其根本；欲流之远者，必浚其泉源；思国之安者，必积其德义。

不念居安思危，戒奢以俭，德不处其厚，情不胜其欲，斯亦伐根以求木茂，塞源而欲流长者也。

《山海经》

【名作述略】

关于《山海经》的作者与成书年代，尚待证实。传统说法是此书为大禹及其助手益所作，如王充《论衡》及刘歆的《上山海经表》所记载。但一些人对此表示怀疑，北魏郦道元著《水经注》时已发现：该书策落次乱，难以成册，后人又加以假合，与原意相差甚远。北齐的颜之推，认为书中出现的汉代地名是在秦代焚书之后或董卓所加，但此说被日趋发展的考古学与辩伪学所否定。目前，学者们一致认为《山海经》由3大部分组成，以《山经》成书年代最早，为战国时所作；《海经》为西汉时所作；《大荒经》及《大荒内经》为东汉至魏晋时所作。

【经典阐述】

《山海经》记述的内容非常丰富，涉及天文、历法、地理、气象、动物、植物、矿物、地质、水利、考古、人类学、海洋学等诸多内容。同时，书中也记录有大量的远古神话传说。《山海经》的今传本为18卷39篇，分《五藏山经》、《海外经》、《海内经》、《大荒经》4部分，其中《五藏山经》5卷，包括《南山经》、《西山经》、《北山经》、《东山经》、《中山经》，共21000字，约占全书的三分之二；《海内经》、《海外经》8卷，4200字；《大荒经》及《大荒海内经》5卷，5300字。

《山经》以五方山川为纲，记述的内容包括古史、草木、鸟兽、神话、宗教等。《海经》除著录地理方位外，还记载远国异人的状貌和风物。在古代文化、科技和交通不发达的情况下，做到此点实属不易。

卷一至卷五共有26节，共描写了447座中央陆地上的山脉。每座山的描写均包括它的名字，距前面提到的山脉的距离，还有其植物、动物和矿物的介绍，并包括对居住于一座山或者一群山脉上的守护神和怪物以及一些神话传说的评述。如有河与山相连时，原文详细记述了河流的起源和出口、流向以及河中所见的物品。在24个小节的末尾,还记述了一些关于山精崇拜的规定,这些记载对研究中国早期宗教有重要的作用。卷六至卷十八的内容颇有不同。地名几乎无法确认,植物学和动物学让位于虚构的民族学;医学的、占卜和仪式的规定再也找不到了,神话纪录数目更多。

作者将《中山经》所在地区定为世界的中心,四周是《南山经》、《西山经》、《北山经》、《东山经》中所记载的山系,这些山系共同构成大陆,大陆被海包围着,四海之外又有陆地和国家,再外还有荒远之地,这就是《山海经》所描绘的世界。

《山海经》的地域范围按今天的行政区划来划分,大致如下:《南山经》东起浙江舟山群岛,西抵湖南西部,南抵广东沿海,包括今天的浙、赣、闽、粤、湘5省;《西山经》东起山、陕间的黄河,南起陕、甘秦岭山脉,北抵宁夏盐池西北,西北达新疆阿尔泰山;《北山经》西起今内蒙古、宁夏腾格里沙漠贺兰山,东抵河北太行山东麓,北至内蒙古阴山以北;《东山经》包括今山东及苏皖北境。《中山经》西达四川盆地西北边缘。

《山经》以山为纲,分中、南、西、北、东5个山系。在叙述每列山岳时记述山的位置、高度、走向、陡峭程度、形状、谷穴及其面积大小,并注意两山之间的相互关连,有的还涉及植被覆盖密度、雨雪情况等,显然已具备了山脉的初步概念,堪称我国最早的山岳地理书。在叙述河流时,必言其发源与流向,还注意到河流的伏流和潜流的情况以及盐池、湖泊、井泉的记载。《山海经》中最具有地理价值的部分《五藏山经》在全书中最为平实雅正,内容和形式均以叙述各地山川物产为主。

学者吕子方统计,《山海经》载录的药物种类,动物药76种(兽类19种,鸟类27种,鱼龟类30种),植物药54种(木本24种,草本30种),矿物药及其他7种,多达137种,更为难能可贵的是所收载的药物有具体、详尽的记述。这些对研究中国医药学的萌芽和演化具有重要意义。经过长期的研究证实,《山海经》还记录了世界上最古老的矿藏,现在大都可以证实。

【历史评说】

《山海经》对后世的相关研究具有很高的参考价值,主要体现在民俗、历史、科学和文学4个方面。

在民俗方面,《山海经》最重要的价值也许在于它保存了大量神话传说,这些神话传说除了我们大家都很熟悉的如夸父逐日、精卫填海、羿射九日、鲧禹治水、共工怒触不周山等之外,还有许多是人们不大熟悉的。如《海外北经》中载:"共工之臣曰相柳氏,九首,以食于九山。相柳之所抵,厥为泽溪。禹杀相柳,其血腥,不可以树五谷种。禹厥之,三仞三沮,乃以为众帝之台。在昆仑之北,柔利之东。相柳者,九首人面,蛇身而青。不敢北射,畏共工之台。台在其东。台四方,隅有一蛇,虎色,首冲南方。"

在历史方面，《山海经》中的神话传说不仅仅是神话传说，同时，在一定程度上它又是历史。虽然由于浓厚的神话色彩，其真实性要大打折扣，但是，它们毕竟留下了历史的影子。把几条类似的材料加以比较，有时还是可以看到历史的真实面貌的。例如上文所引《大荒北经》中黄帝战蚩尤的记载，剔除其神话色彩，我们可以从中看到一场古代部落之间的残酷战争。又如《大荒西经》、《海内经》中记载了一个黄帝的谱系：黄帝妻嫘祖，生昌意。昌意降处若水，生韩流。韩流擢首、谨耳、人面、豕喙、麟身、渠股、豚止，取淖子曰阿女，生帝颛顼（《海内经》）。颛顼生老童，老童生重乃黎。帝令重献上天，令黎邛下地。下地是生噎，处于西极，以行日月星辰之行次（《大荒西经》）。这个谱系具有传奇色彩，具有神谱的性质，但是，它与《大戴礼记·帝系篇》、《史记·五帝本纪》、皇甫谧《帝王世纪》基本相同。

在科学方面，《山海经》是一部科技史，它既记载了古代科学家们的创造发明，也有他们的科学实践活动，还反映了当时的科学思想以及已经达到的科学技术水平。例如，关于农业生产，《大荒海内经》载："后稷是始播百谷"，"叔均是始作牛耕"。《大荒北经》载："叔均乃为田祖。"关于手工业，《大荒海内经》载："义均是始为巧倕，是始作下民百巧。"关于天文、历法，《大荒海内经》载："噎鸣生岁有十二。"《大荒西经》载："帝令重献上天，令黎邛下地。下地是生噎，处于西极，以行日月星辰之次。"诸如此类的记载不胜枚举。有一些自然现象的记载尤其珍贵，这在其他书中是看不到的，如《海外北经》载："钟山之神，名曰烛阴。视为昼，瞑为夜；吹为冬，呼为夏；不饮、不食、不息、息为风。身长千里。在无晵之东。其为物，人面，蛇身，赤色，居钟山下。"

《山海经》具有很高的文学参考价值。神话乃文学之母。神话与文学的关系，就像《山海经》神话中所见的盘古与日月江海的关系。神话说盘古死后，头化为四岳，眼睛化为日月，脂膏化为江海，毛发化为草木。盘古虽死，而日月江海、人间万物等都有盘古的影子。神话转换为其他文学形式以后，虽然往往消失了它本身的神话意义，神话却在作为文学中艺术性的冲击力量而活跃起来。例如：先秦文学的南北两大代表：《诗经》与《楚辞》，都有古神话的痕迹，尤其是《楚辞》，保存着大量的古神话。《老子》、《庄子》、《淮南子》的道家思想也大量吸取古代神话而加以哲理化。

【书海拾贝】

夸父追日。

精卫填海。

《水经注》

【名家传略】

郦道元（约公元470年—527年），字善长，北魏范阳涿县（今河北涿州）人。他出生在官宦世家，其祖父、父亲曾经做了多年的官。他的父亲郦范，是北魏时期的公侯。少年的时候他跟随父亲在山东为官，喜好游历，酷爱祖国锦绣河山，培养了"访读搜渠"的兴趣。成年后，他承袭父亲封爵，被封为永宁伯，先后出任太尉掾、治书御史、颍州太守、东荆州刺史、河南尹、黄门侍郎、御史中尉等职。他充分利用在各地做官的机会进行实地考察，走遍了现在的河北、河南、山东、陕西、山西、江苏、内蒙古等广大地区，每到一地除了参观名胜古迹外，同时还用心勘察水流地势，了解沿岸地理、地貌、土壤、气候、人民的生产生活、地域的变迁等，并且还访问各地长者，了解古今水道的变迁情况以及河流的渊源所在、流经地区等。郦道元从小就喜欢读书，历览奇书，如《山海经》、《禹贡》、《禹本纪》、《周礼·职方》、《汉书·地理志》、《水经》等，因此积累了丰富的地理学知识，为他的地理学研究和著述奠定了坚实的基础。郦道元除撰写《水经注》之外，同时还著有《本志》13卷及《七聘》诸文，但都已流失，只有《水经注》得以流传下来。

【经典阐述】

《水经注》全书共40卷，以《水经》所记的水道为纲领。《水经》共载137条水道，而《水经注》则将支流等补充到1252条，达32万字。涉及的地域范围，除了基本上以西汉王朝的疆域作为其撰写对象外，同时还涉及到当时不少外族地区，包括现在的印度、中南半岛和朝鲜半岛若干地区，覆盖面积实属空前。《水经注》所记述的时间跨度上起先秦，下至北朝当代，上下约2000年。它的内容十分丰富，以水道为纲，将河流流经地区的古今历史、地理、经济、政治、文化、社会风俗、古迹等作了一个尽可能详细的描述，包括自然地理和人文地理的方方面面。

在自然地理方面，所记大小河流有1252条，从河流的发源一直到入海，举凡干流、支流、河谷宽度、河床深度、水量和水位季节变化，含沙量、冰期以及沿河所经的伏流、瀑布、急流、滩濑、湖泊等都广泛搜罗，作了详细记载。

在人文地理方面，所记的一些政区建制通常能够补充正史地理志的不足。所记的县级城市和其他城邑共2800座，除这些县级城市和其他城邑外，小于城邑的聚落包括镇、乡、亭、里、聚、村、墟、戍、坞、堡等10类，差不多有1000处。交通地理包括水运和陆路交通，其中就记有100座左右桥梁，近100个津渡。经济地理方面有大量农田水利资料，所记载的农田水利工程名称就有陂湖、堤、塘、堰、坨、水门等。

在手工业生产方面，有采矿、冶金、机器、纺织、造币、食品等。

在采矿冶金方面，包括了很多地方的金、银、铜、铁、锡等金属的冶炼场所、设备，介绍了各地18处大小盐场，其中对今新疆地区一带地区的冶铁工业的记载更加具体，既记载了冶铁所用的燃料及原料等，同时还记载了产品的销售地区等情况。

书中在食品方面记载了3处名酒的酿造情况，为研究我国的酿酒技术和酒文化提供了重要资料。此外还有兵要地理、人口地理、民族地理等各方面资料。

《水经注》记载了当时历史上的洪水暴发的情况，这些记载包括洪水暴发时间、洪水大小等情况，十分翔实。它对各种类型湖泊的记载也颇为详细，包括非排水湖、排水湖、人工湖以及沿海的潟湖。郦道元同时还注意了湖泊与河流之间密切的水文关系，他多次指出，湖泊能够调节河流水量，当洪水上涨的时候，河流将洪水排入湖泊，旱季的时候，湖泊又可以将洪水补给河流。

在地质学方面，郦道元对于流水在地质形成中的作用进行了阐述，初步具备了流水侵蚀、搬运和沉积作用的思想。他通过长期的观察认识到水具有非常强的侵蚀作用。

《水经注》中同时还记载了许多化石，包括古生物残骸、遗迹化石，另外还记载了31个温泉，对各个温泉的特点、水温、矿物质、生物等情况都进行了比较详细的叙述。其中有12个温泉可以治病，对各地温泉水温的记载特别具体，并按温度不同，按温度从低到高分为5个等级。

《水经注》在生物方面对各个河流周围的动植物情况进行了记载。全书记载各种植物140余种，并对各地植物生长情况作了描述。书中同时还对各地植物生长的地区性分布进行一个详细记载，描述了我国东部湿润地区的沼泽、水生植被的情况和西北干燥地区的草原、荒原植被的生长情况。书中记载有100余种动物，所记内容十分有特色，明确记载了动物的分布界线，指出某些动物超过原来生活的范围界限就很难生存。

【历史评说】

《水经注》详细记载了1252条河流水道的方位、流向、长度、经过区域，以及这些地区的地形地貌、地理沿革、温泉瀑布、地质矿物、植物动物、农业工业、水利航运、桥梁道路、园林陵墓、自然灾害和风土人情等，丰富的内容、具体的记述、生动的文字，都是前人所不能及的，对今人从事地理、历史、考古和研究工作仍具有很高的科学价值。

当代学者对郦道元评价颇高，称赞"他以时间的深度描写地理，又给予许多史事以具体的空间的真实感"（侯仁之《水经注选释·前言》），他是"中世纪时代世界上最伟大的地理学家"（日本地理学家米仓二郎）。

【书海拾贝】

巴东三峡巫峡长，猿鸣三声泪沾裳。

春冬之时，则素湍绿潭，回清倒影，绝巘多生怪柏，悬泉瀑布，飞漱其间。清荣峻茂，良多趣味。

《洛阳伽蓝记》

【名家传略】

杨炫之，北魏著名散文家，北平（今河北满城）人，大概生活在北齐天保年间（公元550年—559年），《魏书》、《北史》这二本书都不立传，生平的事迹都无从考究。

有的说他曾任北齐期城郡太守，也有的说他曾任秘书监。从本书卷首书名及卷中自述来看，他曾任北魏抚军府司骊，担任过奉朝请，后升秘书监，且亲身经历了北魏中后期的全盛与变乱，后任北齐时期城郡太守。

北魏从太和十九年（公元495年）迁都洛阳后，大修佛寺，"金刹拥有僧尼二百万，寺院多达三万处"。杨炫之于东魏武定五年（公元547年）重返洛阳，亲眼看到洛阳多年战乱、城郭崩毁凄凉景象，抚今思昔，感慨之余，于是写下了《洛阳伽蓝记》。梵文的"伽蓝"，意思是"众园"或"僧院"，即佛教寺院。作者写这部书的原因，不单是为了记录北魏佛教全盛时期的情况，同时还是为了记叙当时社会的富庶，追溯祸乱的由来，悲叹繁华的消失。

汉朝以后中国佛教盛行，佛寺众多。北魏信佛主要特征为建功德求福祉，孝文帝迁都洛阳后，进行了一系列的改革。因生产力的提高与社会经济的发展，社会上积累了大量财富，并且大规模兴建佛教寺院，佛教在中国如日中天。宣武帝也是佛教信徒，在位16年，造龙门石窟、营缮寺庙，远近承风，人们无不事佛。上行下效，建造出千余个庙来。后来尔朱荣、高欢两次作乱，"寺观灰烬，庙塔丘墟"。据史书记载，公元536年东魏分裂、孝静帝迁都邺城前，全国僧尼已达200万，佛寺多达3万余所，仅洛阳城内外就有佛寺1300多所，"寺夺民居，三分且一"。

【经典阐述】

《洛阳伽蓝记》是以洛阳的寺院为纲而——展开的，全书分为城内、城东、城南、城西、城北5卷。作者分别从城内开始，由里及外，并且表列门名，兼记远近市里、官署、道路、桥梁、时人宅第和名胜古迹。全书记载了洛阳80多所寺院。记寺院先记立寺人、立寺时间以及寺院方位，接着记建筑结构、周围环境及其兴废沿革。市里、官署、道路、桥梁、时人宅第及名胜古迹都分别交待了它们的地理位置，有的还兼记遗闻逸事，同时还写了中外佛教文化的交流情况。

《洛阳伽蓝记》的线索是佛寺，同时还描写了许许多多的人物，其中有很多是作者赞赏的人物，如刘白堕、杨元慎、邢子才、王肃等，不单单交待他们的生平、爵里，极少数人还被作者详细地记载了。

《洛阳伽蓝记》能够长盛不衰的原因，不仅仅在于它的内容，同时还有赖于它的描写技艺。

北魏社会经济经过孝文帝改革有了一个十分明显的发展，尤其是朝廷放松了对技作户的控制后，民间的手工业与商业就很快活跃起来。《洛阳伽蓝记》在描绘佛寺的盛况时，如在《法云寺》篇记载洛阳大市东西南北时说："市东有通商、达货二里，里内之人尽皆工巧屠贩为生，资财巨万。""市西有延酤、治觞二里，里内之人多酿酒为业。""市北有慈孝、奉终二里，里内之人以卖棺椁为业，货辆车为事。""别有阜财、金肆二里，富人在焉。凡此十里，多诸工商货殖之民。"这为我们提供了材料。工商业的发达必然导致城市生活的丰富多彩，《洛阳伽蓝记》所记载的当时民间杂技百戏的盛况，也正是城市生活丰富多彩的一个方面。"一室倾覆，寺观灰烬，庙塔丘墟，墙被蒿艾，巷罗荆棘。野兽穴于荒阶，山鸟巢于庭树。游儿牧竖，踯躅于九逵；农夫耕老，艺黍于双阙。麦秀之感，非独殷墟；黍离之悲，信哉周室。"他在这种苍凉的故国之悲下，在书里写出宫闱、政事以及腐败统治者的贪淫豪奢和寺庙中不会诵经的假和尚，笔触所及，使人感伤，寓意深远，令人惆怅，为之感慨。

《洛阳伽蓝记》中涉及到很多方面的内容，它以记佛寺为纲，再关注涉及的人物、中外佛教交流及其各国的政治、经济和其他方面的情况。

【历史评说】

《洛阳伽蓝记》一直和《水经注》一起被人们誉为中国北朝散文著作的"双璧"，被誉称南北朝骈体文范本。本书是以记佛寺为纲的具有文化和文学价值的历史文献。作者擅长叙述，精通描绘，文笔秀逸浓丽，语言洗练，格调高雅。作为一部具有高度文学价值的史书，其中的《法云寺》、《寿丘里》等节一直都为人传诵。

【书海拾贝】

权去生道促，忧来死路长。

怀恨出国门，含悲入鬼乡。

隧门一时闭，幽庭岂复光？

思鸟吟青松，哀风吹白杨。

昔来闻死苦，何言身自当！

《大唐西域记》

【名家传略】

玄奘，俗姓陈，洛州缑氏（今河南偃师县南缑氏镇）人。他于隋文帝仁寿二年（公元602年）出生于一个世代儒学之家，出家后法名玄奘，敬称三藏法师，俗称唐僧。玄奘13岁时在洛阳净土寺诵习佛典，后来去长安，为访名师，他游历了成都、荆州（今湖北江陵）、扬州、苏州、相州（今河南安阳）、赵州（今河北赵县）等地，之后又回长安，拜师法常、僧辩两位大师。他勤奋好学，对佛典研究较深，曾到佛教的发源地印度取经求法。唐太宗贞观元年（公元627年），玄奘从长安出发，孤身开始西行之路。途经秦州（今甘肃天水）、兰州、凉州（今甘肃武威）、瓜州（今甘肃安西东南），偷渡玉门关，历五天四夜滴水不进，艰难地通过了800里沙漠，取道伊吾（今新疆哈密），年底到达高昌（今新疆吐鲁番），沿天山南麓西行，历经数国，沿大清池西行，来到碎叶城，巧遇突厥叶护可汗，并得到可汗的帮助。然后他继续西行，经过昭武九姓中的7国，翻越中亚史上著名的铁门，到达吐火罗，由此又南行，经大雪山，来到迦毕试国，东行至犍驮罗国，进入北印度，在那里拜望高僧，巡礼佛都圣地，跋涉数千里，经历10余国，进入恒河流域的中印度。中印度是当时全印度的文化中心，拥有全印度规模最大有700年历史的那烂陀寺，也是玄奘西行求法的目的地。玄奘在那烂陀寺留学5年，向寺主持、当时印度佛学权威戒贤法师学习《瑜珈论》等，又研究了寺中收藏的佛都典籍，兼学梵文和印度很多的方言，当他的足迹几乎遍及全印度时，他又返回那烂陀寺，戒贤法师命他为寺内众僧讲解《摄大乘论》等佛典，赢得了极大声誉。贞观十七年（公元643年）春，玄奘谢绝了戒日王和那烂陀寺众僧的挽留，携带657部佛经，取道今巴基斯坦北上，经阿富汗，翻越帕米尔高原，沿塔里木盆地南线回国，两年后，回到了阔别已久的首都长安。唐太宗得知玄奘回国，在洛阳召见了他，并敦促他将在西域、印度的所见所闻撰写成书。于是玄奘口述，由其弟子辩机执笔的《大唐西域记》一书，于贞观二十年（公元646年）七月完成。

【经典阐述】

《大唐西域记》分12卷，共10余万字，书前有志宁、敬播两序。卷一记载玄奘初赴印度所经之地也就是今天新疆和中亚的广大地区。卷二之首是印度总述，卷三直到卷十一分述古印度各国概况，其中摩揭陀一国情况占去了八、九两卷的篇幅。卷十二记载玄奘返国途中经行的帕米尔高原和塔里木盆地南缘诸国概况。全书共记述了玄奘亲身经过的110国和从传闻中了解的28国情况，书中对各国的记述详略不一，一般包括国名、地理形势、幅员广狭、都邑大小、历时计算法、国王、族姓、宫室、农业、物产、货币、事物、衣饰、语言、文字、礼仪、兵刑、风俗、宗教信仰以及佛教圣迹、寺数、僧数、大小乘教的流行情况等内容。《大唐西域记》记载了印度次大陆地区的历史、地理、风土、人情，以及从帕米尔高原到咸海之间广大地区的气候、湖泊、地形、土壤、林木、动物等情况。

《大唐西域记》内容广泛：

第一，介绍了每个国家不同的地理形势、气候、物产、政治、经济、文化、风俗、宗教等概况。关于这些国家的介绍都是从自然环境叙述到社会概况，语言简洁，内容翔实，章法基本统一。该书重点介绍印度，17个专题基本上囊括了印度的全貌，此书被称为古代和中世纪印度的简史。

第二，记载了重要的历史人物和历史事件。但该书并非历史人物传记，而是一部地理志，兼及玄奘参谒名人故地、观看遗存文物时引发出来的一些历史人物与历史事件。尽管此书记载的内容都与佛教有关，但却是考察该地区政治状况的重要参考资料。

第三，关于佛教各教派的演变与分布状况，玄奘在漫游印度各地时也作了详细记录。

《大唐西域记》是唐代杰出的地理著作，这种评价的依据有四个方面：一是新的地理内容。自汉代起，"葱岭"即被用来指称昆仑山脉西部高山地区，在《大唐西域记》卷十二有波谜罗川的地名，点明了葱岭的一大特点是，"其地最高"。这是"波谜罗"这个名称和地理概念第一次在我国古代地理著作中提到。二是此书还详细描述中亚、印度等国地理环境。三是自然地理的内容和经济地理内容的概述。为今天研究中亚、印度一带的历史地理提供了依据。四是《大唐西域记》大部分内容是讲外国地理，是我国记录那烂陀寺遗址的古代外国地理专著之一。

阅读此书时，要注意两点：第一，本书讲印度古代和中世纪的历史，介绍了释名、疆域、数量、岁时、邑居、衣饰、文字、教育、佛教、族姓等内容，概括了印度的全貌；第二，本书以佛教各教派的演变和分布为线索，读者可以全面了解印度佛教的发展。

【历史评说】

《大唐西域记》是后人研究中国新疆、西藏等少数民族地区乃至南亚、中亚地区的历史的重要依据。这部书在一定程度上填补了印度古代中世纪历史的空白，为印度的考古工作作出了难得的贡献。由于受时代的影响，书中掺杂一些神话或迷信。今天《大唐西域记》已被译成英、法、日等国文字，在全世界广泛流传，它被视为中印人民友谊的象征，是中印文化关系史上的一颗明珠。

梁启超说："玄奘是中国第一流学者，绝不居第二流以下。"印度学者柏乐天教授说："无论从哪方面看来，玄奘也是古今中外最伟大的翻译家。在中国以外没有过这么伟大的翻译家，在全人类的文化史中，只好说玄奘是第一个伟大的翻译家。中国很荣幸的是这位翻译家的祖国，只有伟大的中国才能产生这么伟大的翻译家。"

【书海拾贝】

乌仗那国，周五千余里，山谷相属，川泽连原。谷稼虽播，地利不滋。多葡萄，少甘蔗。土产金铁，宜郁金香。

唐太宗李世民对《大唐西域记》的评价：

松风水月，未足比其清华；仙露明珠，讵能方其朗润。

《徐霞客游记》

【名家传略】

徐霞客（1586年—1641年），名宏祖，字振之，号霞客，江苏江阴人，明代地理学家、旅行家。他从小博览群书，学问渊博，小时候起就有远大的理想，立志游遍祖国锦绣河山，探索大自然的奥秘。万历三十六年（1680年），他开始有计划地远游，一直到55岁时为止。他东游普陀，北到幽燕，南涉闽粤，西北抵太华之巅，西南达云贵边缘。足迹踏遍今江苏、浙江、安徽、福建、广东、广西、江西、河南、陕西、山东、山西、河北、湖南、湖北、云南、贵州等十多个省区以及北京、天津、上海等地。他所到之处，对地貌、地质、水文、气候、植物等多种科学问题，都作了深入而细致的考察，并逐日写成考察记录。明崇祯十三年（1640年）他因身患疾病，双足不能行走，才由云南木知府用轿送回家乡。此时，他已无力整理自己的游记手稿，后经季梦良、王忠纫共同努力才将游记手稿编辑成书。后因战乱，书稿多有散佚，幸有传抄，历经后世人校刊，直到乾隆四十一年（1776年）才有初刻本问世，但已不是全稿，至此其科学价值才被发现。1928年，丁文江主持编绘徐霞客旅行路线图36幅，同据嘉庆年间刊本标点的游记以及自著的《徐霞客先生年谱》一起印行。

【经典阐述】

《徐霞客游记》（包括《徐霞客西游记》，以下简称《游记》）乃是徐霞客30多年旅行考察的真实记录和结晶，其内容十分广泛、丰富，从对山川源流、地形地貌的细致考察到对奇峰、异洞、瀑布、温泉的执着探索；从动植物生态品种到手工业、矿产、农业、交通运输、城市建置等的记述；从各地风土人情到民族关系以及边陲防务等，都有记载。它给我国历史自然地理和历史人文地理研究都提供了非常珍贵的资料，为我国地理学上实地考察自然、系统描述自然开创了先河。

徐霞客的主要贡献是细致地考察和记录了中国西南地区广大的石灰岩地区的洞穴、溶沟、峰林、石芽、石梁、落水洞、圆洼地、天生桥和地热现象等地貌景观及其分布、变化、类型、特征和成因等，并作了详细的研究，给出了比较科学的解释。

《游记》是我国也是世界上最早的有关岩溶地貌的珍贵文献资料，为世界开辟了岩溶地貌考察的新方向。

在水文方面徐霞客勇于打破传统的错误说法，尤其是他的《江源考》，大胆地否认了千百年来陈陈相因的"岷山导江"的错误论断，并对气候、地形对植物的影响，作了极其详细的描述。

《游记》对许多奇特的自然地理现象都作了科学解释，揭示了一定的自然规律。《游记》也是一部思想教育的好教材，从中可以看到徐霞客爱憎分明，对当时政治腐败不满，特别对宦官头目魏忠贤一伙深恶痛绝，不与贪官污吏为伍，并对被迫害的东林党人十分同情，情愿和他们交朋友。他"身许之山水"同时又关心老百姓的疾苦，"恤孤怜寡，拯弱救饥"。

《游记》以福建宁洋溪（今九龙江）与建溪为例，说明二水发源的山岭高度一致，但与海的远近不同决定了溪水流速的快慢，即"程愈迫，则流愈急"。

因此，凡是读过《游记》的人，均被徐霞客鲜明的治学态度及他所描绘的秀美山川所吸引。

《游记》还是一部颇有盛名的文学佳作，祖国的锦绣河山，自然界的万千奇景，在徐霞客的笔下，如诗如画，栩栩如生。动态，千变万化；静态，清新秀丽；山，或峻险幽奇，或巍峨雄壮，使人心旷神怡；洞，或玲珑剔透，或乳柱缤纷，使人眼花缭乱；河，或悬流而下，或猿挂蛇行，使人胆战心惊。如此种种，美不胜言。

《游记》文字优美，语言生动，感情真挚且表达深刻细致。

【历史评说】

《徐霞客游记》是徐霞客依据自己亲身经历用日记体裁撰写的著作，生动、准确、详细地记录了祖国极其丰富的自然资源和地理景观，为历史地理学的研究提供了许多重要资料。它不只是一部地理学名著，还是一部颇有盛名的文学佳作，不仅有很高的科学价值，也有很高的文学价值，受到国内外诸多专家和读者的赞誉。

清初大文豪钱谦益曾说"徐霞客，千古奇人，《游记》乃千古奇书"，又称道《游记》"当为古今游记之最"，"此世间真文字、大文字、奇文字"。

羊春秋在《徐霞客游记》一书的前言中说："《游记》的真价值，在于据景直书，凿凿可稽，不是有意去模山范水，托兴抒怀，与一般文人争一字之奇、一韵之巧，而妙手天成，韵味深远，读之如亲见其形，亲闻其声，亲历其境，亲现其动静变化之妙，久久在眉睫之间而不会消失，在记忆力中而不会遗忘。"

李约瑟亦说："他的《游记》读来并不像是17世纪的学者所写的东西，倒像是一部20世纪的野外勘察记录。"

【书海拾贝】

石幻异形，肤埋顿换，征窈俱灵。

第三章 诸子杂谈

《老子》

【名作述略】

《老子》又名《道德经》，全书81章，分上下两篇，是道家的主要经典著作。

关于老子其人，有资料说："老子者，楚苦县厉乡曲仁里人也。姓李氏，名耳，字聃。"现据有关史料，可推断老子就是春秋末期出生于河南鹿邑并曾负责周室图书档案管理的老聃。

【经典阐述】

《老子》上篇开头第一个字是"道"，下篇是"德"，据此得名《道德经》，这也就是函谷关的守吏尹喜恳请老子写的那本书。事实上，现代的学者大都认为，这本书并非老子所写，而是由我国前期道家学派编订而成的，只是它确实代表了老子的思想。

《道德经》之所以将"道"字放在开篇第一个字，是因为老子哲学的核心就是"道"。道生一，一生二，二生三，三生万物。"道"在天地形成之前就已经出现了，它独立存在于天地之外，绝不会改变它在宇宙间的运行，也绝对不可能消亡。它实际上可以看作万事万物的"母亲"，即书中所说："独立而不改，周行而不殆，可以为天下母。"如果用现代哲学的本体论来衡量，老子所说的"道"，正是宇宙万物的"本体"，有人问这个"道"到底是什么样子的呢？老子描述说："惟恍惟惚。"意思就是恍恍惚惚，无形无色，用感官很难去把握，但是这一团迷离恍惚的东西之中并非空无一物，且其中有象，其中有物，其中有精。"道"是无知无欲，自自然然，没有什么行动，可是却决定和支配着天地万物的生息变化，可谓是一个十分超越而又带几分神秘主义的东西。

今人恐怕已很难体会到老子所说的"道"的真正含义，但在老子时代，很多人却能切身地体验到"道"的存在，并在静心冥想之中与"道"合而为一。

单就老子的本意而言，《老子》全书实际上不是纯粹的哲学书，称其为政治思想书或社会思想书可能更确切一些。这是由于《老子》全书无不体现了老子的政治学、社会学思想。老子对当时统治者过于严厉的统治非常不满，他在书中写道：

民之饥，以其上食税多，是以饥。（老百姓之所以没有粮食吃，是因为统治者收的税太高。)

民之难治，以其上之有为，是以难治。(老百姓之所以不听官府的话，是因为官府提出的要求太过分。)

民之轻死，以其上求生之厚，是以轻死。(老百姓之所以不把死当一回事儿，是因为统治者太过骄奢，使人民生活痛苦，因此人们宁愿以死代之。)

老子希望统治者知道统治之"道"，统治之"道"的内容是：

处无为之事，行不言之教。(对老百姓应该宽松，要以自身的正确行为对老百姓进行影响，而非喋喋不休地进行说教。)

我无为，而民自化；我好静，而民自正；我无事，而民自富；我无欲，而民自朴。(如果统治者实行宽松的政治，老百姓自然就变得文明，有教养；如果统治者不行苛政，老百姓自然就变得行为正确，遵守法纪了；如果统治者不向人民施加苛捐杂税，老百姓自然就会生活富裕；如果统治者洁身自好，老百姓自然就会变得纯洁质朴。)

老子能够较深地洞察到社会现实，他独到的眼光使他总结出了许多普通人很难发现的生活经验和人事变化方面的规律，其中最主要就是"对立统一"规律。"有无相生，难易相成，长短相形，高下相盈，音声相和，前后相随。"矛盾无处不在，矛盾双方总是相互依存。

"祸兮，福之所倚，福兮，祸之所伏。"这是人人皆知的"福祸相生"的观念。根据对这一观念的认识，如果事物的确是矛盾双方相依相存互为转变，人类又怎样安排自己的行为与处事原则呢?《老子》所提供的策略是："将欲歙之，必固张之；将欲弱之，必固强之；将欲废之，必固兴之；将欲夺之，必固与之。"一言以蔽之就是以退为进，欲扬先抑。

可以说，《老子》一书表达的思想是富含智慧成分的，它教会我们谦退不争的人生态度，教会我们立身处世之道，灵活机变地处理各类事务，既不伤害别人，也使自己不受到伤害。令人奇怪的是，老子十分向往的生活是一种十分简陋的生活方式，他对人类社会发展、人类文明进化所带来的先进的生活方式并不感兴趣，相反宁愿回到"小国寡民"的时代。

"使民复结绳而用之，甘其食，美其服，等其居，乐其俗。邻国相望，鸡犬之声相闻，民至老死，不相往来。"意思是人应该舍弃已经拥有的文明与文化，应该废除已经建立起来的发达的法律、政治、军事、教育等社会制度，所有人都应该去掉自己的智慧，回归最简单、最单纯、最质朴的原始先民式的生活，这样就能安居乐业，和平相处，可以免除现代社会的一切弊端与争斗。虽然《老子》一书提出的观点是不可行的，但却体现了一个像老子这样的智者对文明与进步所带来的负面效应的深刻洞察，对人们之间关系恶化的忧虑之感。

对于中国人乃至全世界的人来说，老子可谓是名副其实的智者。可能他的思想并不全面，但他见解深刻，眼光独到，他所达到的思想高度也是后人望尘莫及的。正是这一原因，使他的哲学与思想几千年来常常渗透到中国文化的各个方面，对中国人的生活产生的影响是巨大的。

【历史评说】

《老子》是一部既简洁又深奥的哲学书，其特点是文词简练，说理透彻。它往往赋予理论以生动鲜明的形象，将深奥的理论简化，通过比喻等手法直接深化论点。《老子》和《论语》一样，都采用语录体形式，在中国古代的文学中占有重要地位，也是中国散文文学的开山之作，对后世影响颇大。

【书海拾贝】

祸兮，福之所倚，福兮，祸之所伏。

飘风不终朝，聚雨雪不终归。孰为此者？天下。天地尚不能久，而况于人乎？

《庄子》

【名家传略】

庄子又名庄周，宋国蒙地人，生活在齐宣王、梁惠王时代。

庄子学识渊博，世间学问无不涉猎，研究范围无所不包。庄子的思想与老子有点相似，却要比老子广博，《庄子》与《老子》相比，前者更充满灵性与诗意，更充满人的智慧。作为集道家之大成的学者，庄子不像老子那样，把"道"描述为神秘主义的、超越的、形而上学的存在，而是将"道"归入自然与人间。作为一个富有灵性的智者，庄子的思想对后世人影响极大。

庄子不追逐名利，甘于贫贱，却又时时向往着超越与逍遥；他懂得一切，却并没有抛弃一切；他懂得世界与人类有着无尽的缺陷与疾病，因而生活得坦然而清静。

【经典阐述】

《庄子》一书共52篇，现存33篇，包括内篇7篇、外篇15篇、杂篇11篇。学者们普遍认为，内篇是庄子亲自所写，而外篇和杂篇是由他的门人和弟子们完成的。

"逍遥游"是庄子所追求的最高人生境界，对于这一境界，《逍遥游》中有这样的描述：

"乘天地之正，而御六气之辩，以游无穷。"这是一种没有任何限制不凭借任何外物的绝对的自由。这种自由当然是人人都渴望的，可是如何才能获得呢？在《大宗师》中，庄子道明了获得这一自由的途径：

"堕肢体，黜聪明，离形去知，同于大通。"这就是说，通过"心斋"、"坐忘"等修养方法，把精神与无限的宇宙和谐交融，努力去体验终极的感受。

天地与我并生，万物与我为一。唯有如此，人才能在与天地万物的合一之中忘却个体的聪明，获得宇宙天地间的大智慧与根本精神；得以扔掉人的肉体的束缚，而与万物永恒同在。

但现实生活中时时存在限制，人们往往因此而感到压迫与局促，《人间世》中认为解决这一切苦恼的办法是超脱：

知其无可奈何而安之若命。拥有这种态度，就能摆脱外物的纠缠，使悲喜哀乐不系于心，时刻保持好的心境，使人生不再烦恼。

《庄子》一书中最吸引人注目的是连缀于文章中的那一篇篇寓言故事。这些小故事贯穿了庄子的通达与智慧，以及他那幽默的心性。《大宗师》第六中有一个"相忘于江湖"的故事。江湖的泉源干枯了，鱼儿都困在地面上，用口沫互相滋润，体现了情意的温暖。可庄子却说："相濡以沫，不如相忘于江湖。"因为人为的仁爱毕竟有限，当人需要用仁爱来互相救助时，这世界便不好了。而大自然的爱却是无量的，所以人应该相忘于自然，如同鱼相忘于江湖。《徐无鬼》第二十四中有一个"吴王射巧猿"的故事。吴王到山上射猴，许多猴子都赶紧躲入深山，只有一只猴子，在树枝上跳来跳去，自恃灵巧，以为吴王射不到它。吴王生气了，命令大家一起放箭，猴子再灵巧，也躲不过众矢齐发，终于被射中而死。庄子通过这个故事要说的是：本领不可夸，智慧不可耀，锋芒常会带来祸害，所以应自晦光芒。《应帝王》第七中有一个"混沌之死"的故事。南海的帝王名叫倏，北海的帝王名叫忽，中央的帝王名叫混沌。倏和忽常到混沌住的地方去玩，混沌对他们很好。倏和忽于是私下里商议说："人都有七窍，而混沌却没有，我们替他把七窍凿开作为礼物吧。"于是他们趁混沌喝醉了的时候，每天替他凿开一窍，七天后，混沌死了。庄子解释说：无为是自然的本性，若被加上智巧机智等小聪明，本性将遭到破坏而死亡。在《至乐》第十八中有一个"瘤生左肘"的故事：支离叔和滑介叔一起到昆仑山去观看自然的变化。这时支离叔的左肘上长出了一个瘤。滑介叔问支离叔："你会觉得心里不安吗？你会讨厌它吗？"支离叔回答说："不会，生命形体只是大自然偶然的聚合罢了。一个瘤就像一粒灰尘落在我身上一样，况且你我来昆仑，想观看大自然的变化，现在变化偶然降临到我身上，我又怎会动心呢？"庄子从中领悟到：生命是时时刻刻在变化的，心境应随着变化运行，不要以昨日的心来看待今日的变化。在《天地》第十二中有"黄帝遗失玄珠"的故事。黄帝来到赤水之北，登上昆仑山去游玩，返回时，遗失了大道。他令智慧去寻，智慧没找着，又叫耳力最好的声闻去寻，也没找着，最后叫无象去找，终于找着了。庄子解释说：道不能用心智、眼睛、耳朵去获得，要无心无象才能找到大道。因为大道超越了眼、耳、口、鼻、舌、身、意的境界。

《庄子》中还有许多与庄子本人有关的著名故事。如"妻死鼓盆而歌"、"庄生梦蝶"、"庄子在荆棘中"等。其中最有意思的故事之一是"道在屎溺"这个故事。东郭子问庄子说:"你所说的道,究竟在哪里?"庄子回答说:"道是无处不在的。""那就请你明白地提出一个地方吧!"庄子指着地上的蝼蚁说:"道就在蝼蚁身上。"东郭子惊讶地说:"怎么会这样卑下呢?"庄子又指着草丛说:"道就在稊子小草的身上。"接着又说:"道就在砖瓦里面。"东郭子更奇怪了:"怎么更加卑下了呢?"庄子说:"道在屎溺里。"说完,笑嘻嘻地问东郭子:"怎么不讲话了?"然后又解释道:"你问的话离大道太远了。以大道来评说万物,万物不分贵贱。蝼蚁、稊子、砖瓦、屎溺是一样的。如果它们不合乎道,就不可能存在,所以说,道无所不在。"这则故事直接反映了庄子的观点:万物都是道的化身,无贵贱之分。道使物有盈虚、始终、聚散,而自身却没有盈虚、始终、聚散。

【历史评说】

《庄子》作为一部旷世奇书,在阅读时不仅带给人们以快感,同时也在诸多领域对中国人产生巨大的影响。除在生活、思想感情、人生道路上等方面影响了无数的知识分子外,《庄子》一书中的寓言、故事、形象也作为取之不尽的文学资源,反复出现在文人们的诗歌之中。更重要的是,《庄子》一书,可帮助人们突破僵化的思维模式的束缚,克服"成见"、"成心"。

虽然《庄子》流传到现在已经两千多年,但它的魅力并没有因此减弱,反而与日俱增。

【书海拾贝】

乘天地之正,而御六气之辩,以游无穷。

堕肢体,黜聪明,离形去知,同于大通。

《太平经》

【名作述略】

《太平经》主要有三种流传版本:齐人甘忠写的《包元太平经》(12卷),于吉写的《太平清领书》(170卷),张道陵著的《太平洞极经》(144卷)。现在的《太平经》主要是综合这三书而成。甘忠无所考究。于吉一作干吉,三国时期的吴琅琊人,初住东方,后至吴会,以烧香读道书治病为事,信者非常多,后被孙策所杀。张道陵原名为张陵,东汉沛国丰人,本太学生,精通五经。张陵曾任江州令,顺帝时到蜀地,得道后,作道书,以符水咒法给人们治病,创立教派,入道者需输米五斗所以叫"五斗米道"。其徒尊称他为"天师",后裔袭承道法,在江西龙虎山传道,世称"张天师"。

【经典阐述】

《太平经》曾三次出现于洛阳,因此而著称于世。第一次是在东汉顺帝(公元126年—144年在位)时,琅琊人宫崇到洛阳献此书,朝廷认为"妖妄不经",收藏了之。第二次是在桓帝(公元147年—167年在位)时,隰阴人襄楷到洛阳上奏又献此书,朝廷以其"诬上罔事"下狱治罪。第三次是在灵帝(公元167年—189年在位)即位后,认为襄楷推荐的《太平经》有一定道理,此书才得以流行天下。巨鹿人张角获得《太平经》,并以此组织"太平道"发动黄巾起义。

《太平经》分甲、乙、丙、丁、戊、己、庚、辛、壬、癸10部,每部17卷,共170卷,366篇。该经卷帙浩繁,汇集先秦阴阳五行家、神仙家、道家、墨家及儒家谶纬之学以成篇,除了宣扬神仙信仰方术之外,还写到了世俗的社会政治问题。其主要内容表现在以下四方面:

第一,"太平世道"的社会政治思想。《太平经》以"太平"作为它的书名,有它的解释:"太者,大也。乃方其积大行如天,凡事大也,无复大于天者也。平者,乃言其治太平,凡事悉理,无复奸私也。"《太平经》所追求的理想世界是无病疫、无灾异、无战争、家富人足、君明臣贤、各得其乐的太平世道。主张帝王应该行道德,黜刑祸,理政应法天地、顺自然。它将帝王分为上君、中君、下君、乱君及凶败之君这五类。认为帝王是上天所派来的统治者,理想的政治是以道、德、仁治理天下的明君,实行以民为本、满足人民生活之急需的治国之道,这样才能赢得天下,"得人心者得天下"。它还强调君、臣、民三者之间关系的协调,认为君明、臣良、民顺"三气悉善",才是太平长治的根本条件。"君导天气而下通,臣导地气而上通,民导中和气而上通",君、臣、民上下相通才能成为一个国家。还以阴、阳、和比拟君、臣、民,君阳臣阴,应依阳尊阴卑之则,各居其位。阳盛则阴衰,君盛则臣服。阴、阳、和三者相通,道才能够成。"大下太平不移时",太平盛世就马上可以实现了。

《太平经》同时还主张选贤任能,广开言路,不可革谏其上;反对轻视和残害妇女,提倡每个人都应该努力工作,这样才能丰衣足食;反对以智欺愚,以强欺弱,倡导孝忠诚信,主张断除兵戈武备等。它的社会政治主张也就是襄楷上疏所谓的"兴国广嗣之术",主要反映了那个时候深陷苦难之中的广大农民向往太平盛世的思想。

第二,"奉天地顺五行"的神学思想。《太平经》称"天者,乃道之真,道之纲,道之信,道之所因缘而行也。地者,乃德之长,德之纪,德之所因缘而止也"。告诫信道者应该"奉天地,法天道,得天心,顺天意。天可顺不可违,顺之则吉昌,逆之则危亡"。帝王是天之贵子,特别要顺承天道;顺天地者,其治长久,要不然就会遭天罚。"天人感应"是《太平经》的基本理论依据之一。天人之感应,表现是自然界之变异灾祥，"王者行道，天地喜悦；失道，天地为灾异"。灾异是上天警告君主的一道"天谏"，若不听从，一定会有重大的灾难降临。认为天就是冥冥中的最高主宰者，它能罚恶赏善，具有至高无上的权威。

《太平经》的主要理论基础是阴阳五行说，认为阴阳五行体现天道之理则，是恒久不变的，人必须绝对顺从，不可失其道。"道无奇辞，一阴一阳，为其用也。得其治者昌，失其治者乱；得其治者神且明，失其治者道不可行。一阴一阳之理，遍于天地，为道之用。事无大小皆守道而行，故无凶。今日失道，即致大乱。故阳安即万物自生，阴安即万物自成。"阴阳二者之间的关系可互生互变，阴极生阳，阳极生阴，阴阳相得，道乃可行。

第三，善恶报应思想和承负说。《太平经》认为天地以及人身中都有许多神，受天所使，鉴人善恶，常人命籍，"善自命长，恶自命短"。对人的善与恶，天都派神记录在簿。过无大小，天皆知之。天赏罚分明，行善的人可得天年，如有大功，可增命益年；若作恶不止，则减其寿命，不得天年；或使凶神鬼物进入到他的身中，使其致病。善恶之标准，最重要者为孝、忠。行孝忠者可被荐举，现世荣贵，天佑神敬，乃至白日升天；既不忠又不孝的人，罪不容诛，天地鬼神皆恶之，令其凶夭，魂神受考。

《太平经》在《周易》"积善余庆，积恶余殃"说的基础上，提出承负说。什么叫承负？"承者，乃谓先人本承天心而行，小小失之，不自知，用日积久，相聚为多，今后生人反无辜蒙其过谪，连传被其灾，故前为顾，后为负也。负者，乃先人负于后生者也。"意思就是做善事可遗福子孙，作恶将遗祸后人。承负的范围是：上到前五代，下及后五代。如能行大功，可以避免先人的余殃。

国家政治也相承负，前朝纲纪失堕，后朝遂被其灾。但承负代代积累的结果，也可能出现力行善，反常得恶；或力行恶，反常得善的现象。《太平经》提出力行善反得恶者，是承负先人之过；行恶反得善者，为先人深有积蓄大功所致。承负说是道教立教的理论依据之一。

第四，长寿、成仙、祈禳、治病诸方术。《太平经》认为天地之间，寿最为善，积德行善，是长寿和升天所必要的条件。人之生命须神、气结合，或精、气、神俱备。假如长时间保守精神与形体的结合，使神不离身，就能够达到长生久视。此方法为"守一"，即守神。"守一"可度世，乃至长生久视。除此之外，还有食气辟谷、胎息养形、守静存神、存思致神等仙道方术，以及尸解和白日升天这两种成仙形式。

《太平经》同时还记载有灸刺、生物方、草木方等治病方术。灸刺就是针灸，以调安三百六十脉、通阴阳之气而除病。禽兽蚑行之属就叫生物方。草木能相驱使，就是草木方。认为动植物的体内都有"精"，具有疗病之神效。它还写了静功内养及保健之法，其要旨是：乐和阴阳、守柔不争、安贫无忧、慎用饮食、勿犯风寒、清静存神和内视守一。

【历史评说】

《太平经》是一部早期道教的主要经典，在中国哲学史和中国道教史上都具有重要意义。它的社会政治思想和教理、方术，对道教的发展具有特别的影响。《太平经》的思想，一方面可以缓和地主阶级和农民阶级之间的矛盾，有利于封建统治者的长久统治，另一方面，这些思想一般都被压迫者加以变换，从而锻造出反压迫反剥削的思想武器。

【书海拾贝】

凡天下人死亡，非小事也。壹死，终古不得复见天地日月也，脉骨成涂土。死命，重事也。人居天地之间，人人得壹生，不得重生也。

《抱朴子》

【名家传略】

葛洪（公元283年—363年），字稚川，号抱朴子，丹阳句容（今江苏句容）人。他是晋代的一位名医，以炼丹术闻名于世，特别是在养生术方面成就最高，他在后来人眼里差不多就是养生术的代名词。他16岁的时候就开始博览经史、老庄诸子之书，探求"神仙导养之法"以及"三元"、"遁甲"的道术。20岁以后，曾经当过小官。石冰起义后，葛洪被荐为将兵都尉，常常随同军队出征应战。东晋王朝建立后，要奖赏有功人员，于是葛洪被封为关内侯。朝廷以后都一再封赐，但他志在炼丹求道，都婉言拒绝了。葛洪曾拜炼丹家郑隐、鲍玄为师，学炼丹之术，晚年成为当时金丹道的始祖，于81岁的高龄逝世。葛洪一生有许多的著作。据史志著录，他的著作有70余种，他在《抱朴子·自序》写道："凡著《内篇》二十卷，《外篇》五十卷，碑颂诗赋百卷，军书檄移章表记三十卷，又撰俗所不列者为《神仙传》十卷，又撰高尚不仕者为《隐逸传》十卷，又抄五经、七史、百家之言、兵事、方伎、短杂奇要三百一十卷，别有目录。"由此可见他的著作之多。

至葛洪时，炼丹术的发展已经有了几百年的历史。当时的炼丹术，以追求长生不老为目的。人们追求长生成仙，先是在自然界寻找所谓的长生不老药，后来演化成为人工炼制金丹，想通过服食丹药达到长生成仙的目的。然而，服食丹药能否长生？仙人究竟是否存在？对于这些问题，炼丹家们虽然也有所谈论，但这些谈论都缺乏系统性和理论性，只有葛洪在《抱朴子》中首次对长生成仙的可能性及现实性作了认真系统的"论证"。

【经典阐述】

葛洪的所有著述中，《抱朴子》是流传到现在的他的代表作之一。该书由20卷《内篇》、50卷《外篇》两部分构成。《内篇》主要论述战国以来神仙家们的炼丹理论，同时阐述了他自己关于长生术的见解和实践等，是我国现存较早而又较完整的一部炼丹术著作。《外篇》是政论性著作，主要表达的是葛洪的社会政治主张和思想。科学史界一般更重视《内篇》。

一提到道家就会使我们想到长生不老，想到炼制丹药，服用丹药到底能不能长生不老，能不能成仙？葛洪在《抱朴子》中第一次对长生成仙的可能性和现实性作了一个认真系统的"论证"。他的论证肯定不能成立，但是我们通过他的论证可以窥见道家在这一问题上的思维方式。另外，葛洪在他的书中记述了一些具体的炼丹方法，他对金银和丹药炼制的记述，是对汉、魏以来炼丹之术的一种总结。这些记述对于我们了解当时人们所知道的化学知识，是非常有帮助的。《抱朴子》的这种论证，完全是从物质变化的角度出发，认为人通过自己的后天努力，可以养身延命，这样才会达到长生。这一论证过程没有提到"上帝"的影响。这一论证过程是合理的，科学进步已经慢慢地证实了这一点。葛洪的错误是对之作了无限的外推，由人可以通过自己努力延长寿命而推出长生可得的结论，这就不能成立了。

葛洪既然认为一个人能够成仙、长生不老，那么到底怎么样才能长生不老呢？按照葛洪的说法就是要"以药物养身，以术数延命"。问题的关键在于要服用什么样的药物，《抱朴子·内篇·金丹》指出，保有服食金丹、黄金才能成仙，达到长生不老的目的。原因是："夫金丹之为物，烧之愈久，变化愈妙。黄金入火，百炼不消，埋之毕天不朽。服此二物，炼人身体，故能令人不老不死。此盖假求于外物以自坚固。"这段话说明，葛洪养生术的理论依据可以归为"物性转移"说。也就是说金丹在烧炼过程中会有些许的变化，其特点是"烧之愈久，变化愈妙"，但黄金的稳定性非常高，因此"百炼不消"，与天地同寿。如果人吃了这两种东西，把它们的"与天地同寿"这种特性能转移到自己身上，就做到不老不死。这是炼丹家的基本思想。葛洪认为，要想长生，除吃丹药外，还要"以术数延命"。他在《抱朴子·内篇·至理》中说："服药虽为长生之本，若能兼行气者，其益甚速。若不能得药，但行气而尽其理者，亦得数百岁。然又宜知房中之术，所以尔者，不知阴阳之术，屡为劳损，则行气难得力也。"他认为服食金丹、导引行气、房中之术是长生之道的三大要素，只有具备这三要素，才有可能长生不老。

《抱朴子》的养生之道闻名于世："善养生者，先除六害，然后可以延驻百生。何者是邪，一曰薄名利，二曰禁声色，三曰廉财货，四曰损滋味，五曰除佞妄，六曰去沮嫉，六者不除，休养之道徒设尔。"要实现上述目标，就需要做到"十二少"，即少思、少念、少笑、少言、少喜、少怒、少乐、少愁、少好、少恶、少事、少机。如果无法做到，那"六害"就会"伐人之生，甚于斤斧，损人之命，猛于豺狼"。除此之外，还要做到"四无"，即无久坐、无久行、无久视、无久听。在饮食和起居方面，《抱朴子》认为应该做到"不饥勿强食，不渴勿强饮。体欲常劳，劳勿过极；食欲常少，少勿至饥。冬朝勿空心，夏夜勿饱食。早起不在鸡鸣前，晚起不在日出后"。抱朴子同时还劝告人们"从心澄则真神守其位，气内定则邪物支其身，行欺诈则神悲，行争竞则神沮，轻侮于人则减算，杀害于物则伤年"。从整体来看，抱朴子的养生之术就是静心养气，用一颗宽容豁达的心来面对人世万物，这样，自然而然就能长生了。

【历史评说】

《抱朴子》这本著作的价值不仅仅是它从理论上"论证"了长生术的可能性，同时它记载的炼丹术中所反映的化学知识，是中国化学史的重要研究对象。《抱朴子》还非常广泛地涉及药物学和医学，记录了大量矿物、植物药，它对一些疾病成因和治疗的阐述，也十分深刻。《抱朴子》对于我们研究葛洪的哲学思想、社会政治思想等，都有重要的参考价值。

总的来说，《抱朴子·内篇》是道教一部具有比较完整的理论和有多种方术的包罗万象的重要著作，是研究我国早期道教史不可多得的资料。

【书海拾贝】

坚志者，功名之主也。不惰者，众善之师也。

《墨　子》

【名家传略】

墨子，姓墨名翟，春秋战国时期的政治家、思想家，墨家学派的创始人。

近代学者通常认为，墨子生于公元前476年左右，卒于前390年左右。墨子的出生地也有争议。《史记·孟子荀卿列传》中说他是"宋之大夫"，《吕氏春秋·当染》认为他是鲁国人，也有的说他原是宋国人，后来长期居于鲁国。墨子自称"今翟上无君之事，下无耕农之难"，似属当时的"士"阶层。但他承认自己是个"贱人"。也许是由于他当过工匠或小手工业主，具有相当丰富的生产技能和经验的原因吧。

有人认为墨子的祖先是宋国的贵族，后来在宋国内乱时迁往鲁国。到墨子时，已经降为"贱人"。墨子擅长于车辆、兵器、机械制造，并且曾与公输班一起较量过智巧。墨子先"学儒者之业，受孔子之术"，后来由于不满于儒家崇尚天命、繁文缛节、厚葬久丧、尚宗费财及爱有差别等，于是自己成立了一个学派，招收弟子开始讲学。

墨子把"兴天下之利，除天下之害"作为教育目的，与儒家并立。在先秦诸子百家中，儒、墨两家号称"显学"，在当时墨子的声望与孔子不相上下。墨子"日夜不休，以自苦为极"，长期在各诸侯国之间宣传他的政治主张。

据说他曾止楚攻宋，实施兼爱、非攻的主张。他"南游使卫"，宣讲"蓄士"以备守御，又数次去楚国，献书楚惠王。他拒绝楚王赐地而去，晚年至齐国，企图劝止项子牛伐鲁，未成功。越王邀墨子去做官，并许以封地。他以"听吾言，用我道"为条件，而不计较封地与爵禄，目的是为了实现他的政治理想。墨子后来主要从事讲学和政治活动。墨家学派既是学术团体又是政治组织。

墨子倡导尚贤、尚同、兼爱、非攻、节用、节葬等主张，基本反映了广大劳动阶层的愿望，所以，墨子被誉为劳动人民的哲学家。

墨子的生活时代处于春秋战国之交，奴隶制度已经趋于崩溃，封建制度正在逐步建立，这是一个社会大变革时期。墨子代表的是小生产者的手工业阶层，这些小生产者具有独立的经济地位，但在政治上却没有发言权。社会的动荡给他们带来极大的苦恼，这些小生产者一方面希望社会的变革，但又害怕社会变革所带来的混乱给自己造成损失。所以，他们首先反对传统保守的社会制度，憧憬尧舜禹时代的社会理想，其次反对战争，反对暴力，他们幻想能通过博爱来实现美好的社会。

【经典阐述】

《墨子》主要是记载墨子言论以及墨家学派思想资料的总集，由墨子和他的弟子乃至后学相递著述而成。

《汉书·艺文志》著录《墨子》71篇，今存15卷53篇。全书大体分5个部分：卷一有《亲士》、《修身》、《所染》、《法仪》、《七患》、《辞过》《三辩》7篇；卷二至卷九共24篇，有《尚贤》、《尚同》、《兼爱》、《非乐》、《非命》、《非儒》等；卷十、卷十一有《经上》、《经下》、《经上说》、《经下说》、《大取》、《小取》6篇，通称为《墨经》；卷十二、卷十三有《耕柱》、《贵义》、《公孟》、《鲁问》、《公输》5篇；卷十四、卷十五有《备城门》等11篇。

《墨子》主张任人唯贤，从天子到各级官吏都要贤人来担任，反对世袭制度和铺张浪费。《墨子》记录了墨家的哲学、社会政治学说、伦理思想、逻辑学说、自然科学观点以及城守兵法等内容，特别是它的逻辑思想，是先秦逻辑思想史的奠基之作。

墨子的伦理思想主要反映在《兼爱》、《亲士》、《修身》等篇章中。墨子的伦理思想以"兼爱"为号召，以"交相利"为实质。他觉得人们之间没有贫贱之分，应该都要互爱互利，主张"兼相爱"，反对儒家的等级观念。国君要爱护有功的贤臣，慈父要爱护孝敬的儿子，人在贫困时不要怨恨，在富有时要讲究仁义，对活着的人要仁爱，同时应该对死去的人要感到痛惜，这样社会才会走向大同。

《非命》、《贵义》、《尚同》、《天志》、《明鬼》、《墨经》诸篇主要是反映墨子的哲学思想。一方面墨子倡天志明鬼，另一方面非命尚力。他认为，天有意志，主宰人类一切行为，创造了一切，天能罚恶赏善。人类社会秩序的建立，国家的形成，都是天的意志的种种体现。天志的核心是兼相爱，交相利。墨子不支持命定论，把人力的作用提到非常重要的地位。他主张把知识分为"闻知"、"说知"、"亲知"三种，"闻知"是指传授的知识，"说知"是指推理的知识，"亲知"是指实践经验的知识。在认识论方面，墨子又提出了著名的"三表法"："有本之者，有原之者，有用之者。于何本之？上本之于古者圣王之事。于何原之？下原察百姓耳目之实。于何用之？废以为刑政，观其中国家百姓人民之利。此所谓有三表也。"也就是指要重视历史经验、直接经验以及实际效用。

《经上》、《经下》、《经说上》、《经说下》、《大取》、《小取》这六篇主要反映他的逻辑思想，其中提出了辩论的任务、目的以及原则，把概念、判断和推理的实质作用揭示出来，并同时做了较科学的分类。

《备城门》、《备高临》、《备水》等篇中主要集中反映了他的军事思想，由于墨家主张"兼爱"、"非攻"，反对侵略战争，因此它的军事思想主要是积极的防御战术。

《墨子》中包含丰富的自然科学知识内容，对数学和物理知识有40余条涉及到，包含了器械制造、冶金化学、动物等一些自然科学知识。

【历史评说】

《墨子》这本书包含非常多的思想，在中国思想发展史上具有重要的学术地位。《墨子》的思想代表了广大劳动人民智慧的结晶。墨家提倡的"兼爱"思想已经成为中国传统文化的宝贵遗产，其经世济民的态度跟儒家的思想比起来更为积极。墨家主张的舍己为人、大公无私、吃苦耐劳、勤俭节约等精神风范，主要反映了古代劳动人民的朴素作风。墨家哲学因此被视为古代劳动者的哲学。

【书海拾贝】

志不强者智不达，言不信者行不果。

顺天意者，兼相爱，交相利，必得赏；反天意者，别相恶，交相贼，必得罚。

《荀　子》

【名家传略】

荀子是战国后期著名的思想家，也是先秦诸子中最后一位大师级人物。荀子名况，字卿，人称荀卿，由于"荀"与西汉宣帝刘询的名讳谐音，为避其讳，又改称孙卿。荀子出生于赵国，生卒年大约为公元前313年至前238年。荀子生活在齐、楚、燕、赵、秦、韩、魏七雄争霸的战国时代。当时齐国为扩大其影响，实现统一的霸业，在都城临淄专门创设稷下学宫，聘请了一大批名人学士到稷下学宫讲学，其中包括了孟子及慎到等大师。稷下学宫可看作是一个百家争鸣的论坛，是当时的学术中心。少年时期的荀子也曾到此游学，听取各家各派学者们的讲学和争辩，受到来自不同学派的思想熏陶和影响。

后由于政治斗争及战乱的缘故，稷下学宫曾一度遭到破坏，荀子只得去了楚国。之后齐国在斗争中取胜，在齐襄王的整治下，稷下学宫才得到恢复，但这时很多著名的学者年老过世，荀子重返故地时，也已是而立之年。因此，在学术界已经取得很高威望的荀子，受到齐襄王的礼遇，被拜为"卿"。荀子治学一生，培养了一大批学生，其中包括韩非和李斯，前者后来是法家学派的代表人物，后者后来成了秦国的丞相。

荀子回到稷下学宫后，曾到秦国去考察。荀子对秦国的政治、军事、民情习俗及自然形势等诸多方面的情况进行了认真考察之后，认为秦国在多个方面的实力都超过了以前许多强大的政权，所以认为秦国是七国中最有希望统一中国的国家。荀子不仅鼓励秦王以统一大业为己任，而且为其提出了一套相应的方针。但是，因为荀子提出的方针在思想上和当时秦国的政治主张不合，所以没有得到统治者的重视，荀子于是又回到齐国。

荀子回到齐国后，将对秦国的考察结果告诉了齐相，根据齐国当时的内外形势，劝谏齐相求贤"参国政"。因为荀子在劝谏齐相的过程中，揭露了统治阶级内部的许多腐败和丑恶的事情，触怒并得罪了国内的一些权贵，因此遭到谗言攻击，最后只好离开齐国到了楚国。

楚国春申君任命荀子为兰陵令，但是因为有人在春申君面前诋毁荀子，春申君又听信了谗言，于是荀子又一次被迫离开。离开楚国后，荀子曾在赵国担任上卿。在此期间，他曾与赵国的临武君在赵孝成王面前商议兵事。后来他又被春申君请回楚国，仍然担任兰陵令。春申君遇刺身亡后，荀子便辞去兰陵令一职，晚年继续留在兰陵著书立说，直至终老。

【经典阐述】

《荀子》一书共32篇，所包含的内容涉及教育、政治、经济、军事、伦理道德、文化艺术等诸多领域。

下面选取其中几篇略加梳理。

第一篇《劝学》，阐述了学习的重要性，倡导人们勤学多问，主要论述了个人的学识与水平并非取决于天生，而是由后天所接受的学习及教育等因素决定的。

第二、三、四篇分别为《修身》、《不苟》、《荣辱》，以伦理道德、个人修养方面的问题为主。

《修身》篇论述了道德修养对个人乃至国家的重要意义，并提出了如何完善道德修养的方法。《不苟》篇就《修身》篇中的问题，进一步论述了言行的道德规范与标准，指出了这些相关道德规范及标准对社会产生的重大影响力。《荣辱》篇继续就《修身》篇、《不苟》篇中的伦理道德方面的问题进行论述，提出用法度作为言行的道德标准，结合"义"与"利"来区别"荣"与"辱"的定义，并提出了"善言"的交际原则。伦理道德方面的"人性"问题，荀子则放在第二十三篇《性恶》中做重点论述，提出了"人性之恶，其善者伪也"的基本观点，认为人无论修养优劣、身份贵贱，原本都是"性恶"的，只是由于后天个人努力和环境的影响才各有不同。意思就是说人性虽恶，但经过改造是可以转向善的一面的。在人性本恶、后天可变的基础之上，荀子又提出了"立君上之势以临之，明礼义以化之，起法正以治之，重刑罚以禁之"的重要政治观点。荀子在第十九篇《礼论》中，对"礼"进行了专门的论述，在"性恶论"的基础上论述了"礼"的起源及作用，强调了治理国家、稳定社会秩序"礼"起到的重要作用。在第二十七篇《大略》中，荀子又重点对"礼"做了论述，在第二十九篇《子道》、第三十篇《法行》中，则分别从"孝"、"悌"和"礼法"、"义、利、智、勇"等方面，阐述了自己的伦理道德观点。

第五篇《非相》，驳斥了相术中以貌取人的迷信观点，科学地指出了与之相对应的政治主张。

第六篇、第七篇、第八篇分别是《非十二子》、《仲尼》、《儒效》，围绕一统天下的最高政治理想，分别从学术、政治及人才方面进行了阐述。

第九篇《王制》，比较分析了王、霸、安存、危殆、灭亡等不同政治状况，提出了王者之人、王者之制、王者之伦、王者之法等一系列政治观点。

第十篇《富国》，主要阐述了经济方面"强本"、"富国"的思想及相关的具体政策，同时也提出了解决之道。

第十一篇、第十二篇、第十三篇分别为《王霸》、《君道》、《臣道》，荀子在这三篇中分别论述了国家的功用、君王在治理国家中的作用及大臣在辅佐治理国家中的作用。《王霸》强调了执政者及其治国方针在治理国家的过程中的关键作用。《君道》认为君王的作用在于"隆礼"、"重法"和招贤纳士。

关于怎样招贤纳士、选用人才的问题，荀子于第十四篇《致士》中做了集中论述，他指出，得到或失去贤士、君子关乎国家的安危，提醒统治者要从言论、行动等方面考察人才，不用言行不一的人。

《臣道》认为大臣的作用在于辅佐或者劝谏君王，使得君王的策略符合其自身的根本利益。关于大臣在国家安全方面的重要作用，荀子认为君王应谨慎任用臣子，防止逆臣损公肥私、篡夺政权。在第二十五篇《成相》中，荀子以通俗的民间文艺形式，提出了"法后王"的政治主张及"尚贤使能"的用人方针。

第十五篇《议兵》，论述了有关军事方面的问题，指出民心所向是战争能够取得胜利的根本原因，揭示了用兵的意义在于"禁暴除害"而非恶性争夺。

在第十七篇《天论》中，荀子论述了自己重要的哲学观点，他认为天是自然的，并没有什么超自然的力量能左右人间的吉凶祸福、影响社会的兴衰治乱，而且通过努力人是可以战胜自然的。在第二十一篇《解蔽》中，荀子更深层次地阐明了人们主观武断和迷信鬼神的原因，并指出了克服这种思想认识缺陷的方法。

《非十二子》对各家各派的学说思想进行评析，主要集中评论了六个学派的学说思想和代表人物，其中重点批判了思孟学派，并在批判前人的基础之上，提出了自己的新观点。《仲尼》通过生动的历史事实，指出大节、大智、大决对成就霸业的重要性，告诫统治者要想实现一统天下的愿望，就必须重视以"王道"治国。《儒效》将儒者分为"大儒"、"雅儒"、"俗儒"三类，介绍并分析了三种儒者各自在"天下为一、诸侯为臣"方面的社会作用。

《荀子》一书的详细内容不再一一述及。下面，着重阐述该书所反映出来的重要思想。

第一，在治国思想方面，荀子指导治国的方略是"隆信"、"隆礼"、"重法"，在经济上主张实施"富民"政策。他的经济思想和政治思想是一致的。

他认为"言无常信，行无常贞，唯利所在，无所不倾"，据此提出"信"的主张。荀子所说的"信"，意指诚信。荀子又在《非十二子》一篇中阐述了信的内涵，他说道："信信，信也；疑疑，亦信也。"即相信可以相信的事物，是信；怀疑可以怀疑的事物，也是信。荀子要求普通人讲求信用，统治者管理国家更要取信于民。

荀子认为："礼者，养也。"说明礼是用来调节人们的欲望、满足人们的需求的。在他看来，"礼"是随着国家的产生而出现的，"礼"是服务于国家的一种伦理道德准则，也是治理国家的根本。

从秦国的商鞅变法的历史实践可以看出，滥用暴力、使用酷刑，并不能根除社会的混乱局面，国家也不能在长久稳定的环境中发展壮大。如果用"礼"来规范人们的言行，这样人民就会顺从；用"礼"来作为君王治理国家的准则，那么国家秩序就不会有混乱的状态出现。

《富国》中有云："礼者，贵贱有等，长幼有差，贫富轻重皆有称者也。"不难发现，荀子提倡"礼"，这也是在明确一种包含等级制度在内的社会秩序。因此他主张"隆礼"，将"礼"作为一种人们应该共同遵循的准则。值得一提的是，仅仅"隆礼"还不够，伦理道德准则的顺利推行，不能一味地寄希望于人民的自觉性，还需要有一种强制力量，使"礼"得到普及和实施。这样荀子意识到了"重法"的必要性，并且形成"礼"、"法"结合的独特观点。荀子所倡导的"礼"、"法"结合的治国思想，直至今日仍可以窥见其中的精髓：现代社会用法律制度的强制手段来维护社会的道德秩序，与此同时社会道德秩序也保障了法律制度的实施。

第二，在经济思想上，荀子批判了墨家简陋节约的经济策略，认为它抵制了人们追求物质及精神享受的欲望及其本性。荀子否定了儒家有关"富民"与"富国"相冲突的观点，认为民愈富则国愈富，人民的富裕带动整个国家的富强。荀子反对前人所言的轻徭役、减赋税的富民政策。因为这并不能从根本上实现真正"富民"的目的。也正因为如此，荀子才另辟蹊径，提出了"以农为本"、"工商并重"的经济主张。这在当时绝对是一次飞跃。

第三，荀子的自然观思想里，具有朴素的唯物主义自然观因素。

《荀子》一书，挣脱了孔子、孟子、庄子等大师倡导的天命论的束缚和影响，认识到了天存在的客观性，指出天是客观存在的，自然界是不断运动更替的，并且万物可以发展和变化，带有一定的规律性。

除此之外，在荀子的自然科学思想中，还有更为可贵的观点。他在承认自然界存在客观规律性的基础上，提出了"人定胜天"的观点。他将"人"放在第一位，提出人可以认识自然，强调人可以通过发挥主观能动性，依据自然界特有的规律去征服自然，而且可以借助先进的工具来改造自然，以此获取更丰厚的回报。

第四，在认识论上，荀子认为，人在认识事物的过程中，通过人体的视觉、听觉、味觉、嗅觉及触觉等，初步认识事物的特征，而后通过更高级的大脑的思维活动，对从外界获取的信息进行综合分析，从而上升为理性的认识。

荀子还认为事物具有两面性，这两面性是客观的，同时又是普遍存在的。认识事物如果只看到其中的一面，所得结论，就会过于片面。

荀子是一名出色的教育家，一生都在教学中度过。在长时间的教学实践中，荀子总结了一套教育经验和教育方法，提出了许多特别的教学理念。

在学习上，他首先提出"学不可以已"，阐述学无止境，只有学习，才能提升人的思想水平。荀子提倡锲而不舍的学习精神和专心致志的学习态度，此外还强调巧妙运用学习方法的重要性。在教育上，荀子认为教育的重要作用在于"化性起伪"，即通过成功的教育，可改变本来恶的天性，向善的一面转变。他认为教育的实施有赖于教育者。

【历史评说】

在荀子的著作中，只有《荀子》流传至今，这部书除了小部分是由荀子的学生整理而成外，其他绝大部分均为荀子亲笔所作。荀子的这些思想和观点，综合了诸子百家的不同特点，可谓取其精华，去其糟粕。不过，在众多的学派之中，对荀子的思想作用最大的当属儒家学派。据此，人们把荀子的思想划为儒家思想，把荀子作为儒家学派的代表，奉为儒学大师。

荀子之所以能够博采各家之长，集百家之大成，就在于他能够明透澈晰地观察和聆听百家之言，独具慧眼地吸取其中的精华为己所用。他不是简单地将各家各派的学说机械地排列在一起，而是将诸子百家的思想和观点加以综合，形成一个崭新而独特的思想体系。可以说他的思想既源于各家学说，存在各家各派的思想痕迹，同时又对各家学说有所发展和超越。

【书海拾贝】

礼者，贵贱有等，长幼有差，贫富轻重皆有称者也。

立君上之势以临之，明礼义以化之，起法正以治之，重刑罚以禁之。

《韩非子》

【名家传略】

《韩非子》是战国时期法家思想理论的代表作之一，它的作者是我国古代杰出的思想家韩非。

韩非（公元前268年—前233年），战国末期著名思想家，法家代表人物。

韩非本来是韩国公族，与李斯同出于著名的思想家荀子门下。韩非提倡变法，以实现振兴韩国、富国强兵的大计。他曾多次上书给韩王，但都没有被韩王采纳。韩非苦于没有机会施展才华和抱负，失落之余，将精力转向了著书立说，来表明自己的理想和志向。秦王政对韩非的著述很感兴趣，非常仰慕韩非的才学，于是进攻韩国，并修书一封，强行邀请韩非出使秦国。韩王无奈派韩非到了秦国，后遭李斯、姚贾诬害入狱。公元前233年，韩非冤死于狱中。

韩非生活的时代，奴隶制度已渐衰退，封建制度逐渐兴起，其时代的先进性日益显露，其发展势不可当。此时的儒家，已经逐步沦为没落的奴隶主阶级的代言人，为了捍卫其自身利益，儒家极力宣扬其倒退的复古思想，力主复辟奴隶制度。而当时法家代表的则是新兴的地主阶级，为了维护和巩固自身的政治地位，法家提出君权神授，反对复古逆流，将攻击的矛头集中指向儒家思想。

韩非批判了儒家和墨家显学中的不足之处，且将重心放在对儒家的批判上。由于自身身份以及地位的限制，其思想具有鲜明的阶级特征，思想和理论始终围绕封建君王这一政治中心展开，维护封建君主地位的巩固和权势的独尊是法家理论的主旨。

【经典阐述】

《韩非子》又名《韩子》，它纵观天下形势，针对当时韩国变法不彻底的许多弊端，全面总结了战国时期变法改革的经验和教训，提出"以法治国"，"法"、"术"、

"势"相结合的政治理论。

韩非的"法"、"术"、"势"的思想观点，是在当时法家的"主法"、"主术"、"主势"三派思想的基础上，经过总结、改进而产生的，并形成了与其他流派不同的、自身特有的体系。韩非提出治理国家并不一定需要一位智慧的君王，如果依照法、术、势，即便是学识与能力一般的国君同样能治理好国家。此外，韩非还论述了"法"、"术"、"势"三者的相互关系和作用。它们是统一的整体，是一个系统而紧密的思想体系，三者相辅相成，缺一不可。"法"是根本，"势"是基本前提，"术"为执"法"的必要手段。合理巧妙地运用"术"，能有加强人为之势的作用。韩非在《韩非子》中详尽地阐述了"法"、"术"、"势"三位一体的理论，这部著作也成为先秦时期法家理论的巅峰之作。

其中，"法"指的是法度。韩非认为，法对于国家兴衰具有非常重要的意义，强调法度是治国之本。他在《韩非子·有度》一文中通过齐国、楚国、赵国、燕国及魏国的一些具体事实，进一步论述了国家奉行法度会强盛、废弛法度则会衰弱的道理。可是法对于朝廷和统治者到底有什么具体意义呢？韩非对这个问题有如下分析：有了能够审察得失、订立了法度的法家，把它的地位放在众臣之上，这样某些臣子就不能用编造的事情来欺蒙君主了。韩非认为法度是维护君主威严的有效保障，使它凌驾于众臣之上，显示了法度面前人人平等的治国思想。为什么有了法度，就会有这样的功效呢？韩非认为法能够审察得失，并有权衡及称量事物的作用。韩非提倡"奉公法，废私术"，主张奉行公共的法度，废除儒家所谓的廉、忠、仁、义等虚伪而不实在的观点和准则。

"法"的内容包括定法与执法两方面。

韩非主张定法要明，要让所有人都清楚明白法度的内容，而且制定法度不能与通常的人情和公认的道理相悖逆。在执法方面，韩非提出贯彻和实施法度要严厉，不能容许逍遥法外的现象发生，如果不做到这一点，将影响法度的威严，那么即使定法再严厉，也有人会铤而走险、以身试法。韩非强调了执法者在执法过程中的关键作用。在《韩非子·有度》中他说："国无常强，无常弱。奉法者强则国强，奉法者弱则国弱。"就是说国家不可能永远强大，也不可能永远是弱国，如执法者认真依法办事，国家就强盛，如执法者不依法办事，国家则衰弱。这就突出了执法者在国家实力转变过程中的重要作用。

韩非把奉法的好处与不奉法的弊端做了对比分析。他指出君王如果听信了假公济私的人替没有能力的人所说的好话，从而提拔了他，日后这些人定然会背着国君暗中勾结起来，用这种方法在国君面前互相为对方吹捧，求得荣誉。韩非将法度摆在首位，认为能够减少或避免徇私舞弊的事情发生。国君如果以法为尺度来选拔人才，那么真正有才能的人就不会被坏人故意埋没在下面,那种无能甚至会把事情办砸的人,即便是私交好的人也不敢替他说好话。

韩非所说的"术",实际指的是驭人之术。术是统治阶级加强统治的重要工具,早在夏、商、周时期便已经被使用。它是提供给封建君主的一套管理内部官员的管理方法。术和法针对的对象是不同的,法是面对大众的,而术则是专门为封建统治阶级服务的。对于术,韩非论述得非常详尽和丰富。他将术又分为了"察奸术"、"除奸术"、"刑名术"等,讲述了怎样考察官员中存在的徇私枉法、谋权篡位等危及国家及中央政权的行为的方法和标准,强调了发现奸臣以后,如何运用正确的手段去化解其对自己造成的威胁,等等。

韩非还论述了正确施行刑与德对于管理官员的重要性。所谓"刑",即杀戮,所谓"德",即庆赏。韩非认为:"赏罚者,邦之利器也,在君则制臣,在臣则胜君。"韩非认为,第一,刑与德必须掌握和操纵在国君的手中;第二,在实行赏罚时,一定要从考察官员的言行一致与否以及政绩等方面入手;第三,国君不可以用个人感情来影响对臣子的评判和赏罚,要抛开个人的喜恶,这样奸人就没有左右国君的机会。

为了阐述术的论点,他在书中列举了很多生动实例加强文章说服力。

如说到秦穆公采用了臣子的意见,用美色和歌舞来迷惑戎王,结果导致戎王逐渐沉迷于声色之中不能自拔,不理朝政,不问国事,而且对大贤士由余的劝谏不但不听,反生怨恨。由余气愤之余,便投奔秦国,秦穆公根据由余提供的有关西戎的详细情况,轻而易举地便灭了西戎,从而进一步扩大了疆域,提高了秦国的实力。韩非明确地指出了戎王亡国的原因,意思是要提醒统治者,应当以戎王的历史故事为鉴,认识到统治者的言行事关国家的兴衰存亡,举手投足,对整个国家和全国人民都会产生很大的影响。同时统治者应该充分重视人才,竭力去挖掘人才,善于利用人才的长处。又如,《韩非子》中说到了鲁国人阳虎,曾在几个国家任过职,先前由于所遇到的君王对他怠慢或进行人身威胁,于是四处漂泊,到了赵国以后,受到赵王的礼遇,阳虎便死心塌地为赵国效力,作出了非常大的贡献。韩非借此告诫君王礼贤下士才能笼络人心,广纳良才。

韩非所说的"势",内涵就非常广泛了,他在书中将势主要分为自然之势和人设之势。自然之势指的是固定不变的王位传袭,人设之势指的是君王所持有的权势和威严,以及人臣所应遵循和实行的法度。

在封建统治者的政治目标和实际的统治手段之间,通常存在着相互冲突的现象。韩非点明了当时的社会症结,即"五蠹"和"六反"。韩非指出,君王们依赖和厚待的高人、长者等,其实却是不守法令、不把爵禄放在眼里的人。而君王眼中愚蠢、胆小、不肖的人,却尊敬上级,虔诚守法。在《五蠹》一文中,韩非将对社会军事和农业发展有害无益的人都统称为"蠹"。"蠹"原本是指蛀虫，蛀虫会毁坏木头，正如"五蠹"会拖垮国家一样。"五蠹"分别为学者（儒家）、言谈者（纵横家）、带剑者（游侠）、思御者（依附贵族私门之人）及商工之民。针对"五蠹"，韩非主张以"法治"代替"礼治"，以官吏取代师儒，要重视勤劳耕作的农民和奋勇作战的军士，给予他们必要的奖赏，对于"五蠹"之流不要有顾惜之情，应该坚决地铲除。韩非看到，有些人往往为了私利而称道那些践踏和破坏国家制度法规的人，君主却因为听到了对这类人的称赞之辞，就对他以礼相待。某些人为了个人的恩怨而去诋毁那些对国家有利的人，君主凭着人们恶意的毁谤便轻视怠慢他们。这样，赏罚的实施和国家的利害就会背道而驰。韩非在《六反》一文中，列举了六种被世人称道或诋毁的人，强调在他们当中，被世人称道的人，其实应该被处罚，而被世人诋毁的人，恰恰应该受到嘉奖才对。关于"六反"，韩非认为赏罚分明是成就霸业的重要因素，治理国家必须用威严取代个人感情，应该做到赏罚分明，而且强调重赏才能笼络人心，严刑方能避免祸国殃民的行为。

【历史评说】

《韩非子》乃是先秦法家集大成者韩非的著作，重点宣扬了"法"、"术"、"势"相结合的法治理论，是我国战国时期法家思想理论代表作之一，其思想具有唯物主义因素，肯定了事物的普遍性和特殊性，认识到了世界的统一性和多样性。

此外，韩非还进一步阐明了"道"与"理"之间的关系，认为"理"乃"道"中之"理"，即事物自身的特殊性与事物的普遍规律协调统一，事物的特殊规律汇聚而成了事物的普遍规律。

该书以商鞅变法和管仲改革为其出发点，集法家思想之大成，且在某些方面还发展了荀子的学说和观点。韩非将"抱法"、"守势"、"用术"的理论贯穿于整个治国思想当中，形成了封建中央集权国家的理论体系。这作为秦国治国的指导思想推动了秦国强大和统一局面的形成。同时，本书所反映的政治思想和观点，对后世封建专制制度产生了深远的影响。

《韩非子》中的散文具有文风犀利和说理透澈的特点，它在说理过程中准确把握住了人的心理特点，层层深入，使主题思想逐步深化，善于以事实作为立论的基础，书中使用了大量的寓言故事作为论证资料。

此外，韩非对寓言创作的贡献更值得一说。韩非以前，寓言故事大都零散地存于诸子散文或历史散文当中，充当一种说理手段或叙事的一个部分。而到韩非手里，开始有系统地收集和整理，然后分门别类编辑成为多种形式的寓言故事集，如《内外储说》、《说林》、《喻老》、《十过》等即是。这几篇共有寓言故事270余则，占全书故事的百分之八十七。这说明韩非已把寓言放在了重要地位，从此，中国古代寓言再不是陪臣附庸，从而进入了新的发展阶段。

【书海拾贝】

国无常强，无常弱。奉法者强则国强，奉法者弱则国弱。

夫势者，名一而变无数也。

《孙子兵法》

【名家传略】

孙武（公元前535年—前480年），字长卿，被后世尊为孙子、"兵圣"、"世界兵学鼻祖"，著有竹书《孙子兵法》13篇等。

《孙子兵法》是从战国时期起就风靡流传的军事著作，古今中外的军事家们很多都使用其中论述的军事理论来指导战争，而且，其中论述的基本理论和思想还被运用到了现代经营决策和社会管理方面。然而，这部著作的作者是谁呢？学术界议论纷纷，一种认为是春秋时期齐国的孙武所著，一种认为是战国时期齐国的孙膑整理而成，一种认为是战国初年某位山林处士编写，还有的说是三国时代的曹操编撰的。直到1972年4月间，在山东临沂银雀山发掘的两座汉代墓葬中同时发现了用竹简写成的《孙子兵法》和《孙膑兵法》，千百年的争论方告结束，《孙子兵法》的作者被确认为春秋时期吴国将军孙武。

近年来，有关专家通过考古在无锡市滨湖区胡埭镇发现吴国首都阖闾大城、春秋时吴长城烽火台旧址，有助于解开孙武在吴国居住地及其子孙后裔、兵书竹简的刻制和运送、"三令五申"、吴王宫练兵等史实典故之谜。

【经典阐述】

春秋时期，各诸侯国之间战事连绵，战争规模日趋扩大，长期的兼并战争让各国积累了丰富的作战经验，对战略战术的要求也进一步提升，新兴地主阶级为巩固其政权、扩大领土，迫切需要总结战争经验，探索战争的规律，制定用兵的战略战术。在这一形势下，《孙子兵法》应运而生。

《孙子兵法》，又称《吴孙子兵法》、《孙武兵法》。

传世本《孙子兵法》计13篇，具体论述"安国保民"的最高目标、"五事七计"的全局运筹、"不战屈敌"的止战谋划、"知彼知己"的作战指挥等战略思想。在战略论中孙子提出"安国全军"、"唯民是保"的战略目标，把"重战"、"慎战"作为根本作战原则，并从其对待战争的严肃态度出发，评述了"五事七计"的重要性。"重战"，即重视战争，提高警惕，加强戒备，应取态度是"无恃其不来，恃吾有以待之；无恃其不攻，恃吾有所不可攻也"。"慎战"即开战须慎重，其原则是"非利不动，非地不用，非危不战"。"五事七计"书中详述"道"，是孙武一派兵家的著作，其主要内容和核心思想属于孙武，但经过他6个门生和战国兵家的整理补充。该书中所描写的战争规模，似是战国时代的情况。现存的《孙子兵法》是经过三国时代曹操删定编注的。

全书13篇，即《计》、《作战》、《谋攻》、《形》、《势》、《虚实》、《军争》、《九变》、《行军》、《地形》、《九地》、《火攻》、《用间》，是春秋至战国时期长期战争的经验的总结，揭示了战争的一些规律，表现出朴素的唯物主义思想和原始的军事辩证法思想。其思想内容主要表现在如下三方面。

第一，战略指导思想。战略论构成了孙子军事学说的主体部分。孙子在此书中首次提出了战略概念——"道"（道义）、"天"（天时）、"地"（地利）、"将"（将帅）、"法"（法度）五要素，及其"主孰有道、将孰有能、天地孰得、法令孰行、兵众孰强、士卒孰练、赏罚孰明"等能够对战局作出正确估计的7个条件。孙子认为军事力量并非越强越好，而是主张结合国力，合理地发展军事。孙子反复强调要以"伐谋"、"伐交"作为优先的决策，总结"不战而屈人之兵"的"全胜战略"。

孙子关于"知彼知己"和"致人而不致于人"之说，成为作战指挥的战略原则。要尽可能"策之而知得失之计，作之而知动静之理，形之而知死生之地，角之而知有余不足之处"，争取"先机之利"，"致人"、"不致于人"，掌握战争的主动权。

第二，作战策略思想。以战略为基础，孙子提出了与之相对应的用兵策略。其主要策略原则有如下6个方面。其一，因利制权，克敌制胜。其二，奇正相生，出奇制胜。其三，避实击虚，击其惰归。其四，我专敌分，以众击寡。其五，攻其无备，出其不意。其六，示形用诈，诡道制胜。

第三，军事哲学思想。孙子重视矛盾的相互依存，特别重视矛盾的相互转化，认为"乱生于治，怯生于勇，无恒形"，关键是造成"胜兵先胜"的条件，促使矛盾向有利方面发展。《孙子兵法》除三个主要方面以外，各篇又都有其主题思想，构成了一个完整的思想体系。

【历史评说】

《孙子兵法》是中外现存最早的一部兵书，具有完备的理论体系，历史影响深远。同时《孙子兵法》既是一部军事经典著作，又是一部出色的哲学著作。千百年来，这部书以"兵经"、"百世家之师"、"第一部战略学著作"闻名。《孙子兵法》从多方面探讨了军事规律，运用整体、综合和动态的方式把握战争全局，凸显了灵活机动的战略战术和谋略权变，富有辩证法的智慧，不仅深受战国以来军事家们的重视和推崇，而且在世界军事思想领域内也拥有广泛的影响，享有极高的声誉，至今仍有极高的科学价值。而且，它的影响所及，已扩展到管理学、心理学、逻辑学、文学、语言学、音韵学、地理学、情报学、预测学、医学等许多科学领域，备受后人推崇。《孙子兵法》先后被译成10余种外文，广泛流传于海外。

《计》篇论述的是能否进行战争的问题。开篇指出战争是国家大事，关系到生死存亡，首要任务是明了战争的规律和决定战争胜负的主客观条件。

《作战》篇主要阐述的是如何进行战争。孙子认为，战争上的消耗和战费上的开支是十分庞大的，因而不可轻战。

《谋攻》篇主要论述怎样进行攻敌的问题。孙子主张以最小的代价，获得最大的成功，即力求不战而胜，不靠硬攻而夺取城池，不需久战而毁灭敌国。而要做到这一点，就不但要知己，还要知彼。

《形》篇主要论述如何利用物质之"形"来保全自己，取得全面的胜利。孙子认为，只有自己先立于不败之地，再等待和寻求战胜敌人的时机，才能取得战争的胜利。当取胜条件不成熟时，应采取守势；当取胜条件具备时，便可采取攻势。

《势》篇主要论述怎样造成有利的态势，来压倒对方，强调"势"与"造势"。因此，要出奇制胜，就应该善于因时、因地、因事制宜，根据情况的变化，随时改变奇正的战法。此外，要造成有利的态势，还需学会故意向敌示弱，诱敌以利，达到欺骗和调动敌军的目的，创造战胜敌军的有利时机。

《虚实》篇主要论述在战争中如何争取主动权，主动灵活地攻击敌人。"五行无常胜，四时无常位"，指出"夫兵形象水，水之形避高而趋下，兵之形避实而击虚，水因地而制流，兵因敌而制胜"。

《军争》篇主要论述如何通过机动掌握主动，先于敌人造成有利态势和取得制胜的条件。

《九变》篇主要论述如何发挥指挥上的灵活性。灵活性的基础在于全面衡量利弊。

《行军》篇主要论述如何配置、组织军队、观察判断敌情及团结将士。孙子认为，行军作战必须先占据便于作战和生活的有利地形，善于根据地形配置兵力。

《地形》篇主要论述在各种地形条件下怎样指挥军队的行动。孙子认为，地形是用兵的辅助条件。

《九地》篇阐述了在9种不同的作战区域指挥作战的原则。孙子认为，在不同的区域作战，将帅应该根据地形的不同而采取不同的行动。

《火攻》篇主要指出火攻的目标、种类、发火的物质和气象条件及实施方法。孙子认为，火攻只是辅助军事进攻的一种手段。

《用间》篇主要论述如何使用民间间谍及其重要性。孙子认为，是否了解敌情对战争的胜负具有重要意义。

【书海拾贝】

知彼知己，百战不殆。

味不过五，五味之变，不可胜尝也。

战势不过奇正，奇正之变，不可胜穷也。

《孙膑兵法》

【名家传略】

孙膑，今山东鄄城人。据《史记·孙子吴起列传》记载说孙膑是孙武的后代，在孙武死后100多年而有孙膑。据载，孙膑曾与庞涓一起师从鬼谷子学习兵法。庞涓下山之后，投奔了魏国，得到魏惠王的宠信，被用作大将。庞涓自忖才能不如孙膑，恐他下山到魏国而影响到自己的前程，更害怕他到别国而成为自己的对手，便决定设计陷害孙膑。不久，庞涓便派人上山，以一同为官为借口，劝孙膑赴魏。孙膑不知此乃庞涓之计，欣然允诺，结果一到魏国，便落入庞涓圈套。魏惠王听信了庞涓谗言，无端处孙膑以膑刑，挖掉其两块膝盖骨，使之成终身残废。孙膑身处危境之中时，显示出了卓越的智慧。他佯狂自晦，且暗自设计归齐，后得到大将田忌的赏识，继而通过著名的"田忌赛马"显露出其惊人的才华而得到齐威王的器重，被任命为齐国军师，随后开始了自己的军事生涯。

公元前354年，魏国庞涓率军伐赵，兵围邯郸。赵国向齐国求救，齐国以田忌为将，孙膑为军师，率军击魏救赵。魏惠王见齐军来攻，命庞涓回师自救。才攻下邯郸的庞涓接到命令后，急忙率疲惫之师回救，至桂陵时，被齐军迎头痛击，几乎全军覆灭，庞涓仅以身免。这便是著名的"桂陵之战"。12年后，魏国恢复国力以后，再次发动战争，矛头直指韩国。韩国难以抵挡，便派使向齐国求救。齐威王采纳孙膑"深结韩之亲而晚承魏之弊"的建议，就在魏韩两国几经激战、韩危魏疲之际，又以田忌为将，孙膑为军师，出兵救韩。一路上，他命军队逐渐减灶，造成齐军大量逃亡的假象来诱敌深入。庞涓果然中计，便丢下步兵，率轻骑精锐，兼程穷追。在马陵，魏军遭到齐军主力伏击，庞涓智穷力竭，愤愧自杀。齐军遂全歼魏军，俘太子申，取得了"马陵之战"的重大胜利。

"马陵之战"后，大将田忌遭宰相邹忌陷害而被迫流亡楚国。孙膑便辞官归隐，潜心研究军事理论，终于写出了流传千古的军事名著——《孙膑兵法》。

【经典阐述】

《孙膑兵法》，又名《齐孙子》，系与《孙子兵法》区别之故。据《汉书·艺文志》载"《齐孙子》八十九篇，图四卷"，但自《隋书·经籍志》始，便不见于历代记载，大约在东汉末年便已失传。今传竹书《孙膑兵法》共16篇，依次为：擒庞涓、见威王、威王问、陈忌问垒、篡卒、月战、八阵、地葆、势备、兵情、行篡、杀士、延气、官一、五教法、强兵。孙膑的军事思想主要体现在以下几方面：

第一，关于战争观。

孙膑集中总结了从三皇五帝到战国中期一些主要战争的经验教训，在《见威王》篇中精辟地阐述了他的战争观。他的贡献和主要观点有以下几点：

一是提出了"战而强立"、"天下服"等著名战争指导原则。他指出，在分裂、割据、混战和"诸侯并伐"的战争环境中，千万不能靠"仁义"、"礼乐"去"禁争压"，必须通过战争才能实现国家的统一，从而达到"天下服"的目的。这是孙膑战争观的中心思想，明确了战争的政治目的。

二是区分了"有义"与"无义"的战争，初步揭示出了正义战争与非正义战争的性质。认为"有义"战争，"卒寡而兵强"，就是说兵员虽少，而战斗力强；"无义"战争，"天下无能以固且强者"，意思是天下谁也无法使其防守坚固、战斗力强大。

三是阐明了战争胜负与国家安危、存亡的关系，指出"战胜"可以挽救和保存危亡中的国家，"战不胜"则会失地害国。

四是主张慎战，反对穷兵黩武，指出轻率好虞者将导致亡国。战争非儿戏，不可轻率进行，不能"无义"地贪求胜利。无止境地穷兵黩武，最后必将灭亡。

第二，关于军队建设。

在军队建设上，他把提高人的素质作为强兵关键之所在；强调治军不但要信赏必罚、令行禁止，还应该对士卒进行系统的训练教育，其中包括政治教育、队列训练、行军训练以及阵法训练等多方面的内容，以此提高军队的全面素质。

第三，关于战争指导。

在战争指导上，创造性地提出了以"道"制胜的观点。其中的"道"指战争规律。"道"的内容包括天时、地利、民心、士气、敌情、战法、战机等多方面内容，而战争指导者掌握了"道"便可赢得战争的胜利。

《孙膑兵法》首创了"覆军杀将"打彻底歼灭战的作战指导思想。打歼灭战的原则与战法主要有：

一是明确打歼灭战的标准是"覆军杀将"。孙膑对"道"的内容作了这样的概括："知道者，上知天之道，下知地之理，内得其民之心，外知敌之情，阵则知八件之经，见胜而战，弗见而净，此王者之将也。"

二是以"道"而制全胜的原则。指出，作战中既歼灭了敌全军，又杀敌将者，才算全胜，道明了战争的目的原则和沙场作战的根本方针。

三是采用"斗一、守二"以及"以一侵敌，以二收"的部署、战法制胜敌人。指挥战争的人，懂得战争规律，会运用规律指挥战争，才能驾驭战争并取得胜利，使敌人欲生而不得。

四是采用"中央无人"的阵法与战法围歼敌人。就是在部署兵力时，用三分之一的兵力与敌接触、交锋，用三分之二的兵力伺机而动，抓住有利战机，聚歼敌人。

五是以强击弱，以弱诱敌。三面设伏，一部断敌退路和援路，诱敌钻进口袋阵后，四面合击，围歼敌人，以求全歼。

六是提出对不同情况的敌人要有不同的打法。《威王问》中指出，敌弱我强时，用"赞师"战法，就是用示弱藏形之计，诱敌出战，聚而歼之；我弱敌强时，用"让威"战法，就是后发制人，先退一步，以小部队袭扰敌军，待敌疲惫时，伺机用主力攻歼之；敌我势均力敌时，使用"营而离之"、"并卒而击之"战法，就是先设法迷惑、调动、分散敌人，使敌人犯错误，抓住有利战机，集中兵力，各个歼灭；对走投无路之敌，可用"待生计"战法，即不要急于追歼，要虚留生路，令其上当，引而歼之。

七是以创造"阵"、"势"、"变"、"权"的指导艺术来制胜敌人。就是正确布阵，创造有利局势，灵活使用兵力和变换战术，争取主动权，使四者有机结合，就能"破强敌，取猛将"而最终获胜。

八是以"必攻不守"的原则制胜。就是把主要打击方向选在敌人空虚而又是要害之处，予以坚决的打击。主张运用"谋"、"诈"、"利诱"等手段欺骗敌人和充分利用有利地形造就有利态势，以趋利避害，以己之长击敌之短，克敌制胜，达到歼灭战之目的。

【历史评说】

《孙膑兵法》是一部具有很高价值的战争、战略理论名著，受到了中外兵家以及军事学术界的推崇。它在继承了孙武、吴起等人军事思想的基础上，在战争、治军以及战争指导艺术等方面皆有新建树，发展了前人的军事思想和战争指挥艺术。美中不足的是，书中有一些迷信色彩和唯心、形而上学的观点，但是这些并不是主流。

【书海拾贝】

战胜，则所以存亡国而继绝世也，战不胜，则所以削地而危社稷也。

《纪效新书》

【名家传略】

戚继光（1528年—1588年），字元敬，号南塘，史号孟诸，明代杰出的军事家，祖籍安徽定远，生于山东济宁。戚继光自幼聪慧，勤习文武，明世宗嘉靖二十三年（1544年）袭父职为登州卫指挥佥事。嘉靖三十四年（1555年），戚继光调浙江抗倭，翌年任参将。他见"各卫所官兵大都桀骜不驯，顽钝无比"，作风腐败，乃倡议招募新军依法管束，嘉靖三十八年（1559年）亲赴浙江义乌，精选数千名农民和矿工，训练成一支军纪严明的劲旅，史称这支军旅为"戚家军"。他率这支军队在浙江先后取得高家楼、龙山、缙云、乌牛、松浦、鉴云诸捷，扭转了战局。嘉靖四十年（1561年），在台州、昌平、保定三镇练兵事，总兵官以下悉受节制。16年间他整饬防务，加强战备，修筑御敌台，设立武学，训练将士，编成一支车、骑、步三者皆备的精锐部队，使防御巩固，京师（今北京）安全。后被排挤、诬陷夺职。明神宗万历十六年一月五日（1588年2月1日）病逝于登州。著有《纪效新书》、《练兵实纪》等，为兵家所重视。

明代时，中国进入了封建社会的晚期，尤其是明代中叶开始，江南地区的商品经济十分繁荣，已经出现了资本主义因素的萌芽，主要表现在手工业、商业和农业生产等各个方面。但明中叶后，倭患一直在东南沿海地区不时发生，倭寇窜扰中国沿海，烧杀抢掠，无恶不作，但明军却束手无策。戚继光奉命抗倭后，加强训练，局面为之一变，基本消除了东南沿海倭寇的隐患。

【经典阐述】

《纪效新书》全书共18卷，卷首1卷，是明代以军事训练为主的著名兵书，现有明刻本和清代以来的抄本和刻本数种，《墨海金壶》等丛书亦收录，国外有日本宽政九年（1797年）刻本等。此外还有万历年间成书的14卷本，内容与18卷本有所区别。

戚继光在序言中说明了该书思想的基本来源以及其结构和内容。他说："夫曰'纪效'，明非口耳空言；曰'新书'，所以明其出于法而不泥于法，合时措之宜也。"（《纪效新书》，万历二十三年本，下同）这阐明了该书以实战经验为主，是汲取前人兵法而成。该书"集所练士卒条目，自选畎亩民丁以至号令、战法、行营、武艺、守哨、水战，间择其实用有效者分别教练，先后次第之，各为一卷，以诲诸三军俾习焉"。

全书分总序与正文两部分。总序由两件"公移"和《纪效或问》组成。戚继光在"公移"中，多次陈述结合东南沿海情况以及针对敌情进行练兵的重大意义和势在必行的大道理。《纪效或问》则历述练兵所急以及可办者，提出了明确的要求以统一将士思想，使他们"信于众，而后教练可施"。正文18卷记述的问题有：选兵和编伍；技术战术训练；军事纪律和比较武艺；行军作战及旗帜信号；守城和墩堡报警；兵船束伍、水寨习操、战艇器用和水上战斗等。

戚继光注重选兵，认为从"乡野老实之人"中选募士兵，才可以把军队建设好。他根据敌情、地形以及武器装备的实情，锐意改革军事训练，注重气质且讲究"气性活泼"，注重实用；平时所学与"临阵敌一般"，"不能徒支虚架，以图人前美观"；注重奇正多变，攻守结合，创制了著名的鸳鸯阵等；注重各种火器和冷兵器在战场上的作用，改进多种兵器并训练铳手、炮手、狼筅手、弓弩手等在统一指挥下相互配合行动。这些在书中都有详细的记叙。

书中所记载的理论全部是来源于戚继光亲身的军事实践。

于浙江任上，他鉴于明军将骄兵惰、纪律松弛、战斗力低，亲去金华、义乌等地招募精壮的农民及矿工数千人，按年龄和身材配发不同武器，进行编组训练。他以"岳家军"为榜样，训育士兵严守纪律，勇猛杀敌，爱惜百姓，终于锻炼成一支天下闻名的"戚家军"。他赏罚严明，不计私人恩怨，主张官兵"同滋味"，深受士兵的拥护。还针对南方多湖泽的地形以及倭寇作战的特点，发明了攻防兼宜的"鸳鸯阵"，以12人为一队，长短兵器配合使用，因敌因地变换队形，灵活作战，多次打败敌人。

《纪效新书》文字通俗，配以图说，更便于当时将士学习。它不但是抗倭实战经验总结，同时又反映了火器发展到一定阶段的军队训练以及作战情况，体现了时代的特点，有较高的军事价值，对后世影响极为重大。

正如戚继光在本书序言中所说，本书主要记述实战经验，所以在阅读时可以与具体的战役相结合，来了解和学习戚继光的军事思想。同时应注意军事思想的继承和发展，牢牢把握明朝这一时期的历史背景。

【历史评说】

《纪效新书》是戚继光行兵布阵的有效之法，是中国古代的一部兵法经典著作。《纪效新书》第十四卷为《拳经捷要篇》，是现存唯一的一部史料与拳法俱备、对后世影响最大的明代武术专论，尤其是其中对武艺的论述为后世武术家所推崇，是研究武术的重要文献资料。本书明朝时传入欧洲，在世界军事理论上也享有极高声誉，与克劳塞维茨的《战争论》齐名。

当时的兵部侍郎、浙江总督胡宗宪赞戚继光"勇冠三军，身经百战，累解桃诸之厄，屡扶海门之危"，"且任劳任怨，挺身干事，诚无出其右者"。

同僚们赞戚继光"批亢捣虚，彼且畏之如虎；除凶雪耻，斯民望之如云"，"岂直当今之虎臣，实为振古之名将"。

【书海拾贝】

夫曰"纪效"，明非口耳空言，曰"新书"，所以明其出于法而不泥于法，合时措之宜也。

信于众，而后教练可施。

《三十六计》

【名作述略】

由于历史学家们很难考证和确定《三十六计》的成书年代和作者，所以一般认为，《三十六计》是由集体创作和编撰而成的。

"三十六计"的说法，最早起源于南朝宋时期，也就是公元420年至479年之间。南朝宋武帝有一位名叫檀道济的得力武将，是有名的开国元勋。宋文帝登上皇位之后，檀道济被任命为征南大将军。但是在后来发生政变的时候，文帝嫁祸于檀道济等人，檀道济最终被杀害了。檀道济擅长兵法，曾为刘宋立下了汗马功劳。在最后一次攻打北魏时，因为军中粮草供应不足，檀道济明智地选择了撤兵之计，避免了失败的惨剧。"三十六计，走为上计"的典故便由此而来。

《三十六计》是总结我国古代战争经验而成的兵书。"三十六计"之说，比用于书名早，据《南齐书·王敬则传》："檀公三十六策，走为上计，汝父子唯应走耳。"意思是说失败已成定局只有走才是上策。此后此语被后人引用，到明末清初，有心人采集群书，编撰成《三十六计》。

《三十六计》中所说的并非确指36条计策，意指机谋多端，三十六计的说法来源于《易经》中的阴阳燮理，借太阴六六之数，以表示"诡计多端"。

【经典阐述】

《三十六计》一书所分的六套对策依次为：胜战计、敌战计、攻战计、混战计、并战计、败战计。前三套是用于形势有利之时，后三套则是用于形势不利之时。各计谋的名称后文都有阐述，其中包括了很多阴阳燮理。

第一套，胜战计。它包括了瞒天过海、围魏救赵、借刀杀人、以逸待劳、趁火打劫、声东击西6种计策。

"瞒天过海"的核心是利用人的惯性心理，准备工作做得相当周全的人，容易产生松懈的情绪；对于经常看到的情况和事情，人不会再去怀疑。隐蔽与公开的辩证关系，兵法的理解是秘计隐藏于公开的事物里，非常公开的事物总是隐藏着非常隐蔽的计谋。

"围魏救赵"故事的道理是，面对集中的强敌，分而治之则为上策，在强敌面前要注意隐蔽，蓄势待发。

"借刀杀人"，是借助其他力量去攻打自己的敌人，保存自己的实力。

"以逸待劳"，是有目的地等待，选择敌弱我强的最佳时机发动进攻，其关键是首先要掌握和控制敌人力量。

"趁火打劫"，点明了我方以强克弱的有利时机是当敌人处于危急状态时。

"声东击西"，指出致胜关键是在敌人产生错觉，内部混乱时予以歼灭。

第二套，敌战计。它包括了无中生有、暗渡陈仓、隔岸观火、笑里藏刀、李代桃僵、顺手牵羊6种计策。

"无中生有"一计，是以虚构若干假象，让敌人信以为真，从而达到掩护真相的目的。

"暗度陈仓"以"明修栈道"为前提，有意使敌人察觉自己的行动，是一种迂回战术。

"隔岸观火"一计，是在敌方发生内讧的时候，我方一方面静观其变，另一方面随时调整对应的准备措施。

"笑里藏刀"是指在对峙中交往之术，一方面取得敌人的信任，使其放松警惕，同时又做好准备，在对方措手不及时出击致胜。

"李代桃僵"是在必要时，牺牲局部以换取全局的胜利。

"顺手牵羊"是在发现敌军漏洞存在的同时加以利用，使我方获益。

第三套，攻战计。它包括了打草惊蛇、借尸还魂、调虎离山、欲擒故纵、抛砖引玉、擒贼擒王6种计策。

"打草惊蛇"一计，是要求我方必须侦察敌情，摸清敌方的实情再采取行动，在反复的侦察过程中发现敌人的阴谋诡计。

"借尸还魂"是在控制事物的基础上，进一步利用其一切可以利用的条件。

"调虎离山"之计，是指我方有对敌方不利的天然条件时，乘机利用假象诱使敌人上当。

"欲擒故纵"一计，是在敌方走投无路的时候故意让其逃走，自然消磨他们的力量和士气，等到兵力溃散之时再对其加以打击，避免战争中的流血牺牲。

"抛砖引玉"一计，是指用粗浅的不成熟的意见引出别人高明的成熟的意见。

"擒贼擒王"，在双方交战中摧毁敌方的主力，捉住其首领，就可以使其整体分崩离析。

第四套，混战计。它包括了釜底抽薪、浑水摸鱼、金蝉脱壳、关门捉贼、远交近攻、假道伐虢6种计策。混战计是针对混战局面提出的对应计谋。

"釜底抽薪"指出，在敌我双方力量不能抗衡时，用以柔克刚的办法削弱其实力。

"浑水摸鱼"一计，是在敌对中趁着敌人内部混乱，利用其力量弱小而没有主见，使其随从我方。

"金蝉脱壳"一计，适用于联合作战，具体是指我方保持准备应战的态势，既避免同盟军怀疑又使敌人不敢轻易进攻，使我军在不知不觉中转移了精锐力量去袭击别的阵地。

"关门捉贼"一计，是在面对力量弱小的敌人时，要实行围困歼灭。

"远交近攻"，指出了军事行动是受到地理形势影响的，进攻时适宜从与自己邻近的敌人入手，跋山涉水地去攻打远方的敌人，对自己是很不利的。舍近求远是兵家之忌。

"假道代虢"一计，其意是先利用甲做跳板，去消灭乙，达到目的后，回过头来连甲一起消灭，或者以向对方借道为名，行消灭对方之实。

第五套，并战计。它包括了偷梁换柱、指桑骂槐、假痴不癫、上屋抽梯、树上开花、反客为主6种计策。

"偷梁换柱"是兵家在战争中从整体上控制敌人，频繁变动阵容，调动其主力，待其自行败阵。

"指桑骂槐"，指强者要慑服弱者，应该用警告暗示的方法对其进行诱导，适当强硬，可以得到拥戴，施行果敢的手段，可以得到部下的顺服。

"假痴不癫"，佯装糊涂，不故作聪明轻举妄动，冷静沉着地在暗中谋划。

"上屋抽梯"一计是用小利去诱敌深入，适时切断其前应和后援，将其置于死地。

"树上开花"，指利用他人已有的局面为自己制造威势，是使自己比较弱小的兵力显得很强大，虎威之势是借助于他人的局面造成的。

"反客为主"，是在敌方出现疏漏的时候，抓住时机，插脚进去，控制其要害。

第六套，败战计。它包括了美人计、空城计、反间计、苦肉计、连环计、走为上6种计策。

"美人计"，是针对敌人兵力强大或将帅有才的情况提出的，用物质或美女来消磨敌人的斗智，待其溃散后再发起进攻。

"空城计"，是虚实结合的应急应变的措施。在我方无作战准备时，故意显示自己的空虚，迷惑敌军达到出奇制胜的效果。

"反间计"，可谓是计中之计，我方利用敌方派来的间谍反过来去离间敌人。

"苦肉计"，利用人类同情的天性，故意让自己受到伤害，从而使敌方改变敌对的目光，我方间谍乘机展开离间活动。

"连环计"，适用于力量强大的敌人，我军在其因内部相互牵制行动迟滞时进攻，取得胜利。

"走为上"，是在形势不利于我军时才使用的上策，要求全军退却以避开强大的敌人，以退为进，待机破敌。

有人曾将三十六计概括成一首诗，内容为："金玉檀公策，借以擒劫贼。鱼蛇海间笑，羊虎桃桑隔。树暗走痴故，釜空苦远客。屋梁有美尸，击魏连伐虢。"

书中认为，作战要考虑到各方面的问题，内容非常广泛。如加强国防、选拔将帅、选择进攻的对象、战前的准备工作及战争结束后的善后工作，都是战争的学问。书中还指出，虽然战争中要从不同角度不同阶段考虑很多不同的问题，不过这一切基本都有规律可循的，也有历史经验可供借鉴和参考。然而"其中变化多端、诙诡奇谲、光怪陆离、不可捉摸"的，便是对战的策略。

作战的对策之多，学问之深，从所举的三十六计中，也可以推演出更多的"秘籍"。

【历史评说】

《三十六计》是我国古代思想文化的结晶，三十六计中的每一计，无不包含着丰富的哲理，例如刚柔、奇正、攻防、进退、彼己、虚实、主客等对立概念和它们之间的相互转化的关系。此书不仅蕴含了丰富的哲理，也对心理学、关系学有深入的研究。

1941年，在陕西出现了最早的《三十六计》手抄本，前面记述的均为养生之谈，而末尾数十篇，附抄三十六计，这本手抄本后来藏于中国人民解放军政治学院，此后出现了各种翻印和传抄的版本。

《三十六计》是古代实际作战的经验总结，它的各方面也渗透到了现代的军事教育和作战指挥之中，甚至被引用到非军事的众多领域，世人把《三十六计》奉为"致胜法宝"。《三十六计》中的谋略具有普适性和很高的借鉴价值，引起了普遍的关注。

从古至今，人们在三十六计的指导下取得的各方面的成就足以证明《三十六计》一书包含着古人的大智慧，具有强大的生命力。

【书海拾贝】

打草惊蛇，抛砖引玉。

三十六计，走为上计。

《吕氏春秋》

【名家传略】

吕不韦（约公元前290年—前235年），战国时期濮阳（今河南濮阳）人，秦庄襄王时任丞相，封文信侯。庄襄王死后，太子嬴政（秦始皇）即位，尊吕不韦为相国，号称"仲父"。他先后主政13年，在秦国奉行耕战拓地的政策，为秦国的强大作出了贡献。执政后期，他用重金招买人才，组织编纂《吕氏春秋》。

战国时期，魏国有信陵君，楚国有春申君，赵国有平原君，齐国有孟尝君，他们被誉为"战国四君子"，均礼贤下士，重视人才。吕不韦感叹秦国也是强国，也需要招揽人才，所以招来数千门客。当时诸侯的门客里有许多辩士，吕不韦也让他的门人都把自己的所见所闻所想记录下来，集合编成八览、六论、十二纪20余万字，这便是

《吕氏春秋》，成书于公元前239年。这部书写定之后，被放在咸阳的集市前，上面悬挂千两黄金，有能增损一字者，这千两黄金就赏给他。由此可见这是吕不韦自信无懈可击的一部著作。

《吕氏春秋》是先秦思想文化的总结。战国末期，天下已经出现日趋统一的形势，长达二百年的九流十派的大辩论已经发展到综合总结的阶段。当时墨家主张"尚同"；法家提出"一"，即统一；孟子主张天下"定于一"；儒家公羊派强调"大一统"。《吕氏春秋》正是顺应当时政治上、思想上要求统一趋势的产物。吕不韦在《序意》篇里，谈到编纂《吕氏春秋》的意义，是依据天、地、人一切"治乱存亡"、"寿夭吉凶"的经验，使统治者去掉"私视"、"私听"、"私虑"，达到"智公"。编成此书要吸取各派学说的精华，取长补短。如《用众》篇所说："善学者，假人之长以补其短，故假人者遂有天下。"反映出杂家企图为政治的统一而统一百家思想的尝试。

《吕氏春秋》的参考书，有东汉高诱注的《吕氏春秋》，许维《吕氏春秋集释》，张双棣等《吕氏春秋译注》等版本。

【经典阐述】

《吕氏春秋》是我国第一部有严密体系的书籍，也是后世类书的鼻祖。全书可分为十二纪、八览、六论三大部分。所谓"十二纪"，指的是按照一年四季顺序来编排内容，每一季又可分为孟、仲、季三纪，每月为一纪；每纪有5篇文章，其中纪首为月令，共60篇（实际为61篇，因为季冬纪附有《序意》一文）。文章的思想内容则以四季相配，各有其侧重。其中，春纪以论生为主，夏纪以谈乐为主，秋纪以言兵为主，冬纪则以谈死为主。纪体以12月为其纲，分类论理，在生、死、乐、兵四大范围内充实多家多侧面的哲学意识与政治主张。尽管12月与事理原本并没有什么必然联系，但这乃是一种"天人合一"的意识。"八览"是8组专题论文，其每一"览"下有8篇文章，共64篇。"六论"则是6组专题论文，每组有6篇文章，共36篇。全书有文章共160篇，20多万字。从总体结构上看，全书显得整齐划一，有纲有目，杂而不乱。从各篇体制上来看，则体现了拓新的特点。其篇目有定数，全书各篇题目一律为两个字，且全部以意名篇。每篇篇幅短小，一般为几百字，最短的《不二》为160多字，较长的如《慎大》、《本味》等也不足千字。每篇只论一题，集中且完整。几个单篇合起来可形成某种思想的系列。如《劝学》是强调学习的重要性，《尊师》为论求师的途径，《诬徒》讲授学习方法，《用众》则谈取长补短的学习技巧。四篇各细论一个问题，综合起来是教育思想的系列。此外，《吕氏春秋》每篇的篇意是有继承的，议论方法也是一致的。

纪体之间以十二月令串通一线，形成十二组有关联的论题。篇与篇之间，或互为表里，或后篇是前篇的续笔，或数篇连贯而起，每一纪一览都有一个大的内容系列。

《吕氏春秋》的议论方法也是相同的，大体分为议论和故事两个部分。有的篇章如《有始》各篇都用互见法，各篇所引用的史实故事，只简单列举事名，而省略具体内容，这样可以避免书中征引史料的重复。这种分见他篇的互见法后来为《史记》所继承。

《吕氏春秋》是吕不韦三千门客所做，他们来源复杂，各家各派皆有，这决定了它是一部兼收并包的"杂学"之书。《汉书·艺文志》中说："杂家者流，盖出于议官。兼儒墨，合名法。"这精辟地概括出了杂家在思想方面博采诸家的特点。

《吕氏春秋》集阴阳、儒、道、墨、法、名、兵、纵横、农等各家思想于一炉，杂然并存。其中，阴阳学说的地位尤为显著，被用为十二纪的纲。这种学说的核心为"天人合一"，强调的是"五行"与社会政治之间的联系。

《名类》篇说："凡帝王者之将兴也，天必先见祥于下民。"接着谈黄帝、禹、汤、文王等土、木、金、火、水特征的显现及所尚颜色，记载邹衍五德终始的学说相当完整：

黄帝之时，天先见大螾大蝼。黄帝曰："土气胜。"土气胜，故其色尚黄，其事则土。及禹之时，天先见草木秋冬不杀。禹曰："木气胜。"木气胜，故其色尚青，其事则木。及汤之时，天先见金生于水。曰："金气胜。"金气胜，故其色尚白，其事则金。及文王之时，天先见赤乌衔丹书集于周社。文王曰："火气胜。"火气胜，故其色尚赤，其事则火。代火者必将水，天且先见水气胜。水气胜，故其色尚黑，其事则水……

阐述了"五德转移，治各有宜，而符应若兹"的天人感应思想，把政治和"天道"联系起来。八览的第一篇《有始》中，谈宇宙天地自然，十二纪的首篇谈十二月令和人事的互相适应，均为阴阳意识的反映，主要是让"天道"为政治服务。这种观念不久为董仲舒所接受并大加发挥。

《吕氏春秋》中儒家思想占很大比重，十二纪中"夏纪"的儒家意识最为集中。《劝学》、《尊师》、《诬徒》以儒家师道观论"忠孝"、"理义"、"尊师"，列举了很多圣人尊师的事例，阐述师生相互关系等问题。《大乐》、《适音》、《音初》等篇阐述儒家的"礼乐"思想，论述政治与音乐的关系。还有《精通》、《务本》、《孝行》等篇论"事亲"、"交友"、"贵德"、"敬长"、"慈幼"以及民本思想，反映了典型的儒家等级伦理观。《精通》篇中说国君需"以爱利民之心"。《孝行》篇大言"务本"："所谓本者，非耕耘种植之谓也，务其人也。"表明编纂者荟萃了儒家学说中部分附有社会政治意义的成分。

道家思想则贯穿着全书的始终。尤其"春纪"中的文章，几乎全部以道家意旨为主。

《本生》、《重己》、《贵生》等篇，论"全性之道"、"全德之人"、"贵生之术"、"养生之道"以及"重生"、"知本"、"无为"、"归朴"等道家观念。《贵生》篇中提到"全生为上,亏生次之,死次之,迫生为下"。《论人》篇强调归朴:"适耳目,节嗜欲,释智谋,去巧故,而游意乎无穷之次。"有些命题或话语直接引用老庄。例如《制乐》篇"祸兮福之所倚,福兮祸之所伏",《君守》篇"不出户而知天下","其出弥远其知弥少"等,体现了战国末期道家思想的影响何其广泛。

《吕氏春秋》中还多次称扬儒墨的"显学",这说明书中对墨家思想也有所反映。

《侈乐》篇阐发了墨子"非乐"的思想,抨击"不知和乐之情,而以侈为务"者。《节丧》、《安死》篇阐述了墨家节俭的思想,指出:"先王之葬必俭,必合,必同。"《当染》篇直接照录《墨子·所染》篇,主张应接受良好的社会浸染。

法家思想在书中也屡有论述,其中主要是关于实施法、术、刑赏等问题的论述。《去私》、《禁塞》、《义赏》等篇强调重视刑赏。尤其是《察今》篇,充满新颖的改革意识,重视变法和厚今薄古,主张不苟同于先王的成法,而借鉴他们制定法律的方法,"察今则可以知古,古今一也"。提倡依据当时的实际情况来变法。这是对战国以来风起云涌的改革热潮全面总结而做出的结论。

此外,还有兵家的战略战术、纵横家的"善说"以及农家的"先务于农"等思想。各家、系学说虽大不相同,甚至相互间有所抵触,但却同列一书,形成了一个"兼听杂学"的糅合体。

《吕氏春秋》中最突出的进步意识是"一",即统一。《不二》篇提出"一则治,异则乱;一则安,异则危";《执一》篇主张"天子必执一,所以抟之也",意思就是从学术思想到政治都应当统一,这是顺应统一潮流要求的呼声。

但是,它作为先秦诸子总结性的著作,却有明显的折中主义倾向,这导致其任一主张都不够彻底。思想上多综合而少创新,构成了其先天局限性。

除思想外,它在文学上也表现出了杂取众家的趋势。书中有大量说理性故事和寓言都摘引于先秦诸书籍,如《国语》、《左传》、《墨子》、《庄子》、《晏子春秋》、《战国策》等。有很多是历史上实际发生过的事情,也有一些是上古神话传说,少数为虚构的故事。全书各篇文章虽然短小,但通常有三四个完整的故事,有时多达六七个。《淫辞》篇七百字,就有六个完整的故事。有的文章议论文字较少,不少是由意义相近的一串故事组合而成,因逻辑层次清楚,并无堆砌乏味之感。

在内容上,它的故事反映的是各学派的思想主张,表现的是为不同家、系所用的特点。

不同的故事与论证不同流派的学说协同,以佐儒家、道家、法家观点的为最。有些重要的历史人物在不同篇章里多次出现,担任作用不同的主人公,甚至相互抵触。也有少数故事重见,如吴起受王错之谗而离西河,就见于《长见》和《观表》篇。这是由论证思想的需要而决定的。

其中表现儒家意识的故事，主要是在于佐证儒家的等级观念、礼乐主张、民本思想等。而有些记载孔子及其弟子的活动，反映的就是典型的儒家意旨。

如《异用》篇中的一则：孔子之弟子从远方来者，孔子荷杖而问之曰："子之公不有恙乎？"搏杖而揖之，问曰："子之父母不有恙乎？"置杖而问曰："子之兄弟不有恙乎？"蹠步而倍之，问曰："子之妻子不有恙乎？"故孔子以六尺之杖喻贵贱之等，辩亲疏之义。

孔子用手杖来表示不同的"礼"，今天来看似乎过于烦琐，但在当时却表现了"贵贱之等"、"亲疏之义"。"荷杖"、"搏杖"、"置杖"、"蹠步"几个不同动作，细致地区分出对不同人物对象的礼节差异，很符合儒家提倡的尊卑长幼、上下亲疏那一套等级观念。

表现道家思想的寓言故事则大多是论证"无为"、"无名"、"贵己"、"贵生"、"归朴"等主张，有的则是直接从《庄子》等道家书籍中抄录而来。故事的风格，也多带有道家奇绝古怪且无所羁绊的特点，接近于《庄子》中某些"重言"故事。例如《贵生》篇中的一则：

鲁君闻颜阖得道之人也，使人以币先焉。颜阖守闾，鹿布之衣，而自饭牛。鲁君之使者至，颜阖自对之。使者曰："此颜阖之家邪？"颜阖对曰："此阖之家也。"使者致币，颜阖对曰："恐听缪而遗使者罪，不若审之。"使者还反审之，复来求之，则不得已。故若颜阖者，非恶富贵也，由重生恶之也。

颜阖身穿粗陋的鹿布衣，做着"饭牛"的低贱活计，鲁君的使者送上礼物请他出仕，而他却使了一个金蝉脱壳之计逃之夭夭。颜阖的安贫与机智，生动地表现在这则短短的故事中，成功地宣扬了道家"重生"、"尽天年"和"敝屣名位富贵"的意识。

书中表现法家意识的故事则大都显得新颖而锐利，反映了法家信赏必罚、厚今薄古以及变法改革的主张。有些故事反映的是墨家、名家、兵家、纵横家的学说。而还有相当一部分的故事却难以简单归入哪一家。这种故事都充满生活的哲理，给人以深刻的启迪和思考。它们大多有波折和冲突，富于理趣和韵味。

《吕氏春秋》中还记录了一些上古历史传说和神话，这使人们窥见了上古先民生活的鸿爪泥迹，具有非常珍贵的史料价值。

比如《古乐》篇记载远古葛天氏之乐："三人操牛尾，投足，以歌八阙。"原始先民手拿牛尾举足歌舞的情景历历在目，隐约可见。同篇中朱襄氏作五弦琴、黄帝命伶伦作律、陶唐氏作舞等，对于艺术史研究有一定参考价值。《音初》篇中有狭二女的神话，与《诗经》中"天命玄鸟，降而生商"的神话有些联系，《吕氏春秋》将它"人化"了，以致有北音起源的传说。

※ 中华文明历史长卷 ※

【历史评说】

《吕氏春秋》在思想史上以及文学史上的地位与影响都颇为卓著。西汉司马迁的《史记》就取法自它的结构，也分"纪"。东汉高诱认为它远远超出诸子著作，明代方孝孺指出它有许多值得人们学习的地方，清代章学诚说"吕氏将为一代之典要"（《文史通义·言公上》），汪中认为它是后世的类书之祖。它的文学成就也为人们所称道。

【书海拾贝】

人有亡斧者，意其邻之子，视其行步窃斧也，颜色窃斧也，言语窃斧也，动作态度无为而不窃斧也。相其谷而得其斧，他日复见其邻之子，动作态度无似窃斧者。其邻之子非变也，己则变矣。变也者无他，有所尤也。

《淮南子》

【名家传略】

在中华民族五千年的历史中，西汉是个极其重要的朝代。它彻底地结束了春秋战国及楚汉战争造成的天下分裂状态，完成了封建国家的统一，使得战国以来的百家争鸣的学术活跃局面终止，代之而起的是政治观念和学术思想的一体化，因为国家的统一，社会的稳定，科学技术开始飞速发展。研究和探索国家的长治久安问题，就成了众多政治家和思想家们孜孜以求的最为迫切的课题。就是在这种社会环境和文化氛围的影响之下，有"博大精深"之美誉的《淮南子》，才得以应运而生。此书对秦朝的暴政和汉初政治的得失，作了深层的剖析，以道家的自然天道观为主旨，集法家的进步历史观、儒家的仁政学说及阴阳家的阴阳变化理论于一体，兼收并蓄、取长弃短，是适应新的社会发展的治国理论。这种理论基本上符合汉初社会实际，而经过实践证明，是行之有效的。

淮南王刘安（公元前179—前122年），汉高祖刘邦之孙，父亲为淮南厉王刘长。汉文帝在位时，刘长恃势胡为，骄纵不法，暗中勾结匈奴企图发动政变，事情败露后，被降爵发配四川，在途中绝食而亡。文帝三分其国，分封给刘长的3个儿子，刘安袭号淮南王。当时刘安16岁左右。刘安喜欢读书，擅长弹琴。他招致文人、方士达几千人，做了《内书》21篇及许多篇的《外书》。《中篇》8卷则专谈黄老神仙，其篇幅竟达20多万字。武帝喜爱文学，刘安因为长于文辞，按辈分又居皇叔，所以深得武帝的尊重。武帝每每给刘安颁诏、赐物，还要招司马相如等人前来给草稿提意见，斟酌再三，直到满意为止。武帝特爱《离骚》，有一次刘安入朝，向武帝献上刚刚做好的《内篇》，汉武帝非常喜爱，珍重地把它收藏起来，同时，又让刘安做《离骚传》。刘安晨时受诏，日落时分便写好呈上。不久，又做《颂德》和《长安都国颂》两篇献给武帝。君臣每次席上相见，都高谈阔论，直至天黑。武帝建元六年（公元前135年），天空出现了一颗大彗星，刘安深感奇怪。他的门客劝他，吴楚之乱时天上就有彗星出现，没有这颗大，但是已经是流血千里；如今彗星贯天，天下将刀锋四起了。刘安认为武帝当时还没有太子，为防天下大乱，诸侯纷争，便偷偷准备好攻战之具以观时变。元朔六年（公元前123年）十一月，刘安与弟弟衡山王刘赐因谋反一起被诛，受牵连的多达几万人。

刘安的著述多有散佚，而流传到今天的只有《淮南子》（《淮南鸿烈》）等。这是一部体大而思精的哲学巨著。它融各派思想于一体，与先代的《吕氏春秋》一样，被列为"杂家"。实际上，它乃是以道家和阴阳家为主，兼容别家。

刘安为自己的书取名叫《鸿烈》。《要略》中说道："此《鸿烈》之《泰族》也。"许慎的注里面说："鸿，大也；烈，明也。凡二十篇，总谓之《鸿烈》。"《西京杂记》中也说："安著《鸿烈》二十一篇。"

《隋书·经籍志》有《淮南子》21卷，刘安撰，许慎注；《淮南子》21卷，高诱注。由此可知，隋代开始此书定名为《淮南子》。

【经典阐述】

《淮南子》共21卷，体系庞大，思想深邃，文笔瑰丽且构架严密。其中《原道训》、《道应训》是专论道的精义与真髓；《俶真训》、《精神训》提出了宇宙生成论；《天文训》、《墬形训》乃是古代天文与地理学的珍贵史料；《览冥训》是谈事物的内在规律性；《本经》论述的是为圣之道；《主术训》主要讲述君王统治之术；《兵略训》则主要论军事辩证法；《说山训》、《说林训》等充溢着人生的哲理名言；《泛论训》、《人闲训》探讨的是人生命运和祸福；《修务训》是劝人励志学习；《缪称训》、《诠言训》为统论道家名理之言；《时则训》乃是天子按照季节施行政事的纲要；《泰族训》则是总论天人之际、古今之变；《要略》是全书的序言。该著作集哲学、政治学、史学、伦理学、经济学、教育、军事、音律以及自然科学于一炉，堪称为"牢笼天地，博极古今"的划时代的文化巨著。

据高诱《淮南子注·叙目》中载："其旨近老子，淡泊无为，蹈虚守静，出入经道。其义也著，其文也富，物事之类，无所不载，然其大较，归之于道。"这里简明地概括了《淮南子》全书的主旨。

《淮南子》中引用《老子》的内容最多，全书共有76条，其中的《道应训》一篇中就引用《老子》52条，可以当作用历史事实为《老子》作注解。可见《老子》一书对《淮南子》的影响是极其重要的。

"道"这个词作为哲学概括，是由老子首先提出来的。老子的自然天道观在《淮南子》中有专门的论述，《原道训》、《道应训》均为"道"的论篇，专门论述大道的精义。如《老子》中"道可道,非常道"这一句,在《泛论训》、《道应训》、《本经训》、《原道训》都有引用。

"无为"一词亦来源于《老子》。《淮南子》对"无为"做了具体的解释,赋予它明确的意义。《道应训》中说:"所谓无为不先物为也;所谓无不为者,因物之所为也。"《修务训》说:"若吾所谓无为者,私志不得入公道,嗜欲不得枉正术,循理而举事,因资而立功,权自然之势,而曲故不得容者。事成而弗伐,功立而名弗有,非谓其感而不应,攻而不动者。"这里科学地阐释了"无为"的内涵,指出"无为"就是按照自然规则和社会发展规律做事,违背自然规律的有意行为才叫"有为"。如果说《老子》中的"无为"含有某些消极因素,那么《淮南子》中的"无为"观不仅继承了《老子》的自然天道观的精髓,而且充实了合理又新颖的内容,适应了时代发展的需要,为汉初提供了"无为而治"的治国原则及新的理论依据。

《淮南子》中还数次引用《庄子》,暗引《庄子》和阐明《庄子》之意,随处可见。它对《庄子》的承继关系都集中在养生论上。《庄子·刻意》中说:"吹呴呼吸,吐故纳新,熊经鸟伸,为寿而已矣。此导引之士,养形之人,彭祖寿考者之所好也。"可见《庄子》对专门从事养形而不注重养神的做法是不认同的,认为这样是不能畅达性命之情的。《精神》中更加详细地记载吐纳和导引,战国时代两种导引动作,汉代时已发展到6种。它也强调,这是养形之人的所为,不是道家所提倡的顺应天地之自然、全精保神的做法,不可因此而扰乱人们的心志。故此《泰族》中说:"治身太上养神,其次养形。"精神上得道才是最高的境界。

《淮南子》继承法家的进步历史观与法制学说,而又批判法家的严刑峻法以及残暴统治,有法家之长,而无法家之失,可以说是取自法家,又优于法家。

《泛论训》在论述人类社会改造自然及社会进步的巨大成就时说:"故民迫其难则求其便,困其患则造其备。""常故不可循,器械不可因也。"由此可见,人类在同自然的斗争中,同时也推动着物质文明的进步。旧的法规应变,但要有所发明和创造。主张"法籍与时变,礼义与俗易"。"世异则事变,时移则俗易。故圣人论世而立法,随时而举事。"(《齐俗训》)在《泛论训》中有:"夏商之衰也,不变法而亡;三代之起也,不相袭而王。""夫殷而变夏,周变殷,春秋变周,三代之礼不同,何古之从?"等社会变革的主张,认为先王的礼乐法制,不是至高无上的,而是应当变革的。并明确指出:"先王之制,不宜则废之";"法与时变,礼与俗化;衣服器械,各便其用,法度制令,各因其宜"。书中还说:"治国有常,而利民为本;政教有经,而令行为上。苟利于民,不必法古;苟周于事,不必循旧。"以极为敏锐的政治远见,大声疾呼,只要利国利民,就可以破除一切旧的法规和传统观念,不必为古人所束缚。

书中的法制观点非常鲜明。

《主术训》中提出："法者，天下之度量，而人主之准绳也。悬法者，法不法也。设赏者，赏当赏也。法定之后，中程者赏，缺绳者诛。尊贵者不轻其罚，卑贱者不重其刑。犯法者虽贤必诛，中度者虽不肖必无罪。是故公道通而私道塞也。"大意为法律是天下人共同遵守的准则，无论贵贱尊卑都应一视同仁。它比儒家提出的"刑不上大夫"要高明得多。

但是，它却并不认为法律是唯一的统治方法，它只是手段，而不是目的，治国的最高原则是"无为而治"，"法"只不过是其中一个重要环节而已。它充分肯定了国家高于个人，法制高于国君，因而国君必须"身正"，作为执法的典范，首先要求国君用法律来约束自己，而后才能责官理民。可见，《淮南子》法制观点比较全面，且可行性很强。

在政治观上，它吸取了《孟子》、《荀子》、管仲学派以及《吕氏春秋》的重民、因民的民本思想，主张百姓为治国之本。君民关系的合谐和对抗决定着国家的治乱。

它十分痛恨暴君严刑苛法的残酷统治，无情地谴责了他们荼毒人民的行为。《本经训》批判了纣王骄奢淫逸、荼毒百姓的恶行，《兵略训》也对秦二世的罪恶进行了批判。书中尤为推崇黄帝、尧、舜、禹、汤、周武这样的贤君治理天下的辉煌业绩。"明君"政治和"民本"思想是其政治观的亮点。

《淮南子》还广泛吸取了儒家的"仁政"学说、兵家的军事辩证法、阴阳家的阴阳学说、名家的循名责实的观点以及墨家的简朴薄葬等，各家思想由"道"作统率，形成了博采众长、融汇百家的庞大理论体系，为汉初统一天下后治国安邦提出一套完整的治国理论和方案。

它以尊重人的自然状态、主体意识及自由精神为前提，提倡调动社会全体成员的主动性来治理国家，既巩固统一又维护地方自治权。这种治国理论为当时治理封建国家的一种明智的方法，但是注定不能为封建宗法制度所容忍。在儒家确立了独尊地位以后，《淮南子》便被打入冷宫了。但是它的思想却被历代优秀的思想家司马迁、张衡、王弼等人所继承，影响了两千年的中国学术史。

除了政治与法治上的巨大成就，它还是一部自然科学的宝库。它体现出的自然科学成就，代表了当时的最高科技水平。

在天文学方面，有二十四节气、五星行度、二十八宿、岁星纪年、干支纪年及有关太阳黑子、彗星和地震的记述，有相当完整的宇宙起源论和宇宙模式的描述。其中的二十四节气现在仍是指导我国黄淮流域人民从事农业生产的劳动准则。《天文训》中，二十四节气被第一次进行科学的总结和完整的记载。

此外，《淮南子》还有关于光学、力学和磁学成果的记载，以及纺织和印染科学的重要史料。尤其在光学研究领域，刘安与他的门客有很多独特的创造。

我国古代利用凹面镜聚焦取火的设备称"阳燧",《淮南子》中有数次记载。如《天文训》高诱注:"阳燧,金也。取金杯无缘者,熟摩令热,日中时以当日下,以艾承之,则燃得火也。"除了用"阳燧"取火以外,《淮南万毕术》中还记载了一种极为巧妙的用冰透镜取火的方法:"削冰令圆,举以向日,以艾承其影形,则火生。"即把坚冰磨成圆形凸透镜的形状,对着太阳,能够使光线折射,聚为太阳的"影子",把艾绒放在后面,那么就能使它发热而燃烧。水、火不相容,但是冰透镜却能够得到火而使冰不融化,这真是巧夺天工的发明。

《淮南子》中还特别重视兴修水利工程,用以发展经济,从而造福人民。书中第一次记载了我国古代的两项大型水利工程——春秋时期楚国期思、雩娄灌溉工程和秦代航运工程——灵渠。

后者在《淮南子·人闲训》中有记载:秦统一以后,为了开发岭南,命"尉屠睢发卒五十万,为五军"戍守五岭。并派监禄转运粮饷,"又以卒凿渠以通粮道"。"凿"的这个"渠",即灵渠。这个极为珍贵的史料,秦代的文献中没有保存下来,汉代的《淮南子》是最早给予记载的。

【历史评说】

《淮南子》除在天文、物理、化学、农学、水利、物候、气象等方面的贡献外,在经济地理、自然地理、人文地理以及医学科学中的预防观、养生论、人体生理理论、疾病和药物研究、病因论等诸方面,以及对生物进化、自然选择、生物分类、生物资源的保护和利用、乐律和度量衡研究等方面,都有非常突出的成就,并且许多成果还远远超过了同代的西方,对两千年来我国科学技术的发展起到了巨大的推动作用。

《淮南子》成书以后,马上引起同代学者对它的研究,这在历史上是罕见的。此书集哲学、政治学、史学、伦理学、经济学、教育、军事、音律及自然科学于一体,真可谓一部"牢笼天地,博极古今"的划时代的文化巨著。

【书海拾贝】

夏商之衰也,不变法而亡;三代之起也,不相袭而王。

先王之制,不宜则废之。

治国有常,而利民为本,政教有经,而令行为上。

《论 衡》

【名家传略】

《论衡》为王充所著,是中国文学史中一部光辉的思想著作,是一部宣传无神论的檄文,是古代一部不朽的唯物主义哲学文献,在我国哲学史上具有划时代的意义。

"衡"字本义为天平，《论衡》即评定当时言论价值的天平。它的目的是"冀悟迷惑之心，使知虚实之分"（《论衡·对作篇》）。

王充（约公元27年—100年），字仲任，家住东汉会稽郡上虞县（今浙江省上虞市），祖籍魏郡元城（今河北省大名县）。王充出身于"细族孤门"，是一个破落的封建地主阶级家庭。世祖王贺，曾经是汉武帝的绣衣御史。由于先世数代立有军功，到了王充的曾祖父王勇一辈就受封会稽阳亭。后来由于王莽篡位，王家失掉爵位，此后一直靠务农为生。

王充从小便勤奋好学，6岁读书，8岁进书馆，开始学习《论语》、《尚书》，每天背诵千字以上的内容。王充在少年时期，到了洛阳的太学学习，他师从著名史学家、大学者班彪，博览群书而"不守章句"。由于家中贫困，无钱买书，王充便常流连于洛阳的街市上翻看书籍，因其记忆力超群，故往往能过目不忘，因此王充对于各家的言论和学说熟稔于心。明帝永平二年（公元59年）之后，已步入而立之年的王充，回到了家乡上虞县担任功曹，不久又被提拔为会稽郡都尉府郡功曹。王充一向性情恬淡，不贪富贵，不慕权势，由于政见不合，受到排斥和打击，最后辞官还家。王充是位德才兼修的思想家，对于别人所犯的大错误、大过失，他都能宽容地原谅。他非常注重完善自己的操行，把操行作为为人处世的根本。约在元和三年（公元86年）至章和二年（公元88年）期间，王充又被扬州刺史董勤征聘，任九江的刺史府治中从事。后来，王充便辞官返回故里，以教授学生为生。他的同郡友人谢夷吾向朝廷力荐王充，在荐书上盛赞他的才华与学识，说道："充之天才，非学所加，虽前世孟轲、孙卿，近世扬雄、刘向、司马迁不能过。"章帝看后十分重视，特意颁发诏书，命王充担任公车徵，并派公车前去迎接王充。然而此时的王充已年过六旬，在政治方面的精力和热情均随着岁月的流逝而消磨衰退，无意仕途，借口体弱多病推辞了任命。当时他还撰写了16篇修身养性方面的文章。王充擅长论说，他的观点看似诡异，其本质上却很符合事实。东汉时期，汉章帝作为封建统治阶级的最高代表主持召开了白虎观会议，网罗众儒生汇编了一部《白虎通义》，在这部封建法典中极力宣扬孔子及儒家思想。想通过鼓吹"圣人"孔子的言论，加强对人民的思想统治，继而达到维护封建等级制度，巩固阶级专政的目的。王充发现当时尊崇和流行的儒家说中，有许多观点都不符合实际，回到家乡以后便开始潜心研究，总结和撰写自己的思想。在此期间，他拒绝参加任何社交活动，闭门专心著书。永元年间，王充因病去世，葬于上虞县西南的乌石山（即今上虞市章镇筶枪山）上。

王充一生的主要著作除《论衡》外，还有《讥俗节义》、《政务》和《养性》，但得以流传到现在的仅有《论衡》一书。

【经典阐述】

　　王充哲学思想的核心为元气自然论。"元气"的这一说法是在西汉初期提出的，最早在董仲舒的《春秋繁露》和刘安等人的《淮南子》中出现，在这两部书中，"元气"被解释是一种天地由以产生的原始的气。但是真正在中国的思想界，最早提出比较完整的唯物主义元气论的思想家还是王充。《论衡·自然》篇主要反映了王充重要的朴素唯物主义自然观，王充在《自然》开篇写道："天地合气，万物自生，犹如夫妻合气，子自生矣。"在此，王充阐述了关于"元气"的基本观点，认为元气乃天地万物的由来，元气与天地万物有着密切的关系，就像父母和子女的关系一样，有了元气，万物自然地就出现了，万物都是由"气"所形成的。庄子则认为元气是构成世界的基本元素，宇宙的万事万物都是由元气所组成的实体。由于元气不同使得各种事物的类别也不一样。王充还运用朴素唯物主义的自然观点强烈地反驳了董仲舒及其著述中所鼓吹的唯心主义观点。王充围绕天是有为还是无为这个基本问题展开与儒家的论辩。董仲舒宣扬天人感应，认为"天故生人"、"故生万物"，意思是天是有意识的天，天特意创造了人，同时还创造了万物作为人们生存的依赖条件。与之对立的是王充的元气自然论。王充否定天的意志，认为万物是自己生长出来的，天并不是有意识地生出五谷丝麻供人们吃和穿的，天出现灾害和异常情况并不是用来谴责、警告人们。元气的运动与变化都是自发的，并不是依靠什么天的意志为动力。王充肯定宇宙和自然界出现和存在的客观性和自然性，这样就否定了董仲舒的荒谬且带有神秘主义的思想。

　　儒家在人和万物之间关系的这个问题上认为人是比万物都高的，万物都是为了满足人的生活需要而由天制造出来的，服务和服从于人类。这种观点把人与万物的关系定为从属的关系。为了进一步强调封建等级观念，董仲舒故意将君王的形象神化，以示皇权是神圣而不可动摇的。他的天人感应也是为了宣扬君权神授而创造出来的。董仲舒在"天故生人"、"故生万物"的基础上，进一步指出皇帝是为了替天行使最高权力才被天创造和安排到人间的。儒家同时还为君王的诞生蒙上了一套相应的神话色彩，从而使得他们区别于普通人，例如讲夏的祖先禹是他的母亲因为吃了一种叫做"薏苡"的草而生下的。被人们视为吸取天地之精华而生的露水、灵芝等物体和人们想象中的吉祥神圣之物龙、凤、麒麟等，都被他们用作神话帝王降生的道具。不难发现董仲舒等人的意图就是将皇帝的出现和存在披上一层神圣的外衣，从而制造"替天行道"的谬论。但是王充却把人和万物摆在同等的地位，人属于万物，是元气所产生和构成的。在肯定人是动物的基础上，王充又肯定了人与一般动物之间的区别：人是动物中最高级的，是万物中有智慧的群体。

　　在人的形体和精神两者之间关系的问题上，王充非常明确地指出了精神是必须依附于形体的。《论死》、《道虚》、《辩祟》等都是王充批判鬼神迷信思想、宣传无神论的重要论文。王充在《论死》中首先纠正了社会上所说的"人死为鬼,有知,能害人"的迷信观点,指出了人死不能变鬼,没有知觉,不能害人。王充这样写道:从天地开辟、有人类以来,人们有的寿命终结而死去,有的中途夭亡,这些人多得可以用亿万来计算。比较起来,当前活着的人不如死了的人多,如果以人死后就会变成鬼的观点来推论的话,那么在路上岂不是每走一步就有一个鬼,鬼肯定多得满屋满院,满街满巷。王充根据人们的这种迷信说法,进行了假设性的推理,所以论证了这种观点是不符合实际的错误观点。他用"以其人之道,还治其人之身"的形式,机巧有力地反驳了"灵魂不灭"的迷信鬼神的说法。

东汉时,由于社会科学水平低下,人们对自然的认识因此也非常有限,对于许多自然现象无法做出合理的解释,于是就将这些都理解为上天鬼神的意志和安排。许多人认为人遭遇生病、死亡、刑罚、破产、意志失常等灾祸都是因为办事时没有挑选合适的时间的原因,从而触犯了主管灾祸的鬼神,鬼神于是降罪给他们。王充认为这些都是谎话,他认为人在世上,就不可能不做事,所谓的好时辰、坏时辰之说,只不过是那些从事迷信职业的人在故弄玄虚,鼓吹自己的法术,借以骗取钱财的伎俩。王充的思想研究本着客观求实的原则进行,推翻了当时普遍承认的因果报应的观点,指出自然寿命到了尽头,就算是品行再优良的人,也不会被延长生命;寿命应该很长的人,就算品行再恶劣,也不可能因此而被折寿。

【历史评说】

王充在《论衡》一书中为了驳斥迷信思想和各个学派的谬论,使本人的论点更具有说服力,采用了理论结合实际的科学方法来澄清事实,并对人的生老病死以及对像云、雾、露、霜、雨、云、雷电和潮汐等自然现象进行了合理的分析,做出了科学的解释。王充在《论死》一文中写道:枯骨在野地里,有时会发出呜呜的声音,就像在夜里听到的哭声一样,有人说这是死人的声音,这是不正确的。接着王充就根据人依靠口舌咽喉发声和笙箫靠管孔发声的科学原理指出了人死后连口舌和咽喉都腐烂了,怎么可能再发出声音呢?王充清楚地指出了"生无不死"、"有始者,必有终"的观点。这是一种朴素的辩证思想,跟方士们宣扬的人能够长生不老以及不死等蛊惑人心的言论是两种截然不同的观点。如儒家的书籍上记载了一个"一人得道,鸡犬升天"的故事,大致内容是:淮南王刘安把天下所有通晓道学的人都召集过来帮助自己学道成仙,最后得了道,不仅全家都升天成仙,甚至连鸡犬这样的牲畜,也由于吃了剩下的仙药,一起上了天。王充在《道虚》一文中驳斥道:人是万物中的一种,就算是身份尊贵的王侯也一样不例外。只要属于万物之列,就没有不会死去消亡的,那么人又怎么能够不死而成仙呢?鸟有翅膀能飞,但是也不能升天。可是人连翅膀都没有,靠什么东西飞起来呢?这是一种对神话邪说的反问,更是对其荒谬性的沉重一击。

王充对儒术的批判和揭露都是符合实际的，更是惊世骇俗的。他将锋利的思想武器直接指向儒学的中心——孔子的《论语》，震撼了整个封建的正统社会。他考察所谓的贤士圣人的言论，发现其中有许多地方是自相矛盾的，但是后来的学者们对此竟然都没有察觉。王充清楚地看到："圣人之言，不能尽解，说道陈义，不能辄形。"意思就是说圣人所说的话，并非都能让人理解，圣人说讲的道理，也未必都是明白清楚的。王充因此又说道："凡学问之法，不畏无才，难于拒师，核道实义，证定是非也。"告诫人们做学问，最让人担心的不是无才干，而是缺乏自己的观点与主见，难得的是抵制老师的不正确的误导，提醒人们不要盲目地听信老师所讲的一切，应该学会分清事物的是非，考察事物本身是否符合道义。王充的思想里具有进步的因素，他批判儒家所提倡的"今不如古"的倒退思想，反对落后的复古主张。王充为此结合实际，强烈抨击了这种片面性的认识。王充的观点认为人们如此推崇孔子的七十位得意弟子，可是他们的才能跟其他人并没有什么不同，如果现在的儒生有孔子那样的老师，那么他们之中也会产生颜回那样的学生。假设在那个时候没有孔子那样的老师，那么这七十弟子也就跟现在的儒生一样了。儒家思想对人们的言行制定了一系列繁杂的伦理道德标准，孔子的学生由于在白天睡觉，被孔子训斥道："朽木不可雕，粪土之墙不可圬也。"在王充看来，孔子对那位学生的厌恶是没有道理的，王充在《论衡·问孔》中说道："昼寝之恶也，小恶也；朽木粪土，败毁不可复成之物，大恶也。"他认为白天睡觉只能算作是小缺点，但孔子却把朽木、粪土这样令人厌恶的东西来形容他，一个人在白天睡觉，怎么就是败坏品行呢？一个品行败坏的人，就算是白天黑夜都不睡觉，难道就可以改变人们对他的看法？

当然，王充在思想上的不足与错误的认识，都在《论衡》中有所体现。首先，由于受到当时某些流派的影响，在一定程度上王充的思想也保留着一定的神秘主义成分，例如他所说的"五常之气"、"善气"、"恶气"、"仁之气"等概念，并认为这些气是能够控制人的命运的。其次，王充认为一切现象的产生都是自然的，在这里他并没有排除唯心主义所认为的某些神秘现象，并把事物之间相互联系、相互作用的关系割断了，认为任何事物的产生、运动、变化、发展到终结，都全部被自身决定，不需要任何外部的条件。

王充的思想和观点，尽管没有彻底地摆脱天人感应的神秘主义思想的影响，但确实有了很高的反神学的觉悟，具有唯物主义的斗争精神。因为《论衡》一书的言论，深深地触怒了东汉的封建贵族和官僚大地主们，因此王充被贵族们称为"躁人"，人身安全受到了极大威胁。《论衡》一书更被看作是"妖变"。但是后人却正好可以从《论衡》一书中，看到王充可贵的唯物主义斗争精神。魏晋时的哲学家杨泉、南朝的思想家何承天和无神论者范缜、唐朝的刘禹锡和柳宗元、明清时的思想家王夫之等以后的唯物主义者、无神论者都在一定程度上受到了王充思想及观点的影响。《论衡》一书用唯物主义的自然观，主要批判了当时盛行的谶纬迷信思想以及天地万物由神主宰的歪理，书写了两汉哲学史上朴素唯物主义的崭新的篇章。

【经典阐述】

天地合气，万物自生，犹如夫妻合气，子自生矣。

有始者，必有终。

圣人之言，不能尽解，说道陈义，不能辄形。

《齐民要术》

【名家传略】

贾思勰，青州齐郡益都（今山东寿平）人，南北朝时期北朝杰出的农业科学家，生平不详。他出生在一个世代务农的书香门第，祖上都很喜欢读书，尤其重视对农业生产技术知识的学习和研究，因而他家家境虽贫，却拥有大量藏书，使得年幼的贾思勰能够博览群书。成年以后，他走上仕途，到过山东、河南、河北等地，做过高阳郡（今山东淄博）太守等官职。他非常重视农业生产，注重考察和研究当地的农业生产技术，常常向有丰富经验的老农请教，这为他后来写成《齐民要术》积累了广泛的素材。

中年以后，他回到家乡，开始经营农牧业，亲身参加农业生产劳动和放牧活动，对农业生产很有亲身体验。约在公元6世纪30年代至40年代间他写成农业科学技术巨著《齐民要术》，将自己积累的古书上的农业资料，询问农民获得的在一定历史条件下的经验，以及他自己的亲身实践加以分析、整理和总结，得以成书。

贾思勰生活的北魏后期，孝文帝实行"文治"，进行汉化运动，主张发展农业，朝廷议政都以农事为首，太和九年（公元485年）又施行均田制，解决人们温饱问题。黄河流域是我国古代农业发源地之一，旱地农业生产一直属领先水平，农业生产工具的改进和生产技术水平的提高，一直都在进行中。如耕作工具，魏晋时出现使用"铁齿"（人字耙）和"樯"（无齿耙）。至北魏时又积累了一整套耕作经验，形成了完整的耕作体系。生产技术的发展和生产经验的积累为贾思勰编著《齐民要术》提供了丰富的内容和资料。

【经典阐述】

《齐民要术》完整地记载了黄河流域中下游地区的农业生产，即农、林、牧、渔、副等部门的生产情况，它是我国历史上策一部农业百科全书。《齐民要术》全书有10卷，共92篇，其中农业技术的介绍约7万字，文字的解说约4万字。书前的自序提出并强调重农思想，圣君贤士重农事例的引用进一步证明了"食为政首"的农业思想，由此可见农业生产在治国安民中有重要作用。

全书的结构严密,所述内容详略得当。正文是贾思勰实际调查和亲自体验的结果,篇首题目下的注文和篇尾的引用论证,对我们理解正文作了有力补充。

《齐民要术》的内容极为丰富。卷一,耕作、收种、种谷各1篇;卷二,谷类、豆、麦、麻、稻、瓜、瓢、芋等粮食作物栽培2篇;卷三,种葵、蔓菁等各12篇;卷四,园艺、栽树各1篇,枣、桃、李等果树栽培12篇;卷五,栽桑养蚕1篇,榆、白杨、竹以及染料作物10篇,伐木1篇;卷六,畜、禽及养鱼6篇;卷七,货殖、涂瓮各1篇,酿酒4篇;卷八、卷九,酿造酱、醋、乳酪、食品烹调和储存22篇,煮胶、制墨各1篇;卷十,"五谷果蔬菜茹非中国物产者"1篇,记100余种温带、亚热带植物,60余种野生可食植物。

《齐民要术》分别介绍了农艺、园艺、造林、蚕桑、畜牧、兽医、选种育种、酿造、烹饪、农产品加工储存以及备荒、救荒等相关的技术知识,基本上属于广义的农业范畴,当时的农业发展亦具备了较为完整的规模。

当时的农业生产形成了以耕、耙、耱为主体,以防旱保墒为中心的旱地耕作技术体系,以增进地力为中心的轮作倒茬、种植绿肥等耕作制度,以及良种选育等项措施,并且首次系统地总结了园、林经验,如林木的压条、嫁接等繁育技术,畜禽的饲养管理、外形鉴定和良种选育,农副产品加工和微生物利用以及救荒备荒的措施也有发展。

阅读《齐民要术》时,首先要把握"食为政首"的思想,在阅读正文时,要把正文与注释结合起来阅读,注意附录的参考文献,此为正文内容的补充。

【历史评说】

《齐民要术》空前庞大的规模、丰富的农业知识和严谨的成书结构是史无前例的。它在前代农学的基础上,总结了魏晋以来黄河流域旱地农业生产的新经验和新成就,备受历代政府重视,对农业的发展起到了重要的推动作用。

【书海拾贝】

天为之农,而我不农,谷亦不可得而取之。

《农桑衣食撮要》

【名家传略】

鲁明善,名铁柱,字明善,高昌(今新疆吐鲁番东)人,生卒不详。鲁明善是维吾尔族人,是元代著名的翻译家、外交家和学者,因通晓多种语言,曾作为外交使节去过很多国家,也接待过不少外国使节。元世祖时,他从西域进入大都(今北京)翻译佛经,并担任皇太子的师傅。他因长期随其父居住在汉族地区,受儒家文化影响较深。他在延祐元年（1314年）担任中顺大夫、安丰路（今安徽寿县）达鲁花赤，后又在池州府、衡阳、桂阳、靖州等地任职，每次任期虽不长，但政绩显赫，名扬朝野。他重视农业生产，主张"讲学劝农"，或"复葺农桑为书以教人"，或"修农书，亲劝耕稼"。所管辖的人民对他深表怀念，为之树碑立传。《农桑衣食撮要》就是在延祐元年他任职于安丰路时撰写并刊刻的，以后又在至顺元年（1330年）再刊于学宫。鲁明善为官清廉，平日爱好抚琴作书，除《农桑衣食撮要》外，还撰有《琴谱》8卷。

在蒙古对金作战时期，北方人口急剧减少，生产力遭到严重的破坏，此外从成吉思汗到元世祖期间，一直有农牧争地的问题。在中原和江南地区发达农业经济的影响下，蒙古执政者不得不放弃其落后的游牧经济和剥削方法，而采用"以农桑为急务"的政策。在元军攻宋期间中，对农业生产的破坏比北方要轻一些。这种"使百姓安业力农"的思想，还贯穿于元朝其他许多行政措施及命令中。1261年，忽必烈就设立劝农司，派出劝农使分赴各地整顿农桑，1270年成立司农司，下设四道巡行劝农司，司农司又改为大司农司，添设巡行劝农使、副使各四员。将劝农司改为大司农司反映出元朝对农业的逐渐重视。由于政府对农业的重视，兴起了私人撰写农书的风气，在元朝不到百年的统治期内，见于后人著录的农书就多达十几种，《农桑衣食撮要》即其一。

【经典阐述】

《农桑衣食撮要》又称为《农桑撮要》，分上、下两卷，是一部以"月令"为体裁撰写的农书，列有农事208条，约15000字，体例与东汉崔寔的《四民月令》和晚唐五代韩鄂的《四时纂要》略同，按一年十二个月，分别把每月的农事简明地列举出来。

该书资料主要采自元初官颁的《农桑辑要》，但也增加了一些新材料。此书内容丰富，涉及果木的栽培，家禽类的饲养，产品等的加工、酿造。鲁明善强调正确利用天时地利的条件，不误农时，实行多种经营，以取得更大的经济效益。他还建议在发展生产和实行多种经营的基础上，力争兼收"货卖"之利，主张发展城乡间的商品交换，并把它作为取得更大经济效益的一条重要途径。

从书名和内容看，《农桑撮要》与司农司撰写的《农桑辑要》有相同之处。一是这两部农书均继承了《齐民要术》的传统，都是百科性、综合性农书，涵盖农业生产和农村生活的方方面面。主要内容包括气象、物候、农田、水利、作物栽培、蔬菜栽培、瓜类栽培、果树栽培、竹木栽培、栽桑养蚕、畜禽饲养、养蜂采蜜、贮藏、加工等。二是两本书都将蚕桑置于重要的地位。其中《农桑辑要》中栽桑、养蚕各占一卷，内容几乎占全书的三分之一。《农桑撮要》中蚕桑也占有五分之一的篇幅。两书名中"桑"与"农"并列，一方面反映了对蚕桑的重视，另一方面体现了元代农书的特色。三是《农桑辑要》中新添的一些内容在《农桑撮要》中也有记载。《农桑辑要》添加的内容，大多被收入《家桑撮要》之中，比如种瓜、取漆、养蜂等。

但两书也有许多不同之处。首先，在体裁上《农桑衣食撮要》采用了"月令"体，明代还曾有人将此书改名为《养民月宜》。虽然《农桑辑要》之后所附"岁用杂事"一节也使用月令体，但内容相当简略，仅相当于《家桑撮要》的目录，并且《农桑撮要》不仅列出每月该做的事，就连此事该怎么做，都有明确的交代，使读者能够"一览了然"。其次，《农桑撮要》较《农桑辑要》的内容有所增加。比如说到小麦的播种，《齐民要术》等农书中虽有记载，但早已不适用，当时的《农桑辑要》中也少记载。鲁明善就在书中添加了这条，他在"八月，种大麦小麦"中这样写道："白露节后逢上戊日，每亩种子三升，中戊日，每亩种子五升，下戊日，每亩种子七升。"他把播种量与播种期联系了起来，指出播种期越早，播种量就越小。值得一提的是鲁明善作为维吾尔族的农学家，不仅介绍了少数民族的生产技术和经验，还包括了南方农业方面的内容。

作为月令体的农书，全书没有任何商业行为叙述，其中涉及到的有关教育的条文，也只是以农民为对象，这令全书的内容更加精练集中，体现了作者"农桑，衣食之本"的思想。

农书发展到这个时期已经趋于专业化，并且在前人基础上继承和创新的东西也较多。不妨将《王祯农书》、《农桑辑要》比对阅读，找出异同之处，并且注意掌握《农桑撮要》较前人进步的内容。在讲到某种技术时，可以参考相关的书籍，如阅读养蚕技术时可以参阅《蚕书》，这样可以拓展知识面。

【历史评说】

《农桑撮要》文字简练，却不拘一格，既吸收了古人的生产经验，又对当时人民群众的先进技术进行了总结，同时也强调了农业生产的重要性，对元代农业生产的恢复和发展起到了很好的推动作用。本书另外还继承了汉族地区农业生产的优良传统，并进一步发展了少数民族在农牧业生产上的好经验，是我国各族人民劳动和智慧的结晶，也是古代一部比较难得的农书。

清代《四库全书总目提要》说："明善此书，分十二月令，件系条列，简明易晓，使种艺敛藏之节，开卷了然，盖以阴补《农桑辑要》所未备，亦可谓能以民事讲求实用者矣。"

【书海拾贝】

白露节后逢上戊日，每亩种子三升，中戊日，每亩种子五升，下戊日，每亩种子七升。

《农政全书》

【名家传略】

徐光启（1562年—1633年），字子先，号无扆，天主教徒，明末著名的天文学家、农业科学家。他于明万历二十四年（1596年）结识西方传教士后，对西方科学知识产生兴趣。三十一年（1603年），于南京接受了葡萄牙耶稣会士罗如望的宣道，并阅读了利玛窦的《天学实义》。三十二年（1604年）考取进士，从政之余随利玛窦一同钻研学问，并与之共译《几何原本》前六卷。三十五年（1607年）丁忧，回籍守制。次年邀意大利耶稣会士郭避静到上海传教，把教堂设在家中，并在其亲友、佃户中发展教徒，这也是天主教传入上海之始。守制期间，他将《测量法仪》参以《周髀算经》、《九章算术》，并加以整理，撰成《测量异同》、《勾股义》。三十九年（1611年）回京任翰林院检讨。主张翻译学习西方天文学。但皇帝不予重视，此事只能作罢。四十年（1612年），从意大利耶稣会士熊三拔学习西方水利。崇祯元年（1628年）重新任礼部侍郎，此时农书写作已初具规模。只是由于上任后忙于修订历书，无暇顾及农书的最后定稿工作，直到死于任上。以后这部农书便由他的门人陈子龙等人修订，于崇祯十二年（1639年），即徐光启死后第六年，刻版付印，并定名为《农政全书》。除《农政全书》外，徐光启在译著、历法方面也有不少著作，如《勾股义》、《选练条格》、《种竹图说》等。

明清之际是中国封建社会大动荡的时代，阶级矛盾和民族矛盾都表现得尖锐而复杂。在经济领域特别是在商品经济繁荣的江南地区，已出现了资本主义因素的萌芽，它反映在手工业、商业和农业生产等各个领域。徐光启出生的松江府是个农业、工商业发达之区，早年他曾从事过农业生产，取得功名以后，虽忙于各种政事，但一刻也没有忘怀农本。他眼见明朝统治江河日下，屡次陈说根本之计在于农。

【经典阐述】

《农政全书》分为12目，共60卷，50余万字。

书中对历代备荒的议论、政策作了综述，统计了水旱虫灾，分析了救灾措施及其利弊，最后附草木野菜可资充饥的植物414种。

此书在内容上可大致分为农政措施和农业技术两部分。其中前者是全书的纲，后者则是实现纲领的技术措施。书中用近一半的篇幅叙述了开垦、水利、荒政等为前代农书所少见的内容。《农政全书》中，"荒政"作为一目，就占18卷之多，为全书12目之冠。水利作为一目，也有9卷，位居全书第二。徐光启认为，水利乃农之本，无水则无田。这是因为一方面西北方有着广阔的荒地不加耕耘，另一方面京师和军队需要的大批粮食要从长江下游启运，耗费惊人。为了解决这一矛盾，他提出在北方实行屯垦，兴修水利。他在天津所做的垦殖实验，就是为了探讨扭转南粮北调的可行性问题，以巩固国防，安定人民生活。这正是《农政全书》中讨论开垦和水利问题的切入点，从某种意义上来说，这也就成了徐光启写作《农政全书》的宗旨所在。他还根据自己多年从事农事试验的经验，极大地丰富了古农书中的农业技术内容，如对棉花栽培技术进行的总结。

从农政思想来看，徐光启十分热衷于新作物的试验与推广。例如当他知道闽越一带有甘薯后，便从莆田引来薯种试种，并试种成功。随后把自己的经验写成详细的生产指导书《甘薯疏》，用以推广种植甘薯，后经过整理，收入《农政全书》。他对其他一切新引入、新驯化栽培的作物也都全面地搜集了栽种、加工的技术知识，使得《农政全书》成了一部真正意义上的"农业百科全书"。

《农政全书》内容涵盖了古代农业生产和人民生活的各个领域，宣扬了徐光启的治国治民的"农政"思想。贯彻这一思想正是把本书与历代大型农书加以区别的特色所在。

《农政全书》是在对前人的农书及有关农业的文献进行系统摘录编译的基础上，加上自己的研究成果和经验体会撰写而成的。徐光启非常重视农业文献的研究，"大而经纶康济之书，小而农桑琐屑之务，目不停览，手不停笔"。

据不完全统计，全书征引的文献多达225种。徐光启在大量引述前人文献的同时，也注重结合自己的实践经验和数理知识，提出独到的见解。例如，在批判"唯风土论"上，徐光启采用了大量的事实提出了有风土论，但不能唯风土论，重在发挥人的主观能动性的正确见解与主张，对引进新作物和新品种的推广，产生了重大的影响，起了很大的推动作用。

在阅读《农政全书》的时候，所了解到的不仅是有关古代农业的百科知识，并且还能够了解到一个古代科学家严谨而求实的创作态度。因此，在阅读时，不仅要掌握百科知识，更应该体会和学习作者求实严谨的大家风范。

【历史评说】

《农政全书》宣扬了徐光启的重农思想，这一思想不仅促进了农业发展，在维持社会稳定上也具有积极意义。

《农政全书》既沿用了以往农书中的大量资料，综合了前人和当时的文献，同时又把作者自己的体会、科学观点和成果融入其中，不仅拓宽了知识范围，更难能可贵的是，增加了屯垦、荒政、水利等全新的内容。

《农政全书》问世后，受到了清朝当政者的重视，曾多次被翻印，乾隆皇帝称赞其"用意勤而民事切"。

【书海拾贝】

生人之率，大抵三十年而加一倍。自非有大兵变，则不得减。

《天工开物》

【名家传略】

宋应星（1587年—1663年），字长庚，江西省奉新县北乡人。他出生于一个地主官僚家庭，自幼聪慧过人，几岁便能押韵。宋应星兴趣十分广泛，对农业、手工业生产都有些研究，万历四十三年（1615年），28岁的宋应星和他的长兄一起在江西乡试同时中举，一时间传为佳话。崇祯七年（1635年）宋应星48岁时，出任江西分宜县教谕，开始编写《天工开物》，经过辛苦努力，于1637年完成此书。他以后在福建、安徽做过小官，但是他在科举场上多次受到挫折，以致"六上公车而不第"之后，幡然醒悟。此后，宋应星一面做官，一面著书立说。《天工开物》是宋应星任江西分宜县教谕时（1634年至1638年）撰写成的，于崇祯十年（1637年）初版。

1644年明朝灭亡后，宋应星回乡归隐。除《天工开物》外，宋星应的著作还有《思伶诗》、《画音归正》、《观家》等，但今已佚失。

明朝时期是我国古代农业、手工业、商业都比较发达的阶段，因商品经济的发展，明代中期后，部分地区许多行业中还出现了资本主义萌芽。在农业方面，耕地面积较前期扩大，农作物的品种得到改良及增加，粮食作物、经济作物的总产量和单位面积产量均有明显提高，有些地区出现了专业化经营。在手工业方面，种类繁多，并且已经形成了一定的规模，尤其是冶金、陶瓷、纺织等行业。明代的商业和交通也相当发达。农业、手工业和商业的发展，促进了科学技术的飞速发展。当时，人们重视实践，许多学术观点都带有启蒙思想的气息，为《天工开物》的产生创造了理想的条件。

【经典阐述】

《天工开物》是我国明朝工农业生产技术总结性的著作，内容涵盖各个生产领域。宋应星把此书分为三编，全书按照"贵五谷而贱金玉"的原则分为18个类目，每类一卷，总计18卷。其中上编记载了谷物的栽种、蚕棉类的纺织染色与制盐制糖的工艺。中编记载了砖瓦、陶艺的制作、车船的制造、金属的铸造、矿石的开采和冶炼以及制油、造纸的方法等。下编记载了兵器的制造、颜料的生产、酿酒的工艺以及珠玉的采集和加工等。除文字资料，该书还配有120余幅精美的插图，在当时的工农业生产中具有很高的实用性。

《天工开物》不仅最早记载了在生产领域中使用磷肥，利用杂交技术改良蚕种，还保留了原始的锌的冶炼技术。

《天工开物》在作物分类学方面提出了一些新的方法和标准，且与今人的分类十分接近。如它把古代农业分为乃粒、乃服、彰施、粹精、甘嗜、膏液、曲蘖7个大类，这在前时或者同时代的其他农书以及本草类书中是不曾有的。

该书还把水稻列为五谷之首，而水稻又分出了晚稻、早稻，麦下有了大麦、小麦，并指出了荞麦非麦。这些分类方法，给人一种耳目一新之感。在水稻栽培技术上，阐明了秧龄和早穗的关系，且首次记述了再生秧技术，及冷浆田中以骨灰、石灰包秧根的技术，还最先记述了在干旱条件下早稻变异为旱稻的问题。在麦类栽培管理技术方面，最先记述了以砒霜拌豆麦种子的防虫杀虫之法，最先指出了荞麦的吸肥性。

在养蚕技术方面，最早记述了利用"早雄配晚雌"的杂交优势以培育新品种的方法，并指出家蚕"软化病"的传染性，提出"需急择而去之，勿使败群"的解决方法。在金属冶炼、铸造、加工方面，引述了串联式炒炼法，延伸明代灌钢工艺的发展，首次记述了现今俗称为"焖钢"的箱式渗碳制钢工艺，最早记述了火法炼锌的工艺，最早以图文并茂的方式记述了大型器物的铸造工艺，较早图示了活塞式鼓风箱的使用方法。

此外，书中最早明确地记述了响铜的合金成分与有关响器的成型工艺，最先记述了铁锚锻造工艺、钢铁拉拔工艺以及一种叫做生铁淋口的特殊化学热处理工艺，较早地描述了金属复合材料技术的基本操作。

在煤炭和化工技术方面，较早对煤进行了分类，并指出了煤井排除瓦斯的方法。另外，所记述的银朱生产过程中的质量互变关系，可作为"化合物"概念和"质量守恒"定律的萌芽。

阅读此书时要注意《天工开物》是在当时商品经济高度发展、生产技术达到新水平的条件下成书的，必然有资本主义萌芽时期的烙印。对书中各方面知识的论述可以用现代学科分类的标准进行分类，这样理解起来会比较容易，如果具备相关的知识，如物理、化学等方面的知识，读起来会觉得相对轻松。

【历史评说】

《天工开物》从科学技术和生产劳动出发，总结了各个生产领域的知识，是我国古代劳动人民长期生产劳动成果的结晶。它不仅是保留我国科技史料最翔实的一部书，而且更多地着眼于手工业，反映了我国明末出现资本主义萌芽时期的生产力状况，具有很高的文献价值。

【书海拾贝】

凡中国产金之区，大约有百余处，难以枚举。

《黄帝内经》

【名作述略】

《黄帝内经》冠以黄帝之名，但并非真为黄帝所作。本书作者不详，关于其成书年代大约有以下几种观点：春秋战国说，春秋战国至秦汉之际说，西汉说，等等，现仍为学者们争论最为激烈的问题之一。但在这个争论中，有一点则为人们所公认，即明代医学家吕复之所论："乃观其旨意，殆非一时之言。其所撰述，亦非一人之手。"

【经典阐述】

《黄帝内经》这一名称经常分别冠于《素问》、《灵枢》、《太素》、《明堂》四本书的标题前。自北宋以后它常作为前两者的总称，作这种用法时，它常缩写为《内经》。《黄帝内经》由黄帝与同样具有浓重传说色彩的六大臣之间的对话组合而成。全书中他们对宇宙、人们生活的直接环境与人体、情绪之间的关系以及生活习惯与健康之间的关系、体内各脏器之间的关系、生命过程与病理过程之间的关系、病症与症状之间的关系以及如何通过对这些关系的分析而做出诊断和医疗决定都提供了见解。

《黄帝内经》流传甚广，其中《素问》、《灵枢》的基本情况如下。

《素问》：公元6世纪时全元起首次对《素问》做全面注释，因当时第七卷早佚，故只有8卷。公元762年，王冰补注，又称为《黄帝内经·素问》24卷，81篇，其中72、73篇有目缺文，故王氏补入了"旧藏"7篇。11世纪的北宋时期，校正医书局又对王氏注本再加校勘注释，改名《重广补注黄帝内经素问》，成为宋朝之后历代刊刻研究之蓝本和依据，刊刻本多达数十种。

《灵枢》：在《汉书·艺文志》名为《九卷》，在公元6世纪左右，有《针经》、《九灵》、《九虚》、《灵枢》等不同书名之传本。南北朝及隋唐期间，有《针经》注本多种书名之传本。并且隋唐及日、朝之医事法令将其列为医学教材，但未能流传后世。因此，宋代于1135年刻刊的《灵枢》，即成为《九卷》之唯一刻本流传于世，虽然有12卷本与24卷本之不同，但篇目内容次序等并无差异。

《黄帝内经》内容相当丰富，《素问》偏重于人体生理、病理、疾病治疗原则原理，以及人和自然的关系等基本理论；而《灵枢》偏重于人体解剖、脏腑经络、腧穴针灸等。两者之间共同点为均系有关问题的理论论述，但并不涉及或基本上不涉及疾病治疗的具体方药和技术。

《黄帝内经》认为认识人类自身是认识人类疾病的首要前提。《黄帝内经》的作者们很有可能直接参与了对人体的解剖研究，且实地进行了人体体表与内脏的解剖。

《黄帝内经》涉及许多高明的医疗技术领域。如该书不但记述了水浴疗法、灌肠技术,还比较正确地论述了血栓闭塞性脉管炎——脱疽的外科手术截趾术等。《黄帝内经》还设计使用了筒针(中空的针)进行穿刺放腹水的医疗技术,这是一项改善腹水治疗以及减轻患者痛苦比较成功的重大尝试。筒针穿刺放腹水虽仍未能创造出根治腹水的方法,但它作为一种比较先进的医疗技术在后世继续得到了发展和应用。

《黄帝内经》提倡疾病预防,强调早期治疗。中国医学自古就特别重视促进人体健康以预防疾病的思想,追其源则始于《黄帝内经》。

【历史评说】

《黄帝内经》是先秦诸医学家对其前代医学发展的系统总结,是对极其丰富的医疗经验的精辟概括,奠定了中医学发展的理论基础,达到了很高的医学水平,有很多科学成就与正确的预见。

【书海拾贝】

故阴阳四时者,万物之始终也,死生之本也,逆之则灾害生,从之则苛疾不起,是谓得道。道者,圣人行之,愚者佩之。从阴阳则生,逆之则死,从之则治,逆之则乱。反顺为逆,是为内格。是故圣人不治已病治未病,不治已乱治未乱,此之谓也。夫病已成而后药之,乱已成而后治之,譬犹渴而穿井,斗而铸锥,不亦晚乎。

《伤寒杂病论》

【名家传略】

张仲景(约公元150年—219年),原名机,字仲景,东汉南阳郡涅阳(今河南邓县穰东镇)人。据史料记载,他年轻时曾向同郡张伯祖学医,经过多年的刻苦钻研,青出于蓝,最后成为了汉代贡献最大的一位临床医学家。诸医家都极力称赞张仲景的医术精湛。相传建安年间他官居长沙太守,所以人们又叫他"张长沙",他的方书也被称为"长沙方"。由于他经常在公堂之上为人看病,如今的"坐堂医"的名字就是这样而来的。张仲景一生有很多著作,可惜大部分都已失传了,只留下《伤寒论》和《金匮要略》,被统称为《伤寒杂病论》。

《伤寒杂病论》一书,成书于东汉末年,然而其具体之年份却无法考证。今多据张仲景自传推测,其著述应始于建安十年(公元205年),则成书应是在建安二十年(公元215年)以后。也有人认为建安乃建宁之误,则著述应始于建宁十年(公元177年)之后。

张仲景是中医临床医学的奠基人,被后世的人们尊称为"医圣"。张仲景生活在东汉末年,当时宦官专权,政治黑暗,人民生活在水深火热中,官逼民反,各地纷纷爆发农民起义。统治者纠集武装力量疯狂镇压,战火不断,天灾频频,疫病流行,到处是"白骨露于野，千里无鸡鸣"的惨象。严酷的环境迫切需要解决伤寒病的防治问题。因此张仲景立志发愤钻研医学，"勤求古训、博采众方"，刻苦钻研经典和古代医书，并结合当时医家和自己长期积累的医疗经验，最终写出了《伤寒杂病论》这部临床医学名著。

【经典阐述】

《伤寒杂病论》是我国医学发展中影响最大的著作之一，全书一共16卷。该书流传至宋代，是林亿等人把它整理校定为现存的《伤寒论》和《金匮要略》。在中药方面，《伤寒论》共记载了113首方剂，《金匮要略》262首，把重复的部分除去，两本书实际上共有269首方剂，使用药物达214种，大体上把临床各科的常用方剂都概括了，被誉为"方书之祖"。

《伤寒杂病论》系统地把汉朝以前的医学理论和临床经验都总结在内，记载了对疾病的各种治疗原则、方法以及治疗各种疾病和杂病的药方，为中医治疗学奠定了基础。该书把病症分成一些条目，每条先介绍临床表现，接着再根据辨证分析，把它确立为某种病症，根据病症最后提出治法与药方。

《伤寒论》在治疗大量传染病、流行病并总结经验的基础上，针对它们的发病因素、临床症状表现、治疗过程与愈后等共性问题，进行了系统而全面的综合分析，创造性地提出了六经辨证的理论学说，也就是把当时常发的许多热性病，依照它们的发病初期、中期、末期不同的临床表现和不同治疗的反应与结果，分为辨太阳病、辨阳明病、辨少阳病、辨太阴病、辨少阴病、辨厥阴病，脉症并治。这就是所谓的"辨伤寒六经病"，全书的主要内容就由此构成。有的学者把六经病看作是六个征候群用来帮助学者学习理解。事实上，太阳病基本上是综合论述了许多传染性或流行性疾病初发的症状、征候表现和切脉等四诊之要点和治疗之原则方法等。张仲景依据各种传染病、流行病与不同病人体质等不同反应所表现的千变万化的征候，分别都作了颇富科学思想的综合分析、论述和富有预见性的结论。同时，张仲景还以"平脉法"、"辨脉法"、"伤寒例"，集中说明了伤寒的切脉与切脉诊断等问题。

《伤寒论》的理论体系以六经辨证为纲，方剂辨证为法，对六经传变过程中的征候、脉象等各阶段的审证、辨脉、论治的结果，及遣方、用药等都进行了有规律性的论述。人们说《伤寒论》113方、397法，尽管不尽确切，但其逐条评述传染病、流行病不同发展时期不同表现的因素、病理、症状、体征和据以诊断的依据，治疗处方用药的原则与具体方法也都一一作了详尽的分析。

《金匮要略》是《伤寒杂病论》的组成部分，专门论述内科等杂病，共3卷。全书共分25篇，所论述之内科杂病有：痉、蝎、湿、百合病、孤惑病、阴阳毒、疟、中风、疠疖、血痹、虚劳、肺痈、咳嗽上气、消渴、黄胆、下痢等40多种疾病；外科、骨伤科方面有：痈肿、肠痈、浸淫疮、刀斧伤等疾病；此外，还有专门论述妇科病症等。

该书认为上述疾病等之发作，其病因不越三条，即六淫（风寒暑湿燥火）为外因；七情（喜怒哀乐悲惊恐）过甚为内因；金刃、虫兽咬伤与饮食偏颇而造成伤病者为不内外因。张仲景对内科杂病之观点，重视对每个病进行比较具体的叙述，在诊断上提倡望、闻、问、切四诊合参，辨证重点多为脏腑经络，运用营卫气血、阴阳五行等学说，以指导临床治疗。该书共收方剂262首，其特点与《伤寒论》之方剂相同，药味精炼，配制严密，多具针对性。该书所载的自缢患者的抢救，其原则要求、技术要领，及对人工呼吸法全过程的生动描述，基本与现代之人工呼吸法相同，甚至更富有综合性技术要求。

【历史评说】

《伤寒杂病论》是世界上第一部经验总结性的临床医学著作。它融理法方药于一体，开辨证论治的先河，创中医临床医学之体。从唐代以来，张仲景的学说在世界各地广泛传播，在国际医学界享有极其高的声誉，日本、朝鲜等国的人民把他称为医学界的"先师"。《伤寒杂病论》、《金匮要略》、《黄帝内经》、《神农本草经》被并称为"中医四大经典"。

【书海拾贝】

进则救世，退则救民；不能为良相，亦当为良医。

《针灸甲乙经》

【名家传略】

皇甫谧（公元215年—282年），字士安，幼名静，自号元晏先生，安定朝那（今甘肃平凉）人，主要有《帝王世纪》、《高士传》、《列女传》、《逸士传》、《玄宴春秋》等著作。

无论是在世界医学史上，还是在中国科技史上，独树一帜的中国传统医学都是别具特色的。在外国人看来，中国传统医学充满神秘色彩，穴道针灸更甚。

《针灸甲乙经》是我国现存最早的一部针灸学著作，也是我们迄今所了解的最早将针灸学理论与腧穴学相结合的一部医学著作，距离今天已经有1700多年的历史了。

经脉穴道目前还不能得到科学的准确阐释，所以人们有很多的怀疑。但几千年来的治疗实践和令人惊奇的神奇疗效却是毋庸置疑的。《针灸甲乙经》的作者皇甫谧的人生历程也可以证明此书的科学性。

皇甫谧开始并不是一名医生，而是一个历史学者。中年时的一场大病使他对医学产生兴趣，久病成良医。对针灸的研究不仅使他恢复了健康，也为后人留下了《针灸甲乙经》这样一部极为珍贵的医学典籍。是他自己的治疗实践成全了这样一部医学巨著。

和别的名人一样，皇甫谧的出生地也引起了很多争议。有人认为他应是今宁夏回族自治区固原地区人，有人认为他是今甘肃灵台县人。各种说法均有专门论文辨析。

皇甫家族世代为官，累世富贵。其曾祖皇甫嵩，因破黄巾有功，被封为征西将军、车骑将军，官拜太尉，位列三公。正是这种显赫的家世，使皇甫谧能够博览群书，专心著作。当时的朝廷多次征召他去做官，都被他拒绝。即使任著作郎之类的官职他也坚决不做。史书上说他"有高尚之志，以著述为务"。皇帝也无奈，只好送他一车书。

现在有许多的医学史著作根据《晋书·皇甫谧传》里"居贫，躬自稼穑，带经而农"的记载，认为他出身农民，是务农为生的无产阶级。由于这种理解是不了解当时的历史背景，所以是不对的。这里的"贫"是相对而言的，和我们现在的"贫"不是一个含义。如陶渊明也曾说他家贫，但其曾祖陶侃做过全国军队最高长官，其祖其父都做过相当于省长一级的官员。皇甫谧父亲早死，其家产与其他世家大族相比，显得贫困寒酸，但是家里还有佣仆以及田产果园。所以"躬自稼穑"并不是自己以务农为生，而是一种潇洒的名士风采。正如陶渊明曾"采菊东篱下"，诸葛亮曾躬耕隆中。

正是由于其家庭并不贫穷，所以他到了二十多岁还不喜欢学习，终日游荡，"目不存教，心不入道"。后来由于婶娘流着眼泪开导教诲，才使他开始安心读书。皇甫谧早年主要是研究经史，曾著有礼乐、圣真之论。

但他从小就身体羸弱，一生多病。再加上他读起书来，废寝忘食，当时人们叫他"书淫"，很是损耗精神，中年便患风痹疾，半身不遂，因此悉心研究医学，很快还精通了针灸术。其个人的不幸成就了这部《针灸甲乙经》。此书体现了皇甫谧在医学方面的主要成就，同时也是他对中国医学的最重要的贡献。

《针灸甲乙经》的全名是《黄帝三部针灸甲乙经》，亦简称《黄帝甲乙经》、《甲乙经》。他主要取材于今本《黄帝内经》，即《素问》、《灵枢》，以及《明堂孔穴针灸治要》。所以被称为"黄帝三部"。他在本书序言里说："撰集三部，使事类相从。"

此书的编写是以《素问》、《灵枢》（即《针经》）、《明堂孔穴针灸治要》的有关内容为基础，结合历代名医的相关论述和自己的经验，进行细致认真的整理汇集，在编撰过程中遵循"删浮词、除重复、论精要"的原则。经过他的努力，使前世针灸学水平得到了明显提高，而且他这种归类汇集的整理方法也为后人编撰类书提供了较好的开端和典范。

【经典阐述】

《针灸甲乙经》对人体生理、病理，经脉循行，腧穴总数、部位、取穴，针法、禁忌症等都进行了比较系统的论述。书中分别提到了人体生理、病理，大体都是按照《黄帝内经》，但对针灸治疗学的特点，重新编排了一下，把与"用针"有密切关系的经文放在卷首，起一个开宗明义的效果。

全书可分为两大部分，一部分是基本理论、针灸基础知识，一部分是针灸的临床运用。

理论部分包括前6卷，依次记叙了人体的生理功能，包括五脏六腑、营卫气血、精神魂魄、精气津液和肢体五官与脏腑功能之间的关系等；接着是人体经脉、经筋等经络系统的循环路线；然后再是人体腧穴，依身体部位分部叙述其位置、主治，书中共叙述腧穴350个而不是如其所说的365穴，这些穴位是按头、面、项、胸、腹、臂、股等部位排列的，这样做的目的是方便查阅，每一穴都写有针刺的深度、灸灼的次数；再次叙述诊法，介绍脉诊的内容是他写作的重点，特别是三部九候；其后介绍针道、针灸禁忌，包括禁穴；最终介绍了病理及生理方面的一些问题，并根据阴阳五行学说为纲进行了一些阐述解释。

皇甫谧对穴位位置都做了详细的考订。仅在腧穴的位置考证上就纠正了前人很多的失误。如位于腹部正中线上的中脘穴，三国时东吴太医令吕广的《募腧经》说是位于脐上三寸的位置，而经皇甫谧考证是在脐上四寸的地方。因为中脘下一寸是建里，建里下一寸是下脘，下脘下一寸是水分，水分下一寸是脐，正好四寸。今天我们中医临床所采用的中脘穴定位，就是根据皇甫谧的说法来的。

皇甫谧对于禁穴也有很深的研究。如"刺中心，一日死"、"刺中肺，三日死"、"刺中肝，五日死"、"刺中脾，十五日死"、"刺中肾，三日死"、"刺中胆，一日半死"、刺坏大血脉，"血出不止死"。

临床部分也是6卷，依顺序分别介绍内科、五官科、妇科、儿科等病症的针灸治疗，其中有43篇关于内科的，有外感六淫、内伤七情、五脏病、六腑病、经脉病及五官病等，有3篇外科，主要讲痈疽，至于妇科及儿科，各有1篇分别论述20种及10种该科病症。

书中叙述880多症病例。这些病症除根据《黄帝内经》之外，还有进一步的充实与扩充。皇甫谧对这些病症的治疗方法、配穴规律、操作方法等都有详细的记载。

皇甫谧对具体操作是非常重视的，对针灸的具体操作均有非常详尽的说明。这种对临床的重视，与其研究的初衷是相同的。

【历史评说】

因为《针灸甲乙经》的内容基本上是取材于《黄帝内经》和《明堂孔穴针灸治要》，因此有着有非常重要的文献价值。有的书介绍说："《甲乙经》的著成，对于我国针灸学的发展起到极大的促进作用。医家在阅读时，一般不必再对三部原著的有关部分加以研读，而只需研读《甲乙经》，即可有精要的理解，大大地便利针灸学的学习过程。同时，它又具有重要的文献学的价值，如《明堂孔穴针灸治要》原书早佚，借助《甲乙经》得以保存大部分精华内容。"

确实，《针灸甲乙经》有着非常重要的文献价值，不少古代研究成果得到保存，而且还能利用它来校勘医学古籍。如《黄帝内经》因历代传抄而出现错误、断简蠹残所致的阙漏，后人主要用《针灸甲乙经》来对此进行校勘。

然而跟文献价值相比，同时更显重要的是它的医学价值——将以经脉学说为主体的针灸学理论和腧穴理论紧密结合起来了。这种结合极大地推进了针灸治疗理论与技术的提高。而且综合各家，在各方面都有所进步。《素问》和《灵枢》中腧穴的发展基本都在非常有限的境地。两书实际所举穴位不超过 160 个，而且不少只有部位没有命名。而《甲乙经》使中国针灸穴位总数迅速达到 654 穴。

这些进步得益于当时医学取得的进步。魏晋南北朝时期，长期战乱以及饥荒、疾疫威胁着人民的生命，使医学发展非常显著，特别是中医外科医术得到了飞速发展。华佗就是当时著名的医生，对针灸治疗作出非常大的贡献。他的医术精良，常常针到病除。由于魏晋南北朝整个中医学和外科医术水平的提高，人体解剖的事例也应运而生。

人体解剖对进一步准确弄清人体的生理构造、经脉穴道提供了可能。我们现在知道的就有三例人体解剖的记载。

当时不仅名医众多，而且著书立说之风也十分盛行。医学著作略有百余种。不但整理前说，而且多有新创。皇甫谧非常注意吸收这些同代人的成果。例如对王叔和整理的《伤寒杂病论》，皇甫谧于《甲乙经》序言中评述："撰次仲景，选论甚精。"王叔和的《脉经》一书，对诊断技术研究颇深。由于皇甫谧自身多病，对实践更为重视。为了探求寒食散的医疗作用，还亲身服食。鲁迅的《魏晋风度及文章与药及酒之关系》里面对寒食散有一定研究介绍。这也给他带来了极大的痛苦，这种痛苦使他想拿刀自尽。但他还是坚持"凡此诸救，皆吾所亲，更也试之，不借问他人也"。

对前人和时人研究成果的积极吸收和重视实践的态度使得《甲乙经》达到前所未有的高度。它一问世，就在中外针灸学发展史上起着不一般的作用。在国内，它一直是学习中医特别是学习针灸学的必修课本，唐代太医把它作为学生的必修科目。同时在唐代、宋代官方的医学教育中，也明确规定其为医学校学习的必修课，还设针博士、针助教、针师等进行授课和据以指导临床实习。宋、金、元、明、清重要针灸学著作大部分都是建立在该书的基础上加以发挥而成。被尊为"药圣"的孙思邈说："凡欲为大医，必须读《素问》、《甲乙》等诸部经方。"

本书传到国外后，同样受到重视。日本《大宝律令》明确规定《甲乙经》为学习中医的必修课本。国外已有英、法多种译本。

当时的普遍现象重技术轻理论是《甲乙经》的一个不足。可能是因为战乱时期对实用医学的需求增大,而且重实用也是中国科技的一个特点。

《甲乙经》到现在还被广泛地运用于临床,使后人获益匪浅。张士序从中发掘出治疗癫痫病的治疗方法。王春辉用其法治疗痹证,疗效非常好。

《针灸甲乙经》成书后,为历代医家、针灸学家所重视,有许多传抄者,自北宋校正医书局校正后始成今之传本。国内现仅存若干明刊本,日本珍藏有我国宋刊本。现国内所收藏者有明刊本之后约20种历代刊刻版本。

该书有数种版本,所载卷数不一,有作10卷、13卷的,多数为12卷。现存的最早版本是明代的《古今医统正脉全书》本。

【书海拾贝】

凡此诸救,皆吾所亲,更也试之,不借问他人也。

《千金方》

【名家传略】

孙思邈,世称孙真人,后世尊之为"药王",唐京兆华原(今陕西耀县)孙家塬人。根据《旧唐书》、《新唐书》等的记载,孙思邈大约生于公元542年,卒于公元682年,终年140岁左右。孙氏自幼聪慧好学,敏慧强记,7岁时每天能背诵一千多字,人称"圣童"。他生活在秦汉时期的文化中心长安的附近,因而有机会从小就博览群书。他自幼因治病致耗尽家资,因此从青年时代就立志以医为业。到20岁左右,他已对医学有一定造诣并且经小有名气。除医学书籍外,他还通读了儒家、道家、佛家的典籍。到青年时孙思邈已经是一个知识渊博尤其精通儒、道并兼通佛学思想的颇有功底的学者了。

公元579年后,孙思邈到长安以西稍偏南距长安600余里的太白山和长安以南200余里的终南山隐居了数十年,在这期间,他潜心钻研唐以前历代医家的著作。除此之外,他也在当时盛行的"阴阳禄命"、"诸家相法"、"灼龟五兆"、"周易六壬"及预测祸福、卜筮吉凶等方面消耗了大量的时间。久居山林的自然条件,为他钻研并整理记载药物识别、采集、炮制、贮存等提供了便利。在长年为方圆数百里内百姓治疗各种疾病的实践中,他所学的医学理论与临床实践融会贯通,医疗技术达到了炉火纯青的境地。孙思邈淡泊名利,多次以病拒绝皇帝邀请。

自85岁以后,他时而居京师,时而居山林,以行医为主要社会活动。孙思邈到了晚年,对天文、地理、人文、社会、心理等诸方面学问无不精通,对事物的发展变化有着深刻的洞察力,甚至达到了出神入化的境地。

他晚年把主要精力用于著书立说,在一百多岁才开始着手写《千金方》30卷,公元682年他又积最后30年之经验,写成《千金翼方》30卷以补《千金方》之遗。同年,寿至140岁左右的一代名医孙思邈在长安与世长辞。孙思邈终生精勤不倦,著述很多,除了《千金方》、《千金翼方》外,还有《老子注》、《庄子注》、《枕中素书》1卷、《会三教论》1卷、《福禄论》3卷、《摄生真录》1卷、《龟经》1卷等。

在"朝野士庶,咸耻医术之名,多教子弟诵短文,构小策,以求出身之道。医治之术,缺而弗论"的社会风尚下,孙思邈目睹民众缺医少药,忆起自己幼遭风冷之疾,为治病而倾尽家产的痛苦经历,所以放弃仕途立志做一名"苍生大医"。他学习历代名医,刻苦钻研医药典籍。他总是不远千里去学习诊疗疾病的方法、采药和制药的法度和养生保健之术。

【经典阐述】

中国最早的临床百科全书《备急千金要方》,又简称为《千金方》。《千金方》共30卷,其中详细论述了临床各科的诊治方法、食物疗法及预防、卫生等方面的内容。卷首论述了《大医精诚》与《大医习业》,突出地强调了高尚的医疗道德修养和精辟的医学理论、医疗技术是一位优秀医生必须具备的素质。该书严格要求了医德与医术,被视为历代临床医生修养的准绳。

孙思邈十分重视妇女和儿童的疾病,该书中有部分妇人病、婴幼儿病及体质发展的特点的专论。他认为妇女有特殊生理条件和疾病范围,儿童的身体结构与成人大不相同,所以有必要单分出科,独立讨论。他也是最早提出将妇科单列一科的医家。在正确地论述了妇女妊娠及胎儿在母体逐月发展之形态等以后,他还强调了出生儿的护理、喂养及乳母、保育员的选择条件等,这些都符合科学的要求。

按脏腑病症逐一论述内科病,是孙思邈对内科学的一大贡献。书中记载了精神病人在认识、情感、思维、语言和行为等方面的障碍,根据记载将神经和脑血管病分为偏枯、风痱、风懿、风痹进行诊治,在治疗上对症下药,如惊痫药品、失魂魄药品及其他疗法;指出消渴病患者要节制饮酒、房事、咸食及含糖量较高的食品;在治疗上避免使用针灸,以防外伤成疮经久不愈;除用药物治疗外,还要用饮食疗法,如牛乳、瘦肉等食物;记述了内科急症数十种,如何诊治癫痫、惊厥、眩晕、卒心痛、吐血、咯血、腹痛、瘟疫、尸厥等症;广泛地应用黄连、苦参、白头翁止痢,用常山、蜀漆治疟;认为霍乱等传染病不是鬼神所致,皆因饮食不节或不洁所致。对于慢性消耗性疾病的防治及老年病,孙思邈提出用药物、饮食、运动等调养方法。他用富含碘的动物甲状腺(靥)及海藻、昆布来消除甲状腺肿(瘿),用富含维生素A的动物肝脏来治疗夜盲症,用地肤子、决明子、茺蔚子、青葙子、车前子、枸杞子来防治维生素A

缺乏症,用谷白皮、麻黄、防风、防己、羌活、吴茱萸、橘皮、桑白皮、茯苓、薏苡仁、赤小豆来防治维生素B缺乏症。

在外科方面,他首创的葱管导尿术和灸法治痈疽等多种效验颇佳的方法被后人大量地采用。

在针灸治疗方面,他独创了"阿是穴"疗法,就是在病人最痛苦的部位施针的方法。针灸疗法,必须首先掌握经络、穴位的理论和技术。他在前人绘图的基础上,创造性地以青、黄、赤、白、黑五色彩绘以区别其十二经各经络之走行方向和空穴之部位,并以绿色绘制奇经八脉。此图有正、侧、背面三幅,大小取常人之一半为之。针灸临床主张综合治疗,他提倡针灸辨症,指出选穴要少而精,主张综合治疗。

在药物学方面,采药的时间和制作方法以及药品的产地是必须重视的,他还亲自做了大量有关药材的实践和调查,比较了不同时间采摘、不同方法炮制、不同产地药物的各种细微差别,这些在组方配药时都有严格的要求。孙思邈还创立了根据药物的治疗功效对药物进行分类的方法。

在疾病诊疗技术上,孙氏创造了"验透隔法",能科学地确诊胸背部化脓性感染是否穿透胸膜引致脓胸。其方法是在胸、背肋部脓疮疮面贴一薄纸或竹内膜,于光亮处观察竹膜是否随着病人呼吸同步起伏,如果同步则可诊断脓肿已穿透胸膜而成脓胸,否则尚未穿透胸膜。在医疗技术上有血清疗法性质的技术,实际上已被孙氏创造出来了。

孙思邈发展了卫生保健说,有三个显著的特点:一是结合了老庄的"静功"与华佗的"动功",二是联系了一般人的养生保健理论技术和中老年常见病的防范,三是严厉批判了服五石散企图长生的思想,同时强调了服食植物类营养防病方剂的必要性。

至今,人们还在使用《千金方》中的许多药物、治疗技术等。阅读前可以找基本的医学书先了解一些中医医学的基础理论知识,阅读时可以对相关内容作分类,这样阅读起来能够清楚明白。同时,可以与《伤寒杂病论》相联系,便于理解。

【历史评说】

《千金方》较全面地总结了自上古至唐代的医疗经验和药物学知识,孙思邈发展了张仲景的伤寒论学说,他在理论联系实际的基础上把六经辨证改为按方剂主治及临床表现相结合的分类诊断方法。受历史条件的限制,孙思邈的学术思想中,也存在一定的迷信和糟粕。

后成书的《千金翼方》,取义为与《千金方》相互补充,如羽如翼。该书仍是30卷,论述了本草、伤寒、中风、杂病和疮痛等方面的内容,十分详尽。方剂学方面,他首创了"复方",就是将两张"经方"(《伤寒论》中所载的方子称为经方)有机地组合在一起使用。这种方法十分严格,在方解方论、操作办法和药物配伍等方面,都有着很严格的限度，极难掌握。但他经过不断的努力，凭借其深厚的医学功力，开创了这种制方的方法，并运用得非常精确。

【书海拾贝】

冬不欲极温，夏不欲穷凉。

大寒大热，且莫贪色欲。

男子破阳太早，则伤其精气；女子破阴太早，则伤其血脉。

《本草纲目》

【名家传略】

李时珍（1518年—1593年），字东璧，湖北蕲州（今湖北蕲春）人，生于医学世家，其父和其祖父都是医生。因从小受到医药知识的熏陶，他喜爱研究医药，立志治病救人。李时珍14岁考取秀才，但在此后的三次乡试中都名落孙山，于是他便决心放弃科举，坚定了从医学药的决心。他拜名医顾日岩为师，苦读10年，以后开始给人看病。34岁时，他因治病有功被楚王府聘为奉祠，掌管良医所，有机会博览藏书，后被举荐至京城太医院任职，不及一年便辞官回乡，一边行医，一边开始编写《本草纲目》。李时珍采取博览群书加考察、实践的方法，"步历三十稔，书考八百余家，稿凡三易"。由此可知付出了多么大的心血。1578年，李时珍61岁时，书稿完成，共52卷，后来又花了12年左右的时间对它进行了修改和补充。此书1590年才开始由南京刻书家胡承友出钱刻印，直到1596年首次出版，而李时珍已经于三年前去世。除医学外，李时珍对生物、矿物、地学、天文等也有研究。传世著作还有《濒湖脉学》和《奇经八脉考》。

【经典阐述】

《本草纲目》是李时珍智慧和心血的结晶，书中共收录了中药1892种。全书共52卷，100多万字。卷一至卷四是此书的附录，收入序言、凡例、目录、附图、引用书目、资料及一些医药基础理论，等等。全书的主体部分在卷五以后。李时珍把所有药物分为水部、火部、土部、金石部、草部、谷部、菜部、果部、木部、服器部、虫部、鳞部、介部、禽部、兽部、人部等16部。每一部又由若干类组成，共计62类。其中植物有1195种，动物有340种，矿石有357种。

书中记载有历代医家临床验方11096种，其中新增的达到8100多个，另附各种矿植物插图1127幅。

在药物解说上，《本草纲目》包括释名、集解、修治、气味、主治、发明等八个部分。

在药物的分类上,《本草纲目》先说无机物,后讲有机物,先说植物,后讲动物。

在植物类药物中,采用的方法是先草谷而后果木,对于动物类药物的分类,他有意识地遵循生物的进化规律,从低到高。

在生物药的分类方面,加进了具有划时代意义的"双名法",虽不如现代所应用的拉丁系统双名法那么科学精确,然而在当时却是世界上最为先进的。

在动物药分类方面,基本上有以下特点:书中的虫类相当于无脊椎动物,鳞类相当于鱼类及部分爬行类,介类则相当于两栖类及少数软体动物类,禽类为鸟类,兽类为哺乳类动物。其分类方法具有科学性,代表了当时的先进水平,许多学者称赞其有着生物进化论思想,为把人为分类法转为自然分类法起到了重要作用。

在药物鉴别方面,《本草纲目》纠正了明代之前《本草》中的许多错误和非科学内容。这不但丰富了《本草》的内容,更解决了一些悬疑已久的问题,如《本草衍义》中把兰花当作兰草,把卷柏误作百合。

关于生物对生活环境的反应,《本草纲目》也有独到解释。以动物药的描述为例,《本草纲目》对每一动物药的动物都从多重角度抓住其生物学属性特征,并在有关药物的论述上,提出生物的生活习性受外部环境的影响。

在制药化学和实验研究上,《本草纲目》所载包括蒸馏、蒸发、升华、重结晶、风化、沉淀、干燥、烧灼、倾泻等多种方法,较以往也有极突出的发展。

【历史评说】

《本草纲目》系统地总结了我国在药物学上所取得的成就,对后世药物学的发展起到了推动作用。全书内容丰富,是我国古代药物学、生物学的宝贵遗产,也是世界药物学、生物学具有时代意义的名著。值得一提的是早在公元1606年,此书就传到日本。18世纪时,又被译为法文、俄文等多种外国文字,可见影响颇深远。

【书海拾贝】

天生灵草无根干,不在山间不在岸。

始因飞絮逐东风,泛梗青青飘水面。

神仙一味去沉疴,采时须在七月半。

选甚瘫风与大风,些小微风都不算。

豆淋酒化服三丸,铁幞头上也出汗。

《梦溪笔谈》

【名家传略】

沈括(1031年—1095年),字存中,钱塘(今杭州)人,北宋治平元年(1046

年）进士，曾任负责全国财政的三司使，参与王安石变法运动，主持修订《奉元历》。宋神宗元丰三年（1080年）他任鄜延路经略安抚使时，整顿军备，防御西夏入侵。他一生勤奋好学，精通天文、方志、律历、音乐、医药、卜算，后因边事获罪被贬。他博学多才，著述达35种，但大多散失。他花一生时间著成的《梦溪笔谈》，涉及天文、数学、历法、地理、地质、水利、物理、医药、军事、文学、史学、考古及音乐各个方面。

此时正是北宋较繁荣的时期。宋太祖建立北宋后，又和弟弟宋太宗陆续消灭南唐等割据政权，结束五代十国以来的藩镇割据的局面。与此同时，宋太祖按宰相赵普的建议，采取一系列措施，加强了中央集权，这为北宋经济、文化、科技的发展创造了良好的环境，到了庆历年间，北宋的经济发展到了一个相当高的水平。《梦溪笔谈》记述了当时社会发展的各方面状况。

【经典阐述】

《梦溪笔谈》体裁是笔记文学，共26卷，再加上《补笔谈》3卷和《续笔谈》，共列有条文609条，30卷遍及天文、数学、物理、化学、地学、生物以及冶金、机械、营造、造纸技术等各个方面，有自然科学条文200多条，其余皆为社会科学。全书分17类，计有故事、神奇、异事、讥谑、杂志、人事、辩证、乐律、象数、谬误、官政、机智、艺文、书画、技艺、器用、药议，涉及典章制度、财政、军事、外交、历史、考古、文学、艺术，以及科学技术等广阔的领域，包罗万象，应有尽有。

《梦溪笔谈》因科学价值著称于世。据有关资料显示，书中关于科学技术的条文有207条，内容包括天文、历法、数学、地质、地理、地图、气象、物理、化学、生物、农学、医药学、印刷、机械、水利、建筑、矿冶等各个分支。

《梦溪笔谈》也涉及声学、光学和磁学等物理学方面的内容，特别是磁学研究成就卓著。

磁学上本书谈及指南针的偏向问题，最早记录了地磁偏角，指出指南针是由人工磁化而成，并讨论了指南针的四种装置法；在光学上，沈括透过观察实验，具体解释了小孔成像、面镜、面镜成像，及镜的放大和缩小规律，他还研究了西汉透光镜的原理。

沈括在《梦溪笔谈》中精心设计了一个研究声学的共振实验。他剪了一个纸人，把它固定在一根弦上，弹动和该弦频率成简单整数比的弦时，它就振动使纸人跳跃，而弹其他弦时，纸人则不动。沈括把这种现象叫做"应声"。用这种方法显示共振是沈括的创见。

在化学方面，他首先使用"石油"一词并研究鄜延境内的石油矿藏和用途。

在光学方面，《梦溪笔谈》中记载了丰富的光学知识。他更加深刻地理解了光的直线传播。为说明这一性质,他在纸窗上开了一个小孔,使窗外的飞鸟和楼塔的影子成像于室内的纸屏上面进行实验,并生动地指出了物、孔、像三者之间的直线关系。根据这一性质他还说明了月相的变化规律和日月蚀的成因。在《梦溪笔谈》中,沈括通俗生动地论述了凹面镜成像、凹凸镜的放大和缩小作用。

在天文方面,开宋元时代天文仪器改革之先河,记述有沈括改进浑仪、浮漏、圭表等。在历法方面,记述了他主持编订《奉元历》的始末,以及民间天文学家卫朴的成就和他在改历中的贡献,又论及历代历法的疏密,以及历法推步的方法。

在数学方面,记述了一种求解垛积问题的方法和会圆术,即一种已知弓形圆径和矢高求弧长的方法。

在地质、地理、地图方面,记述了因流水侵蚀作用造成的浙江雁荡山穹崖巨谷"和西部黄土地区地貌特征。

此书还记载了利用铜铁离子置换反应而发明的湿法冶铜"胆铜法",以及古代最先进的炼钢方法灌钢法,还记述了井盐、池盐,以及羌族的冷锻铁甲法。

在农学方面,对作物和动、植物的地理分布、生态特征和分类进行了记载,并考证了一些古生物。在水利方面,记述有作者在汴河分段筑堰的过程。在印刷技术方面,记述有庆历年间布衣毕昇发明泥活字印刷术,以及活字印刷的工艺过程。

在建筑学方面,记述有对著名匠师喻皓的建筑学专著《木经》的分析以及他加固杭州梵天寺木塔的事迹,以及《木经》的片断。

在医学方面,记述有人体解剖生理学以及人体新陈代谢的原理。

除科学技术之外,还有典章制度、官制、礼制、兵制、舆服、仪卫、文牍、掌故以及外交、财政、军事、史学、考古学。

除全书所记述多为可靠史实,还有很多记述为其他史籍所不见,或较其他史籍记载翔实。关于考古,对各种出土文物的时代、形状、花纹、文字等,均有细致的考证。关于文学,文字流畅、精练,描述条理清晰,层次分明,本身就是一部笔记体文学佳作,表现了沈括的文艺思想,如强调应把诗、词形式和内涵、情感、技巧融为一体。

英国科学家李约瑟称沈括是"中国整部科学史中最卓越的人物",赞许《梦溪笔谈》是中国科学史的里程碑。

史载沈括"博学善文,于天文、方志、律历、音乐、医药、卜算,无所不通,皆有所论者。"(《宋史》本传)

【历史评说】

《梦溪笔谈》是中国历史上知名度最高、影响最巨、传播最广的一种笔记。它记载了11世纪中国居于世界领先地位的科学技术。《梦溪笔谈》被视为中国科学技术史上里程碑式的典籍,受到中外学者的高度重视。

【书海拾贝】

用实者，成实时采。

书画之妙，当以神会，难可以形器求也。

《容斋随笔》

【名家传略】

洪迈（1123年—1202年），字景庐，别号野处，饶州鄱阳（今江西波阳）人，洪皓第三子，南宋著名文学家。洪迈年仅7岁时其父使金被扣留，于是他随兄长洪适、洪遵攻读。他天资聪颖，"博极载籍，虽稗官虞初，释老傍行，靡不涉猎"。10岁时，随洪适避乱秀（今浙江嘉兴）、饶二州之间。绍兴十五年（1145年）他中进士，遭秦桧排挤，出为福州教授。洪迈到任，重视教育，建学馆，造浮桥，造福于人民。后又自福州徙知建宁府（今福建建瓯）。三十二年（1162年）春，洪迈以翰林学士的名义充贺金国主登位使。洪迈回朝后，御史张震弹劾洪迈"使金辱命"。淳熙十一年（1184年）知婺州（今浙江金华）。洪迈学识渊博，一生涉猎典籍颇多，被誉为博治通儒，撰著除《容斋随笔》外，有志怪小说集《夷坚志》，还编有《万首唐人绝句》等。

【经典阐述】

《容斋随笔》始撰于隆兴元年（1163年），不仅是读书心得，还涉及了宋以前的一些史实、政治经济制度、典章典故，也综述了宋代典章制度、历史人物、历史事件。此书可以说是南宋笔记体的代表。书分《随笔》、《续笔》、《三笔》、《四笔》、《五笔》，共五集74卷，是一部非常著名的笔记体学术著述。

《容斋随笔》是洪迈近40年的读书笔记，全书随笔记录的读书心得自经史典故、诸子百家之言，以及诗词文翰、医卜、星历之类，无所不载；历史、文学、哲学、艺术各门类知识，无所不备，而多所辨证。资料丰富，考据精确，议论高简，是这部书的最大特色。

如对政治制度、事件、年代、人物等，洪迈都提出了许多颇有见地的看法，更正了许多流传已久的谬误，在中国历史文献上有着重要的地位和影响，对于中国文化的发展亦有重大的意义。

《随笔》卷四"野史不可信"、卷六"杜悰"、卷八"谈丛失实"、"韩文公佚事"等，指出新旧《唐书》、《资治通鉴》以及魏泰《东轩录》、沈括《梦溪笔谈》等书记载失实之处，并提供了一些重要资料。书中对李白、杜甫、白居易、韩愈、柳宗元等人的诗文亦多所论述。后人收集、编成《容斋诗话》传世。这部书为明清时代讲求训诂、论析经史的学术笔记著述提供了范例，影响深远。

《容斋随笔》包含丰富的内容，因此阅读时有较大的难度，可以在阅读时作相应的读书笔记，按各个门类进行记述，从而概括出洪迈在诸多方面的思想。也可以参阅其他史书进行比对阅读。

此书内容广泛，但最重要的价值和贡献，则是对历代典籍的重评、辨伪与订误，并考证了前朝的一些史实，影响中国历史文化的发展。

《容斋随笔》初刊于南宋嘉定初年，明清时亦有多种刻本。其中清康熙年间洪氏刊本，刻印最为精美，内容完整无讹，堪称善本。

《四库全书总目提要》称："南宋说部当以此为首。"

宋人称"可以稽典故，可以广见闻，可以正讹误，可以膏笔端，实为儒生进学之地"（《容斋随笔》何异《序》）。

明人称"可劝可戒，可喜可愕，其于世教未尝无所裨补"，并说读这部书可以"大豁襟抱，洞归正理。如跻明堂，而胸中楼阁四通八达"（《容斋随笔》李瀚《序》）。

清人称"淹通该博，南渡以后诸说部，惟《野客丛书》可与对垒，他家终不逮也"（《四库全书简明目录》）。

【历史评说】

宋代的笔记小说数以百计，《容斋随笔》堪称是其中的出类拔萃之作，被誉为是补《资治通鉴》之不足、集中国数千年历史文化之精粹的珍品。该书是广涉历史，文学、哲学、艺术等方面的随笔集，一问世便受到了当时的最高统治者宋孝宗的称誉，历来为人们所推崇，其中自以史诸子百家，以及医卜、星算之属，皆钩纂不遗，辨证考核，也颇为精确。

【书海拾贝】

大豁襟抱，洞归正理。如跻明堂，而胸中楼阁四通八达。

《明儒学案》

【名家传略】

黄宗羲（1610年—1695年），字太冲，号梨洲，浙江余姚人，被称为"梨洲先生"，是浙江东史学派的始祖。他与顾炎武、王夫之被合称为"清初三大师"。

他的作品主要有《明史案》244卷，《明儒学案》62卷，《行朝录》12卷，《南雷数论》6卷，《深索》1卷，《今水经》1卷，《历代甲子考》1卷，《明夷待访录》21篇。另有《赐姓始末》、《思旧录》、《大统历推法》等书，并撰写有《明文海》482卷，还有《宋儒学案》、《元儒学案》若干卷。其中，《明夷待访录》乃是一部著名政治论文集，《明儒学案》则是中国封建社会最早最完备的一部学术史，在史籍编写这一方面起着非常重要的作用。

【经典阐述】

明代学者继承宋元以来的理学思想，直到王守仁以"知行合一"的理论，提"介致良知"之说。这种思想属主观唯心论的范畴，与宋代陆九渊的学说相近。宗尚朱熹一派客观唯心论的学者，元代时多投附于蒙古贵族统治者下，因其言行不一遂致破产，为明代的王学发展提供了有利的条件。黄宗羲的老师刘宗周为王门后学，特标"慎独"之旨。

黄宗羲属陆王一派，故《明儒学案》也以王学为其主要内容。

纵观全书内容，讲王学的几乎占了一半。有人以为黄宗羲是王学的积极拥护者，其实这是一种误解。明代中叶以来，王学在社会上盛行一时，成为当时的显学，既然时代精神如此，编写史籍，也就应当反映出这个时代的特征和精神面貌。尤其是学术思想史，更应当把占统治地位的学术思想真实地反映出来，这对研究当时社会各方面的历史都是很必要的。

《明儒学案》的编写流派分明，紧抓各人的主要思想，每派各立一学案，先用小序概括说明，然后分列各学者，依次叙述，摘录其重要著作或语录，用具体材料表明各流派学者的思想见解，间有作者自己的意见。尤其是每个人的小传，虽然长短不一，却都能表达出人物的个性、特长以及一生的得失功过。凡例中说："此编以有所授受者分为各案，其特起者后之学不甚著名，统列诸儒之案。"又说："是编皆从全集纂要钩玄，未尝袭前人之旧本也。"这是提出分立学案的明确原则，并指出所摘录者系原书，没有转录其他书籍，是为本书的一个特点。

凡例还说："学问之道，以各人自用得着为真，凡倚门傍户，依样葫芦者，非流俗之士则经生之业也。此编所列，有一偏之见，有相反之论，学者于其不同处正宜着眼理会，所谓一本而万殊也。以水济水，岂是学问！"这段话是黄宗羲判断各人思想的标准。他认为每个人的思想都有其独到的地方，只有从不同的角度来观察，才能得到更全面更正确的认识。

《明儒学案》是黄宗羲一生治学的心血结晶。这本书的写作，不但说明了他的学识渊博，同时说明了他的独创精神，尤其是此书编辑内容的取舍问题，更是反映了他的为学宗旨和治学精神。《明儒学案》的编纂，基本上可以做到反对宗派，不树立门户，不从主观上下结论，所以，此书写成后，不但为人们交口称赞，就连他本人都非常骄傲。

梁启超从近代学术发展的要求对此书做了如下评论："著学术史有四个必要的条件。第一，叙述一个时代的学术，须把那个时代重要各学派全数网罗，不可以爱憎为去取。第二，叙述某家学说，须将其特点提挈出来，令读者有明晰的观念。第三，要忠实传写各家真相，勿以主观上下其手。第四，要把各个人的时代和他一生经历大概叙述，看出那人的全人格。梨洲的《明儒学案》，总算具备这四个条件。"（《中国近三百年学术史》）梁启超提出的四个条件都很重要，尤其是一三两点，要真正做到是很不容易的。"不以爱憎去取"，"勿以主观上下其手"，"要忠实传写各家真相"，这就是历史学家撰写历史的基本原则，但真正做到这点的人不多。因此千百年来曾有许多杰出的历史学家要求直书，反对曲笔。然而一旦有了宗派，就定会产生偏见，有了偏见，就不能"忠实传写各家真相"，而要"以爱憎去取"，"以主观上下其手"，不仅中国历史上是如此，古今中外均如此。

《明儒学案》共有62卷，将明朝19个学派、近300年学术思想、208名学者依时代为序，以学派组织起来。它采集有明一代学者文集、著作、语录等，并分析宗派，成立学案19个。大致可以分为三个时期、四个部分。全书卷首列《师论》篇，类似于全书的总论。

我们说"基本上可以做到"，就意味着做得不够彻底，还不全面，有些历史上重要的学者、思想家应该立案而未立，如王世贞和李贽等人，不论从文学思想、史学思想还是政治思想来说，对当时和后世都产生过很大的影响。就王世贞而言，文学思想虽然是复古的，可是他的史学思想仍有很多可取之处，他未立案，显然是很大的缺憾。黄宗羲之所以会这样做，全祖望曾有过批评，能准确说明这个问题。全祖望说："先生不免余议者则有二：其一，则党人之习气未尽，盖少年即入社会，门户之见，深入而不可猝去；其二，则文人之习气未尽，以正谊明道之余枝，犹流连于枝叶。"（《鲒埼亭集》外编卷四十四）由此可见，在黄宗羲的学术思想中，还很难一下子除尽那些习气的残余，既有残余存在，一定就会有所反映。他在学术上主张独创，反对模拟，而王世贞则是当时文坛上提倡拟古的旗手，既是"倚门傍户，依样葫芦"，自然便无价值可言。虽然他还做过文坛的盟主，可《明儒学案》就是没有他的位子。至于李贽，看来可能就是由于他好"骂先贤"，"生平喜骂人，且其学术偏僻"（《破邪论·骂先贤》）。在黄宗羲看来，恐怕这些言论都有损于"名教"，故不宜收入。他在《泰州学案》小序中也有所表白，他说："泰州之后，其人多能赤手以搏龙蛇，传至颜山农、何心隐一派，遂复非名教之所能羁络矣。顾端文曰：'心隐辈坐在利欲胶漆盆中，所以能鼓动得人，只缘他一种聪明，亦自有不可到处。'羲以为非其聪明，正其学术也。所谓祖师禅者，以作用见性。诸公掀翻天地，前不见有古人，后不见有来者。释氏一棒一喝，当机横行，放下拄仗，便如愚人一般。诸公赤身担当，无有放下时节，故其害如是。"因此，就连颜山农、何心隐诸人也仅在小序中略加叙述而没有单独立传，李贽也就更不可能被收入学案。所以，我们应肯定黄宗羲的学术思想及其著作的贡献，又要看到他的不足之处。他毕竟是封建社会的一位学者，虽然他能提出他同时代人没有提出的进步思想和政治主张，但他跳不出所处的那个时代和那个阶级。

【历史评说】

该书为学术著作，黄宗羲写作本书时已年届六十，然其政治热情、爱憎倾向等鲜明地体现在该书中的大量章节中。我们从他鲜明的倾向中，可以看到其对立身处世的基本要求和对政治清明的和平盛世的追求和向往，宗旨十分明确。

"先生禀绝世之资，慨焉以斯文自任。会文明启运，千载一时。深维上天所以生我之意，与古圣贤之所讲求，直欲排洪荒而开二帝，去杂霸而见三王，此非学而有以见性分之大全不能也。既而时命不偶，遂以九死成就一个是，完天下万世之责。其扶持世教，信乎不愧千秋正学者也。考先生在当时已称程、朱复出，后之人反以一死抹过先生一生苦心，谓节义与理学是两事，出此者入彼，至不得与扬雄、吴草庐论次并称。于是成仁取义之训为世大禁，而乱臣贼子将接踵于天下矣，悲夫！或言先生之忠至矣，而十族与殉，无乃伤于激乎？余曰：'先生只自办一死，其激而及十族，十族各办其一死耳。普天之下，莫非王土，十族众乎？而不当死乎？惟先生平日学问，断断乎臣尽忠，子尽孝，一本于良心之所固有者。率天下而趋之，至数十年之久，几于风移世变，一日乃得透此一段精光，不可掩遏。'"（《师说·方正学孝孺》）

明初名臣方孝孺，其刚正、节义为世人称道。他不肯为明成祖朱棣起草篡位诏书而遭杀身之祸，并诛十族，祸及老师。当时残酷情状，令人胆寒。黄宗羲盛赞方孝孺的节义。方孝孺的凛然正气"不可掩遏"，可以率天下之人"就正有道"。文中提到的"后之人反以一死抹先生一生苦心，谓节义与理学是两事"者，由此可见当时已出现了对方孝孺的不同意见。节义与理学应当是一致的，明白了哲理及立身之道，则此人正是具有"节义"的真汉子。黄宗羲正本清源，其鲜明的倾向和爱憎在文中明显可见。

"辛卯，父命还乡授室。长江遇风，舟将覆，先生正襟危坐。事定，问之，曰：'守正以俟耳。'既婚，不入室，复命于京师而后归。先生往来粗衣敝履，人不知其为司成之子也。居乡躬耕食力，弟子从游者甚众。……雨中被蓑笠，负耒耜，与诸生并耕……归则解犁，饭粝蔬豆共食。……一日刈禾，镰伤厥指，先生负痛曰：'何可为物所胜！'竟刈如初。尝叹笺注之繁，无益有害，故不轻著述。省郡交荐之，不赴，太息曰：'宦官、释氏不除而欲天下之治，难矣，吾庸出为！'"（《崇仁学案·聘君吴康斋先生与弼》）

黄宗羲把吴与弼这位学者的特殊性格、治学的特点及其对当时政治的观点，交待得清清楚楚，把亲切而钦佩的感情蕴含在朴素的语言文字间。所以说黄宗羲为文常带感情。

《明儒学案》既然作为一部哲学史著作，则在评述当时的思想家时必然会反映黄宗羲本人的哲学思想。他推崇其授业恩师刘宗周的"离气之理"之说为"千古不决之疑，一旦拈出，使人冰融雾释"。他从唯物论立场这样阐述了这项学说的历史性意义："奈何儒者亦曰理生气？所谓毫厘之辨，竟亦安在？而徒以自私自利、不可以治天下国家、弃而君臣父子强生分别，其不为佛者之所笑乎？先生如此指出，真是南辕北辙，界限清楚，有宋以来所未有也。"（《蕺山学案》）

他在批评薛蹈时又一次表明了自己的观点："羲窃谓理之为气之理，无气则无理……盖以大德敦化者言之，气无穷尽，理无穷尽；不特理无聚散，气亦无聚散也。以小德川流者言之，日新不已。不以已往之气为方来之气，亦不以已往之理为方来之理。不特气有聚散，理亦有聚散也。"（《河东学案》）

从现象本质研究理气之别，"理"或本质为深刻的现象或"气"，"气"或现象包含着丰富的本质或"理"；从存在与思维研究理气别，"气"或存在为第一性，"理"或思维为第二性，"理"的实在是反映"气"的运动。他的新气扬弃旧气，新理代替旧理，则是从发展意义上揭示了事物发展的辩证规律。

《明儒学案》在学术上体现了鲜明的民主思想。中国自秦、汉以后，儒家思想支配了封建社会的思想家，尽管汉代出现今古文之争，宋代出现朱、陆之争，清代有汉、宋学术之争，归根结底，依然是孔、孟思想的内部分歧，还在儒学思想立场的范畴内。可是在这两千年封建社会史上，讨论学术思想，常被门户之见所影响，遇到儒学范围之内出现了一些有代表性的人物，如汉代的王充，南朝的范缜，唐代的刘知几，宋代的叶适，明代的王艮、李贽，清代的唐甄等，就大加攻击，视之为异端邪说，不让他们发表其实是很正确的意见。因此，一方面儒学愈趋僵化，一方面又使一部分人打着儒学旗号却正在做着反儒学的事情。《明儒学案》对待明代的学术思想家，就有很大程度的宽容民主思想。在明代近300年的时间内，前半期是吴与弼、陈献章的思想占统治地位，他们承袭了朱熹学说，即正统派宋学。后半期是王守仁的思想占统治地位，后来王学分化后又出现了众多学派。黄宗羲客观公平地介绍了这些学派的人物的生平事迹及其学术思想，他们平生的引人注目的生动感人的事迹，叙述时用充满感情的语言加以介绍，并不表现出感情倾向上的区别。黄宗羲是大儒，但并不以士大夫自居，他对出身卑微的学者，如厨夫王艮、樵夫朱恕、陶匠韩乐吾、耕夫夏叟的学术思想和为人，都能详细地富有感情地将其学说的精髓介绍给读者。

《明儒学案》是我国古代历史上第一部完整的学术史著作，它初创了史学上的学案体史书体裁，是继编年体裁、经传体裁、典制体裁以及纪事本末体裁之后又一种非常重要的史书体裁，它适应了我国封建社会后期学术思想繁荣发展的需要。

学案体裁中的"学"指学术、学派，而"案"则指考察、按据，是叙述学派源流及其学说内容、考按学术事件且加以论断的专门史学著述形式。在黄宗羲以前，宋代朱熹的《伊洛渊源录》，明代刘元卿的《诸儒学案》、冯从吾的《元儒考略》、周汝登的《圣学宗传》，明末清初孙奇逢的《理学宗传》，虽有学术史的萌芽，然而只反映学派源流，撰写学者人物传记，没有反映各家各派的学术宗旨，仍属纪传体史书的范畴。

《明儒学案》将明代各派的学术渊源、学者传记以及学术宗旨有机地结合起来，构成了一部系统并且完整的学术思想史巨著。此后，清前期黄百家、全祖望的《宋元学案》，清后期唐鉴的《国朝学案小识》，民国徐世昌的《清儒学案》，一脉相承，对中国史学发展产生了很大的作用。

【书海拾贝】

故欲治平，在于安身。……身未安，本不立也。知安身者，则必爱身敬身；爱身敬身者，必不敢不爱人不敬人。能爱人敬人，则人必爱我敬我而我身安矣。一家爱我敬我则家齐，一国爱我敬我则国治，天下爱我敬我则天下平。故人不爱我，非特人之不仁，己之不仁可知矣。人不敬我，非特人之不敬，己之不敬可知矣。

《明夷待访录》

【名家传略】

黄宗羲生平见《明儒学案》"名家传略"。《明夷待访录》是划时代的抨击君主专制制度的一部光辉巨著。

【经典阐述】

《明夷待访录》原名《待访录》，是黄宗羲平生最重要的一部政治思想著作。该书清顺治十八年（1661年）开始撰写，完成于康熙元年（1662年），郑姓父子在乾隆年间刊刻该书时，改名为《明夷待访录》。

全书1卷共21篇，分别为《原君》、《原臣》、《原法》、《置相》、《学校》、《取士上》、《取士下》、《建都》、《方镇》、《田制一》、《田制二》、《田制三》、《兵制一》、《兵制二》、《兵制三》、《财计一》、《财计二》、《财计三》、《胥吏》、《阉宦上》、《阉宦下》。其基本思想可以简单概括如下。

第一，对君主专制制度的抨击。

黄宗羲对君主专制的批评是从否定"君权神授"开始的。他认为君权起于举利除害的需要。他指出秦汉以后的君主专制制度从根本上违背了这一基本原则，认为他们不是为天下举利除害，而是"以天下之利尽归于己，以天下之害尽归于人"，"荼毒天下之肝脑，离散天下之子女，以博我一人之产业，曾不惨然，曰：'我固为子孙创业也'"。"离散天下之子女，以奉我一人之淫乐，视为当然，曰：'此我产业之花息也'"。因此，黄宗羲在《原君》中无情地揭露和批判封建帝王的罪恶，并指出帝王乃是唯一的害民之贼。与此同时，他还批判了"君为臣纲"说，他主张君臣关系应该是平等的师友和同事关系，而不是不平等的主仆关系。他还公开鼓励为臣的应该抵制并反对君王的不义行为。

第二，法治主张。

他反对"一家之法"，主张"天下之法"，主张废除秦汉以来的"非法之法"，还主张利天下太平，废除封建专制的君主制度，改为民本制度。在他看来，法的成败关键是看它是以公还是以私为立足点来立法。

第三，限制君权的主张。

黄宗羲认为，君主个人独裁以及君权的无限扩张是封建社会政治腐败的重要根源，而要限制君权，第一是必须恢复古代的宰相制度，第二是以学校监督皇权。他主张荐举当代的大儒或名儒担任中央以及地方的学官，使之作为批评和监督中央以及地方各级政府的舆论代言人。

第四，均平和工商皆本思想。

明清之际，随着都市经济的成长，资本主义工场手工业的出现，反映到意识形态上，产生了黄宗羲具有资本主义萌芽思想的市民政治学说。我国封建社会历来重农抑商，一方面，黄宗羲鉴于封建社会的变动，面对我国封建社会一向重农抑商的现实，提出了"工商皆本"的学说。另一方面，他为了减轻农民负担，主张减赋税，而为了使人民可以生活下去，提出了"天下大公"的制度，恢复井田制度是土地制度改革的理想，因此他主张"齐之均之"，主张国家收回土地，然后再将其平均分配给农民耕种。

《明夷待访录》以批判的形式阐发民主启蒙思想，针对13个问题对政治、法律、经济、军事、教育等领域加以论述。在阅读时对比中西方启蒙思想的异同，并寻求它们的历史根源，对黄宗羲启蒙思想的理解将有更大的帮助。

【历史评说】

《明夷待访录》因其内容带有尖锐的社会批判性质，而在黄宗羲生活当代以及此后很长的一段时期里受到冷遇，在乾隆年间更是被列为禁书。直到清朝末期，力倡社会革新的维新派兴起之际，此书才得以重生。黄宗羲在该书中阐述的思想，表明他是一个地主阶级思想家，带有浓厚的市民色彩，他的思想主流反映的是社会发展的进步趋势，而他思想中的民主因素则给我国后来的启蒙运动带来非常重要的影响，他以勇敢的"异端"精神，批判了旧的世界并设计了新的世界，非常值得称颂。

【书海拾贝】

是以其未得之也，荼毒天下之肝脑，离散天下之子女，以博我一人之产业，曾不惨然，曰："我固为子孙创业也。"其既得之也，敲剥天下之骨髓，离散天下之子女，以奉我一人之淫乐，视为当然，曰："此我产业之花息也。"然则天下之大害者，君而已矣。

《日知录》

【名家传略】

顾炎武（1613年—1682年），与黄宗羲、王夫之并称为明末清初"三大家"，原名忠清，学名绛，字宁人，号亭林，学者称亭林先生，江苏昆山人。

出生于"乡宦豪绅"家庭，到他祖父、父亲时，家境已大不如前，但藏书还是很多。他的祖父是一个很留心时事的人，顾炎武从小就受到祖父和母亲的严格管教，6岁时母亲就教他读《大学》，7岁学四书，九岁读《周易》，11岁读《资治通鉴》。顾炎武自14岁入昆山县学习，自修18年，在此期间，他在祖父的指导培养下，对传统文化典籍及当时政治、经济构架打下了坚实的基础。顾炎武自清顺治元年至十三年（1644年—1656年）在江南地区对清军入主中原的统治，进行了旗帜鲜明、秘密串联的反抗活动。自清顺治十四年至康熙二十一年（1657年—1682年），他离开江南，到北方的齐、燕、鲁、赵、秦、晋等地，做了许多政治性的学术活动和人际活动，进行了许多调查研究工作，写出了很多具有很高价值的专著和诗文。

明朝末年，轰轰烈烈的农民大起义，很快冲垮了明王朝的反动统治，起义风暴席卷了中国北方大部。在清军入关以后，各地掀起了大规模的反清复明斗争。顾炎武在14岁时就同好友共同参加了一个由文人组织的吟诗作文、议论时政的复社，对于他后来研究社会问题产生了深刻的影响。顾炎武誓不与清军合作的态度也对他的作品有一定的影响。

顾炎武一生有许多经济活动，如开垦荒地、兴办水利、创办票号等。其平生代表性著作有《音学五书》、《日知录》和《天下郡国利病书》。

在顾炎武在世时，《日知录》只有八卷本行世，于康熙九年（1670年）在江苏淮安付刻的，称符山堂本。顾炎武去世后，潘耒从其家找到书稿，略加整理，删改了触犯时忌的字眼，于康熙三十四年（1695年）在福建建阳刊刻三十二卷，是为遂初堂本。

【经典阐述】

《日知录》的书名取自《论语·子张篇》，含有深刻的寓意，即要每天学习自己未知的新知识，并每月复习它们，就可以算得上好学了。

《日知录》贯通古今，内容宏富，今传三十二卷本，有条目1019条。这与作者立志学术创新有密切的关系。潘耒把《日知录》的内容大体划分为经义、史学、官方、吏治、财赋、典礼、舆地、艺文等八类。《四库全书总目》则分作经义、政事、世风、礼制、科举、艺文、名义、古事真妄、史法、注书、杂事、兵及外国事、天象术数、地理、杂考证等十五类。这两种划分均有其价值。前者注重《日知录》的经世意义，抓住了其主要的方面，说该书只有宋元时期的名儒才能做出来，明朝近300年没有这样的书，将来治国者采用其说，将大有益于"世道人心"，若仅叹服其考据的精辟、文辞的博辨，那非作者著书的本意。后者则偏重其学术意义，虽然划分更为细致却不免遗其神髓，评价也与前者不同，盛称顾氏考据之学而贬低其经世思想，认为"其说或迂而难行，或愎而过锐"。

关于写作该书的目的，顾炎武本人如此说："别著《日知录》，上篇经术，中篇治道，下篇博闻，共三十余卷。有王者起，将以见诸行事，以跻斯世于治古之隆。"而撰写《日知录》，"意在拨乱涤污，法古用夏，启多闻于来学，待一治于后王"。这充分说明，《日知录》乃是寄托他经世思想的一部书，内容基本分成三类：经术、治道和博闻，核心为"治道"。

《日知录》中经世思想非常丰富。顾炎武提出社会风气的好坏能够决定社会兴衰的观点，认为"风俗衰"乃是乱之源，并列举出很多事例以说明奢靡浮华的社会风气是导致国家衰亡的重要原由。他提出评价君王的功绩首先应该看社会风气。他不仅从政治上提出整顿"人心风俗"的具体措施，而且从经济上分析了"人心风俗"败坏的主要原因，提出要使风俗变好，必须有让百姓安居乐业的物质条件。他还强调应该行法制，主张严惩败坏世风的贪官污吏，说："法不立，诛不必，而欲为吏者之勿贪，不可。"

【历史评说】

《日知录》是明末清初著名学者顾炎武的代表之作，对后世有巨大的影响。《日知录》是顾炎武"稽古有得，随时札记，久而类次成书"的著作。书中阐发的一些思想是有进步意义的。同一切历史人物一样，顾炎武也有他的历史局限性。他的思想中有相当浓厚的封建正统意识及狭隘的民族观念，他提出的"寓封建于郡县之中"的改革方案也带有明显的宗法色彩。

顾炎武看到了"势"在事物发展过程中的重要作用，主张进行新的社会变革，并提出应顺势而行的变革思想。而对于君主的地位以及君主与臣子的关系，他也作了许多新的解释。他列举出大量的历史例子，以淡化至高无上的君权，这就为建立新型的君臣关系提供了历史根据，初步表现出了民主思想。

《日知录》阐发的是唯物主义思想，这在当时是进步的，而由于受到时代的局限性，以现在的观点看有些问题难免会有些过时，因而，我们在阅读时应该汲取精华而剔除糟粕。

【书海拾贝】

明六经之旨，通当世之务。

礼义，治人之大法；廉耻，立人之大节。

呜呼！今日之变，有甚于此，自神宗以来，黩货之风，日甚一日。因维不张，而人心大坏，数十年于此矣。

《阅微草堂笔记》

【名家传略】

纪昀（1724年—1805年），字晓岚，号石云，河间府献县（今属河北省沧县）人，清代乾隆时期著名文士。曾任《四库全书》馆总纂官，代表性著作有《纪文达公遗集》、《阅微草堂笔记》等。

【经典阐述】

《阅微草堂笔记》共24卷，其中包括《滦阳消夏录》6卷、《如是我闻》4卷、《槐西杂志》4卷、《姑妄听之》4卷、《滦阳续录》6卷，有近1200则笔记，其中1000则上下带有叙事或逸事性质，其他的主要是纯考据式的。

该书涉猎广泛，包括各种笔记、逸事、评注和奇闻等。涉及的社会生活领域中，从学士文人到妓女乞丐，从三教九流到狐魅花妖，基本上无所不包。

本书是用文言"信笔写来"的，也就是说，是陆续且自然地写就的，日后冠之以《阅微草堂笔记》一名。

如《狐趣》中的一篇：沧州有个人姓刘名太宗，字果实，胸怀坦荡磊落，有魏晋名士风度。与饴山老人、莲洋山人这些有德之士颇为交好，只是旨趣略有不同。此君晚年赋闲在家，靠招授学生的馆资维持生计，而他一定要选择出身低微的寒门学子，才肯收为学生。学生给的学资都很菲薄，家里常常没有东西可吃，刘君也不以为然，很是安贫乐道的样子。有一次买了一斗多的米放在缸里，吃了一月还没有吃完，正觉得诧异，忽然听到屋檐上传来一个声音："我是仙狐，很仰慕你的风骨操守，所以每天给你加一点米，不必奇怪。"刘先生不悦："你的所为确实是一番好意。只是你想必不能耕种，这米谷却从何而来？我既以君子自居，便应不饮盗泉之水，以后不要再这么做。"那狐于是悻悻地叹息离去。《狐趣》又有一篇：以前住在山东一个友人家里时，听说邻人有女儿被狐媚惑。她父亲追踪到狐的巢穴，想方设法捉了一只小狐回来，跟狐约好："你放了我女儿，我便也把你儿子放回去。"狐答应了。放了小狐，狐却还照来不误。做父亲的斥骂狐不守信，狐却驳斥道："人骗人太多了。还怪得我们吗！"做父亲的大恨，叫女儿劝那狐喝酒，暗中却在酒中放了砒霜。狐中了毒，现出原形，跟踉踉跄跄逃去。第二天，家里瓦砾横飞，门窗动。很多狐一起来聒噪，向他们索命。那个父亲恨恨地说了原委，听到一个像是老狐的声音道："自作孽呀！这些东西看到人骗人，就也学了坏样。却不知道天道循循，报应不爽。好骗人的终要被人骗。这家人理正，侵扰他们不吉。你们跟我回去罢。"说完一下子静了。这老狐的见地，比他儿子可是高得多了。

【历史评说】

《阅微草堂笔记》内容异常丰富、文辞颇为清净，虽含有许多宣传封建道德及因果报应的内容，但对于考据名物、辨释文义等则依然具有参考价值。鲁迅先生称赞它说"隽思妙语，时足解颐"，"叙述雍容淡雅，天趣盎然"，并且认为该书"后来无人能争其席"。

【书海拾贝】

满腹皆书能害事，腹中竟无一卷书亦能害事。国奕不废旧谱，而不执旧谱；国医不泥古方，而不离古方。故曰"神而明之，存乎其人"。

《颜氏家训》

【名家传略】

颜之推（公元531年—590年），字介，祖籍琅琊临沂（今山东临沂）。颜之推出生在江陵，出身世代精于儒学的仕宦之家。青年时正好赶上侯景之乱，21岁的颜之推被俘，囚送建康，次年返回江陵，任梁元帝的散骑侍郎，奉命校书。两年后，西魏讨伐梁，攻陷江陵，他再一次被俘，被遣送到关中。过了没多久，颜之推冒着生命危险逃到北齐，齐武平三年（公元572年）任黄门侍郎，主持文林馆，修类书《御览》。北齐灭亡后，颜之推于是到达北周，隋朝建立后，他被召为学士，受到尊重，大概在开皇十年（公元590年）后病逝。晚年，他为了用儒家思想教育子孙，鼓励子孙继承家业、扬名于世才写下《颜氏家训》20篇。颜之推一生著述非常多，但流传来的只有《颜氏家训》、《还冤志》。

颜之推生活的年代，战乱频频，国破家亡之事不断发生，他本人也是深有体会。加之南北朝后期，门阀制度已经逐渐衰败，家庭伦理观念开始受到新的冲击，家庭教育的重要性更加明显，针对文风的浮藻华靡，必须补充务实、真切的清新气息，来改变现实。这就是《颜氏家训》出现的原因。

【经典阐述】

《颜氏家训》正统虽然是儒家思想，但同样也受到佛道两家思想的影响，是颜之推在当时的乱世中能安身立命、进而立身扬名的经验以及当时许多人士取祸杀身的教训的总结。书中用很多历史故事来论述问题，对颜氏子孙的教养有着非常大的作用。

《颜氏家训》共20篇,第一是"序致",是这本书的自序,主要是讲述撰写该书的目的,从亲身经历入手,告诫子孙好好做人;"教子"第二,讲如何教育子女;"兄弟"第三,讲兄弟之间如何相处;"后娶"第四,讲夫或妻死后,活着的该不该再婚等问题;"治家"第五,讲管家的问题;"风操"第六,讲当时做人的风度节操;"慕贤"第七,讲如何礼敬时贤;"勉学"第八,讲如何为学;"文章"第九,讲如何做文章;"名实"第十,讲做人的名与实;"涉务"第十一,强调多做实事;"省事"第十二,强调做事专精;"止足"第十三,强调知足的道理;"诫兵"第十四,从家世入手,讲弃武习文的道理;"养生"第十五,讲保养身体;"归心"第十六,讲归心于佛教;"书证"第十七,是本书中最长的一篇,是对经史文章所作的考证的汇集;"音辞"第十八,讲古今语音的变化;"杂艺"第十九,讲书法、绘画、射箭、算术、医学、弹琴及卜筮、六博、投壶、围棋等;"终制"第二十,讲死后的安排,反对厚葬等。

颜之推对教育作用的看法,完全是继承了孔子的"唯上智与下愚不移"的先验论观点,非常看重中人的教育。意思就是上智者有先天的才智,无须教育,下愚者教育无效,唯有中人非教不可,不教不正。

颜之推同时还注重家庭教育,主张应该及早对子女进行教育,甚至提倡胎教。他把儒家的"少成若天性,习惯如自然"作为自己的指导思想,针对父母溺爱孩子的情况,主张将爱子之情与教子之方这二者结合起来,对孩子严格要求,应该勤于监督,爱得其所,爱得其法。他同时十分注意周围环境对子女的影响,要求谨慎地看待子女左右的人,发挥教育感染的积极影响。

颜之推倡导全面教育,要求把做人、为学、强身、杂艺这四项相结合。在做人方面,他主张虚心好学,不能妄自高大、凌忽长者、轻慢同列,倡导父慈子孝、夫义妇顺等儒家道德规范。在为学方面,他提倡求学、知行结合,反对空守章句和迂阔无所归趋的浅薄的风气,主张博学,博涉经传,兼通文史。在士大夫教育的方面,他针对当时腐朽空泛的弊端,进行了一个深刻的揭露和批判,大力倡导进行培养国家实际有用的人才的"求实"教育,他认为国家可能需要六种人才,即政治家、理论家、学者、军事家、地方官吏、外交官以及工程技术专家。他说一个人要对这六个方面都有一定的了解,但没有必要面面精通,可以依据个人的差别选一个方面作为自己的专业。

关于学习态度和方法,他主张要珍惜时间,虚心地学习,特别要重视亲身观察所获得的知识,反对"贵耳贱目"、"以讹传讹"的那种学风,同时提倡在师友之间一起研究切磋,互相启发。

颜之推注重子女教育,由于家风的影响,后代人才辈出。

《颜氏家训》通过故事说明了许多道理,读者可以在读故事的过程中品味颜之推的教育思想,也可以结合现代的教育观,进行对比,借鉴颜之推教育思想中的可取之处,以弥补现代教育的不足。

【历史评说】

《颜氏家训》自从问世后，一直受到读书人的重视。《颜氏家训》的好处是立论平实。颜之推的教育思想不仅在那个时候有非常大的意义，即便对后世也产生了巨大的影响，一直到现在仍有许多可借鉴的地方，在我国教育史上占有一席之地。

【书海拾贝】

人生幼小，精神专利，长成已后，思虑散逸，固须早教，勿失机也。

《菜根谭》

【名家传略】

洪应明，字自诚，号还初道人，明朝人。其籍贯、事迹、生卒年不详。除《菜根谭》，他的作品还有《仙佛奇踪》。他与金坛（今属江苏省镇江市）人于孔兼是知己。于孔兼官至礼部郎中，后因直谏而遭贬谪，在田里隐居长达20余年。茅屋陋室，日与渔夫、田夫朗吟唱和。相传洪应明就是在这种情况下与于孔兼结为挚友的。于孔兼应洪应明的请求，为其所写的《菜根谭》写了"题词"，在"题词"中他称赞了这部书："其谭性命直入玄微，道人性曲尽岩险。俯仰天地，见胸次之夷犹；尖芥功名，知识趣之高远。笔底陶铸，无非绿树青山；口吻化工，尽是鸢飞鱼跃。"

他认为这本书"悉砭世醒人之吃紧，非入耳出口之浮华也"。

乾隆年间，三山病夫重新刻印了《菜根谭》一书，给它作了一个序言："其间有持身语，有涉世语，有隐逸语，有显达语，有迁善语，有介节语，有仁语，有义语，有趣语，有学道语，有见道语，词约意明，文简理诣。"

自清朝中叶开始，《菜根谭》逐渐得到重视，各种翻刻版本流行于世，人们把它看成修身处世的通俗课本。

【经典阐述】

《菜根谭》全书共6篇，依次是：《修身》、《应酬》《评议》、《闲适》、《概论》、《补遗》。

本书以"菜根"来命名，包含如下三层意思。一，重视培养处世之根。蔬菜是人类生存的必需品，有极丰富的营养成分。菜可以是甘甜美味，也可以是清醇爽口，还可能是又辛又辣，但这都是由根决定的。老农一般都知道这个道理，所以他们种菜的时候都把重点放在菜根上。人生在世，为人处世，也必须厚培其根。二，不可轻视菜根。与菜叶、菜茎相比，菜根多被人们所遗弃，人们普遍认为，处世的道理就好比菜根，根本不值得重视。但洪应明却认为处世之道不能等闲视之。三，菜根自有菜根的妙处。根与菜相比，相差甚远，但一些贫困人家却经常把菜根当作菜蔬食用。只要不存在太多的奢望，不贪求更多，菜根吃起来还是有点特色的。或许洪应明就是嚼着菜根谈"菜根"，他希望世人阅读《菜根谭》如同咀嚼菜根，可从中透悟出一些为人处世的滋味来。

《菜根谭》所倡导的处世原则、处世方法、处世手段是十分广泛的，包括人际交往中的方方面面。在处世哲学上《菜根谭》所提倡的主要有三点。

首先，要安贫乐道，淡泊名利。作为一名普通的百姓，人应该要满足于清贫的生活，乐于接受人们共同遵守的道德，远离非分之想，远离非分之事。名和利就如镜中花，水中月。洪应明在《修身》篇中多次强调不要过重地看待富贵名利，而要耐得住贫寒寂寞。这样才能在纷繁复杂的环境中优游自处，如鱼得水，游刃有余。他在《评议》篇中告诫人们："富贵是无情之物，看得它重，它害你越大，贫贱是耐久之交，处得它好，它益你反深。"

其次，提倡克己博爱，宽厚待人。《菜根谭》所有的篇章都闪耀着这一处世思想的光辉。

"克己"的内容非常广泛，但先要节制欲望，要能制怒。要清心寡欲，压制各种欲望，各种怒火要抑而不发。洪应明在《修身》篇中形象地说："人欲从初起处剪除，便以新刍剧斩，其功夫极易；天理自乍明时充拓，便如尘镜复磨，其光彩更新。"他在《应酬》篇中提出一种节欲制怒的方法："己之情欲不可纵，当用逆之之法以制之，其道只在一忍字；人之情欲不可拂，当用顺之之法以调之，其道只在一恕字。"人食五谷杂粮，接触千人万物，一定会产生种种欲望，关键在于本人要善于控制，把"欲"消灭在萌芽之中。

薄以待己，宽以待人，是人际交往中不可或缺的原则之一。

最后，他提倡慎独。"慎独"是儒家一贯提倡的修身处世的原则，已被世人接受，并把它作为一种良好的道德品质加以对待。

一个人为人处事要心地坦荡，光明磊落，做一个正人君子，对自己心安理得，问心无愧，也就无偏私，无畏惧，对人则坦诚相待，无隐瞒，无避讳。若当面一套，背后一套，见人说人话，见鬼说鬼话，便会失掉朋友，在社会上也难以立足。正如《概论》篇中所言："不昧己心，不拂人情，不竭物力"，"可以为天地立心，为生民立命，为子孙造福"。

洪应明给此书如此命名，是希望读者阅读《菜根谭》时如同咀嚼菜根，从中品味出一些为人处世的道理。而菜根的咀嚼则应该嚼得时间越长，越能品味出菜根的与众不同之处，品味出菜根的另一番滋味。阅读时，细细品味，慢慢体会，宁慢勿滥，心如止水，自然别有一番景致。

【历史评说】

《菜根谭》集道、释、儒在三家思想为一身，充分地体现了它的处世原则、方法和手段，被后人当作修身处世的通俗读物。自台湾著名漫画家蔡志忠把《菜根谭》编成漫画以来，该书得到了广泛的流传。现代人对《菜根谭》更为注重，也有了更深入的了解，更有人把它视为铸造民族魂的教科书，看成为人处世的准则。值得注意的是，由于受到时代的局限，书中也有儒、道两家消极的思想。

【书海拾贝】

降魔者先降自心，心伏则群魔退听；驭横者先驭此气，气平则外横不侵。

利欲未尽害心，意见乃害心之蟊贼；声色未必障道，聪明乃障道之藩屏。

不责小人过，不发人阴私，不念人旧恶。三者可以养德，亦可以远害。

《曾国藩家书》

【名家传略】

曾国藩（1811年—1872年），字伯函，号涤生，湖南湘乡人，清朝道光年间进士。他历任礼、兵、工、刑、吏各部侍郎，被授予大学士（相当于宰相官衔）、一等毅勇侯的爵位。曾国藩是咸丰、同治年间统治阶级中的一位杰出人物。在中国文学史上，他也占有一席之地，他不仅是"宋诗运动"的倡导者之一，还是清代重要散文流派——桐城派中兴的首领。他在家庭教育方面也有其过人的方法，他写给弟弟们和子侄们的书信就很好地反映了他的家庭教育观，而对今人来讲也是具有借鉴意义的。

曾国藩共有兄弟五人，以他为年长，因此教育弟弟们及子侄们读书做人、修身处世方面的重任就落在了他的肩上。曾国藩不管对在乡间主持家务的澄弟，还是对跟随他在外作战、做官的曾国荃等三个弟弟，均悉心教导，有成绩就鼓励，有缺点就指正，树立了一个长兄的形象，这在中国家庭教育史上是极其罕见的。

【经典阐述】

《家书》作为一种文学形式，如实地映出了曾国藩的情感，主要内容围绕他在教育方面的独特方法进行，包含如下几个方面。

读书作文方面，看书不在乎多，也不要求一下子就能够记住，而在于计划，在于积少成多。读书要广泛涉猎，同时需要选择。

修身处世方面，读书应注意修身，并应把自己知道的事落实到实处。一个人要取得功名利禄，关键在于自身修养的加强，要靠自己的奋斗，而不能急功近利。只有勤勉奋发并有所成就，才能使家业兴旺。处于多难之秋，如果能够风霜磨炼，苦心劳神，那么必然能够坚筋骨、长识见。对于外界的指责及批评，有则改之，无则勉之；兄弟之间更要常劝诫，这样才能避免大的过错发生。无论得势与否，都要勤俭自持。勤惰决定家庭的兴衰，也决定人的浮沉。注意"廉、谦、劳"就是居安思危。人在适意的时候，要抓住机会，干一番事业。遇到挫折，应有打脱牙和血吞的坚忍之气，从中磨砺意志，就没有什么事不可挽回。

政治事业方面，做事业要想好，一旦决心做，就一定要做好，即使千难万苦，都不能退缩。带兵要注意发现那些能够发展成为"根柱"和"栋梁"的人才。带兵应把爱民作为第一要事来对待。

谨守家风方面，家庭的兴旺在于和睦、孝道与勤俭。在家庭里和睦则幸福，不和则招来灾祸。要丢弃斤斤计较、目光短浅和器量狭窄的不良习气，而树立彼此和睦、淡泊名利、奋发向上以及自立自强的好风尚。要培养孩子从小劳动的习惯，不要太娇惯。

【历史评说】

古代的帝王将相、卿士大夫、墨客词人、儒生才子，都是过去了的人物，属于过去了的时代。如曾国藩者，替清廷效忠，消灭太平军，其思想体系无异于其他士大夫。曾国藩的家书虽然不能指引我们走向明天，却很能够指引我们了解昨天和前天，即了解旧中国的政治和社会。旧中国统治阶级有它的统治思想和统治方法，这就是以儒为体，以法为用，以黄老为权，以纵横为变，在这方面，曾国藩有很深的研究和心得。他确实不是一个书呆子，他的成功主要得力于对传统政治权术和谋略的运用，而在与弟书中，他最充分、最坦白、最没有保留地同他的弟弟进行了交流，这本书确实是他作为一个政治人物讲出来的"私房话"。

总之，曾国藩一生经历了中国衰朽的过程。就其本人而言，早年专精学问，学做圣贤，着实取得不小成绩，后从戎理政，也大有所成。他的门人李鸿章曾感叹地说："吾师道德功业，固不待言，即文章学问，亦卓绝一世。"曾国藩关于治学修身齐家和立志立功立德的论述，对后人仍有研究和弘扬的价值。

【书海拾贝】

凡养民以为民，设官亦为民也；官不为民，余所痛恨。

有福不可享尽，有势不可使尽。

洪杨以民族大义争人心，我则以卫道争人心！

《百家姓》

【名作述略】

《百家姓》是从宋朝开始流传下来的。传说宋朝初年，钱塘有个钱姓的老儒，饭后

※ 中华文明历史长卷 ※

茶余闲谈起以皇上赵姓为天下第一，自己钱姓自称第二。他的理由是后梁太祖封钱缪为吴越国王，拥兵两浙，统十三州，所以两浙以钱姓为首。钱姓老儒怕众人不服，便编了个"百家姓"。但据南宋学者王明清考证，该书前几个姓氏的排列是有讲究的：赵是指赵宋，既然是国君的姓理应为首，其次是钱姓，钱是五代十国中吴越国王的姓氏；孙为当时国王的正妃之姓；李为南唐国王李氏。他判断《百家姓》"似是两浙钱氏有国时小民所著"，可见这本书是北宋初年问世的。中国姓氏的来源归纳起来主要有以下数种：以母亲姓为姓；以地名为姓；以图腾为姓；以族号为姓；以国名为姓；以食邑为姓；以官职或职务为姓；以上辈的名、字或号为姓；以排行或辈分为姓；以天子赐姓和死后追谥庙号为姓；外来氏族引来的姓氏；以避讳被贬斥或由某种原因被逼改姓；以人类自然物的迷信和崇拜为姓氏；以天干、地支、数词、量词、长幼、次第为姓氏等。目前，全国有姓氏14600多个，但《百家姓》中的姓氏占总人口90%以上。

【经典阐述】

百 家 姓

赵钱孙李，周吴郑王。冯陈褚卫，蒋沈韩杨。朱秦尤许，何吕施张。孔曹严华，金魏陶姜。戚谢邹喻，柏水窦章。云苏潘葛，奚范彭郎。鲁韦昌马，苗凤花方。俞任袁柳，酆鲍史唐。费廉岑薛，雷贺倪汤。滕殷罗毕，郝邬安常。乐于时傅，皮卞齐康。伍余元卜，顾孟平黄。和穆萧尹，姚邵湛汪。祁毛禹狄，米贝明臧。计伏成戴，谈宋茅庞。熊纪舒屈，项祝董梁。杜阮蓝闵，席季麻强。贾路娄危，江童颜郭。梅盛林刁，钟徐邱骆。高夏蔡田，樊胡凌霍。虞万支柯，昝管卢莫。经房裘缪，干解应宗。丁宣贲邓，郁单杭洪。包诸左石，崔吉钮龚。程嵇邢滑，裴陆荣翁。荀羊於惠，甄麴家封。芮羿储靳，汲邴糜松。井段富巫，乌焦巴弓。牧隗山谷，车侯宓蓬。全郗班仰，秋仲伊宫。宁仇栾暴，甘钭厉戎。祖武符刘，景詹束龙。叶幸司韶，郜黎蓟薄。印宿白怀，蒲邰从鄂。索咸籍赖，卓蔺屠蒙。池乔阴郁，胥能苍双。闻莘党翟，谭贡劳逄。姬申扶堵，冉宰郦雍。邰璩桑桂，濮牛寿通。边扈燕冀，郏浦尚农。温别庄晏，柴瞿阎充。慕连茹习，宦艾鱼容。向古易慎，戈廖庾终。暨居衡步，都耿满弘。匡国文寇，广禄阙东。欧殳沃利，蔚越夔隆。师巩厍聂，晁勾敖融。冷訾辛阚，那简饶空。曾毋沙乜，养鞠须丰。巢关蒯相，查后荆红。游竺权逯，盖益桓公。万俟司马，上官欧阳。夏侯诸葛，闻人东方。赫连皇甫，尉迟公羊。澹台公冶，宗政濮阳。淳于单于，太叔申屠。公孙仲孙，轩辕令狐。钟离宇文，长孙慕容。鲜于闾丘，司徒司空。亓官司寇，仉督子车。颛孙端木，巫马公西。漆雕乐正，壤驷公良。拓跋夹谷，宰父谷梁。晋楚闫法，汝鄢涂钦。段干百里，东郭南门。呼延归海，羊舌微生。岳帅缑亢，况后有琴。梁丘左丘，东门西门。商牟佘佴，伯赏南宫。墨哈谯笪，年爱阳佟。第五言福，百家姓终。

原版《百家姓》每页上方有图，画一些名人表明姓名，下方用姓氏编成四字一行的韵文，读起来朗朗上口，非常好记。百家姓泛指多数，有568个字，其中复姓60个，单姓447个。

《百家姓》作为启蒙教育读本之一，可以以背诵为首要的目的，特别是对于四五岁的儿童，主要可培养其记忆能力。在本书的基础上，可以找几本与姓氏相关的书阅读，以便了解各个姓氏的起源，丰富知识。

【历史评说】

《百家姓》成书和普及要早于《三字经》，是我国流行最长、流传最广的一种蒙学教材。《百家姓》采用四言体例，句句押韵，读来顺口，易学好记，与《三字经》、《千字文》相配合，成为我国古代蒙学中的固定教材，颇具实用性。

【书海拾贝】

夫姓氏者，人文之标签，文明之肢体，得姓以传宗，纵极千年之远而不能溯其源；名讳者，香火之迁延，堂号之系别，启名而继后，虽穷百代之阔无法及其根。今人考经问典、觅祖寻根，尤为过也！（当代儒家，后儒学奠基人苍山牧云）

《三字经》

【名作述略】

有关《三字经》作者的归属，历史上没有统一说法。比如《辞源》说法为"相传为南宋王应麟编"，又有说是"宋末区适子撰"、"明人黎贞撰"。《三字经》诞生于元初，明代开始流传，明清人多认定作者是王应麟。王应麟（1223年—1296年），字伯厚，南宋鄞县人。他少年时通六经。淳祐元年（1241年）中进士，历任过秘书监、吏部侍郎等诸多官职，博学多闻，长于考证，著述丰厚。但据王重光介绍，王应麟的文集未见载有《三字经》。王应麟呕心沥血写就的宏篇著述并未得到广泛传播，而这本未收入正集的小册子却家喻户晓，流传数百年。不过也有一本由清朝咸丰年间探花、顺德人李文田编辑的《三字经句释》，其封面上有"区适子手著"五个大字，佐证了《三字经》出自区适子。据明清之际的屈大均在《广东新语》卷11中记载："童蒙所诵《三字经》乃宋末区适子所撰。"另一位广东学者凌扬藻在《蠡勺编》中，也认为《三字经》是区适子所撰，此外他们认为《三字经》在叙述史实时有多处错误，少数地方行文不严密，不符合王应麟博学严谨的学风。

【经典阐述】

《三字经》涉及自然现象、社会生活和历史文化，内容广泛实用。通篇全用三言韵语，句子短，节奏强，好读易记，所以适合于年幼的初学儿童。此书行文流畅明白，选用历史名人的事例，加入许多生动形象的故事而且有许多提炼精辟的警句，使儿童在识字过程中学到一些典故。今天所见到的清初本子为1140字,后来较通行的本子共1248字,内容主要包含五个部分。

首先,讲教育与学习的重要性,84字。如:"人之初,性本善。性相近,习相远。苟不教,性乃迁。教之道,贵以专。昔孟母,择邻处,子不学,断机杼。窦燕山,有义方。教五子,名俱扬。养不教,父之过。教不严,师之惰。子不学,非所宜。幼不学,老何为!玉不琢,不成器;人不学,不知义。"

其次,讲封建伦常,114字。再次,是介绍数目、四时、五行、六谷、六畜等一些基本名物,96字。如:"一而十,十而百,百而千,千而万。三才者,天地人。三光者,日月星。……曰春夏,曰秋冬,此四时,运不穷。曰南北,曰西东,此四方,应乎中。曰水火,木金土,此五行,本乎数。……稻粱菽,麦黍稷,此六谷,人所食。马牛羊,鸡犬豕,此六畜,人所饲。"

然后介绍"小学"、"四书"、"六经"和"五子"这些当时的基本知识,246字。如:"论语者,二十篇,群弟子,记善言。孟子者,七篇止,讲道德,说仁义。作中庸,子思笔,中不偏,庸不易。作大学,乃曾子,自修齐,至平治。"

接着讲述历史,468字。如:"汉祖兴,汉业建,至孝平,王莽篡。光武兴,为东汉,四百年,终于献。蜀魏吴,争当鼎,号三国,迄两晋。"

最后是历史上发愤勤学的故事,勉励少年儿童努力学习,作对社会有用的人。

从内容到语言都能看出,《三字经》作为封建社会的一部识字、启蒙兼常识教材,是编得比较高明的,篇幅极短,内容却又如此丰富,系统准确,实在是罕见的。后人仿照《三字经》体例编写了蒙学教材多种,如李球的《小学四字韵语》和《小学稽业》,李毓秀的《弟子规》,众多的四言、五言、六言、七言的杂字书,多包括日用常识,内容也较多丰富。元明以后陆续出现过多种增改,如章太炎的《重订三字经》、余懋勋的《三字鉴》等,但这些新编和改编都未能较广、较久地流传。

《三字经》至今都是作为启蒙教育的课本,现在更多地使用它来训练孩子的记忆能力,而没有真正利用《三字经》所记载的常识。因此,在教孩子《三字经》时,可以以故事的形式讲给孩子听,不要仅仅让孩子记忆,要让孩子轻松快乐地增长知识,增强记忆。

【历史评说】

《三字经》文字简练,概括性极强,句句成韵,通俗易懂,读来琅琅上口,便于背诵。许多人少年读过,终生不忘。

章太炎在《重订三字经》的题辞里说:"是书,先举方名事类,次及经史诸子,所以启导蒙稚者略备。观其分别部居,不相杂厕,以较梁人所集《千字文》,虽字有重复,辞无藻采,其启人知识过之。"

【书海拾贝】

人之初，性本善。

性相近，习相远。

苟不教，性乃迁。

《九章算术》

【名作述略】

《九章算术》集先秦到西汉我国数学知识之大成，"集大成"就包含了这个意思。据刘徽记载，《九章算术》是从先秦"九数"发展而来的。暴秦焚书，经术散坏。西汉张苍、耿寿昌收集遗文残稿，并加以增补整理。《九章算术》的最后成书年代说法不一，约在公元50年至100年间。书中非常系统地总结了战国、秦、汉以来的数学成就，一共收集了246个数学应用问题和各个问题的解法，共列为九章，是中国古代数学著作中影响最大的一部。

春秋战国时期社会生产力的迅速发展，促进了数学知识和计算技能的发展。当时各国均实行按亩收税，就要有测量土地、计算面积的方法；要储备粮食，要有计算仓库容积的方法；修建灌溉渠道、治河堤防和其他土木之事，要计算工程人工；修订一个适合农业生产的历法，要运用有关的天文数据。那时的百姓已经掌握了相当丰富的、由日常生活中产生的数学知识和计算技能。虽然先秦的数学著作没有一本流传到后世，但毋庸置疑的是《九章算术》中的绝大部分是产生于秦以前的。

【经典阐述】

《九章算术》是一部由几代人整理、删补和修订的古代的数学经典著作。《九章算术》含有近百条一般性的抽象公式、解法，246个应用问题，分属方田、粟米、衰分、少广、商功、均输、盈不足、方程、勾股九章，每道题有问、答、术，有的是一题一术，有的多题一术或一题多术，内容涉及农业、商业、工程、测量、方程的解法和直角三角形的性质。《九章算术》主要内容有分数四则和比例算法，关于各种面积和体积的计算方法，勾股测量的计算等。在代数方面，方程章引入负数概念和正负数加减法法则；书中关于线性方程的解法和现在中学讲授的方法基本一样。"算术"在西汉时期是数学书的一个代用名词。"算术"本意是应用算筹计算的方法，这里的算术包括当时的全部数学知识和计算技能，这与现代算术的意义是不一样的。《九章算术》以计算为中心，在实际应用问题中理论与实际相结合，这一直影响着中国数学的发展。它的一些成就像十进位制、今有术、盈不足术等还传到印度和阿拉伯，且通过这些国家传到欧洲，促进了世界数学的发展。

方田章提出了各种多边形、圆、弓形等面积公式；分数的通分、约分和加减乘除四则运算的完整法则。其中后者在时间上比欧洲早1400多年。

粟米章提出了比例算法，称为今有术；衰分章提出比例分配法则，称衰分术；商功章除给出了各种立体体积公式外，同时还有工程分配方法；均输章用衰分术解决赋役的合理负担问题。今有术、衰分术及其应用方法，一起构成了包括现在正反比例、比例分配、复比例、连锁比例在内的整套比例理论。在西方直到15世纪末之后才形成类似的全套方法。

少广章介绍开平方、开立方的方法，其程序与现在的方法程序基本相同。这是世界上最早的多位数和分数开方法则。这就为中国在高次方程数值解法方面长期领先世界奠定了基础。

盈不足章分别提出了盈不足、盈适足和不足适足、两盈和两不足三种类型的盈亏问题，和一些可以通过两次假设转化成盈不足问题的一般问题的解法。这些成果也是处于世界领先地位，传到西方后，影响非常大。

方程章采用分离系数的方法表示线性方程组，跟现在的矩阵差不多；解线性方程组时使用的直除法，与矩阵的初等变换相同。这是世界上最早的完整的线性方程组的解法。在西方国家，一直到17世纪的时候才由莱布尼兹提出了完整的线性方程的解法法则。这一章还引进和使用了负数，同时还提出了正负术——正负数的加减法则，与现今代数的法则一模一样；解线性方程组时实际还施行了正负数的乘除法。这在世界数学史上是一项非常重大的成就，它第一次突破了正数的范围从而扩展了数系。外国一直到7世纪印度的婆罗摩及多才认识到负数。

勾股章提出了问题的通解公式：若a、b、c分别是勾股形的勾、股、弦，那么a的平方加上b的平方之和等于c的平方。

【历史评说】

被尊为"算经之首"的《九章算术》在中国数学史上是一部可以跟欧几里得的《几何原本》相媲美的专著。《九章算术》是流传到现在的我国最古老的一部数学著作，它不仅有丰富的内容，而且包含一些当时居于世界领先地位的课题。例如最早系统叙述分数运算；一些比例问题的应用；方程问题；还有首先引进了负数以及加减运算法则，等等。《九章算术》从汉代到现在有两千年历史，一直是数学研究与创造的源泉。《九章算术》在世界数学史上有非常大的影响，尤其是在日本、朝鲜、越南、印度、阿拉伯等国家和地区的一部分数学著作中都留有很多"九章"的痕迹。

日本数学史家小仓金之助曾誉称《九章算术》为"中国的欧几里得"。

【书海拾贝】

〔一〕今有勾三尺，股四尺，问为弦几何？答曰：五尺。

〔二〕今有弦五尺，勾三尺，问为股几何？答曰：四尺。

〔三〕今有股四尺，弦五尺，问为勾几何？答曰：三尺。

勾股术曰：勾股各自乘，并，而开方除之，即弦。

又股自乘，以减弦自乘，其余开方除之，即勾。

又勾自乘，以减弦自乘，其余开方除之，即股。

《茶 经》

【名家传略】

陆羽（公元733年—804年），字鸿渐，一名疾，字季疵，号竟陵子、桑苎翁、东冈子、东园先生，世称陆文学，唐复州竟陵（今湖北天门）人。他精于茶道，著成世界第一部茶叶专著《茶经》，被誉为"茶仙"，奉为"茶圣"，祀为"茶神"。他家境贫寒但自幼好学，唐天宝十一年（公元752年）出巴山开始考察茶事，在盛产名茶的湖州，潜心研究茶事，闭门著述《茶经》。他用了四年时间搜集三十二州的采茶、制茶、饮茶资料，写成《茶经》初稿。大历八年（公元773年），颜真卿出任湖州刺史，于是就发起重修《韵海镜源》的盛举。陆羽被邀请，参与编辑，也趁机搜集历代茶事，补充《七之事》完成《茶经》的全部写作，前后花了十几年时间，建中元年（公元780年）该书出版。陆羽晚年由浙江经湖南而移居江西上饶。他的著作除《茶经》之外还涉及诗歌、戏剧、考古、方志、书法等诸多方面。如《四悲诗》、《天之未明赋》、《君臣契》3卷，《源解》30卷，《江西四姓谱》8卷，《南北人物志》10卷，《吴兴历官记》一卷，《占梦》3卷以及《天竺灵隐二寺记》和《武林山记》。可惜这些著述多已散佚。

【经典阐述】

我国封建社会到唐代发展到了顶峰。坚实的物质生活基础使人们开始追求更高的精神享受和艺术美，饮茶方式也从粗放豪迈进入细煎慢品的境界。唐代佛教禅宗提倡的静修自悟盛行，有社会影响的文士、僧人，此时都与茶结下不解之缘，社会上饮茶风气越来越浓厚。中唐以后的禁酒措施，更助长茶风的日渐炽盛。唐人封演《封氏闻见记》中有一段话，颇能反映当时风尚："学禅务于不寐，又不夕食，皆许饮茶。人自怀挟，到处煮饮，以此转相仿效，遂成风俗。按古人亦饮茶耳，但不如今溺之甚，穷日尽夜，殆成风俗，始于中地，流于塞外。"这样的社会背景，为"茶圣"陆羽写中国，乃至世界上的第一部茶学专著——《茶经》创造了条件。

《茶经》是世界上第一部茶学专著，丰富翔实地记录了茶的本源、制茶器具、茶的采制、煮茶方法、历代茶事、茶叶产地。

"一之源"：陆羽肯定了在1200多年以前我国南方，有灌木型和乔木型的茶树。在川东鄂西一带，有两人合抱的大茶树，采摘茶叶时需把枝条砍下来。茶的栽培方法、品质鉴别，以及颜色、形状、茶树的生态环境在早前都有记载。

"二之具"：即采制茶叶的工具。包括茶篮和加工蒸青团饼茶的用具。有杀青用的箄。常用杵臼。圆形、方形或花形的做茶饼的模子。石制或木制承篱笆。团饼茶穿孔用的棨。烘焙团饼茶用的焙。贯，"削竹为之，长二尺五寸，以贯茶焙之"。以及焙茶用的棚。

"三之造"：即团饼茶的蒸青（蒸气杀青）制造方法。采茶在农历二月三月四月之间，晴天的日子，此时茶叶嫩而且长。团饼茶从采到封，经过七道工序。

一般鉴别品质好坏的方法是看团饼茶表面是否光黑平整。

中等鉴别方法是看团饼茶表面是否萎黄不平。

最好的鉴别方法是既讲光黑，又讲皱黄。其实鉴别茶叶与鉴别其他植物的叶子一样最好的方法是由口尝决定。

"四之器"：介绍与茶相关的器具。风炉，即炉膛，用铸铁或泥涂成的烧水的器具。三足铁架制成的灰承。竹编或用藤作木柜的莒用来盛木炭等燃料。炭挝，用六棱形铁棒制成。用铁或熟铜制成的火筴。煮茶用的铁锅即鍑。鍑的支架是交床。用小青竹制成，夹住团饼茶在火上烘烤用的竹夹。纸囊，用白而厚的剡藤纸缝制而成，"以贮所炙茶，使不泄茗香也"。碾，把烤好的团饼茶捣成粉末，用橘木制成，其次用梨、桑、桐、柘等硬杂木。形如车轮、不辐而轴的堕。用竹节或刻杉木漆制的罗盒。以鸟羽制成的拂末。用稠木或槐、楸木等拼合而成，外面的缝隙涂上油漆封住，容量一升的水方。用青篾编成能卷的口袋，内缝碧绸，衬绿油囊贮水的漉水囊。把葫芦剖开而成或用木刻制成的瓢。用桃、柳、蒲葵木或柿木制成的夹竹。以及贮盐花用的瓷质的鹾簋。取盐时用的揭。用于沸水的熟盂。瓷质茶碗。清洁茶具用的札。用来贮洗涤过水的涤方。贮渣滓用的滓方。以及陈列茶具用的具列，或作床，或作架。以及存放全部茶具用的都篮。

"五之煮"：详细介绍了唐代团饼茶的烹煮方法。

"六之饮"：介绍饮茶的历史和方法。茶有粗茶、散茶和末茶三种，是在团饼茶捣碎后分筛出来的。

正品是末茶，它最细。最粗的是粗茶，两者之间的为散茶。饮茶要解决九个问题，依次是制造、鉴别、器具、火工、用水、烘烤、碾末、烹煮、饮用。

"七之事"：记录了从上古神农氏到唐代中叶数千年间的茶事，我国古代茶的发展演变在这里有系统全面的介绍，尤具史料价值。

"八之出"：记载了唐代产茶的八个区域，即山南道、淮南道、浙西道、浙东道、剑南道、黔中道、江南道、岭南道。

"九之略"：介绍制茶工具和饮茶器皿。

"十之图"：介绍茶经的挂图。也就是把茶的起源、制造工具、制造方法、煮茶器皿、煮茶方法、饮茶方法、历史、产地等，画在白纸上，一目了然。

【历史评说】

陆羽的《茶经》是中国乃至世界现存最早、最完整、最全面介绍茶的一部茶学专著。这是一部划时代的专著，它不仅是一部精辟的农学著作，还是一本阐述茶文化的书，它将普通的茶事升格为一种美妙的文化艺能。

【书海拾贝】

茶之为饮，发乎神农氏，闻于鲁周公，齐有晏婴，汉有扬雄、司马相如，吴有韦曜，晋有刘琨、张载、远祖纳、谢安、左思之徒，皆饮焉。

《金刚经》

【名作述略】

《金刚经》到底是哪一年成书的已无从考证，据说是佛的弟子阿傩记述佛与须菩提的问答而成，属般若部，学术界往往都认为它是公元1世纪的作品。曾经有许多人给它作删补，慢慢地就变成了现在的规模。公元402年，中国佛教著名的翻译家鸠摩罗什得到后秦姚兴的支持，最早将它翻译成汉文，其后有北魏菩提流支，南朝陈真谛，隋朝达摩笈多，唐朝玄奘、义净等人也不断地翻译此经。鸠摩罗什本是最早的译本，文字流畅，流传最广，是人们最常用的译本。鸠摩罗什（公元343年—413年），祖籍在印度，他的父亲是一婆罗门，年幼时就异常聪明，记忆力非常好，7岁出家，遍学经乘，崇尚佛法。鸠摩罗什在后秦姚兴的礼待下，在长安逍遥园讲法译经书35部294卷，是我国佛教的四人翻译家之一。

【经典阐述】

《金刚经》全名叫做《能断金刚般若波罗蜜经》，亦称《金刚般若波罗蜜经》。"能断金刚"比喻这本经书中所讲的真理如同金刚，无坚不摧，无往不利。"般若"意为"智慧"，指用以成佛的一种特殊方式，"波罗蜜多"原意为"到在彼岸"，指佛教所说的解脱一切烦恼、痛苦而求超度彼岸，解脱一切苦恼。《金刚经》是唯一的入佛所一定要读的佛典，其经义是成佛唯一无二的无上妙道。因此经言"一切诸佛阿耨多罗三藐三菩提法，皆从此经出"。《金刚经》阐发的义理是："万物本是无形象的，世间所见物不过是本原在瞬间内虚幻的表象，尽管人们赋予它们各种名称，但本质上都是虚幻不实的，只有了解这一真理，才能获得真正的智慧，解脱苦恼；只有弘扬这一真理，才是功德无量的布施。"《金刚经》全文5000余字,跟我国传统的道家尊奉的根本经典《道德经》的字数差不多,内容特别丰富,包括了般若经典的主要思想。它的32个主题不外说明诸法"性空幻有"的理论。这是一本般若思想的纲要性著作,从它问世以来就受到大乘佛教徒的重视和推崇。学佛成佛一定要遵循一定的因果规律。从果上说,成佛就是自觉觉他、觉行圆满的大自在、大解脱者;从因上说,就是要修大菩萨行,起慈、悲、喜、舍四无量心,修布施、爱语、利行、同事四摄,还有布施、持戒、安忍、精进、禅定、般若六波罗蜜。一句话就是要悲智等运、福慧双修、真俗圆融,久久行持,才能获得觉行圆满的伟大佛果。而《金刚经》所说:"以无我、无人、无众生、无寿者,修一切善法,意思就是得阿耨多罗三藐三菩提。"即以简驭繁、守约施博。《金刚经》主要重视谈学佛的修证功夫。但修证要有一定的理论根据,所以从经中某些精练的言辞章句,就可以看见其理论的卓越。如:"一切有为法,如梦幻泡影,如露亦如电,应作如是观。""一切贤圣皆以无为法而有差别。""若菩萨通达无我法者,如来说名真是菩萨。"像这样的言辞章句,其义理幽微,融会贯通,形成了一个体系。

《金刚经》卷首记述了如来在乞讨时的生活细节,因为佛和凡夫都是活着的人,他们都要吃饭、穿衣、行路、睡觉、工作、学习,这是佛与众生没有差别的地方。但是,凡与圣到底还是会有相当大的差异,就是一般凡夫不达缘生如幻。在吃饭时,执有能吃的实人,即是我执;执有所吃之食物,即是法执。由有我法二执,所以在吃饭上沉迷颠倒。在睡眠时,执有我这个实人在睡,有实在的卧具等物,为我受用,而亦有严重的我法二执,迷惑颠倒。《金刚经》曰:"诸菩萨摩诃萨应如是生清净心,所谓不住色生心,不住声、香、味、触、法生心,应无所住而生其心。"这句话就是告诉佛者一定要在现实中生清净心,很快地入道。

学佛修菩萨行,首先就需要兴大悲心,发宏誓愿,广度无边众生。同时还必须在度众生的实际生活中了知缘生如幻我法本空,而常常生起无漏智慧。像是悲智等运,即是自觉觉他的大乘佛学始终不移的最高准则。《金刚经》就是坚持这种准则,它在卷首、卷中、卷末都强调这一准则。

《金刚经》一直受到中国历代帝王的喜欢和推崇,在开元二十四年(公元736年)唐玄宗颁布了他的《御注金刚般若波罗蜜经》,并将《金刚经》与道家的《道德经》、儒家的《孝经》相提并论,还认为此三经为释、道、儒三家具有代表性的经典著作。明太祖、成祖时也编撰了《金刚经集注》,令天下百姓读诵奉行。

【历史评说】

在中国文化中,《金刚经》是影响非常大的一部佛经。历来就有很多人因研究《金刚经》、念诵《金刚经》而得到启示。《金刚经》的最伟大之处在于它超越了宗教性,但也包含了一切宗教性。《金刚经》彻底破除了所有宗教的界限,它承信一个真理、一个至道，并不把一切宗教的教化拘泥于劝人为善而已。因它在学术的分类上，归入般若部，所以又有《金刚般若波罗蜜经》的说法。

【书海拾贝】

若菩萨有我相、人相、众生相、寿者相，即非菩萨。

一切有为法，如梦幻泡影，如露亦如电，应作如是观。

《坛　经》

【名家传略】

惠能亦作慧能（公元638年—713年），南海新州（今广东新兴）人，中国佛教禅宗的主要代表人物。他生于唐太宗贞观十二年（公元638年），俗姓卢，3岁丧父，寡母李氏把他养大成人，家境艰辛。艰难竭蹶之中，他常以虚幻的天国的补偿，安顿自己机敏的心灵。他24岁时出家，投蕲州黄梅县（今湖北黄海）东禅寺为行者，参拜弘忍为师学佛。在寺中他做过舂米、推磨、劈柴等杂役。但他聪明过人，宗教"觉悟"高超，五祖弘忍赏识他，传授给他袈裟，令为第六祖，之后他回到原籍岭南一带隐遁说法。大约在弘忍去世后两年，他到广州法性寺听印宗法师讲经，被镊子宗法师推奉为师。第二年，惠能移住曹溪宝林寺，30多年的佛法讲学使他名声远扬。他辞去武则天邀他进京的诏书，于是皇帝们就陆续送袈裟、钱帛等供养于他。唐玄宗先天二年（公元713年），76岁的惠能卒于国恩寺。弟子整理惠能的思想和言行编成《坛经》。他主张"顿悟成佛"。

【经典阐述】

均田制在中唐时期遭到破坏，土地兼并愈演愈烈，人民处于极度的物质、精神困苦之中，大量破产的小农投奔寺院庇身。宗教情绪普遍滋长，扩大了宗教传播的社会基础，佛说不仅是统治者对人民加强思想奴役的需要，也让他们填补了自己空虚的精神。"放下屠刀，立地成佛"就是他们在权力和名利的角逐中失败时的精神慰藉。在"安史之乱"时，惠能的弟子神会主持度僧，收资补助国家军费，对郭子仪收复两京帮助甚大。

《坛经》中最主要的思想体现在"凡夫即佛"的宗教归宿中。佛性说是惠能禅宗思想的核心。佛性在佛教哲学中指的是宇宙的本体。在本体论上，惠能认为"心"就是"本体"，心外别无"本体"，现实世界的一切都依存于"心"。

他认为"凡所有相，皆是虚妄"，只有永恒的佛性才是真实的，并进一步指出佛性是人天生所具有的，并且是"性常清静"，如"日月高明"，"只为云覆盖"才有"上明下暗"的局面，所以他认为只有除却妄念，自识本心，直见本性，即可见性成佛。

他要求人们发挥自我能动性，向自身心中求佛。

惠能代表的南宗与神秀代表的北宗的根本分歧点是顿悟还是渐悟，二者的争论，集中反映在神秀和惠能所作的二偈（佛家所唱诗句）中。神秀所作的偈为："身是菩提树，心如明镜台，时时勤拂拭，莫使染尘埃。"即渐悟才能成佛。惠能所作的偈为："菩提本无树，明镜亦非台。本来无一物，何处惹尘埃。"他认为"一切万法不离自性"，人心就是万有的本体，人性本来就是佛性。只要人能领悟这一点，就可以"顿悟"成佛，用不着念经修行。惠能反对坐禅的方法，他认为禅定的目的是通过"静其思虑"、"静中思虑"的方法，把外物化为心灵的幻想。表面上看他废除了禅定的修行方法，而事实上却扩大了禅定的修行范围。但惠能也并不完全否定渐修。他认为佛法无顿渐之分，只有顿悟一路才能成佛，但人有利钝、有迷悟之分，"迷则渐劝，悟则顿修"，愚迷之人还是要先藉渐劝，才能最后达到顿悟。惠能的禅宗在理论和方法上论证"佛"不在遥远的彼岸，就在你"心"中。只消在认识上来个突变，你就"顿悟"成佛。"成佛"以后，一切还是老样子，但你却变成了"解脱"了的"自由人"了。这样一来，佛和众生的区别，只是"一念之差"，现实苦难世界和彼岸安乐佛土的距离，只有一纸之隔。对于压迫者来说，"放下屠刀，立地成佛"，而且"不放屠刀，也可成佛"。因为成佛以后"不异旧时人"，只要不被诸境迷惑，照样可以为所欲为。对于被压迫者来说，只消一转念，烦恼变成了菩提（觉悟后的境界），苦难世界就会变成了"清净佛土"，就在"披枷带锁"中成了"自由人"了。

佛经博大精深，阅读此书对于没有所谓"慧根"的人来说可能难上加难。因此建议在读书前，最好先学习一下禅宗知识，先具备一些佛教的理论知识。在看此书时，要比较南北两派禅宗观点的区别，如有条件的话，可以做一个对比阅读，那样效果更佳，印象更深。

【历史评说】

《坛经》提出了顿悟成佛的途径，废除了传统的读经、坐禅等修行方法和烦琐的宗教仪式，它是顿悟成佛的理论根据。它继承和发展了庄子和魏晋玄学的虚无主义、不可知论和放任自然的思想以及孟子的唯心主义先验论，在一定程度上影响了后来的宋明唯心主义理学，它在中国佛教史上，而且在中国哲学史和思想史上都有重要的地位。

【书海拾贝】

无念为宗，无相为体，无住为本。

《永乐大典》

【名作述略】

永乐元年（1403年）七月，明成祖下令解缙等147人，采集资料，按照韵目，编为一书，于次年十一月成书，赐名为《文献大成》。但明成祖认为内容不够完善，因此又派姚广孝、刘季篪与解缙共同监修，重新采集资料，先后有2169人参与其中，开馆于文渊阁，至永乐五年（1407年）十一月书成，共计22877卷，目录60卷，赐名为《永乐大典》。书首列明成祖的御制序文，正文以明太祖颁布的《洪武正韵》为序，同韵之字合为一编，每字先从字形字义做出详尽的解释，其下为有关的人物、事迹、名物、地理、诗文、词典等，均详细开列，引用古书记载的原文于下。《永乐大典》的内容，据郭伯恭的《四库全书纂修考》记载："自书契以来，凡经史子集百家之书，以至天文、地志、阴阳、医卜、僧道、技艺之言，全行采入。以《洪武正韵》为纲，每字之下，详列书名，以书名分韵。元以前之佚文秘典，往往全部收入。故能分门排纂，凑合成部，各自为书。"金和南宋的藏书都被元统治者掠去，明初曾夺回大部分藏书，多为失传已久者，另有宋、元两代的著作。因此《永乐大典》的主要价值，在于保存了不少重要的古籍。

现已无法考证《永乐大典》编纂机构的工作计划和进行程序的记录，现有的纂修凡例，只说明了"用字以系事"的方法和方式，主要是编写人员的工作。这只是纂修工作中的一方面。现在能推测的全部纂修工作过程的大致情形是：首先由纂修人员就经、史、子、集选择好的本子，把注解汇编在于各篇后或该句下，并从原文内摘出事名的段落，然后移交给编写人。这一步工作是最基础的工作，所以按照书籍分成多个小组，每小组由一个副总裁来监管，如林环是"书经"的副总裁，王彦文为"诗经"的副总裁，高得畅为"三礼"的副总裁，蒋用文、赵友均为"医经方"的副总裁。在第一步工作进行得差不多的时候，便进行第二步的编写工作，就是把纂修整理好的整部整篇的书和一条一条的事目，编入名字之下，所谓"随字收裁"，即"用字以系事"。因为这两步工作，既有分工，又有联系，因此中间有催纂五人。当第一步工作完全过渡到第二步的时候，便进行第三步工作——清抄。每人每天抄三页，誊写人员有1381人，有半年的功夫，就能清一份。所以第三步工作应该是1408年春天开始的。

可见，明成祖朱棣和姚广孝是想借着这一工作，企图在全国范围内，从各个角落、各个阶层、各种职业，去征召人才，越广泛越普遍越好。各地征召来的人才，绝大多数都受过元末农民起义的影响，而又长期受着朱元璋政治思想的教育，这就不同于解缙的正统派经学、理学思想。又由于在纂修机构中分工较为严密，每个领导部门工作的副总裁，仅能在自己职权范围内，在纂修方式上及在书籍选择与加工中，执行自己的主观要求，这就给各个工作部门以独立发展的机会。如"四书"、"五经"的副总裁们集宋、元经注之大成；地理书籍各个部门的副总裁们也集全国总志和地方志中资料之大成。姚广孝招收来的缁流和方术之士，把阴阳、五行、星相部门的纂修工作，做得非常缜密，并且系统性强，将他们引用过的书和《文渊阁书目》相比较，知道他们曾经主动地从各地方带来许多书籍。关于小说、平话、戏文、杂剧方面，文渊阁所藏极少，而这些书籍更是由被征召的人自己带来的。在纂修机构中有了这样的分工，且处在正统派经学、理学虽说已经开始上升，但还未占到绝对统治地位的时候，所以这些有关实用科学和古典文学的东西，便没有遭到反对，而在《永乐大典》中它们仍然有应有的位置。这是由当时的社会政治条件造成的。

【经典阐述】

《永乐大典》是一部巨大的百科全书，它在推动字典和类书的编纂形式过渡到具有完整性的百科全书的发展过程中，意义重大。

公元1世纪，东汉的许慎按部首编成了字典《说文解字》，约500年后隋代的陆法言根据韵目，编成按韵排列的字典——《切韵》。在检索上，因检韵比部首方便，所以自7世纪以后，检韵字典比按部首编排的字典更受读者欢迎，而且逐渐取得优势。到了宋代李焘把通体按部首排列的《说文解字》，改编成了检韵的《说文五音韵谱》。

类书，顾名思义就是按类编排的，它的优点是把材料按类集中，不足之处在于类的区分没有什么客观标准，并且材料越丰富，检索上的困难就越大。所以为一般读书人所通用的典故和人名、地名、事物名等，也渐渐走进了最通行的检韵字典之内。自7世纪以后，历代先后多次增修检韵字典系统，增加有关人名、地名、事物名的解释。这样有利于使字典的内容逐渐向着百科全书的内容发展演变。8世纪中叶，颜真卿编排成了一部"分韵隶事"的初具百科全书性质的《韵海镜源》。宋代袁毂有《韵类选题》100卷，《直斋书录解题》中说它也是"以韵类事"。南宋的四川书坊后把它改编为《书林韵事》100卷。但在较长的一段时期内类书始终没有脱离对字典的依附，成为真正意义上的百科全书。

14世纪初，阴竹堃、阴时夫、阴中夫父子兄弟三人，采用了颜真卿以来的新成就，针对一般读书人的需要，把每字下的隶事丰富和扩大化，编成了《韵府群玉》一书，这样它的内容和检查方法，成了初分析形的百科全书。此时已是元末农民大起义的前夕，此书发行后，受到读书人的欢迎。宋濂在洪武八年（1375年）给改编本《韵府群玉》做题词，二阴兄弟"因宋儒王百禄所增《书林事类韵会》、钱讽《史韵》等书，荟萃而附益之，诚有便于检阅"，给予了极高的评价。《韵府群玉》搜罗的资料可谓渊博，但遗漏之处很多，且很重要，这是由于人少力小，没有广泛的供参阅的资料所造成的缺憾。此书另一个缺憾就是只把散事聚在一起，而忘了给散事做标题。上述两个缺憾，在《永乐大典》中得到了纠正。

《永乐大典》的新成就，就在于它在每一个重要事项下面，加了一个隶事的概括的总论，使每一个事目都有一个标题。这就完全具备了百科全书所应有的条件。此外《永乐大典》还把经、史、子、集中的重要典籍，整部整篇以书名或者篇名为标题载入字目之下，又把集部中的诗词和散文，以事目分编，也载入字目之下，这就使其内容变得更加丰富。

【历史评说】

《永乐大典》的价值主要体现在两方面。其一，它是一部类书，在类书编纂史上，它把中国类书的编纂形式发展成为百科全书的形式。其二，它内容特别丰富，构成了15世纪初年一个藏书库，成为后来辑佚工作的资料渊薮。

《永乐大典》在辑佚书上的价值是家喻户晓的，由《永乐大典》的辑佚引出出清代编纂"四库全书"的浩大工程。但对于清代四库全书馆的辑佚工作，后人给予的评价过高。清代四库全书馆的辑佚书工作和纂修《四库全书》的目的是一致的。就是专意编辑和表扬渗透着封建学术思想的著作，而进步的或者为人民大众喜闻乐见的通俗书，都在"暗杀"、"焚毁"或"扬弃"之列。

这就是说，尽管当时清王朝的封建统治已经异常牢固，正统派的封建学术思想也正统治着全国的学术思想，纂修《四库全书》的目的仍在于封建皇权的进一步巩固，并消灭汉民族的民族思想，因此《四库全书》所编入和从《永乐大典》所辑出的书，都是属于封建正统学派的东西，可对于那些为人民大众所欢迎、对民生日用有益或略有进步意义的东西，则都在摒弃之列，所以凡是《永乐大典》中幸而保存下来的有关农业、手工业、科学、医学和古典文学的书籍，都没有用上。

如古典农书，《永乐大典》屡引《氾胜之书》及《齐民要术》，四库全书馆不但不据以辑佚，还不据以校勘。又如《永乐大典》中大量地引用了吴攒的《种艺必用》和张福的《种艺必用补遗》，两书均为总结中国种艺方法的重要著作，四库全书馆未予辑佚。还有《山居备用》、《治民书》、《韦氏月录》等，更是没有被四库馆辑佚者所重视。

《永乐大典》卷13965至13992收了33种戏文，卷20737至20757又收90多种杂剧，这些古典通俗文学作品，均为中国元代或元人修正的宋代作品。现存13991卷，有《小孙屠》、《张协状元》和《宦门子弟错立身》三种戏文，对戏曲研究工作者而言它们都是极宝贵的材料。在纂修《四库全书》时，《永乐大典》虽说已有散佚，仅存9000多册，但就四库全书馆点查的《永乐大典现存目录》来看，那33种戏文及90多种杂剧，都保存完整。

【书海拾贝】

无视无听，抱神以静，形将自正；必清必静，毋劳女形，毋摇女精，乃可长生。

《四库全书总目提要》

【名作述略】

《四库全书》修编始于朱筠奏请校阅《永乐大典》。校完一种书，必写一篇提要，将这些提要汇成一本书，历经9年，编成《四库全书总目提要》（又称《四库全书总目》）。就其编写形式而言，先标列书名、卷数及采进的来源，下文依次叙述作者的生平和其书的内容提要以及优劣得失等，每篇数字到数百字不等，甚为得体；而《四库全书总目提要》较原书所列提要有所不同，它经过纪昀、陆锡熊加工润色，论述得更为确切了。

纪昀（1724年—1805年），字晓岚，河北献县人。31岁（乾隆十九年）中进士，官至兵部尚书、礼部尚书、协办大学士。其一生精力，全部付诸《四库全书总目提要》一书。

《四库全书》的编纂工作，始于乾隆三十七年（1772年），到乾隆四十七年（1782年）才得以完成。开始时，乾隆帝以充实内府图书为名，让各省都抚献遗书进呈，想借此查禁民间流传的反抗清朝统治的书籍，以巩固封建统治，不到一年，各省进呈的书籍就达四五千种之多。乾隆三十八年（1773年），翰林院编修朱筠又条奏从明代的《永乐大典》中辑录古书。因此，在翰林院设立了"四库全书处"，以纪昀、陆锡熊为总纂官，负责将各省所进的书和《永乐大典》中所收的书对勘，分别有无，校正异同，然后把应该辑录的誊写成篇，没有抄录的，也登列书名，汇为总目后，依照经、史、子、集四部编定。参与这项工作的有400多人。乾隆四十年（1775年），把"四库全书处"改为"四库全书馆"，馆臣把10000多种书应抄的和应存目的分别开列，每一种书各撰写一篇提要，附在书前。由于所收录的书极多，所抄又非一部，这项工作直到乾隆四十七年（1782年）才完工。后来，《四库全书》又屡经抽换抄补，至乾隆五十四年（1789年）才真正全部竣工。此书共抄7部，分别储藏于宫内文渊阁、圆明园文源阁、热河避暑山庄文津阁、奉天行宫文溯阁、镇江金山寺文宗阁、扬州大观堂文汇阁、杭州圣因寺行宫文渊阁。文源、文宗、文汇三部书先后被毁。文津阁一部现藏于国家图书馆，文渊阁一部现保存在台湾，文溯阁一部在甘肃省图书馆，文澜阁一部在浙江图书馆。

乾隆皇帝命馆臣每校完一种书，必须做一篇提要，所以他下谕中提及此事说道：

"四库全书处将《大典》内检出各书，陆续进呈，朕详加批阅，间予题评，见其考订分排，具有条理，而撰述提要，粲然可观，则成于纪昀、陆锡熊之手。昀学问本优，校书亦极勤勉，甚属可嘉，着加恩授为翰林院侍读，以示奖励。"（蔡冠洛《清代七百名人传·纪昀传》）乾隆四十七年（1782年），《四库全书总目提要》200卷撰写完成，乾隆帝又下谕说："《四库全书总目提要》现已办竣呈览，颇为详核，所有总纂官纪昀、陆锡熊着交部从优议叙，其协勘查校各员，俱着例议叙。"（《办理四库全书档案》）给这么多的书籍做提要，是一件极不容易的事情。在纪昀等人的领导下，历时10年，仍然十分仓促，馆臣的辛勤可想而知。

【经典阐述】

《四库全书》收录有3461种图书，79309卷，分装为36000多册。没有采入而只存目录的书有6793种，共93551卷。

纪、陆二人在短短10年中不可能本本精读，更不可能做出200卷"颇为详核"的提要。原来各省的进呈本和内府本，本来已有简略的提要。当时纂修官共有360人，他们分类校书，校完后，再各人分别写出原书提要。纪昀是总裁，各纂修官的分目提要，都要经他增删考订，最后合为"总目提要"，使它成为有体例、有组织、有见解的目录学书。此为纪昀著述事业上的辉煌成就。朱珪在《纪昀墓志铭》中说："公馆书局，笔削考核，一手删定为'全书总目'，裒然可观巨观，置之七阁，真本朝大手笔也。"因此，虽然《四库全书总目提要》一书是依据各个纂修官的提要草稿，但裁定成书，主要还是表现了纪昀一人的著述才识。这部书便也成了超越前代、内容丰富、有极高学术价值的目录学巨著。

《四库全书》的分类，采用的是唐初所修的《隋书·经籍志》以经史子集四部来区分所有图书的方法。书中经部分10类，史部分15类，子部分14类，集部分5类。具体分为：

经：易、书、诗、礼、春秋、孝经、五经总义、四书、乐、小学。

史：正史、编年、纪事本末、别史、杂史、诏令奏议、传记、史抄、载记、时令、地理、职官、政书、目录、史评。

子：儒家、兵家、法家、农家、医家、天文算法、术数、艺术、谱录、杂家、类书、小说家、释家、道家。

集：楚辞、别集、总集、诗文评、词曲。

上述所立44类当中，有的流派众多，又划分出子目，按照书的性质和内容分列。如史部地理类竟立子目达9项之多，各从其类，条理井然。总体来说，其分类是十分审慎的。每部书的归类，据"凡例"载，都曾经"考校原书，详加厘定"。只有子部收书过杂，可能是受了四部类属的限制。

【历史评说】

中国的目录学产生虽早，也有过一些优秀著作，但是多已遗失。至今仍完好无缺的，除了史籍中的《艺文志》、《经籍志》外，也所剩无几了。其余的都只是藏书目录，没有多少目录学的意义。从这个方面讲，《四库全书总目提要》一书的出现和存在有重要意义。

《四库全书总目提要》的编纂树立了目录学的规模和样式。它分类全面，编排有序，而且每部前面有总序，每类前面有小序，以张扬学术，考镜源流。本书的凡例云："四部之首，各冠以总序，赘述其源流正变，以挈其纲。四十四类之首亦冠以小序，详述其分并改纳，以析条目。"每类后面有跋语，有时子目下还有按语。撰述者继承了历代校书编目的优良传统和经验，但又有所变更，加进了自己的东西，这些便构成了目录学的体系。这也合乎章学诚说的"著录部次，辨彰源流，将以折衷六艺，宣明大道，不徒为甲乙记数之需"（《校雠通义》）。

各部书的提要、内容多不同，各有侧重。就全书而论，它包括的内容就更宽了。各书在提要部分首先考证作者的名号、出生及其官阶，然后陈述书的性质和要旨，并评述其得失利弊，兼及书的流传、篇卷的多寡、作者的治学倾向、人品气质，以及此书影响力。这对于读者来说，在未读原书之前已知其大概，就连读过原书者，也可以从中获得启迪，明白个中原委以补充自己理解的不足。因而本书的提要，其实都可看作出色的短评，也可作为初治学者的最好向导。《四库全书总目》的提要达10000多篇，丰富自然就不用说了。这样的巨著，对于我们研究古代学术和掌握各类古书的内容，极富参考价值。

从史料鉴别来看，《四库全书总目提要》具有科学研究的态度。梁启超在《中国近三百年学术史》中说："《总目提要》所认为的真的未必便真，所指为伪的一定是伪，我敢断言。"当时参与撰述的多是知名的学者，如程晋芳、任大椿、戴震、姚鼐、翁方纲、周永年等，这中间有著名的考据专家，史料的整理和鉴别正可以发挥他们的长处。经过他们撰写的《分目提要》，大致都有实事求是的科学态度。单就辨伪一项而论，他们投入了相当大的劳动，对于现存的古书，很多都是经他们考订审查的。

《四库全书总目提要》反映出的最大问题是正统观念。正统观念的核心是馆臣们如何避免得罪朝廷，所以他们兢兢业业，唯思免咎，稍涉忌讳之处，无不先意承旨，摩挲剔抉。他们处理典籍有三种方式：一，凡是进呈著录之书，全部抽改，尤以史部为甚；二，凡是直接抵触清室的书籍，一律焚毁；三，其余的著录存目之书，馆臣不可能一一删改，只在提要中微发其意，但正统观念却很明显。

例如辽、宋、金的问题。辽、金两代，几与宋始终，当其强盛之时，宋室奔走流离，南渡以后，方能自保，淮水以北则长陷异族之手。但元人统一中国后，元人祖宋，等同于辽、金。然而《元文类》中伍端的《辨辽金宋正统》，其说主张南北分列，实则扬北抑南。自元末修史，杨维桢著《正统辨》，开始一反其说。杨氏生活在蒙古全盛的时代，汉族遭歧视和陵夷，他能直言力陈，主张以宋为正统，其言论何等大胆。《明史·文苑传》说道："会修辽、金、宋三史成，维桢著《正统辨》千余言，总裁官欧阳元功读且叹曰：'百年后，公论定于此矣！'"嗣后柯维骐撰《宋史新编》，就依据杨氏之说，以宋包举辽、金，视宋为正统。《四库全书总目提要》凡遇到这样关键的地方，必然大肆抨击。《宋史新编·提要》云："……元人三史并修，诚定论也。维骐强授蜀汉，增以景炎、祥兴；又以辽、金二朝，置之外国，与西夏、高丽同列，又岂公论乎！大纲之缪如此，则区区补苴之功，其亦不足道也已。"朱彝尊《曝书亭集》四十五《书〈宋史新编〉后》云："柯氏撰《新编》，会宋、辽、金三史为一，以宋为正统，辽、金附焉。升瀛国公、益卫二王子以存统；正亡国诸叛臣之名以明伦；列道学于循史之前以尊儒，历二十载而成书，可谓有志之士矣。"朱氏的说法与《四库全书总目提要》差别较大，他的思想代表明代士大夫的思想，而《四库全书总目提要》是清代的官书，唯恐贬低辽、金而伤统治者的感情。

如关于明代，馆臣们的正统观念表现出另一种形式。明代直接与清室相关，《四库全书·明史·提要》说：

若夫甲申以后，仍续载福王之号，乙酉以后，仍兼载唐王、桂王诸臣，则颁行以后，宣示纶綍，特命改增。圣人大公至正人心，上洞三元，下昭万祀，尤自有史籍以来所未尝见者矣。

《编年类·御批通鉴辑览》附唐、桂二王本末，"提要"说：

知景炎、祥兴之不成为宋，而后遁荒弃国者，始不能以滥窃虚名。仰见圣人之心体，如鉴空衡平；圣人之制作，如天施地设。惟循自然之理，而千古定案，遂无复能低昂高下于其间，诚圣训此非一时之书而万世之书也。至明季，北都沦覆，大命已倾，福土窃号江东，仅及一载，皇上如天圣度，谓犹有疆域可凭，特命分注其年，从建炎南渡之例，又，唐、桂二王，迹同昰、昺，虽黜其伪号，犹轸念其遗臣，亦诏别号始终，附缀书后，俾不使湮没无传。大哉王言，量同天地，尤非臣等仰赞一辞矣。

以上两个提要，于保留唐、桂诸王名字，均极赞扬。其实，唐、桂诸王，朝廷早将其视为僭伪。"提要"的作者，找寻机会想向皇上谄媚，与他们的惟思免祸的处境有关，本在情理之中，但他们骂起别人来却也不留情面。《通鉴·提要》论胡身之注说：

深得注书之体，较尹起莘《纲目发明》，附和回护，如诸臣媚子所为，心术之公私，学术之真伪，尤相去九牛一毛也。

提要借"诸臣媚子"四字，诋毁尹起莘。每读提要"颂圣"之文，我们何尝没有"诸臣媚子"之感，人所可惜的是无自知之明。

中国古代的图书典籍数不胜数，《四库全书总目提要》所收录的各种已刊或未刊的书籍，包括许多珍本秘籍，保存了许多重要的历史文献。这为后人研究中国古代文化提供了便利，其意义是深远的。

【书海拾贝】

四部之首，各冠以总序，赘述其源流正变，以挈其纲。四十四类之首亦冠以小序，详述其分并改纳，以析条目。

第四章 诗文词赋

《楚辞》

【名家传略】

屈原（公元前340年—前278年），名平，乃楚国王族的后裔。他是第一个用"楚辞体"写作诗歌之人，也是第一个以自杀来结束自己生命的诗人，可称得上中国第一位天才诗人。《史记》的作者司马迁特别敬重屈原，专门为他写了传记。据记载屈原曾经是楚怀王的左徒官，博闻强记，有很强的政治能力，也有极佳的口才。他主张任用贤能实行法治，其才华受到了楚王的赏识。但也正因为此，他常常受到指责和排挤。有一次，屈原制定好了法律，上官大夫靳尚要据为己有，屈原不同意，便上书楚怀王说："屈原仗着自己有才能，不把您放在眼里。"楚怀王便开始疏远屈原，不再让他担任左徒一职。不久，秦国打算攻打齐国，考虑到齐国与楚国是盟国，秦国便设法拆散两国联盟，楚怀王上了秦国使臣的当，断绝了和齐国的关系。知道受骗后，楚怀王便发重兵攻击秦国，但战争失利，反被秦国围困。楚怀王没有办法，只好让屈原出使齐国，与齐结盟。秦国见齐楚联合，便把欺骗楚怀王的使臣张仪交给楚怀王处置，但楚怀王又一次听信了张仪的话，将他放走，不久，再次与齐国断绝关系，与秦订立盟约，同时将屈原放逐到汉水。楚国在与别国的战争中也节节败退，公子子兰劝怀王入秦会盟，怀王听信了他的话，一到秦国便被扣留，顷襄王继任楚王。新的当权者知道屈原忠于楚怀王，于是屈原被再一次放逐到更偏远的地方。从屈原个人来看，他自始至终效忠王室，为国尽职尽责，却遭到如此对待，这中间包含的种种不平、不公的事实令他陷入了深深的忧郁伤感之中，摧毁了他继续生活下去的信念。终于在公元前278年农历五月初五这一天，他怀抱大石，自沉汨罗江，永远地离开了他的故土。为保全他的尸体，人们在江中投了大量的粽子。以后每年的农历五月初五，人们都会这样做，于是这就形成了传统，被后人沿袭下来，于是便有了端午节。

【经典阐述】

屈原的作品绝大多数是"楚辞体"的诗，因此，他的诗被看作楚辞的代表作。其流传下来的作品大致有《离骚》、《九歌》11篇、《九章》9篇、《天问》、《招魂》，共23篇。

《离骚》是屈原最具代表性的作品，讲述的是他自己的故事。由于诗中使用了大量的楚国方言和许多特殊的事物名称，要读懂这首长达373句的诗得要下一番功夫。诗的开篇屈原回顾了自己的生平，介绍自己的家世出身。

帝高阳之苗裔兮，朕皇考曰伯庸。自己是高阳帝的后代，有一个美好的生日，父亲给自己取了一个好名字。在屈原看来，自己既有美好的内在品质，还有突出的个人才能，每时每刻孜孜不倦地学习，为的是辅助君王治理好国家。

接下来诗歌叙述了屈原受到的不公平待遇。

遭人谗毁，楚怀王"昏庸"，自己的弟子投入别人门下，即使在这样的情况下，屈原仍然不屈服，决心为自己的信念战斗到底：

民生各有所乐兮，余独好修以为常！虽体解吾犹未变兮，岂余心之可惩！

可见屈原虽是一个诗人，却具有政治家的良好素质，就是坚韧的个性。

诗的后一部分主要是幻想，其中有许多神话传说，有上天、入地等情节，不仅可以让人感觉到屈原心中巨大的痛苦，又为诗披上了奇异的色彩。如与巫师谈话，巫师对他的命运做出预测；他上天寻找天帝，然后又入地寻求侠女；最后，在空中飘飞的诗人看到了地上自己的故乡，才恍然大悟：原来自己最眷恋的地方还是自己的故乡！

与《离骚》相比，《九歌》的风格更为奇异，其情节在神、灵、鬼的世界中展开，可看作是原始巫文化的一次大展现，诗中包含了许多人与诗人、神与神之间的爱情与恋慕，极富传奇色彩。《九歌》是写给天地诸神的祭歌。第一篇《东皇太一》（楚人眼中最尊贵的天神），全面地描写了祭祀时的陈设、祭品以及人们以歌舞祭神的场景。接下来是《东君》和《云中君》。东君是日神，云中君是云神，诗中活灵活现地描写了云在天空中浮动时的各种形态，以及人们在云神降临时的无限喜悦及云神离去时的百种忧伤。《湘君》和《湘夫人》是《九章》中最优美也最忧伤的作品。湘夫人是湘水中的女神，相传是由舜的两个妃子娥皇和女英化成的。《湘君》所述为湘夫人由湘北水上洞庭寻找湘君的经过。《湘夫人》描写湘君思念湘夫人的曲折过程，透出悲剧色彩。《大司命》和《少司命》是祭祀掌管人类生死寿夭的司命神的祭歌。在楚人看来，大司命主宰人的生死，少司命主宰人的命运。

《河伯》是主祭黄河神河伯的诗篇。据《山海经·海内北经》记载，河伯名叫"冯夷"，为地祇之一。这首诗同样描写人神之恋，恋慕对象是洛水神宓妃。《山鬼》则与此恰恰相反，写了一个失恋女神的悲伤情绪。《国殇》祭祀的对象是战争中捐躯将士，这首诗一反前面诗作中那种神秘、幻想的风格，写的全是现实中的事。《九歌》的最后一篇是《礼魂》，是通用于前十篇的送神曲，讲的是人们祭祀的虔诚之意，祈求神灵永远赐福。

《天问》这首诗是文学史上最独特的诗，除了后代诗人的几首仿作的诗歌之外，可以说这首诗是绝无仅有的。《天问》全篇由问句构成。以一个"曰"字作为开端,以下针对每一事物提出疑问。先从宇宙问起,然后就天上的日、月、星、辰发问,然后对地球知识发问,又以历史传说为依据,把各种各样奇怪的问题并列在一起,构成了无数没有答案的发问,以至于使读者也耐不住而对这个世界的客观存在及其来源、未来等产生无穷的疑问。这首诗使人体会到作为诗人与政治家的屈原是一个十分聪明、对自然科学也充满探求精神的人。

《九章》叙述了屈原的身世和遭遇,全篇基本上是抒情性质的,包括《惜诵》、《涉江》、《哀郢》、《抽思》、《怀沙》、《思美人》、《惜往日》、《橘颂》、《悲回风》九篇作品。《橘颂》是作者青少年时期的志向。《惜诵》是对往事的深刻回忆。《抽思》意将内心的思绪像丝一样接二连三地抽取出来。《思美人》是对某一位美人的思念,也可借喻对楚怀王的思念。《涉江》写的是诗人被流放途中的经历。《哀郢》是来到流放地后对国都郢的怀念。《怀沙》表达的是对长沙的向往。《悲回风》是屈原临终时的作品,也是绝笔之作,借死来唤醒楚顷襄王。

《招魂》也是一篇奇异的作品,极力描写东南西北四方环境阴森险恶,以防怀王魂离去,又极力描绘楚国之美,以诱怀王魂归来。

【历史评说】

屈原是我国最早以诗留名的作者,也是第一个用"楚辞体"写作之人。

楚辞是在楚国民歌的基础上经过加工、提炼而发展起来的,有着浓郁的地方特色。由于地理、语言环境的差异,楚国一带自古就有它独特的地方音乐,古称南风、南音;也有它独特的土风歌谣,如《说苑》中记载的《楚人歌》、《越人歌》、《沧浪歌》;更重要的是楚国有悠久的历史,楚地巫风盛行,楚人以歌舞娱神,使神话大量保存,诗歌音乐迅速发展,使楚地民歌中充满了原始的宗教气氛。所有这些影响使得楚辞具有楚国特有的音调音韵,同时具有深厚的浪漫主义色彩和浓厚的巫文化色彩。可以说,楚辞的产生是和楚国地方民歌以及楚地文化传统的熏陶分不开的。

同时,楚辞又是南方楚国文化和北方中原文化相结合的产物。春秋战国以后,一向被称为荆蛮的楚国日益强大。它在问鼎中原、争霸诸侯的过程中与北方各国频繁接触,促进了南北文化的广泛交流,楚国也受到北方中原文化的深刻影响。正是这种南北文化的汇合,孕育了屈原这样伟大的诗人和《楚辞》这样异彩纷呈的伟大诗篇。

《楚辞》在中国诗史上占有重要的地位。它的出现,打破了《诗经》以后两三个世纪的沉寂而在诗坛上大放异彩。后人也因此将《诗经》与《楚辞》并称为风、骚。风指十五国风,代表《诗经》,充满着现实主义精神;骚指《离骚》,代表《楚辞》,充满着浪漫主义气息。风、骚成为中国古典诗歌现实主义和浪漫主义的创作的两大流派。

《楚辞》注本有东汉王逸的《楚辞章句》。《四库全书总目》说："初，刘向裒集屈原《离骚》、《九歌》、《天问》、《九章》……而各为之注。"但刘向编定的《楚辞》16卷原本已佚。《楚辞章句》即以刘向《楚辞》为底本，它除了对楚辞做了较完整的训释之外，还提供了有关原本的情况。在《楚辞章句》的基础上，南宋洪兴祖又作了《楚辞补注》。此后，南宋朱熹著有《楚辞集注》，明末清初王夫之撰有《楚辞通释》，清代蒋骥有《山带阁注楚辞》，等等。他们根据己见，作了许多辑集、考订和注释、评论工作。

【书海拾贝】

悲莫悲兮生别离，乐莫乐兮新相知。

尺有所短，寸有所长。

路漫漫其修远兮，吾将上下而求索。

《古诗十九首》

【名作述略】

《古诗十九首》所代表的东汉后期无名氏文人创作的五言诗，标志着五言诗歌形式从叙事为主的乐府民歌发展到抒情为主的文学创作已经成熟。他们的作品在南朝齐、梁时已获得高度评价，被刘勰称之为"五言之冠冕"，钟嵘誉之为"惊心动魄，可谓几乎一字千金"。

大约在魏末晋初，流传着一些五言抒情诗。它们多为抒写游子、思妇主题，具有独特的表现手法和艺术风格，深受当时文人的喜爱，被奉为五言诗的一种典范。但是，它们没有题目，也不知作者是谁，故而被笼统地称为"古诗"，意思指它们为魏、晋以前的古人所做。西晋诗人陆机曾经逐首逐句地模仿了其中的十四首，总题目称《拟古诗》。东晋著名诗人陶渊明、南朝宋诗人鲍照，均有学习"古诗"手法、风格的《拟古诗》。至梁代，刘勰在文论专著《文心雕龙》中，钟嵘在诗论专著《诗品》中，都从理论上总结评论了这批"古诗"的艺术特点及价值，研讨了它们的作者、时代及源流，并基本确定它们是汉代的作品。昭明太子萧统主持编选作品总集《文选》，从这些"古诗"中选取了十九首。按照《文选》的诗歌分类原则，没有题目的诗歌作品，均归"杂诗"一类。这些"古诗"便入了"杂诗"类。而又不知谁是它们的作者，所以就沿用"古诗"的名称，给这十九首诗拟了个《古诗十九首》的总题目。这就是"古诗"的名称和《古诗十九首》的由来。由此可见，在梁代，"古诗"已经成为一个具有特指含义的专类名称，与两汉乐府并称，专门指汉代无名氏所做的五言诗。因为两晋南北朝许多"拟古诗"的出现，它又发展为具有"古诗"艺术特征的一种诗体名称。在《文选》成书以后，由于萧统选择精当，《古诗十九首》也同《文选》一起广泛流传，成为公认的"古诗"代表作，此标题也成为一个专题的名称。事实上这十九首诗既不是一人一时之作，也不是一组有机构成的组诗。

"古诗"作品梁代时尚存有59首（见钟嵘《诗品·古诗》），至今只留存30余首，包括《古诗十九首》在内。梁代时，对"古诗"的作者和写作年代，已出现疑义。刘勰说："《古诗》佳丽，或称枚叔（指西汉枚乘），其'孤竹'（指《古诗》"冉冉孤生竹"）一篇，则傅毅（东汉作家）之词。比采而推，两汉之作乎？"（《文心雕龙·明诗》）钟嵘说："旧疑是建安中曹（曹植）、王（王粲）所制。"（《诗品·古诗》）可能正因为作者"疑莫能明"，故萧统把《文选》入选的十九首古诗都归之无名氏。可是，陈代徐陵编选《玉台新咏》，又把《古诗十九首》中的8首诗确定为枚乘《杂诗》。如此一来，虽然大体确定"古诗"为汉代作品，但其中是否有西汉枚乘，东汉傅毅，汉末曹植、王粲的作品，后来甚至推测"杂有枚生或张衡、蔡邕（均东汉作家）所作"（明王世贞《艺苑卮言》），究竟是两汉产物还是东汉作品等问题，形成长期辩论。因上述梁、陈时的疑义，都没有提供具体证据，另外这些问题又涉及"苏武、李陵诗"的真伪、五言诗是成立于东汉还是西汉等问题，于是日趋纠缠，直至晚近仍争执不下。现代学者大多摆脱了古人成见的纠缠，主要依据《古诗十九首》在思想内容和艺术形式上具有某些共同特征，指出它们虽不是同一个人所做，却是一个时代、先后不过数十年间所做，并论证它们应是东汉后期安、顺、桓、灵年间，公元二世纪左右的作品（见梁启超《中国之美文及其历史》），得出了比较符合实际的结论。

东汉桓帝、灵帝时，宦官外戚勾结专权，官僚集团垄断仕路，上层阶级结党标榜，"窃选举、盗荣宠者不可胜数。既获者贤已而遂往，羡慕者并驱而追之，悠悠者，是孰能不然者乎"（徐幹《中论·谴交》）。在这样的形势和风气下，中下层文人士子为了谋求前程，只得奔走游学。他们离乡背井，辞别父母，"亲戚隔绝，闺门分离，无罪无辜，而亡命是效"。然而他们通常一事无成，落得满腹牢骚和乡愁。《古诗十九首》多数是抒写这样的游子失志无成及思妇离别相思之情，尤其表现了当时中下层士子的不满不平以至于玩世不恭、颓唐享乐的思想情绪，从这一侧面真实地反映出东汉后期政治混乱、败坏、没落的时代面貌。

【经典阐述】

《古诗十九首》从思想内容上看，大致可分为两类：游子诗与思妇诗。游子诗有着一样的主题思想，都是抒发仕途碰壁后所出现的人生苦闷和厌世情绪。这类诗都说人生寄世就像过往匆匆的行客，寿命短促。但由于作者们的处世态度不一样，这样其中各首诗又有各自的具体主题。第三首"青青陵上柏"劝人安贫达观，知足行乐："斗酒相娱乐，聊厚不为薄。驱车策驽马，游戏宛与洛。"不必羡慕王侯权贵那种穷奢极欲的生活。第四首"今日良宴会",是反语嘲弄,劝人要钻营要职,攫取高官:"何不策高足,先据要路津。无为守穷贱,轗轲常苦辛!"间接地发泄失意愤世的情绪。第五首"西北有高楼"感慨世无知音;第七首"明月皎夜光"痛怨不讲交情;第十一首"回车驾言迈"嘲讽劝诫要珍惜荣名;第十四首"去者日以疏"对死了不能归乡感到悲哀。而第十三首"驱车上东门"、第十五首"生年不满百",都直接宣扬及时享乐:"服食求神仙,多为药所误;不如饮美酒,被服纨与素","为乐当及时,何能待来兹"。这些诗没有一丝豪情壮志,它更多地表露出诗中主人公们,实际上就是作者们自己地位卑贱,生活贫穷,而热衷功名,羡慕富贵的内心世界。正因为他们追求功名富贵的期望破灭了,所以变得心灰意懒,厌世弃仕。他们的达观、嬉笑、哀鸣、怨愤,甚至颓废放荡,事实上都是在政治上失望至于绝望的种种病态心理,也是当时一种政治混乱、社会败坏的真实写照。

思妇诗以及个别游子相思诗,都抒写离别相思。这类诗的共同主题思想是向往爱情的忠贞,希望夫妻团聚,悲叹虚度青春。由于作者们取材和侧重点不一样,其中每首诗又有自己不同的主题。第一首"行行重行行",写一个思妇因为丈夫久出不归而深情思念、担忧、疑虑:"相去日已远,衣带日已缓。浮云蔽白日,游子不顾返。思君令人老,岁月忽已晚。"第二首"青青河畔草",写一个娼女出身的思妇春怨:"昔为倡家女,今为荡子妇。荡子行不归,空床难独守。"第八首"冉冉孤生竹",写一个新婚离别的思妇怨伤青春蹉跎:"伤彼蕙兰花,含英扬光辉。过时而不采,将随秋草萎。君亮执高节,贱妾亦何为!"第十六首"凛凛岁云暮"通过思妇深秋夜梦,渲染夫妻渴望欢会;第十七首"孟冬寒气至"用思妇珍藏丈夫家信,来反衬她的忠贞;第十八首"客从远方来"抒写思妇接到丈夫的来信,充满爱情的喜悦;第十九首"明月何皎皎"以思妇闺中望月情景,表现她为丈夫忧愁不安;第十首"迢迢牵牛星"借牛郎、织女故事,比喻思妇盼望丈夫的忧然悲苦的心情;而第六首"涉江采芙蓉"则以采芳草赠美人的风俗,写游子思念妻室。这些诗,实质上都是在祈祷社会安定,一家能团圆,过上正常的恩爱夫妻生活。可是因为政治混乱,社会不安,这样的愿望常常都难以实现,因而这些诗都流露着浓厚的感伤情调,蕴含着对当时社会政治的深刻不满。

【历史评说】

显然,《古诗十九首》的思想内容十分狭窄,情调也格外低沉,但是它们的艺术成就却非常突出。作者们可能是属于当时的中下层文士,熟悉自己的生活状况和思想情绪,拥有较高的文化素养,在诗歌艺术上继承了《诗经》、《楚辞》的优良传统,汲取了汉代乐府民歌的营养。《诗经》的赋、比、兴表现手法,在《古诗十九首》中广泛得到运用。有的作品还在题材继承、成语使用、作品引喻等方面都表现出受到《诗经》的影响。例如"迢迢牵牛星"写织女"终日不成章,泣涕零如雨",发展了《诗经·

大东》"阳彼织女,终日七襄;虽则七襄,不成报章"的想象;"明月皎夜光"中"南箕北有斗,牵牛不负轭"这一比兴,提炼《大东》"维南有箕,不可以簸扬"等语而成;"东城高且长"中"《晨风》怀苦心,《蟋蟀》伤局促"的感慨,更直接引用《诗经》作品;都明显表现出作者熟悉《诗经》,深受它的熏陶。而"涉江采芙蓉"则显然受到《楚辞·九歌》的影响与启发。但"古诗"与乐府民歌的关系最为密切,它们之间并无鸿沟。"古诗"形式原是学习、模仿、提炼乐府民歌而来,许多作品留有乐府四句一解的痕迹。有的"古诗"作品本即乐府歌辞,像"生年不满百"就来自于《西门行》古辞;"迢迢牵牛星"一说是古乐府辞。《古诗十九首》中很多作品有浓厚的民歌风味,像"行行重行行"回环复沓,重叠排比;"青青陵上柏"晓喻通俗,如唱道情;"迢迢牵牛星"以民间传说为题材;"客从远方来"用双关语表达相思之情;"冉冉孤生竹"、"凛凛岁云暮"等抒情诗都采取叙事的方式倾诉衷情,运用比兴手法渲染烘托,使作品增强了民歌情趣。不过,从总体上看,"古诗"的形式、技巧较之乐府民歌更加细致工整。

刘勰概括"古诗"的艺术特色是,"结体散文,直而不野,婉转附物,怊怅切情"。这一评论十分中肯。就拿《古诗十九首》而言,它们的显著特点是:深入浅出的精心构思,富于形象的比兴手法,情景相衬的描写技巧,如话家常的平淡语言,扬成一种直抒感兴、曲尽衷情而委婉动人的独特的风格。比较起来,其中的游子诗大部分是他们的感兴之作,富有哲理,意味深长,耐人寻味。例如"青青陵上柏"写道:"青青陵上柏,磊磊涧中石。人生天地间,忽如远行客。斗酒相娱乐,聊厚不为薄。驱车策驽马,游戏宛与洛。洛中何郁郁,冠带自相索。长衢罗夹巷,王侯多第宅。两宫遥相望,双阙百余尺。极宴娱心意,戚戚何所迫!"

它以"陵上柏"、"涧中石"起兴,看出孤高正直、磊落坦荡的情怀。接着又发人生短促的处世感慨,而与首二句兴象相连,就表现出作者的不幸处境和旷达的态度。接着就记述他的人生乐趣,中间夹杂着小民的知足自乐和寒士的安贫自守,既不自炫高尚,也不自居卑下。

于是借着游宛、洛的话头,从寒士小民的角度,描写繁华都城里王侯权贵的豪华景象,瞻仰帝王居处的辉煌气象,好像在赞叹神往另一个世界,另一种人生。随后诗人又悄然地一转,感慨道:王侯显贵们这样穷极欢宴,称心如意地享乐,小民又何必为人生短促而感到忧愁呢!由此可见,此处有对统治者的不满和不平,然而由于无奈和无望,于是变为一种心安理得、适意行乐的思想情绪。全诗的情调初看如即兴偶感,悠闲聊天,但从起兴、议论、叙述、描写到感慨,却层次分明,对比强烈,自然而然地流露褒贬,结语略加点破,引人思索。又如"明月皎夜光",以悲秋起兴,铺排秋夜明月繁星及时节、物候变化,渲染炎凉气氛,然后直指朋友不相提携,结语点破得势的朋友不讲交情，"虚名复何益"，以警世人，令人深省。此类游子诗，实质上多属抒写人生处世体会的作品。但因生活感受深切，思想感情真实，往往以情述理，偏重抒情，所以诗的艺术效果容易激起读者的感情共鸣，引起生活联想，觉得这些诗含蓄有味，富含哲理意蕴。

思妇诗则属抒情作品，意在动人，因此形象鲜明，感情委婉。如"行行重行行，与君生别离。相去万余里，各在天一涯。道路阻且长，会面安可知？胡马依北风，越鸟巢南枝。相去日已远，衣带日已缓。浮云蔽白日，游子不顾返。思君令人老，岁月忽已晚。弃捐勿复道，努力加餐饭。"

它以思妇自叙形式，对丈夫倾诉离别相思之苦。她恰似痛苦已极，百无聊赖，脱口即出，信口絮叨。事实上诗人构思精到，真实而有独创。它没有简单地写思妇的春情和秋思，而是描述了一个思妇由于丈夫久出未归而产生的愁思忧虑，集中反映她由于忠诚的夫妻感情而压抑不住的内心愁苦。它从没完没了的生别，天各一方的远别，早归无盼的怨望，丈夫思乡的料想，憔悴消瘦的想念，担心意外的疑虑，青春蹉跎的忧伤，写到勉强解脱的自慰。随着感情的发展，跌宕起伏，结构精致，衔接合理。而以朴实的直白为主，却在料想、疑虑丈夫心情、遭遇时运用含蓄的比兴。整篇语言精练，表情生动，神态逼真，鲜明快当地表现出一个思妇的形象。它是《古诗十九首》的第一首，确实也属"古诗"独特艺术风格的较为突出的代表作，历来脍炙人口。如"冉冉孤生竹"、"凛凛岁云暮"等篇，也都具有相同的艺术特点。与游子诗相比，这一类思妇诗更能代表"古诗"的艺术特征和成就。

【书海拾贝】

青青陵上柏，磊磊涧中石。

人生天地间，忽如远行客。

浮云蔽白日，游子不顾返。

思君令人老，岁月忽已晚。

相去万余里，各在天一涯。

《陶渊明集》

【名家传略】

陶渊明（公元365年—427年），字元亮，另说名潜，字渊明，浔阳柴桑（江西九江东南）人。他去世后，友人私谥为靖节，故后世又称"陶靖节"。又因为曾经任彭泽县令，后人又称之为"陶彭泽"。在当时人的心目中，陶渊明是一位人格高洁的隐士，但他的诗文就不是很有名。自梁昭明太子萧统为之编集并作序后，他的诗文才慢慢地被人们所重视，而且越到后来影响越大。可以说他是魏晋南北朝时对后世影响最大的一位作家，在中国文学史上有着十分重要的地位。

陶渊明的一生大致可以分为三个时期：29岁以前为家居读书时期，29岁至41岁为时官时隐时期，41岁至63岁为隐居不仕时期。

陶渊明归隐的原因是：一，由于长期没有得到晋升，所以才愤而退隐；二，当时是改朝换代的时候，社会动荡，为避免祸害，保持个人名节而退隐；三，受儒家"穷则独善其身"、道家"以自隐无名"思想的影响而退隐。

陶渊明非常的真诚直率，"不为五斗米折腰"一直为后人所赞颂。

陶渊明的一生是十分坎坷的。在54岁时他所做的《怨诗楚调示庞主簿邓治中》中说："弱冠逢世阻，始室丧其偏。炎火屡焚如，螟蜮恣中田。风雨纵横至，收敛不盈廛。夏日长抱饥，寒夜无被眠。造夕思鸡鸣，及晨愿乌迁。"各种天灾人祸，可以说他都遭遇到了。在隐居之后，他的处境更为艰难。他在艰难困踬之中，从古代的贫士和隐士那里寻找过精神寄托，更从酒、琴、田园与友谊中寻找过精神支柱，但对他最有意义的是亲自参加了劳动生产。在他晚年构思的理想境界桃花源中，他既要求"春蚕收长丝，秋熟靡王税"，又要求"相命肆农耕，日入从所憩"。他希望每个人都参加劳动，自食其力，人与人之间和谐相处，没有勾心斗角、巧取豪夺，更没有阶级和等级制度。这种理想，明显与小生产者的利益是一致的。

陶渊明对儒、道两家思想均有所继承。关于儒家方面，他接受过儒家积极用世的思想，也曾一度希望建功立业，有所作为。《读史述九章·厩贾》："进德修业，将以及时；如彼稷契，孰不愿之！"但他也接受过儒家独善其身的观念。《有会而作》："斯滥岂攸志，固穷夙所归。"隐居之后，独善其身的思想是他始终坚持理想、坚持人格独立的重要精神支柱。此外，他受道家的影响，尤其是受庄子的影响更多一些。他追求真朴的人生理想和审美理想，他鄙弃官场、傲视世俗的为人作风，他的高逸飘洒、简静闲淡的人品格调，他的无君理想，甚至他思想中始终充溢着的强烈的生命悲剧意识，都与庄子有关。庄子这些方面的思想，魏晋的士大夫尤其是玄学家们都有所继承，经过他们的消化吸收，形成一种时代风尚，影响到陶渊明。陶渊明的思想是非常复杂、充满矛盾的。他的思想中有不少消极的东西，比如乐天安命的思想，及时行乐的思想，"人生似幻化，终当归空无"（《归园田居》其四）的虚无主义思想等，都是值得我们慎重分析对待的。

陶渊明今存诗歌共120多篇，辞赋、散文共11篇。萧统是最早为陶渊明编集并作序的人，为8卷本；后北齐阳休之增补为10卷本，但其中混入了他人之作。北宋宋庠重新刊定刻行10卷本，是陶集的最早刊本。以上各本均没有流传下来。现今能看到的最早版本是南宋至元初的刊本。最早为陶集作注的是南宋汤汉的《陶靖节诗注》4卷。

较为流行的有宋巾箱本、李公焕的《笺注陶渊明集》10卷，收入《四部丛刊》。清人陶澍的《靖节先生集注》10卷较为完备，收入《四部备要》。

【经典阐述】

虽然陶渊明写过一些脍炙人口、传诵不衰的辞赋和散文，但是他的主要成就是在诗歌方面。他历来都是以一个诗人的身份被载入文学史的。田园诗和咏怀、咏史诗是陶渊明的重要成就。

陶渊明田园诗的主要内容包括对田园优美的自然风光的描绘、对自己劳动生产的体验和闲居交游、读书饮酒等三个方面的内容。

陶渊明把田园自然风光看成是一种人生的安身立命的地方，看成一种与黑暗现实、混浊官场完全对立的另一理想境界，因此他竭力把自己的社会政治理想和自我人格理想化，使田园与自我精神融为一体。例如《归园田居》其一：

少无适俗韵，性本爱丘山。误落尘网中，一去三十年（当作十三年）。羁鸟恋旧林，池鱼思故渊。开荒南野际，守拙归园田。方宅十余亩，草屋八九间。榆柳荫后檐，桃李罗堂前。暧暧远人村，依依墟里烟。狗吠深巷中，鸡鸣桑树巅。户庭无尘杂，虚室有余闲。久在樊笼里，复得返自然。

此诗描写了田园生活的美好，表达了他对官场生活的憎恶。但这种对现实与官场的否定，不仅仅是一种情感的否定，同时还是一种理性的否定。诗人看到在那粗俗、卑污、没有人身自由的环境里，人已经失去了自己天真纯朴的本性，失去了人的真善美本质。这是陶渊明把追求目标转向田园的根本思想原因。事实上，在现实生活中，田园也并不是那么充满诗情画意的，诗人并不是没有看到这一点，而且也在诗中写到过。

《归园田居》其四云："久去山泽游，浪莽林野娱。试携子侄辈，披榛步荒墟。徘徊丘垄间，依依昔人居。井灶有遗处，桑竹残朽株。"这也许才是诗人所真正看到的田园。如果拿这一幅画面来权衡田园生活，那么田园就不一定真能成为人性解放的理想世界。陶渊明的可贵之处也就在这里，他不是以悲观主义的态度来对待社会和人生，而是以理想主义、乐观主义来对待它们。在诗人眼里，那宅旁的十余亩田地，八九间草屋，房屋前前后后的榆柳桃李，远处的袅袅炊烟，近处的鸡鸣狗吠的声音，是那样的充满无限生机，同时又是那样的和谐恬静，使人心灵得到一种解脱，并由此得到一种说不出来的愉悦。人的本性，就在这种至真至美的审美境界中恢复。

又如《饮酒》其五："结庐在人境，而无车马喧。问君何能尔？心远地自偏。采菊东篱下，悠然见南山。山气日夕佳，飞鸟相与还。此中有真意，欲辩已忘言。""心远地自偏"恰恰就是诗人能从苦难的现实中找到诗意的原因。正是凭着一种心灵的超越，陶渊明才升华出诗句的。"采菊"两句一直都被诗歌评论家所赞赏。苏东坡想象陶渊明的情境是："本自采菊，无意望山，适举首而见之，故悠然忘情，趣闲而累远。"这种想象最为近情。陶渊明把自己所发现的诗意叫做"真意"。所谓"真"，《庄子·渔父》是这样说的："真者所以受于天也，自然不可易也。"从哲学的本体论的角度来说，"真"就是指人与万物的自生自成、自在自为性，这种属性不是由外物所施加的，外物也不可以改变。从美学的角度来讲，"真"是一种真朴的没有虚伪之美。陶渊明是带着一种哲学与美学的眼光来看待田园风光和田园生活的。他在田园中领悟到一种最美好的审美境界，却无法用语词或概念表达出来。

陶渊明表现自己投身劳动生产的那些田园诗也有一个基本特点，那就是他尤为强调了劳动对人生、对自己坚持隐居的重大意义。作为一个不再追逐名利、依赖官府供给的士大夫，他最可贵之处便在于自食其力。他为了坚持退隐独善的理想，对孔子"忧道不忧贫"的观点是有所改变的。《癸卯岁始春怀古田舍》说："先师有遗训：'忧道不忧贫。'瞻望邈难逮，转欲志常勤。"他已决心老老实实去种地了。

《归园田居》其三写他去除草：

种豆南山下，草盛豆苗稀。晨兴理荒秽，带月荷锄归。道狭草木长，夕露沾我衣。衣沾不足惜，但使愿无违。

《庚戌岁九月中于西田获早稻》写他去收割：

人生归有道，衣食固其端。孰是都不营，而以求自安！开春理常业，岁功聊可观。晨出肆微勤，日入负未还。山中饶霜露，风气亦先寒。田家岂不苦，弗获辞此难。四体诚乃疲，庶无异患干。盥濯息檐下，斗酒散襟颜。遥遥沮溺心，千载乃相关。但愿长如此，躬耕非所叹。

从上面的诗中我们可以看出，诗人始终是将劳动与坚持隐居的理想联系在一起的。劳动是辛苦的，然而劳动所得未必就真能丰衣足食。陶渊明就是在劳动后却仍然"夏日长抱饥，寒夜无被眠"（《怨诗楚调示庞主簿邓治中》），甚至于乞食（见《乞食》诗）的隐居生活体验中，了解了"田家岂不苦"这一田园生活真相的。封建社会有很多士大夫也因各种原因隐居，但他们多数都不愿意或者不屑于亲自去参加劳动。如谢灵运就曾慨叹："进德智所拙，退耕力不任。"（《登池上楼》）陶渊明的可贵之处就在于他不仅亲自参加了劳动，而且还在于他可以承受劳动生活的艰辛。陶渊明的这一部分田园诗与《诗经》、汉乐府一样，"饥者歌其食，劳者歌其事"，具有歌食歌事的内容。

陶渊明还有许多田园诗是写闲居交游、饮酒赋诗等生活景象的。像《和郭主簿》描写他闲居时的生活状况：

霭霭堂前林，中夏贮清阴。凯风因时来，回飙开我襟。息交游闲业，卧起弄书琴。园蔬有余滋，旧谷犹储今。营己良有极，过足非所钦。春秫做美酒，酒熟吾自斟。弱子戏我侧,学语未成音。此事真复乐,聊用忘华簪。遥遥望白云,怀古一何深。

陶渊明在这里写到了自己的文化、家庭生活。他的主要文化生活是书和琴。从他的诗来看,他是非常善于捕捉生活的韵律节奏的。他诗中常常写到酒。萧统《陶渊明集序》称:"有疑陶渊明之诗,篇篇有酒;吾观其意不在酒,亦寄酒为迹也。"他在家庭生活方面写到了小孩在他身边嬉戏的情景。这些文化、家庭生活都是他的一种精神寄托。我们从这里可以看到他内心感情的丰富,看到他对生活的热爱,同时也能体味到他内心的矛盾与苦闷。《移居》诗写他和隐士、农民朋友的交往:"邻曲时时来,抗言谈在昔。奇文共欣赏,疑义相与析","农务各自归,闲暇辄相思。相思则披衣,言笑无厌时"。这种坦率真诚、不拘形式的自由交往与谈吐,跟在官场的勾心斗角、装腔作势的生活相比较,谁更接近人性是非常明显的。

陶渊明的《桃花源诗并记》是在各类田园诗基础上的一个升华。其中"土地平旷,屋舍俨然,有良田美池桑竹之属","荒路暖交通,鸡犬互鸣吠",这种景象正是他诗中常出现的恬静和谐的田园风光。它所反映的是人类与自然融为一体的理想。而"相命肆农耕,日入从所憩","黄发垂髫,并怡然自乐","童孺纵行歌,斑白欢游诣",则进而描绘出一个人人劳动、生活富足且快乐的理想社会,与肮脏的尘世形成鲜明的对比,"直于污浊世界中另辟一天地"(清丘嘉穗《东山草堂陶诗笺》)。在这个理想社会中,"春蚕收长丝,秋熟靡王税",劳动成果不受统治者的剥削;甚至没有皇帝,也没有王朝的更替,"不知有汉,无论魏晋"。桃花源已经不仅仅是隐士躬耕的小天地,在一定程度上反映了农民小生产者要求自食其力、不受剥削的愿望和对劳动者不得食的现实社会的痛恨。当然,桃花源理想也受到庄子、阮籍、鲍敬言等思想家的影响,同时也体现了小生产者和诗人自己的局限性,如否定智慧、小国寡民和复古倾向。

陶渊明的《杂诗》、《咏贫士》、《咏二疏》、《咏三良》、《咏荆轲》、《读山海经》等都是属于咏怀、咏史诗之类的。咏怀诗中一些作品表现了他内心的矛盾的、苦闷的心理。如《杂诗》其二写道:

白日沦西阿,素月出东岭。遥遥万里辉,荡荡空中景。风来入房户,夜中枕席冷。气变悟时易,不眠知夕永。欲言无予和,挥杯劝孤影。日月掷人去,有志不获骋。念此怀悲凄,终晓不能静。

显然这里所表现的孤独、悲愤心境与阮籍《咏怀》诗非常近似。封建时代,士大夫们都把出仕当作是建功立业的唯一出路。隐居,除了一些人把它作为做官的一种捷径外,大部分的人显然都是迫不得已才那样做的。隐居以后,他们常常会感到一种人生价值的失落感,还会激起一种强烈的生命悲剧意识,陶渊明就是这样的。《杂诗》中差不多每一篇都在慨叹人生很容易老去,壮志难酬。"盛年不再来,一日难再晨"(摘自其一),"古人惜寸阴,念此使人惧"(摘自其五),"人皆尽获宜,拙生失其方。理也可累何，且为陶一觞！"（摘自其八）情调是极其悲凉的。读陶渊明的一些田园诗，我们会觉得他内心非常平静，显示出他十分达观，可是一读他的咏怀诗，才知道达观与平静都只是一种表面的、暂时的现象，他的真正的内心感慨是悲痛的。

陶渊明的咏史诗中有一些金刚怒目式的作品。《咏荆轲》写荆轲刺秦王之事，非常悲壮慷慨。朱熹曾经评述说："渊明诗，人皆说是平淡，据某看他自豪放，但豪放得来不觉耳。其露出本相者，是《咏荆轲》一篇。平淡的人如何说得这样言语出来。"事实上，陶渊明的性格本来就有刚烈的一面，他并不是一位没有斗争精神的人。《读山海经》赞美"精卫衔微木，将以填沧海。刑天舞干戚，猛志固常在"，在晋、宋文人中是很少见到这种诗的。

【历史评说】

陶诗的艺术风格显得自然平淡。这跟东晋玄言诗人所提倡的清淡文风有一定的关系，但陶诗的平淡不是思想内容平淡，而是内容思想跟生活非常接近，富于真实感，语言平易，没有雕饰，而且意境鲜明，耐人寻味，与玄言诗根本不一样。他的诗特别注意对意象的整体把握，注意构图的和谐统一，所以能创造出一种似浅而实深的意境，给读者一个再创造的余地。例如前面提到的《归园田居》（其一）、《饮酒》（其五）即是如此。这是一种很高的艺术造诣。刘勰曾经把宋初的文风称作是"俪采百字之偶，争价一句之奇；情必极貌以写物，辞必穷力而追新"。文人创作，只顾锤炼个别句子，但却没有能从整体着眼去加以把握，结果产生"有名句而无名篇"的现象，如谢灵运的一些诗就是这样的。陶渊明则不然，他所要表达的意境都是为了他作文的目的，而不以雕章丽句为能事。他写的都是平常眼见耳闻的一些事物，发自内心深处的真情实感，用的也是平平常常的生活语言和词汇。例如"种豆南山下"、"今日天气佳"之类。他炼字的目的也是为了增强表现力，丰富内涵。如"霭霭堂前林，中夏贮清荫"中的"贮"，"有风自南，翼彼新苗"中的"翼"，"日暮天无云，春风扇微和"（《拟古》）的"扇"等，就都是能以少总多、增强形象性的平常的字眼。从美学角度说，平淡自然就是一种美，同时还是一种很难达到的美的境界，此种美学境界正是陶渊明的追求。他的诗平淡中显出深厚，朴实中显出华彩。苏东坡称"其诗质而实绮，癯而实腴"，元好问称其"豪华落尽见真淳"，都是这个意思。

陶渊明还擅长捕捉那些能表现自我、表现个性的景物来增强诗的内涵。诗中常写到孤松、秋菊、白云、归鸟，这些景物都带有某种象征的意义，象征着自己清高、不拘世俗的品质和情怀，这是吸取了楚辞的比兴手法。

陶渊明的诗中往往带着一种理趣，这跟他喜欢用哲学去思考宇宙、社会、人生，同时还跟魏晋玄学及玄言诗的发展影响有一定的关系。陶渊明诗中的理趣通常跟景物、情感结合在一起，所以来得很自然，且绝无说教的含义。诗是以情景为主的，要是哲理诗没有情景肯定就会淡乎寡味,令人生厌,一些玄言诗就是如此。但一旦理趣、情景很好地结合起来,情况就大不一样。它可以更好地诱导人们的理性与悟性,从而把人们引向深沉而高远的境界,起到一个按之愈深、恢之愈广的积极效果,这也是陶诗经得起咀嚼、咏叹的一个重要原因。

陶渊明的诗有五言跟四言两种主属体式。他的五言诗继承了古诗十九首的传统,尤其是对阮籍的咏怀传统有所继承和发展。他的四言诗上继《诗经》,下继嵇康而又有所发展。他的四言诗像他的五言诗一样,以自然而有情韵为特色。王夫之称赞他的《停云》、《归鸟》为"四言之佳唱,亦柴桑之绝调",如从四言诗发展的历史看,嵇康以后,渊明的作品确可称作是一种绝调,但四言的表现力到底不及五言,从陶诗的整体看,成就最高的还是五言诗。

陶渊明对后世的影响是多方面的。陶渊明不为五斗米折腰、宁愿穷困也不屈事权贵的精神在那个时代就已经被人们称道。萧统《陶渊明传》写道:"时周续之人庐山事释慧远,彭城刘遗民亦遁匡山;渊明又不应征命,谓之浔阳三隐。"诗人颜延之所写的《陶征士诔》,主要就是从他光明峻洁的人格角度来怀念他的。陶渊明可以说为后世士大夫树立了一个耿介正直、孤高伟岸的人格模范,具有十分动人的示范力量。唐代诗人高适不愿拜迎长官,李白不愿摧眉折腰事权贵都和陶渊明精神是一样的。陶渊明的率真性格对士大夫有着非常大的影响,他那种不拘形式上的礼仪、讲求真情实感的生活作风常常是后世士大夫的榜样。这种真率性格在文学作品中的表现就是一种豪放的风格。它肯定也助长了士大夫的隐逸心理,把一些人带进逃离现实生活也就是所谓的"独善"的精神世界中。

陶渊明的桃花源社会政治理想对后世有很大影响。唐末的《无能子》、南宋邓牧的《白牙琴》、康与之的《昨梦录》中都曾憧憬过相类似的理想境界。《昨梦录》中所描述的异姓一家,计口授地,衣服饮食牛畜丝纩麻枲之属均公有均分的思想,与桃花源境界尤其相似。后世文人对桃花源的性质的理解虽各异,有的以为是仙界,有的以为其中"虽有父子无君臣"(王安石《桃源行》),相同的是都把它看成一种美好的理想境界。历史上如王维、韩愈、刘禹锡、王安石、汪藻、赵孟頫、王恽等众多诗人,都曾根据他们对桃花源的理解以诗为其赞美。还有一些美术作品也以此为题材。他们都把桃花源理想境界看成是一种和现实社会对立或不同的社会,而对其憧憬本身就具有否定黑暗现实的意义。

陶渊明的文学作品在当时没有受到应有的重视。宋齐唯鲍照、江淹稍效其体。钟嵘在《诗品》中称陶渊明为"古今隐逸诗人之宗",并认为陶渊明的诗具有"协左思风力","文体省净,殆无长语,笃意真古,辞兴婉惬"等特点,但却把他的诗列为中品,显然不公。刘勰做《文心雕龙》,竟对他只字未提。他的诗是在萧统为他编集并做序之后才引起世人重视的,这时已是他死后近百年了。萧统说:"其文章不群,辞采精拔,跌宕昭彰,独超众类,抑扬爽朗,莫之与京。横素波而傍流,干青云而直上。语时事则指而可想,论怀抱则旷而且真。……读渊明之文者,驰竞之情遣,鄙吝之意怯,贪夫可以廉,懦夫可以立。"这个评价是比较客观的。

陶渊明同时还是田园诗的开派者。唐代的王维、孟浩然、韦应物、柳宗元,他们都是田园山水诗的优秀继承者,世称山水田园诗派。宋朝之后山水田园向来都是一个常常写的诗歌题材。田园生活是后代许多士大夫都曾经历或接触过的实际生活的一个重要方面,陶渊明的贡献就是他第一次大量地发掘这一生活素材,并在艺术上有很大的成功。经过他的发掘,人们才真正认识到田园生活确实有着世俗生活所没有的那种特殊的美感,他们继续对这一领域进行不断的开掘。

陶渊明在文学艺术上的巨大成功也是他历代影响不衰的主要原因。自南朝鲍照、江淹开始,历代盛行"拟陶"、"和陶"。许多著名诗人均以陶渊明的艺术境界为追求的目标之一。如杜甫说:"焉得诗如陶谢手,令渠述作与同游。"(《江上值水如海势聊短述》)陆游说:"我诗慕渊明,恨不造其微。"(《读陶诗》)又说:"学诗当学陶。"(《自勉》)陶诗对后世具多方面的影响。沈德潜曾说:"陶诗胸次浩然,其中有一段渊深朴茂不可到处。唐人祖述者:王右丞(维)有其清腴,孟山人(浩然)有其闲远,储太祝(光羲)有其朴实,韦左司(应物)有其冲和,柳仪曹(宗元)有其峻洁,皆学焉而得其性之所近。"(《说诗晬语》卷上)但还是他那种平淡自然的美学追求影响最为深远,后代很多人都认为这是一种难以企及的境界。明人许学夷在讲自己的学陶体会时说:"靖节诗甚不易学,不失之浅易,则伤于过巧。予少时初学靖节,终岁得百余篇,率浅易,无足采录。今间一为之,又不免类白、苏矣。因遂绝笔,不复为也。(《诗源辨体》卷六)唐顺之也说:"陶彭泽未尝较声律,雕句文,但信手写出,便是宇宙间第一等好诗。何则? 其本色高也。"(《答茅鹿门知县》)这些均为会心之论。

【书海拾贝】
采菊东篱下,悠然见南山。
晨兴理荒秽,带月荷锄归。
精卫衔微木,将以填沧海。

《文 选》

【名家传略】

我国的文学发展史源远流长,从春秋战国至汉魏六朝,千余年间出现了许多作家,产生的作品也十分繁复,就作品数量而言,可说是浩如烟海。因此,对它们删繁减芜、别裁品鉴，从中选收优秀之作，汇编一部文学总集，也是提上日程的任务了。据《隋书·经籍志》中记载，从晋代到隋代中出现249部文学总集，共5224卷之多。不过后来大都已经佚失。今天我们能看到的最早的也是影响最巨的一部文学总集就是《文选》。

萧统（公元501年—531年），字德施，是南朝梁武帝萧衍的长子。他天监元年（公元502年）被封为太子，但还来不及登基就去世了，死后谥号昭明，后世因此常称呼他昭明太子，而他所主编的《文选》也就往往被人们习惯地称作《昭明文选》。

萧统天赋很高，3岁学《孝经》、《论语》，5岁就熟读《五经》。梁武帝非常喜欢他，经常到东宫去看望，有时候还住几天。萧统12岁那年，在宫中见狱官审案，就问："穿皂衣的这个人是干什么的？"随从告诉他："是掌管刑狱的。"萧统看了看他们断案的材料，说："这些东西我都能看懂，可不可以让我审？"主审官看他年幼，笑着说："行！"那些案子都是刑事重案，可萧统一律判其打五十大板。

主审官对这样的结论不知怎么办才好，就呈报给梁武帝。梁武帝笑着依从了萧统的判罚。此后，萧统经常坐在一旁听审案，每次碰到要从宽审理的案子，就让他再审定。这从一个侧面体现了萧统宽恕仁厚的性格，从孝行上这种性格得到了最高体现。在萧统9岁时，母亲丁贵嫔得了重病，他回去日夜伺候，衣不解带。从丁贵嫔死后到出殡，他什么东西都没吃，还经常因为过分悲痛哭得不省人事。梁武帝微词下诏教训他说："毁不灭性，圣人之制，不胜丧比于不孝。有我在，哪得自毁如此？"并强迫他吃饭。即便如此，他也只吃一点点，使梁武帝也跟着着急。

自从给太子加了成人礼，梁武帝就有意识地锻炼他的理政才能，把所有的政事交给他办。萧统对各类事物都比较了解，对奏章中错误的地方都能详加辨析，让有关人员改正，但没有弹劾任何人。他在审理案件时也多有宽囿，百姓都称道他的仁厚。正由于这种爱心，他在日常生活中非常简朴，不蓄女乐，碰到灾变或战争等事的时候，便节衣缩食，并派自己身边的人走街串巷，访察民情，对家庭生活困难或无家可归者赈济衣、食等救济物，掩埋无人收殓的死者。他十分怜悯百姓承担的沉重赋役，并尽自己所能地减轻他们的负担。中大通二年（公元530年）的春天，梁武帝准备征发民工开凿一条水道，萧统阐明了利弊才使武帝放弃了这个计划。

虽然武帝非常器重太子，但对他还是多有疑心和猜忌的。丁贵嫔去世时，萧统曾派人选了一块墓地。可太监俞三副没能在买地的交易中得到好处，就对武帝说那块墓地对他不利，萧统于是让他去买。过了没多久有一个善于看风水的道士说墓地对萧统不利，为防止灾病他把蜡鹅和其他一些东西都埋在墓穴里。武帝核知后想要追究太子的责任，被徐勉劝阻放弃了，只把道士杀了。这件事情在萧统心上投下浓重的阴影。中大通三年（公元531年）三月，萧统因为在湖中摘芙蓉落水受伤，由此而最终逝世，时年31岁，谥号"昭明"。萧统的逝世在朝野产生了非常大的轰动："朝野惋愕，都下男女奔走宫门，号泣满路。四方氓庶及疆徼之人，闻丧皆哀恸。"由此可见他在人民心目中的位置。

南北朝时期的文学集团有很多，梁朝的萧氏家族在聚集文人、开展艺事、繁荣文艺方面做出了很大的贡献。以萧统为首形成了一个在当时文坛上非常有影响的文学集团。《南史·萧统传》记载，萧统特别喜欢文学，每遇游宴或饯行的时候，需要赋诗，他都属思天成，至数十韵（或作数韵），他都能马上赋就，而且作好就不需要进行改动了。他的诗文都收集在明朝张溥编辑的《昭明太子集》里。因为对文学的兴趣和他的特殊地位，在他身边聚集了很多富有才学的文士，先后到他门下的知名文学之士有刘孝绰、王筠、到洽等数十人之多。《文心雕龙》的作者刘勰也受到过萧统的礼遇。这些人共同探讨诗书文体，探究古今，继以文章著述来进行交流。他们频繁的集团性活动通过相互砥砺，易于使创作进入活跃状态，产生一个较大的社会影响。

《文选》成书的确切年代，因为史书没有详细记载，因此至今尚无定论。不过，根据已经为学术界认同的该书选文不录生人作品的原则和主编萧统辞世的具体时间，此书的编定时间粗断在梁普通七年（公元526年）以后至梁中大通三年（公元531年）以前数年间，应该说基本是准确的。

【经典阐述】

我国六朝以前的文学作品主要有诗、文这两大类。因此《文选》作为那个时期的文学总集，其实质是一部诗文总集。书中所收作品的范围，大多数都是以"词人才子"的名篇为限。后世习惯上称作经、史、子几个部类的著作都是所谓"集"这样的一些著名的单篇诗文。这在当时实际上是为文学划定了范畴，是文学发展到一定阶段的一种产物，反过来又对文学的独立发展起到一个积极的促进作用。

整本书共收集了130多家的作品，上起子夏、屈原，下到萧统当世，前后历时近千年，共选作品514题，计760多篇。它的编排体例，根据作者自序说，是选文"各以汇聚。诗赋体既不一，又以类分。类分之中，各以时代相次"。我们在书中，可以看到，书中的作品是先按照赋、诗、杂文三大门类而划分出赋、诗、骚、旨、诏、册、令、教、文、表、上书、启、弹事、笺、奏记、书、檄、对问、设论、辞、序、颂、赞、符命、史论、史述赞、论、连珠、箴、铭、诔、哀、碑文、墓志、行状、吊文、祭文等文；然后根据题材内容的不同，在赋体下细分为京都、郊祀、耕籍、畋猎、纪行、游览、宫殿、江海、物色、鸟兽、志、哀伤、论文、音乐、情等15个小类。在诗体下细别为补亡、述德、劝励、献诗、公宴、祖饯、咏史、郊庙、乐府、挽歌、杂歌、杂诗、杂拟等23个小类。这样的分类，显然有点琐碎，所以受到后世一些学者如章学诚、俞樾等人的尖锐批评，但不可否认，它毕竟体现了当时我国诗、文发展繁荣的大体情况，同时证明文体辨析在当时已经进入了十分细致的阶段。因此应该肯定它的历史价值。

萧统关于这部书的编纂宗旨,在他的《文选序》中做了一个具体说明:

自姬汉以来,邈焉悠渺,时更七代,数逾千祀。词人才子,则名溢乎缥囊;飞文染翰,则卷盈乎缃帙。自非略其芜秽,集其清英,盖欲兼功,太半难矣。

意思就是说,自从周代、汉代以来,历史已经很遥远了,朝代一共更换了七次,时间跨越了千年,其间出现了无数的诗人,产生的作品如牛身上的毛一般多。如果不删除粗劣,汲取精华,就算加倍努力,也很难全部读完。

那么,萧统为自己所规定的编选宗旨到底贯彻得怎么样呢?具体检验一下书中所选作品,的确可以说自《诗经》后到萧统的那个时代,我国古代文学的精华,大多数都归结于其中了。从赋体看,汉、晋时代的著名大赋,从司马相如的《子虚赋》、《上林赋》,枚乘的《七发》,班固的《两都赋》到左思的《三都赋》等,可以说已网罗无遗。对于这些大赋,人们自然有不同评价,但它们到底代表了赋体特别是汉赋创作的一个重要方面,是"一代文学"的一个主要标志,在我国古代文学发展史上占有非常重要的地位。与此同时,书中还收了很多抒情咏物的小赋,从宋玉的《风赋》到贾谊的《鵩鸟赋》,从司马相如的《长门赋》,到王粲的《登楼赋》,再到曹植的《洛神赋》,一直到南朝鲍照的《芜城赋》,江淹的《别赋》、《恨赋》等,名篇佳作,琳琅满目。从诗体方面看,因为该书所覆盖的时代是五言诗形成与发展的时代,因此书中所选从汉代无名氏的《古诗》到各时期名家如曹植、王粲、刘祯、阮籍、陆机、潘岳、左思、郭璞、陶渊明、谢灵运、鲍照、江淹、沈约、谢朓等人的五言体主要作品基本上都具备。除此之外还选了一些有代表性的四言诗如曹操的《短歌行》,以及少量七言诗如曹丕的《燕歌行》等,这些都是后世经久不衰的名篇。而且,书中还另外列有骚体一体,收录了屈原的《离骚》、《九歌》等楚辞中的精品。再从所选的各体裁文章来看,这本书骈散兼顾,但以骈文为主,入选作品如贾谊的《过秦论》、司马迁的《报任安书》、诸葛亮的《出师表》、嵇康的《与山巨源绝交书》、陶渊明的《归去来辞》等,也都是各个时期的重要文学成果。当然,限于萧统的个人意见,也有一部分先秦汉魏六朝时期的优秀的诗文作品没能入选,这主要是一些汉乐府中的民歌如《陌上桑》、《焦仲卿妻》、《孔雀东南飞》等,以及南北朝民歌"吴声"、"西曲"中的一些作品,另外还有受到民歌影响显著的一些文人诗如陈琳的《饮马长城窟行》等。在萧统看来,这些作品俚俗不雅,缺少骈体文学的语言美,所以摒弃不用。这是这本书的一个缺失。

【历史评说】

这部总集不仅具有非常高的文学史料价值,而且十分清晰地体现了从先秦到梁代文学发展的轨迹,所以是后世凡要学习先秦汉魏六朝文学的人所必须研读的一部文选作品。

《文选》问世以后，很快引起了人们的注意。经隋到唐，研读《文选》已经成为一门学问，被叫做"文选学"或"选学"，多种《文选》版本也就不断出现。其中李善注本、五臣注本以及后来合二为一的六臣注本最著名，在这三种注本中，数李善注本最有学术价值。

李善是唐代一位学识渊博的学者，号称为"书簏"。他为《文选》作注，十分勤苦，可谓是积毕生心血，前后把书稿改动了好几次，最终才成定本。《文选》原书大约30万字，共30卷，经李善作注后，竟然全书增加到100万字以上，几乎成为原书的四倍。因为分量大大增加，于是把原来的每卷各分为二，这就是我们现在所看到的李善注《文选》60卷。李善注《文选》，集当时"选学"的大成，全书主要采取征引式注法，释事翔实博瞻，词义简明扼要，注音确切，校勘精审，同时注文体例严谨，凡所出注，都有依据，排比规整，毫不淆乱。这本著作因为有这样突出的优点，它理所当然就受到后世的特别推崇。例如清代学者胡绍煐在他的《文选笺证自序》中说："李善注援引赅博，经史传注，靡不兼综，又旁通仓雅训诂，及梵释诸书，史家称其淹贯古今。……李善古书尚多，自经残缺，籍存十一，不特文人资为渊薮，抑亦后儒考证得失之林也。"他的评论是十分中肯的。当然，太偏重释事和辞藻的溯源，而对文意的解析相对忽略，是李善注的一个欠缺。所以我们在研读李善注《文选》的同时，如果能对五臣注也加以参照，肯定会收到一个更加理想的效果。

【书海拾贝】

自姬汉以来，邈焉悠渺，时更七代，数逾千祀。词人才子，则名溢乎缥囊；飞文染翰，则卷盈乎缃帙。自非略其芜秽，集其清英，盖欲兼功，太半难矣。

《李太白集》

【名家传略】

《李太白集》是唐代极富于浪漫主义的杰出的爱国诗人李白的诗作代表集，所汇诗篇其辞明朗，其情深挚，其韵优美，其境含蓄，其味深长，景真情切，豪爽奔放，气势磅礴，历来被认为是"冠绝古今"的佳作。它给诗人在古诗界奠定了"诗仙"的崇高地位。

李白，字太白，号青莲居士，祖籍陇西成纪（今甘肃平凉）。唐武后长安元年（公元701年）生于碎叶，5岁时随父亲迁居绵州昌明县（今四川省江油市），24岁时"仗剑去国，辞亲远游"，顺长江而下，离开蜀地，漫游各地。唐代宗宝应元年（公元762年）十一月于安徽当涂县其族叔李阳冰处病逝。

李白从5岁时候随父亲迁居绵州，便将四川当作故乡，在他后来的诗篇中多次提到。李白少年时才华出众，博览群书，据李白自己说："五岁诵六甲，十岁观百家"。据史料记载，他"喜纵横术，击剑为狂侠，轻财重施"。

李白大约十七八岁时，曾与一位隐士东严子（即赵蕤）隐居于岷山（今成都青城山），养鸟侍禽，读书击剑，赵蕤把自己编著的《长短经》传授给李白。《长短经》是一部纵谈历史、政治、王霸、征战的博采众家之作。李白对他的这位老师十分敬重，感情深厚。后来在《淮南卧病书怀寄蜀中赵征君蕤》一诗中说："故人不可见，幽梦谁与适。"赵蕤是一位品格高尚、博学多识的人，他对李白的成长有着深远的影响。

李白20岁后开始漫游。他先是到四川各地，巴山蜀水之间遍布他的足迹。他在成都曾登上散花楼，有诗云："日照锦城头，朝光散花楼。金窗夹绣户，珠箔悬银钩。飞梯绿云中，极目散我忧。暮雨向三峡，春江绕双流。今来一登望，如上九天游。"他也曾登上峨眉山，"蜀国多仙山，峨眉邈难匹。周流试登揽，绝怪安可悉"（《登峨眉山》）。诗中表现了他对故乡山水的无限深情。

公元725年，李白25岁，为了增长见识，寻找机会，施展自己的才能和抱负，他离开了四川。此时他的心情正如他的诗中所说："故知大丈夫必有四方之志，乃仗剑去国，辞亲远游。"（《上安州裴长史书》）他乘舟东下，经由长江三峡出了四川。在经过白帝城时，他留下了著名的诗篇《早发白帝城》："朝辞白帝彩云间，千里江陵一日还。两岸猿声啼不住，轻舟已过万重山。"过了三峡，便至荆门。一出荆门，天地豁然开朗，江面辽阔，水天相接，李白不禁吟出："渡远荆门外，来从楚国游。山随平野尽，江入大荒流。月下飞天镜，云生结海楼。仍怜故乡水，万里送行舟。"李白在舟行过程中，对各地的风土人情、古迹名胜，进行考察游览，写了一些传世佳作。他在下三峡经过沿江州府时，搜集巴人歌谣和当地俚曲。醇厚的民间文学丰富了他的知识，为他提供了创作营养。他的《荆州歌》、《襄阳曲》、《襄阳歌》大约就是在这一时期写的。

离开四川以后，李白到过许多地方，"南穷苍梧，东涉溟海"，走遍了大江南北。他到过金陵，金陵的歌台舞榭、翰墨场中都知道李白的才名。《金陵酒肆留别》一诗就是他在离开金陵时的赠友之作。诗中记录了他在金陵时的风流逸事："风吹柳花满店香，吴姬压酒唤客尝。金陵子弟来相送，欲行不行各尽觞。请君试问东流水，别意与之谁短长？"他还游历了扬州、陈州、汝州、襄阳等地。在襄阳鹿门山，李白与孟浩然结为好友，"吾爱孟夫子，风流天下闻。红颜弃轩冕，白首卧松云。醉月频中圣，迷花不事君。高山安可仰，徒此揖清芬。"这首诗反映了二人的笃厚友情。李白的另一首名诗是《赠孟浩然之广陵》："故人西辞黄鹤楼，烟花三月下扬州。孤帆远影碧空尽，唯见长江天际流。"更见出二人的情谊之深。

公元727年至735年，李白定居安陆，他自谓："酒稳安陆，蹉跎十年。"这时，在唐高宗时当过宰相的许圉师的女儿与李白结了婚。他的妻子出身名门，才华出众。

据《柳亭诗话》记载，李白曾做《长相思》的末句有"不信妾肠断，归来看取明镜前"，其妻读后说，武后诗中已有"不信比来常下泪，开箱验取石榴裙"之句，李白方知失语。

此后，李白又开始各处游历。在江陵他与隐士司马承祯结交，以后又和道士胡紫阳、元丹丘交往密切。这时期他写了不少游仙学道的诗。但李白对仕途并未灰心。他曾把希望寄托在达官贵人身上，希望得到他们的赏识举荐，以求建功立业，《与韩荆州书》就是这时期写的。这封书信写得词采纵横、气势磅礴，恃才自负之气溢于言表，如："愿君侯不以富贵而骄之，寒贱而忽之。则三千宾客中有毛遂，使白得颖脱而出，即其人焉！……今天下以君侯为文章之司命，人物之权衡，一经品题，便做佳士。而君侯何惜阶前盈尺之地，不使扬眉吐气，激昂青云也！"虽然坦诚直率，但锋芒毕露，有咄咄逼人之势。

李白35岁时又一度离开安陆，至山西太原游历，他的《太原早秋》写道："岁落众芳歇，时当大火流。霜威出塞早，云色渡河秋。梦绕边城月，心飞故国楼。思归若汾水，无日不悠悠。"记录的正是他此行的行程。随后，他又至山东，寄寓任城和沙邱。此时他与孔巢父、韩准、裴政、张叔明、陶沔等经常在一起饮酒赋诗，被当时人们称为"竹溪六逸"。他在山东游过泰山，写有《游泰山》诗六首。约在42岁时，李白又南下浙江，游会稽，与道士吴筠结交共居剡中。后来吴筠被唐玄宗召见，他在玄宗御前举荐李白。此时的李白因为到处漫游，饮酒赋诗，名播海内。他写的诗歌早已传遍京城。唐玄宗亦久有所闻，曾三次下诏召他入京。得到皇帝召见，李白非常得意，曾说："会稽愚妇轻买臣，余亦辞家西入秦。仰天大笑出门去，我辈岂是蓬蒿人。"（《南陵别儿童入京》）在《别内赴征》诗中甚至说："出门妻子强牵衣，问我西行几日归。归时倘佩黄金印，莫见苏秦不下机！"他认为自己从此可以发迹，信心十足，诗中颇见狂傲之气。

李白到了长安，确实名声显赫，得到殊荣。贺知章一见面就惊叹他为"滴仙人"，称赞他的诗能泣鬼神。相传唐玄宗召见李白时，对他礼遇有加，亲自降辇步迎，并"以七宝床赐食，御手调羹"，任他做翰林供奉。在此期间，他为朝廷起草过诏诰文书、答蕃书等，奉诏写过许多诗词，如《宫中行乐词八首》、《清平调三首》、《春日行》等等。此时的李白在供奉朝廷之余，同时在文人墨客中广泛交游，与他们豪饮赋诗、相互酬唱。

李白在长安不到3年，就遭受权贵谗毁，被排挤出长安。天宝三年（公元744年）李白从长安到洛阳，开始"浪迹天下，以诗酒自适"。在洛阳，李白结识了杜甫。当时李白44岁。中国文学史上的两颗巨星碰撞在一起，建立友谊，传为千古佳话。李白与杜甫结交后，相互敬重，共同做诗游历。不久他们与盛唐另一位大诗人高适在汴州梁园相会在一起。三人志趣相投，一起畅游梁园盛迹。杜甫在《遣怀》诗中记述了三人聚会的情形说："忆与高李辈，论交入酒垆。两公壮藻思，得我色敷腴。气酣登吹台，怀古视平芜。"天宝三年到天宝十四年（公元744—755年），李白仍然过着到处游历、饮酒赋诗的生活，写出了很多佳作传世，如《梦游天姥吟留别》、《古风》、《月下独酌》、《梁园吟》、《行路难》等。天宝十四年（公元755年）冬，安禄山在范阳附近起兵叛乱，至唐代宗广德元年（公元763年）才被平定。历时七年多的"安史之乱"使当时经济受严重影响，唐朝的统治从此趋于衰败。这时，李白本应避难在江南，居于庐山，但此时唐玄宗第十六子永王李璘于天宝十五年（公元756年）以平定安禄山叛乱为由率大军东下，他诏请李白为其幕府。这时唐肃宗已即帝位，他恐李璘争夺帝位，下诏让李玺到四川进见。李玺辞不受命。唐肃宗立即派大军镇压，李璘兵败身死。李白也以附逆罪名被捕入狱。经营救出狱后流放夜郎。李白本想参加永王军队，剿灭叛军，使国家回复统一，不料卷入了唐王朝统治集团的内部矛盾之中，成了无谓的牺牲品。李白在《永王东巡歌》中："二帝巡游俱未回，五陵松柏使人哀。诸侯不救河南地，更喜贤王远道来。""试借君王玉马鞭，指挥戎虏坐琼筵。南风一扫胡尘净，西入长安到日边。"反映了他参加永王幕府确实是为了平叛。

唐肃宗乾元元年（公元758年）春，李白58岁，他从浔阳出发，踏上了流放之路，他在途中写了《南流夜郎寄内》一诗："夜郎天外怨离居，明月楼中音信疏。北雁春归看欲尽，南来不得豫章书。"充分表述其悲凉心情。李白在流放途中，行至巫山，就遇赦了。这对李白是一件大好事，他高兴地在《书怀示息秀才》诗中写道："传闻赦书至，却放夜郎回。暖气变寒谷，炎烟生死灰。"

遇赦后至逝世前的三四年中，李白漫游在金陵、宣城（今安徽宣州）一带。此时他写有《留别金陵崔侍御十九韵》、《醉后赠从甥高镇》等名篇。值得一提的是，暮年的李白和劳动人民频频交往，并建立了友谊。他的《宿五松下荀妪家》、《哭宣城善酿纪叟》等诗中都反映了他与普通百姓的友情。李白有一首名作《赠汪伦》："李白乘舟将欲行，忽闻岸上踏歌声。桃花潭水深千尺，不及汪伦送我情。"汪伦就是安徽泾县桃花潭的农民。李白与他的情意，至诚感人。

李白的暮年生活十分凄凉。唐代宗宝应元年（公元762年），他投靠族叔当涂令李阳冰，并于同年十一月病死于李阳冰家中。逝世前，他写了《临终歌》："大鹏飞兮振八裔，中天摧兮力不济。余风激兮万世，游扶桑兮挂石袂。后人得之传此，仲尼亡兮谁为出涕！"这就是伟大诗人完整的一生。在政治上，李白的生活道路坎坷不平，但作为诗人，这种经历却得天独厚。他大半生漫游祖国各地，生活经验丰富，有机会接触到社会各个阶层，从帝王将相到平民百姓，见多识广，观察深刻。这为他的创作提供了大量素材，他得以从中吸取无尽营养。李白由此为祖国和人民留下了众多的优秀诗篇，完成了作为诗人的终生使命，得到人民永久的爱戴。

【经典阐述】

李白曲折的一生，以悲剧告终。他高傲爽朗，蔑视礼法，落拓不羁。因为他的诗歌富有浪漫主义色彩，所以他被后人尊称为"诗仙"。他的诗歌，不拘束于格律和规则，是凭借他的热情，信手拈来的，但这此诗依然包含了清晰流畅的语言和和谐自然的音韵。李白长于歌行和乐府，擅做绝句，律诗较少。

李白的诗歌，充满了爱国主义情怀，大多表现了诗人积极进取的精神和渴望为祖国建功立业的愿望。例如在《梁甫吟》一诗中他赞颂姜子牙的同时表达了自己的积极参政态度："君不见朝歌屠叟辞棘津，八十西来钓渭滨。宁羞白发照清水，逢时吐气思经纶。广张三千六百钩，风期暗与文王亲。"《上李邕》诗中，他抒发了远大抱负："大鹏一日同风起，扶摇直上九万里。假令风歇时下来，犹能簸却沧溟水。"《古风》第三首诗中他对秦始皇统一中国的功业进行了大力颂扬："秦王扫六合，虎视何雄哉！挥剑决浮云，诸侯尽西来。明断自天启，大略驾群才。"李白诗集中表现政治抱负的诗篇是很多的，这些诗大都气势磅礴、热情奔放。

李白热爱祖国的河山，他的笔下有中国各地的美丽风光。李白的诗向人们传达了一种积极的人生观，例如《早发白帝城》：

朝辞白帝彩云间，千里江陵一日还。

两岸猿声啼不住，轻舟已过万重山。

诗人被三峡秀丽风光迷醉，对人生和未来都充满了信心。全诗景真情切，豪爽奔放，表现出寓景于情，情景交融的优美意境。

李白部分诗歌揭露上层统治集团的腐朽昏庸，权贵的骄横跋扈，在《古风》第五十一首中有这样几句："殷后乱天纪，楚怀亦已昏。夷羊满中野，菉葹盈高门。比干谏而死，屈平窜湘源。虎口何婉娈，女媭空婵媛。彭咸久沦没，此意与谁论？"诗人对昏暗统治集团的抨击以及贤才不被任用的黑暗社会的不满，一一体现在诗中。腐朽的政治，使得诗人空有一颗报国雄心，他曾慨叹过："问我心中事，为君前致辞。君看我才能，何似鲁仲尼？大圣犹不遇，小儒安足悲！"（《书怀赠南陵常赞府》）然而失意的处境没有让他放弃改变现实的信心。

李白的部分诗歌则反映劳动人民的思想和生活。他长期的漫游，让他接触到一些普通百姓，并和他们成了朋友，在和这些朋友的交往中，李白了解了老百姓的生活和思想并通过诗歌传达出来，如《丁都护歌》中描写采石搬运工人的劳苦的几句诗："云阳上征去，两岸饶商贾。吴牛喘月时，拖船一何苦！水浊不可饮，壶浆半成土。一唱都护歌，心摧泪如雨。万人系磐石，无由达江浒。君看石芒砀，掩泪悲千古。"这些诗篇，是深刻体会老百姓生活之后，对劳动人民深厚感情的自然流露。

李白从24岁开始了他的漫游生活，他的诗歌创作和他的游踪一样从未中断，直到逝世。他一生创作了不计其数的诗歌作品，但保留下来的只是由李阳冰编辑整理的《草堂集》10卷这一小部分。但这足以证明他在当时难以估量的艺术成就。随着后来学者们研究的不断深入，他的诗歌艺术成就将会有新的发现。

李白诗歌的主要特点是：

一，自由奔放，灵活采用古风和乐府歌行体式创作，不受诗歌格律形式的束缚，富有浪漫主义色彩。乐府和歌行体式，字数灵活，格律不严，思想表达深刻自由，情感真实，想象丰富。例如《将进酒》开头的十字长句"君不见长江之水天上来"，中间杂的三字句、五字句，运用自如。这首诗是借酒消愁，发泄胸中愤懑不平之作。诗中以豪迈的语言，表达了诗人蔑视功利，追求自由理想的豪情壮志，全诗气势磅礴，雄浑奔放，如行云流水，倾泻而下，表现了诗人乐观情绪，充满浪漫主义精神。

又如《蜀道难》，有三字句、四字句、五字句、七字句、九字句、十一字句，句式多样，变化灵活，将巴山蜀水的险峻雄奇描绘成一幅完整、明朗的艺术画面。李白歌行体诗歌的代表作是《梦游天姥吟留别》，这首诗把李白诗歌的艺术风格特点完整的体现出来，诗的全文是：

海客谈瀛洲，烟涛微茫信难求。越人语天姥，云霓明灭或可睹。天姥连天向天横，势拔五岳掩赤城。天台四万八千丈，对此欲倒东南倾。我欲因之梦吴越，一夜飞渡镜湖月。湖月照我影，送我至剡溪。谢公宿处今尚在，渌水荡漾清猿啼。脚著谢公屐，身登青云梯。半壁见海日，空中闻天鸡。千岩万转路不定，迷花倚石忽已瞑。熊咆龙吟殷岩泉，栗深林兮惊层巅。云青青兮欲雨，水澹澹兮生烟。列缺霹雳，丘峦崩摧。洞天石扉，訇然中开。青冥浩荡不见底，日月照耀金银台。霓为衣兮风为马，云之君兮纷纷而来下。虎鼓瑟兮鸾回车，仙之人兮列如麻。忽魂悸以魄动，恍惊起而长嗟。惟觉时之枕席，失向来之烟霞。世间行乐亦如此，古来万事东流水。别君去兮何时还，且放白鹿青崖间，须行即骑访名山。安能摧眉折腰事权贵，使我不得开心颜。

这首七言歌行体诗，中间掺杂四言、五言、九言句，行文自如，句式灵活。全诗借梦幻表达了诗人憎恶权贵当道的黑暗政坛，追求崇高理想的志向。诗人梦在有如仙境般的天姥山胜景，幻想驾着长风，飞到山中的剡溪。他沉醉在山水花木之中忘了时间直到夜幕降临。一时间熊吼龙吟，山崩地裂，树木怒耸，霹雳轰鸣，天姥山变得可怕了。轰的一声巨响之后，洞天之门向诗人敞开了，他身着霓裳，驾马御风进入仙境……然而梦醒后，除了枕席什么都没有了，现实依旧严峻。一切不过是过眼云烟，诗人知道但并没有完全被这种消极情绪所占有，仍然以傲岸的态度面对人生。诗人以幻想代替现实是此诗的最大特点，表现了他与黑暗现实的彻底决裂，对光明世界的无限热情。浪漫主义特色是这首诗的突出艺术成就。奇妙的想象、雄奇的形象，紧紧吸引着读者。诗歌句式长短不齐，突破了格律规律的束缚，环环相扣，句句相接，蝉联而下，首尾回应，有如长江大河一泻千里，充分表现了李白诗歌纵横恣肆的风格。

二，想象丰富，构思奇绝，善于运用比喻和夸张的手法创造新奇鲜明的艺术形象。李白见闻广，阅历深，有丰富的想象力。人间的事物、天上的星辰、神话传说、历史珍闻、自然景观、梦中幻境……在他的笔下，无不成为他驰骋想象的媒介。《梦游天姥吟留别》正是李白想象力的杰作之一。他的每首诗都发挥了他的想象力。他的诗作，大都有鲜明的形象和深厚的韵味。如《古风》中的59首，虽然题材广泛，时间跨度很大，但作者通过融会贯通，也创造出完美的艺术境界。又如《望庐山瀑布》用"三千尺"的夸张手法状写瀑布之长，用"银河落九天"的想象描绘瀑布凌空而下的气势，把庐山瀑布的壮美雄奇景象有声有色地展现出来，人们在感受美景的同时不得不惊叹。《北风行》也是他发挥想象力的杰作，是诗人运用比喻夸张艺术手法的典范。"燕山雪花大如席"一句，道尽了北国严冬奇寒状况，给人留下了深刻印象。《秋浦歌》第十五首只有四句诗，20字，但通过想象成功地运用了浪漫夸张手法：

白发三千丈，缘愁似个长。

不知明镜里，何处得秋霜。

此诗约写于"安史之乱"前夕，正是李白政治上失意，安禄山策划叛乱之时，李白不仅为个人的遭际不平，更担忧国家政局。在《秋浦歌》组诗中的"白发三千丈"一句正是李白浪漫夸张的手法的运用。此诗开头就夸张了白发之长、愁思之深，接着反问。此诗虽短，却意蕴深长，耐人寻味，引人思索。

三，清新自然，明白晓畅。这种特色是李白在创作上刻苦努力、善于学习的结果。李白吸收前代和当代诗人的长处，尤为尊重汉魏六朝以来的乐府民歌，对诗的研究使他形成了自己独特的艺术语言。他的诗篇语言的光彩百读不厌。历代学人都推崇李白的语言风格，王安石对此有着很好的概括："诗人各有所得，'清水出芙蓉，天然去雕饰'，此李白所得也。"李白的诗句总是闪闪发光，让人留意且惊喜。即使是信手拈来的，只要一经推敲，你就会发现它的魅力。若深入体会则会感到含义极深，韵味无穷。例如：

床前明月光，疑是地上霜。

举头望明月，低头思故乡。

——《静夜思》

此诗是唐代五言绝句中的精品，其中的诗句含蓄深远、韵味纯美、感情直率、语言流畅。此诗收入《乐府诗集·新乐府辞》。它的创作构思、语言风格都受过前朝民歌的影响。南朝乐府《子夜秋歌》里就有"仰头看明月，寄情千里光"的诗句。从这便能看出李白从善如流的学习态度。

凤凰台上凤凰游，凤去台空江自流。
吴宫花草埋幽径，晋代衣冠成古丘。
三山半落青天外，二水中分白鹭洲。
总为浮云能蔽日，长安不见使人愁。

——《登金陵凤凰台》

此诗是李白的少数七言律诗中的一首。此诗与崔颢的《黄鹤楼》有异同之处。李白在登黄鹤楼时，曾有诗句"眼前有景道不得，崔颢题诗在上头"，他善于学习别人长处来锻炼自己的语言。这首诗对仗工整，语言极其精美。

长安一片月，万户捣衣声。秋风吹不尽，总是玉关情。何日平胡虏，良人罢远征。
明朝驿使发，一夜絮征袍。素手抽针冷，那堪把剪刀。裁缝寄远道，几日到临洮？

——《子夜吴歌两首》

这两首诗是受南朝乐府《子夜歌》的影响而做的。李白吸取了前朝民间诗人的语言艺术精华，妻子对出征丈夫的无限思念在清新自然的诗句中表达出来。

云想衣裳花想容，春风拂槛露华浓。若非群玉山头见，会向瑶台月下逢。
一枝红艳露凝香，云雨巫山枉断肠。借问汉宫谁得似，可怜飞燕倚新妆。
名花倾国两相欢，长得君王带笑看。解释春风无限恨，沉香亭北倚阑干。

——《清平调三首》

这三首诗做于天宝二年（公元743年），李白正在唐朝宫廷任翰林供奉。唐玄宗携杨贵妃一道赏花，李龟年领梨园弟子唱曲，李白写了这三首诗，虽然只是描写宫廷生活的艳体诗，但其艺术手法很高，词采华丽，韵律和谐。表面的富贵浓艳、雍容典雅，实则隐含讽喻之意。李白运用语言的高超功力表现在多方面，不论何种题材、体裁，他都能信手拈来，蔚然天成。

【历史评说】

天宝十三年（公元754年），李白在广陵（今江苏扬州市）遇到青年诗人魏万，请他编文集为《李翰林集》二卷。李白去世之前，有草稿万卷，让李阳冰做序。"安史之乱"之后，李白的许多作品丢失了，他的诗文为《草堂集》，共10卷，是由李阳冰编定的。宋代，宜黄乐史又辑得李白的逸诗遗文为《别集》，合为30卷。清代乾隆年间钱塘人王绮辑注的36卷《李太白全集》，是李白诗文集中最完备的注本。

李白的诗歌思想深刻、风格豪放，充满了积极浪漫主义色彩，从一问世就赢得极高的声誉。他的诗名从他二十几岁起就在社会上被传抄演唱。杜甫是李白的知音，他钦佩李白的人品，多次写诗赞扬李白的诗歌。韩愈、孟郊都受到李白诗歌的影响。稍后的李贺、卢仝也汲取李白作品中的营养，形成自己的风格。著名的宋代诗人苏轼、陆游、辛弃疾，明代的高启、杨慎，清代的魏源、龚自珍，直至近代现代的许多诗坛名家或多成少的都从李白的诗歌作品中受到教益和启迪。李白的诗作是中华民族最珍贵的文化财富。他的诗不仅在国内影响深远，而且在国外也受到广泛的热爱与推崇，在日本、美国、加拿大等国家，都拥有一定数量的研究者。

后人研究李白的著作并取得了一定成果，"五四"运动以后至中华人民共和国建立前有李长之著《道教徒诗人李白及其痛苦》、戚惟翰著《李白研究》等；中华人民共和国建立后，有詹锳编著《李白诗文系年》、《李白诗论丛》、王运熙等著《李白研究》等。除成书的研究外，还有许多单篇论文，中华书局曾选择其一部分较有代表性的文章选编成《李白研究论文集》，于20世纪60年代编成出版。

【书海拾贝】

安能摧眉折腰事权贵，使我不得开心颜。

长风破浪会有时，直挂云帆济沧海。

一夫当关，万夫莫开。

《杜工部集》

【名家传略】

《杜工部集》是我国唐朝时期最伟大的现实主义诗人杜甫的诗文集，现存诗1400余首，文30余篇，在世界文学史上占有重要地位。杜甫与李白并称为"李杜"。他的诗歌立足忠厚，其风格雄浑高古，自成一家，被誉为为"诗圣"。他的诗标志着中国古典诗歌现实主义的最高峰。

杜甫（公元712年—770年），字子美，又自称少陵野老，故被人们称为杜少陵，他曾任检校工部员外郎，故也称杜工部。杜甫的祖籍是襄阳（今属湖北），生于河南巩县瑶湾（今属河南）。杜甫出身于官宦世家，其先祖杜预为晋代名将、大儒。祖父杜审言曾任修文馆直学士，是当时的"文章四友"之一，初唐的著名诗人。父亲杜闲曾任兖州司马、奉天县令。杜甫的青少年时代正逢开元盛世，社会安定，文化繁荣。因家学渊源，在少年时代杜甫就对诗歌有浓厚的兴趣，经常吟诗做赋，交游于文人骚客之间。他在《壮游》一诗中说："七龄思即壮，开口咏凤凰。九龄书大字，有作成一囊。""往昔十四五，出游翰墨场。斯文崔魏徒，以我似班扬。"诗中反映了他的生平往事。

杜甫从20岁起，开始到各地漫游。他从吴越，到金陵、苏州、杭州和浙东一带，江南的湖光山色，名胜古迹，给他留下了深刻印象。唐玄宗开元二十三年（公元735年），24岁的杜甫赴洛阳参加进士考试。此次考试他名落孙山，正如他有诗说："归帆拂天姥，中岁贡旧乡。""忤下考功第，独辞京兆堂。"之后，他又到名山大川间漫游。

"放荡齐赵间,裘马颇轻狂。春歌丛台上,冬猎青丘旁。"(《壮游》)。此时他的父亲杜闲正任兖州司马,这使他有机会纵马游猎、论文赋诗,自由自在地享受生活。开元二十九年(公元741年),30岁的杜甫返回洛阳。长达10年之久的漫游生活并没有让他找到政治上的出路,他的文学创作在此时也没有显著的成就。唐玄宗天宝三年(公元744年),33岁的杜甫在洛阳和李白相遇。两位伟大诗人从此结下深厚友谊。此时杜甫写的《望岳》、《房兵曹胡马》、《画鹰》等诗,挺拔雄健,反映了青年杜甫的壮志豪情。杜甫十分敬重李白,曾有两句诗写道"怜君为兄弟,携手同日行"。和李白相识之后,杜甫开始了他青壮年时期的第三次漫游。他们这时在梁园(今河南商丘附近)一带游历,结识另一位大诗人高适,之后三人结伴畅游梁园等地。对此杜甫有诗说:"亦有梁宋游,方期拾瑶草"(《赠李白》),"昔者与高李,晚登单父台。寒芜际碣石,万里风云来。桑柘叶如雨,飞藿去徘徊。清霜大泽东,禽兽有余哀。"(《昔游》)描写了他们三人登上古琴台俯仰古今的情形。

唐玄宗天宝五年(公元746年),35岁的杜甫怀着"致君尧舜上,再使风俗淳"的政治理想来到长安。第二年,他再次参加进士考试,但考试落第。此时的唐玄宗身居皇宫,不问朝政,口蜜腹剑的宰相李林甫手中掌握了国家大权,政治黑暗,社会动荡。这次科场失败,杜甫的政治理想无法实现,生活上也遇到困难,他写过"有儒愁饿死,早晚报平津"一类抒发积愤的诗篇。在黑暗现实的逼迫下,杜甫曾向权贵献过诗,如《赠翰林张四学士》,也曾向唐玄宗献过《三大礼赋》、《封西岳赋》,在《进封西岳赋表》中他诉苦说:"臣本杜陵布衣,年过四十,经术浅陋,进无补于明时,退尝困于衣食……"然而不管他如何恳求,皇帝也没有恩赐过他。奔走在达官贵人之间的杜甫,受尽世态炎凉之苦,饱尝人世辛酸,过着"朝扣富儿门,暮随肥马尘。残杯与冷炙,到处潜悲辛"的生活。杜甫追求富贵的幻想灰飞烟灭,穷困生活为他接近贫苦百姓、了解他们的悲苦生活提供了机会,他从那里找到了素材。这时期,杜甫写过反映统治集团发动穷兵黩武战争给人民带来灾难和痛苦的《兵车行》,揭露和讽刺帝王宫中腐朽淫糜生活的《丽人行》等许多有名诗篇。

天宝十四年(公元755年),44岁的杜甫第一次被任命为河西县尉的小官,可他没有赴任。同年11月他又被任命为右卫率府胄曹参军,虽然这是一个看守兵器、管理门禁的微末官职,但迫于生计的杜甫接受了。这期间,他抽空回来奉先县(今陕西蒲城)探望家属。"入门闻号啕,幼子饿已卒。吾宁舍一哀?里巷亦呜咽。所愧为人父,无食致夭折。"这次探亲使他备受打击。他按捺不住内心的悲愤,写出了震撼千古的长篇杰作《自京赴奉先县咏怀五百字》。探亲的所见所闻所感,让他对社会贫富悬殊进行了严厉的控诉。杜甫近十年来对政治生活的观察和体验使全诗充满愤激之情,他抒发感慨,写出了富者穷奢极欲:"况闻内金盘,尽在卫霍室。中堂舞神仙,烟雾蒙玉质。暖客貂鼠裘，悲管逐清瑟。劝客驼蹄羹，霜橙压香橘。"写贫者尸填沟壑："朱门酒肉臭，路有冻死骨。荣枯咫尺异，惆怅难再述。"诗人在现实面前无能为力，只有浩歌当哭，只有借用诗歌来抒发满腔悲愤。这篇长诗既是当时社会生活的缩影，也标志着杜甫走上现实主义创作道路。

"安史之乱"发生后，叛军先后攻占了洛阳、潼关、长安。此时杜甫在羌村安排好家眷之后，只身奔赴灵武，不幸途中为叛军所俘虏，被拘回长安。已被叛军占领的长安，昔日的繁华景象已不复存在。当他听到官军在陈陶失败的消息，焦急万分，写了著名诗篇《悲陈陶》：

孟冬十郡良家子，血作陈陶泽中水。野旷天清无战声，四万义军同日死。群胡归来血洗箭，仍唱胡歌饮都市。都人回面向北啼，日夜更望官军至。

此诗为为国捐躯的战士而写，抒发了诗人对官军兵败陈陶的无限痛心之情，表达了一个穷苦诗人关心国事、系念民瘼的赤诚之心。在杜甫羁困长安时，因想念远在的鄜州妻子儿女，写了著名的抒情诗《月夜》：

今夜鄜州月，闺中只独看。遥怜小儿女，未解忆长安。香雾云鬟湿，清辉玉臂寒。何时倚虚幌，双照泪痕干！

诗人婉转含蓄的表现了内心的无限深情。词旨婉切，语丽情悲，十分感人。杜甫有家难奔，国难当头心情愁苦烦闷，难以自遣。此时他写了千古传诵的名诗《春望》：

国破山河在，城春草木深。感时花溅泪，恨别鸟惊心。烽火连三月，家书抵万金。白头搔更短，浑欲不胜簪。

这首诗通过描写春天美好景物，反衬诗人思乡忧国的心情。在国破家亡之时明媚的春光和似锦的繁花也不能引起诗人欣赏春景的兴致，反而使他触景伤情，看花溅泪，听鸟惊心，忧心如焚。内心剖析淋漓尽致的表现了诗人自己的情怀，也概括了当时在安史叛军占领区生活的人民共同的思乡感情。

唐肃宗至德二年（公元757年）四月，杜甫从长安逃住凤翔，谒见肃宗，被授任左拾遗。他就任后不久，因营救房琯而忤怒肃宗，因此被批准回鄜州探亲。在回家路上他亲眼看见了村镇遭受战争破坏的惨状，于是写了著名的《北征》、《羌村三首》等诗篇。同年九月，被叛军占领的长安、洛阳先后收复，杜甫随朝廷回到长安，仍任左拾遗之职。在这一段短暂的安定生活里，他写了几篇歌功颂德的作品。唐肃宗乾元元年（公元758年），杜甫终于因为受到房琯事仲的牵连，被贬为司功参军。再次遭受贬谪，又一次打击了杜甫的政治抱负，但这也促使他得以接近人民，与人民一起共同体验生活的苦难。这一时期他的著名诗篇有《新安吏》、《石壕吏》、《潼关吏》、《无家别》、《新婚别》、《垂老别》。这几首诗真实地反映了战乱中人民遭受的苦难和他们所做出的牺牲还有各种人物的不幸命运，揭露了统治集团施行的苛政，表现了他对人民的同情。

　　杜甫在华州之时正逢关内大旱，人民离家逃荒，他不得不弃官远走。他西去秦州，后到同谷，最后到了成都。这是他生活中颠沛流离最苦的一年。他在暂寓同谷县时写了七首诗，其中有诗云："有客有客字子美，白头乱发垂过耳。岁拾橡栗随狙公，大寒日暮山谷里。中原无书归不得，手脚冻皴皮肉死。呜呼一兮歌已哀，悲风为我从天来。"此时杜甫客居异乡，生活已到了饥寒交迫、难以为继的境地。

　　流落到成都时，杜甫在朋友的关怀资助尤其在严武的帮助下，在成都浣花溪畔盖起几间草堂，生活安定下来，杜甫的心情也慢慢好转了。此期间的作品《江村》有一股闲适愉悦的情调：

　　清江一曲抱村流，长夏江村事事幽。自去自来梁上燕，相亲相近水中鸥。老妻画纸为棋局，稚子敲针作钓钩。但有故人供禄米，微躯此外更何求？

　　闲散安适的生活、悠然自得的情趣在诗中全表现出来。这一时期他的其他作品，也均有此格调。严武不仅在经济上支援杜甫，还保荐他为检校工部员外郎，并让他在节度使署任参谋。然而这种日子不长，严武死后，杜甫就失去依靠了。

　　唐代宗永泰元年（公元765年）夏天，杜甫54岁，离开成都，经嘉州（今四川乐山市）、戎州（今四川宜宾市）、渝州（今重庆市）、忠州（今四川忠县）、云安（今四川云阳县），于大历元年（公元766年）到了夔州（今四川奉节县），暂时定居下来，过着农耕生活。

　　杜甫48岁到成都，到57岁离开夔州，中间几度迁移，然而期间的10年却是杜甫创作精力最旺盛的时期，此时，他写了很多流传千古的名篇，这些诗，内容丰富，艺术上乘，如著名的诗篇《剑门》、《蜀相》、《野老》、《客至》、《茅屋为秋风所破歌》、《戏为六绝句》、《春夜喜雨》、《闻官军收河南河北》、《有感五首》、《旅夜书怀》、《秋兴八首》、《咏怀古迹五首》、《壮游》、《又呈吴郎》、《登高》，等等。这些优秀诗篇既是杜甫赢得"诗史"声誉的基础，也是中华民族文学宝库中的瑰宝。这些诗篇表达了诗人复杂的、闲适的、激动的、欣喜的、沮丧的感情。他的诗歌感情的变化随着当时的政治风云和个人境遇的变化而变化的。他的诗歌作品，从更深更广的角度反映社会生活、人民精神面貌，这在当时是别具一格的。

　　唐代宗大历三年（公元768年），杜甫乘船离开夔州，经过江陵、公安、岳州（今湖南岳阳），《登岳阳楼》是他登临岳阳楼时，感情抒发的不朽之作：

　　昔闻洞庭水，今上岳阳楼。吴楚东南坼，乾坤日夜浮。亲朋无一字，老病有孤舟。戎马关山北，凭轩涕泗流。

　　他晚年潦倒穷途、贫病凄凉的悲苦心境和生活遭遇在此诗中都体现出来。唐代宗大历五年（公元770年），杜甫因贫病死在湘江的客舟中，终年59岁。虽然他这颗中国文坛上的巨星陨落了,但他的诗歌和他的文学成就却永远影响着中国和世界的诗坛。

【经典阐述】

杜甫的一生,饱经忧患。虽然他从小就受到良好的儒家思想的教育,热爱祖国和人民,关心政治,有"致君尧舜上,再使风俗淳"的匡时济世的政治抱负。但是,杜甫一生坎坷,仕途失意。他长期流离转徙、接触社会的各个阶层,因此他的诗具有民包物与的高尚情怀,立足忠厚。他的诗风格雄浑高古,自成一家,后世他被尊称为"诗圣"。他的诗歌中有浓厚的民本思想,敢于面对社会黑暗,痛陈时弊,他的诗概括了社会上错综复杂的矛盾、国家的政治动态等,所以又被尊称为"诗史"。唐代元稹曾高度评价杜甫说:"上薄风骚,下该沈宋,言夺苏李,气吞曹刘,掩颜谢之孤高,杂徐庾之流丽,尽得古今之体势,而兼文人之所独专矣。诗人以来,未有如子美者。"元稹对杜甫的评价贴切得当。

爱国思想贯穿杜甫诗歌作品的始终,使他关心政治,关心社会动态。他曾在诗中由衷地歌颂过唐王朝的盛世:"忆昔开元全盛日,小邑犹藏万家室。稻米流脂粟米白,公私仓廪俱丰实。九州道路无豺虎,远行不劳吉日出。齐纨鲁缟车班班,男耕女织不相失……"(《忆昔》)他的诗也无情地抨击最高统治者——帝王的穷兵黩武、养痈蓄患、腐朽的生活和黑暗的政治,有诗写道"边庭流血成海水,武皇开边意未已。君不闻汉家山东二百州,千村万落生荆杞"(《兵车行》);"主将位益崇,气骄陵上都。边人不敢议,议者死路衢"(《后出塞》);"紫驼之峰出翠釜,水精之盘行素鳞。犀箸厌饫久未下,鸾刀缕切空纷纶。黄门飞鞚不动尘,御厨络绎送八珍"(《丽人行》)。这些诗揭露和斥责了唐玄宗不顾人民死活发动开边战争所造成的灾难,以及"安史之乱"和帝王奢侈生活。当国家的命运处在危难之时,他的诗也时时流露他对国家和人民的关切之情:"群胡归来血洗箭,仍唱胡歌饮都市。都人回面向北啼,日夜更望官军至"(《悲陈陶》);"焉得附书与我军,忍待明年莫仓卒"(《悲青板》)。诗人除了关怀、期待以外还写诗献出平叛的谋略:"延州秦北户,关防犹可倚。焉得一万人,疾驱塞芦子?"(《塞芦子》)。不管他在朝在野,居富居贫,与国家命运息息相关的心情贯彻始终,至死不渝。杜甫在《蜀相》一诗中既赞美诸葛亮也寄托了他自己的爱国情:

丞相祠堂何处寻?锦官城外柏森森。映阶碧草自春色,隔叶黄鹂空好音。三顾频烦天下计,两朝开济老臣心。出师未捷身先死,长使英雄泪满襟!

这首诗是他弃官入蜀之后作出来的。当时,他政治上失意,"安史之乱"尚未平息,人民在苦难深渊中挣扎,而他满怀报国之心,不得见用,空有济世之才,壮志难酬。他崇敬诸葛亮的高风亮节,钦佩诸葛亮的雄才大略,有感而发写下的这首咏史怀古诗篇,寓意深刻。

杜甫坚持民本思想,以民为贵。诗作大多是反映人民思想愿望和生活疾苦的,著名的如《自京赴奉先县咏怀五百字》、"三吏"、"三别"、《蚕谷行》、《岁晏行》、《负薪行》、《佳人》等，深切同情人民的痛苦生活和不幸命运。杜甫的饱含人民血泪的诗篇中，有许多闪光的诗句，不断打动着后来读者的心。如"朱门酒肉臭，路有冻死骨"；"乱世诛求急，黎民糠籺窄。饱食亦何心？荒哉膏粱客。富家厨肉臭，战地骸骨白"（《驱竖子摘苍耳》）；"哀哀寡妇诛求尽，恸哭秋原何处村"（《白帝》）；"无贵贱不悲，无富贫亦足"等。

杜甫的一些诗篇是与友人赠答、怀人念旧的。诗中深刻的思想内容，反映了他重情义、念故旧的忠厚品质。虽然他与李白交往时间不长，但在此之后却写过好几首诗怀念李白。对待其他朋友也是如此，最著名的《江南逢李龟年》可以说是这一类诗歌中的代表作：

岐王宅里寻常见，崔九堂前几度闻。正是江南好风景，落花时节又逢君。

此诗写于唐代宗大历五年（公元770年），叙写故友重逢，抒发不胜今昔之感的情意。眼前落花纷飞，让诗人追忆往昔的游乐情景，百感交集，委婉含蓄的表达了乱世岁月的惆怅和眷恋故人的真挚感情。

杜甫在诗歌创作上取得了多方面的成就。首先，他继承了中国古典文学中的现实主义传统，在反映现实社会生活的基础上揭示社会生活的本质，通过具有代表性的人物命运和社会事件表现出来。杜甫生活在安史之乱之时，所以他的诗歌创作多取材于这一事件。人们可以从阅读中体会诗人激动难平的心情。《闻官军收河南河北》一诗，使得诗人的惊喜欢快状历历如绘：

剑外忽传收蓟北，初闻涕泪满衣裳。却看妻子愁何在，漫卷诗书喜欲狂。白日放歌须纵酒，青春作伴好还乡。即从巴峡穿巫峡，便下襄阳向洛阳。

屡经战乱忧患的人听到捷报消息的惊喜激动之态，在诗中表现得传神入微。全诗感情饱满，语言流利，笔墨酣畅，具有强烈的艺术感染力。

然而当作者身陷长安，亲身经历国破家亡的痛苦时，禁不住痛哭，用另一种笔墨写下了著名诗篇《哀江头》：

少陵野老吞声哭，春日潜行曲江曲。江头宫殿锁千门，细柳新蒲为谁绿？忆昔霓旌下南苑，苑中景物生颜色。昭阳殿里第一人，同辇随君侍君侧。辇前才人带弓箭，白马嚼啮黄金勒。翻身向天仰射云，一笑正坠双飞翼。明眸皓齿今何在？血污游魂归不得。清渭东流剑阁深，去住彼此无消息。人生有情泪沾臆，江水江花岂终极。黄昏胡骑尘满城，欲往城南望城北。

诗中描写了官军战败之后的长安宫殿空锁，百姓流离失所，人民在一片哀声中期待官军早日到来。战乱气氛中诗人的痛苦心情使全诗充满悲怆之气。

诗人勾勒出两种情形，形象鲜明，意蕴深厚，写喜写悲，各臻其妙。此诗完美结合了中国传统的赋、比、兴创作手法，表现了杜甫诗歌艺术的独特成就。

杜甫有广泛的诗歌创作的题材，在他的笔下没有诗歌不可写的事物、不能表达的感情。杜甫广泛的诗歌体裁在唐代是首屈一指的。

杜甫诗歌体裁灵活多样，他擅长从个别中反映一般，善于捕捉典型事物抒发情怀，综合运用了古体、近体、乐府歌行等诗歌格式。在唐代古体诗已有五古、七古之分，早在魏晋南北朝时期五古诗体的运用已完全成熟，七古在唐初才兴起，但杜甫对这两种诗体都能灵活运用，写出了许多雄沉、奔放、慷慨、激越的诗篇，例如五古《佳人》：

绝代有佳人，幽居在空谷。自云良家女，零落依草木。关中昔丧乱，兄弟遭杀戮。官高何足论？不得收骨肉。世情恶衰歇，万事随转烛。夫婿轻薄儿，新人美如玉。合昏尚知时，鸳鸯不独宿。但见新人笑，那闻旧人哭。在山泉水清，出山泉水浊。侍婢卖珠回，牵萝补茅屋。摘花不插发，采柏动盈掬。天寒翠袖薄，日暮倚修竹。

这首诗约写于唐肃宗乾元二年（公元759年）。被贬官华州的杜甫，正逢关中大旱，诗人被迫弃官流落秦州。诗中写战乱中一个弃妇的不幸遭遇，寄寓诗人在政治上失意的感慨。这首五古诗，清丽通脱，格调高古，具有汉魏诗歌的风格韵致。

《古柏行》是一首借喻古柏咏赞诸葛亮的高风亮节的七言古体诗，全诗二十四句，三次换韵，三韵自成三段，每段八句，变化多端，平仄互调，音节顿挫，运用了初唐以来七古诗体换韵铺写之长，灵通变化，展示了诗歌的声韵之美。例如此诗的最后一段：

大厦如倾要梁栋，万牛回首丘山重。不露文章世已惊，未辞翦伐谁能送？苦心岂免容蝼蚁，香叶终经宿鸾凤。志士幽人莫怨嗟：古来材大难为用！

诗人的怀才不遇、才大难用的愤慨情怀通过诗歌形象化的语言、铿锵的音调表现出来，引人深思，给人以美感享受。

杜甫的近体诗创作成就更大地熟练运用并发展了五律、七律、排律、五绝、七绝。他创作了许多很优秀的近体诗，有些诗因其深邃的思想和精工的形式被认为是唐诗中的典范之作。杜甫的传世之作多是五七言绝句，风格多样，色彩斑斓。如"江碧鸟逾白，山青花欲燃。今春看又过，何日是归年"。对于一个忧心忡忡的诗人，山清水秀之景只能勾起他的异乡漂泊之感。又如"两个黄鹂鸣翠柳，一行白鹭上青天。窗含西岭千秋雪，门泊东吴万里船"（《绝句》）。此诗仿佛是用语言组成的色彩明丽的油画，黄、绿、白、青相互辉映，淡雅和谐。鸟雀、青天、山峦、航船，画面有动有静，远近相应，给人以流动的立体美的享受。

杜甫在语言的锤炼上是着意下了一番功夫人，因此被称为语言大师。"语不惊人死不休"，正是他刻苦努力的真实写照。精确凝练、概括性强是杜甫诗歌语言的最大特色，如"朱门酒肉臭，路有冻死骨"，十个字鲜明的对比，爱憎分明。又如"烽火连三月,家书抵万金",把战乱年月漂泊异乡之人的思家之情表露无遗。丰富多彩、形象鲜明是杜诗语言的又一特色,如"映阶碧草自春色,隔叶黄鹂空好音",色彩明快,妙语传神;又如"细雨鱼儿出,微风燕子斜",描绘了一幅细腻逼真的田园风景画。质朴自然、明快通俗是杜甫诗歌语言的另一特色,如"挽弓当挽强,用箭当用长。射人先射马,擒贼先擒王",引用谣谚语言,既通俗易懂又恰切自然。音调美也是杜甫诗歌的一大特色,如"无边落木萧萧下,不尽长江滚滚来","流连戏蝶时时舞,自在娇莺恰恰啼",铿锵悦耳,富有节奏感,读来琅琅上口。

【历史评说】

杜甫的诗歌,在继承中国诗歌的优秀传统的同时,也深刻而广泛地反映了唐王朝真实的社会面貌,而且也表现了诗人虽身处逆境却始终热爱祖国、同情人民。在艺术上,杜诗集前人之大成,是辉煌的唐代诗歌的一面旗帜,也是开后世之先路,令百代学习景仰的楷模。杜甫在中国文学史上有举足轻重的地位,他被认为是世界范围的文化伟人。

《杜工部集》在中国古典诗歌创作上获得的成就决定了杜甫在中国文化史上的地位,然而当我们深入研究杜诗和杜甫本人的时候,就会发现,杜诗主要思想内容的构成,杜甫创作特色的形成,杜甫政治、社会理想的确立,人生态度、创作态度的选择,或者一部杜甫诗集,都会对后世产生巨大的影响,等等这些都与儒家文化有着非常密切的联系。"诗圣"的名号,使得杜诗所确立的"忧国忧民"精神逐渐成为了主流理论。南宋诗人就说:"忧时本是诗人职,莫怪吟中感慨多。"

规矩井然、学有规范是杜诗的一大特点。宋代时对杜诗的广泛的模仿就开始了。书商为了满足这个社会需求,还把杜诗分类编排(杜诗的"分门集注本"一直流传到现在,民国期间,商务印书馆曾影印,编入"四部丛刊")。之后,人们便从阅读中了解杜诗中的思想感情。因此,说杜诗影响了后世文人士大夫性格的塑造一点也不夸张。

为了满足后世读者需求,历代的文人学者热衷编纂、校订、注解、选编杜诗(在诗人个人选注中占第一位,传世与存目近千种),坊间也乐于刊刻,而且畅销。在古代社会中杜诗的普及程度是很高的。

杜甫是中国文学史上的伟大诗人。他的诗歌滋润了一代代后来学者,激励他们创作出中国文学史上的新篇章。

【书海拾贝】

朱门酒肉臭,路有冻死骨。

感时花溅泪,恨别鸟惊心。

随风潜入夜,润物细无声。

《唐诗三百首》

【名家传略】

《唐诗三百首》是一部流传甚广的唐诗选集。编选者蘅塘退士，原名孙洙，字临西，江苏无锡人。他是清代盛世乾隆年间的进士，于乾隆十六年（1751年）中了进士以后，只做过几任知县便隐居乡里，以写书为乐，著有《蘅塘漫稿》一书。《唐诗三百首》成书于乾隆二十八年（1763年）。

《唐诗三百首》和"诗三百"比较接近，实际上孙洙是有意摹仿《诗经》的"诗三百"的说法，含意是继承了《诗经》的传统。和《诗经》一样，"三百首"取的是整数，实际上，这本书中共包括310首诗，共分为8卷。他把入选诗篇按诗体分为五古、七古、五律、七律、五绝、七绝六类，把乐府诗附入各体之中。

【经典阐述】

在清朝的读书人当中曾经流传着这样一句俗语："熟读唐诗三百首，不会作诗也会吟。"这句话流传之广，差不多到了尽人皆知的地步了，尤其是其中所提到的《唐诗三百首》几乎家喻户晓，每个家庭基本上都有一本。而其来历与成书过程却并不一定人人皆知。

《唐诗三百首》其名字已明确说明，这是一本唐代诗歌的集子。自唐朝以后，唐代诗歌的地位越来越高，在后人心目中几乎已成为难以企及的艺术高峰。在唐代289年间，不仅出现了李白、杜甫、白居易这些在世界上享有美誉的大诗人，还产生了许多各具特点的优秀诗人，如专长于写古风的陈子昂，善于写山水诗与禅悟赋的王维，善于写田园诗的孟浩然，善于写边塞诗的高适、岑参以及善于以文为诗的韩愈，诗风奇诡怪异的李贺和被人合称为"小李杜"的杜牧与李商隐。他们都为唐代诗歌添上了瑰丽的一笔。另外，还有许多的普通诗人，他们的作品更是数量巨大，其中相当一部分人还有自己的著名篇章传世。

唐代诗歌产生于中国历史的一个黄金时代，它代表着诗歌的极致以及艺术的自由境界，因此，不仅赢得了广大读书人的喜爱，就是普通百姓也爱不释手。在后人的想象中，唐朝的人们的生活是应该是多姿多彩的，人人意气风发且蓬勃向上，人人都有理想有追求，每个人自由自在地工作，自由自在地享乐。每个人都可以自由地选择自己的生活方式，到边塞从军也好，在田地上耕种也好，读书做官也好，四海经商也好，甚至也可以什么也不做，在山中隐居，还可以整年旅游，去饱览山川美景。人们对它充满向往，是因为这个时代的人可以过一种心情舒畅的生活，但它已经永久地逝去了，似乎再也不可能回来了，人们便只能通过所阅读的诗歌去体会它的自由。对于普通人来说应是如此，而对于读书人来讲，就没那么简单了，他们的兴趣不只是吟咏、背诵诗歌，而且在于模仿。他们希望自己能够全面学习唐代诗歌的写作技法与风格，从而可以写出高水平的诗歌，这样也就必须找到适合于模仿的优秀唐诗。

唐代的诗歌数量极多。其中清代康熙时著名学者彭定术等人编纂《全唐诗》，结果编出一部多达900卷，其中包括2200多位诗人，共4万多首诗的巨著。这样一部如此浩荡的大书，翻读起来极为不方便，而且普通人家也买不起，难以普及。因此，人们就决心编纂选本。

实际上，关于唐诗的选本在唐代就已经开始了，这些选本在以后的朝代中有许多都失传了，只有那些艺术水准比较高、比较合适的选本流传了下来，包括高仲武的《中兴间气集》、芮挺章的《国秀集》、姚台的《极言集》等10种。

后来，宋代、元代、明代、清代都有许多标准各异、繁简不同的唐诗选本问世，但在这众多的唐诗选本中，只有清代蘅塘退士选编的《唐诗三百首》传播最广，影响最大，这要归功于选编者高明的审美眼光。

《唐诗三百首》的编选标准为历代公认的脍炙人口的诗，或颇有代表性的诗，且必须体现"盛唐气象"——盛唐时所产的诗是唐诗中的高峰。因此，书中对该时期重要作家以及其脍炙人口的名篇一一入选在内。另外，"初唐四杰"和沈、宋等人的律诗以及初盛唐之前作为李白和杜甫前驱的陈子昂、张九龄等人的古诗，选得不多，但所选的都是代表作。此外，书中也入选了许多中晚唐著名诗人的代表作。另外，这个选本还兼顾了同一作家的不同风格的诗歌，并没有失之于偏狭和片面。而对一些普通的、不太知名的作者，编者也并没有忽略他们的存在。而且，为了便于读者的阅读和欣赏，编者还对入选的诗作了简要的评语。

【历史评说】

孙洙编定这本唐诗选本的目的则是：专就唐诗中脍炙人口之作，择优而用，每体精选数十首，得三百余首，录成一编，为家塾课本。换句话说，孙洙编此选本的目的是为私塾中儿童选一本作诗的启蒙读本，从而使他们从小就可以接触诗艺诗情，熟知音韵和音律，从而导引其进入诗的王国，用诗熏陶心性，从而领略艺术的美感，让诗的美好记忆永伴终生。

《唐诗三百首》成书以后，顷刻风靡全国，在当时的影响已达到"风行海内，几至家置一编"，由此可见它在民间的普及程度。当时有很多人开始为它作注，其中以陈婉俊的补注本最为简明扼要，流行也最广，已实现了原编者的意图。

这个唐诗选本汇集了大量的且风格各异的优美诗篇，为读者开辟了一条领略诗歌极致的新捷径。

【书海拾贝】

会当凌绝顶，一览众山小。

同是天涯沦落人，相逢何必曾相识。

抽刀断水水更流，举杯消愁愁更愁。

曲径通幽处，禅房花木深。

曾经沧海难为水，除却巫山不是云。

《东坡集》

【名家传略】

在宋代的文人里，给后人留下最深刻记忆的定属苏东坡了。他是有多方面创作才能的大家，在诗、词、散文等方面取得了独到的成就。

东坡是他的号，是他谪居黄州时在郡城旧营地的东边垦种荒地时起的。他的名叫苏轼，字子瞻，眉州眉山（今四川省眉山市）人，生于宋仁宗景祐三年（1036 年），66 岁时卒于宋徽宗建中靖国元年（1101 年）。父亲苏洵，是闻名于世的文章大家，但他年轻时经常交游，苏轼少时即由母亲程氏教他读书。母子俩都为东汉循吏范滂抑制豪强的气节所感动，后来苏轼能在政治生活中坚持正义就是受其影响。

苏轼 21 岁时便考取进士，26 岁被任为大理评事金书风翔府判官，步入仕途，后因父亡，回蜀居丧。在他服丧期满重到汴京时，在宋神宗支持下，王安石已开始变法革新了。从此，他随着变法与反变法的争斗，遭到三次受迫请外任、三次被贬的厄运，走过了坎坷不平的一生。

宋神宗熙宁四年（1071 年），由于苏轼明显地倾向于反变法派而遭到了变法派的重点打击。为避免在朝久留将会带来更大麻烦，便要求外任，通判杭州。

宋神宗元丰二年（1079 年），由于苏轼在杭、密、徐、湖诸州任上写诗批评新法，以讪谤新政罪被捕解京，在御史台监狱关押了 100 多天，这就是历史上著名的乌台诗案。后被贬黄州，当个挂名的团练副使。

元丰八年（1085 年）三月，神宗病逝。由于哲宗年幼，高太后权同听政，司马光为执政大臣。在关于熙宁变法的问题上，苏轼主张"较量利害，参用所长"（《东坡奏议集》卷三《辨司馆职策问剳子》），触犯了司马光。自是不安于朝，于元祐四年（1089 年）再次莅杭。

宋哲宗元祐八年（1093 年）九月，高太后去世，由哲宗亲政，有复熙宁、元丰之意。苏轼受到冷遇，预感到"国是将变"，奏请补外，出知定州，这是他一生中最后一次任职。次年，哲宗改年号为绍圣，打起继承神宗新法的旗号。他以前起草的制诰、诏令中"讥斥先朝",所以苏轼又被当作旧党,贬知英州。未到英州,又改贬惠州。三年后再贬儋州,这是重新掌权的新党对旧党人士加重惩处的表现。三年后,苏轼被赦北归,路上于江苏常州病逝。

在苏轼反对王安石变法革新的问题上,我们应全面、辩证地对待。事实上,苏轼内心不仅不反对变革,而且是变革的积极倡导者,从他早年写的政论文《进策》25篇及《思治论》中不难发现。但他却不同意王安石变法,特别是在熙宁初年曾两次上万言书(即《上神宗皇帝书》、《再上神宗皇帝书》),明确表明他反对新法的观点。其分歧主要在变革内容及变革方法这两个问题上,苏轼认为首先要解决的问题是"任人之失"而不是王安石说的"立法之弊",苏轼提出渐变而反对王安石主张的骤变,所谓"慎重则必成,轻发则多败"(《拟以进士对御试策一道》)。

苏轼政治思想中的确存在保守的一面,并反映在他的创作中,还有相当偏激的意见,如把蝗灾也归罪于新法:"新法清平哪有此?"(《捕蝗至浮云岭山行疲苦有怀子由弟》)但是,变法派采用行政手段来解决思想观点上的分歧是不正确的。再说新法在推行过程中确有缺点和流弊,出现"便民"和"扰民"两种情况,苏轼出于对百姓疾苦的关怀,写了一些既批评新法又反映真实生活的诗,如《吴中田妇叹》。可是,严酷的现实却使这类诗成了他的罪证,甚至连一些同新法毫无关系的诗,如《八月十五日看潮五绝》(其四)也被曲解为攻击农田水利法,这纯粹是牵强附会的诬陷。

【经典阐述】

苏轼是我国文艺史上罕见的全才。他著作甚富,诗文有《东坡集》,词集今存者以元延祐七年(1320年)的《东坡乐府》(二卷)为最早。

文,他是大家,堪称继欧阳修之后北宋古文运动的领袖。在"唐宋八大家"中,他和父亲苏洵、弟弟苏辙并称为"三苏"。他谈史和议政的论文和他的政治生涯密切相关,层层剖析,滔滔雄辩。他的书简、序跋等随笔也占有重要地位,即是信手拈来,但在无所藻饰中也有其真情实感。记事文和记游文是苏轼散文中的精华,其特点是融情于景,寓理于事,达到情、景(事)、理的统一。前、后《赤壁赋》都是即景抒怀、借景喻理的佳作。前篇写秋夜泛舟赤壁,水月流光是其境,哀乐相生乃其情,最后悟得的思理是物我共适,超尘绝世。后篇写冬夜重游赤壁,"江流有声,断岸千尺,山高月小,水落石出",渲染出一种寥落幽峭的气氛,较之前篇"白露横江,水光接天"的秋色,景异而情同。

各种题材,苏轼写来都如行云流水,流畅自然。在反对晚唐五代浮巧轻媚之"余风"及宋初求深务奇之"新弊"的基础上苏轼散文形成了这一特点。

诗,苏轼也是大家。他一生共写了2700多首诗,广泛地描写了11世纪后期中国的社会生活。其中最突出的是下面的三类诗。

一，社会政治诗。此类诗有很强思想，虽然数量不多，但敢于揭露社会矛盾，反映民生疾苦。苏轼是封建社会中富有正义感的知识分子，他从早年的生活中就感到社会存在的严重的贫富不均。进入仕途后，他长期任职州郡，多方接触实际，贬谪的磨难，让他更为深刻地了解了农民的困苦，从中他认识到人祸横流是造成社会现状的主要原因："人间行路难，踏地出赋租。"（《鱼蛮子》）在流放中苏轼写了许多为民请命的优秀诗篇，在他出狱不到20天、赴黄州的路上就发出了感慨，"伫立望原野，悲歌为黎元"（《正月十八日蔡州道上遇雪次子由韵》）。又借题画之机抨击官吏的敲诈勒索："而今风物哪堪画？县吏催租夜打门。"（《陈季常所蓄朱陈村嫁娶图》）晚年在惠州做《荔枝叹》，代表他的社会政治诗到了顶点。他把关心人民的疾苦与批判统治者的骄奢结合在诗中，不论是批判历史还是揭露现实，矛头都直指当今皇帝哲宗。

二，写景诗。此类诗的重要特点，一是善于描摹景物的独特形貌。《新滩》写鱼鸟失势之态以表现长江三峡最险处新滩所特有的湍流迅猛之险。《游径山》是站在山下观山，把静止的山势写活了，呈现飞动之美。《江上看山》人是在飞驶的船上，故山势如骏马奔驰，有一种独特的"回旋"感。二是善于捕捉景物的瞬间变化。"水光潋滟晴方好，山色空蒙雨亦奇。欲把西湖比西子，淡妆浓抹总相宜。"（《饮湖上初晴后雨》）写西湖先晴后雨的景色，溟濛细雨，没有完全被抹去晴天的景象，一瞬间天空变成一幅奇异多彩的画面，有空濛雨色也有潋滟晴光。其他如《有美堂暴雨》写暴雨云雷交作、雨飞海上的全过程，《六月二十七日望湖楼醉书五绝》（其一）写夏季骤雨之后乌云散开的水天一色的景色，《望海楼晚景五绝》（其二）写骤雨过后海平水碧、远天不时划过惊雷闪电的壮观。诗人捕捉到稍纵即逝的自然界变化，灵眼觑见，写出一首首优美的诗。

三，理趣诗。理趣诗的特点是不直接点明深刻的道理而是隐于趣味之中，通过描写人物形态、自然景色乃至生活小事来说明事理、表现思想。

苏轼理趣诗的核心命题是如何认识世界、认识人生，即"知"和"识"的问题。当局则迷、旁观则清就是《题西林壁》中的深刻哲理。他还告诉我们，"不识"也就是"识"。因为不同条件下，庐山的景象就不同，"不识"正是苏轼加工多种感性认识的材料之后而获得的理性认识，由简单到复杂、由低级到高级的认识发展过程，说明认识是相对的，而且有着无限发展的可能性。《和子由渑池怀旧》中新鲜而奇特的"雪泥鸿爪"这一比喻为我们解答了什么是"人生"这个内容十分丰富、思理极其精微的哲理问题。《惠崇春江晚景》这两首题画诗，以名句"春江水暖鸭先知"、"遥知朔漠多风雪"揭示了"实践出真知"的哲理。

自北宋以来，常有人因为苏轼"以文为诗"而对他进行批判，加以贬抑。"以文为诗"的标志之一，确是苏诗议论的特点。事实上，议论并非就是诗的缺点，鞭辟入里的言论反而会引人深思，使人感奋。钱钟书先生曾概括宋诗的特点是"以筋骨思理见胜"，而与"以丰神情韵擅长"的唐诗并称（《谈艺录》）。这里自有苏轼的一份功绩。

豪放词，苏轼是开派人物。

苏轼之前的北宋词坛婉约派占统治地位。苏轼另辟蹊径写词，他扩展了以欧阳修为首的诗文革新运动的洪流，首创豪放词。豪放词与婉约词的不同，表现在多方面，集中反映其在风格上的差异，"婉约者，欲其辞情蕴藉；豪放者，欲其气象恢宏"（徐师曾《文体明辨序说·诗余》）。

苏轼通判杭州时开始写词，在密州时期形成了豪放的风格。《水调歌头·丙辰中秋》以"把酒问青天"来抒发兄弟情谊，并进而探讨人生的道理。结句"但愿人长久，千里共婵娟"表达了作者乐观旷达的心怀。《江城子·密州出猎》抒发了词人渴望驰骋疆场、立功边庭的雄心豪情，令读者振奋昂扬。在黄州苏轼豪放词的创作达到高潮，千古绝唱的名篇《念奴娇·赤壁怀古》做于此时。处长江中游的黄州，形势险要，历史上曾有很多英雄人物在这里进行过斗争，施展过才华。在词中，苏轼结合了祖国的壮丽山河和历史上的风流人物，气象恢宏磅礴，感情跌宕苍凉，确是豪放之杰作。

苏轼豪放词的形成，与当时社会形态有关。北宋中叶阶级矛盾和民族矛盾的激化，严重冲击了婉约词。他的豪放词基于他坎坷不平的政治道路和广见博闻的生活经历。苏轼广泛搜寻词的题材，丰富了词的内容，打破了诗词的旧界限，把词从"艳科"的藩篱中解脱出来，走向广阔的社会天地。词同音乐的关系虽便于歌唱，但却束缚了内容。苏轼的词向独立抒情诗体发展，突破了婉约派拘守格律的陈规。词的巨大变化是由词与音乐的分离以及词与诗的合流引起的，词的表现能力增强了，虽被一些人讥为"以诗为词"，却未能阻挡住词体变革的这股洪流。苏轼开创的豪放词在南宋发展到了顶峰。

苏轼不仅在诗、文、词方面有成就，他的绘画也负盛名，特别是画竹，深得其表兄文与可的真传，是"文湖州竹派"的重要人物。除了"枯木竹石图"较为可信外，他的绘画作品并不多。苏轼还是著名的书法家，与黄庭坚、米芾、蔡襄并称"北宋四大家"。他写字如做文赋诗，信笔直书，落笔自然，具有深厚端庄、外拙内秀之美。

苏轼不仅仅是在创作，他还提出了许多富有创见的文艺理论。这些理论大多分散在他的诗文作品及题、跋、书、画中。他认为创作须发自激情，不可无病呻吟，并须"有为而作"。"疗饥"、"伐病"实是苏洵平时对苏轼兄弟的教诲，苏轼尊之为"家法"，传谕子侄后辈。

苏轼总结创作经验，一曰立意为先。做文须以"意"摄之，"不得意，不可以明事。此做文之要也"（见葛立方《韵语阳秋》）。二曰文贵自然。既"了然于心"，又"了然于口与手"（《答谢民师书》）。"绚烂之极归于平淡"（《与二郎侄》），亦是自然畅达之意。三曰力求创新。"出新意于法度之中，寄妙理于豪放之外。"(《书吴道子画后》)文艺的创新要遵循其内部规律，豪放风格的创建不应排斥精微思理的并存。四曰形神兼备，重神但不废形。具体言之，画水需'尽水之变'(《书蒲永昇画后》)，把水画活，画马需"肉中见骨"(《书韩干牧马图》)，显其精神，画竹需"成竹在胸"(《文与可画篔筜谷偃竹记》)，从整体上把握艺术形象，突出个性特征。

【历史评说】

苏轼的文学成就在我国历史上产生了深远的影响。

大作家陆游、辛弃疾等人的作品所体现的爱国精神与雄壮乐观的风格与苏轼关系甚切。

【书海拾贝】

乱石穿空，惊涛拍岸，卷起千堆雪。

不识庐山真面目，只缘身在此山中。

《宋词选》

【名家传略】

胡云翼（1906年—1965年）原名耀华，湖南桂东人，中国现代著名的文学史家。本书为其选注的新中国成立后较为流行的宋词选注本。

【经典阐述】

《宋词选》基本上包括两宋主要词人的代表作，并收录了一部分无名氏作品，有较广的覆盖面。选注者根据思想性和艺术性统一的原则来选取宋词。这个选本是以苏轼、辛弃疾为首的豪放派为主，重点选录南宋爱国词人的优秀作品，但兼顾其他风格流派的代表作。本着"偏于豪放，不废婉约"的原则，选录两宋名家词300首。

本书以时间为序编排，始于王禹偁，终于南宋张炎。其中收入最多的是柳永、苏轼、周邦彦、李清照、辛弃疾、姜夔等代表性词人作品，另外晏几道、欧阳修、秦观、贺铸、陆游、张孝祥、吴文英、刘克庄等名家次之，这些词人作品虽少，但也都是代表作，所以这个选本也比较真实地反映出宋词的真实水平和实际成就，一般读者完全可以从中了解到宋词盛况，又能品味宋词佳作。

该书的"前言"和每首词的注释部分值得我们注意。前者是一篇典范的学术论文，总结了宋词发展的基本脉络，为读者提供了一个指导性的阅读框架，后者对所选作者的生平和作品都进行了介绍，从而在宏观上和微观上为读者提供了极大的阅读便利。

晏殊、欧阳修、晏几道继承五代之遗风，呈现出或雍容华贵，或含蓄淡雅，或精致婉转的特色；柳永一出，不但小令变成了复杂的慢词，而且带有极浓厚的市民语言成分和情感；秦观词多香软婉好，偶尔也有清新高远之作；贺铸词多娇艳浓丽，但有时也不乏幽峭；周邦彦做专职词官，喜好词艺形式、音节文字两类，但内容空洞；软性的词到了苏轼那面貌为之一新，词格始高，词境始大，词体始尊；女词人李清照在婉约背后往往有着浓浓的愁思；姜夔则沿着周邦彦的风格更进一筹，创作了大量高雅的宋词……所有这些都可以在《宋词选》中得到印证。

【历史评说】

胡云翼的《宋词选》所选风格各异的作品基本上都是古今公认的名篇，可以真实地反映出宋词的成就。尽管选编者有自己的一套原则和标准，但此选本还是全面地展现了各种风格的宋词的发展变化。通过此书，可以窥见宋词丰富多彩的全貌，有利于提高欣赏水平和文化素质，同时，也可以增强民族自信心和自豪感。

【书海拾贝】

伫倚危楼风细细，望极春愁，黯黯生天际。草色烟光残照里，无言谁会凭栏意。拟把疏狂图一醉，对酒当歌，强乐还无味。衣带渐宽终不悔，为伊消得人憔悴。

雪晓清笳乱起，梦游处，不知何地？铁骑无声望似水。想关河，雁门西，青海际。睡觉寒灯里，漏声断，月斜窗纸。自许封侯在万里。有谁知？鬓虽残，心未死。

《元曲选》

【名家传略】

臧懋循（1550年—1620年），浙江长兴县人，字晋叔。自幼聪颖过人，很小就能与大人联对。臧懋循19岁时，其做过两任知府的父亲臧晋芳离世。安葬完父亲之后，他继续读书应试。24岁参加乡试时中了举人。以后，经过两次落榜的他才在31岁时以第三甲第八十八名赐同进士出身。从此，他进入了仕宦生活。然而，他的性格放诞任性，以致阁老姚光裕曾要他到姚的故乡任职，他却推脱不去，弄得姚光裕老大不高兴。第二年，他便被派往荆州担任府学教授，这是一个比较低的职位。又过一年，他被派往南京主持乡试，乡试结束，便被调任夷陵（今湖北省宜昌市）知县。这样他不得以施展自己济世赈民的才干。任职期间，他除强扶善，积极关心民间疾苦，颇有政绩。但好景不长，只做了一年知县的他，又再次回到南京，到当时最高学府做博士，参加教学和管理事务。由于他性格的放诞任性，后由于男宠之事，被国子监祭酒告发，36岁时便离开了官场。

本来，臧懋循的仕途只要他小心维护，完全可以一帆风顺，因为他的社会背景极为深厚，父亲做过两任知府，在官场有一些朋友，他自己的岳丈又做知府，而且，他本人还是内阁首辅申时行的门生，只要启用这些关系，他跻身仕途，一定可以红红火火干出一番事业来。但是，他自从担任国子监博士后，更加风流放任，流连花酒。当时，因为他小有诗名，各式各样的人都来和他结交，他也不问识与不识，统统招待应酬，并且经常与这些人三五成群，骑马坐车，带上各种游乐器具，甚至带上男宠，四处游玩。对于朋友的劝告，他当做耳旁风。最终，他因为男宠之事，被国子监祭酒黄凤翔弹劾。至此，臧懋循就告别了和他的禀性格格不入的官场，时年36岁。

臧懋循离开南京后，携妻归隐长兴老家。这期间，他与明代著名戏曲家汤显祖、梅鼎祚，散文家袁中道等许多人来往密切，并有诗歌互赠。臧懋循与同道友人吴梦旸、吴家登和著名文学家茅坤之子茅维号称"吴兴四子"。57岁那年，他与曹学全、陈邦瞻等人结成金陵社集。他的名气也因此渐长。

现存几部明代诗歌总集，诸如钱谦益的《列朝诗集》、朱彝尊的《明诗综》、陈田的《明诗纪事》，都选录了臧氏的作品。他的诗歌虽然多为朋友间的应酬赠答，反映一个士大夫的生活情趣和感受，但是仍有部分清新可取的作品。如《送姚园客还莆》："寒江落日倚归槎，目尽南天不见家。莫向离程怨萧瑟，千山红叶似春花。"还有一些作品，表达作者对国事的关切，如《己亥书事》写税监之害，《关河》和《闻捷》写国家的忧患。关于他的风格，正如今人徐朔方先生所说："他并不远离现实，可是批评是如此委婉，讽刺差不多接近于歌颂。"

臧氏出版的书籍，以文学类居多，而且多为卷帙浩繁之作。其中包括《古逸词》24卷，《唐诗选》47卷，《古诗选》56卷，《元曲选》100卷，《校正古本金钗记》、《改定昙花记》、《玉茗堂四梦》、《六博碎金》及弹词《仙游录》、《梦游录》、《侠游录》3种。

当时完全依靠雕版印刷，他能够取得这样的成绩，也实属不易。另外，还有一些他列入出版计划但因各种原因而不能付诸实施的书籍，如他曾准备印刷一套从上古到先秦的诸史汇刊，后来由于曾经许诺资助的封疆大吏于若瀛去世而落空，《棋势》10册也未能刊印。明代后期，社会经济呈现出一派繁荣的景象，炼铁、纺织、瓷器等行业异常活跃，资本主义的部分因素已在各行业崭露头角，文化事业也是如此。由于雇工现象的产生，书商得以雇佣许多佣工，分工从事出版业。当时，《六十种曲》的编选者毛晋家里就有专门的工人宿舍，臧懋循也在家乡雇请了不少农民帮忙。臧懋循的家乡，濒临太湖，农业和手工业都在全国占有重要地位，印刷业也因技术良好而著称于世。

臧懋循在出版业上很懂得经营。当时刻书业竞争相当激烈，各家为了能够占领市场，往往想尽办法搞到一些珍稀秘籍来招徕顾客。臧懋循也利用各种关系组织稿源。他趁幼孙结婚去河南时，绕道湖广麻城锦衣卫刘承禧家，利用他和刘承禧的非常间接的姻亲关系，得到刘家祖上从内宫秘戏监抄出并经汤显祖鉴定过的二三百种元杂剧，才得以完成他的《元曲选》的出版。为了增强市场竞争能力他还降低印刷成本，不在南京而是回到老家，利用农村廉价劳动力，从而使书的成本大大降低。他还善于加快资金运转，他出大部头书，如《古诗所》和《元曲选》，都是先出前集，等资金回笼后，再出第二集。他还很注重广告宣传，每当新书面世，他都要请达官贵人或者文人名士帮助宣传推销。

他刻印的这些书籍总字数超过了300万字，而且还不包括被刻印但已失传了的。

【经典阐述】

中国戏曲是一门综合艺术，近代学术大师王国维曾用"以歌舞演故事"概括了它的特质。虽然它的形成较西洋戏剧要晚，但当它一旦以成熟的姿态站稳脚跟，其强大的生命力很快就会展现出来，并打造了我国戏曲的第一个黄金时代——元杂剧年代。

尽管我们今天已无法欣赏元杂剧精湛的表演和优美的声腔，而流传下来、保存在《元曲选》和《元曲选外编》中的156个剧本，却在一定程度上弥补了我们的遗憾，我们能通过这一渠道，对元代杂剧的辉煌，获得一个相当丰富的认识。

臧懋循本人精通戏曲，特别喜欢元杂剧。他论曲推崇"当行"，即"情词稳称"，曲文"雅俗兼收，串合无痕"；"关目紧凑"，即要求"人习其语言，事肖其本色，境无旁溢，语无外假"。他还强调戏曲的音律谐美。由于他对戏曲有独到的鉴赏能力，所以才能从几百种元人杂剧中慧眼独识，将精品毕集，使之流传于世。

说到元杂剧，不得不提到当时的几位名家。

元剧名家，首推关汉卿、马致远、郑光祖、白朴四人，被誉为"元曲四大家"。

关汉卿在当时享有极高的声望，被《录鬼簿续编》誉为"梨园领袖"、"编修师首"、"杂剧班头"。他不仅创作量大，而且不论从作品的思想内容还是艺术造诣方面都达到了很高的水平。他还具有强烈的社会责任感，非常同情下层民众的苦难，痛恨权贵巨贾肆虐欺民的罪恶。他的《窦娥冤》、《救风尘》、《望江亭》、《鲁斋郎》、《蝴蝶梦》等，都是以非凡的胆识、充沛的激情无情地揭露社会之黑暗，怒斥邪恶势力之猖獗，将戏剧反映现实、惩恶扬善的社会说教功能发挥得淋漓尽致。还有他的历史剧《单刀会》，慷慨激昂，爱情剧《拜月亭》，情真意切，均为中国戏剧史上的不朽名作。

就艺术风格而言，关汉卿追求的是质朴、本色，语言平易自然。王国维在《宋元戏曲考》中说："关汉卿一空依傍，自铸伟词，而其言曲尽人情，故当为元人第一。"但他又不单调贫乏，根据人物的不同，氛围的不同，对于语言的处理和修饰也有明显的不同。白朴和马致远是与关汉卿同时期稍晚的大家。白朴出身官宦世家，在金末大诗人元好问的抚养教育下生活成长。他既填词又做剧，《梧桐雨》和《墙头马上》是他的代表作。前者描写唐明皇和杨贵妃的爱情，并述其国破人亡的灾难后果，后者则是一个贵族女子李千金大胆追求爱情的故事。

马致远被誉为"曲状元",在杂剧和散曲创作方面都有很高的成就。名剧《汉宫秋》是他的代表作。他通过改编昭君出塞的历史故事,谴责匈奴族的侵略行径,抨击汉朝统治者的怯懦无能,体现了一些时代精神。因为马致远的思想比较消沉,所以他还是当时写作"神仙道化剧"的著名作家。他的《岳阳楼》、《任风子》等剧,宣扬隐居避世,侈谈修道成仙,当时文人阶层也相当流行此种消极思想。

就文学艺术而言,白朴和马致远均属于文采派,他们的许多唱词都写得极富抒情意味,然而两人又有明显的不同,白朴绮丽而有沉雄之气,马致远清丽中有洒脱之风。

郑光祖是后期杂剧作家中的佼佼者。他的《倩女幽魂》最负盛名。这个剧本与《西厢记》、《拜月亭》、《墙头马上》并称元杂剧中的四大爱情悲剧。郑光祖利用一个超现实的故事,深刻地揭露了封建婚姻制度对自由爱情的扼杀,对张倩女追求爱情冲破罗网的抗争精神予以赞扬。郑光祖在一定程度上发展了《西厢记》"惊梦"的表现手法,为后来《牡丹亭》描写情理冲突起了导引问路的作用。

王实甫虽未被列入"元曲四大家"之中,但他的名气绝不在四大家之下。这当然是因为《西厢记》的巨大成就所产生的轰动效应。《西厢记》描写的崔莺莺和张生的爱情故事,自唐代元稹《莺莺传》以来,一直广为传颂。王实甫不按元杂剧一本四折的通例,以五本二十一折的宏大结构,来描写这场冲破封建束缚、争取爱情自由的故事,取得了突破性的历史成就,将中国的爱情文学推到了一个全新的层面。《西厢记》宣扬"愿天下有情的都成了眷属",无论在社会生活中还是文学创作中,都对后人产生了巨大的积极影响。它塑造的莺莺、张生、红娘、老夫人的艺术形象生动丰满,成为中国文艺史上为数不多的精品。此外,《西厢记》的唱词华美明丽,充满诗情画意,又清新自然,潇洒流畅,前人称其为"花间美人"。从古至今,曾有许许多多的青年男女陶醉其中。

元杂剧的成就当然不只表现在上述几位大作家身上,还有不少水平极高、造诣恢宏的作品,如"水浒剧",就在元代剧坛享有极高声誉。

元杂剧题材广泛,大致可以分为以下几种。

历史题材的剧本,在元杂剧中占有很大的比重。除《单刀会》、《汉宫秋》、《梧桐雨》之外,纪君祥的《赵氏孤儿》也是这类作品中的杰出代表作。

"公案"类题材,是宋元以来出现的新的文学艺术。现存元代杂剧里,有20多种公案剧,以写清官推勘折狱、除暴安良的故事为主。无名氏的《陈州粜米》,是其中最优秀的作品。作者通过赈灾案件,从不同角度反映了封建政治的腐败、黑暗和残暴。剧中的包公,铁面无私,不畏权贵,排除种种障碍,为人民申冤雪恨。这是中国戏曲舞台上清官形象的早期典范。

尚仲贤的《柳毅传书》和李好古的《张生煮海》,是元代杂剧中神话题材的典范。

这两部作品都写的是人神恋爱，都是以书生和龙女之间的爱情为主线展开。两个剧本都注重刻画龙女情态，给读者以乐趣。

元杂剧中还有许多描写家庭生活的剧本，如杨显之的《潇湘夜雨》，揭露了无德文人忘恩负义，混入官场之后就抛弃妻子的卑劣行径。又如石君宝的《秋胡戏妻》，则成功地写出一个颇有独立生活见解、果断泼辣、不向任何金钱权势低头的女性。

还有一个反映女真族将门家庭生活的剧本——《虎头碑》，为女真族作家李直夫所作。剧本写女真族元帅山寿马执法严明，责罚他叔叔银住马贪酒失地的故事。把山寿马那种既兼顾法纪和亲情，同时又公私分明的可贵精神，刻画得极为生动。

【历史评说】

《元曲选》所选录的作品，是中国古代戏曲文学的宝库，可与梁朝萧统所编的《文选》和毛晋所编的《六十种曲》相提并论，是一般作者可读、同时又是戏曲爱好者必读的首选书目。

臧懋循出版了众多书籍，但是其真正用心、使他名留青史的就是《元曲选》。作为元人杂剧总集，《元曲选》共选录了100个剧本，占现存杂剧剧本的三分之二。

《元曲选》万历四十三年（1615年）先刊前集，共50种，次年刊后集50种。除《元曲选》之外，还留存不少元杂剧剧本，现代学者隋树森将近几十年发现的刻本和抄本62种汇集在一起，编辑成《元曲选外编》。这样，有了正编和外编，就汇集了全部现存整本的元人杂剧。

【书海拾贝】

（刽子云）你还有甚的说话，此时不对监斩大人说，几时说那？（正旦再跪科，云）大人，如今是三伏天道，若窦娥委实冤枉，身死之后，天降三尺瑞雪，遮掩了窦娥尸首。（临斩官云）这等三伏天道，你便有冲天的怨气，也召不得一片雪来，可不胡说！

《古文观止》

【名家传略】

《古文观止》是一个流传了300余年的古文读本。"观止"，原是春秋吴国公子季札在观看鲁国乐舞《招简》时，盛赞乐舞尽善尽美、无以复加所说的话。书命名为《古文观止》，就是书中所选皆为古文精美之作，是书亦为最佳之古文选本。

古文是一种奇句单行、文风质朴的散体文。作为一种文体，它是唐代古文家针对骈文提出来的。然古文之作，早在骈文盛行之前就已大量出现。古文的发展源远流长。到《古文观止》问世时，已经过了先秦、秦汉、唐宋几个重要阶段。

《古文观止》的编者是清初山阴（今浙江绍兴）人吴乘权、吴大职两叔侄。吴乘权，字楚材，一生研习古文，好读经史，康熙十五年（1676年）在福州辅助先生教伯父之子学习古文，并以授馆终其一生。除参与选编《古文观止》外，他还与周之炯、周之灿共同采用朱熹《通鉴纲目》体例，编了一个历史普及读本——《纲鉴易知录》。吴大职，字调侯，也是嗜"古学"。他一生的主要经历，是在家乡同叔父一道教书。

二吴编撰《古文观止》初，只是为给童子讲授古文编了一些讲义。后来他们终年讲授，对古文的见解逐渐加深，讲义越编越精，以致"好事者手录"，"乡先生"读后亦有"观止"之叹，劝他们"付之剞劂以公之于世"。他们才"辑平日之所课业者若干首"为一书。书稿编好后，便寄往归化（今呼和浩特市）请吴兴祚评阅。兴祚，字伯成，号留村，为乘权伯父。他曾官至两广总督，时任汉军副都统。他"披阅数遍"，认为此书于初学古文者大有益处，便于康熙三十四年（1695年）为书作序，且"亟命付诸梨枣"。这样就有了《古文观止》最早的刻本。

【经典阐述】

明清以来，曾有许多古文选本出现，若论流传之广、影响之大、至今还受到广大读者所喜爱的，首推《古文观止》。它能长传不衰，与二吴编书的指导思想迥异于人大有关系。

前人编古文选本，或借点评愤世嫉俗，或为提倡一种义理和张扬一种精神，或借选古文，标榜一种流派，推行一种文风。尽管两者都介绍古文的思想和艺术特色，但尚理、尚文而各有偏重，因而都难免用意狭隘。二吴与前人不同，他们"杂选古文，原为初学设也"，既要供先生"课弟子"用，也供"童子""肄习"用。用今天的话来讲，就是要编老师可用来讲授、学生可用来自学的古文教科书。这就要求：一，编者应选篇合理，态度公允、客观，打破门户之见，真正选出古文中的名篇佳作，使学子可以比较全面、正确地认识历代古文的精神特质与艺术风貌；二，编选体例合理，应适应教与学的需要，尤其要便于自学。这两点，二吴全都做到了。

从选篇来看。《古文观止》共选自周到明61位作者的古文222篇，其中西汉以前文100篇，西汉以后文122篇。西汉以前文中，《左传》34篇，《国语》11篇，《战国策》14篇，司马迁15篇。西汉以后文中，唐宋文94篇，明文18篇。而唐宋文中，"八大家"78篇。八家中，韩愈24篇，柳宗元11篇，欧阳修13篇，苏轼17篇。由此可见，《古文观止》所选古文，主要来自先秦文、西汉文和唐宋文。可以说，各期古文在选篇中所占份额，大体能反映出朝代盛衰的历史状况。书中不仅有大家的代表作，还收有虽非出自大家却在古文史上卓有影响的名篇，因而选篇中精品多，覆盖的作者面较广。又因注意选入各家不同题材、体裁、风格的作品，因而能使初学者较为全面地领悟诸大家古文的艺术思想。而选篇数量适中，更给读者阅读提供了方便。

从体例来看。本书体例亦"为初学设也"。全书篇目据时代先后分为12卷。每篇在重要文字旁加圈点以引人注目,又于语气停顿处加圆点断句以便句读,同时还作了评注。二吴认为评注对初学者十分有用,说:"古文评注兼有方能豁然。若有注无评,或有评无注,譬若一人之身,知其有面目而不知其有血脉,知其有血脉而不知其有面目,可乎?是编字义、典故逐次注明,复另加评语,庶读之者明若观火。"(《例言》)"注"即注释。一是注音,"是编音声无一字不注,且即注于本字之下,便于诵读"。(《例言》)二是释义,所谓"是编于艰奥须解者固细加阐发,即目前便语亦未尝率意忽过,庶于初学有补"。三是"注解典故"。"评"即评议。有对文章内容的评议,如评汉武帝《求茂材异等诏》中"盖有非常之功,必待非常之人"句,谓"武帝雄心,露于非常之中"。有对文章艺术的评议,其中大量出现的是对文章结构形式的分析,其中包括揭示文字主旨、理清脉络、概括段落大意,以及说明用语妙处之所在。此类评语皆因字、句、章、段而分布在原文字句下。彼此内在联系较为紧密,是评论者在总体把握文章艺术特点的前提下,对行文艺术的具体分析,且措词简练,点到即止。对全篇艺术特点的归纳,则以总评形式置于篇后。总评论艺术特色,往往兼论内容。文字短则数十字,长不过百余字,都能说出全篇艺术特征。在结合文中点评诵读全文后,再读总评,读者常常会产生一种纵观全局、豁然开朗的感觉。

【历史评说】

《古文观止》包罗了历代古文的精华,并且用注释扫除诵读、理解古文的拦路石,说透了文章做法之妙。

这样的读本自然会受到初学者的欢迎,故吴兴祚谓"以此正蒙养而裨后学,厥功企浅鲜哉"(《序》)。当然,《古文观止》的选篇也有不当之处,就是先秦文选的多,子书一家未选;八代文选的极少,所选唐宋文过于集中于八家文,而南宋文则未选,元文亦告阙。又如虽选18篇明文,大半不是"观止"之作。

《古文观止》的长处和不足,主要是它的编选方法决定的。二吴称书的编选方法为"汇而集之",即所谓"余两人非瑚言选也,集焉云耳。集之奈何?集古人之文,集古今人之选,而略者详之,繁者简之,散者合之,舛错者厘定之,差讹者校正之云尔。盖诸选家各有精思深义以抉古人之奥,读之者取此置彼用美者或遗,一概观览则劳于睹记,此余两人所以汇而集之也"。

二吴能读到很多带评注的古文选本,为其所"集"的主要有以下几种。一是南宋吕祖谦编的《古文关键》(收韩愈、柳宗元、欧阳修、三苏、王安石、张耒文62篇),吕祖谦弟子楼昉编的《崇古文诀》(收先秦至南宋前期文190余篇),朱熹再传弟子真德秀编的《文章正宗》(收唐以前文)、《续文章正宗》(收宋文),王震霆编的《古文集成前编》(主要集吕、楼、真三家选篇、评注而成),谢枋得编的《文章轨范》(收汉、晋、唐、宋文69篇)。二是明代唐顺之编的《文编》(收先秦至宋之文),茅坤编的《唐宋八大家文钞》，归有光编的《文章指南》（主要收方孝孺、宋濂、王袆、王守仁文，而尊王氏为大家）。三是清初金人瑞编的《才子古文》（收先秦至北宋文350多篇），黄宗羲编的《明文授读》（收王守仁文多），徐乾学等编注的《古文渊鉴》（收先秦至宋之文）。上述选本，除《才子古文》外，其文论观点均受到程朱理学的影响。所有的选本都注重唐宋古文，尤为重视"唐宋八大家"之文，认为八代文衰、南宋文弱。《古文观止》的选篇基本全在上述选本中出现过，而与《古文关键》（九成移入《古文观止》）、《崇古文诀》、《文编》、《唐宋八大家文钞》、《才子古文》雷同之文最多。因此，说《古文观止》的选篇标准带有浓重的理学色彩，是准确的。

评注则取自吕、楼、谢、唐、茅、金之说为主，而以楼、茅、金三家见解最多。评语多为直接过录，如《谏逐客书》、《送李愿归盘谷序》、《送石洪处士序》等的总评即引用自楼氏选本。也有过录部分文字以做评的，如《捕蛇者说》、《愚溪诗序》一半总评文字取自楼氏选本。《进学解》、《讳辩》、《祭十二郎文》一半总评文字取自茅氏选本。《晏子不死君难》、《五帝本纪赞》、《吊古战场文》、《留侯论》等文的总评一部分文字即取自金氏选本。有据原评而略作发挥的，如《答任安书》、《报孙会宗书》、《种树郭橐驼传》、《丰乐亭记》、《书洛阳名园记后》、《谏院题名记》等文的总评，即是对楼氏评语的发挥。《获麟解》、《争臣论》、《寄欧阳舍人书》的总评，即是对茅氏评语的发挥。《前赤壁赋》的总评是对金氏评语的改写，《超然台记》的总评是以唐顺之评语为骨架。还有些评语是将诸家之说糅为一体，如《岳阳楼记》、《读孟尝君传》、《喜雨亭记》的总评即合用楼、金之论。这种择优而集的方法，更多用于逐句逐段评点。如《留侯论》首段末批"能忍不能忍是一篇主意"即取自吕氏评语，而"深入一层发议，此句及一篇之头也"则取用金氏原批。二吴如此"遍采名家旧注，参以己私"，是由于他们认为"诸选各有妙解，颇多阙略，是当取其所长以补其不足，便成全璧"（《例言》）。还有一个重要原因，就是此书是为童子所习用，无论选篇思想，及评注内容，都要力求"醇正"、"稳妥"。尚新颖而不取怪异，求平实而忌走偏锋。因此他们不选那些思想激进或离经叛道之文，对具思想特色、极富个性、感情色彩较浓的评语不予采录，而用兼采众家之长和阐发原评的方法以求评解周全、稳妥。如此一来，便使《古文观止》吸纳多种选本的种种优点，长期受到古文爱好者的欢迎，以致后来鲁迅论及选本对中国文学的影响时，将它与《文选》相提并论，说："以《古文观止》和《文选》并称，初看好像是可笑的，但在文学上的影响，两者都一样地不可轻视。"

《古文观止》的作者以其犀利的视角，在广博的中华文海中撷采了最为绚丽、最有价值且最具代表性的精美古文，因而该书也是最为优秀的古文选本。几百年来，不只读书人对之耳熟能详，就是一般群众也是对之喜爱有加，流传甚广。尽管因作者思想的局限性使选文带有浓重的理学色彩，但它确为读者搭建了一条最能领略古文精粹的捷径，因而盛誉不衰也成为必然。

【书海拾贝】

兢兢焉义之未合于古，勿敢登也；一理之未慊于心，勿敢载也；一段落、一勾勒之不轨于法度，勿敢袭也；一声音、一点画之不协于正韵，勿敢书也。

《文心雕龙》

【名家传略】

南北朝是中国历史上的一个盛行佛教的时期。唐杜牧有诗云："南朝四百八十寺，多少楼台烟雨中。"寺庙数量如此之多，南北朝时期佛教之盛可见一斑。当时，上起皇亲国戚，下至布衣百姓，人人烧香拜佛，而且还大量向寺院施舍财物。有趣的是，有的人连自己本人都施舍给寺院了，梁代的皇帝中就有其人。而读书人则盛行到寺院去读书或研究学问。在这批到寺院中读书的人中，有一位我国古代著名的文学理论家，便是本书作者刘勰，他著有一部我国古代文学史上最杰出、最系统、最富有卓越见解的文学理论专著——《文心雕龙》。中国的古代历史又向前发展。千余年来，文学理论界始终无人能写出一部理论水平和逻辑思辨能力较《文心雕龙》更高的书。

刘勰一生特别的单纯，约生活在公元446年至539年之间，祖籍山东莒县。刘勰很小的时候就是个孤儿，他非常喜欢读书，对研究学问更是着迷至极，一门心思钻在书堆里。后来，他为了可以全心全意地读书，干脆进入定林寺，跟着名僧僧佑学习佛学。他在寺院里读到了普通人读不到的书，同时得到了名师的指点。刘勰如鱼得水，博览群书，不但对佛学理论进行了深入的研究，同时也博览百家之书和历代文学作品。梁朝建立以后，他入朝担任官职，先后作过奉朝请、记室、参军等。而且还在当时的太子萧统的身边兼任东宫舍人，非常受太子的赏识。萧统死后，刘勰奉朝廷的旨意到上林寺和僧人慧震一起撰写佛门经文，到了晚年便削发剃度，出家做僧，法名慧定。但遗憾的是他出家不到一年就去世了。

刘勰半生的时间都在寺庙里度过，一辈子都未婚，有意思的是，佛家往往讲究灭"情"，而文学却正好是最富情感的东西。身在佛门，好像一生与情感无涉的刘勰却对最具感性的文学了解非常深刻透彻，并写出了无人能及的文学理论名著，这是一件非常奇妙的事。

【经典阐述】

《文心雕龙》是刘勰30多岁时写的作品。这部书的指导思想，根据刘勰在"前言"中所说的是为了反对"浮诡、泛滥"的南朝文风，矫正以前的文论偏颇的地方。

《文心雕龙》全书一共50篇，共包含总论、文体论、创作论、批评论四大部分。

总论主要包括五篇文章，从《原道》到《辨骚》，主要讨论了"文之枢纽"的问题，是全书的理论总纲，它的论点是：一切都要本之于道、稽之于圣、崇之于经。文体论包含20篇文章，《明诗》是第一篇，《书记》是最后一篇，讨论的中心问题是"论文序笔"，每篇文章研究数种文体，并对各种主要文体、源流及作家、作品一个个进行研究和评说。创作论共20篇，《神思》是第一篇，最后一篇是《物色》，讨论的中心问题是："剖情析采"，研究作家创作过程中每个方面的问题，像作家个性风格，文与质的关系，写作技巧、文辞、声律等。批评论主要包括四篇文章：《时序》、《才略》、《知音》、《程器》，主要阐述了对文学史的观点、看法和批评鉴赏方面的理论。这部书的最后一篇文章是《序志》，讲述了这部书的创作动机和全书布局谋篇方面的指导思想与原则。虽然整部书分作四大部分，但是它的理论观点都是前后呼应的，各个部分之间互相关照，系统的完整性非常明显，跟以前的文学理论批评比起来，这部书提出了一些重大的问题，同时对这些问题的答案提出了特别精辟的见解。

刘勰对于文学的观念与见解并不比今天流行的文学理论逊色。刘勰对于文学史的观点是："时运交移，质文代变……歌谣文理，与世推移。""文变染乎世情，兴废系乎时序。"这跟现在的"文学随着时代的发展变化而变化"的观点差不多。书中对文学作品的内容与形式间的关系的观点是："情者，文之经，辞者，理之纬；经正而后纬成，理定而后辞畅。"这和现在所说的"内容与形式二者并重、相辅相成"的观点也没什么两样。现在的教科书中一般讲解说，文章的形式应该由文章的内容来决定，《文心雕龙》的《定势》篇中同样写道，应根据不同的内容来选择文体的形式。现代的文学理论往往强调"见景生情"、"情景相融"，《文心雕龙》的《诠赋》与《物色》篇中具有一样的见解：

情以物生，物以情观。

情以物迁，辞以情发。

现代文学理论认为，文学作品是一种想象的产物，《文心雕龙》还认为想象在文学创作中有着非常重要的地位，同时还认为作家在创作中的状态是：

寂然凝虑，思接千载；

悄焉动容，视通万里。

当代的文学理论往往认为，文学来自于现实生活，《文心雕龙·原道》篇对作出了同样的阐述：

仰观吐曜，俯察含章，高卑定位，故两仪既生矣。惟人参之，性灵所钟，是谓三才，为五行之秀，实天地之心。心生而言立，言立而文明，自然之道也。

现代文学理论一般认为，好的文学作品对读者有教益的作用，而好的文学作品的艺术力量，则就是从文学作品的审美本质中来的。《文心雕龙》中也有相同的认识：

夫铅黛所以饰容，而盼倩生于淑姿，文采所以饰言，而辩丽本于情性。故情者，文之经；辞者，理之纬。经正而后纬成，理定而后辞畅，此立文之本源也。

在当代的文论中，对文学批评的规范与尺度的时论常常可见，《文心雕龙》对于这个问题的观点是："是以将阅文情，先标六观：一观位体，二观置辞，三见通变，四观奇正，五观事义，六观宫商。斯术既形，则优劣见矣。"

《文心雕龙》还以"史"的眼光记叙了南北朝时期的文学："自中朝贵玄，江左称盛，因谈余气，流成文体，是以世极迍邅，而辞意夷泰。诗必柱下之旨归，赋乃漆园之义疏。故知文变染乎世情，兴废系乎时序。原始以要终，虽百世可知也。"

这种阐述当中包含了"史"的意识与时代的眼光。最有意思的是，刘勰和所有的卓有建树的思想家一样，对自己的这部著作非常得意。在书中《序志》这篇文章中写道："夫文心者，言为文之用心也。……是以君子处世，树德建言，岂好辩哉，不得已也。"这说明他对自己的著作特别自负，认为它可以藏之名山，传之后世。刘勰的这种意识使得他对文学理论界的前辈们都表示不满，他对他们的评价是："各照隅隙，鲜观衢路。"对自己的著作的评论则是："弥纶群言。"意思就是前人之作皆不足道，只有自己的作品才是有价值的、有创见的。由此可见尽管是一个最理性、最明智的人有时也会情不自禁地有些自满之情，而这恰恰是那些超智能的人跟常人不同的地方。

【历史评说】

《文心雕龙》是部"体大思精"、"深得文理"的文章写作理论巨著。全书分50篇，内容丰富，见解卓越，皆"言为文之用心"，全面而系统地论述了写作上的各种问题。刘勰的《文心雕龙》堪称我国古代文学批评理论之经典，千百年来引起众多学者的研究和商榷，其中绝大部分主要是就其文学批评理论展开论述的。

在中国，对《文心雕龙》的研究、注释、翻译著述颇多。现存最早写本为唐写本残卷（藏国家图书馆）。以上海古籍出版社影元至正本为最早版本，并有《四部丛刊》影印明嘉靖本。通行本有清人黄叔琳本、今人范文澜《文心雕龙注》、杨明照《文心雕龙校注》及《文心雕龙校注拾遗》、周振甫《文心雕龙注释》、王利器《文心雕龙校证》等。

【书海拾贝】

文之思也，其神远矣。故寂然凝虑，思接千载；悄焉动容，视通万里。吟咏之间，吐纳珠玉之声；眉睫之前，卷舒风云之色：其思理之致乎！故思理之妙，神与物游。神居胸臆，而志气统其关键；物沿耳目，而辞令管其枢机。

《诗　品》

【名家传略】

《诗品》是中国最早的一部诗评专著。它体系严密，不论从理论角度，还是从分析角度来说，都远远超过后来的诗话。它的一些基本文学观点对后来整个文学理论批评的发展，产生了极其深远的影响。

在中国文学批评史上，南朝梁钟嵘的诗歌批评著作《诗品》，确立了钟嵘在中国文学批评史上的重要地位。

钟嵘，字仲伟，颍川长社人，生卒年不详，大概在南朝宋泰始四年（公元468年）前后出生。他曾先后被举为秀才、安国令以及司徒行参军。他非常关心政治，但见解并不高明。

钟嵘为晋侍中钟雅七世孙，从祖钟宪任南齐正员郎，父钟蹈为齐中军参军。钟嵘兄弟三人均勤于读书。齐武帝永明三年（公元485年），钟嵘与其兄同选国子生，深得王俭的赏识。钟嵘才学出众，对《周易》尤精，被本州举为秀才。齐明帝建武年间（公元494年—498年）他任为南康王萧子琳侍郎。齐明帝萧鸾朝廷事务无论巨细皆亲力亲为，故郡县及六署九府官员都按章行事，均取决于诏令，但义武勋臣皆不归选部，借势力相互通进。钟嵘于是做《上齐明帝谏亲细务书》曰："古者明君揆才颁政，量能受职，三公坐而论道，九卿做而成务，天子可恭已南面而已。"劝明帝不必事必躬亲。明帝见书不喜，就对太中大夫顾杲说："钟嵘何人，欲断朕机务，卿识之不？"顾杲说："嵘虽位末名卑，而所言或有可采。且繁碎职事，各有司存。今人主总而亲之，是人主愈劳而人臣愈逸，所谓代庖人宰而为大匠斫也。"明帝不理其言而告他。建武五年（公元498年）萧子琳被杀，钟嵘改任抚军行参军，为安国令。齐东昏侯萧宝卷永元三年（公元501年），钟嵘为司徒行参军。

梁武帝萧衍灭齐后，天监（公元502年—519年）初钟嵘又上《上言军官书》，其中揭示了齐东昏侯萧宝卷永元时政治昏乱。东昏侯为南齐有名的昏君，常在宫中捕鼠为乐，又以金莲贴地，令潘妃行走其上，所谓步步生莲。这样的昏君其政治统治可想而知。故钟嵘揭示其政治昏乱、卖官鬻爵。但士族出身的钟嵘门阀观念较强，对庶族寒门的仕进不满，恐扰滥了清级，认为应在军官中整顿这种士庶不分的现象。他的上书被采纳，且升任中军临川王行参军。

从钟嵘两次上书来看，他是一个非常关心政治的人，可是他崇尚古圣王之道，虽然也曾批判门第观念，但是总的来说政治见解并不高明。

其奏书文章骈散兼行，辞意表达彬彬雅致，但不伤于齐梁浮艳文风。

天监三年（公元504年），衡阳王萧元简出任会稽太守，引钟嵘作宁朔记室，专门掌管文翰。当时的著名隐士"何氏三高"（何点、何求、何胤中）之一何胤在若邪山筑室，山洪暴发，漂石拔树，而只有他们的房子没有被毁坏。萧元简认为这是高士的祥瑞的预兆，于是就命钟嵘做《瑞室颂》以旌表之，文辞十分典丽。

钟嵘的官位和名气在当时并不高，为了显名他曾经要求当时文坛领袖沈约推荐自己，但是被拒绝。《南史·钟嵘传》写道："及约卒，嵘品古今诗为评，言其优劣。"这样看来钟嵘的《诗品》约于天监十三年（公元514年）成书。同年萧元简回京任给事黄门侍郎，钟嵘于是就跟随萧元简入京师，在京师写成《诗品》。

天监十七年（公元518年），晋安王萧纲也就是后来的梁简文帝为西中郎将，钟嵘被引为记室，过了没多久就死在任上了。

《南史·钟嵘传》说钟嵘因为沈约拒绝给他奖誉，于是在《诗品》中"盖追宿憾，以此报约也"。《四库全书提要》对此云："史称嵘尝求誉于沈约，约弗为奖借，故嵘怨之，列约中品。案约才列之中品，未为排抑。惟序中深诋声律之学，谓'蜂腰鹤膝，仆病未能，双声叠韵，俚俗已具'，是则攻击约说，显然可见。"钟嵘的品评大多可谓公允，特别是在政治上持门第观念的他却还能在艺术领域打破因人贵贱而誉贬的偏颇，同时对出身寒门而有诗才的作家给予了重视。例如对庶族诗人左思、鲍照都给予极高的评价，将左思列为上品，鲍照列为中品。《诗品》中也收录了一位"胡人"区惠恭。更加微妙的是，这位胡人出身更加卑微，曾为权贵颜伯师的属吏，他大胆偷改颜诗，还写《独乐赋》，因言语侵及主人而被斥。

南朝齐梁间，因为文学创作的繁荣与演进，文苑论坛上怒放着奇葩双树。自刘勰的《文心雕龙》问世后，梁代相继又出现了钟嵘的《诗品》，共同组成一个划时代的文学理论批评的高潮。就像清代著名学者章学诚在《文史通义·诗话篇》中说的那样："《诗品》之于论诗，视《文心雕龙》之于论文，皆专门名家，勒为成书之初祖也。《文心》体大而虑周，《诗品》思深而意远。盖《文心》笼罩群言，而《诗品》深从六艺溯流别也。论诗论文而溯流别，则可以探源经籍，而进窥天地之纯，古人之大体矣。此意非后世诗话家所能喻也。"

章学诚在此就是站在论诗"成书之初祖"这个历史发展的观点上来肯定它的意义，而且还承认它"思深而意远"，同时具有后世诗话家往往都忽视的"从六艺溯流别"、"探源经籍"的特点。

魏晋南北朝时期，文学创作有了很大的发展，尤其在诗歌方面，出现了不少风格不同的作家和作品，大大开拓了诗歌的领域，这对《诗品》的创作，提供了极为有利的条件。因为，文学的觉醒来自于人的觉醒。

当时的人们已经意识到自身的价值和地位。从汉末的《古诗十九首》，到魏晋的五言诗中，都体现出人们对生命意识的呼唤。从这样一个生动的社会生活视角，文学批评及诗品之类的理论著述，就不断涌现，而且具有相当的真知灼见。

当时以诗为代表的文学创作开始了拓荒似的崛起，尤其是五言诗的确立与兴盛，淡化了诗歌的门户之见，继之评诗、品诗之类的批评理论亦开始介入，使这一时期的文学创作涌现出了不同风格的、令人瞩目的佳作。同时，鱼目混珠、沉渣泛起的不良现象，在诗坛中也随波逐流。钟嵘为廓清诗坛的清与浊、利与弊的界限，因而写作了《诗品》。书前有钟嵘自己的序。

如果说《诗品》是"思深而意远"，是我国最早的一部评诗著作，对我国诗歌理论的批评发展，有着相当重要的意义和影响，那么，钟嵘自己的序就是"旨明而周泽"，是《诗品》的一个总论，从品评的意义、方法、对象、范围，一直到品评的标准等为诗歌的理论批评打开历史发展的道路。

【经典阐述】

《诗品》对两汉至梁代诗人122人进行了品评，分为上、中、下三品。钟嵘明里对其五言诗分体划等，暗地里却分划为三个流派。许文雨先生对此在《钟嵘〈诗品〉讲疏》中，说得非常明确：

彼之心目中固尚有明划之三派焉。一派为正体诗，以曹子建（曹植）为首，子建所制，得知欢怨中和，有五言正宗之目。子建而后，陆士衡（陆机）循其规矩者也。谢灵运则能光大其法体者也。此派之诗，至谢超宗、颜测辈，而继响渐绝。一派为古体诗，以应璩为首，而辅以元瑜、坚石（欧阳建）诸人，造怀指事，颇申古语。嵇康、阮籍，虽复矫异，势未甚违。此派之诗，至张欣泰、范缜而不绝如缕。一派为新体诗，以张华为首，托体华艳。休（汤惠休）、鲍（鲍照）后起，美文动俗。

《诗品》提倡"建安风力"，反对形式主义诗歌，抨击玄言诗"理过其辞，淡乎寡味"，"评点似《道德论》"；反对堆砌典故，提倡诗由"直寻"，来自自然；反对"四声八病"的说法，主张自然和谐的音律。它擅长概括诗人独特的艺术风格，注意探索诗人风格的渊源派别，在一定程度上启示了划分诗歌流派的线索，但是过于强调历史继承关系，又将现实对诗人的影响都忽视了，不免有些牵强。

关于《诗品》在文学批评领域的价值与贡献，大概可以概括为以下几个方面：

第一，品评的意义与方法。

钟嵘针对诗坛当时"庸音杂体，人各为容"的不良风气，用批评家的胆识，用一种辛辣的笔调描述了诗界的种种令人难以容忍的丑态，想尽力扭转这种颓风。他继刘士章没有完成的批评事业，对每一位诗人和他们的作品进行严格的考核，力求做一个客观、中肯的评价。这是诗界和理论界的一次革故扬新之举，其意义是非常深远的，不同程度地影响着后世诗歌理论的发展。

就五言诗的品评方法来说,钟嵘仍应用评选和品第两种方法。就评选的态度来说,《诗品》所举警策之例,颇受挚虞、李充诸人选集的影响。然而,钟嵘的评选虽着重五言诗的内容与形式方面,但并不忽略作品的风格与作家经历的结合。他认为,每位作家的作品都是有渊源的,因此,必须注重作品产生的继承性方面。就品第的态度而言,《诗品》是受《汉书》九品论文及魏时九品官人的影响。不同于以前批评风气的地方就在于显优劣、分等级,破除了文学批评中只论长处、不论缺点的陋习。打破当时的门第之风、文阀割据文坛的传统,这一点,甚为可贵。

第二,品评的对象与范围。

《诗品》的品评对象是五言诗和它的作品。为什么他单单以五言诗做品评的对象呢?最少有两个理由:一是五言诗具有较适度的言辞组合功能;二是五言诗最早开始于汉朝,在魏晋南北朝就非常盛行。作为梁代的文士,钟嵘跻身于文学殿堂,如果可以倡兴汉、魏以来的直言诗体,一定要区分好青红皂白,创造一种每个人都尊重五言诗的良好氛围,这也是文学发展的必然。

关于品评的范围这个问题,钟嵘在序文中说得非常清楚。在同一品第中,人名的排列大体上都是以时代先后为顺序,不是以成绩的高低为编次。另外,只有人死了之后,作品才能盖棺定论,因而作家都是已故的。在品评的122位诗人中,上卷12人,凡是佚名的古诗按一人算,主要是汉、魏、晋时期的诗人;中卷39人,主要是晋、宋时期的诗人;下卷91人,主要是晋、宋、齐时期的诗人。钟嵘之所以确立这样一个范围,是由于这种分品论人的方式有其传统性。离世之人的艺术思想、作品价值往往都铭刻在固有的论人、分品的尺寸上,除评论者的主观因素之外,不会有什么变化,容易做得客观、公允。人们从古至今一直都沿袭这一法则行事,钟嵘也是一样。

第三,品评标准。

品评标准从审美的角度可以概括为四点:

文质美。也就是五言诗的内容与形式的统一。钟嵘赞美曹植的诗"骨气奇高,词采华茂。情兼雅怨,体被文质。粲溢今古,卓而不辞"。达到了文质兼备的全美境界。

自然美。实质就是强调诗歌应该体现一种朴实自然之美。钟嵘提出"自然英旨"的评诗标准,是建立在诗歌产生的客观条件和表现的特殊规律上。他认为客观景物跟主观情感结合起来,才是诗歌的原动力。

滋味美。就其局部来说,钟嵘的"滋味说"是判别诗歌艺术特征的一个依据。但从《诗品》的总体着眼,主张诗具有"滋味美",仍然是在品评诗歌艺术标准的理论范畴。所以"滋味美"应该是用华美的语言形式所表现的情景相融的诗的艺术境界,也就是"使味之者无极,闻之者动心,其诗之至也"。

直寻美。所谓"直寻",就是诗歌的取材问题,又是诗歌的风格问题。诗人处在一个特定的生活环境中，用心里滚烫的激情熔铸成铮铮的语言从而表现出特定的思想感情，在钟嵘的眼里这就是诗。由此可见，一首好诗，就是直抒胸臆，任其流淌，吟咏性情，不贵用事。

【历史评说】

在诗歌理论方面，钟嵘总结了前人的经验，并且还初步发掘了诗歌艺术的美学原则和几个重要的创作规律；在诗歌批评方面，他比较自觉地提出了自己的批评理论体系，他评诗的标准已迈向审美及美感的艺术领域。这些能够不断继承发扬的文学批评思想，对后来的诗、词发展有着极其大的影响。但是由于钟嵘自身的评价标准与审美倾向的原因，品评不正确的地方也有很多，后人多有指正。尤其是很多人反对他把陶渊明列为中品，曹操列为下品。明人王世贞在《艺苑卮言》卷三中说："魏文不列乎上，曹公屈第乎下，尤为不公。"清人王士禛在《渔洋诗话》中则写道："上品之陆机、潘岳，宜在中品；中品之刘琨、郭璞、陶潜、鲍照、谢朓、江淹应在上品；下品之魏武宜在上品。"

《诗品》是文学批评从经学、史学的附庸转变成一个独立的学科的标志，其自觉的文学批评意识还表现在以明确的文学理论作为诗歌品评的指导。《诗品》所具备的严密而宏大的专著规模是钟嵘自觉的文学批评意识的另外一种表现。中国文学批评在长期的历史发展过程中，逐渐形成了跟西方明显不一样的独特语体。钟嵘《诗品》正是一部具有鲜明民族特色的文学批评语体的代表作。

《诗品》使钟嵘流芳百世。钟嵘作为齐梁时期杰出的文学理论批评家，给我们留下了宝贵的文论财富。中国的诗歌批评也因此得到发扬光大。《诗品》是一部对后世有着深远影响的作品，它不愧为文学理论园地中一畦盛开的香花。

【书海拾贝】

骨气奇高，词采华茂。情兼雅怨，体被文质。粲溢今古，卓而不群。

《人间词话》

【名家传略】

《人间词话》是国学大师王国维于1908年发表的文艺批评类著作。他以传统的诗话形式，论及的内容竟达到近代美学理论的高度，把"境界说"过渡到了美学理论的本质论，开近代讲美学之先河，对历史有着重要的贡献和启蒙意义。

他在《人间词话》中提出了"境界说"。境界，中国古代文艺评论家也曾运用过这些词语，如宋朝严羽的"兴趣"、清朝王士禛的"神韵"、袁枚的"性灵"诸说，但都是就风格、技巧而言，王国维则把它提到美学的本质论高度。他说："然沧浪所谓兴趣，阮亭所谓神韵，犹不过道其面目，不若鄙人拈出'境界'二字，为探其本也。"在中国近代文学史上,王国维可称为国学大师。无论从其涉猎科目的广泛,包括哲学、美学、文学、考古学、词学、金石学、翻译理论,还是其大量的著作,传世之作达60余种等,都当之无愧。然而就是这样一个著名学者、学术界大儒,居然在其知天命之年投湖自尽。事情发生以后,全国学术界无不遗憾。究竟是什么原因导致他选择了这样一条不归路?

王国维字静安,又字伯隅,号观堂,浙江海宁人。他1877年出生,16岁考中秀才,早年研究哲学、文学,后又受到西方唯物主义哲学和文艺思想的影响。1903年起,他于通州、苏州等地师范学堂教习。1907年起,他任学部图书馆编辑,从事中国戏曲史和词曲的研究工作,著有《曲录》、《宋元戏曲考》、《人间词话》等,辛亥革命后以遗老自居;1913年起从事中国古代史料、古器物、古文字学、音韵学的考证,尤致力于甲骨文、金文和汉晋简牍的考释;1925年任清华研究院教授,除研究古史外,兼做西北史料和蒙古史料的整理考订;1927年6月3日在北京颐和园投水自尽。

梁启超赞其"不独为中国所有而为全世界之所有之学人",而郭沫若则赞他"留给我们的是他知识的产物,那好像一座崔嵬的楼阁,在几千年的旧学城垒上,灿然放出了一段异样的光辉"。王国维曾颇受西方叔本华的哲学思想影响。他研究西方文化,读康德《纯粹理性批判》等书后,感觉难以理解。"叔本华之《意志及表象之世界》一书,思精而笔锐。是岁前后读二过,次及于其《充足理由之原则论》、《自然中之意志论》及其文集等,特别是《意志及表象之世界》中《汗德(今译作康德)哲学之批评》一篇,为通汗德哲学关键。至29岁,更返而读汗德之书,则非复前日之窒碍矣。"(《静安文集自序》)因王国维对叔本华的哲学、美学著作进行研究,对他后来的思想影响很深。王国维对叔本华著作产生了共鸣,因此叔本华唯意志论及悲观主义、主观唯心主义使王国维坠入了唯意志论与悲观主义的深渊。所以,30岁以后的王国维深深感到"伟大之形而上学,高严之伦理学,与纯粹之美学,此吾之所酷嗜也。然求其可信者,则宁在知识论上之实证论,伦理上之快乐论,与美学上之经验论。……余之性质,欲为哲学家,则感情苦多,而知力苦寡;欲为诗人,则又苦感情寡而理性多"。(《静安文集自序二》)他继而转向文学、史学的研究,在《论性》、《释理》、《原命》三篇著作中用叔本华哲学思想反复论述主观决定客观的主观唯心主义论点,对于人性也提出"人性之论,唯盛于儒教之哲学中……老、庄主性善,故崇自然;申、韩主性恶,故尚刑名"(《论性》)。他还说"解脱之道,存于出世,而不存于自杀"(《红楼梦评论》)。但是他最后还是选择了以自杀来结束自己处于学术研究鼎盛时期的宝贵生命。这能不说是一种矛盾?而矛盾的根源就是在于人性的局限性。

王国维天生忧郁悲观,他自己也曾说:"体质羸弱,性复忧郁,人生之问题日往复于吾前。自是始终决定从事于哲学。"(《静安文集续编自序》)王国维自视极高,向来以天才自居。他30岁以后致力于文学以及学问著述，著《人间词话》，并且填写了不少词，谓之："余之于词，虽所做尚不及百阕，然自南宋以后，除一二人外，尚未有能及余者，则平日之所自信也。"因为他自命甚高，所以朋友不多，这也使得他更加专心于学问研究。他执着于理想，向往一种无功利、纯粹的学问。但是，他生活在中国社会前所未有的大变局中。清朝的覆灭给了王国维一个很大的打击。兼之儿子早逝、1927年北伐军北上、叶德辉遭难、章太炎家中被抄，一切的发生都在一瞬间。于是，他被迫结束了自己的生命。

【经典阐述】

"意境"说在近代文学中运用颇为广泛，"境界"一词甚至用于小说评论，相当普遍地以有无境界和境界高下来评论作品。其中最为突出的便属王国维。

王国维在《人间词话》中对"意境"说又做了新的阐述。他说："境界，非独谓景物也，喜怒哀乐亦人心中之一境界。故能写真景物、真感情者，谓之有境界；否则谓之无境界。"他举例说：" '红杏枝头春意闹'，著一'闹'字而境界全出；'云破月来花弄影'，著一'弄'字而境界全出矣。" "闹"和"弄"就是作者真切而独特的感受。故他说明，有了这样的感受，就叫做"意境"，才可以写出真景物、真感情，才会有境界；否则就叫做"隔"。他还辩证地论述了"造境"与"写境"的关系。此外，他还提到了境界的优美等问题。但他在对意境做出开掘与发展的同时，局限也随之而来，如他认为："客观之诗人不可不多阅世。阅世愈深，则材料愈丰富，愈变化。《水浒传》、《红楼梦》之作者是也。主观之诗人不必多阅世。阅世愈浅，则性情愈真。"其论客观之诗人是正确的，论主观之诗人则显然存有偏见，说明他对文学作品反映生活的认识有片面性。

在这一美学理论指导下，王国维提出了以下四种关系。

第一，"自然"与"理想"。

"有造境，有写境，此理想与写实二派之所由分。然二者颇难分别，因大诗人所造之境，必合乎自然，然所写之境，亦必邻于理想。"

诗有写实和理想之分，写实是将客观事物真实地描写出来，理想是着重于虚构、主观的想象，而虚构、主观的想象又以生活现实作为基础。因此，大诗人所造的境，必合乎自然，又邻于理想。合乎自然，是诗人对审美对象反映的感受，真实地描绘景物，有如诗中的"赋"，直书其事。而邻于理想，是诗人总是用自己的理想的大脑去取舍生活、因物喻志，有如诗中的"比"、"兴"，触物以起情，索物以托情，表达诗人丰富的思想感情。王国维评价大诗人造境、写境，难以区分，其诗的最高境界是能反映物景以及人生（感情）的本质，而且，景情交融，浑为一体，这是最高的境界。他举了元朝马致远的《天净沙》小令："枯藤老树昏鸦，小桥流水人家，古道西风瘦马，夕阳西下，断肠人在天涯。"评价为"寥寥数语，深得唐人绝句妙境"。这首散曲前3句18个字综合了9种事物，勾画出秋天萧瑟凄凉的傍晚景象，烘托出一个身处异地的旅行者。马致远的写作技巧是极高明的，真达到了"其写景也，必豁人耳目，其辞脱口而出，无矫揉妆束之态"，"其言情也，必沁人心脾"的境界。另外，王国维对苏轼《水龙吟》咏杨花评价极高。这首词的起句是"似花还似非花，也无人惜从教坠"，末尾是"春色三分，二分尘土，一分流水。细看来不是杨花，点点是离人泪"。王国维评："咏物之词，自以东坡《水龙吟》为最工。"苏轼将杨花描绘成似花非花，全神凝注，笔借"风"、"雨"，一气流转，把杨花想象成容器，显露出对人生的理念，格调尤为高雅。这里"我"融入了景物之中，与景物处在有意无意之间，因此，读咏此词，有一唱三叹、寻味无穷的感觉和效果。

王国维认为景物能体现景物内在的某种本性，即"神理"，达到"真景物"，即"理念"的真；在体现人生的感情时能反映人的内在本性的真，达到真感情，创造出一种独特的艺术画面，诗人"忧生"、"忧世"的理想与感情自然渗透于作品之中。自然和理想，写境和造境，写实派和理想派，合而言之，都应当达到这种境界。

第二，"入"与"出"。

诗人对于宇宙和人生，要观察、体会、领悟，便要"入乎其内"，到生活中去。人人都能观察，然而，常人之眼与诗人之眼有区别，常人之眼有时看不到、看不透，或看到了说不出来，没有表达的能力。诗人之眼则能静观，能观照，能突破自身狭隘的眼光，能出乎意料之外，站得更高，"超以象外，得其环中"，他能排斥私欲、功利等障碍，能将客体的本性观察、领悟出来，这就是诗人天才"内美"的艺术功力，具有这种崇高的人格和素质，才能出之，故能观之。同时，待物化的艺术境界，即在审美主体蕴藏形成的第二自然、第二人生和第二自我以艺术形式、手法表现出来，这种表现在于审美主体驾驭艺术形式，这种能力有高有低，由于作者心中的意象是观物、观情的辩证统一，达到最高的境界，有时稍纵即逝，是须臾之物，需用不朽的文字表达出来。因此作者既要有超想象能力，又要重视外物，情景相融结合为一体，能与花鸟共忧乐。王国维评论说："南宋词人，白石有格而无情，剑南有气而乏韵。其堪与北宋人颉颃者，惟一幼安耳。"此处的格、情、气、韵是格调、性情、音韵、气象，四者能烘托出"境界"。因此，境界包括敏锐的观察能力，深邃的感情，又能反映出鲜明生动的形象。王国维举周邦彦的《苏幕遮》咏荷的词"叶上初阳干宿雨，水面清圆，一一风荷举"，评说此词："此真能得荷之神理者。"此外，他例举冯延巳的《南乡子》咏草的词，其中有"细雨湿流光，芳草年年与恨长"，他评说："'细雨湿流光'五字，皆能摄春草之魂者也。"这两幅图画，通过语言、色彩、线条充分表现了荷和青草的内在的本质力量，能得荷之神理，摄春草之魂，同时，也反映了诗人的心境，这便是善入善出的典型例句。

第三,"渐悟"与"顿悟"。

"古今之成大事业、大学问者,必经过三种之境界。'昨夜西风凋碧树。独上高楼,望尽天涯路。'此第一境也。'衣带渐宽终不悔,为伊消得人憔悴。'此第二境也。'众里寻他千百度,蓦然回首,那人却在灯火阑珊处。'此第三境也。此等语皆非大词人不能道。然遽以此意解释诸词,恐为晏欧诸公所不许也。"

上面是《人间词话》的一段名言,王国维以晏殊、柳永、辛弃疾三首词中的描写道出绘了做词的艰苦历程。同时,他又引申至成大事业、大学问方面。这三个境界是作为诗人在艺术创作过程中的修养和锻炼的问题。审美主体对人和物的审美把握,形成待物化的意识客体,第二自然、第二人生以及第二自我,再将此用艺术形式表现为意识性的客体,其间有一个渐悟到顿悟的过程。第一境界为"昨夜西风凋碧树,独上高楼,望尽天涯路。""西风凋碧树",是一种烦躁的心情,诗人要观物,首先要摆脱现实的种种纷扰,破除一切我执,包括苦乐、名誉、利害、得失,放开一切个人的私欲,达到胸中洞然无物,才能达到观物之微。"独上高楼,望尽天涯路。"这时,便入定,能去体会物之内在本质的美了。第二境界是对审美客体的审美把握,审美主体有一种择一的、固执的、终身无悔的精神寄托,在探索着事物的美。这种美必须超出事物个别的、外在的、偶然的理念,得出普遍性的、内在的、必然的一种体会,用审美的把握塑造出美的意象,诗人在此境界的心情是平静、纯净、自然的,寻求一种自然的美。一方面,这种寻求是艰辛的,是使人憔悴和消瘦的腐蚀剂,同时,另一方面,这种寻求又使作者的感情得到升华,达到完美的意境,虽然"衣带渐宽",又是值得的,殉身无悔。第三种境界:"众里寻他千百度,蓦然回首,那人却在灯火阑珊处。"这里说的是顿悟。经过第一阶段、第二阶段的苦苦寻求,诗人能用最明快的语言方式,将事物表达出来,浑如天成。这时诗人的心情达到了无欲、无念、无喜、无忧的境界,获得了感悟。"众里寻他千百度",表达了追求"智慧"的艰辛,"蓦然回首,那人却在灯火阑珊处",表达了智慧的转折。诗人在艰苦的追求中,豁然开朗,灵感顿生,妙语连珠,境显现得光辉耀人,情表达得沁人心脾,这是极不容易获得的一种境界。在第三种境界,诗人也从自己创作的诗作中获得了精神上的慰藉及精神上的愉悦。

王国维对南唐后主李煜的词最为欣赏,誉为"神秀"。他说:"词至李后主而眼界始大,感慨遂深,遂变伶工之词而为士大夫之词。"李煜的词:"林花谢了春红,太匆匆。无奈朝来寒重晚来风。胭脂泪,相留醉,几时重?自是人生长恨水长东。"(《乌夜啼》)"独自莫凭阑,无限江山,别时容易见时难。流水落花春去也,天上人间。"(《浪淘沙》)"春花秋月何时了,往事知多少。……问君能有几多愁,恰似一江春水向东流。"(《虞美人》)这些词均属千古绝唱。李煜表达感情,具有一颗"赤子之心",

超出了个人身世的局限，抒发的是一种人类普遍的感情，他摆脱了个人意志、欲望、利害三者间关系，"自由"地进入审美静观，能深窥人类和事物的内在本质，把自己强烈的主观的感情与这种客观的"静观"相互交织，使人的感情和景物融为一体，他又用具有高度概括性的比喻，把这种感情真实具体地描绘出来，体现了诗人的自我心理形象塑造的重要性，因此，最能使读者引起共鸣。他的词足以说明诗人的确经历了诗的三种境界，达到了最高的顿悟境界。王国维说："后主之词，可真所谓血书者也。……后主则俨有释迦、基督担荷人类罪恶之意。"李煜确有其过人的哀乐，将自己的生命和词的创作融为一体，词具有灵慧之气。

第四，"隔"与"不隔"。

"问隔与不隔之别，曰：陶谢之诗不隔，延年则稍隔矣；东坡之诗不隔，山谷则稍隔矣。'池塘生春草'、'空梁落燕泥'等二句，妙处唯在不隔。"

王国维强调诗词要自然、真实，真事物，真感情，形象鲜明、生动，是客体事物的真实写照，是人类的一面镜子，形象地再现自然与人生，反映了美的本质。当作品问世，读者阅读时，心中能有感受，便是对物化的意识性客体在头脑中重现艺术境界。这种重现又有读者自己的生活经验、艺术经验、时代精神，而主要取决于艺术作品境界的深浅、大小，物化的程度高低。王国维的所谓"不隔"，就是指真实地表达感情、形象生动地描绘景物，少用典故，"不使隶事之物"，"不用粉饰之字"，"忌用替代词"，排斥"游词"。他对姜夔（白石）的词评价不高，主要缺点便在于"隔"。关于造成隔的原因，一是姜白石词中用典太多，使读者读时不易理解，再是词中"雅"的程度太高，"仙"的韵趣太重，而人情味相对地减弱了，读者不能感受到其境界，因此，王国维评论说："白石写景之作，如'二十四桥仍在，波心荡、冷月无声'，'数峰清苦，商略黄昏雨'，'高树晚蝉，说西风消息'。虽格韵高绝，然如雾里看花，终隔一层。"

【历史评说】

《人间词话》虽仍是用传统诗话形式表现出来，比较简单扼要，但是，它却有着丰富的美学理论文化底蕴，也有着许多精彩无比的见解。王国维的意境说将中国传统诗话中的格调、神韵、气象、兴趣等都提到了西方美学理论的高度加以分析，形成了中国评论诗词的美学原则以及美学理论。他探讨了作者与自然、作者与作品、作品与读者在审美范畴的多种关系，虽然他的美学理论体系是唯心主义的，有着一层悲观色彩，具体论断也不一定完全准确，但是，他的美学理论对封建主义儒家文学理论专讲"文以载道"的思想来说却是一种新的突破。可以说，中国近代美学是从王国维开始的。并且王国维的美学思想也贯穿到评论小说、戏剧、美术等领域，具有普遍性。因此，其美学思想是有一定的历史贡献的，也有着重要的启蒙意义。

【书海拾贝】

诗人对宇宙人生,须入乎其内,又须出乎其外。入乎其内,故能写之。出乎其外,故能观之。入乎其内,故有生气。出乎其外,故有高致。

《历代名画记》

【名家传略】

古人治学,一是虽然出身贫寒,但依靠个人的奋发用功,终有所成;二是凭借着家庭传统的深厚积累和有利条件,及自己的勤勉用功,由此获得了新的业绩。《历代名画记》的作者张彦远就属后者。

张彦远(公元815年—875年),字爱宾,唐代河东(今山西永济县)人,曾做过大理寺卿。他出生在一个世代官宦、且以翰墨丹青为风雅的家庭。高祖张嘉贞、曾祖张延赏和祖父张弘靖,都做过宰相,他们与当时的许多文人士大夫一样,都偏爱书法。对张彦远产生直接影响的,则主要是他的祖父张弘靖和父亲张文规。

张弘靖学魏晋人书法,不拘于门派流别,很有心得。他初从钟繇入手,后学王羲之、王献之,"书体三变,为时所称"。他继承了张氏家族收藏历代法书、名画的家风,将其所得,除了养家、施舍之外,其余全部用来购书求画。经过多年的搜集整理,一度使家中的藏品得以与宫庭内府相提并论,以致皇帝也不免眼红。元和十三年(公元818年),唐宪宗竟然下诏索要张家收藏的名画、法书。张弘靖哪里还敢违抗?只好将家藏书画中的珍品名迹一一进献。

张彦远懂事的时候,家藏书画在各种名义的"进奉"和历次战乱中逐渐散失,"传家所有",已所剩无几了。张彦远的父亲张文规,任桂州、管州观察使。张彦远从小受家庭影响,在书法方面进步很快,擅长隶书,尤其喜做八分书。他自己虽然说"自幼及长,习熟知见,竟不能学一字",但后人对他书法的评价是"落笔不愧作者",可见是具有相当造诣的。

优越的家庭环境给了张彦远一个常人无法比拟的学习条件,尽管他父亲曾经收藏过许多名画、法书,但张彦远却认为不能在书法创作上有所发明,因为这个他曾"夙夜自责",甚至引为"终身之痛"。但所幸的是,家藏书画虽然已经"十无一二",但鉴赏收藏的学问却不会随着这些书画的流散而消失。从小张彦远耳濡目染,在这方面学到了很多知识,日积月累,练就了一双"法眼"。他自称对于"收藏鉴识,有一日之长"。朝廷这个时候倒也不再要张家进献什么了,张彦远得以根据硕果仅存的传家之宝,悉心研讨书学画理。他深刻地认识到,从古到今,名画、法书流传虽然很多,但许多人并没有真正认识到它们的价值,所以就也没有真正发挥它们的作用。战争、动乱的破坏，使大量珍贵书画毁于兵火之中；尽管公家和私人收藏起来并据为自己的宝物，却往往因不得其人而产生不辨好坏、不明真假的流弊；以至于有些人假收藏之名，行"藩身"之实，以名家之画作为加官晋爵的手段，以至变成了那个时期的一种风气，这就更值得后人引以为戒了。所有这些，张彦远认为都会给绘画艺术的发展带来非常大的阻碍。他为此萌发了编写一本记述历代画家和作品的著作的想法。

在《历代名画记》成书之前，已有很多的画史、画评著作，可是几乎没有一种能够让张彦远满意的。他对这些著作的意见，归纳起来，大致有以下三种情况：首先浅薄粗陋，过于简单；其次疏漏遗脱，难以征信；最后片面偏颇，失之真实。尽管这里面可能存在着他对这些著作的某些偏见，不过，就流传到现在或在《历代名画记》中保存了部分片段的那些内容来看，张彦远的意见也不是没有道理。可是不管怎么说，以往的画史、画评水平不是很高，内容过于简略，这是可以肯定的，这样显然难以反映前代绘画艺术发展的实况。张彦远所特别关注的是，对于二三百年之间的唐代绘画，无论是描述发展历史，还是品评画家的特色，竟然没有一本著作能够做到详细而又准确地加以反映。所以，这不但和唐代绘画的发展趋势不相谐调，就以收藏、鉴赏的需要来说，也是十分不利的。

正是在这样的前提下，出于"明乎所业"、"探于史传"的目的，张彦远根据自己的所见所闻，搜集了先秦至隋唐的300余位画家的小传和创作特色，旁求错综，编次诠量，遂以"心目所鉴"，"撮诸评品"，最终在唐宣宗大中元年（公元847年）撰成10卷《历代名画记》。这一年，距盛极而衰的唐王朝灭亡正好还有60年。如果按照现在所推断的张彦远的生卒年代来看，那时他只有30多岁。此前，他又根据自己对书法艺术发展状况的研究所得，"采掇自古论书凡百篇"，编成汉魏到隋唐的书论汇编及著录历代法书流传情况的10卷《法书要录》，集中了很多他在日常生活中与书画鉴赏有关的诗作的《彩笺诗集》也已经问世。

【经典阐述】

张彦远对于《历代名画记》的价值是十分自信的。他将这本书和《法书要录》作为提供给当时人鉴赏书画的一个整体，写道："有好事者得余二书，则书画之事毕矣。"可是，两书的体例截然不同，写法有别，表达个人见识的方式亦不同。《法书要录》完全是搜集前人所得书论和作品著录，他自己除了有一篇250余字的序言以外，没有一点议论、评述。这可能是他认为前人在书法鉴识方面的经验已经足够提供参考，这样就无需再多做阐发。《历代名画记》一书则不是这样的，尽管他也引述了许多前人或时人的言论，但只不过是"引述"而已，主要观点都是出自于他个人的看法，在史料完备的前提下，"引述"一般只是作为引发议论的话题。全书一共10卷，可分为三部分：一是对绘画历史发展的评述与绘画理论的阐述，即原书卷一全部与卷二前二节；二是有关鉴识收藏方面的叙述，即原书卷二后三节与卷三；三是原书卷四至卷十，系370余名画家传记，始自传说时代，终于唐代会昌元年（公元841年），大体按时代先后排列。书中或一人一传，或父子师徒合传，内容有详有略，大概包括画家姓名、籍里、事迹、擅长、享年、著述、前人评论及作品著录，还有张彦远所列的品级以及所做的评论。

整本书的内容几乎涵盖了绘画艺术在当时所能体现的全部方面，叙源流，论技法，谈师承传授的历史与流派，讲收藏装裱的常识，记各地寺观壁画，著录历代流传的珍图秘籍，终了又以多至7卷的篇幅，介绍各时期画家的经历、风格以及作品，还采用了夹叙夹议的方式，针对前人已有的评论，发表自己的看法。可以这样说，张彦远在这两本关于书画艺术的姊妹著作中，明显是针对那时候在绘画创作与鉴识方面的实际需要，而将重点放在《历代名画记》上面的。

【历史评说】

为何要有绘画？难以令人理解的先民们津津乐道的"河图"、"洛书"究竟与绘画的起源关系是怎样的呢？古人无法根据科学的考察和论证来说明绘画到底是怎样出现在人们的生活中，于是就只好借助神话传说，将绘画的起源和它们联系起来。尽管这样，有一点却是今人也无法否认的：无论怎样看待绘画的起源问题，它在人们生活中所产生的作用，却是大家都认同的。张彦远把绘画的社会功能归结为："成教化、助人伦、穷神变、测幽微。与'六籍'同功，四时并运；发于天然，非由述作。""成教化、助人伦"是绘画产生的社会功能，"穷神变、测幽微"是绘画在表现自然万物时所具有的特殊意义。从人为的一个方面来看，绘画和匡时救世的经典著作具有一样的作用；从自然的力量来看，则与天地之间的变化规律相同。这一观点，和人们一般认为的绘画只是一种用来养性怡情的玩物的观点大相径庭。

张彦远认为绘画的怡情作用不是孤立简单的，一定要有所依托，才能体现出来。他在引用南朝刘宋时画家王微的《论画》一文后说："图画者，所以鉴戒贤愚，怡悦性情，若非穷玄妙于意表，安能合神变乎天机？"所谓的"鉴戒贤愚"，可能就是"成教化，助人伦"的一个具体方面了。"穷玄妙于意表"，明显是"神变"、"幽微"在绘画中的形象表现，也就是说在创作过程中尽可能地传达自然造化的精髓所在。要强调绘画的"教化"功能，就一定会说到内容。人物画在这方面最具优势。隋唐以前的传统绘画，正好就是人物画的成就最为突出。在这之后，随着山水树石、花草蜂蝶等题材的开拓和发展，它的"教化"功能怎样来体现，这就是一个问题了。前人提倡绘画应具有教化功能的如陆机、曹植等人，他们所处的时代，创作题材相对来说还比较狭窄，技法也较单纯，因此尚未注意到因题材的不同而产生的不同作用。到了张彦远的时代，绘画的发展就比较成熟，无论是题材或技法，都比前代有了一定的进步。在这一背景下,张彦远除了继续发挥前人提出的观点以外,他就特意在怎样使绘画具有"怡悦性情"的功能方面加以说明。这恰恰是他对绘画理论的一大贡献。

张彦远议论绘画时反复提到了崇尚自然的意义,这不但和道家所提倡的"法自然"思想有着十分密切关系,同时也是佛教禅宗思想的一种反映。但他的绘画思想,又不全依赖于"自然"。换一句话说,他并不是以消极的态度来对待"法自然"的,同时又以一种积极的姿态来回应自然,从而反映"神变",以合"天机"。在消极与积极之间,前者大概只能算是"自然"的奴隶,事实上自然已经失去了,称得上是自然的主人的是后者。那么,怎样才算是积极的态度呢?他在创作方面强调画家所画的东西必须与个人的习性相一致。在《论山水树石》一篇中,他因为对宗偃的山水画的喜爱,因此揣摩其创作的意图,同时想到要在真实的山水中去领会意境,由此提倡山水画的创作要能够做到"境与性会"。"境"是外在的,"性"是内含的,两者的关系又是互相依存的,任何一方缺了都不行。只有这样的创作方才具有"怡悦性情"的基本条件。

张彦远还说到了绘画的技法问题,强调"形似"一定依托"气韵"才能存在,"敷彩"也只有在充分体现了"笔力"的前提下才会产生感染力。这样看来,形态、气韵、笔力、色彩是创作中合理运用技法的全过程。

张彦远在议论绘画的作用和技法时,对书画同源问题也阐述了自己的看法。书画是不是同源,这在南北朝时就已引起人们的注意了。王微的《画论》中,就提出了"图画非止艺行"的观点,反驳了时人"以书巧为高"的偏见,还将曲、直、点、画等书法用笔,来形容绘画中人物的表情、五官的部位,以及山峦丘壑之类。到了唐朝,因为皇帝对书法艺术表现出异乎寻常的重视,所以文人士大夫大都能书,名家层出不穷。张彦远在这样的背景中来讨论绘画与书法的异同,很明显是来自他对两者关系的深刻认识,体现出一种不为时流所左右的独立的艺术观。因此,他不但依据历代著名画家笔法的来源,来证明书画艺术的"同体",而且还从两者的艺术特色方面来指出绘画的独到地方,更为注重绘画的艺术价值。例如,在谈到名、价这个问题时,他说道:"书则为逡巡而成,画非岁月可就。"言下的意思,明显是为了证明绘画的创作比书法更为艰难,从布局构思,到落笔起稿,到最后的着色敷彩,整个过程的前后衔接、统一协调,全不是朝夕间就能完成的。因此他要强调"画之臻妙,亦犹于书"。

在明辨画理的基础上,张彦远的意见也具有一定的参考价值。张彦远提出的品评标准,以"自然者"等五个品第为主。"自然者"是上品之上;"神者"是上品之中;"妙者"是上品之下;"精者"是中品之上;"谨而细者"是中品之中;中品之下和其他,就不再具体地分出特点。当然,我们没有必要过分拘泥于张彦远的这一划分标准是不是准确的,因为这到底是他个人的看法,但探讨产生这一标准所依据的思想和艺术倾向,却有非常大的必要。他以"自然者"作为上品之上,和当时崇尚自然的思想倾向有着密切的关系。魏晋南北朝时期，传统的儒家思想受到冲击，江南文人风尚以旷达放浪为时髦，魏晋时候的谢赫因此以"气韵生动"为画中第一品。晚唐时期，社会动荡，政治日益凋敝，儒佛道三家的融合多于分离，隐士逸人大多数归隐山野。就此社会背景而言，张彦远以"自然者"为画品中的第一等，跟讲究"气韵生动"的谢赫有相同的地方。张彦远超过谢赫的地方是，他订立了一个新的标准，在每一个品第中都考虑到"六法"的得失。这样，不论置于何等品第的画家，人们所认识的是他们在创作中运用并体现"六法"时的优劣高低，而不会专注于其中某个方面的不同了。这种综合了绘画艺术各方面的表现来考虑的品第标准，比单一的标准肯定要合理、科学得多。

张彦远又是一位在严格的正统绘画思想熏陶下成长起来的评论家，每以见多识广而自诩。他并不完全赞同流行一时的风气。虽然他崇尚自然，但审美意趣的最高意境是形神兼备。当有些画家在技法方面突破了传统而独树一帜时，他一般都只是谨慎地加以许可。对那些脱离传统较多的画家，又还表示出一些不满。如唐代的王洽，性格狂放开朗，擅长画松石山水，兴来之时，通常都是以头髻蘸墨作画，一时名声很大。但张彦远对他的画却并不很欣赏，觉得他的画没有什么稀奇的。这样看来，张彦远崇尚的自然，是有一定尺度的，随性写境固然重要，但同时也应该遵循绘画的自身规律，体现绘画的本质特征。

在张彦远以前，已经有很多人根据他们对绘画艺术的理解和鉴赏，提出了各自的品评鉴识标准，但张彦远还是以自己的理解提出了一个新的品评系统。当然这不是说前人的品评一无是处，不然张彦远不可能在自己的著作中继续引用那些评论，而是说明，时代风气的不同和审美观的不同，可以产生不同的艺术标准。这是在艺术发展过程中，接受与被接受两者之间各自选择的必然结果，也反映了时代风气对于绘画艺术产生的直接而巨大的、具决定性的影响。

近代学者余绍宋编写过一部《书画书录解题》，对前人的书画史论著作作了比较系统的研究，结果是对绝大部分著作提出了这样或那样的批评意见，只有对张彦远的《历代名画记》是个例外。他不但列出了这种书的各种优点，更揭示了此书在中国古代绘画史上的重要地位，言辞之间，大有将它作为"画坛之《史记》"之意。这并不奇怪，因为《历代名画记》一书，值得大家这样推崇。它不是单单局限于记载"历代"的"名画"，而是第一部中国历史上有系统的"绘画通史"。张彦远凭着他独有的真知灼见，在上至先秦、下至晚唐的整个历史时段，给读者展现了中国传统绘画宏大而广博的天地，其丰富的内容，令人叹为观止。因此，完全有理由这么说，如果想学习和掌握早期中国传统绘画的基本知识和基本理论，《历代名画记》的确是一部值得一读的书。

【书海拾贝】

图画者,所以鉴戒贤愚,怡悦性情,若非究玄妙于意表,安能合神变于天机?书则为逡巡而成,画非岁月可就。

第五章 小说戏剧

《搜神记》

【名家传略】

志怪小说是一种中国古代文言短篇小说，主要记述神鬼怪异之事。"志怪"来源于《庄子·逍遥游》中的"齐谐者，志怪者也"。志怪小说是还处在雏形阶段的小说，它具有丰富的想象和幻想色彩，有较为鲜明的形象和完整的情节。魏晋南北朝时期是志怪小说的黄金时代，《搜神记》为六朝志怪小说的代表之作。它的作者是东晋文学家干宝。干宝兼善文史，曾做《晋纪》。据《晋书·干宝传》中记载，他做《搜神记》的直接原因是两件他亲自经历的事：一件为他父亲的宠婢被埋十几年后不死，另一件他哥哥干庆死而复生。干宝从此深信人死有灵，于是搜集古今神异奇特的故事，编著《搜神记》30卷。这只是传说，干宝编写这本书的真正原因一是受时代风气的影响，即佛道思想的盛行，二是与他本人对神仙志怪的偏爱有关。本传记载他"性好阴阳术数，留思京房、夏侯胜等传"。另外他作为史学家，也有博览群书的便利条件。志怪不能入正史，而佛道二教的盛行，又使鬼怪之事被视为同人事一样实有。所以史学家干宝也要为鬼怪之事做传，干宝也就因此被人们称为"鬼之董狐"。

干宝，字令升，新蔡（今河南新蔡）人，出生年月不详。其祖父干统曾做过三国时期吴国的奋武将军，被封为都亭侯。父亲干莹做过丹阳县丞。

干宝幼年丧父，年少时他聪明好学，勤奋刻苦，博览群书，这为他以后的仕途和《搜神记》的创作，打下了坚实的基础。因为他的才华出众，在晋愍帝建兴元年（公元313年）被任命为佐著作郎，建兴三年（公元315年）又因有功于平定杜韬之乱，被封为关内侯。

东晋初，朝廷由于忙于稳定政局，无暇顾及史书的编纂，也没有专门的史官。中书监王导上书说，古代帝王均编史书以使自己的功名留传后世。元帝司马睿采用王导的建议，拜干宝为著作郎兼领国史，编修《晋记》。

编著史书的经历，使干宝有更多的机会饱览丰富的文化典籍，开扩视野，收集资料，又为他的《搜神记》的写作积累了宝贵的经验。由于他是史官，所以后人认为他的书是比较可信的，对《搜神记》多有征引。正如明朝的胡震亨在《搜神记引》中所说："顾世局如常，适以说怪视之，不知刘昭《补汉志》、沈约《宋志》与《晋书·五行志》，皆取录于此。盖以其尝为史官，即怪亦可证信耳。"

除了著有《搜神记》外，干宝还著有《春秋左氏义外传》15卷、《周易注》10卷、《周官注》12卷、《百志诗》9卷、《干宝集》4卷，但都散失。

干宝非常喜欢阴阳术数，对京房和夏侯胜等人的学说比较留心。他和方士葛洪的关系很密切，方术的行为、思想、经验对他的写作也有很大的影响。干宝是位博学的学者，精通史学，又能诗善文，其思想受汉代儒学谶纬的影响颇深。京房、夏侯胜都是西汉古文经学的学者，以阴阳灾异附会儒学。干宝推崇且研究二人的学问，醉心于阴阳术数，此为《搜神记》创作的思想基础。而魏晋时代各种思想流泛，同时宗教迷信也颇为流行，文人学士盛行搜奇罗怪之风。干宝写《搜神记》的目的就是要人相信鬼神的存在。《搜神记》始创于建武元年（公元317年），成书于咸康五年（公元339年），历时20余年。全书30卷，《隋书·经籍志》有著录，宋代以后佚失。今天流传的20卷共464条，鲁迅把它称之为一部"半真半假的书籍"。明朝的胡震亨将之刻入《秘册汇函》，毛晋又收入《津逮秘书》，故得以行世。

【经典阐述】

干宝说他自己写这本书的目的是"足以发明神道之不诬也"。本书故事一来自"收遗逸于当时"、"考先志于载典"，再加上干宝自己的耳闻目睹三方面，再在这个基础之上，"会聚散逸，使同一贯"，"博采异同，遂混虚实"。可以说，《搜神记》是志怪小说的集大成之作。其中有整理和总结，另外还有加工创作。书中内容博杂，总体上有以下几个方面。

第一，叙述了神仙术士的法术异能之事。书中仙家术士的画符念咒、隐身变形、呼风唤雨、驱鬼逐妖、撒豆成兵等法术既宣扬宗教思想，也反映了道教兴盛的历史现实。例如"左慈使神通"条载左慈参加曹操的宴会时，在盘中钓得松江鲈鱼，购得蜀中生姜，这些全都是须臾间的事情。他用一坛酒一块肉足以可使百官醉饱。后来曹操想杀掉他就到集市上去搜捕，然而集市上的人突然都和左慈长得一模一样。后来他就跑到羊群里化成了羊。可见神仙方术异能之一斑。书中记录的其他神仙术士还有赤松子、葛玄、宁封子、郭璞、管辂等。还有一则"天竺胡人"，写印度人来江南表演"断舌、复续、吐火"的魔术，尤其受到人们的欢迎。它反映了1600多年前中印文化交流的情形。

第二，记载物怪和神灵变化的故事。书中的仙家和神灵是有区别的，多与百姓日常生活密切相关，比如河、湖、海都有神，蚕神、灶神等在民间也特别受人们的欢迎。这类故事在宣扬封建消极落后观念的同时同样也寄托了广大人民群众的愿望和情绪，其中有大量的进步因素。如"丁姑"条，讲述江苏丹阳丁氏女嫁到夫家，丁氏受不了婆婆的苛待,于是自缢。随即,这位丁氏女就经常在村子里显灵。有位巫师祷告说:"感念民间女子,一年四季辛苦劳作,从今以后,可以在九月七日这一天停工歇息。"后来,竟然看到了丁氏女的身形。她穿着青白色的衣服,打青伞,另外还有一个婢女。她们来到朱渚津求渡。这时,有两个男子坐在一只船上撒网捕鱼,丁氏女向他们呼喊求助,欲登船过江。那两个男子相视一笑,调戏她说:"只有你顺从听话,做我们的老婆,我们才能把你送过江去。"丁氏女说:"说你们是好人,而我却一无所知。你们如果是人,就让你们入泥而死;你们是鬼,就让你们掉进水里。"那两个男子们吓得急忙躲入草中。没有过多长时间,丁氏女向一个载着芦苇乘船而行的老头求助。老头儿说:"船上没有铺垫,怎么能让你们坐在船板上呢?恐怕不能载你们了。"她回答说这个没有关系的,老头儿就拿下一半芦苇,把她们安置在船上,径直向对岸渡去。到了南岸,她要离开的时候说道:"我是鬼神,不是人呵。我自己当然能够过江的,但却想见见世面,看看人间的一些丑态恶行……承老人家的厚意,把自己的苇子卸掉而让我上船,这使我深为惭愧和感动,应当用什么来报答你才是。老人家快撑船而返,必有所见,也一定会有所得的。"老头儿连忙回答道:"惭愧!这船上潮湿闷热,怎敢蒙谢?"当他回到西岸的时候,看见那两个男子漂在水上,就在前面不远的地方,只见有数千条的鱼儿在江边跳跃,忽然都被风吹到岸上了。老头儿随即扔掉芦苇,载着满船的鱼儿回家了。民间于是称呼她为"丁姑",到处祭祀她。

第三,也有许多的鬼魅精怪故事。记载人鬼之恋的"谈生"、"钟繇"、"紫玉"等都充分反映了封建社会男女青年对自由幸福爱情的追求以及对旧势力的不满。记载死而复生故事的篇目如"王道平妻"、"河间郡男女"、"方相脑"等,不仅仅有优美的爱情,又反映了不合理的社会制度给人们带来的苦难和不幸,人们只能在虚幻的世界里寄托美好的理想。"河间郡男女"条写道,河间郡有男女私订终身,后来男子从军,父母亲强逼着女儿嫁给另外一个人,嫁到男家没过多久就死去了。男子退伍后,来到她的坟冢前,悲痛大哭。他把坟墓挖开,那女子出乎意料地活了过来,被男子背回家。女子的丈夫知道了,问男子索回妻子。男子说:"你的妻子已经死了,天下哪有死人复活的事情?这是天赐给我的女人,不是你的妻子。"因此女方的丈夫和男子诉讼到官府,对此官府也没有什么好的办法来解决。王导向朝廷奏道:"以精诚之至,感于天地,故死而更生,此非常之事,不得以常礼断之。请还开冢者。"朝廷于是就接受了他的意见,把女子判给了开墓的男子。如此曲折动人的故事,反映了人们对真诚的爱情的肯定,与此同时也表达了有情人终成眷属的愿望。

如此丰富多彩的精怪故事中,有的精怪并不害人,比如"苍獭鬼物"写女怪对男子的追求,"张华擒狐魅"和"老狸诣董仲舒"等狐精仅仅是来访而没有其他恶意。有的妖怪害人魅人,如淫人之女、冒名顶替的"虞定国",害人杀父的"吴兴老狸",

另外还有蛇精为害吞食童女的"李寄斩蛇"等。在故事中，这些精怪最终都会被人们制服了，这是志怪形式下人们善恶观念的充分反映。

神话传说集中在卷十四中。"盘瓠子孙"说道：高辛氏的时候，有一位老妇人得了耳疾，从耳朵里挑出了金虫，变成了犬，名叫盘瓠。就在那个时候戎吴强盛，征讨不能胜。大王征募能够拿到戎吴将军首级的人，把幼公主嫁给他做奖赏。盘瓠做到了，大王就让他和幼公主成婚，居住在南山上，经过三年，生下了六个女孩和六个男孩，让他们自相配偶，繁衍生息。盘瓠死后，公主又回到了大王身边，大王又赐给她名山大川，叫做南蛮。这个故事记载了古代南蛮族关于其始祖及民族起源的传说，反映了这一民族对狗图腾的崇拜和兄弟姐妹间互相婚配的血亲制度。

同样还有另一类的历史传说，文采特别优美，内容尤其感人，有许多篇目对后世影响很深。就比如反抗强暴的"三王墓"，歌颂生死不渝爱情的"翰凭妻"，感天动地的冤案故事"东海孝妇"，还有记载深挚友情的"范式张劭"等。

【历史评说】

《搜神记》在艺术上同样也取得有可喜的成绩，在小说发展历史上有承先启后的作用。同以前和同时代叙事性质的小说作品相比较，它的故事篇幅加长，小说特色明显增强。表现在以下几个方面：

第一，故事情节更完整、生动、丰富。

其中篇幅比较长的故事性也是特别强，叙述也尤其的完整。如"左慈使神通"围绕一个人写了三个片断，写得比较具体细致。"三王墓"比《列异传》中的同题故事字数增多，有许多情节的演绎同样也增加了对白，使情节更加生动丰富。

第二，小说创作的主要艺术手段描写增多。

比如"三王墓"中的赤自刎而身体不倒，汤中三日不烂，同时从汤中跃出的细节描写对刻画赤顽强的复仇精神起了非常重要的作用。"范式张劭"中吊丧的场面描写具体感人，都表现出了比较高的艺术性。

第三，特别注重刻画人物形象，使有的篇目很吸引人。

比如"三王墓"中赤的复仇精神，"谈生"中女鬼善良直率的优良品质，韩凭妻子不慕富贵、权势的性格特征等都是作品打动人的主要原因。还有的篇章中插入了诗歌，这种散韵结合的形式影响到了后世小说的创作。

《搜神记》直接影响到了后世神怪小说的创作。有许多故事对后世文学创作有影响。传书型故事"胡母班"对唐传奇《柳毅传》、死而复生型故事对《聊斋志异》和汤显祖的《牡丹亭》中大量故事的创作、"东海孝妇"对元杂剧《窦娥冤》等，都有影响。足见《搜神记》在中国古代文学史和小说发展史上占有特别重要的地位。

【书海拾贝】

又有鸳鸯雌雄各一恒栖树上，最久不去，交颈悲鸣，意志感人。宋人哀之，遂号其木曰相思树。相思之名，起于此也。

《三国演义》

【名家传略】

《三国演义》全称《三国志演义》，又名《三国志传》、《三国志传通俗演义》、《三国英雄志传》、《三国全传》等，简称《三国演义》。作者是元末明初著名的小说家、戏曲家罗贯中。

关于作者罗贯中的身世，历史上众说纷纭。可以确定的是罗贯中名本，字贯中，别号湖海散人。他长期居住在杭州，生活在元朝末年。当时统治者内部争权夺位，变乱不断，对外压榨百姓，施行苦役，使得民不聊生、怨声载道，元朝的统治开始摇摇欲坠。至正十一年（1351年）爆发了红巾军起义，之后农民起义的浪潮铺天盖地。罗贯中为自己的政治理想东奔西走，参加了反元的起义斗争。明朝建立以后，罗贯中便结束了政治生涯，转而从事文学创作。罗贯中一生的小说、戏曲创作非常丰富，除了《三国演义》之外，还有《隋唐两朝志传》、《残唐五代史演义传》、《三遂平妖传》，但都经过了后人的改编和修改。他创作的杂剧有《风云会》、《蜚虎子》、《连环谏》三部，但只流传下来了《风云会》。在众多的作品当中，《三国演义》代表了罗贯中创作的最高成就。

三国时期，是我国封建社会里一个风云变幻的重要历史时期。三国时期的故事由来已久，它在民间有着悠久的历史渊源和广泛的群众基础，在罗贯中的作品之前就已开始出现。早在魏晋南北朝时期，就已经出现了不少以三国故事及人物作为题材的笔记小说。晋朝的陈寿便编著有史书《三国志》，不过文章比较简略，行文也不够精彩，且在撰写的过程中还受限于史料不足；到了南北朝的时候，裴松之为陈寿的《三国志》作注，补充进了较多的野史杂说，极大地丰富了《三国志》的内容。此后，历代都有众多文人在作品当中对三国故事及人物做了专门或附带的辑录。晚唐时，三国故事已家喻户晓、妇孺皆知，在民间广泛地流传开来，成为群众津津乐道的话题。于是到了金元时期，三国故事被改编成许多戏剧，特别是元末明初时的杂剧中，三国戏多达四五十种，内容也相当丰富，已经出现了许多重要情节，如桃园三结义、赤壁之战、三顾茅庐、单刀会、白帝城托孤等。三国故事的"话本"，传世的有元至元年间的刻本《三分事略》和元至治年间刊印的《三国志平话》，前者在国内未发现印本，后者则多有流传，大体上可见《三国演义》的基本轮廓和规模，但是在叙述和文笔上仍然大有欠缺。

　　罗贯中的创作素材一方面来源于史书，另一方面则主要来源于民间。三国故事经过民间艺人、下层文人作家不断再度创作、不断补充和反复加工，所反映的内容和思想历久而弥新。可以说它更是人民群众集体智慧的结晶。

　　那么，"演义"又怎么理解呢？我们不难发现，"演义"与史书记载的现实有所不同，它取材于史实，内容与史实基本相符，但不呆板地拘泥于史实。"演义"不是机械地记载历史内容，而是对它进行艺术化的润色、加工，从而达到艺术虚构与历史真实的完美统一。"演义"之所以区别于史书，意义就在于此。《三国演义》同样也承袭了"演义"中"七实三虚"的传统，借助历史题材表现现实生活就是《三国演义》的创作特点。

　　【经典阐述】

　　《三国演义》的故事横跨了近百年的时空。故事开始于黄巾起义，结局于统一天下的西晋。《三国演义》着重描写了魏、蜀、吴三国之间政治、军事、外交方面的种种斗争以及其兴衰过程。魏、蜀、吴三国各自的领袖人物曹操、刘备、孙权，分别代表着三个利益不同的政治军事集团。其中曹操集团与刘备集团矛盾最为突出，作者侧重描写了曹刘二人的冲突斗争，且把刘备放在了中心位置。

　　《三国演义》中的反面人物曹操，集阴险毒辣、诡诈多疑、伪善多变等丑恶特征于一身。《三国演义》对他的刻画也是进行了艺术的夸大，但并没有脱离真实的人物原型。丰富的史料和作者高超表达力的结合，使曹操刻画得非常成功。这个人物代表着封建统治阶级，反映的是封建统治阶级残暴的本质。他从小便善于玩弄权术，假装中风来诬告叔父，挑拨叔父和父亲的关系。长大后，这种恶劣心术有增无减。他刺杀董卓未遂，逃到吕伯奢庄中。吕伯奢便在庄后磨刀，想杀猪款待他，却被惊魂未定的曹操误以为要对他不利，残忍地杀死吕家八口，发现自己错杀好人之后，他竟然连吕伯奢也杀死了。多疑竟到了如此田地，他的心性残忍更是让人不寒而栗。"宁教我负天下人，休叫天下人负我"，这句人生信条，充分暴露了这个人物极端自私利己的思想。曹操杀人如麻，却千方百计地转移和掩盖自己的罪行。曹操借刀杀人的行径，手法实在是阴险狡猾。他有意刺死直言不讳的扬州刺史刘馥，事后却又假托是酒醉误杀，还故作悲痛不已，为自己的牺牲品祭奠厚葬，假装慈悲地抚恤他的家人。在讨伐张绣的途中，曹操骑马不慎，踩坏了农民的麦田，于是命部下拟议自己的罪行。名士祢衡曾斥骂曹操，曹操恼羞成怒，但担心失掉人心才没有杀死他，但对祢衡始终怀恨在心，终于借他人之手除去了此人。他不费吹灰之力就排除异己，且不露痕迹地把责任推到了别人身上，如此地变化多端故意玩弄花招耍小伎俩，达到了收买和笼络人心的目的："于是三军惊悚，无不懔遵军令。"刘馥与祢衡都属于"祸从口出"，这也就证明了曹操喜欢被人歌功颂德，憎恶逆耳忠言的骄横与任性。

曹操作为一代"奸雄"，性格和思想道德方面暴露出来的缺陷，是他失败的最终原因。但曹操也并非毫无可取之处。他既有杀人不眨眼的残忍，同时也富有人情味：他在临危之时，将收藏的名香分赐给侍妾，嘱咐她们勤做女工好养活自己。他还具有不凡的气度与卓越的才华。他是号称八十万大军的统帅，久经沙场，叱咤风云。"破黄巾、擒吕布、灭袁术、收袁绍，深入塞北，直抵辽东，纵横天下"，没有非同凡响的谋略又怎能实现他的"大丈夫之志"。他与刘备、孙权等人逐鹿中原，相持抗衡，显示了他出色的军事才能和政治胆识。他不但是一个优秀的军事家、政治家，同时也是一个风雅的诗人，一生留下过许多著名的诗篇，《三国志·武帝纪》中说他是"登高必赋，及造新诗，被之管弦，皆成乐章"。

曹操的内心复杂，思想性格深刻，这也导致了人们对这个人物的评价也是贬中有褒的。

刘备与曹操有天壤之别。罗贯中把他美化成了一个万民爱戴的"仁君"、"明主"。他心忧天下，思贤如渴，为天下苍生，三顾茅庐，礼贤下士，求得诸葛亮这样可以托付军国大事的能人贤士。他爱民如子，在曹操追兵紧逼的危难之际，也不忍抛下樊城十多万跟随他的百姓，宁愿冒着被俘的危险，也要带领着他们缓缓前行。他坚持"吾宁死，也不为不仁不义之事"的道德信条，广施仁爱，因此也深得人心，新野的百姓用"新野牧，刘皇叔，自到此，民丰足"来歌颂他的仁德和业绩。当吕布袭击沛城而他被迫逃难的时候，每到一处，百姓无不争先恐后地给他送粮送水。他对部下同样赤诚相见、患难与共。他与关羽、张飞桃园三结义，结为异姓兄弟，一起出生入死。他和曹操的不同之处还表现在他能够虚心接受劝诫，谨遵诸葛亮所说的"亲贤臣，远小人"的准则。作为一国之君，他的成功之处在于善"得人心"，因为"得其地必先得其人之心"。作为一个领袖和统帅，他所向无敌的秘诀在于善于发现人才，使用人才，集中集体的智慧。

刘备与曹操同是争夺中原霸权的军事政治集团的头领，可作者对他们的评价反差极大，一个是"枭雄"，另一个却是"奸雄"。这种评价与由来已久的"拥刘反曹"的封建正统思想倾向分不开。苏轼在《志林》中记载："闻刘玄德败，频蹙眉，有出涕者；闻曹操败，即喜唱快！""拥刘反曹"的观念很早便在民间形成了。其原因是多方面的。一方面南宋时期连年混战，饿殍遍野，人们强烈地渴望恢复安定正常的生活，所以寄希望于能有一位仁厚贤德的君王出现，来结束这种分裂战乱的状况，实现统一。另一方面，从千百年的封建思想角度看来，刘备是"汉室宗亲"，血管里流动着皇家的血液，理所当然地应该由他来"续大统"，而曹操却是个大逆不道的"佞臣"，他"托名汉相，实为汉贼"，他"挟天子以令诸侯"的做法自然要遭到当时社会舆论的谴责。

《三国演义》的诸多谋士中，诸葛亮是其中之一。他原本布衣，"躬耕于南阳"，是一位隐居乡野的世外高人。诸葛亮这个人物在书中是忠贞与智慧的化身，是光彩照人的艺术形象，这个人物的刻画，也存在一定的艺术夸张及渲染，甚至是少量的虚构。譬如为了强调诸葛亮的神机妙算，故而补充"空城计"的故事。刘备慧眼识珠，三顾茅庐得到这样一位旷世奇才。刘备得到诸葛亮，感到"如鱼得水"，诸葛亮遇到刘备也就找到了他的用武之地，更是倍感知遇之恩，竭尽全力辅佐刘备完成统一大业。"鞠躬尽瘁，死而后已"。诸葛亮身上最大的闪光点在于他的智慧。毛宗岗说三国有"三绝"（也称"三奇"），曹操奸绝，关羽义绝，诸葛亮智绝。他运筹帷幄之中，而决胜千里之外，能够在很早的时候就预见形势发展的趋势及方向。诸葛亮纵观天下的局势与动态，分析魏蜀吴三国之间相互牵制、相互斗争的关系，提出了著名的"隆中策"。他的胆识谋略超出一般，出山后第一次就以几千人马杀退曹操十万大军，令关羽、张飞等猛将为之折服。他的草船借箭、七擒孟获等智谋故事，无不为人们所津津乐道。作为一名出色的军事家，诸葛亮不仅勇战沙场而且还精于军队的管理。智者千虑，必有一失，"失街亭"是诸葛亮一生所犯的重大错误，虽是"挥泪斩马谡"，但为了严明军纪法令，诸葛亮不但是斩了，而且令人将马谡的首级"遍示各营"。虽然是一次失败的战役，诸葛亮还是奖赏了在战役中表现突出的将士，自己却引咎自责，做了深刻检讨，由此博得了下属的敬畏与爱戴。

作者安排了周瑜和司马懿两个重要的谋士出场有烘云托月的作用。周瑜才华横溢但心胸狭隘、妒忌贤能，容不下诸葛亮，千方百计地陷害诸葛亮，但都被诸葛亮机巧地避开，从而顾全了联合抗曹的大局。无怪乎周瑜要发出"既生瑜，何生亮"的无奈感慨。曹魏方面的司马懿，虽然是个老谋深算的人物，但较之诸葛亮，司马懿仍然稍逊一筹，诸葛亮"智设空城计"，吓退司马懿带领的十五万大军。作者在《三国演义》中，既描写表现了有识之士的智慧和胆识，同时又通过这些人物，从正面或侧面的不同角度，衬托出了诸葛亮卓越不凡的高妙智谋和胜人一筹的胸襟胆略。

刘备集团中的另一个重要人物是关羽，他是刘备军中一员勇猛威武的将才，作者心目中一名理想化的"英雄"。他一面让华佗刮骨疗毒，一面却神态安然地下棋，"帐上帐下见者皆掩面失色"，关羽却大笑告诉旁人"并无痛矣"。他"单刀赴会，世服其神威"；他赤胆忠心，"独行千里，报主之志坚"。这个人物特点突出表现在一个"义"字上。他"义贯古今"，在华容道"想起当日曹操许多恩义"，故而"义释"曹操。

《三国演义》中刻画了数量庞大的人物形象，有农民起义的头领以及渔夫农民樵夫牧民等诸多下层人物，也有魏蜀吴三国的帝王妃子、文武将相。他们当中的主要人物是小说的核心部分，而非主要人物中，也有不可或缺的角色。他们用个人独特的性格及魅力，衬托了主要人物的言行，对故事情节的发展起到了推波助澜的作用。对众多人物的精彩刻画，是《三国演义》的成就之一。毛宗岗评价说："三国人才之盛，写来各各出色"，"一人有一个性格，个个不同，写来真是好看"。这些人物千姿百态，绝不雷同，"一人有一个性格，一人有一个身份"，罗贯中描写人物，遵循的是略貌取神的原则，不耗费大量的笔墨刻意追求细节上的逼真，重在传神。这些正是《三国演义》在塑造人物方面非常成功的地方。

【历史评说】

《三国演义》雄伟的构思、广阔的活动场面、鲜明的人物形象、极高的艺术水准，在世界古典小说中无与伦比。它容纳了巨大的社会历史，展示了极其丰富的思想内涵，具有极高的欣赏价值和研究价值，在中国乃至世界文学史上，都占据着重要的历史地位。

罗贯中具有丰富的军事知识与政治知识，曾经参加过元末农民大起义，擅长于对战争的描写。作者在《三国演义》中描写许多惊心动魄、引人入胜的战争情节和每次战争的特点。作者在这些战争中既写了"武斗"，更有"文争"。前方两军在殊死搏斗，后方却是同样激烈、更加精彩的智谋较量。一场战争却有两个战场，一处是刀光剑影的沙场搏斗，另一处是不见硝烟的无声较量与厮杀。作者极力表现了战役幕后的策划操纵者翻手为云、覆手为雨的雄才大略。尤其是对官渡之战、赤壁之战和彝陵之战三次重大战役的描写上，作者生动地再现了气势恢宏、雄伟壮观的战争场面，更令人称奇的是从侧面对残酷血腥的战争场面进行了诗情画意的渲染。例如，赤壁之战中，这样写道："是时东风大作，波浪汹涌。操在中军遥望隔江，看看月上，照耀江水，如万道金蛇，翻波戏浪。"不但交代了作战的天气情况，又描写了月色下的迷人江景。罗贯中不愧为描写战争的大手笔。

《三国演义》的成就还表现在结构安排、语言运用等方面。作品将近百年来纷繁复杂、扑朔迷离的社会政治、军事及外交斗争脉络分明地铺开陈述，做到了前后呼应、互相联结。《三国演义》的语言浅显流畅、旖旎多姿，笔法富于变化、曲直交错、虚实结合，妙在令人惊疑不定，揣测不透。亦动亦静、有张有弛，读者忽而仿佛置身云端，转而跌至谷底。

《三国演义》在诸多方面都有出色的表现及成就，但是也存在一些不尽如人意的缺憾。例如因缺乏史实根据，刘备这个人物的形象刻画得比较苍白贫乏，塑造不够成功。书中对人物思想性格的描写比较僵化，人物不会随着故事情节的推进、人物环境经历的变化而相应变化。又譬如在思想倾向方面，《三国演义》明显地渗透着"尊刘反曹"的封建正统思想，但没有意识到曹、刘二人不同的政治手段，没有认清他们共同的剥削和压迫的本质。另外，罗贯中虽然在书中对黄巾起义持理解和同情的态度，明白"官逼民反"的事实，但从根本立场上，还是对农民起义持反对观点。此书的不是之处是受了作者本人生活的时代、社会和自身因素的影响，是在所难免的。但瑕不掩瑜，《三国演义》由于它丰富的思想内涵和巨大的欣赏价值和历史研究价值，还是受到历代人民的推崇。

《三国演义》自问世以来，深受众多国内读者及学者的喜爱，三国故事相关的故事、诗词、谚语和歇后语在群众中广为流传。这部光辉的著作，对人们的生活产生了深远的影响。现存最早的《三国演义》版本，是明朝嘉靖元年（1522年）刊印的《三国志通俗演义》，一般认为这个版本是比较忠实于原著的。此后新的刊本，在卷数、回目、内容上都有所改动。明朝有一种李卓吾批点的《三国志演义》，把240回合并成了120回。清朝康熙年间，出现了由毛纶、毛宗岗父子修订整理而成的"毛本"。毛氏父子对书中的人物形象及情节结构都进行了进一步的艺术加工，并且加强了"拥刘反曹"的思想倾向。"毛本"成为了近代最通行的版本。1959年春，我国学术界就如何评价三国人物曹操，出现了一场极为激烈的争论。

《三国演义》在国际上影响也较大。尤其是日本，《三国演义》刻本种类繁多。如日本文求堂主人收藏有现存最古老的《三国演义》明嘉靖年间刊行的大字本。日本内阁文库蓬左文库藏有明万历年间金陵周曰校刊本《新刻校正古本大字音释三国志通俗演义》和明朝夏振宇刊本《新刊校正古本大字音释三国志通俗演义》，等等。此外，在日本还流行一些私人的影印本和抄本。俄国也很早就有《洁本三国演义》（缩写本）和全译本流行。英国大不列颠博物院收藏有明代万历年间余氏双峰堂刊本《新刻按鉴全像批评三国志传》。法国巴黎国家图书馆藏有清两衡堂刊本《李笠翁批阅三国志》和明刊本《李卓吾先生批评三国志》。此外，《三国演义》还是最早被泰国人译成泰文的中国古典文学作品。它的泰文译本风行泰国，而且曾被泰国教育部定为中学作文范本。印度尼西亚很早就用马来文翻译《三国演义》，译文曾被报纸连载。

《三国演义》作为我国古代的四大"奇书"之一，的确是我国乃至世界文学史上不可多得的一部艺术珍品。

【书海拾贝】

良禽择木而栖，贤臣择主而事。

玉可碎而不可改其白，竹可焚而不可毁其节。

《水浒传》

【名家传略】

《水浒传》又称《忠义水浒传》，大约在元末明初成书，其撰写者颇具争议，据现在所掌握版本看，《水浒传》是先由施耐庵把许多零碎的梁山泊英雄的故事整合起来，使之成为一部完整的白话长篇小说，后经罗贯中增损编次得以流传。

作者施耐庵（1296年—1371年），江苏兴化人，原名施彦端，字肇端，号子安，别号耐庵，汉族，祖籍江苏泰州海陵县，出生于江苏兴化。他是著名的元末明初作家，也是罗贯中的老师。施耐庵自幼聪明好学，元延祐元年（1314年）考中秀才，泰定元年（1324年）中举人，至顺二年（1331年）登进士，不久任钱塘县尹，因替穷人辩冤纠枉遭县官的训斥，遂辞官回家。

有关施耐庵生平事迹材料极少，搜集到的一些记载亦颇多矛盾。自20世纪20年代以来，在今江苏省兴化、大丰、盐都等地陆续发现了一些有关施耐庵的材料，有《施氏族谱》、《施氏长门谱》等，另有《兴化县续志》卷十三补遗载有《施耐庵传》一篇，卷十四补遗载有明初王道生撰《施耐庵墓志》一篇，说他原籍苏州，后迁淮安，为至顺辛未进士，曾官钱塘二载，以不合当道权贵而弃官归里，闭门著述。他是孔子七十二子弟之一施之常后裔，唐末施之常后人在苏州为家。其父名为元德，操舟为业，母亲卞氏（卞氏后裔亦迁至今江苏省大丰市境内）。施耐庵自幼聪明好学，才气过人，事亲至孝，为人仗义。

从目前所掌握的史料看，施耐庵这个人是真实存在的，但关于他的生平事迹史书鲜有记载。即使有的材料，虽有明确记载，但材料本身的真伪与可信程度，至今还没有得到公认。

明朝建立之初，朱元璋也曾下诏书请他出来做其幕僚，但施在多次诏请后仍不应征。据说张士诚还曾经亲自登门拜访过他，见他正在书房撰写《江湖豪客传》一书，即《水浒传》也。

张士诚起义抗元时，施参加了他的军事活动。张据苏以后，施又在他幕下参与谋划，和他的部将卞元亨相交甚密。后因张贪享逸乐，不纳忠言，施与鲁渊、刘亮、陈基等大为失望，相继离去。

施与鲁、刘相别时，曾作《新水令秋江送别》套曲，抒发慷慨悲痛之情。不久，张士诚身亡国灭。施浪迹天涯，漫游山东、河南等地，曾与山东郓城县教谕刘善本友善，后寓居江阴徐氏处，为其塾师。随后还旧白驹，隐居不出，感时政衰败，作《水浒传》寄托心意，又与弟子罗贯中撰《三国志演义》、《三遂平妖传》等说部。他还精于诗曲，但流传极少。除套曲《秋江送别》以外，还有如顾逖诗、赠刘亮诗传世。施耐庵为避明朝征召，潜居淮安，染病而殁，就地高葬，享年75岁。耐庵殁后数十年，其孙文昱（述元）家道炽盛，始迁其祖耐庵骨葬于白驹西落湖（今江苏省兴化市新垛镇施家桥村），并请王道生作《施耐庵墓志》。明嘉靖十九年（1540年），高儒《百川书志》载："《忠义水浒传》一百卷，钱塘施耐庵本，罗贯中编次。"嘉靖四十五年（1566年）郎瑛在《七修类稿》中说："此书为'钱塘施耐庵本'。"万历年间，胡应麟在《少室山房笔丛》中指出:"武林施某所编《水浒传》,特为盛行。"今人一致认为施耐庵是《水浒传》作者。施耐庵写完《水浒传》后没过几年就病逝了。

【经典阐述】

《水浒传》所引故事,大部分来自于民间传说中的梁山故事,元朝无名氏辑之《宣和遗事》为多见。《宋史》及其他相关史书记载了北宋徽宗宣和年间山东宋江率领众人横行河朔的史实,成功塑造了一批如宋江、花和尚等鲜明生动的形象。在此基础上,施、罗二人展开了综合性的重新创作,用有别于官话文言的白话写成了完整的《水浒传》。《水浒传》的创作成书过程还有两个小小插曲。一是相传施耐庵撰写《水浒传》时,曾先画好36位好汉的图像并挂在书房里,每天端详并揣摩其不同的面容及性格,故而笔下人物惟妙惟肖,很好地表现出了每位好汉的性格。另一个是施耐庵写就《水浒传》后,献与初登大宝的洪武皇帝朱元璋,以求官爵,不料竟被关进天牢。在牢中他百思不得其解,直到军师刘伯温以机密授之,方才恍然大悟,奋笔疾书撰写后五十回,说宋江受招安助朝廷讨贼收煞,再献上后,龙颜大悦,他才得以逃过一场劫难。这两则插曲一则曰创作之艰辛传神,一则曰因波折违背作者初衷处不少。虽是传闻,却昭示了《水浒传》曲折坎坷的成书历程。

《水浒传》全书共120回,但每回却有七至八字的双句回目。作为第一部成功的白话长篇小说,《水浒传》是后世章回小说的基本模型,进一步讲,它还是诸如《金瓶梅》之类言情小说情节的母体和叙述的参照物。

《水浒传》以梁山泊108条好汉的人生历程和命运归宿为线索,向世人展现出了北宋末年充满传奇色彩的历史画卷。北宋末年,朝廷腐败,经济没落,历经艰险、来自四面八方、身份迥异的108位好汉得以聚义梁山泊,盟誓为兄弟,与官府为敌,欲替天行道。但是他们中以宋江为首的一部分人只是想借此向当权者展示自己的力量,以赢得与朝廷讨价还价的资本和进退出入的地盘,当"聚义厅"改为"忠义堂"后梁山泊与官府几番"暗送秋波"、"打情骂俏",最终回到了官僚机构之中。但转换角色和获得地位必须要付出沉重的代价,以暴力与官府为敌的梁山军团从此成了赵宋政权剪除异己、消灭叛逆的工具。在历经破辽、平田虎、灭王庆后,梁山英雄最终在征方腊的惨烈战争中损失惨重,108位好汉只有三分之一生还,鲜血的代价虽换来了当权者的官袍,却带来了无尽猜忌。至此,宋江才明白以一己之力无力回天,明白自己永远挣不脱身上沉重的道德及礼义的枷锁,于是他果断地结束了自己及兄弟李逵的生命,声势浩大、名噪一时的梁山好汉大聚义遂灰飞烟灭,留下了徽宗梦游梁山泊无尽的辛酸与遗憾。

《水浒传》被称誉为"市井民众的心史",那种大块吃肉、大碗喝酒、大秤分金的生活让很多人为之景仰,但梦幻般理想生活的背后隐含的却是忠义之争,梁山泊"替天行道"的杏黄旗意味着他们不承认统治者那种"天赋"的统治权。但宋江没有听从武松、李逵做皇帝的奉劝，以确立人世间另一套统治秩序，他是出于什么目的呢？108位梁山好汉聚义后，"聚义厅"从此变成了"忠义堂"，替天行道的核心理念"义"注定要戴上"忠"的枷锁，从而导致以宋江为代表的梁山人物以义相禀又抛弃义走向忠，最后以受招安和英雄的凋落离散收场。

《水浒传》的人物描写素来就受到极高评价，它对人物极具个性化的描写为我们塑造了一系列鲜明生动的人物形象。一语蔽之，栩栩如生的人物形象构成了《水浒传》最亮丽的辉煌。

"及时雨"宋江是梁山泊当然的领导者，这从他的绰号就可以发现。"及时雨"这个绰号在江湖上是无价之宝，多次帮宋江逃过杀身之祸。他为下层官吏，明白自己的仕途无晋身之阶，于是在江湖中，结交三教九流人物，蓄养了一大批心腹人物。他也曾为有朝一日落草为寇动摇犹豫，但刺配江州题反诗最终成就了他铤而走险的举措。在他的领导与号召下，梁山泊的事业如火如荼，可他骨子里的儒家正统思想迫使他再度回头，受招安而归顺朝廷，这不但葬送了自家性命，也搭进了众多兄弟，也正应了一句古话：成也萧何，败也萧何！

逼上梁山的"豹子头"林冲身为京城八十万禁军教头，拥有一身好武艺，而且为人谨慎忠厚。只因家有娇妻招来了杀身之祸。因高衙内，他吃尽了冤枉官司，刺配沧州，差点丢掉性命于野猪林，但他忍辱偷生，到了沧州也做安心囚犯。但他的安分守己，却招来更残酷的对待，林冲这才在风雪交加的山神庙前大开杀戒，一改往日的作风，走上了落草为寇的道路。林冲被逼上梁山最终才将他的正义感、一身好武艺交付给替天行道的大业，而他的优柔寡断也渐渐被英雄的洪流所淹没，"豹子头"的棱角从此分明清晰。

鲁莽直露的"黑旋风"李逵生来就是无产者，除两把板斧以外一无所有（本来家中还有一老母，却在回梁山途中死于虎口，于是李逵一怒之下杀四虎）。他性格鲜明，对梁山泊聚义大业忠心耿耿，极力维护，就连他奉若神明的宋公明大哥，他也会因怀疑其强抢民女而追究到底。他常挂在嘴边的一句话是"杀去东京，夺了鸟位，在那里快活，却不好！不强似鸟水泊里"。因此他是反招安态度最坚决者，造反是他一生最高的追求，杀人放火是他最大的乐趣。他不追名逐利，更不愿受人约束，几番差点因此丧命，但是终还是没有逃过宋江绝望的毒酒。李逵的形象展现了人类原生态的行动本能，但他的心里只有血腥的杀戮和盲目的崇奉神明。

此外，还有褒贬鲜明的妇女形象。"母大虫"顾大嫂、"一丈青"扈三娘、"母夜叉"孙二娘是《水浒传》中三大女豪杰。三人共同的特征是泼辣豪迈、飒爽英姿，作者对之持赞扬的态度。与之相对是一系列反面妇女的形象，她们放荡骄淫，偷奸养汉，不顾廉耻。这两类褒贬成鲜明对照。妇女形象的塑造有个奇怪的特征：女豪杰有严重的男性化倾向，失去了女人味，但她们却持有正义；而与此相对应的四大淫女却耽于享乐，置道德于脑后。这种道义与人本质的分裂正反映了《水浒传》对人类情感最深刻的揭示，妇女虽是弱者，却仍然是人性完备的个体，个体的失落导致群体的断裂。

【历史评说】

水浒传是我国第一部长篇白话小说，以农民起义的发生和发展过程为主线，通过叙述诸多英雄好汉被逼上梁山的不平凡的经历，表现出了"官逼民反"这一封建时代农民起义的必然规律，塑造了农民起义的领袖的群体形象，从而反映出北宋末年的政治状况和社会矛盾。

【书海拾贝】

自古白云无去住，几多变化任纵横。

人生一世，草木一秋。

大厦将倾，非一木可支。

杀人须见血，救人须救彻。

惺惺惜惺惺，好汉识好汉。

恩仇不辨非豪杰，黑白分明是丈夫。

《西游记》

【名家传略】

《西游记》的作者是个谜。其实，把《西游记》的作者推测为吴承恩，只是近年的事。在《中国小说史略》中鲁迅根据明天启年间《淮安府志》和清光绪年间《淮安府志》贡举表，考证了清人钱大昕、纪昀、丁晏等人的笔记和见解，断定《西游记》是吴承恩最后加工写成。此说得到胡适的赞同，当时几乎成了定论。此后一直有学者对此持怀疑态度，不但质疑其中的关键材料，还从吴承恩的生平事迹和诗文创作中发现诸多和《西游记》不合甚至严重对立之处，让肯定吴承恩著《西游记》的人很难解释。我们认为，在缺乏进一步材料有力论证的情况下，谁是《西游记》的作者仍是一个谜，有待进一步查证。

吴承恩（约1500年—1582年），字汝忠，号射阳山人，淮安山阳人，现有诗文集传世，可推测其大致生平。

他出身于一个由世代书香没落为小商人的家庭。因从小受到家学熏陶，他具有很高的文学素养，被称作一个"性敏多慧，博极群书"的"通才"。吴承恩在科举场上屡不得志，直到嘉靖二十三年（1544年）才中岁贡生。此后做过县丞的小官，但不久他便辞官回到淮安，放浪诗酒。

　　《西游记》是以唐代名僧玄奘到印度求法取经这一历史上的真人真事为题材的。玄奘姓陈，名祎，自小失去双亲，11岁时入寺读经，潜心钻研佛理。后来，他发现因翻译佛经的文字不同造成了不同的理解，使得佛教内部诸派林立，各执一词。于是他决心偷偷溜出境，到佛教发源地——印度去求取真经，探究佛法。历尽各种险阻到达印度以后，他苦学佛教教义，并于无遮大会上主讲大乘佛教，无人敢诘难。玄奘于贞观十九年（公元645年）返回长安，往返共计19年。他带回大量佛经，在此后的19年里，他一直专注于译经事业，译出了75部经论，计1335卷。唐高宗麟德元年（公元664年）一代高僧圆寂，送葬、观葬的人多达百余万。

　　玄奘以自己的亲身经历，写了一部十余万字的《大唐西域记》，记录他西游途中游历过的或听闻过的西域国家的地理风貌、政治文化等情况，其中还记述了大量印度民间故事和佛教传说，幻想色彩较浓，如魔鬼仙佛、阴司地狱、罗刹夜叉等，这些便成了后来的《西游记》的基本素材。

　　玄奘取经的经历在流传中逐渐变得神奇，越来越走样。在宋代有一部《大唐三藏取经诗话》，这可以看作《西游记》的雏形。从这时开始，取经队伍中多了个孙行者。除此以外戏曲也开始以西天取经的故事为题材，如金代的院本《唐三藏》，元代的《西游记杂剧》、《魏徵斩龙王》、《唐三藏西天取经》、《二郎神锁齐天大圣》等，《西游记杂剧》是现存最早的一部较完整的取经题材作品，它从唐僧出生后遭父难写起，经观音安排西天取经，收服龙马，率孙行者、沙和尚、猪八戒西行，历经女王逼婚、火焰山等磨难，取得真经。这已经十分接近现在我们看到的《西游记》了。

　　明代时的《西游记》平话已有大闹天宫、魏徵梦斩泾河龙王等重要情节，并出现黑熊精、黄风怪、地涌夫人、蜘蛛精、狮子怪、红孩儿、火焰山、车迟国斗法等重要回目，但叙述粗陈梗概。明代朱鼎臣的《唐三藏西游释厄传》，杨致和的《西游记传》，这两部书均与百回本《西游记》一样，在开篇的诗中曾提到一部《西游释厄传》，似乎在《西游记》平话之后还有这样一部书，直接开启了《西游记》的纂写之门。

　　在历代传说的基础上，在前人创作的积累上，终于在明代中叶时形成了《西游记》这部惊心动魄的神魔小说。

　　【经典阐述】

　　《西游记》的故事梗概是这样的：在东胜神州的傲来国花果山上有一块仙石禀天地精华，碎而产一只石猴。石猴降生之初就已惊天动地，美猴王是他跃入水帘洞的第一个名字。为了超越生死大限，美猴王在西牛贺州得到菩提老祖的开导指点，学得七十二般变化及十万八千里筋斗云，并得名孙悟空。回山后，他闹龙宫时获得伸缩如意大禹定海神针和一副披挂，在花果山逍遥称王。阎罗王捉拿孙悟空时，他撕毁生死簿，大闹阎罗殿，又打败了前来捉拿他的天兵天将。玉帝无奈只得行招安之计。后来他又因封官太小和王母的蟠桃会没被邀请而两度大闹天宫，玉帝请二郎神及各路神仙方将他收服送至太上老君的炼丹炉，欲炼仙丹。结果七七四十九天后不但没将孙悟空炼化，反而炼就他的一身铜筋铁骨和火眼金睛，于是再度大闹灵霄殿，逼玉帝让位。佛祖用计将孙悟空压在五指山下，让他等取经人救他。佛祖的弟子金蝉子转世的玄奘为普救众生，西去取经。在观音菩萨的指点下，他获得了龙马，解救出孙悟空，并用紧箍咒控制了孙悟空，让其保他上西天取经。接着孙悟空收服了猪八戒和沙僧，二人也加入了取经队伍。一路上，师徒四人碰上白骨精、黄袍怪、地涌夫人、黄狮精等妖魔鬼怪，历经各种艰难险阻，总计九九八十一难后，方取得真经返回东土，同时四人也都修成正果：唐僧被封为旃檀佛，悟空被封为斗战胜佛，八戒成了净坛使者，沙僧是金身罗汉。

不论儿童或成年人，都能从《西游记》生动诱人的故事中获得阅读快感。但《西游记》也是难读的，人们在追索故事背后的深层意蕴时众说纷纭，争论不休。

有人认为这是一部宣扬佛理心法的书，佛教徒当然赞同此说。道教则认为《西游记》中更多的是仙家的东西，并且把作者附会成丘处机。现在可以见到几部从道教角度对《西游记》进行点评的本子。儒家也认为《西游记》表现的是儒家的正心诚意、克己明德之说。胡适和鲁迅认为《西游记》只是一部"游戏之作"，不必深究，只要读着好玩就行了。这一说消解了《西游记》的意义，强调了它的娱乐价值。更多的人同意《西游记》的哲理主题，即唐僧师徒四人齐心协力历尽险阻到达西天取真经这一故事，象征了为完成某种崇高的事业，必须精诚团结，不畏艰难险阻，勇敢拼搏，才能获得最后的成功。

《西游记》是历代传说积累而成，其思想内容方面集儒、释、道三家于一身，负载了深厚的传统文化，因此它给读者带来的不仅仅是阅读的快感，更是一次文化的体验、精神的洗涤、哲理的思索，每一个阅读者都可以有自己的见解。

从体例上看，《西游记》是章回小说，叙述的中心事件是唐僧师徒四人前往西天拜佛求经的故事，在这个大故事里面，又套有大量小故事，如红线串珠一样串在一起。这些小故事基本都可以独立出来，却又有机地围绕一个中心。这一点，和《水浒传》是有些类似的，也可能受到了印度故事结构方式的影响，这同时和《西游记》是累积成书有一定关系，因为历代读者都可能在传讲这一故事时在故事的大框架下糅合进其他的同类故事传闻，一个个单独的故事最后汇合成内容丰富的《西游记》。

《西游记》之所以受到历代不同层次读者的欢迎，其首要的原因就是那一个个多姿多彩、变化多端的故事情节，它尤其善于结构故事，腾挪转折，高潮迭出。如过火焰山时，为了得到能扇灭熊熊大火的芭蕉扇，孙悟空和牛魔王、铁扇公主斗智斗勇，故事发展跌宕起伏。一借芭蕉扇时，孙悟空先想凭和牛魔王的兄弟关系套近乎，但铁扇公主痛恨孙悟空将其爱子红孩儿送往观音处，令他们母子不能相见，坚持不肯借扇。一番恶斗后，铁扇公主借宝扇法力，将悟空扇到八万四千里以外。悟空从灵吉菩萨处得到定风丹后再与铁扇公主力战，铁扇公主不敌后闭门不出。悟空于是化为一只小虫儿，趁铁扇公主喝水时钻到她肚子里，逼她交出扇子。悟空得意而还，谁知所得的却不是真扇子，火越扇越大，悟空受骗了。二借芭蕉扇，悟空偷得牛魔王的避水金睛兽，化作牛魔王模样，利用铁扇公主久旷思夫之情再度哄得扇子，情急之下却没学会使扇子缩小的口诀，只好扛着往回走。牛魔王知道后，化作猪八戒的模样骗过孙悟空，将扇子再度夺回。孙悟空和牛魔王大战一场，双方不分胜负。后来在众神的协助下，降服牛魔王，才第三次获得芭蕉扇，过了火焰山。整个斗智斗勇的过程奇变迭出，动人心弦。此外，《西游记》在描述故事时还善于埋下伏笔，前后呼应。如火焰山的形成与孙悟空闹天宫踢倒老君炉时掉下的一块火砖照应，而红孩儿被收服一事为此后悟空遇上他父母时双方的反目成仇埋下伏笔，行文严谨缜密。

《西游记》的成功之处在于它塑造了鲜明生动的人物形象。除了那些只出现一次的妖魔鬼怪（他们也各有特点）与一些次要角色外，贯穿全书中心的唐僧师徒各自的性格特征都极为突出：作为领导的唐僧，昏庸软弱却又虔诚坚定；孙悟空果敢机智，诙谐幽默却骄傲急躁；猪八戒贪财好色，偶有闪光之处；沙僧默默无闻却厚道依顺，对取经团体起着凝聚的作用。其中，最为光彩动人的形象是孙悟空，最接近世俗的是猪八戒。

除了鲜明动人的形象外，《西游记》的语言也极富有特色。与《水浒传》相比，同是白话语言，但后者的叙述语言还有些简单平直；而《西游记》却轻松明快、诙谐幽默，充满激情，减少了如《水浒传》中"兀那"、"则个"、"兀自"等口语，更多了一些诗意化语言。虽然《西游记》中也有很人一部分口语，甚至还有不少淮扬方言，但这些诗意化可作为语言的补充，使行文更生动活泼。《西游记》中人物的语言大都量体裁衣，吻合人物的性格特征和特定情境下的心理，如孙悟空将厕所称为"五谷轮回之所"，猪八戒考察后不禁笑道："这个弼马瘟居然会弄嘴弄舌！把个毛坑也与它起个道号！"又比如唐僧执意要救老鼠精（地涌夫人）变化的女子，孙悟空加以阻挡，唐僧开始称悟空"徒弟"，继而叫他"猴头"，最后动了怒气，大骂"泼猴头"、"泼猢狲"，称呼的变化反映了唐僧当时情绪变化的过程，刻画得颇为传神。另外，为了增强语言表现力，《西游记》里还运用了如谐音、双关、比喻、仿词等多种修辞手法。在麒麟山，孙悟空一棒打死下战书的小妖，笑道："这厮名字叫做有来有去，这一棍子，打得有去无来也！"用的就是仿词法。

【历史评说】

《西游记》是一部古典小说，为四大名著之一，又被列为明代"四大奇书"之一，在文学史上有着极其重要的地位。它以奇特的想象力把社会、自然幻想比作天上的神魔鬼怪，与凡间俗子交织融合在一起，表现出社会生活的现象和本质。它纵恣奇幻的想象、跌宕起伏的情节、幽默流畅的语言感染了一代又一代的读者。

《西游记》有数种刻本和评注本，较为常见的有明金陵唐氏世德堂刊本，李卓吾评本，二者均为明刻百回本，尤佳。

《西游记》非某个文人独立虚构创作出来的，与《水浒传》相同，其形成过程本身就是一次文化漫游。

【书海拾贝】

皇帝轮流做，明年到我家。

树大招风风撼树，人为高名名丧人。

山高自有客行路，水深自有渡船人。

有风方起浪，无潮水自平。

《封神演义》

【名作述略】

《封神演义》的作者是谁，历来众说纷纭。

一为许仲琳撰。许仲琳（1567年—1620年），号钟山逸叟。明代小说家。

据明舒载阳刻本《封神演义》卷二题署"钟山逸叟许仲琳编辑"，此书明本唯日本内阁文库藏一部，仅卷二有题署。卷首有邗江李云翔撰写序文，序中云："余友舒冲甫自楚中重资购有钟伯敬先生批阅《封神》一册，尚未竟其业，乃托余终其事。余不愧续貂，删其荒谬，去其鄙俚，而于每回之后，或正词，或反说，或以嘲谑之语以写其忠贞侠烈之品，奸邪顽顿之态，于世道人心不无唤醒耳。"由此可知，此书原本为许仲琳撰写，后经李云翔加以增删刻印。许仲琳是南直隶应天府（今南京）人，始末不详。

二为陆西星撰。陆西星（1520年—1606年，一说1520年—1601年），字长庚，号潜虚子，扬州兴化（今属江苏泰州兴化）人。他自己并没有创宗立派，而于全真诸派之外自成一家之学，后人称其学为内丹东派，是明清时代理论水平较高的内丹名家。

据清无名氏《传奇汇考》卷七"《顺天时》传奇解题"云：《封神传》传系元时道长陆长庚所作，未知是否？"张政烺在《〈封神演义〉漫谈》一文中，据此认为陆西星是《封神演义》作者，"元时"乃"明时"之误。陆长庚名西星，是明代扬州府兴化县人，生于十六世纪后期，《陆仲远词稿序》说西星"以诸生雠学使贾祸"，有一定的造反精神，因"九试不遇，遂弃儒服为黄冠"。明施有为万历中选《明广陵诗》卷二十二收陆西星诗24首，有"出世已无家"之语。张政烺还考证陆西星出家后是吕岩（洞宾）道派人，所以在《封神演义》中出现陆压道人，影射吕祖。

三为王世贞撰。王世贞（1526年—1590年），字元美，号凤州，又号弇州山人，汉族，太仓（今江苏太仓）人，明代文学家、史学家。

蒋瑞藻在《小说枝谈》中云：俗传王弇州作《金瓶梅》，为朝廷所知，令进呈御览。弇州惧，一夜而成《封神演义》，以此代彼，因之头白。蒋瑞藻注云引自"缺名笔记"。此说荒谬，不足为信。

四为明代某士人所撰。此"士人"生卒年等相关情况不详。

清梁章钜《归田琐记》卷七"封神传"中云："昔有士人罄家所有，嫁其长女者，次女有怨色，士人慰曰：'无忧贫也。'……演为《封神演义》，以稿授女，后其婿梓行之，竟大获利云云。"梁章钜在《浪迹续谈》卷"封神传"中仍谈此事，并云这"士人"是"前明一名宿"。

以上四说中前两说影响较大，但一般刊印《封神演义》还是署名为明人许仲琳。关于陆西星之说也值得重视和研究，张政烺、孙楷第对此说有精辟论述，朱一玄在《明清小说资料选编》中也对此说颇为重视。

【经典阐述】

《封神演义》又名《封神传》。全书共100回，大致可分为两部分：前30回主要写商纣王的荒淫暴虐，后70回重点写武王伐纣。

演义叙述纣王题诗亵渎神明，于是女娲命令三个妖怪迷惑纣王，助周国兴起。纣王、妲己荒淫暴虐，恶贯满盈。姜子牙晚年遇文王，助文王武王谋划伐纣。武王起兵讨商，商周之战过程曲折，其间神怪迭出，各有匡助。神仙们也分成两派，阐教助武王，有道、释两家；截教助纣王。双方各施法术，互有死伤，最终截教失败。诸侯会盟，牧野大战，纣王自焚，商朝灭亡，周武王分封列国，姜子牙将双方战死的重要人物——封神。

其中非常著名的情节有"哪吒闹海"、"诛仙阵"等。

"哪吒闹海"叙述的是7岁哪吒在河边嬉戏玩耍时挥动混天绫搅乱了东海龙宫，并拿乾坤圈打死了龙王三太子，惹下大祸，致使四海龙王水淹陈塘关。于是为了百姓的安危，哪吒便自刎偿命。其师太乙真人收了哪吒的七魂六魄，用荷叶嫩藕使他重生，哪吒终于击败了四海龙王。这段情节的叙述层次分明，高潮迭起，同时也表现了哪吒由天真顽皮到争强奋勇的性格发展过程。

从其描写来看，商灭周兴经历了大致三个历史阶段。

第一阶段，商由盛而衰。

在此期间，女娲给纣王安排了一个狐狸精妲己。妲己的使命就是蛊惑纣王，加快商的腐败，加快朝政的混乱，在内部来瓦解商。为了增加商的毁灭力度，又增加了野鸡精和玉石琵琶精。于是纣王更加昏庸无德，听信谗言，设虿盆，造炮烙，杀害忠良，诛杀后、妃，搜刮民脂，无所不用其极。

第二阶段，商对新兴势力的围剿以及周室的逐步壮大。

周兴对商是莫大的威胁，纣王当然不能容忍。因此，刀兵之事频起，武装镇压，势在必行。便有了张桂芳的进攻，闻太师的打击，四魔的围剿等，然而围剿而不灭，周在剿中受到了锻炼，而且力量不断增强。

姜子牙佐周，历尽重重险阻，经历了"七死三难"的厄运，才聚集了力量，丰满了羽翼。姜子牙金台拜将之后，周开始反守为攻，主动出击讨伐商纣。这可以说是商灭周兴的第三阶段。虽然到了周室主动伐商的阶段，也是极其不易的。如书中描述的破"十绝阵"、"诛仙阵"，等等。然而，不论商如何顽强，不论周多么坎坷，但最终还是以纣王自焚、商灭周兴结束战争。

【历史评说】

《封神演义》是继《西游记》后中国古代历史上又一部著名的神魔小说。它以我国早期历史上武王伐纣、斩将封神的商周之争为依据，用神话的形式，讲述了多个神魔争胜斗法的故事。其最大魅力在于作者无拘无束、光怪陆离的想象。小说中众多神仙妖怪形貌各异，各怀法术；他们所用的法宝，大多带有科学幻想的成分，而种种奇思妙想，更是令人目不暇接。全书反映了人类超越自然、上天入地的多种奇异想象，是一部十分具有魅力的神怪小说。

【书海拾贝】

海枯终见底，不死不知心。

《金瓶梅》

【名作述略】

《金瓶梅》是一部纯粹写实主义的小说，它开"人情小说"之先河。郑振铎先生曾说："在始终未尽超脱过古旧的中世传奇式的许多小说中，《金瓶梅》实在是一部可诧异的伟大的写实小说。它不是一部传奇，实是一部名不愧实的最合乎现代意义的小说。"

明代万历年间，长篇小说创作一度兴盛，《封神演义》、《北宋志传》、《玉娇李》等小说大量出现。此时期流传下来的五六十部长篇小说中，《金瓶梅》是其中最出色的一部,它也是中国最有争议、评价差别最大的一部作品。有的视其为"淫书",大加贬斥;有的视其为"杰作",竭力褒扬。

关于《金瓶梅》,有许多谜,其中最大的一个谜,就是它的作者是谁?此人为什么要写这样一部历代被视为色情文学的书?

《金瓶梅》面世之时,人们就不知道它的作者是谁,最早谈到《金瓶梅》的袁宏道等人也不知道何人为作者。现存最早的《金瓶梅》刊本——万历年刊本《金瓶梅词话》无作者署名,前面有一篇署名"欣欣子"的序,序中说《金瓶梅》是他的朋友兰陵笑笑生所作,但很显然"欣欣子"和"笑笑生"均为化名,人们据此仍然不知作者的真名。沈德符最早得见《金瓶梅》抄本和刻本,他曾在《万历野获编》中集中论述了《金瓶梅》的内容和传播情况,他说:"闻此为嘉靖间大名士手笔,指斥时事,如蔡京父子则指分宜,林灵素则指陶仲文,朱勔则指陆炳,其他各有所属云。"此后的数百年中,一代又一代的研究者苦苦查证,大都是在兰陵地域内和嘉靖年间大名士中寻找关于兰陵笑笑生的线索,找到了王世贞、屠隆、李开先、贾三近等。

据统计,迄今为止,关于《金瓶梅》的作者,中外至少有40种说法。其中最具代表性的说法有嘉靖间大名士说、兰陵笑笑生说、为陆炳辩诬说、世庙一巨公说、王世贞说、王世贞门人说、绍兴老儒说、"金吾戚里"门客说、李渔说、卢楠说、李贽说、徐渭说、赵南星说、某孝廉说、李开先说、瞽者刘九说、明季浮浪文人说、被唐荆州害死的人的儿子说、钱谦益说、冯惟敏说、艺人集体创作说、贾三近说、屠隆说等,反映历代读者对解开《金瓶梅》作者之谜倾注了巨大的热情,表现了他们锲而不舍的探索精神。

在上述诸多说法中,流行较早、影响最大的是王世贞著《金瓶梅》说。在明清交替之际,王世贞著《金瓶梅》的说法得到很多人的认可。而自清代以后,这种说法在300年间一直占主导地位。

王世贞为《金瓶梅》作者的说法,是宋起凤于清康熙十二年(1673年)在《稗说》中首次提出的。后来不少清人笔记都推崇此说,并附会了种种离奇的传说。相传王世贞(1526年—1590年)的父亲因进赝画《清明上河图》遭严嵩陷害致死,王为了报父仇,进《金瓶梅》,并于书页中浸濡毒药,以毒死杀父仇人。这便是历史上流传的"苦孝说"。佚名《寒花庵随笔》把这则故事说得曲折动人:传说《金瓶梅》这部书,是王凤州先生所著,用来讥讽严世藩。书中的男主人公西门庆便为严世藩的化身。严世藩的小名叫庆,西门庆也叫庆,严世藩的号叫东楼,王凤州就让《金瓶梅》的男主人公姓西门,隐喻严世藩。还有一种说法,说某孝子为替其父报仇才写了《金瓶梅》。孝子之父遭一巨公杀害,孝子也识得这位巨公,为报父仇他想了许多办法,还是没有成功。后来,孝子了解到巨公看书有一个用手指沾上唾液翻书页的习惯,便想到要用一部能引起巨公阅读兴趣的书送给他读，在书页上涂满毒药，让他中毒而死。因此，孝子花了三年时间，写成《金瓶梅》这部书，在书页上涂满毒药。等到巨公出来时，让人拿着这部书在巨公的车子前大声叫卖："天下第一奇书！"巨公听到叫卖声，来了兴致，便叫人把书拿来给他看。车子不停地往前走，巨公聚精会神地读，还不住称赞。车子停到家门口时，巨公已经粗粗看完，他马上让人问卖书人，这部书怎么卖？不料卖书人已经不知去向。巨公立刻醒悟过来，定是仇人设下的毒计。他立即回家就医，但为时已晚，毒药发作，不治身亡。上面的两种说法类同。那位孝子就是凤州，巨公即唐荆州。凤州的父亲王忬被严世藩害死，就是被唐荆州诬陷的结果。姚平仲在《纲鉴挈要》中记载了此事，说王忬有一幅古画，严嵩向他索要古画，王忬不肯，便把临摹的一幅画拿去充数。严嵩请人鉴赏，辨认出是假的。严嵩极为恼火，便诬以失务军机之罪把王忬处死。但是记载中没有记录是谁辨认的这幅画，后来知情的人便说识画人就是唐荆州，这幅古画即《清明上河图》。凤州时刻不忘杀父之仇，数次遣人刺杀诬陷父亲的仇人唐荆州，但由于荆州防卫森严，不得下手。有一天晚上，唐荆州在静室读书，有刺客潜入静室，抓住他的头发，把刀架在他的脖子上。荆州急中生智，对刺客说："我一定不逃，不过要给家人留封遗书。"刺客答应了他的要求，便站在他身后等待他写遗书。荆州写了几行遗书后，笔头突然断了，于是拿着笔管放在灯烛上烘烤，要把笔头再粘上去。刺客不知道唐荆州的笔管竟是件暗器毒弩，只要一加热即发射毒箭。刺客被射出的毒箭射中咽喉，立刻中毒而死。凤州听到刺客被暗器射杀的消息后很失望。不久凤州在朝房遇到仇人唐荆州，荆州向凤州打招呼说："很久没有读你的作品了，你一定有什么新作了吧？"凤州回答说："我新写了一部《金瓶梅》。"其实，凤州这时还没有写成此书，只是随口敷衍。然而唐荆州信以为真，不断使人向凤洲索要《金瓶梅》。凤州便请来刻印书籍的工匠，他一边写，一边交付工匠用毒药水濡墨印刷。成书之后，送给荆州。荆州见到《金瓶梅》，产生了浓厚兴趣，急忙阅读。因印刷时墨浓，页与页之间有些粘连，翻起来不方便。他便总用手指粘口水后去翻书，如此一来，书上的毒药随着手指慢慢进入口中，荆州于是中毒身亡。

此外，影响较大的还有贾三近说、李开先说和屠隆说。

《金瓶梅》作者之谜是这么难解，又是这么诱人。数百年来，众多研究者提出几十种关于作者的推测，但至今没有定论谁是这部奇书的作者。

【经典阐述】

《金瓶梅》这个书名源于主人公西门庆的三个姬妾，即潘金莲、李瓶儿、庞春梅，以三人名字中的一个字组合而成。

小说描绘了一个上自弄权专政太师，下至官僚恶霸，乃至市井地痞、帮闲所构成的阴暗世界。它写的故事虽然发生在宋代，但展现的却是明代中叶的社会现象。书中有这样一段话：

那时徽宗，天下失政，奸臣当道，谗佞盈朝，高、杨、童、蔡四个奸党，在朝中卖官鬻狱，贿赂公行，悬秤升官，指方补价。贪缘钻刺者，骤升美任；贤能廉直者，经岁不除。以致风俗颓败，赃官污吏遍满天下，役烦赋兴，民穷盗起，天下骚然。不因奸臣居台辅，合是中原血染人。

作者此处用的是借古喻今的方法，意在揭露明代社会的种种腐败现象。明朝当时的皇帝昏庸暴虐，穷奢极侈，宦官窃权专政，无恶不作，特务奸细四处横行。老百姓连半句抱怨的话都不敢讲。明武宗朱厚照历16年，从来也没有看见过大臣。他除了在宫内奢侈淫乐外，还到处巡游，劫掠财务，抢夺妇女，弄得街市空巷，人人自危。一次，他要到江南游玩，100多位朝中大臣磕头谏阻，他竟龙颜大怒，罚他们一并在午门外跪5天，后各打30大板。一些大臣起来后继续谏阻，又打50大板，一时血肉横飞，惨不忍睹。在这件事中，朝中先后被打的竟达164位大臣，当场就有11人被打死。明世宗朱厚熜在位40多年，有20多年竟然不理政事，整天学道炼丹，祈求长生不老。宦官和奸相掌握朝政，明争暗斗，为非作歹，把朝廷弄得乌烟瘴气，给人民带来了无穷的灾难。作品通过刻画西门庆这个集官僚、恶霸、富商三种身份于一身的代表人物，及他个人不择手段的罪恶活动，以及其家庭内部的污秽生活，暴露了明代中叶以来黑暗和腐朽的社会现实。

《金瓶梅》是以《水浒传》中武松杀嫂为引子展开故事情节的。

西门庆原只是个破落财主、生药铺的老板。由于他勾结朝中权贵和地方官府，在清河县为所欲为。因他"发迹有钱，专在县里管些公事，与人把揽讼事寻钱，交通官吏，因此满县人都怕他"。他结交地痞无赖，巧取强夺，在当地无恶不作。他原有一妻二妾，却诱骗弟兄妻子，强抢民间少女，谋杀姘妇丈夫，先后又谋取孟玉楼、潘金莲、李瓶儿为妾，并和婢女庞春梅等人发生淫乱关系。《金瓶梅》第五十七回西门庆捐款助修永福寺后曾这样对吴月娘说："咱闻那佛祖西天，也止不过要黄金铺地，阴司十殿，也要些楮镪营求。咱只消尽这家私广为善事，就使强奸了嫦娥，和奸了织女，拐了许飞琼，盗了西王母的女儿，也不减我泼天的富贵。"这些句子，把西门庆贪得无厌的淫乐欲望、无耻的市侩嘴脸和肮脏可怕的灵魂暴露得淋漓尽致。

令人意想不到的是，西门庆虽然做尽伤天害理之事，却从未受到应有的惩罚；相反，他左右逢源，从"一个乡民"，直提至山东理刑副千户，进而升为正千户。这其中是何玄机？关键在于他有官府这座靠山。作者塑造西门庆这个典型形象，把当时朝廷权贵和地方富商相互勾结、欺压人民、聚敛钱财的种种黑幕很好地展现了出来。

小说还成功地塑造了一大批市井人物。其中有泼皮无赖如张胜和刘二，帮闲如应伯爵和谢希大，娼妓优伶如李桂姐和王经，男奴女婢如来旺和秋菊，以及和尚道士、太监门官、三姑六婆之类。这些人物是作者别出心裁之作，让他们一个个活泼泼地走进文学作品里，丰富了文学的形象。

书中如贪婪狠毒的西门庆、泼辣淫荡的潘金莲、趋炎附势的应伯爵、纨绔子弟陈经济等几个主要人物，都写得形象生动，富有典型意义。小说除此之处还十分注意刻画细节，很多具体场景的设计和描绘，都相当真实贴切，同时语言酣畅明快，十分传神。这些不仅表明作者有着较强的透视生活的能力、高水平写作技巧，更说明他熟悉当时的社会生活，对那时社会的世态人情着有深刻的了解。鲁迅在其《中国小说史略》里有这样一段话："作者之于近世，盖诚极洞达，凡所形容，或条畅，或曲折，或刻露而尽相，或幽伏而含讥，或一时并写两面，使之相形，变幻之情，随在显现，同时说部，无以上之。"但是《金瓶梅》也是一部存在着一些严重缺点的作品。作者对黑暗现实的暴露，缺乏爱憎分明的眼光。在描写西门庆种种卑劣行径的过程中，有时流露出感叹甚至玩赏的情调；又对作品中人物腐朽糜烂的生活，津津乐道，肆意渲染，特别是大量露骨的色情描写，秽心淫目，历来为世人所不齿。此外，因其精心剪裁不够，作品对生活中各种现象，都加以细致入微的描写，因而有些地方过于琐屑，使全书显得过于臃肿。

【历史评说】

《金瓶梅》对中国小说发展的重大贡献应给予充分肯定。郑振铎在《插图本中国文学史》这样说："《金瓶梅》的出现，可谓中国小说发展的一个高峰。在文学的成就上说来，《金瓶梅》实较《水浒传》、《西游记》、《封神传》尤为伟大。《西游记》、《封神传》，只是中世纪的遗物，机构事实，全是中世纪的，不过思想及描写较为新颖些而已。《水浒传》也不是严格的近代的作品，其中的英雄们也多半不是近代式（也简直可以说是超人式）。只有《金瓶梅》却彻头彻尾是一部近代期的产品。不论其思想、其事实，以及描写方法，全都是近代的。《金瓶梅》不是一部传奇，实是一部名不愧实的最合乎现代意义的小说。它不写神与魔的争斗，不写英雄的历险，也不写武士的出身，像《西游》、《水浒》、《封神》诸作。它写的乃是在宋、元话本里曾经略略的昙花一现过的真实民间社会的日常的故事。宋、元话本像《错斩崔宁》、《冯玉梅团圆》等尚带有不少传奇的成分在内。《金瓶梅》则将这些'传奇'成分完全驱出书本之外，它是一部纯粹写实主义的小说。"

《金瓶梅》是中国第一部文人独创的长篇小说，又是中国第一部以家庭生活为题材的小说。作者以乡绅西门庆的发迹暴富为中心，把故事情节深入到家庭的日常生活，多角度地反映了一个时代光怪陆离的社会画卷，是强烈暴露社会黑暗的一部作品。

在《金瓶梅》以前出现的著名长篇小说，如《三国演义》、《水浒传》、《西游记》等，其中的人和事，都长期在民间流传，在民间传说故事的基础上，由作者进行加工和提炼而成。而《金瓶梅》在中国文学史上，是第一部完全由文人独立创作的长篇小说。这也成了文人独立创作的一个起点。

《金瓶梅》以前的长篇小说，通常都取材于历史故事或神话传说，作品中的主人公，不是帝王将相，就是神话传说中的英雄；所写的故事，也常是政治集团之间的争斗或传说中的神魔战争。而《金瓶梅》则开辟了一条全新的写作路子，即以现实社会状况和家庭日常生活为素材，着重描写普通人的平凡生活和世俗百态，开了"人情小说"的先河。这是作者兰陵笑笑生对中国小说发展的一个重大贡献。

《金瓶梅》创造性地以一个家庭来描写广阔社会，此书在人物塑造、语言运用方面的经验，给后世作家许多有益的启示。《红楼梦》正是吸收并发展它的有益长处，避免了庸俗色情的创作倾向，取得了杰出的艺术成就。但《金瓶梅》对性生活的大量淫秽描写，也影响了后世某些小说的创作，如《玉娇李》、《续金瓶梅》等作品。其后，更是出现了鲁迅先生批判过的那种"著意所写，专在性交"的末流小说。

【书海拾贝】

饱暖生闲事，饥寒发盗心。

祸福无门人自招，须知乐极有悲来。

《三言二拍》

【名家传略】

宋元"说话"技艺发展至明代后期，因为长篇章回小说的兴起，"说话"逐渐被说书代替，但那些宋元旧篇仍在社会上广泛流传，并逐渐由口头文学变为书面文学，即通俗小说。这时，有不少人整理宋元话本，并创作了不少短篇白话小说。这种小说被称为"拟话本"。有很多拟话本的作品专集，但能代表明代对宋元旧篇的整理和拟作新篇的水平，体现出我国古代白话短篇小说最高成就的要首推"三言二拍"。

"三言"即明代冯梦龙编辑、加工的三部短篇小说集，为《喻世明言》、《警世通言》和《醒世恒言》。每部40篇，共120篇。由于书名都有一个"言"字，就统称"三言"。"二拍"是明代凌濛初受"三言"的直接影响后写成的两部短篇小说集《初刻拍案惊奇》、《二刻拍案惊奇》。每部40篇，共80篇。"二拍"也是取两部书名中的"拍"字而得名。

冯梦龙（1574年—1646年），字犹龙，又字耳犹，别号墨憨子、龙子犹，长洲（今江苏吴县）人。他曾游戏烟花里，是个放荡不羁的人物。他与其兄冯梦桂、其弟冯梦熊被称为"吴下三冯"，但他科举不得志，57岁时才补了一名贡生。冯梦龙十分爱国，在崇祯年间任寿宁县知县时，曾上疏陈述国家衰败原因；清兵入关时，进行抗清宣传，最终忧愤而死。在我国文学史上，冯梦龙在通俗文学的各个方面都做出了重大贡献，被誉为"全能通俗文学家"。

凌濛初（1580年—1644年），字玄房，别号即空观主人，浙江乌程（今吴兴）人。他18岁补廪膳生，同冯梦龙一样科场不如意，不得已而转向著述，55岁时任上海县丞，后因功擢徐州判官。除"二拍"以外，他还有戏曲《虬髯翁》、《红拂》以及其他类型的多种著作。

【经典阐述】

在"三言二拍"中有不少的优秀篇章，其中《警世通言·杜十娘怒沉百宝箱》是最为优秀的一篇，也是明代"拟话本"中成就较高的作品。

故事是在明朝的万历二十年（1592年）间，京城名妓杜十娘，久有从良之志，自从遇见李甲之后，要跳出火坑，从李甲为妻。她用全副的身心、智慧和自己的钱财赎出自身来，随李甲南归。不料李甲薄幸，出于个人利害的原因，竟将杜十娘卖给了孙富。杜十娘看透李甲，看破世情，于是怒沉自己积蓄的万金之宝后愤然投江，以自己的生命谴责了纨绔子弟及市侩势力，向那个社会、那个时代提出了最强烈的抗议。

《醒世恒言·卖油郎独占花魁》说的是名妓花魁娘子王美娘，周旋于公子王孙之间，在奢华的生活中感受到人格的屈辱；而在卖油郎秦重那里，她才获得近于痴情的爱和无微不至的关怀。最终她摆脱了对秦重的身份地位的偏见，而宁愿跟随他去过一种相濡以沫的朴实生活。小说描述了感情如何成为美好婚姻之基础，同时还突显了妇女维护人格尊严的要求。

《喻世明言·蒋兴哥重会珍珠衫》描写的是枣阳人蒋兴出外经商，妻王三巧与商人陈商偷欢并以蒋家祖传珍珠衫相赠。归途中陈商与蒋兴同楼饮酒，一时兴起，竟以珍珠衫吹嘘自己的风流艳遇。归家后，蒋兴休妻。后来蒋兴卷入人命官司，已改嫁的王三巧奋力相救，二人最终破镜重圆。

《喻世明言·金玉奴棒打薄情郎》描写的是穷秀才莫稽入赘到团头家里，靠妻子金玉奴的帮助，会试及第。莫稽任官之后，却怕这门亲事被人笑话，居然把妻子推到河里。淮西转运使救起金玉奴，认作女儿，并有意许配给他的下属莫稽为妻。志得意满的莫稽跨进新房的时候，被金玉奴一顿棒打，狠狠地教训了一顿。

《醒世恒言·乔太守乱点鸳鸯谱》描写的是孙玉郎代姐到刘家行婚礼"冲喜"，夜里与刘家女儿慧娘同眠，两人原本各有婚约，却结下私情。刘家告玉郎诱骗其女，乔太守却判二人结为合法夫妻。判词为："移干柴近烈火，无怪其燃。"又说："相悦为婚，礼以义起。"意思是说两情相悦是婚姻的前提，而"礼"则应顺合人情的实际。这位乔太守被赞为"青天"，他体现了人们对尊重感情的婚姻关系的向往。

《警世通言·玉堂春落难逢夫》是表现男女之情的作品，描写王景隆与北京名妓玉堂春（苏三）私订终身。王景隆万金散尽被鸨母赶了出来，苏三受尽鞭楚之苦拒不接客。苏三后来被卖给山西商人沈洪，带至山西，亦誓不受辱。沈洪妻子要毒死沈洪、苏三，不想单单毒死了沈洪，苏三被沈妻诬陷，关入洪洞狱中。王景隆中了进士，做了官，到京寻访苏三，又趁到山西做官时，微服私访，救出了苏三，夫妻团圆。

《醒世恒言·十五贯戏言成巧祸》描写小市民刘贵向丈人借了十五贯钱，醉酒后骗小妾陈二姐说把她卖了，这十五贯就是她的卖身钱。在小妾害怕而逃走的夜晚刘贵恰巧被贼所杀害。陈二姐逃跑时又与伙计崔宁同行，崔宁身上又正好带了十五贯生意本钱。于是崔宁与陈二姐均被冤判。刘贵的一句戏言致使自己被杀、连累二人致死，把祸从口出的人生经验表现得鲜明、突出。

【经典阐述】

"三言"内容极其广泛，从各个角度、不同程度地反映了当时市民阶层的生活面貌以及思想感情。作者编辑"三言"，目的在于劝谕、警诫、唤醒世人。"三言"的出现，标志着古代白话短篇小说整理和创作高潮的来临。冯梦龙的"三言"有"中国中世纪封建社会的百科全书"的美誉。"二拍"也广泛地反映了当时的社会现实，并且一些优秀篇章还写出了当时社会生活一些新的变化，揭露并批判了封建婚姻制度及封建统治阶级的残酷罪行和丑恶嘴脸等。"三言二拍"的出现，首开了文人拟作话本专集的先河，在古代小说史上有着重要意义。

"三言"书名有着浓厚的道教训诫色彩。这可以理解为通俗小说的惯例，也就是通过标榜道德训诫提高小说在人们心目中的地位。另一方面，需要注意到这里所表现的道德观往往具有新的时代特点，与旧道德传统相悖。"三言"中，写恋爱与婚姻的题材比重很大，成就也最高。这种小说常把"情"和"欲"放在"理"和"礼"之上，要求"礼顺人情"。这表示道德规则只有在满足人们的正常情感需要时，才有其合理性。

另外，阅读的时候要注意，与一切古代文学遗产一样，"三言二拍"虽有民主、进步的精华，但也有封建、落后的糟粕。有些篇章中，充斥着色情描写、因果报应和封建说教等不良内容。

【历史评说】

"三言二拍"里的故事，大多数写得情节生动而语言流畅，大量运用活泼的口语，注意刻画人物心理活动。冯梦龙和凌濛初反对小说偏重传奇性的写法，他们主张写耳目之内日用起居之事，即"无奇之奇"。

"三言"中的小说，情节上多运用巧合，描写具体人物性格、生活场景时，则多运用平凡真实的成分，即是向"无奇"转化。"二拍"中作品，虽不一定能达到作者自己的标准，但其中写得好的，如《韩秀才趁乱聘娇妻》、《恶船家计赚假尸银》、《懵教官爱女不受报》等篇，不仅没有神奇鬼怪及大奸大恶之类，也没有过于巧合的事件。

其情节的生动，主要是依靠巧妙的叙述手法。又又向"无奇"的方向发展了。小说摆脱传奇性，这乃是艺术上的重大进步。这样更贴近人们的日常生活，更有利于对人性内涵的深入开掘。例如后世《儒林外史》、《红楼梦》等优秀作品，都是朝着这一方向发展从而获得更大成功的。

【书海拾贝】

骂过了孙富，杜十娘又转向李甲，不禁悲从中来，泪如雨下，声色凄厉地说："妾风尘数年，私有厚积，自遇郎君，引动真心，只怕郎意不诚，特将珍宝隐匿于百宝箱中，只待结为夫妻后充作家资。昔日海誓山盟，只说白首不渝，谁知几句浮言，郎竟将妾拱手相让，只为了换得那区区千金。叹郎有眼无珠，恨郎薄情寡义，今众人有目共证，妾不负郎，郎自负妾，一片痴情，空付枉然，此恨绵绵，今生无尽，待我来世再找郎算清！"

《醒世姻缘传》

【名作述略】

清代顺治年间一个自称"西周生"的山东人创作了一部长篇通俗小说，即著名的《醒世姻缘传》。西周生的真实姓名和生平事迹至今不详。

有人说此书作者是蒲松龄，细读文本可知此人绝非蒲松龄。文中有许多方言如"仰百叉"、"省事"、"狄良突卢"、"搜简"与蒲松龄的聊斋大不同。而且因年代不合而明显不能成立。

另有人说作者是丁耀亢，迄今亦无定论。

【经典阐述】

《醒世姻缘传》，又名《恶姻缘》，共100回，近100万字，前20回重点写武城县晁家，后80回重点写绣江县明水镇狄家。

明代正统年间，山东武城县一个官宦之家的独子晁源，从小不喜读书，游手好闲，飞扬跋扈。在娶妓女珍哥做妾后，开始虐待原配计氏。

有一次，晁源携珍哥上山打猎，巧遇一狐仙化成的美女，却被鹰犬逼出了原形。晁源一箭射死狐仙，从此结下冤仇。后狐仙作祟，晁源患病，于是携珍哥到其父亲任所避祸。

珍哥与人通奸，但为夺取正室的位子，设计诬陷计氏，伙同晁源逼死计氏。计氏娘家告发此事后，珍哥被判绞刑。晁源恶习不改，勾搭鞋匠老婆与之私通，被鞋匠杀死。珍哥在狱中与狱吏私通，制造火灾趁机逃脱，成为狱吏的小妾若干年后事发，受刑而死。

四个死者先后转世。晁源托生在绣江县狄宗羽家,名希陈;狐仙托生在薛教授家为女,名素姐;计氏托生在北京乌银匠童七家,名寄姐;珍哥托生在北京一个挂名皂隶韩芦家,名珍珠;前世的冤孽在这四个人中错综复杂地展开。

素姐遵从父母之命,嫁给了希陈。因前世的冤仇,素姐在过门前夜,在梦中被恶鬼换了心,变成一个悍妻恶妇。她经常打骂丈夫,顶撞公婆。由于希陈生性怯懦,逆来顺受,受了许多苦。过了一阵希陈纳了准贡,到北京国子监读书,认识了寄姐。两人常在一起打牌戏耍。希陈学习期满,同父亲回到家中,此时母亲已经被素姐气成风瘫。

成化帝执掌朝政后,狄希陈以监生资格进京考官。他在京城娶了寄姐为妾,又买了珍珠做奴婢。这两人也是前世的冤家,寄姐待珍珠十分刻薄,百般折磨虐待她,但希陈却怜爱有加。

素姐见不到希陈,便在家中养了只猴子,装扮成希陈整日里打骂,猴子大怒,挣断了铁链,啃掉素姐的鼻子,撕破了脸皮,还抠瞎了一只眼睛。她听说希陈在京城娶妾,便来到京城找希陈算账,正好希陈已回到老家成都,只能无功而返。

珍珠受不了寄姐的百般折磨,自杀身亡。其父母出面首告,为此打了场官司。最后由希陈在京做官的表弟出面,花了许多银两,方才作罢。

回到家的素姐无计可施,再次去成都找希陈。希陈听说素姐来了,吓得晕了过去。此后寄姐成了素姐的死对头。素姐居于下风,暗中寻机报复,把希陈关在房内,痛打了六百棒槌。

后来,素姐、寄姐二人想出种种不可思议的残忍办法来折磨丈夫:如把他绑在床脚上、用棒子痛打、用针刺、用炭火烧……而狄希陈只是一味忍受。后有一高僧告知他们的前世因果,又叫狄希陈念《金刚经》一万遍,才得以消除孽业。

【历史评说】

这部以家庭生活为背景的长篇小说,主要叙述了一个冤仇相报、以佛教因果报应观演绎而成的两世姻缘的故事。小说以明代正统年间到成化年间(1436年—1487年)为历史背景,展现出17世纪中叶以后我国封建社会的现实生活。作者把笔从家庭伸向社会,对揭示封建社会官场的腐败和中下层人民的生活,进行了细致的刻画和描写。

【书海拾贝】

靠山第一是"财",第二才数着"势",就是"势"也脱不过要"财"去结纳。若没了"财",这"势"也是不中用的东西。

※ 中华文明历史长卷 ※

《聊斋志异》

【名家传略】

《聊斋志异》在中国文言小说史上，继唐传奇之后，达到另一高峰，是一部"以传奇法志怪"的著名小说集。

据说蒲松龄在呕心沥血写成这一孤愤寄托之作后，曾将部分篇章寄给当时文坛盟主王士禛赏评。王士禛读后大加赞赏，直恨这些奇文为什么不是出自自己之手。于是他和蒲松龄商量说，能不能以千金换取书的著作权，结果被蒲松龄拒绝了。王士禛在给《聊斋场异》题词时说："姑妄言之姑听之，豆棚瓜架雨如丝。料就厌作人间语，爱听秋坟鬼唱时。"评价略嫌轻薄，很令人怀疑他确有"吃不到葡萄"的心理。

虽然这只是传闻，且被鲁迅在《小说旧闻钞》中斥为"无稽之谈"，但出现这种传闻，反映了《聊斋志异》在当时所受到的推崇。实际上，就在蒲松龄创作的同时，远近知情的人就争相借阅传抄，清人鲍廷博在题词中对此感慨说："莫惊红价元端贵，曾费渔洋十万钱！""渔洋"即王士禛。

谁能想到，这位文笔耸动当时、泽惠后人的蒲松龄居然是一个在科举场上"屡战屡败"的坎坷之士！

蒲松龄1640年生于山东淄川，他的家族应该说是一个书香世家，但自他祖父开始，家道逐渐衰败。蒲松龄出生时，恰巧赶上兵荒马乱、灾祸频发之年，幼年时动荡的记忆在《聊斋志异》的有关篇中浮现出来。

他在18岁时完婚，妻子刘孺人。19岁，他第一次参加县府、道考试，以三个第一名考中了秀才。新婚之喜、科考之捷，蒲松龄当时可谓"春风得意"，对前途充满无限憧憬，踌躇满志。他当时无论如何也想不到，这第一次的成功是他一生唯一一次科考成功，在以后潦倒不遇的日子里，他将用它来无数次抚慰自己失落的心。当时的山东学道、大诗人施闰章在他的八股文试卷上批道："观书如月，运笔如风。"科场中这份赏识、承认，他将终生难忘，而科考的成功他以后再也没有得到过。

初战科考的成功刺激了蒲松龄对科举的热情，他开始对八股文奉若神明，热衷此道。此时，他与同邑的好友张历友、李希梅等组织了"郢中诗社"，其文才的天性虽被压制，却仍然旁逸斜出。

在蒲松龄大儿子出生之后，他的家庭分裂了。蒲松龄的大嫂十分凶悍，既嫉妒蒲松龄妻子刘孺人甚得公婆欢心，又厌憎蒲松龄不事生产，而且一举之后总考不取，加重了家庭的负担，因此闹着分了家，蒲松龄只分到几间破屋子，家境更加困窘。

为了谋生，蒲松龄于康熙九年（1670年）到他的朋友宝应县知县孙蕙那里做了幕宾，这是他一生中第一次也是唯一的一次离开山东。在此期间，蒲松龄熟悉了各种吏务，对民生疾苦有了更深的体会，而且对官场的腐败和黑暗也有了深刻了解。大概是在这个时期，蒲松龄已经开始创作《聊斋志异》。

一年以后，为了回乡参加科举，他辞别孙蕙，回到淄川。他怀揣着孙蕙的推荐信，满怀期待，然而他又失望了。1672年，他再次名落孙山，功名的蹉跎无望，再加上家境愈加贫困，蒲松龄内心备受煎熬。此时，他曾用幽默俏皮的语言作过一篇《祭穷神文》，将无限心酸化成微笑。

因生活所迫，蒲松龄开始当私塾老师，大约在41岁时，他在毕际有家当私塾先生。毕家是淄川的望族，家境富裕，而且藏书丰富，喜结交文士。毕家对蒲松龄是很尊重的，他因此觉得非常满意，所以一直在毕家教书。在此期间他仍不断参加考试，但每次都不能如愿。

生活贫苦、科考坎坷使得蒲松龄精神上极度苦闷，孤愤满怀，他把这些都宣泄到《聊斋志异》的创作中去，达到他创作的最兴奋期。1679年，《聊斋志异》初具规模，在当时引起不小的轰动。

蒲松龄51岁时，他心有不甘地再次踏入科举考场，却只是在备尝失败的心灵上又添耻辱的刻痕。在他贤慧妻子操持下，此时家境已有所好转，而且孩子们都已成家立业了，他的妻子因此劝他放弃科举。再三犹豫，蒲松龄恋恋不舍地离开了他拼搏了一生的科举。

此后，他一直在毕家教书，到1710年他才离开毕家，回家安享晚年。这一年，他71岁，按规定，他"援例出贡"，当上了"岁进士"，算是对他坚持科举大半辈子的安慰。飞扬跋扈的得意少年已变成苍苍白发一老翁，他在诗中写道："忆昔狂歌共夕晨，相期矫首跃龙津。谁知一事无成就，共作白头会上人。"无限感慨，尽在诗中。

1715年，相濡以沫的爱妻已逝去两年，蒲松龄在他的"聊斋"里溘然长逝，除了各种俚曲、诗文等，还留下了《聊斋志异》这部令人神旌摇荡、百般慨叹的小说集。

纵观蒲松龄一生的经历，可知其《聊斋志异》的创作主要动机，是为了宣泄郁积在他胸中的不平孤愤之感，他在《聊斋志异》中说："集腋为裘，妄续幽冥之录；浮白载笔，仅成孤愤之书。"全书叙述了众多鬼狐花妖的奇异故事，而在故事之中，寄寓了作者的身世之感、爱情理想，暗含了蒲松龄对时政的强烈关心，对世俗民风的劝戒讽刺，绝大部分都有所指。

蒲松龄之所以采用鬼狐花妖来灌浇胸中块垒，除了与当时文坛上对志怪传奇的浓厚兴趣有关以外，还与他童年时就受环境熏陶成的性格、成年后的经历以及当时的历史背景有关。

从秦朝的徐福开始，山东的神仙方士就不断出现，当地因此巫风浓厚。蒲松龄家乡淄川也是如此，民间广泛流传各种狐狸精的故事。他从小耳濡目染，为日后创作《聊斋志异》埋下种子。他在《聊斋志异》自序中称"才非干宝，雅爱搜神；情类黄州，喜人谈鬼"，说的就是小时候形成的性格。而成年后的坎坷生活，又激发了他对美好事物的幻想。康熙年间，又屡兴文字狱大案，为了避免陷入文网罗织，对时政抨击的文字以鬼狐花妖的形式婉转巧妙地传达出来不失为明智之举。这些因素综合在一起，蒲松龄就开始了以丰富浪漫想象寄托深广郁愤的创作。

《三借庐笔谈》中是这样记载《聊斋志异》的创作的：蒲松龄为了搜集素材，每天在路旁准备一大瓮茶和一大包烟，拉过往行人歇息，在抽烟喝茶之余讲一些奇闻逸事，蒲松龄记住后回家再加润饰而成。鲁迅认为这一说法"不过尾巷之谈而已"。但这一说法本身却反映了《聊斋志异》和此前的唐传奇大有区别，不再是文士阶层、贵族阶层的产物，而是与民间文化有着更为密切的联系。从蒲松龄在故事后附记的故事来源看，他搜集故事的对象很广泛，有秀才、乡绅、官僚、农民、道士、和尚、商人等，几乎包括三教九流的各色人物。除了博采异闻、润饰加工外，蒲松龄还从他阅读过的前人笔记小说中抽取一些故事原型，加以再创造，如著名的《续黄粱》很显然受唐传奇《枕中记》的启发。还有一些篇章则直接来自蒲松龄的亲身所见，如《偷桃》是回忆他幼时看幻术的实况，这一类所占的比重并不大。有了素材的积累，蒲松龄在教书谋生之余，坚持创作，他在《聊斋志异自志》中写道"独是子夜荧荧，灯昏欲蕊；萧斋瑟瑟，案冷凝冰"，可以想见在孤独疾苦之夜，和他交谈的只有笔下那些善解人意的鬼狐花妖，只有他们才明白怀才不遇的人有何等的奇情异想，又是何等的愤世嫉俗！

【经典阐述】

《聊斋志异》表面上看来虽然只是讲述了一个个鬼狐花妖的故事，但因为这些故事大都来源于民间，再加上蒲松龄的创作加工，因此其中包含了深广的社会内容和丰富的思想。现存的491篇作品中，很多篇末都附有"异史氏曰"这样模仿正史赞论的文字，这些文字或画龙点睛，或正话反说，是了解作者思想的有益材料。从思想内容上将《聊斋志异》里的故事大体可分为四类：一是对科举制度的切肤之感，二是对理想爱情的赞颂，三是对腐败黑暗官场的抨击，四是对民风世俗的劝戒和讽刺。

对科举制度的血泪控诉，共有10多篇，其中著名的有《贾奉雉》、《司文郎》以及《叶生》等篇。这些篇章，倾注了作者心中非常强烈的怀才不遇之感，表明了他对科场中黑白不分、贤愚不辨的极度痛恨和憎恶。

无论是贾奉雉，还是王平子，抑或叶生，无不"文章词赋，冠绝当时，而所遇不偶，困于名场"。于是便有了这样滑稽的事，在仙人的帮助下，贾奉雉将生平最糟糕文章里最恶劣的句子胡乱连在一起后却高中榜首，对此蒲松龄在《司文郎》里利用能凭鼻子判断文章好坏的瞎眼和尚痛骂主考官不仅瞎了眼而且鼻子也不管用。《叶生》篇尤为沉重，屡试不中的叶生病死后魂魄助丁乘鹤的儿子连中三元，考上进士，来报丁对他的知遇之恩，并"借福泽为文章吐气，使天下知半生沦落非战之罪"。这些篇章，无一不浸润着蒲松龄自己半生拼搏科场的切肤之感，都是"不得其平而鸣"的产物。但值得注意的是，蒲松龄对科举制度的批判仅停留在铨叙不公、有才之士不得志，并没有从根本上否定这一制度本身。科举对于他来说，恰似一个苦恋着的情人，虽为其受尽折磨，死去活来，却始终痴心不改。所以他才会幻想应该有像包公那样铁面无私的人督查科场是否公正。可见，蒲松龄对科举制度不公的揭露是沉痛的，但较《儒林外史》的深刻程度却大大的不如，就因为蒲松龄无法从中跳出来，置身其外冷静剖析。

小说中最为动人处，乃是那些"和蔼可亲"的鬼狐花妖和儒雅书生之间发生的一个个美丽动人的爱情故事。作者通过这些人与神之间、人与鬼之间、人与动植物以及人与人之间的爱情故事，热情讴歌了真挚的爱情，表达了他对婚姻爱情的观点。其中最为脍炙人口的佳作有《瑞云》、《小谢》、《连城》、《阿宝》、《葛巾》、《聂小倩》等。

值得一提的是，这其中有许多篇章男女两情相悦是由于彼此的相知相爱，"知己之感"尤为突出，如《瑞云》中在瑞云变丑后贺生依然痴情相爱是因为"人生所重者知己，卿盛时犹能重我，我岂能以衰故忘卿哉"；《连城》和《阿宝》中的女主人公也是由于对方的一腔痴情才以身相许的。这些若从心理上分析，则反映蒲松龄在科举场上怀才不遇，渴望有人能了解他，希望有知音，那些穷困潦倒的书生遇上美貌动人的鬼狐花妖浪漫缠绵的故事，在一定程度上是蒲松龄想以此补偿现实中的困顿不遇。

官场的黑暗和腐败，是小说批判的主要对象之一。

《席方平》借阴间以钱使鬼讥讽人间官场贿赂公行，司法不公；《续黄粱》、《促织》等篇矛头直指荒淫无耻的帝王将相；《梦狼》里写官府衙门一边是请谒不绝，一边是白骨如山，无一不暗含作者对官场里贪官污吏的愤怒谴责和对各级官僚机构的失望之感。苦难中，只有盼望出现清官，如《席方平》中的二郎神，《公孙夏》中的关帝，《胭脂》、《太原狱》里平反冤狱的清官等。与作者经历有关，虽然这些作品有的写到朝臣大僚乃至最高统治者，但绝大部分都是揭露各级地方官员、典史、衙役如何作威作福、鱼肉百姓。这是因为作者终身未步入仕途，对官场高层并不了解，作幕僚和平民时接触最多的是一些下层的贪官污吏，作者因此集中火力猛烈抨击他们。

这类作品共70多篇，最为著名的有《席方平》、《续黄粱》、《促织》、《胭脂》等篇，其中绝大部分是披露各级地方官员、典吏、衙役等如何作威作福、鱼肉百姓的。

对世俗民风进行劝戒讽刺，是小说中题材最为广泛，也是反映思想倾向最复杂的一部分，它涉及到家庭伦理、社会道德以及民俗人情等多种问题，有进步的新思想，也有落后保守的陈腐观念。

其中《崂山道士》、《画皮》、《骂鸭》、《蛇人》等都是这类中的名篇。

家庭伦理方面,蒲松龄推崇儒家的"孝友"观念,如《孝子》、《斫蟒》、《曾友于》等篇,但他也看到经济利益对家庭伦理的威胁,如描写《镜听》、《胡四娘》中人情冷暖、世态炎凉细致入微,其中也有作者屡试不中时所受的白眼与冷言碎语。蒲松龄不仅歌颂纯真爱情,同时还鞭挞了佻达不规的行为,如《窦氏》中赌咒发誓的地主南三复在骗取爱情满足情欲后,不顾窦氏和孩子的死活而另行他娶,还有《云翠仙》、《兢安》、《黎氏》等,亦属此类。社会道德方面,蒲松龄赞扬的是"义",如《官梦弼》里的朋友之间的义,在《蛇人》、《义犬》、《义鼠》等篇中动物对人的义,《四七郎》中以死酬交的义,等等。而在《崂山道士》、《画皮》中则有明显的劝戒意味,影响深远,《骂鸭》等作品则讽刺了贪图小便宜、偷邻舍东西的人,对世俗人情于幽默中加以针砭。

【历史评说】

《聊斋志异》在艺术上取得了显著成就:

第一,故事情节婉转曲折,跌宕起伏,有"笔笔转,字字转"之美誉。

如《促织》一篇之跌宕曲折,令人叹赏。成名为了蟋蟀耗尽心血却一无所获,好不容易在巫婆指点下抓了一只,儿子却把它弄死了。闯祸的儿子死后化作蟋蟀,居然打败了所有对手。成名大喜过望,一只大公鸡过来啄蟋蟀,没想到这小蟋蟀竟然连大公鸡也斗败了。成名因此交了差,并小有奖赏,后来儿子也复苏了。故事几经起伏,扣人心弦。再如《葛巾》写常大用和葛巾的恋爱经过,几经周折,最后才算如愿以偿,所谓"笔笔转,字字转",是清人对此的评价。

第二,善于用细节语言等来塑造人物形象,使人物性格异常鲜明,形象生动。

最有名的是《婴宁》,中通过各种笑声写出她天真烂漫的形象,令读者如同耳闻那清脆动人的笑声。此外,在写一些鬼狐花妖时经常结合他们本身的特点加以突出,如《苗生》中老虎化作的秀才力大无比,《绿衣女》中蜂子幻化的女人"腰细殆不盈掬"而声细如蝇等,都给读者留下深刻的印象。

第三,小说具有简洁凝练、传神达性的语言艺术。

《聊斋志异》摹神传影极为出色,如《画皮》中的女子"拈花微笑,樱唇欲动,眼波将流",如《素秋》、《黄英》等亦形象生动,神态逼肖。人物的对话也与说话人的身份、个性吻合,且极为贴切,如《婴宁》中婴宁掷花于地、骂王子服"个儿郎目灼灼似贼",佯嗔实喜,极合小儿女情态。而《荷花三娘子》中宗生于田野里遇见狐女,上去上下其手,狐女说:"腐秀才,要如何便如何耳,狂探何为?"妖冶佻达,非闺秀能言。

第四,小说极具奇瑰浪漫的想象。

作者的笔下有幽冥世界、洞天福地,其中的异类世界,奇幻迭出,自不待言。

总之,《聊斋志异》在文言小说中的艺术成就达到巅峰,在当时出现了"几乎家家有之,人人阅之"的盛况,在后世也产生了深远重大的影响。流传至今的有稿本、抄本以及刻本等多达几十种,其中最有名的是铸雪斋抄本,它较多地保留了《聊斋志异》的原始面貌。

【书海拾贝】

人情厌故而喜新,重难而轻易。

凡戏人者,皆笑人之愚,以炫己之慧。

然贫者愿富,为难;富者求贫,固亦甚易。

人不患贫,患无行耳。其行端者,虽饿不死,不为人怜,亦有鬼佑也。世之贫者,利所在忘义,食所在忘耻,人且不敢以一文相托。

《红楼梦》

【名家传略】

曹雪芹(约1724年—1763或1764年),名霑,字梦阮,号雪芹,又号芹圃、芹溪居士,祖籍辽阳,以号"雪芹"行世。

曹雪芹生活于清朝康熙、雍正、乾隆三位皇帝先后执政的时期,即18世纪中叶,祖先原本为汉族,后来入旗籍,为正白旗。清朝建立后,曹家起初只是宫廷内务府包衣,祖辈曹振彦在清兵入关时多次立下战功,又跟随摄政王多尔衮出征大同,并被任为山西平阳府吉州知州和大同府知府,后来又得到顺治皇帝的宠信并提拔,被任为两浙都转运盐使司盐法道。曹振彦的儿子曹玺(即曹雪芹曾祖父)由于平定叛乱有功,被任为内廷二等侍卫,不久又升为内务府工部郎中,曹玺的妻子孙氏及儿子曹寅(即曹雪芹的祖父)则在宫中分别做康熙的保姆和伴读。因此在最高统治层中的成员中,曹家与皇帝的关系甚为密切,特别是康熙登基以后,对曹家更是亲厚有加。康熙二年(1663年),康熙派曹玺督理江宁织造,自祖父曹寅起,又三代世袭江宁织造,前后长达60年之久,在当时是个很显赫的旺族。康熙南巡六次,其中有四次住在曹氏任职期间的织造府内。康熙第五次南巡时,封曹寅为通政使司,官阶升至正三品,此外还封曹家的妻室淑人的称谓及其丰厚的待遇。

曹雪芹从小没有得到过父爱,是个遗腹子,但是母亲马氏和祖母李氏对他极为宠爱,奉若掌上明珠,又有优越的经济条件和家庭环境,使得曹雪芹在一个锦衣玉食的温柔之乡中逐渐成长。家中丰富的藏书,使他从小就学习接触和吸收到丰富的传统文化知识;曹雪芹的叔父与英国商人有频繁往来,这使得曹雪芹有机会了解海外文化及见闻;曹氏家族本身与皇室宫廷的密切关系,更是让他从小就有丰富而独特的社会经历。这一切都使得曹雪芹的眼界比常人要开阔得多，也为他日后写《红楼梦》打下了坚实的基础。但天有不测风云，雍正执政以后，开始千方百计的排除异己。曹家的许多有身份地位的近亲及好友也都先后在这次整治中被革职、抄没、流放，甚至险些被处死，曹家也未能幸免。在雍正五年（1727年）年末，雍正以"行为不端"、"款项亏空甚多"及"有违朕恩"等罪名，革去了曹家的世代功名，抄没了曹家的财产，曹家无论长幼全被遣回了北京，家道从此中落。那年，曹雪芹已经成长为一个渐通人事的少年。

曹家一切的荣华富贵都在一天之内就灰飞烟灭、一去不复返。曹家在北京崇文门外清贫度日。政治的变故、家族的没落，极大地打击了曹雪芹，留下了难以抚平的创伤。成年以后的曹雪芹，很长时间内都过着一种放荡形骸的生活，他终日借吟诗作画、饮酒听曲来排遣心中的愤懑。他性格豪放狂傲，精于诗画，且能言善辩。朋友们对这位一身傲骨、满腹文才的奇人，有过许多很高的评价和赞誉。裕瑞在《枣窗闲笔》中是这样描述曹雪芹："身胖，头广而黑，善谈吐，风雅游戏，触景生春，闻其奇谈，娓娓然令人终日不倦。"

晚年的曹雪芹流落到北京西郊，生活更加凄凉困窘，靠朋友接济和卖画维持生活。他对兴衰沉浮、悲欢离合的尘世人生有了越来越深刻的感悟，渐渐地萌生出一种将自己的感受和领悟用笔墨记录下来的念头。曹雪芹前后花费了10年以上的时间创作了《红楼梦》这部伟大的著作，随着人生阅历的不断拓展和艺术修养的渐趋完善，先后又对书稿"披阅十载，增删五次"。但因为失去爱子的悲痛，加之贫困疾苦，只留下《红楼梦》前80回的稿子便与世长辞，后40回，通认为是高鹗所续。曹雪芹死后的葬礼简单而凄凉，这位伟大的文学家对自己的《红楼梦》评价为"满纸荒唐言，一把辛酸泪"。

【经典阐述】

《红楼梦》全书以贾宝玉与林黛玉的爱情悲剧为中心线索，叙述了"宁荣"两府以及"贾、史、王、薛"四大封建家族由盛而衰的变迁，揭示了封建制度的腐朽和它必然崩溃的趋势，全面而深刻地向我们展现了我国封建社会末期的政治、经济、文化和生活，在我国古典小说中是思想性和艺术性最强的作品之一。

作品的灵魂在其思想，作为一部被世人瞩目的古典小说，《红楼梦》的伟大成就首先就体现在高度的思想性上。

作者笔下的贾府，实际是当时社会的一个缩影。作者是希望借贾府这个典型折射出整个封建社会的面貌形势。

这个"花柳繁华地，温柔富贵乡"表面看起来一片太平，让人自在逍遥，实际上这里青年人的肉体和灵魂被严酷的封建礼教所禁锢，用不平等的阶级制度压榨百姓，用腐朽的权力颠倒是非。这座皇亲贵胄的深宅大院内矛盾此起彼伏，无所不在，从上至下充满了争斗和厮杀。作者对这些矛盾的描写并没有仅仅停留在琐碎的家庭纠纷上，他用更多的笔墨描写了封建大地主阶级之间的矛盾。

曹雪芹不仅描写了贾府显赫一时的盛况，还给它安排了一个出人意料的悲惨结局，这与大多数古典小说以喜剧收场的写法有所不同。作者从现实出发，深层次地揭露了贾家以及其他几个大封建家族由盛而衰的最终根源——封建贵族内部的利害关系冲突以及剥削集团之间的矛盾冲突。

小说从多个方面揭露了封建制度下各种腐朽的丑恶现象，表现出对剥削阶级的憎恶以及鄙视和对被剥削、被压迫阶层的深切同情。

第一，它揭露了封建礼法的虚伪。

例如"秦可卿死封龙禁尉"一回，写贾珍逼迫儿媳秦可卿与其私通，最后秦可卿"抱病而死"，其实是不堪封建礼教和精神的重压抑郁而死。

第六回写贾蓉奉父命去凤姐那里借屏风，当贾蓉办好后要离开时，书中写道：

这凤姐忽然想起一件事来，便向窗外叫："蓉儿回来。"外面几个人接声说："请蓉大爷回来呢。"贾蓉忙回来，满脸笑容的瞅着凤姐，听凭指示。那凤姐只管慢慢吃茶，出了半日神，忽然把脸一红，笑道："罢了，你先去罢。晚饭后你来再说罢。这会子有人，我也没精神了。"贾蓉答应个是，抿着嘴儿一笑，方慢慢退去。

作者精心地把这段描写安排在初进荣国府的刘姥姥这个老于世故的"生人"面前，将凤姐与贾蓉婶侄之间的这点儿暧昧关系，作了含蓄的突显。作者巧妙而自然地利用这一情节，暴露出贾府这个"诗礼之家"的道貌岸然，可谓以小见大，以微见著，文字功力毕现。

第二，小说逼真地刻画出了官僚地主的剥削本质。

作为大地主官僚家族的贾家，它对贫苦大众的剥削极度贪婪。贾府的用度是极其铺张的，例如书中与贾府过年时的情节，佃户给他们送来各类谷物菜蔬及家畜，以及种种山珍野味，而贾府的管事还嫌比往年少。又如书中讲到元春回乡省亲，贾府为了逢迎，排练戏班，大兴土木建大观园，添置全套的新衣服新摆设。而贾家能够生活得如此奢靡，显然是源于对下层百姓的压榨。

第三，揭露了政治的腐朽黑暗。

例如第四回"葫芦僧乱判葫芦案"，有钱有势的人犯了命案"没事人一般走他的路"，而投告无门的被打死者的家属则是"告了一年的状无人做主"。深刻地刻画了官僚地主们官官相护的黑暗内幕。《红楼梦》可说是反映封建社会的最忠实的一面镜子，真实反映了封建家庭以及封建制度的黑暗和罪恶，是中国古典文学中现实主义的巨著。

《红楼梦》除了具有高度的思想性以外，在艺术上的造诣也可谓纯熟高深。200余年来，所有的读者都肯定了它高度的艺术性。

　　文学作品是通过塑造艺术形象来感动人的。现实主义艺术均以塑造现实生活中真实的人物形象为能事，均以塑造具有丰富深刻的社会内容及巨大艺术感染力量的人物形象为能事。如离开了人物形象的塑造，将无从体现作品的主题及时代特征。这部书在艺术上最突出的成就，就是成功地塑造了贾宝玉、林黛玉、薛宝钗等众多的人物形象。《红楼梦》在塑造人物形象上，还形成了形式上的平衡及统一的美感。例如在小姐当中，林黛玉和薛宝钗是对照的，一个是敏感多疑，质朴无华，另一个冷静精明，城府极深。在众丫环当中晴雯和袭人一个要强任性，直率大胆，另一个温和乖巧，安分贤能。黛玉与晴雯，宝钗与袭人，其本质是相同的，所不同的是她们各自的社会地位及身份背景。

　　《红楼梦》里的第一主人公是贾宝玉。他容貌俊美、气质脱俗，和《红楼梦》里的其他男性有很大的区别。在他的思想和行为当中，体现了主张平等、要求个性解放、抵制封建礼教等积极进步的一面。

　　几千年来，封建社会遵从的都是"男尊女卑"的思想，然而这种思想到了贾宝玉这里则彻底地被推翻了。他热爱女性、尊重女性、崇拜女性，这也是贾宝玉最典型、最突出的特征。他对女性的爱并不限于狭隘的男女之爱，而是对身边不幸者更广泛的爱。《红楼梦》有一回写到金钏跳井自尽，贾宝玉偷偷去了水月庵，在庵内的井边为含恨而死的金钏焚香祷告；晴雯病死后，宝玉为她以血作书《芙蓉女儿诔》，这既是对香魂的追悼，同时控诉了吃人的礼教。贾宝玉不但热爱尊重年轻女子，还很同情下层年长的妇女，她们大多结婚后被不良的环境影响，沾染了恶习，失去了少女时代可贵的纯朴。在抄检大观园时，周瑞的老婆怒斥司棋，让贾宝玉极为愤慨，他叹道："奇怪！奇怪！怎么这些人只一嫁了汉子，染了男子的气味，就这样混账起来，比男人更可杀了。"表现了贾宝玉对扼杀女子天性的社会的不满，同时也表露出了贾宝玉对她们的同情。当时妇女备受封建礼教的压迫，贾宝玉对待妇女的态度，是一种初步的民主主义和人道主义的思想，是对封建礼教的不妥协表现。

　　在贾府，上自主子小姐，下至婢女优伶，有很多容貌俊秀、才情兼备的女子。其中黛玉、宝钗、湘云三人是最有资格与宝玉结合的女子。身处其中的宝玉并没有感到"乱花渐欲迷人眼"的茫然失措，而是始终钟情于黛玉。因为宝钗经常会"劝导"他去"立身扬名"，湘云一到贾府便与他谈些"仕途经济"。宝玉本人十分反感枯燥呆板的八股文，也不愿意去考取所谓的功名，拒不"留意于孔孟之间，委身于经济之道"。他对宝钗和湘云等人的行为感到惋惜："好好的一个清净洁白女儿，也学的沽名钓誉，入了国贼禄鬼之流。"与此同时，黛玉从不以"仕途经济"相劝，更显二人意识观念上的一致。从根本上来说，两人对于人生道路和政治思想都具有叛逆的一面。

虽然身带金麒麟的湘云与口衔通灵宝玉的宝玉应了"金玉良缘"之论，世故老练、八面玲珑的宝钗较之黛玉更得贾家上下的欢心，但是这些都没有阻挡住宝、黛二人感情的发展，共同的思想倾向促使他们的感情与日俱增、逐渐升华。宝、黛个人思想上的叛逆，提升到社会的高度，实际上就是对封建社会里政权、族权、神权、夫权的强烈不满。他们反对封建婚姻，反对科举，反对封建礼教，等等。这在当时以封建势力为主宰的社会里必然是难逃噩运的，宝、黛的爱情因此注定是成为了一场时代的悲剧。

曹雪芹笔下塑造的林黛玉集美貌与智慧于一身，柔弱而坚贞、倔犟而随和、机巧而憨直，似乎要把天下女子所具备的全部优秀品质都融入到这个人物当中。论容貌，她至柔至美，有一种别人身上不具备的独特风韵；论才华，她才气逼人，在贾府中，唯一可以与之相提并论的只有薛宝钗一人，但仍较之稍逊一筹；论性情，她敏感多情，执着地追求爱情。林黛玉与贾府里其他女子最大的区别，在于她的性格里具有和贾宝玉一样的叛逆精神，并且自始至终渗透着浓重的悲剧气息。

贾府是个看重名利地位的家族，而林黛玉除了与贾母的一脉血缘关系之外，可以说是一无所有，在主子小姐当中，唯一较突出的是她过人的才学。身世漂泊的林黛玉，对于寄人篱下的生活深有体会。她只有借写诗来消除心中的惆怅和郁闷，抚慰痛苦的心灵。她写诗都是有感而发，万事万物在她的眼中都平添了灵气，激发她无尽的灵感及遐思。如林黛玉本人一样，她的诗缠绵悱恻，优美感人。如她在感叹身世飘泊命运悲苦时而做的《葬花辞》："花谢花飞飞满天，红消香断有谁怜"，如泣如诉，抒写了这位叛逆者对花落人亡的哀怨。"柳丝榆荚自芳菲，不管桃飘与李飞"、"质本洁来还洁去，强于污淖陷渠沟"，以落花之高洁表明自己的坚贞，花的命运也就是黛玉的命运。

曹雪芹深知人物对于一部作品的意义重大，因此在《红楼梦》中塑造了400余个栩栩如生的人物形象。这些人物的容貌体态、性格习惯、身份地位均不相同。对于他们的外貌、语言以及心理活动，作者的描写总能做到浓淡适宜，恰到好处。

例如黛玉和宝钗，同样是美丽，在作者的笔下却各有千秋。描写黛玉："两弯似蹙非蹙笼烟眉，一双似喜非喜含情目，态生两靥之愁，娇袭一身之病。泪光点点，娇喘微微。娴静时如姣花照水，行动处似弱柳扶风。心较比干多一窍，病如西子胜三分。"其文弱纤细超尘脱俗之美跃然纸上；而写宝钗则注重突出她鲜妍妩媚丰润端庄的丰韵。

有人曾说过文学是语言的艺术，语言艺术是《红楼梦》的又一大成就。《红楼梦》在语言的运用上几乎达到了臻于完美的境界。书中娴熟的运用人物谈话的表达形式，有插话、对话、议论等不同形式，还穿插了许多生动活泼的成语、俚语。不仅人物的语言极富个性，描写生动细致，叙述也另具一格。

端木在谈到《红楼梦》的语言时说："在古典小说之林中，《红楼梦》的语言最好。从每个人物的说话声中，可以分辨出是哪个人物出场了。《红楼梦》是语言艺术的典范。"例如写林黛玉进贾府时，"一语未了，只听后院中有人笑声，说：'我来迟了，不曾迎接远客！'"说笑者是贾府中著名的泼辣主子王熙凤，未见其人而先闻其声，但只要是听到如此张扬的言谈，贾府中的任何一个人，大都可以猜测出来是谁。

端木还说："我喜欢红楼梦里传写人物的生动手法。还没有说话，就听见那人的声音了。红楼梦里的人物的出场入场，一颦一笑，来踪去脉，口角眉梢，心头话尾，舌尖牙缝，歌哭笑骂，正经，胡调……活灵活现。"《红楼梦》的语言描写几乎每一段都为神来之笔。例如，有一次宝玉看着宝钗雪白丰润的手腕发呆。这时，"只见黛玉蹬着门槛子，嘴里咬着绢子笑呢。宝钗道：'你又禁不得风吹，怎么又站在那风口里？'黛玉道：'何曾不是在房里来着？只因听见天上一声叫，出来瞧了瞧原来是个呆雁。'宝钗道：'呆雁在那里呢？我也瞧瞧。'黛玉道：'我才出来，他就忒儿的一声飞了。'嘴里说着，将手里的绢子一甩，向宝玉脸上甩来。"短短的几句对白，已然将黛玉这个人物伶牙俐齿、顽皮机敏的特点以及隐含的妒意表达得相当到位。

【历史评说】

《红楼梦》的艺术价值和思想成就都达到了炉火纯青的高度。它问世不久便被人们视为珍品，广泛流传。因书中含有反封建的思想内容，故统治阶级曾多次明令禁止，而其版本却有增无减，且在群众中的影响也与日俱增，京城甚至有"开谈不说《红楼梦》，纵读诗书也枉然"的传言。而官府在屡禁屡败后，也只好听任其发展。

随着《红楼梦》越来越广泛的流传，对它的研究和评论也在不断地发展，并且研究的人也越来越多，最后形成了一门专门研究《红楼梦》的学问——红学。

《红楼梦》是我国古典文学宝库中的瑰宝，是中国人民乃至世界人民一笔宝贵的精神财富。

《慈竹居零墨》中有记载：清朝末期民国初年有一个文士叫朱昌鼎，对《红楼梦》十分着迷，而当时的风气是讲经学，别人问他"治何经"，他回答："吾之经学，系少一横三曲者。"就是说他所研究的经学，比起一般的经，少"一横三曲"。这是因为繁体字的"经"字（經）去掉"一横三曲"，就是个"红"字（紅）。据李放《八旗画录》注记载："光绪初，京师士大夫尤喜读之（指《红楼梦》），自相矜为红学云。"红学一词，最早出于此处。《红楼梦》还在创作过程中时，就已经出现红学了。譬如脂砚斋所做的评语就是一部具有代表性和标准性的红学资料，它涉及《红楼梦》的作者生平、作品的取材、思想、艺术及人物评价等内容。

人们通常认为，只要是和《红楼梦》有关的学问，都可归为红学的范畴，但也存在不同观点，周汝昌先生就认为，红学仅仅是研究《红楼梦》的作者、版本、脂砚斋评及"佚稿"。红学分为旧红学与新红学。所谓旧红学，即"五四"时期以前，关于《红楼梦》的评点、索引、题咏。新红学是指《红楼梦》的考证派，胡适是考证派的代表人物，为《红楼梦》的考证工作做出过非常重大的贡献。

自改革开放以来，我国的《红楼梦》研究工作打开了新局面，研究队伍不断发展壮大，加强了各种国内外的学术交流活动。1980年春天，美国威斯康星大学举行国际《红楼梦》研讨会，来自中国大陆及我国台湾省及中国香港和其他亚洲国家、欧洲国家的80余位红学家参加了这次研讨，成果颇丰。1986年6月，由哈尔滨师范大学与美国威斯康星大学共同发起的第二次国际《红楼梦》研讨会在哈尔滨召开，到会的各国学者共百余位，提交90多篇论文；同时举办《红楼梦》艺术节和中国文学讲习班，内容丰富，盛况空前。1980年，国内首次全国规模的《红楼梦》学术研讨会，在哈尔滨召开，与会的学者有130多人，提交70多篇论文，这次学术会议的一项重大成果是成立了中国红楼梦学会，它是一个专门研究红学的大型学术团体。此后四届研讨会又分别在济南、上海、南京、贵阳举行，每次代表人数均在150人以上，论文一次比一次多，其中贵阳会议提交论文达90余篇。此外，中国艺术研究院设有专门的红学研究机构——《红楼梦》研究所，也聚集了一批专业研究人员。

不仅有许多专家学者孜孜不倦地探讨和研究《红楼梦》，普通的读者和爱好者也无不为之倾倒。1987年，电视连续剧《红楼梦》的播出，更加扩大了这部高雅艺术在人民群众中的影响。

《红楼梦》的魅力是巨大的，也是历久不衰的。

【书海拾贝】

机关算尽太聪明，反误了卿卿性命。

子系中山狼，得志便猖狂。

满纸荒唐言，一把辛酸泪。都云作者痴，谁解其中味。

《镜花缘》

【名家传略】

李汝珍（1763年—约1830年），清代小说家，字松石，今北京市人。他自幼聪明、博览群书、知识广博、多才多艺，因不屑作八股文章，故一生无甚功名，始终穷愁潦倒。他的作品有《镜花缘》、《李氏音鉴》和《授予谱》等。

【经典阐述】

武则天废唐改周之时，某日，天降大雪，武则天在御花园中游览，她因醉下诏让所有的花在这严寒季节为她绽放。恰遇百花仙子出游，众花仙无从请示，却又不敢违旨，只得开花。因触犯天条，被劾为"逞艳于非时之候，献媚于世主之前，致令时序颠倒"，一百个仙女被贬下凡界。

其中百花仙子托生为秀才唐敖之女，取名唐小山。唐敖赴京赶考，考中探花。此时恰逢徐敬业起兵讨伐武则天，有奸人诬陷说唐敖与徐敬业有结拜之交，于是唐敖被革去功名。唐敖由此对仕途感到心灰意冷，便与妻子的弟弟林之洋到海外游览，并且有一个饱经沧桑的名为多九公的舵公为他们做向导。

他们航行不久，来到君子国，这里崇尚谦恭、俭朴、礼让。商人们收低价讨好货，国王禁止臣民献珠宝，不然烧毁珠宝并治罪。唐敖和多九公在街上转了半天，不禁感叹非常，点头称妙。到了大人国，据多九公说，大人国的人民可以驾云。来到繁华闹市，唐敖、林之洋见各人脚下之云五颜六色。多九公说："登彩云，或登黑云，都在行动善恶，绝不在富贵贫贱。虽然别处人足下并不生云，但总是善走善路，恶走恶路。"

至女儿国时，林之洋被选为女王的"王妃"，被穿耳缠足。在两面国里，每个人都有两个面孔，人的前后都长着脸，前面一张笑脸，后面浩然巾里有一张恶脸，此国人都虚伪狡诈。无肠国里的人均无心肝胆肺，他们都贪婪刻薄。出"无肠国"不久，唐敖、林之洋、多九公三人来到犬封国，犬封国的人生来就是一副人身狗头。他们狗头狗脑，却一无所能。黑齿国的人都身黑如墨，连牙齿都是黑的。但街上不论男女老少，浑身都透出书卷气，风流儒雅。白民国的居民虽个个面白如玉，身上装饰奢华，然而学堂里教书先生故作高深、错字连篇。翼民国的人背生双翅、身长五尺、红眼白发、一张鸟嘴。

他们乘船经过了许多国家：一毛不拔的毛民国；寿享长年的毗骞国；前心歪、后心偏、当胸烂了个大洞而无法修补的穿胸国；南腔北调、撒谎成性，一张嘴全是假话、没一句是真话的豕喙国；昼夜忧愁不敢睡觉、忧虑命短的伯虑国……他们路经30余个国家，见识了各种奇人异事、奇风异俗，还结识了由花仙转世的女子。他们游历海外各国之后，林之洋回国，唐敖则入小蓬莱山求仙。

唐敖出去久久未归，其女儿唐小山思父心切，便逼林之洋带她出海寻父，由此游历各处仙境，在小蓬莱一樵夫那儿得到父亲的信，信中讲到让她改名为"闺臣"，去赴才女考试，考中后父女再相聚。于是唐小山改名唐闺臣回国，值武则天开科考试才女，录取百人，如泣江亭石碑名序。百花仙全部考中。在"红文宴"上，众花仙各显其才，尽欢而散；而唐小山也回到仙山，与父亲相聚。

【历史评说】

《镜花缘》是我国古典长篇小说中内容最奇特的一部，共100回，其中前50回以记述唐敖等人海外游历见闻为主。该小说借助对幻想中海外诸国的描写，讽刺和批判了封建社会风俗的败坏、道德的堕落与思想制度等方面的种种不合理的现象，体现了要求男女平等、反对压迫妇女的进步思想，全书诙谐幽默、妙趣横生，种种奇闻趣事脍炙人口，在民间长期流传。

【书海拾贝】

胸罗锦绣，口吐珠玑。

《儒林外史》

【名家传略】

吴敬梓，字敏轩，号粒民，因有一书斋名叫文木山房，晚年时号称"文木老人"，人称文木先生。他生于清康熙四十年（1701年），安徽全椒县人。

从明朝到清朝，吴敬梓的家族几起几落，经历颇为曲折。吴氏的远祖曾在军中从戎，始祖弃爵务农，后来又有人学医问药，从吴敬梓的高祖吴沛起，走上以科举考试谋求功名的道路。不过吴沛屡试不第，只得了个廪生的身份。但他非常重视对后代子孙的培养和教育，从崇祯十六年（1643年）到康熙三十年（1696）的近50年期间，吴敬梓的曾祖和祖父两辈人中，一共有6人考中进士。其中吴敬梓的从叔祖和曾祖均高中黄榜，分别为"榜眼"和"探花"。吴家在河湾街曾修建了一座"遗园"，盖起了赐书楼和探花宫，以称颂皇恩浩荡，为子孙树立楷模，同时也是为了炫耀乡里。吴敬梓的曾祖辈们凭借科举考试步入仕途，成为官僚地主，吴家也随之成了当地的名门望族。这五十年为吴氏家族最辉煌的巅峰时期，在吴氏家族的沿袭和发展中留下了不可磨灭的印迹。

所有达到了顶峰的事物，都无法逃脱衰败的命运。吴家当然也不例外，在经历了五十年的荣耀与显赫之后，这个家族逐渐开始走向衰败。吴家家族内的财产争夺日益激化，内部关系复杂，矛盾突显。家族的大变故，对吴敬梓的思想、生活和日后的创作都产生了深远的影响。

吴敬梓的一生曲折坎坷。其母在他13岁的时候去世，22岁那年又失去了父亲。其兄弟提出了分家的无耻要求，一场残酷的争夺财产的内讧由此大爆发。势单力薄的吴敬梓腹背受敌，家产遭族人分割，所剩无几。结发妻子陶氏也因为不堪忍受族人的欺凌，抑郁而终。

在此期间，吴敬梓的内心世界受到了极大的冲击，不堪重创的吴敬梓的生活态度、人生及社会观点也发生了变化。他开始过起了一种和以前截然不同的生活，纵情声色、放荡不羁，这种挥金如土的生活，让他了几乎变卖完了手中的田产和房屋。

吴敬梓在科举道路上的失败让他又一次饱尝了世间的人情冷暖，体味到世态炎凉。吴敬梓从小受到家庭的熏陶，文思敏捷，每每提笔撰文之时，他总能文思泉涌，下笔千言。他资质聪颖，志向远大，在他年轻单纯的眼里，拥有超人的才学便能在科举之路上一往无前，所向披靡。然而，现实却无情地捉弄了这位满怀憧憬的学子。

吴敬梓在科举道路上很不得志，直到23岁才考上秀才，这与他当初的理想相差甚远，此后他在这条道路上又苦苦追寻了近十年，但最终还是以失败告终。科举考试的失败，让他在乡里受尽了污辱，也使他的目光变得犀利，看穿了科举骨子里的虚伪。

六七年后，清政府开设博学鸿词科，吴敬梓被人举荐。吴敬梓没有感动及欣喜，他接受了推荐却放弃了征聘，这是他对封建科举所做的一次巧妙的抗议，既洗刷了昔日的耻辱，又痛快地回击了科举制度对他的欺骗。

经历了骨肉分离、考场失意，吴敬梓的身心此时已是伤痕累累、疲惫不堪。族人的势利和乡里的浅薄更让他感到孤立。雍正十一年（1733年），吴敬梓终于携续弦叶氏和陶氏所生的长子，移居到南京秦淮河畔生活。《儒林外史》就是从这个时候开始撰写的。在吴敬梓的书斋——文木山房里，他结识了形形色色的人。这种广泛的来往，为其创作《儒林外史》积累了丰富的素材。

吴敬梓一生著述丰富，流传于世的诗文词赋有《文木山房集》前4卷，集外佚文有《玉巢诗草序》、《玉剑缘传奇序》、《尚书私学序》3篇。除此之外还有《诗说》7卷以及一些零散诗作。

【经典阐述】

《儒林外史》所展现的是封建社会后期知识分子的思想和生活，不同于其他著名的长篇小说，同时也正是这部小说的过人之处。《儒林外史》是中国小说史上的一个创举，第一次塑造了一系列生动且个性鲜明的知识分子形象，第一次对封建科举制度进行了深刻的揭露和鞭挞，也是我国文学史上第一部长篇讽刺小说。吴敬梓杰出的讽刺艺术，丝毫不让17世纪法国优秀的讽刺作家莫里哀、19世纪俄国进步的讽刺作家果戈理所取得的艺术成就。

闲斋老人在《儒林外史》序中有这样一段话："其书以功名富贵为一篇之骨。有心艳富贵而媚人下人者；有倚仗功名富贵而骄人傲人者；有假托功名富贵，自以为高，被人看破、耻笑者；终乃以辞却功名富贵，品第最上一层，为中流砥柱。篇中所载之人，其人之性情心术，一一活现纸上，读之者无论是何人品无不可取以自镜。"这既是对《儒林外史》的评价，又点明了小说的主旨，高度概括了作者在塑造人物方面所取得的伟大成就。

"功名富贵"四个字，构造了全书的"中枢"。小说中形形色色的人物，都是围绕这个主题勾画的。如果以"功名富贵"为行为和道德的分水岭，那么这群知识分子主要可以分为两大类：一类是厌弃名利富贵的高尚者，他们视金钱如粪土，例如王冕；另一类则是追名逐利的卑污者，例如二王（王仁、王德）。

小说浓郁的讽刺色彩，无不体现出作者辛辣而犀利的讽刺艺术功力。经历了科举考试的磨难，吴敬梓对科举考试的虚伪性和毒害性看得比谁都透彻，书中揭露和讽刺科举制度的毒害和八股取仕的弊端是不遗余力的。

例如写匡超人，本来是个纯朴无瑕的年轻人，由于受了"功名举业"之类的怂恿和蛊惑，陷入社会的泥潭，最终完全没有了良好而宝贵的品质，成为封建科举制度毒化下的败类。如倪霜峰，因读了几句死书，弄得高不成低不就，手无缚鸡之力，日子一天比一天穷，到最后居然落到了卖儿鬻女的悲境。就连马二先生这样广布善举的大好人，脑子里也被科举至上的谬论扎了根，说什么"举业二字是从古及今人人必要做的"。这种社会流毒之深，甚至波及到了闺阁中的女子，小说中的鲁小姐痴迷于八股作文，对科举制度顶礼膜拜，便是其中的一个典型。

吴敬梓用冷静、理性的笔触，揭示和讽刺了科举制度和八股取仕的腐朽。如主考官公然收受贿赂，把考场当作集市，将功名看成商品，估价出售，庐州的秀才价值300两银子，绍兴的秀才卖到1000两。自上而下，皆视科举取仕为儿戏，视作各取所需的交易手段。

八股文无论是从形式还是内容都腐朽不堪，科举考试采取这种方法来选拔人才，显然只能选拔出"庸才"，而且这种制度的统治地位多存在于世上一天，对文人学子精神和思想的摧残就更深一层。封建统治阶级设立的考场，就犹如地下加工厂，在这里，灵魂被束缚，天性被扼杀，一批又一批精神匮乏、才学平庸的文化奴隶被生产而来。而整个的封建社会统治阶层，就是这一批符合八股艺制的人构成的。加之科举考场作弊之风盛行，因此所选拔上来的所谓人才不仅有平庸无能的缺点，而且一定要具备更多虚伪、贪婪、刻薄的丑恶品质才能顺利登科入仕。

吴敬梓生活在正统的封建地主阶级家庭，接受并遵从的是主流的儒家思想。而他看到的却是一些依靠儒学步入仕途的文人儒生，人前打着孔孟的幌子，人后干着污秽不堪的丑恶行径。他们的这些行为和思想无疑激怒了吴敬梓，我们可以在《儒林外史》中找到不少这种社会渣滓的丑恶嘴脸。如吴敬梓笔下的王惠，读书是为了当官，当官是为了捞钱，时时刻刻不忘"三年清知府，十万雪花银"，其追逐名利富贵到了恬不知耻的地步，他到南昌府上任第一天，就迫不及待地打听如何中饱私囊。如欺世盗名的牛浦卿，偷得"牛布衣书稿"去换取功名，后来索性冒名顶替，被人斥为"书中第一等下流人物"。作者揭露了封建官僚地主卑鄙、贪婪的本质，实际上也暗示了封建统治者的必然下场，那就是从政治腐败走向最终的灭亡。

《儒林外史》表达了吴敬梓主张自由、平等的民主观念，这一点在人物杜少卿身上得以展现。杜少卿是一个专断独行的叛逆人物，他反对纳妾，倡导一夫一妻制；尊重妇女，主张男女平等。认为娶妾是"一个人占了几个妇人"，这样做"最伤天理"。游玩清凉山，他敢于在公众场合，挽着妻子的手游山玩水，并漠视所有惊骇的眼神和议论。杜少卿结识了一位不同寻常的女子沈琼枝，她因为不屈服于盐商宋为富的淫威，逃婚到了南京，靠卖文为生，这在当时是颇遭非议和鄙视的。但杜少卿却理解沈琼枝，对她的叛逆精神给予充分的肯定和称赞："盐商富贵奢华，多少士大夫见了就销魂夺魄，你一个女子，视如土芥，这就可敬的极了。"

《儒林外史》多层次、多角度地展现了封建社会各个层面的宏观现实，深刻地披露了精神空虚、道德堕落的知识分子形象，进一步抨击了使知识分子道德沦丧的科举制度。《儒林外史》犹如一面历史的镜子，把整个封建社会舞台的阴暗面和畸形性如实地加以折射。

【历史评说】

《儒林外史》成书于封建社会末期，时代的特殊性赋予了吴敬梓独特的写作视角。此前，中国的小说，多为反映正统的礼教伦常、宗法观念以及迷信鬼神的思想等。而《儒林外史》不同，它所描写的内容和反映的思想是嘲讽封建制度的。《儒林外史》所描写的时代是明朝，但它实际所要揭露和批判的就是清朝政府统治之下的现实社会。

中国古代文学众多作品中，有很多反映当代社会现实、针砭时弊的现实作品，为了避免文化专政的迫害，大都巧妙地采取了借古喻今的方法来撰写，使得这些作品才具有存活的可能，且得以在历代群众中广泛流传。吴敬梓生活的时代，清王朝施行的文字狱更是残酷之极，为了避免不必要的灾祸降临，吴敬梓便假托明朝故事，借喻当今社会。

《儒林外史》将喜剧因素与悲剧因素熔为一炉，用喜剧的形式反衬悲剧的本质。作者用泪水来书写喜剧性的情节，以笑声引发读者忧伤的深思。将滑稽笑闹与悲凉凄惨在同一时间推到读者的面前，从而对比撞击出耀眼的思想火花。《儒林外史》在语言上追求平实，没有华彩的艺术手法，没有离奇的故事情节，但却在平淡中凸现了严谨的写实风格，给人以思想和精神的启迪。《儒林外史》的艺术特点鲜明独特，它的写作手法对后来的小说发展有一定的影响。晚清的谴责小说如《官场现形记》、《二十年目睹之怪现状》等，就显然受到了《儒林外史》一书的影响，它对当代和现代的文学发展也有相当程度的作用力，如鲁迅先生和著名的学者钱钟书的作品，在一定程度上都受到了这部著作的影响。

《儒林外史》中强烈的讽刺和批判色彩，为"正史"所不载，"内传"所不收的。但是它所反映的真实而广阔的社会生活是不容置疑的，书中几乎囊括了封建社会中各种不同品质和类型的人群则更是难能可贵的。英国大百科全书在介绍清朝时期的中国文学时说："这部小说以封建社会的一个浪荡公子为中心，把许多故事贯串起来，不论对故事情节和人物性格的描绘，都远远超过了前人。"时至今日，《儒林外史》的地位终于得以摆正，成为中国文学史上的辉煌巨著。

【书海拾贝】

三年清知府,十万雪花银。

钱到公事办,火到猪头烂。

见义不为,是为无勇。

《海上花列传》

【名家传略】

韩邦庆(1856年—1894年),字子云,号太仙,上海松江人。他因科举不得志,在上海创办个人性文艺期刊《海上奇书》,并常为《申报》撰写稿件。但他的收入大多花费于妓院,因而英年早逝,年仅39岁。

【经典阐述】

《海上花列传》又名《青楼宝鉴》、《海上青楼奇缘》、《海上花》,共64回,"海上"是上海的倒语,"花"为妓女的代称。

该书主要写清末上海租界中官僚和富商社交活动场所高级妓馆中发生的故事,以及妓女与嫖客的生活,其中也提及了低级妓女的情形,因而妓馆、官场、商界是此书的三大场景。

鲁迅曾精辟地概括了此书的内容,说:"《海上花列传》大略以赵朴斋为全书线索,言赵年十七,以访母舅洪善卿至上海,遂游青楼。少不更事,沉溺至大困顿,遂被洪送令还。而赵又潜还,愈益沦落,至'拉洋车'。""作者虽目光始终不离于赵,顾事迹则仅此,惟因赵又牵连租界商人及浪游子弟,杂述其沈酒征逐之状,并及烟花,自'长三'至'花烟间'具有。"(二十八回以后)进叙洪善卿于无意中见赵拉车,即寄书于姊,述其状。洪氏无计,惟其女坚贞不屈二宝者颇能,乃与母赴上海来访。得之,而又皆留连忘返。洪善卿力劝令归,不听,乃绝去。三人资金渐尽,驯至不能归,二宝遂为倡,名甚噪。已而遇史三公子,云是巨富,极爱二宝,迎之至别墅消夏,谓将娶以为妻,特须返南京,略一停当,始来近,遂别。二宝由此谢绝他客,且贷金盛制衣饰,备作嫁资,而史三公子竟不至。使朴斋往南京询得消息,则云公子新订新婚,方赴扬州亲迎云去矣。二宝闻信昏绝,救之始苏,而负债至三四千金,非重理旧业不能偿,于是复揽客,见噩梦而书止。"小说之主要情节线索,已大概于此。

全书虽以赵朴斋、赵二宝兄妹二人的事迹为主要线索,但赵氏兄妹之事在书中所占篇幅仅十分之一左右,前后还串连了其他许多人物的故事,比如罗子富与黄翠凤,王莲生与张蕙贞、沈小红,陶玉甫与李漱芳、李浣芳诸人的故事。作者说这是一种"合传"的体式,"合传之体有三难:一曰无雷同。一书百十人,其性情、言语、面目、行为,此与彼稍有相仿,即是雷同。一曰矛盾。一人而前后数见,前与后稍有不符,即是矛盾。一曰无挂漏。写一人而无结局,挂漏也;叙一事而无收场,亦挂漏也。知是三者,而后可与言说部"。

《海上花列传》本各人有各人的故事,但经作者加以组织,结成了一个总故事。因作者要使得这些故事联合紧密,故用了两个善于牵线的人物——洪善卿和齐韵叟。因此,一切零散的故事便联系成为一个统一的机体了。

【历史评说】

《海上花列传》以赵朴斋、赵二宝兄妹二人的事迹为纲,掺杂整合了其他许多的故事,把一幅全面而真实的描绘晚清时期上海滩妓馆的图画展现在我们眼前。揭示了嫖客与娼妓之间丑陋的交易现实;从侧面映射了由于资本主义国家的入侵,造成上海滩畸形的繁华与妓院的发达;揭露了官僚、买办、富商的糜烂生活,同时也反映出农村经济的穷困破产,造成了许多青年女子沦为娼妓的悲惨状况。

【书海拾贝】

二少爷在你府上,是你的男人;到了我这里来,就是我的客人了。你有本事,应该把你家老公看牢了,为啥放到我们这里呀?来到这里,你再要想拉得回去,你去问问看,上海洋场哪有这号规矩?……

《官场现形记》

【名家传略】

李宝嘉(1867年—1906年),又名宝凯,字伯元,别号南亭亭长、二春居士,江苏武进(今属江苏省常州市)人,被人称为"小报界之鼻祖"。他与吴趼人、刘鹗、曾朴并称"清末四大小说家"。他出生于山东,6岁丧父,后由其伯父李念仔抚养成人。李念仔曾任东昌府知府等职,后辞官归故里。随李念仔到任职地生活的这段时间里,李宝嘉熟悉了官场的许多内幕,这为其创作《官场现形记》积累了素材。

1896年,李宝嘉来到上海,开始了其办报生涯,在此后的十年间,他相续创办了《指南报》、《游戏报》和《世界繁华报》,成为我国近代小报的先驱。

【经典阐述】

全书共60回。陕西同州府朝邑县秀才赵温中举,满门庆贺,但苦于无人提携,用银子捐了个中书。江西代理巡抚何某,生平最爱的是钱,绰号"荷包",他有一三弟,绰号"三荷包"。两个"荷包"因为分赃失和,翻出许多卖官鬻爵的旧账。"三荷包"带着卖官所得的近万两银子,得山东胶州知州之职。到任后,千方百计接近山东巡抚。外国人劝山东巡抚做买卖,候补通判陶子尧借机大讲"整顿商务",得巡抚赏识,被派往上海购买机器。陶到上海，被骗子魏翩仞等捉弄，无功而返。

浙江粮道贾筱芝，花6000两银子买到一个密保，不久升任河南按察使。贾的大少爷贾润孙趁黄河决口之机，谋得河工总办一职，赚饱了钱，带着10万两银子进京谋职，因户部额外主事王博高、军机徐中堂反对，未能办成。

炮船哨官冒得官，因冒充他人军功混上炮船管带，不久事发，为保住官位，他逼诱亲生女儿，给羊统领做第九个小老婆。

湖广总督湍多欢是一位旗人，湍多欢原有十个姨太太，人称"制台衙门十美图"。他的一个下属，为谋官职，又特地在上海物色了两个绝色女子送他，后改称为"十二金钗"。得宠的九姨太与十二姨太相继插手卖官捞钱。在场面上经常惹乱子的唐二乱子，通过湍多欢的十二姨太，谋上了银元局总办一职。连湍制台的干女儿宝小姐也放手卖官。

童子良奉命来湖北清查财政，但他厌恶洋人。不管什么东西，吃的、用的，只要带一个"洋"字，他绝不肯亲近。到任后却"只拉弓，不放箭"，吓唬被参的地方官员，迫使他们送钱疏通，童子良举手之间便得贿银2万两。

胡统领奉命赴严州剿"匪"，心里却十分恐惧，一路上只知道吃喝玩乐，有意拖延，但当得到"匪"已远去的情报时，却兼程进军，纵容部下"洗灭村庄，奸淫妇女"，并乱抓良民，称其为"强盗"，以报功邀赏，浮报开支38万两之多。

适逢有许多人与洋人打交道。江南制台文明，平时对下级极端傲慢粗暴，可在洋人面前却卑躬屈膝、百般献媚。甚至说"外国人顶讲理，决不会凭空诈人的"，断言"总是我们的官同百姓不好"。其治下各级官员大抵如此。一外国人游玩时无故打死中国小孩子，当地官员迫于群众压力，凶手被判监禁五年。但清政府的总理衙门却将该巡抚撤换，并由洋人指定继任巡抚。

【历史评说】

《官场现形记》以官场为主线，揭露出官僚们的龌龊卑鄙、昏聩糊涂，把晚清官场的污浊、吏治的败坏、统治集团的腐朽暴露得淋漓尽致。小说在结构上效仿《儒林外史》，一人演述完毕，即转入下一人，如此蝉联而下。但这也使描写过于渲染夸张、笔无藏锋；官场所用伎俩大同小异，因而杂沓重复。

【书海拾贝】

统天底下的买卖，只有做官利钱顶好。

※ 中华文明历史长卷 ※

《唐宋传奇集》

【名家传略】

《唐宋传奇集》的编著者是鲁迅。关于鲁迅生平，见《呐喊》之"名家传略"。

【经典阐述】

《唐宋传奇集》共8卷，收录小说共48篇，唐宋传奇名篇几乎全收集在内。其中前5卷为唐人作品，第6卷作者和年代有疑问，最后两卷为宋人作品。较著名的有《枕中记》、《南柯太守传》、《莺莺传》、《霍小玉传》、《任氏传》、《柳毅传》等。

在此，仅以《柳毅传》为例稍作阐述。

《柳毅传》作者为李朝威。它记叙的是落第书生柳毅从长安南归，经过泾阳时，偶遇落难牧羊女。其本是洞庭龙女，因下嫁泾阳龙君而遭受虐待。柳毅仗义受托，怀揣书信赶到洞庭湖畔将龙女托书亲手转交洞庭龙王，并向龙王述说了龙女的悲惨境况。龙王弟弟钱塘君听说龙女在夫家遭受欺辱，顿时大怒，即刻凌空而去，诛杀了泾河逆龙。

继而龙女便深深爱上了见义勇为的柳毅，但柳毅为人正直，当初送信救龙女只是出于义愤。就算面对龙宫中的各种奇珍异宝与钱塘君的逼婚，柳毅也不为所动，终毅然拒绝。

柳毅走后，面对柳毅的拒绝，温顺善良的龙女并没有气馁。她饱尝包办婚姻带来的痛苦与折磨，故不再依从父母，拒绝父母为她安排的婚姻，而毅然坚定地追求自己的幸福。后在柳毅的妻子亡故后，龙女化做民妇来到柳毅身边，并与他结为夫妇，直到他们的孩子出世才道出事实真相。柳毅为龙女的痴情而深深地感动，从此两心相印，举案齐眉，过着幸福美满的生活。

【历史评说】

唐宋传奇不仅在题材、思想上取胜前人，而且在艺术上也取得了巨大成就，它标志着中国小说发展的一个新阶段。唐宋传奇是中国风格小说形式的开始，虽体裁短小，但已初具长篇小说的轮廓。

【书海拾贝】

要善于识破伪装，不能以貌取人。

※ 中华文明历史长卷 ※

《窦娥冤》

【名家传略】

关汉卿（1297年—1307年），号已斋，今北京人。他是我国戏剧史上最伟大的戏剧家，是元杂剧的奠基人，主要著作有《窦娥冤》、《救风尘》、《拜月亭》、《望江亭》、《单刀会》以及《蝴蝶梦》等名剧。

【经典阐述】

《窦娥冤》，全名《感天动地窦娥冤》，是元杂剧中著名的悲剧。

山阴书生窦天章向蔡婆借了20两纹银，第二年时连本带利折合为40两，蔡婆多次催还，窦天章无力偿还，为了还债和筹措上京赶考的盘缠，只好将女儿送给蔡婆当童养媳以用来抵债。

窦娥长到17岁时，与蔡婆的儿子成婚，但婚后不到两年，丈夫便病死了。从此以后婆媳俩相依为命。

一日，蔡婆向靠到外行骗为生的江湖庸医赛卢医索债，赛卢医竟将其骗至郊外，企图用已备好的绳索将她勒死，正要动手时，却被路过的流氓张驴儿父子撞个正着。赛卢医惊逃。

张驴儿在得知蔡婆家只有婆媳两个人时，便要她们婆媳配与他们父子，蔡婆起先觉得这样做不合适，没有同意。张驴儿便也以用绳索勒死蔡婆相威胁。为了保全性命，蔡婆只得暂且答应，并将其父子带回了家。而窦娥在得知情况后，坚决不同意嫁给张驴儿。张驴儿见窦娥如此貌美，于是更下了决心要得到窦娥。

一日，蔡婆生病，张驴儿以抓在手中的把柄威胁并强迫赛卢医卖与他毒药，企图毒死蔡婆，以使窦娥失去依靠，以为这样窦娥就会答应嫁给他。于是他故意支开窦娥，并偷偷地将毒药放进窦娥为婆婆煮好的汤里。

这时恰好蔡婆婆作呕难受，就让张驴儿的父亲吃。于是那老头儿吃了一口，便命归西天。张驴儿当即诬赖是窦娥害死了他的父亲，并以窦娥答应嫁给他作为不告官的条件。窦娥为了自己的清白，宁愿见官，也不答应嫁给张驴儿。

出人意料的是，楚州太守桃杌竟然是个昏官。他只听张驴儿一面的巧辩之辞，认定窦娥有谋害之罪，并对其严刑逼供。窦娥依然否认。太守便下令拷打蔡婆。窦娥因不忍见婆婆受皮肉之苦，只好屈招认罪，因而被定为死罪，判为第二天斩首。

在被押赴刑场的路上，窦娥痛心地感到满腹冤屈，她指天骂地，痛斥天地的昏暗与社会的罪恶，并再三叮嘱婆婆要多保重。临刑时她对天许下三桩誓愿：一要刀过头落之后满腔热血都向上飞溅在白练上，二要六月飞雪遮盖她的尸首，三要楚州从此时

第五章 小说戏剧

301

起大旱三年。窦娥的冤屈感动了天和地,在她受刑之后,这三桩誓愿都一一应验,证明了窦娥的冤屈。

后窦娥之父窦天章考取进士,官至肃政廉访使,恰好回山阴考察吏治。窦娥的冤魂向其父诉冤。窦天章查明了事实,为窦娥昭雪了冤案。

【历史评说】

《窦娥冤》通过对窦娥这样一个在政治上被压迫、思想上被奴役以及人格上被侮辱的悲剧形象,反映了在我国封建社会普通妇女的悲剧命运,揭露了封建社会政治的黑暗腐败,抨击了当时贪官污吏的昏庸和残暴,倾情歌颂了被压迫、被迫害妇女的反抗斗争精神和其不屈不挠的坚强性格。

【书海拾贝】

天地也,做得个怕硬欺软。却原来也这般顺水推船。地也,你不分好歹何为地!天也,你错勘贤愚枉做天!

《西厢记》

【名家传略】

《西厢记》的作者王实甫(1260年—1336年),字德信,大都(今北京)人。元代杂剧作家。王实甫和中国历史上的另一位著名的剧作家关汉卿,是元代剧坛上并驾齐驱的两位大师。

王实甫生活的时代,是科举制度被长期废止的年代。于是很大一部分文人雅士苦于入仕无门,便自发组成了"书会",其中也包括了一些当时在宦途上郁郁不得志的落魄官员。"书会"中的成员,从事的是撰写和创作,儒子业已不再风行一时,这就扩宽了写作的题材和内容。他们往往同勾栏里的妓女合作,为她们编写杂剧。王实甫非常熟悉官妓们的生活,了解她们的思想及内心情感。因而也应是加入了"书会"的。

王实甫热爱生活,真实的生活激发了王实甫无穷的创作灵感,善于捕捉生活中丰富多彩的事物。他在写作的同时长期深入到生活当中,这同时也赋予了他取之不尽的创作素材。因而我们有幸在近700年后的今天,看到王实甫留下的丰富而优秀的著作。但他的作品有很大一部分未能保存到现在。王实甫所著的14种杂剧中,完整地流传至今的只有《西厢记》、《丽春堂》和《破窑记》3种,残存《贩茶船》、《芙蓉亭》2种。

从《凌波仙》中我们还可以看到一个才华出众的曲艺作家的形象。在百花争艳的杂剧艺术领域,王实甫的创作水平可谓"技压群芳",使得"士林中等辈伏低",其他同辈的作家不得不甘拜下风。王实甫一生所创作的作品中,以《西厢记》最为出色,因此才得到了"《西厢记》天下夺魁"的美誉。

吊词《凌波仙》中介绍《西厢记》是"新杂剧，旧传奇"，这个评价是非常符合事实的。《西厢记》中所讲述的张生与崔莺莺的爱情故事，并非由王实甫所创，它最早出现于唐人元稹所著的《莺莺传》一书中。《莺莺传》又名《会真记》，是一部带有自传性质的传奇小说。

小说写的是唐朝德宗贞元十五年（799年），相国千金崔莺莺同寡母郑夫人、兄弟欢郎、婢女红娘一起，借住在浦州以东普救寺中。当时有一位游学的读书人张生也寄居在普救寺的西厢院中。由于张生的帮助，崔家避过了一场劫财之灾，张生在崔家特意摆设的酬谢宴会上，对年轻美丽的崔莺莺一见钟情，从此展开了追求，此后二人私会在西厢。知情后的郑夫人无奈之余，打算成全二人的婚事。谁料势利的张生却为了自己日后的前程和功名，拒绝成婚，无情地抛弃了莺莺。全书讲述的主题是崔莺莺与张生从相遇、相恋直至抛弃的爱情纠葛。主要人物是崔莺莺和张生二人；故事的基调是始乱终弃的悲剧基调，和后来王实甫的《西厢记》中大团圆的完满结局迥然不同。

从《莺莺传》到后来的《西厢记》，崔莺莺与张生的爱情故事，在民间以丰富多样的形式广为流传。其间经过了历代许多文人及民间艺人的加工和修改，增添了许多新的故事情节，改造了旧有的主题，甚至改变了故事的体裁。故事的思想内涵也由此不断得到提升，从而具备了更加深刻而突出的社会意义。很有必要提到的是金代董解元创作的《西厢记诸宫调》，在这部作品中，作者一改《莺莺传》的以悲剧收场的构思与设计，将故事情节的发展引向了"有情人终成眷属"的美满结局。书中重点描写的也不再是《莺莺传》中崔莺莺与张生之间的感情纠葛，取而代之的是崔莺莺与老夫人、反封建思想与封建保守派之间的矛盾冲突，并且将《莺莺传》中宣扬封建礼教的主题，改为正面鼓励反封建礼教的思想和行动。《西厢记诸宫调》在主体思路上和《西厢记》基本吻合，对于王实甫创作《西厢记》具有重要的意义。

【经典阐述】

王实甫以董解元的《西厢》为蓝本，继承并综合了历代文人及民间艺人的创作成果和经验，融入自身的观点、思想及情感，通过高超纯熟的创作技巧改编成了《西厢记》。

这部著作在许多方面都超出了前代的相关作品。它塑造的人物性格、安排的故事情节以及思想，都达到了前人作品未能企及的高度。

故事主人公崔莺莺是一位美丽而又多情的小姐。张生还未见到人就被她的青春与美丽倾倒，开始憧憬。莺莺的母亲老夫人，却把女儿许配给了外貌丑陋、德行恶劣的表兄郑恒，使得莺莺发出了"花落水流红，闲愁万种，无语怨东风"的感叹。这种烦恼中带着甜蜜的"闲愁"，正是莺莺情感和精神渴望找到真正的归宿时，吐露的肺腑之言。崔莺莺出自名门大家又受到封建礼教的监督，是一个有理想、有主见的女性。她不仅具备普通女子的内敛和文静的德行，而且举手投足间显示出身份的尊贵，表现得持重而端庄。但莺莺天性中有许多可贵之处，如她的叛逆和斗争精神。她性格深沉，但内心热情如火，在人生的道路上并不肯坐等爱情的降临，眉目之间传达自己的心曲。正是由于种种来自社会和家庭的压力，来自封建礼教的约束，导致了莺莺在成长过程中叛逆思想的萌生和发展。

对于老夫人订下的不合理婚约，莺莺始终没有将它视为自己追求幸福的铁槛。她邂逅了漂泊落魄的张生，倾慕他的才华和品质，毅然决然地爱上了他。莺莺对张生的这种感情，是凌驾于封建传统婚姻的感情，它既真诚，又纯粹。

崔莺莺除了外在的美貌之外，还从深沉稳重的性格中透着胆气和智慧。莺莺与老夫人的斗争，富有喜剧效果。她通过自己的言行抵触老夫人那一套陈腐乏味的说教。莺莺迂回婉转避免和老夫人的正面冲突，这并不代表这个人物的性格非常懦弱。

在莺莺和张生的爱情处于起步阶段时，莺莺借助谨慎隐蔽的言行，躲过了老夫人的耳目，避免了爱情被其扼杀的危险，保住了爱情的幼苗。至莺莺和张生热恋阶段，此时期莺莺的反叛精神有了较大的飞跃。在她和张生不断幽会，爱情进一步发展和巩固之后，老夫人终于发现了女儿的秘密，连声叹道"都是我的冤孽啊，才养下了这个倒霉的女儿"。但是为时已晚，此时莺莺对爱情的意志已是坚不可破。老夫人封建礼教的思想是根深蒂固的，实际上她本身就是封建礼教的帮凶。

私情败露后，崔莺莺与老夫人的矛盾终于明显暴露出来。莺莺的勇敢和机智是在与老夫人的斗争中体现的。在"赖简"和"闹简"等情节中，莺莺一方面验证了婢女红娘的可靠，继而将她拉到了同一战线，帮助自己通风报信，传递书简。另一方面又试探了张生对自己的感情是否真诚专一。不过这种试探将憨厚的张生折腾得"七死八活"的，使得读者在会心一笑的同时，不由得赞叹崔莺莺的勇敢和机智。

红娘也是《西厢记》浓墨重彩渲染的一位女子。红娘使故事情节顺理成章地朝着作者设定的结局发展，增强了整个故事的具体细节。红娘的形象非常鲜明，她泼辣爽直，爱憎分明。她的身份虽然低微，却有非凡的见识和从容老练、临危不惧的巾帼风范。崔莺莺在一开始，对红娘也防备得紧，谁料想红娘是个绝顶聪敏的人物，很早便觑破了内情，并被人间真情所感，为之奔走忙碌。在崔、张二人的感情交流过程中，红娘既是连接书信传情的纽带，也是通风报信的"哨兵"，更是披荆斩棘的开路先锋。红娘的胆识在"拷艳"一幕中推到了顶点。红娘面对老夫人的责难，凭着智慧与口才，说服了老夫人成全莺莺与张生，她还勇敢而成功地回击了郑恒的干涉。崔、张二人最终能够结合，红娘可谓是劳苦功高。红娘一个低层的婢女的过人的才学和胆识是值得斟酌的，她虽身为奴婢，却是在煊赫尊贵的崔府出生和长大的，自幼眼界便很开阔，加之又做了贵族小姐崔莺莺的贴身婢女,跟随其后,日长月久,有机会学到不少知识和道理,掌握上流社会及场合的各种礼仪。一名婢女的才情胆识,初看似乎有些不合情理,但是细想,又确实符合逻辑。红娘是中国文学史上第一个成功的奴婢形象。

老夫人在《西厢记》中,是始终站在崔莺莺、张生、红娘对立面的人物。也是《西厢记》中必不可少的一个重要人物,有了老夫人,崔、张二人的恋情便注定了要历经曲折。她的存在使矛盾得以寄托,并在情节发展中层层展开。老夫人代表的是封建家长制,她捍卫的是封建社会传统中门当户对、重财轻人的婚姻观念。她不但轻视张生,而且也利用了张生的忠厚与善良。孙飞虎带领叛军围普救寺,向老夫人索要莺莺时,亏得张生及时请来好友白马将军解困,才解了老夫人的燃眉之急。老夫人急于在危难之际脱身,曾当众将莺莺许给张生,但是在解围之后,脱离困境的老夫人又出尔反尔地"赖婚"便反映了她的想法。张生出身于没落的官宦之家,寄居普救寺时不过是一介书生,孤寒贫困,身无长物,不论是门第、财产、地位,都是老夫人不屑一顾的。在她看来,张生那满腹的才学,如果不用以登科入仕、博取功名的话,也同样毫无用处。因此在同意张生和崔莺莺的恋情之后,仍念念不忘逼迫和催促。她认为张生只有进京赶考,求得一个锦绣前程,从此荣华富贵,才有资格和崔家提婚论嫁。就在张生起程赶考之际,她对张生说:"得官呵,来见我;驳落呵,休来见我。"这看似嘱托,实则是赤裸裸的警告与威胁。她自私狡诈的一面暴露了。此话至少包含了三层含义。一,期望张生能够高中,自己和女儿不但有所依靠,且可以继续风光奢侈的生活;二,她害怕张生名落孙山,自己的荣华富贵梦破灭,而且女儿嫁给落第的穷书生,自己在人前也颜面无光;三,也是老夫人最担心的一个问题,即害怕张生一旦高中,飞黄腾达之后抛弃莺莺,自己晚年无望。由此可以看出,老夫人答应张、崔二人继续来往,并不是毫无条件的,她仍然是从封建等级观念为出发点,在女儿的婚事上附带了沉重的封建砝码。

王实甫在刻画张生这个人物形象时,描写了他重情的特点。张生始终对爱情抱着执着和坚定的信念,他认为爱情重于功名,高于一切。他与莺莺一样炽热专一到了"不恋豪杰,不慕骄者,自愿的生则同衾,死则同穴"的境界。

张生是聪明机智的,他想出了一条又一条理由博得莺莺的青睐,能够揣测出莺莺书简中委婉含蓄的深意。张生又是透着"呆"气"傻"劲的一个诙谐形象,人们正是在这种"呆"与"傻"中感觉到了他的可笑和可爱。

【历史评说】

《西厢记》是我国古代杂剧中的一部著名的代表之作,元代时作为杂剧出现,像莺莺蓦然出现在佛殿一样,它的光彩,令人目眩神摇,也照亮了封建时代昏沉的夜空。

《西厢记》这部作品取得了很高的文学成就。

第一，栩栩如生的艺术形象。

《西厢记》成功地塑造了一系列栩栩如生的艺术形象。作者用喜剧手法刻画人物、描写故事，反映反封建礼教、反封建婚姻、主张个性解放和恋爱婚姻自主的深刻思想。随着《西厢记》的广泛流传，它震撼了刻板迂腐、祸害人心的封建礼教及正统思想，具有深远的社会意义。

第二，个性化的语言。

《西厢记》通过人物个性语言体现了不同人物的性格特征。这些语言以民间口语为主，明快活泼，富有生活气息，却又不落俗套，在质朴中显现出优雅，于丰富中显现清新。

朱权在《太和正音谱》中是如此评价《西厢记》的语言的："王实甫之词如花间美人。铺叙委婉，深得骚人之趣。极有佳句，若玉环出浴华清池，绿珠之采莲洛浦。"《红楼梦》中有一回"《西厢记》妙词通戏语，《牡丹亭》艳曲警芳心"，是贾宝玉将《西厢记》带给林黛玉传阅，林黛玉读后，感觉"词句警人，余香满口"。曹雪芹笔下的林黛玉精通诗词，在诗词方面有着很高的修养，是大观园中的"诗魁"。曹雪芹假托林黛玉来称赞《西厢记》，由此可见《西厢记》在这位大文豪心目中的地位之高。

第三，在体制上的突破。

《西厢记》在体制上突破了传统杂剧一本四折的形式，改创为五本二十一折，出现了多人轮唱数折戏的创新。《西厢记》因此被称为"传奇之祖"。《西厢记》各个部分之间衔接紧密，全剧的内容和结构显得严谨有序。

由于《西厢记》中反封建的观点，在文人官宦中产生了巨大的骚动，被封建统治阶级视为洪水猛兽，遭到朝廷明令禁止，但《西厢记》在民间乃至主流社会中蔓延的势头却有增无减，出现了许多不同的版本，以明清两代最盛。现存最早的明代完整版本，是弘治年间金台岳家刻本《奇妙全相注释西厢记》。据不完全统计，迄今所知《西厢记》明刊本有110种左右，清刊本有70种左右。这些说明它影响之深，流传之广。在戏曲舞台上，《西厢记》更是演出不衰，京、昆、蒲、豫、川、滇、闽、赣等剧种，都把它改编上演，多少年来一直受到观众的喜爱。

《西厢记》的出现，深深地吸引了许多作者，人们纷纷效法学习，写出了类似的作品套袭其情节，像《东墙记》、《倩女离魂》等。但有些作家则善于从《西厢记》中汲取营养，像汤显祖的《牡丹亭》、孟称舜的《娇红记》、曹雪芹的《红楼梦》，都在继承《西厢记》反抗封建礼教的思想基础上发展创造，从而取得了新的成就。

【书海拾贝】

碧云天，黄花地，西风紧，北雁南飞，晓来谁染霜林醉？总是离人泪。

但得一个并头莲，强煞如状元及第。

《琵琶记》

【名家传略】

杂剧起源于北方，是一种戏曲形式，它的音乐曲调、精神气质等，均更适合爽直刚毅的北方人表演。元末时，随着元朝统治的摇摇欲坠，杂剧主导全国剧坛的局势也渐渐变更了。这时，发端于两宋之际、一直盛行在南方的、有着浓厚民俗色彩的南戏，便取代杂剧逐渐流行开来。以后它演变为传奇，在明清两代极为盛行。

《琵琶记》作者高明（1305年—1371年），字则诚，号菜根道人，温州瑞安（今浙江瑞安）人。他出身于书香门第，长辈和兄弟能诗善文。

他的祖父、父亲都因亡国之痛，隐居山林。他自幼聪明，曾拜名儒黄晋为师，攻读经典，学习诗文，后于元顺帝至正五年（1345年）进京参加科举考试，中进士，此时他已经年逾不惑。进入仕途后，他曾在处州、杭州等地任职。他为官精明练达，审明多起冤狱，被百姓称道。他清正廉洁，不畏权势，关心民间疾苦，因而受到百姓的爱戴。他在处州期满离任时，老百姓立碑以纪念他。

至正八年（1348年），方国珍（1319年—1374年）在浙东起义反元。江浙行省当局由于高则诚是温州人，熟悉海滨情况，调他任浙东阃幕都事，参与"平乱"。江浙行省平章政事达识贴睦迩十分欣赏高则诚的才干，一见他就加以重用。因此，高则诚意气风发地开始了"平乱"的行动。但是，生性耿直的高则诚，很快就与主帅由于意见不和而闹翻了，此后便开始惰于理事。至正十二年（1352年），方国珍被元朝"招抚"，为海道漕运万户，高则诚也就打算回乡探亲。但是达识贴睦迩看中他的才华，把他从家乡硬拉出来，先后又做了几年江南行台掾和福建行省都事。后来，天下大乱，群雄竞起，他借避乱为名，悄悄退隐于明州（今浙江宁波）城东十里的栎社镇，恬淡自守，以词曲自乐。正是在这里，他写下了不朽名著《琵琶记》。

不久，朱元璋一统天下，建立了明朝。高则诚的好友刘基（1311年—1375年）、同学宋濂（1310年—1381年），都在朝廷身居要职，他们都请高则诚出来做事。明太祖朱元璋也久慕他的大名，遣使征召，让他入朝主持编修《元史》。但他以年迈为由，坚决拒绝，佯狂不出。过了几年，他死后不久，朱元璋读到《琵琶记》时大为赞赏，说："'四书五经'就像日常的布帛菜蔬一样，家家都有；而高明的《琵琶记》却像山珍海味一样，是富贵人家必备的。"

【经典阐述】

《琵琶记》描写的主要人物是东汉时期大文豪蔡邕。它是由民间流传的戏文《赵贞女蔡二郎》改编的。在民间流传的戏文里，蔡伯喈（蔡邕，字伯喈）被写成一个典型的负面人物。他上京应举，却因贪图富贵，背亲弃妇，停妻再娶；他的结发妻子赵五娘在家吃糠咽菜，侍奉公婆。后来因为公婆双亡，她沿途乞讨，上京寻夫，却被蔡伯喈粗暴拒认。故事的结局是"马踏赵五娘，雷轰蔡伯喈"，有浓厚的悲剧色彩。它反映了封建文人一朝飞黄腾达就背亲弃妻的忘本现象，违背了道德观念。故事中的蔡伯喈历来遭到百姓的谴责。

高则诚把故事内容改动很大，把"马踏赵五娘"和蔡伯喈受五雷轰顶的悲剧结尾改为大团圆收场，把忘恩负义的蔡伯喈改为"全忠全孝"人物，用社会原因给文人的负心开脱。这种改编，既体现了高则诚思想上的特点，也表现出了他对功名利禄的批判。改编后的剧情大致如下：

蔡伯喈和赵五娘结婚才两个月，父亲硬逼他上京赶考。他本无意功名，但父母之命难违，只得上京应试，一考就考中了状元。牛丞相因他英俊有才，便强以女儿许配他。他辞婚、辞官均不成，最终被牛丞相招为女婿。时正值荒年，公婆染病在家，五娘敬心侍奉汤药，历尽艰辛。她求得赈米，供养二老，而自己却暗吞糟糠。年迈的双亲久久盼子不归，连气带饿，双双去世。五娘剪发出卖，方有钱埋葬公婆。蔡伯喈与牛小姐成婚后，虽相敬如宾，彼此恩爱，但常苦思双亲与五娘，终日闷闷不乐。牛小姐多次追问后得知实情。五娘葬公婆后，用琵琶卖唱，行乞至京寻夫。经过千辛万苦，终得进入相府，在画馆与伯喈相会。经牛小姐同意后夫妻重圆，并一同回乡扫墓。

除结局外高则诚对民间故事改动最大的地方在于对蔡伯喈的角色定位。他把忘恩负义的蔡伯喈改成了"全忠全孝"的封建文人，增设了"辞试不从"、"辞官不从"、"辞婚不从"这样一个重要的情节内容。

首先是"辞试不从"。蔡伯喈无意仕途，蔡公硬逼他上京应考，还振振有词地谈了一通大道理。蔡伯喈力辞不从，只能挥泪离家。

接着是"辞官不从"。中状元后，蔡伯喈竭力辞官回家，却一直未被允许，只得滞留京都，心情异常痛苦。因此父母饿死，妻子受苦，也就不能完全归罪于伯喈了。

最后是"辞婚不从"。牛丞相的权威，小姐的美色当前，蔡伯喈态度坚决地一再辞却。但牛丞相最后以"钦命"硬逼他入赘。与牛小姐成婚后，蔡伯喈不仅没有休弃赵五娘，而且在牛府终日思念着五娘。经过这样的改动，"背亲弃妇"的蔡伯喈就成为"全忠全孝"的人物了。

因此，可以说，《琵琶记》中有关蔡伯喈"全忠全孝"的描写、穿插、点缀等，都是高则诚在改动民间传说的基础上增设的。

由于增设了"三不从"的情节，所以，尽管高则诚在创作时力求将新增情节与原先的情节融为一炉，但还是留下了一些漏洞。这些漏洞，即是民间故事或早期的南戏戏文《赵贞女蔡二郎》留下的些许痕迹。例如，蔡伯喈入赘牛府之后，思念双亲与妻室，托人捎信回乡。但入京三年，方才写家信，显然与"全忠全孝"的形象不协调。再如，陈留与洛阳相距并不远，中状元后为何不派人回去照料双亲？

把罪在文人负心改为求功名的社会原因是高则诚在情节上对民间传说的另一个重要改动。在现存的宋元南戏剧目中，描写"婚变"的，大部分批判了男子负心，如被称为"戏文之首"的《赵贞女蔡二郎》、《王魁》等，都是这样的作品。再如《崔君瑞江天暮雪》、《三负心陈叔文》、《陈琼莲》、《李勉负心》等。在这戏文中，男主角寒窗读书，一旦金榜题名，不但抛弃了曾经同甘共苦的结发妻，而且不惜下毒手置之于死地。高则诚完全摆脱了"男子负心戏"的常规模式，将蔡伯喈描写成"全忠全孝"的人物，把双亲饿死、五娘受难归结为追求功名利禄而带来的结果，是最具批判色彩和进步意义的改动。

赵五娘是该剧中塑造得最为成功与最动人的艺术形象。她的不幸，反映了封建社会里多数妇女的深重苦难，深刻体现了中国劳动妇女坚忍、善良、吃苦耐劳以及深明大义的传统美德和克己待人的自我牺牲的高尚精神。

蔡伯喈不得不屈从权势，弃家不顾，生活于富贵之中，内心却非常痛苦，他希望忠孝两全，结果却忠孝不能相顾。作为封建社会的一个普通的书生，剧本对他那种软弱动摇的文人特性，刻画得细腻准确，相当感人。

此外，张大公的古道热肠、扶危济困，牛小姐的知书达理、贤惠美丽，以及蔡公、蔡婆等，都写得有血有肉，各具性格，栩栩如生。

《琵琶记》在艺术结构上的成就也非常突出。它主要有两条线索：一条是蔡伯喈求取功名的经历，另一条是赵五娘在灾荒中的遭遇。两条线索互相对比映照，交错发展，将社会上层的和下层百姓的深重苦难，尖锐地展现出来，有极强的艺术效果。作品一面写蔡伯喈陷入功名富贵罗网，越来越不能自拔，一面表现赵五娘担起沉重的生活担子，越来越艰难；一方面是蔡伯喈喜庆良宵，洞房花烛，一方面是赵五娘救济粮遭抢，欲跳井自尽；一方面是相国府里欢声笑语，中秋赏月，一方面是赵五娘麻裙包土，埋葬公婆。种种强烈对比，既暴露了社会的贫富悬殊，又突出了赵五娘的苦难，加强了作品的悲剧感染力。

《琵琶记》语言接近口语而不乏文采，意蕴深厚。

作者首先写赵五娘不得不吃糠充饥的困难，接着写吃糠难以下咽，由此，想到糠和米的关系；以糠和米本为一体，后分作贵贱两物，来比喻她和丈夫离散及不同处境，通俗形象，而又富有哲理。作者又用不同风格的语言写不同阶层的人物。如蔡伯喈、牛小姐的语言比较典雅，赵五娘、张大公和蔡公、蔡婆的语言就比较朴实。

《琵琶记》共42出，303段唱词。为使每段唱词不只意蕴动人，而且声律优美，作者每写完一出，就请一个弹琵琶的艺人，来家中花园的石亭里反复试唱和修改。艺人弹唱时他总是一边聚精会神地听，一边用手指在石桌上打拍子。不知有多少次，他听得入神了，手指都敲得流出血来，也毫无知觉。每一首曲子都唱了又唱，改了又改，久而久之，那石桌面被拍打得麻麻点点，以致朋友们戏称它为"麻子桌"。《琵琶记》取得的成就与高则诚这种认真刻苦的创作态度是分不开的。

【历史评说】

《琵琶记》自问世后就风行海内。当时有些文人认为学习《琵琶记》可以生文采，去文章因循守旧和僵化的毛病。明代有一位小有名气的诗人叫陆深，有一次，一位叫廖同野的举人带着做好的文章，请他指教。陆深看后便问："贤弟可曾读过《西厢记》、《琵琶记》?"廖同野惊异陆深的话有些莫名其妙，不予理会。过了几天，他又带了文章去请教，陆深看后又问："尚未读二传奇吧?"经过这次发问，廖只好去看《琵琶记》和《西厢记》，以探究竟。经过一段时间的学习，廖同野对二传奇已有所见解，从此做文，大减八股之气。过了些时候，他又带着新写的文章去见陆深。陆深这次看了廖的文章后，大为赞赏，说："早读《西厢》、《琵琶》，何至如此?"由此可见其流传之广，以及人们对它的喜爱之情。

《琵琶记》对后世戏曲有着深远的影响，成为许多地方戏曲剧种中的主要保留剧目。如《吃糠》、《描容上路》、《扫松下书》等折，尤为人民所深爱，至今仍活跃在各地方戏曲剧种的舞台上。

整本《琵琶记》，在高腔川剧、湘剧、汉剧、梨园戏、淮剧、桂剧、评戏、豫剧、庐剧等剧种中均有。徽剧改名为《赵氏女寻夫》，秦腔则定名为《赵五娘》。川剧的《琵琶记》，还被称为川剧高腔四大本之一。有趣的是，桂剧《琵琶记》中，牛小姐还有了名字，名唤秀英，这是其他地方戏曲剧种中所没有的。

自《琵琶记》在民间广为流传后，先后还出现了一批题材类似却倾向不同的作品，其情节内容基本上是从《琵琶记》翻过来的，但结局往往是处置了忘恩负义的男主人公。

《琵琶记》也是明代中叶以来剧坛上最具争议的戏剧作品之一，因《西厢记》、《琵琶记》和《拜月亭》谁优谁劣的问题，还引出了中国戏剧史上最大的一次本色、行当的论争。这从另一个方面说明了《琵琶记》内容的复杂以及其影响的深远。

其中持推崇观点的人认为《琵琶记》是"南曲之祖"，有的甚至认为《琵琶记》高出王实甫、关汉卿，如明代的胡应麟就持这种观点，这也是明清两代评价《琵琶记》的主流。《琵琶记》在思想和艺术上也存在着它的局限和缺陷，但这却并不能掩盖作品本身的光彩。《琵琶记》通过一系列悲欢离合的故事情节、形形色色的人物形象，在富有特色的戏剧冲突、结构布局以及语言体现中，揭示和反映了生活的真实，展现了一幅社会的大悲剧图景。尽管作品中还存在着种种局限，剧作者也只是试图用传统的封建道德作为实现清明政治的理想范本,而塑造了与之相适应的人物形象,尽管剧中也没有透彻剖析形成悲剧的真正根源,但从根本上说,这是历史和社会的局限。《琵琶记》突破了一般男子负心戏的模式,并在此基础上有了较大的丰富和提高。作品不再是仅仅从男主人公的个人品质等方面追究责任,而是将批判锋芒从单单的一个书生转向了封建阶级更上层的人物。赵五娘的悲惨的遭遇,以及作品对功名利禄的淡漠都深深打动了古时候同样承受着时代与社会苦难的观众的心,引起了他们由衷的共鸣,对今天的我们,仍有着深深的启迪作用。

【书海拾贝】

影透空帷,光窥罗帐,露冷蛩声切。关山今夜,照人几处离别。

《牡丹亭》

【名家传略】

《牡丹亭》的出现,对明代中叶戏曲创作的倾向产生了积极的影响,在内容上开创了表现民主思想、要求个性解放的新领域。

16世纪末到17世纪初,西方的剧坛上出现了一位杰出的戏剧家——莎士比亚,在东方古老的中国曲坛上也升起了一颗耀眼的巨星,这就是后来有"东方莎士比亚"之誉的汤显祖。汤显祖和莎士比亚虽不是生于同年,汤显祖先于莎士比亚14年,但两人却是同年(1616年)而逝的。他们又各以具民族特色的戏剧形式在世界戏剧史上写下了同样光辉灿烂的一页,所以,后人常将他们相提并论,被誉为东西方剧坛上的两颗巨星。

汤显祖(1550年—1616年),字义仍,号若士、海若、清远道人,晚年号茧翁,江西临川人。他出身于书香门第,13岁时就从乡人徐良溥、罗汝芳学习古文,21岁中举,并以善写时义而著称当世,被列为"当代举业八大家"之一。汤显祖虽文名早播,但仕途很不顺利,他在第一次进京应试那年(万历五年,1577年),首辅张居正"欲其子及第,罗海内名士以张之"(《明史·汤显祖传》),当时他闻汤显祖之名,便"命诸子延致"(《明史·汤显祖传》),为其子捧场。而汤显祖性格耿直,不愿巴结权贵,拒绝了张居正的拉拢,因此受到了张居正的报复,连试几年均名落孙山。至张居正死后的第二年,他第五次上京应试,才考中进士,此时他已34岁。汤显祖考中进士后,又因拒绝新任首辅申时行的拉拢,故仍得不到重用,在南京做太常博士之类的闲职。在万历十五年(1587年),他由于上《论辅臣科臣疏》,又触怒了皇帝与权贵,被贬任徐闻典史,三年后调任浙江遂昌知县。汤显祖为当地百姓做了很多好事,如驱除虎害、兴建学舍、压制豪强、在除夕放囚犯回家与亲人团聚等,故颇受老百姓的拥戴。但这时朝廷实权已落在沈一贯手里，政治更为黑暗，汤显祖感难以施展自己的抱负，于万历二十六年（1598年）弃官回乡。此后，他主要从事戏曲创作，先后写成了《牡丹亭》、《邯郸记》、《南柯记》三部传奇，还把在南京时所做的《紫箫记》修改成《紫钗记》。因为这四部戏中均有"梦"的情节，故被称为"临川四梦"或"玉茗堂四梦"。除戏曲外，汤显祖还做有《红泉逸草》、《问棘邮草》、《玉茗堂集》、《玉茗堂尺牍》等诗文集。

汤显祖不但是一位杰出的戏曲家，还是一位进步的思想家。早年他就受到王艮的再传弟子罗汝芳的王学左派思想的影响，在南京任职时，又倾心于当时被封建统治者视为异端之尤的杰出思想家李贽及从禅宗出发反对程朱理学的紫柏和尚。受这些进步思想家的影响后，汤显祖从王学左派"百姓日用即道"的进步思想出发，主张崇尚真性情、反对假道学，从一般人情出发来反对封建理学。他把"情"和"理"看成是对立面，认为"情有者理必无，理有者情必无"（《寄达观》）。当时有一位理学家了解了汤显祖的文才和口才后，便劝他放弃写戏，设坛讲学。汤显祖回答说："诸公所讲者，性，仆所言者，情也。"（见陈继儒《批点牡丹亭题词》）

【经典阐述】

《牡丹亭》又名《还魂记》，是汤显祖的戏曲代表作，他曾自称："一生四剧，得意处惟在《牡丹》。"剧本取材于明代的话本小说《杜丽娘慕色还魂》。故事是讲南宋初南安太守杜宝之女杜丽娘长期被父母禁锢在闺房，后在丫环春香引逗之下，到后花园游春，引起春情，回到闺房不禁昏然入睡，在梦中见一书生，手持柳枝拉她到花园内牡丹亭边的梅树下幽会。醒来后，她日夜牵挂梦中的少年，忧思成疾，不久竟忧郁而死。死前，她画了一幅自画像，嘱咐春香藏于后花园的湖山石边，并要父亲将其尸体安葬于后花园梅树之下。三年后，书生柳梦梅去临安赶考路过此地，与杜丽娘的鬼魂相遇，发现她就是自己三年前在梦中幽会的女子，于是依照杜丽娘鬼魂指点，掘坟开棺，杜丽娘起死回生，两人结为夫妻。而杜宝却不认柳梦梅和复生的女儿。后柳梦梅高中状元，由皇上做主，杜宝方勉强认下女儿及女婿。

《牡丹亭》在题材上未脱一般才子佳人戏的窠臼，但它深刻揭露了封建礼教的残酷性，并且表现和歌颂了青年男女为追求个性解放、争取婚姻自主而做的不屈斗争。汤显祖在《牡丹亭·题词》中指出："第云理之所必无，安知情之所必有耶？"作者将"理"与"情"的矛盾冲突贯穿于全剧的始终，这一矛盾冲突，在剧中主要是通过杜丽娘来体现的。

杜丽娘这个人物是作者理想中的"情"的代表，他认为："天下女子有情宁有如杜丽娘者乎？梦其人即病，病即弥连，至于画形容传于世而后死。死三年矣，复能冥冥中求得其所梦者而生。如丽娘者，乃可谓之有情人耳。"（《牡丹亭·题词》）由于她是

"情"的代表人物，所以，封建礼教对她的压制和束缚也特别突出。她出生于名门望族，处处受到封建家长的管教。她终年生活在与世隔绝的高墙深院里，在府衙里生活了三年，竟不知有个后花园。白天睡觉，也违反了家教，杜母管教女儿的戒条是"凡少年女子，最不宜艳妆，戏游空冷无人之处"（《慈戒》）。因此，当她看到女儿衣裙上绣有花鸟，恐引动了女儿的情思，便加以斥责。听说女儿去了后花园，就大加训斥春香。为了把女儿教育成为标准的封建淑女，杜父还特地请来老儒生陈最良教习女儿《诗经》。在封建家长的严厉管制下，杜丽娘不能实现自己的理想，得不到美满的婚姻，最后只有为情而死。

可以这样说，杜丽娘的死是封建礼教以及封建势力压制和束缚的必然结果，也是封建礼教和封建势力扼杀青年身心的一个例证。

可是，封建家长的管制和封建礼教的束缚，只能摧残到杜丽娘的肉体，却并不能扼杀和阻止她对美好爱情的追求。为了实现自己的美好爱情，杜丽娘一次次地奋力反抗封建势力对她的压制。

游园是她第一次反抗封建束缚，当她在春香的引逗下，未经父母同意，至后花园游玩，大自然的美丽景色，激起了她的青春活力，产生了要求挣脱封建礼教管束的强烈愿望。继游园之后，惊梦是杜丽娘对封建势力的又一次反抗。游园回到闺房后，杜丽娘就进入梦境，她在梦中找到了自己所爱的人。不可能在现实生活中实现的事，在梦中实现了。她不顾母亲的"慈戒"，醒来后又来到后花园寻找梦中所见到的情人，无疑是对封建势力的大胆反抗。后来她殉情而死，这是她对封建礼教最强烈的控诉。通过游园、惊梦、寻梦，她的思想行为已经与封建礼教达到了水火不相容的程度，面对现实中封建势力的压迫，杜丽娘绝不放弃自己的追求和理想，直至为情而死。但她的死并不是放弃追求理想和反抗封建势力的反抗，而是新的斗争的开始。在阴间这个虚幻的世界里，她摆脱现实世界的种种束缚，找到了梦中情人，得以还魂与柳梦梅结为夫妻，最终实现了自己的理想。

很显然，《牡丹亭》所表现的这种反对封建礼教束缚、追求个性解放和婚姻自主的主题，乃是一般才子佳人戏所不能及的。

【历史评说】

《牡丹亭》在艺术上也有着很高的成就：

第一，它运用了现实主义和浪漫主义相结合的表现手法。

作者在描写封建礼教和封建势力对杜丽娘的束缚和管制时，采用了现实主义表现手法，深刻地反映了封建礼教的残酷和虚伪；在表现杜丽娘为实现自己的理想而斗争时，则采取了浪漫主义的表现手法，设置了梦幻和魂游等具浪漫主义色彩的情节，让杜丽娘摆脱封建礼教的束缚，实现自己梦寐以求的理想。如在《惊梦》出，杜丽娘在梦中与柳梦梅相会，"真个是千般爱惜，万种温存"。醒来后却是母亲的严厉训斥。如在《冥判》中，在地狱里杜丽娘得到了判官的允许，可以自由地去寻找梦中情人，但在还魂后，回到了现实之中，她的父亲却不认她做女儿，更不同意她和柳梦梅的结合。

而且，两种手法在剧中紧密结合，交替使用。作者采用现实主义和浪漫主义相结合的手法，突出了理想与现实之间的矛盾，即"情"与"理"之间的矛盾，有力地深化了剧本的主题。

第二，剧中人物形象非常鲜明。

明代王思任对其中的人物形象如此评述："其款置数人，笑者真笑，笑即有声，啼者真啼，啼即有泪，叹者真叹，叹即有气。杜丽娘之妖也，柳梦梅之痴也，老夫人之软也，杜安抚之古执也，陈最良之雾也，春香之贼牢也，无不从筋节窍髓，以探其七情生动之微也。"（选自《批点玉茗堂牡丹亭叙》）

剧中的人物是各具性格的，如同样是对封建势力的反抗，杜丽娘和春香因为身分和教养上的差异，便表现出两种不同的性格和方式，春香的反抗大胆泼辣，而作为大家闺秀的杜丽娘则谨慎含蓄。如在《闺塾》中，在陈最良讲解《诗经》时，春香在旁边插科打诨，捉弄他，而杜丽娘只是对他说："师父，依注解书，学生自会，但把《诗经》大意敷演一番。"含蓄地道出对陈最良的不满。杜宝这一人物在剧中虽是次要角色，但也非常真实，很有个性。作者把他塑造成封建礼教的代表人物，但没有丑化这一形象，既写他因恪守封建礼教而扼杀了女儿的青春，又写他对杜丽娘的溺爱。杜宝身上的这种矛盾的性格是符合当时环境的，也很生动。

第三，它的语言有文采与本色相兼的风格。

《惊梦》和《寻梦》两出的曲文体现了这种语言风格，如脍炙人口的皂罗袍曲："原来姹紫嫣红开遍，似这般都付与断井颓垣。良辰美景奈何天，赏心乐事谁家院。朝飞暮卷，云霞翠轩；雨丝风片，烟波画船。锦屏人忒看的这韶光贱！"其中"良辰美景"、"赏心乐事"、"朝飞暮卷，云霞翠轩"等语是活用了唐代王勃的《滕王阁序》中的词句，在这里用这些绚烂多彩的语言来写景抒情，且又出自精于诗画的杜丽娘之口，就显得贴切当行。而《寻梦》中的懒画眉曲："最撩人春色是今年，少什么低就高来粉画垣，原来春心无处不飞悬。哎！睡荼蘼抓住裙衩线，恰便是花似人心好处牵。"这支曲文就比较质朴自然，且有意境，具本色的风格。

明代著名戏曲理论家王骥德曾对其语言有如此评说："掇拾本色，参错丽语，境往神来，巧凑妙合，又视元人别一蹊径。技出天纵，匪由人造。"（《曲律》）

《牡丹亭》问世后，在民间以及曲坛上都产生了强烈的反响。沈德符在《顾曲杂言》中说："《牡丹亭》一出，家传户诵，几令《西厢》减价。"张琦在《衡曲麈谭》中也这样说："临川学士，旗鼓词坛，今玉茗谱曲，争脍人口，其最者杜丽娘一剧，上薄风骚，下夺屈宋，可与《西厢》交胜。"尤其他的反对封建礼教束缚以及追求个性解放的进步思想在封建传统礼教束缚的妇女当中引起了很大的反响。

自《牡丹亭》问世后，曾有许多女子读了《牡丹亭》后殉情而死。如与汤显祖同时代的娄江女子俞二娘，读完《牡丹亭》，触动情思，感慨万分，便用丹砂在剧本上批上自己的感想，她评点完后，又另外抄录了一本，打算托人送给汤显祖，但不久因太过感伤，惋愤而死。汤显祖后来得悉此事后，甚为感动，写了一首诗追悼俞二娘，诗云："画烛摇金阁，真珠泣绣窗。如何伤此曲？偏只在娄江。"诗前还有一序："娄江女子俞二娘，秀慧能文词，未有所适。酷嗜《牡丹亭》传奇，蝇头细字批注其侧。幽思苦韵，有痛于本词者，十七惋愤而终。"（事见《柳亭诗话》）在明代崇祯年间，杭州有个女演员叫商小玲，因为她也曾遭受过爱情的波折，故演《牡丹亭》中的杜丽娘尤为逼肖，每每演到《寻梦》、《闹殇》几出戏时，真若身当其事，凄切缠绵，双眼珠泪盈眶。一次，当她演唱到《寻梦》江儿水"待打并香魂一片，阴雨梅天，守得个梅根相见"这句唱词时，泪流满面，随声仆地。待其他演员上场看她时，已气绝身亡。

它对明代中叶戏曲的创作倾向也产生了比较积极的影响。在封建统治者的干涉和提倡下，明初曲坛上出现"以时文为南曲"这样一种反现实主义的创作倾向。《牡丹亭》的问世，其强烈的反封建礼教思想内容给当时的戏曲创作的倾向以积极的影响，在内容上也开创了体现民主思想、追求个性解放等进步思想的新领域。

【书海拾贝】

云髻罢梳还对镜，罗衣欲换更添香。

朝飞暮卷，云霞翠轩；雨丝风片，烟波画船。锦屏人忒看的这韶光贱！

《长生殿》

【名家传略】

号称"南洪北孔"的洪昇和孔尚任，是清初剧坛的两颗耀眼的明星，他们分别以著名的一部剧本《长生殿》和《桃花扇》奠定了在文坛的地位。《长生殿》比《桃花扇》还要早10年。洪昇一生为了《长生殿》魂牵梦绕、反复增删，历时15年才最后定稿，而后又因为此获罪下狱，"可怜一曲《长生殿》，断送功名到白头"。后来，洪昇的死也与《长生殿》有着密切的关系，他把他的灵魂都交付给这本书了。

《长生殿》是一部以唐玄宗和杨贵妃之间爱情为核心的巨著。全本共50出，一方面描述了一段发生在皇宫内苑、帝王之家、帝妃之间的至死不渝的爱情，表现了作者对爱情的理想，另一方面则描述了"安史之乱"期间社会动荡的局面，寄托了兴亡之感。作品场面壮丽，情节曲折，结构精美，人物性格鲜明，心理描写生动细腻，是经久不衰的艺术作品。

洪昇（1645年—1704年），字防思，号稗畦，又号稗村、南屏樵者，浙江钱塘人。洪昇生于一个日趋没落的官宦之家，他的曾祖父洪瞻祖在明朝曾任右都御史，他的父亲也是"才绝时人，文倾流辈"，外祖父黄机是当时著名的学者，任文华殿大学士兼吏部尚书。洪昇家中有丰富的藏书，素有"学海"之称，在当时是有名的书香门第和官宦人家。按说洪昇生长在这样的环境应该是很幸福的，可事实正好相反，洪昇在还没有出生时便已遭难。他的母亲在怀他时正遇上明末的战乱，辗转逃难，洪昇刚生下来就在无衣无食的状态中煎熬。他富有的家境并未给他的一生带来好运。

洪昇小时候聪慧好学，提笔即能成文。在15岁时便做得一手好诗。他先后师从毛先舒、陆繁昭、沈谦、朱之京等人，同时又与中下层文人、优伶、隐士、僧道等有广泛的联系。这些人或具儒道正气，或有故国之思，或慨叹宦海沉浮，这些都对洪昇的创作和人生态度产生了深刻的影响。他24岁时游历京城，怀才不遇，又亲眼目睹新贵的奢华和没落贵族的衰颓，更使他有一种悲凉的兴亡之感。

洪昇一生著述颇丰，其中有《长生殿》、《回文锦》、《锦绣图》、《闹高唐》、《孝节坊》、《天涯泪》、《青衫湿》、《长虹桥》共九种传奇，杂剧一种《四婵娟》。洪昇还是一位才华横溢的诗人，存有《啸月楼集》和《稗畦续集》，诗稿《幽忧草》及词集《啸月词》。一部《防思词》已散失。另外，他还著有《诗骚韵注》，仅存残稿。

在他众多的作品中，最有成就的无疑是这部《长生殿》了。它是敷演历史上唐明皇和杨贵妃刻骨铭心的爱情故事。在《长生殿》之前，有很多这个题材的作品，如白居易的《长恨歌》、陈鸿的《长恨歌传》、白朴的《梧桐雨》等。但洪昇的《长生殿》很是别具一格，他把剧中的杨玉环说成是蓬莱岛太真宫中的仙女，因过贬至凡间，与唐明皇李隆基发生了缠绵的爱情故事。后来安禄山叛乱，玉环被迫缢死于马嵬坡。但天上人间的距离也割不断这唐明皇和杨贵妃的相思，他们的真情终于感动了月中嫦娥，安排他们在月宫相会，永享天年。

洪昇创作《长生殿》，历时15年，3次删改。他于康熙十二年（1673年）动笔，写成《沉香亭》传奇，后又改成《舞霓裳》，后来，觉得这段故事中最打动人的是其中宫廷罕有的爱情力量，于是"专写钗盒情缘"，最后定名为《长生殿》。

《长生殿》问世以来，受到人们广泛欢迎，但却给洪昇带来了灾祸。康熙二十八年（1689年）八月，很多名士在他的家中观看《长生殿》。恰逢皇后佟氏在上个月去世，举国服丧。后来这件事被黄六鸿检举到朝廷，皇帝下令查处，洪昇因而入狱，并被开除了国子监学籍，彻底断送了仕途。参加观看的官员也均被革职。

黄六鸿之所以告发他，一是由于当时朝中有南北党人之争，洪昇与南党有些联系，因此被卷入党争，做了政治斗争牺牲品。二是由于《长生殿》在内容上也确实有遭忌的一面。洪昇在渲染李、杨爱情故事的同时也描写了当时的社会背景，并刻画了几个很有骨气的人物，例如其中的乐工雷海青，在安禄山举行的庆功宴上痛快淋漓地骂贼；又如乐师李龟年，在国破后沦为乞丐，发出了感人肺腑的兴亡感叹：

[南吕一枝花] 不提防余年值离乱，逼挨得歧路遭穷败。受奔波风尘颜面黑，叹衰残霜雪鬓须白。今日个流落天涯，只留得琵琶在。揣羞脸上长街又过短街，哪里是高渐离击筑悲歌，倒做了伍子胥吹箫也那乞丐。

这支曲子受到很多人的喜爱，甚至广为传唱，这种慨叹兴亡的曲子当然不受清朝皇帝和侍清的汉族官员的青睐，相传康熙皇帝看完《长生殿》之后，确实很不满意。

洪昇在狱中没有待太久就放了出来。两年后，举家迁回杭州。回到南方后，因为《长生殿》洪昇名气大振，由于未曾公开康熙帝不满之事，因此他所到之处，《长生殿》都大受人们欢迎。康熙四十三年（1704年），驻松江的江南提督张云翼请他去，演出《长生殿》。江宁织造曹寅听说后，也把他请到南京，举行了盛大宴会，上演《长生殿》，共演了三天三夜，并且请了许多名士参观，盛况空前。

洪昇从南京返回家乡的途中，经过乌镇，朋友请他赴宴。洪昇酒后回船时，不慎落水，又恰巧风把蜡烛也吹灭了，漆黑一片。众人无法救他。于是洪昇就这样淹死了。值得一提的是，这一天是阴历的六月初一，恰好是杨贵妃的生日。

【经典阐述】

《长生殿》出现，标志有着悠久的历史传统的传奇创作，继明代万历年间的第一个高峰之后，出现了又一个高峰。

在《长生殿》之前，戏曲的创作主要是以下两类题材的作品为主：一类以婚姻爱情为其主要内容，二类以政治和军事的斗争为其主要内容。这两类题材分别成就了大量著名的作家和作品。于是，就有人想到将两类题材结合起来，扬长补短，从而摸索出一条新的戏曲创作之路。在此基础上，洪昇更加自觉地将政治题材和爱情题材有机结合了起来，通过男女主人公爱情上的悲欢离合，而成功地反映了广阔的社会生活，由此为戏曲创作开辟了一条新的途径。

《长生殿》非常重视历史的真实性。《长生殿》"纪实"部分的内容主要来自两个方面：一为史书中的记载，它们构成全剧基本骨架；二为唐诗宋词、传奇、笔记小说中的有关传说，但是，由于它们长期在民间流传，早已是深入人心，因而也成了作者所汲取的一种依据。但是，洪昇又不一味恪守历史事实。他在主要人物以及重大历史事件上以信史为依据，主要人物的重大行动以及重大历史事件的基本情节都符合历史的本来面目，在此前提下，他对有关的历史材料进行一些选择和取舍。例如，洪昇删去了杨贵妃秽乱宫廷的传说，抛开了李隆基、杨玉环与江采苹间的纠葛。这样使剧本减少了头绪，集中情节，更加突出了李、杨形象。

洪昇塑造人物的成功之处在于运用生动而细腻的心理描写,深刻揭示人物的内心世界以及感情的细微变化。《长生殿》里几个重要人物,比如杨国忠的奸、安禄山的阴以及郭子仪的忠、雷海青的烈等,都刻画得非常有深度,尤其在塑造明皇与贵妃的形象时尤为重要。

在《献发》一出中,作者刻画杨妃又气、又怨、又恨、又惊、又喜的心理时,就真实而准确地表达出了当时杨妃的复杂心理。《埋玉》一出中,杨妃在生死关头时,心情极为复杂,洪昇在这一特定场景中,极有层次地写出了杨妃内心感情的起伏变化,因而显得非常动人。《哭像》一出则几乎均是对明皇心理活动的细致刻画。写明皇因为自己的背盟而悔恨,"是寡人昧了她盟誓深,负了她恩情广",接着又写他剖白自己,说当时出于无奈,并非见死不救,由此便迁怒于陈玄礼。然而他也不完全怪罪他人,推卸自己的责任,因此又由恨陈玄礼转而自遣自责,悔恨交集,加之对杨妃的思念,使他精神恍惚,一见杨妃的塑像便以为杨妃死后复生,就要与她"说我惊魂,话我愁肠"。当发现原本是一尊塑像时,他又立刻失声痛哭,陷入极度的痛苦中。他面对着塑像,忆起旧事,更增加眼前的悲伤。他不能认识造成这爱情悲剧的真正原因,反而对哗变军士们极为愤怒:"恨不诛杀他肆逆三千众。"他祭奠着杨妃的魂灵,要"与你同穴葬,做一株冢边连理,化一对墓顶鸳鸯"。极度的痛苦,使他再一次精神恍惚,终致产生幻觉,竟看到杨妃神像"流出泪来了"。这些层次极深的心理描写,淋漓尽致地传达出了唐明皇对杨贵妃刻骨铭心的思念。

【历史评说】

《长生殿》结构十分严谨,情节跌宕起伏。该剧与孔尚任的《桃花扇》并称为清传奇的"双璧"、"南洪北孔",在清朝称盛一时。

剧本中富于个性的人物语言以及形象优美的曲词等,处处显示出作者文学素养高深。尤其他在调配宫调、选择曲牌、排音谐律等领域表现出的造诣和修养,更为历来的曲家们所折服,《长生殿》中的许多曲子还被收入多种曲谱、曲话等专著中被作为范例。

《长生殿》能取得如此成就,其原因不是单方面的。概括来讲,它乃是洪昇惊人的才华和丰富的创作经验的完美结合。就连最挑剔的研究者都很难在其剧作中找到漏洞。洪昇的音韵知识在其老师毛先舒的启迪之下,年纪很轻的时候就完成了《诗骚韵注》的创作。这些无疑在《长生殿》的创作中发挥了极其重要的作用。他又请《九宫新谱》的作者徐灵昭帮助审音谐律,因而这部传奇在音乐格律上才显得如此谐美严谨。所以吴舒凫说它"句精字研,罔不谐叶。爱文者喜其词,知音者赏其律",也并不是过誉之词。洪昇一生曾经创作大量的戏曲剧本,杨友敬刻印的《天籁集》中徐材所写的跋称,他先后"填词四十余种","填词"就是戏曲创作。不难想象,洪昇在这方面积累了丰富经验。这些宝贵的经验加上惊人的毅力，还有其十几年中三易其稿的认真执着，决定了该剧的最终成功。

《长生殿》成书的时候，距离明朝灭亡也不过40多年，王朝的兴废、易代的悲剧，人们仍然记忆犹新。亡国之痛及清初的镇压、屠戮投射到人们心理上的压抑和愤恨情绪的淤积，从社会心理上对可以宣泄这种淤积的艺术产生了一种潜在的需求。敏锐的艺术家是能感受到这种社会情绪的。因此，清初顺理成章出现了以王朝兴废为主题的作品，如吴伟业的《秣陵春》、《通天台》、《临春阁》等。与《长生殿》齐名的《桃花扇》更是"以离合之情，写兴亡之感"。历来的文人都是在儒家传统中成长的，"修身，齐家，治国，平天下"的人生追求使他们注意的热点聚集在政治历史上。

《长生殿》的问世，使清初整个剧坛为之一震。由于其剧场效果亦非常强烈，以致出现"观者堵墙，莫不俯仰称善"的盛况。于是《长生殿》顷刻间名扬海内外，不仅传入内廷，而且名及海隅。就是今天的昆曲舞台上，仍是观众所欢迎的传统经典剧目。

《长生殿》现存康熙间稗草堂原刊本。

【书海拾贝】

是寡人昧了她盟誓深，负了她恩情广。

说我惊魂，话我愁肠。

做一株冢边连理，化一对墓顶鸳鸯。

《桃花扇》

【名家传略】

在洪昇的《长生殿》成书11年之后，孔尚任的传奇历史剧《桃花扇》终于问世了。继《长生殿》之后，《桃花扇》的诞生再一次轰动文坛。当时，京城内外的文士们纷纷传看传抄。洪昇与孔尚任得以并列驰名于世，被世人称为"南洪北孔"。金埴的绝句"两家乐府盛康熙，进御均叼天子知。纵使元人多院本，勾栏多唱洪孔词"就是两剧都被送入皇宫内廷以及它们被唱遍各地情况的真实写照。

明朝中期以来，传奇剧越来越多地以重大历史事件为题材，这无疑增加了传奇的厚重之感。但直到清前期出现了《长生殿》和《桃花扇》，历史剧的创作才被推到一个艺术的高峰。这两部戏剧均是在巨大的社会动荡中讲述一个刻骨铭心的爱情故事，使爱情与政治完美的融合于一体。不同之处在于《长生殿》是在国势兴亡中歌颂至死不渝的爱情，《桃花扇》则是"借离合之情，写兴亡之感"。

孔尚任，字季重，号东塘，又号岸塘、云亭山人，山东曲阜人，是孔子的第六十四代孙。他早年在师门山读书，1684年，37岁的孔尚任受到清朝康熙皇帝的赏识，从优额外授为国子监，步入仕途。从 1687 年到 1690 年期间他在江淮治水 4 年，丰富了阅历。孔尚任很早就开始搜集南明五朝的遗事，在江淮治水期间，他游历了扬州、南京的一些古迹，并与一些耿介之士和明末的遗民结交。1689 年，《桃花扇》写成，上演之后触发了明朝故臣遗老的亡国之痛，康熙对此也很不满。几个月之后，他就因一桩遗案罢职回家。他写诗道："我是白头著书郎，被谗不辩如聋哑"，表达了自己的难言之衷。除了《桃花扇》外，孔尚任还与顾采合写了《小忽雷传奇》，这是一个揭露权贵误国的戏。

孔尚任的代表性著作主要有《桃花扇》、《小忽雷传奇》，另有诗文《湖海集》、《岸堂之集》、《长留集》等，近人编为《孔尚任诗文集》。

【经典阐述】

《桃花扇》作为一部传奇剧，有其特定的历史背景。明末，东林党与魏忠贤阉党的斗争非常激烈。在崇祯皇帝打击阉党的时候，东林党人曾进享入阁，东林党人失败以后，继之而起的是复社的政治活动，他们以诗文方式讥讽及议论朝政，在国家危亡之际表现出充分的政治热情和忧患意识。李自成进北京，崇祯缢死，福王朱由崧逃至南京之后，阉党马士英、阮大铖费尽心机地推举小福王为弘光皇帝，取得了迎立之功，而史可法被排挤至扬州，奋勇抗击清军。马、阮在南京搞打击报复，排除异己，弄得朝政日非，人人自危。在兵临城下的危急时刻，福王还在排演阮大铖的《燕子笺》传奇，花天酒地，昏庸至极。反对马、阮集团，主张清除二贼的复社文人侯方域等，遭到马、阮的搜捕，最终一起陷入了覆灭的境地。《桃花扇》就反映了这段史事。

在大明江山风雨飘摇时期，爱国爱民的风流名士侯方域与才艺兼备的秦淮名妓李香君相遇了。他们的结合，浪漫而倜傥，却又是多灾多难的。结婚第一天，一个政治黑影便出现在两人中间：阉党余孽阮大铖为了讨好政治声望颇高的侯方域，便托人送来了奁资。而新娘李香君比丈夫侯方域更加看重名节，馈赠被退回了，冤仇也便由此而结。阮大铖时刻准备着要报复。

当时南方的军事政治集团在危难中又加剧了矛盾和纷争，侯方域便出面劝说左良玉一方敛迹安定，阮大铖则向督抚马士英诬告侯方域勾结左良玉，于是此时侯方域便不得不离开李香君而去投奔史可法。后南明小朝廷建立，阮大铖利用手中权势威逼李香君嫁予漕抚田仰做妾。而李香君一心只牵挂着丈夫侯方域，不肯从命，却当着抢婚人的面以头撞地，将斑斑血迹都溅在侯方域新婚之夜送给她的诗扇上。目睹此景的一位友人被深深感动，便将扇面上的血迹勾勒成朵朵桃花，做成一把"桃花扇"。于是李香君托正直的友人苏昆生带着扇子去寻找侯方域。而侯方域一回到南京，便被捕入狱，李香君也被迫做了宫中歌妓。一直等到清军席卷江南，南明小朝廷覆亡，他们才分别从狱中和宫中逃出。后来两人在栖霞山白云庵不期而遇。但国破家亡，他们也便不再想重温旧梦，于是各自出家。

《却奁》是《桃花扇》的第七出，也是其"借离合之情，写兴亡之感"的关键一出。由此开始，才正式将爱情纠葛与政治斗争相结合起来。

对《却奁》这出戏，作者的原评是："秀才之打也，公子之骂也，皆于此折结穴。侯郎之去也，香君之守也，皆于此折生隙。一官咸凑，百节不松，文章关键也。"戏从第一出至第三出主要是写侯、李的结合以及复社文人与阮大铖之间的矛盾。到第七出《却奁》，因阮大铖等人的干预，致使侯李的结合，并非单纯由男女主人公的女貌郎才，一见钟情，如同多数才子佳人戏所描写的那样，而是由一场政治斗争直接促成。他们的结合，一开始就已陷入了政治斗争的旋涡。因李香君对政治的敏感，看清了阮大铖助妆的阴谋，所以她才有却奁的壮举，阮大铖的阴谋因此落空，便怀恨在心，妄图报复。通过这出戏中各个人物对待阮大铖助妆这件事的各种态度和表现，展开人物对比，来刻画李香君疾奸邪、重气节的形象。

《桃花扇》是一部抒情韵味很浓又颇具文采的传奇剧。作者将悲壮的历史与凄惨感伤的爱情相交融，令人动情之余又发人深思。

跨过断壁残垣，透过无限相思泪，我们不难看出作者的良苦用心。以爱情的离合幻灭，显现美好梦想的破灭和道德伦理的崩溃。孔尚任自称写《桃花扇》"不独使观者感慨涕零，亦可惩创人心，为末世之一救"。

【历史评说】

中国文学的一大主题就是感伤历史的兴废更替，"古今将相在何方？荒冢一堆草没了"，"古今多少事，都付笑谈中"，"旧时王谢堂前燕，飞入寻常百姓家"等，很多诗词都表达了一种虚无感。而《桃花扇》堪称把这一主题抒发到极致，它是把爱情主题镶嵌于历史背景中凸现出来的。

人们对于明清传奇有一种说法，便是"十部传奇九相思"。事实上确实如此，在明清传奇作品中，大部均为爱情戏，但是其中有相当的平庸之作，如《西湖记》、《怜香伴》等。此类爱情戏"无境不袭，无语不因"，千篇一律，"传奇不奇"。故而名为新剧，可谓"老僧碎补之衲衣，医士合成之汤药"。它们的作者大多见闻不广，生活面略窄，识见不高，艺术不精，跳不出爱情戏的圈子。然而，明清传奇中的爱情戏，也有优秀之作，如《牡丹亭》、《玉簪记》等，不可一概定论。《桃花扇》中妓女为女主人公，原本不足为奇，因明清传奇中写妓女的戏实在不少。据孔尚任《桃花扇本末》记载，《桃花扇》是他有感于李香君面血溅扇故事而做。

《桃花扇》将妓女李香君忠于爱情不肯辱于权奸的故事，和南明弘光王朝的兴亡紧密联系起来，使爱情直接与政治斗争相挂钩，所谓"南朝兴亡，遂系之桃花扇底"。

沈默《桃花扇跋语》说道："《桃花扇》一书，全由国家兴亡处感慨结想而成，非止为儿女细事做也。大凡传奇皆注意于风月,而起波折于军兵乱离。惟《桃花扇》乃先痛恨于山河迁变,而借波折于侯、李。"《桃花扇》不但跳出了平庸的才子佳人戏的俗套,也非一般描写以社会动乱为背景的爱情戏能相提并论的。《桃花扇》的戏剧结构最让人称道。从赠扇定情开始,侯李二人的爱情就被置于激烈的政治斗争旋涡中。后来两人被迫分离,自然分为两条情节线,由侯方域四处奔波这条线,描述了南明草创及四镇内讧等重大事件和矛盾;由李香君备受欺凌这条线,描述了弘光皇帝和马、阮集团的倒行逆施、宴游偷安的腐败情形。这两条线,一生一旦,体现了南明朝野内的广阔历史画面。

作者成功地将爱情纠葛和政治斗争紧密结合,以精巧却又宏伟的戏剧结构,从最大限度上反映了历史生活的广度和深度,这是作者的匠心独创,也是《桃花扇》高出一般爱情戏的关键。

所谓传奇,顾名思义,就是要写出一个"奇"字,要求情节及人物具有独特性和新颖性,曲折多变地展现生活面貌,令人惊奇,引人入胜,正如俗话所说"无奇不成戏,无巧不成书"。要达到这个要求,传奇作家就必须面向生活,自出机杼,善于运用各种表现手法,对情节和人物做巧妙处理,奇而不失其真。

《桃花扇》曾运用多种表现手法,如对峙法、变换法、虚实法、激将法、错取法,等等。

孔尚任运用表现手法,力求创新。在《西厢记·下书》中,张生"将言语激着"惠明和尚去蒲关下书搬兵,以解除普救寺之围。这折戏,突出了惠明和尚的正义感和胆略,非常精彩。在《桃花扇》第十出《修札》,侯方域"将言语激着"柳敬亭去武昌下书,劝阻左良玉领兵东下,避免南明发生内讧。乍看,这好像是套《西厢记·下书》的激将法,然而,再往下看,柳敬亭对侯方域说:"相公又来激俺了,这是俺说书的熟套了。我老汉要去就行,不去就止,哪在乎一激之力。"柳老当场拆穿,出人意料之外,但他是个说书艺人,的确是熟悉说书所用的激将法的熟套子,如《三国演义》中诸葛亮激黄忠,《水浒传》中吴用激林冲,更重要的是,他热心快肠,勇于为人排忧解愁,自然不在乎一激之力,因此柳老当场拆穿,又在情理之中。如此一来,更突出了柳老冒险仗义的性格和胆量。看来,这一出激将法,既新奇合理,又别具一格。

作者又根据不同人物而安排不同出场,匠心独具,使《桃花扇》不落旧俗套。

在这部剧作里,左部、右部、奇部、偶部、经部角色,共有30人,男有其俦,女有其偶,有的先后出场,有的同时出场,千差万别,曲尽其妙。如第三出《哄丁》,正逢南京孔庙举行祭孔盛典,副末老赞礼"暗上",接着副净扮阮大铖"掩面上"。眉批:"老赞礼如此出场,其犹龙乎!"又云:"阮胡子如此出场,其如鬼乎!"这究竟是什么意思呢?所谓"暗上",即无声出场,所谓"掩面上",即以袖遮面而躬身出场。

这均为戏曲人物出场的传统程式，具体要看戏曲家怎样运用。按照传奇一般体制，副末只是在第一出里担当开场任务。《桃花扇》第三出《哄丁》，则再把副末"拉上了排场"，担当祭孔赞礼的任务。这是人们所没有料到的。在坛户们议论赞礼偷吃祭品之时，老赞礼不声不响地出场，诙谐玄妙，可谓神龙见首不见尾，妙趣横生。作为阉党余孽的阮大铖，此时已成了过街老鼠，竟然也混入祭孔盛典，但他毕竟做贼心虚，只得掩面出场，东张西望，鬼鬼祟祟，不敢见人。可想而知，在这庄严的孔庙里，在这隆重的祭孔时候，阮大铖如此出场，难道不是魑魅行径吗？在这出戏里，老赞礼的出场与阮大铖的出场，一正一邪，形成了鲜明的对比，突出了作者安排人物出场有褒有贬的巧妙手法。由于《桃花扇》中的内容，触及了明末清初一段敏感的历史，尤其在当时，这段历史还深深地留在人们记忆之中，因而剧本一出，立即风行开来，"王公荐绅，莫不借抄，时有纸贵之誉"。搬上舞台后，更是得到了广泛的赞誉，"笙歌靡丽之中，或有掩袂独坐者，则故臣遗老也。灯炧酒阑，唏嘘而散"。

《桃花扇》轰动了京城，自然也引起皇室的注意。康熙三十八年（1699年）深秋，有一天，宫中内侍突然找到孔尚任，问他急要《桃花扇》剧本。孔尚任自己的缮写本早已不知所踪了，便从朋友那里找到一本，连夜送入宫中。第二年春，孔尚任被晋升为户部广东司员郎的同一个月，便又突然以"疑案"罢官。后人从他的诗《放歌赠刘雨峰》中的"命薄忽遭文字憎，缄口金人受谤诽"等句子和友人的赠诗推测，他的罢官很可能与《桃花扇》的内容有关。作品中那种使人对南明朝廷灭亡产生的惆怅之情，康熙读后自然会不高兴，因此找个借口摘掉了孔尚任的乌纱帽。之所以他在撤职前升官，不过是康熙为了掩盖孔尚任的罢官与《桃花扇》之间的关系，而掩人耳目罢了。当然，这只是根据有限资料的推测，真实原因究竟如何还有待考证。

康熙四十一年（1702年），孔尚任被罢职后，怀着悲愤的心情回到曲阜。后来，他虽然曾到山西平阳、河南大梁、湖北武昌等地做过短时间的访友和漫游，但大部分时间都在家中过着清苦寂寞、悠闲散漫的生活。康熙五十七年（1718年）正月，71岁的孙尚任，终于走完了自己的生命旅程，在抑郁中离开尘世。孔传铎在为孔尚任的诗集做序时说："东塘先生称诗四十年，凡海内诸名家，靡不以先生为骚坛领袖，相与商榷风雅。……讵至戊戌上元，而忽已谢世，从此风流歇绝，竟为《广陵散》矣，可胜浩叹！"这几句话，表达了当时许多《桃花扇》爱好者的共同心声。

《桃花扇》初版于康熙四十八年（1708年）。现有人民文学出版社校注本，且已被译成英、法、德、日等多种文字出版。

【书海拾贝】
折散夫妻惊魂迸，割开母子鲜血涌，比那流贼还猛。做哑装聋，骂着不知惺恐。

第六章 现代作品

《呐喊》

【名家传略】

鲁迅（1881年—1936年），原名周树人，字豫才，浙江绍兴人，我国杰出的无产阶级文学家、思想家、革命家，中国现代文学的奠基人。鲁迅的一生都献给了救民的事业。其作品集主要有小说集《呐喊》、《彷徨》、《故事新编》，散文诗集《野草》，散文集《朝花夕拾》以及杂文集《热风》、《坟》、《华盖集》等16本，书信集《两地书》，学术著作《中国小说史略》、《汉文学史纲要》等，他还译介了大量日本、俄国的小说与理论著作。

谈到鲁迅的作品，就不能不提鲁迅生活的那个特殊的历史时期，回顾这位不平凡人物所走过的不平凡的历程。

在前期，鲁迅选择的是一条科学救国的道路。在青年时代，他曾进入南京水师学堂、路矿学堂学习。1902年，鲁迅赴日本留学，起初在东京弘文学院学习日语，后来发现西方医学在日本的维新运动中起到了重要的促进作用，因此他转入日本仙台医学专门学院学医。在仙台期间，鲁迅对人生追求的目标进行了重大的转变。在仙台的经历深深地刺痛了鲁迅，祖国的现状让他痛心而焦虑。鲁迅开始意识到，一个民族的强盛，主要依赖的不是国民的身体素质水平，而是一个民族的精神。治愈一部分人肉体上的病弱，远不如拯救和改变全体国民思想日渐麻木的灵魂重要。民族的责任感驱使年轻的鲁迅放下听诊器，从此开始致力于文艺创作，他以手中之笔，揭露了当时社会血腥的事实、黑暗的反动势力，因此强烈地震撼了广大民众，在社会上掀起了一阵轩然大波。

1918年5月，他首次用鲁迅的笔名发表了小说《狂人日记》，在这部作品当中，鲁迅以荒诞不羁的笔法，无情地揭露了封建社会人吃人的罪恶，因此鲁迅成为了中国文学史上的先驱人物，为新文化运动发展奠定了牢固基石。

"五四"运动前，鲁迅参加了《新青年》的编缉工作，这标志着他成为了中国"五四"新文化运动的伟大旗手。"五四"运动后，新文化统一战线发生了分裂，资产阶级右翼分子向着旧势力靠拢。因而陷入彷徨状态的鲁迅开始接触并研讨马列主义，深受马克思主义的影响，最终彻底放弃了他曾经坚持的进化论思想，实现了"从进化论到阶级论，从绅士阶级的逆子贰臣进到无产阶级和劳动群众的真正的友人，以至于战士"这一思想上的质的飞跃。

1930年起，鲁迅陆续参加了中国自由运动大同盟、中国左翼作家联盟以及中国民权保障同盟等进步组织，他与其他的革命文艺战士团结一心，与国民党反动派的文人进行了坚决的思想斗争，不仅粉碎了反动派"文化围剿"的阴谋，而且为中国的民主革命做出了巨大的贡献，还成为中国文化革命的伟大代表。

鲁迅一生创作的文学作品很多，体裁各式各样，包括了小说、杂文、诗歌、散文等众多形式。1911年鲁迅发表了第一篇文言文小说《怀旧》。鲁迅创作的现代小说分别归纳为《呐喊》、《彷徨》及《故事新编》三个作品集。其中《故事新编》为鲁迅的第三部小说集，它以神话传说和历史故事为素材，之所以称作"新编"，是由于鲁迅赋予了古代史实与传说时代的精神，借古喻今，大胆地将现代生活特有的风貌熔铸到了历史故事当中。

鲁迅堪称现代中国的民族之魂，他的忧患精神及独特品格深刻地影响着广大读者和学者，其中包括众多中国现代作家、知识分子。"五四"以后所有作家都直接或间接地受到了他的影响，大多数知识分子的精神与品格上都或多或少地留下他的痕迹。他极富创造力的写作为现代文学的发展提供了方向，几乎所有的中国现代作家都是在鲁迅的基础上，发展形成了不同方面的文学风格体式。鲁迅是中国现代文学的奠基者，他的成就至今无人可及。

【经典阐述】

《呐喊》中最为著名的为《狂人日记》、《阿Q正传》及《孔乙己》。

鲁迅在自述《狂人日记》的创作动机时说道："意在暴露家族制度和礼教的弊害"，而这个弊害被形象地替代为两个硕大的字——"吃人"。

"吃人"的恶习不但在时间上漫长得可怕，而且空间范围上的规模也同样可怖，鲁迅曾这样说道："中国历来是排着吃人的筵宴。有吃的，有被吃的，被吃的也曾吃人，正吃的也会被吃。"

吃人者，"他们的牙齿，全是白厉厉的排着"；吃人者又是阴险狡诈的，"又想吃人，又是鬼鬼祟祟，想法子遮掩"，"话中全是毒，笑中全是刀"。《狂人日记》中写道："我翻开历史一查，这历史没有年代，只见歪歪斜斜每页上都写着'仁义道德'，横竖睡不着，仔细看了半夜，才从字缝里看出字来，原来满本都写着'吃人'！"没有历史可考是因为"吃人"的恶习由来已久，封建制度及其礼教诞生之时，便有了吃人的现象。可见吃人者是戴着"仁义道德"的帽子在进行吃人的罪行，是打着封建制度伪善的幌子在吃人，满口的仁义道德，实际的行径却不如猪狗。在鲁迅犀利的目光透视下,光天化日成为了黑暗的装饰,封建社会这个巨大的"人肉缸"无非是盖上了"金盖",吃人者的"鬼脸"上也不过是抹上了一层伪装和善的"雪花膏"。然而这种吃人的勾当在当时竟然合理合法化,无怪乎狂人会时刻担心被周围的人吃掉。

小说的主人公"狂人",是一个现实意义上的狂人,同时又是一位清醒的旧社会的反叛者和反封建战士。他终日在怀疑、恐惧与妄想之中度过,行为诡异,言语异常,常受到周围人的孤立和排斥。狂人是寂寞的,然而狂人清晰、透彻地剖析了整个封建礼教的"吃人"本质,而且呼吁不要让这种社会的流毒残害众人。

在狂人的身上,我们可以发现一种可贵的怀疑精神,他敢于对沿袭了数千年的吃人恶习提出疑问,质问别人:"吃人的事,对吗?不对?他们何以竟吃?"向神圣不可侵犯的传统直接提出了"从来如此,便对么?"这样具有强烈冲击力的反问。在《呐喊》自序中鲁迅曾说道:"有时候仍不免呐喊几声,聊以慰藉那在寂寞里奔驰的猛士,使他不惮于前驱。"狂人就是值得歌颂的真正的战士。他意识到冠冕堂皇的"吃人"行径的本质是罪恶的,因而痛斥道:"这吃人的人比不吃人的人,何等惭愧。"

狂人不时流露出深刻的忧患意识,在他发现到处都充斥着吃人与被吃的现象时,沉痛而又热切地呼吁道:"没有吃过人的孩子,或者还有?救救孩子……"鲁迅寄希望于年轻一代,认为年轻一代的时代使命便是"扫荡这些食人者,掀掉这筵席,毁坏这厨房"!

《狂人日记》中大量运用了象征手法和双关语,例如"黑漆漆的,不知是日是夜",既可以理解为暗无天日的社会,也可以理解为狂人恐惧的心理。这些既加强了文章思想的深度和广度,又能给读者以广阔的思索余地。

而《阿Q正传》是鲁迅的代表作,这部中篇小说以辛亥革命前后为大的历史背景,以一个闭塞落后的小镇——未庄为人物的活动舞台。

阿Q这个人物最突出的性格特征是"精神胜利法",这是一种脱离现实的心理平衡表现。现实生活中,阿Q是一个社会最底层的百姓,他没有田地,没有房屋,靠四处打短工维持生计。尽管如此,当他和别人斗嘴时却要说:"我们先前——比你阔多啦!你算是什么东西!"他不但夸耀自己从前是阔绰的,而且虚夸将来的荣耀:"我的儿子会阔得多啦!"在虚构的精神世界里自我调整,自我陶醉。

阿Q是十分自尊的,然而这种自尊心常常得不到维护,还不时被人揪出来践踏。阿Q头上的几处癞疮疤,他本来就耿耿于怀,然而偏偏有人取笑他:"一见面,他们便假作吃惊的说:'唉,亮起来了。'"阿Q越是发怒这些人越是觉得有趣:"原来有保险灯在这里!"自尊心被人拿来取乐,而自己又无力反驳,此时,阿Q的精神胜利法又跳了出来:"你还不配。"自我安慰后"仿佛在他头上的是一种高尚的光荣的癞头疮"。受到人身攻击后,他又在心里安慰受辱后的创伤:"我总算被儿子打了,现在的世界真不像样……"由此可见阿Q的精神胜利，就是逃避现实，在自己构建的虚幻中寻求可怜的一点点人格与自尊。阿Q并没有用实际行动来改变自己的处境，缺乏自觉性。

他的自觉意识沦丧的原因主要是社会和个人两方面因素造成的。一方面阿Q的尊严已经被当时的社会现实所贬低和否定，他仅仅被看作一件劳动的工具和供人们在精神上宣泄的玩具。另一方面阿Q本人深受封建等级制度及伦理道德观念的影响，在心理上有很强的自我压抑的意识。封建传统伦理观念在阿Q这个人物身上根深蒂固，阿Q无家室，"对于'男女之大防'历来非常严"。然而作为一个正常人，阿Q又有正常人的欲望，他也想："应该有一个女人"，但有这种需求的根本原因还是传宗接代，不负先人。在鲁迅看来，对封建制度和封建势力的斗争，是理所当然的而且是正义的，被压迫而不斗争则是不正常的，他说："人被压迫了，为什么不斗争。"鲁迅借阿Q的精神胜利法，成功地挖掘出了被封建制度剥削压迫的劳动人民思想中潜在的反抗意识。阿Q由城里"中兴"回到未庄，赵太爷闻知有"便宜货"可买，便把阿Q叫到了府中，阿Q意识到了赵太爷此时是有求于他的，于是便不再一如从前那样唯唯诺诺，忍气吞声。阿Q到了赵府，和赵太爷半笑不笑地打招呼；用漫不经心的神态对付赵家和秀才一家的"和善"；嘴里应着，却要"懒洋洋的出去"，让那群平日里欺压他的人难以揣测："也不知道他是否放在心上。"由此可见，阿Q内心是渴望反抗的，只是不知道怎样进行有效的抗争。

鲁迅创作《阿Q正传》的意图在于"暴露国民的弱点"、"写出一个现代的我们国人的魂灵"。鲁迅看到了砌筑在国民心中的那堵无形的"高墙"。而砌筑高墙的罪魁祸首，它将人分为三六九等，身份地位上的差距，导致了人们相互之间的隔阂，人与人之间由此缺乏关爱和发自内心的交流。围绕着对阿Q这个人物典型的塑造，鲁迅将国人沉默、麻木的魂灵暴露无遗，"哀其不幸，怒其不争"，体现出了鲁迅对被压迫却尚未觉醒的劳动人民最深沉的悲哀感情。

鲁迅继《狂人日记》之后，又开始创作了第二篇白话小说《孔乙己》。这部小说也是鲁迅自己最满意的作品之一。小说以清朝晚期的鲁镇酒店为背景，通过酒店里一个小伙计之口，描述了一个落魄的文人孔乙己的形象。然而孔乙己的悲剧是必然的，他是封建社会的知识分子，骨子里渗透着"万般皆下品，唯有读书高"的封建偏见，一心向往通过科举考试取得权势和荣耀，却在科举考试的道路上一筹莫展，连个秀才都没有考中，以致沦为贫民。他仍然从根本上看不起劳苦大众，不愿放下读书人的架子，总要穿一条破旧的长衫，以示和短衫的劳动人们的区别。在酒店里，一般站着喝酒的是短衣帮的下层百姓，而穿长衫的则是坐着喝酒的"上等人"，只有他是"站着喝酒而穿长衫的惟一的人"，孔乙己这就自己将自己置于一种更加奇怪的尴尬境地，不仅被上等人鄙视，还受到短衣帮的嘲笑。

孔乙己是迂腐且愚蠢的，宁愿在酒店里炫耀茴字有多少种写法，做这种毫无意义的卖弄，也不愿踏踏实实地用双手去劳动，因此难免要去小偷小摸，但当别人嘲笑他偷东西时，碍于"读书人"的面子，又只好极力争辩一番，用"窃书不能算偷……"这样的借口来摆脱尴尬场面。

鲁迅既刻画了孔乙己单纯、善良、真挚的一面，也描写了旁人对孔乙己无情的嘲讽，从而形成鲜明的强烈对比，用孔乙己的善良反衬众人的麻木和冷漠，用人们的阵阵哄笑来烘托孔乙己的悲惨世界。他们以孔乙己作为茶余饭后的消遣，孔乙己在他们看来"是这样地使人快活"，但孔乙己始终是可有可无的笑资，"没有他，别人也便这么过"。人性的残忍与冷酷令人胆寒。同时生活在社会最底层的劳苦大众，却又彼此贬斥和伤害同样不幸的同胞，群众的愚昧也由此可见一斑。小说通过孔乙己这个典型以及他的悲惨遭遇，揭露了封建社会人情世态的炎凉，痛斥了国民的劣根性，赤裸裸地展示了封建科举制度和封建文化的罪恶。

【历史评说】

《呐喊》取材于农村生活，重点塑造了一批受压迫的劳苦农民的形象。

《一件小事》这篇小说在中国小说史上第一次将无产阶级劳动人民作为主人公，并对其热忱地讴歌，小说的可贵之处还在于反映了小资产阶级知识分子勇于自我反省及自我剖析的可贵精神。《呐喊》中有的作品以动物为题材，例如《鸭的喜剧》、《兔和猫》，但是作品的真正意图还是描写人和社会。

从塑造人物形象方面看，鲁迅坚持用简练的语言达到传神的效果，他擅长运用白描的手法描绘出人物丰富的性格和内心世界。《呐喊》的写作手法是绝对高超的，其语言质朴尖锐，艺术风格含蓄、凝练，产生这种独特艺术风格的原因在于"鲁迅思想的博大精深和他所表现的封建社会意识形态的巨大悬差"。

《呐喊》集的第一篇小说《狂人日记》，是1918年4月创作的，当时"五四"新文化运动正处于高潮时期。同年5月，这篇作品发表于《新青年》杂志。

《呐喊》是中国现代文学史上第一篇白话小说集，它在中国文学史上具有划时代的意义。这部小说体现了鲁迅锐意创新的革命精神。作者用白话取代了传统的文言文写作，思想内容上来讲，这篇小说又反映出了现代小说独特的表达风格。它用锋利尖锐的语言，深刻披露了中国两千多年以来封建礼教和封建制度的"吃人"本质，是一把直刺封建堡垒心脏的匕首。

鲁迅把封建主义、帝国主义统治下的中国，比为"绝无窗户"的"铁屋子"，以此强调社会的黑暗和压抑，他写小说，就是希望能够用"呐喊"来宣泄内心的愤懑，振醒熟睡在"铁屋子"里的人们，让大家团结起来摧毁这栋墨暗压抑的"铁屋子"，解除被禁锢的精神和灵魂。

郑振铎认为《呐喊》是"中国文坛上少见之作",从讽刺小说的角度来看,它"是不朽的"。张定璜在评定《呐喊》的出版时指出,鲁迅是"新文学的第一个开拓者。事实是他是文学革命后我们所得到的第一个作家。是他在中国文学史上给我们划了一个新时代"。

【书海拾贝】

当我沉默着的时候,我觉得充实;我将开口,同时感到空虚。

我看出他话中全是毒,笑中全是刀。

《阿Q正传》

【名家传略】

关于鲁迅生平,见《呐喊》之"名家传略"。《阿Q正传》是鲁迅最杰出的作品之一,也是现代文学中可屹立于世界文化之林的难得的篇章。

【经典阐述】

辛亥革命时期,在江南一个名叫未庄的小村庄里有一个叫做阿Q的贫苦农民。有一次他在喝了两碗黄酒后说自己姓赵,与村里最有权势的赵老太爷是本家,细算起来比秀才还长三辈。第二天,赵老太爷便派地保将其叫到家里,一顿臭骂,还给了他一个大耳光。退出后他又被地保训斥一番,还罚了二百文酒钱,于是以后再也无人提起他的姓氏了。

阿Q虽穷却十分自尊,他瞧不起所有未庄的居民。他常想"我的儿子会阔得多啦!"他进过几次城,发现城里人大多的习惯与未庄和他自己不同,便也瞧不起城里人。因未庄人不知道城里人的这些做法,阿Q也因此而瞧不起未庄人。

阿Q头上长着癞疮疤,所以他很讳说"癞"字,后来连"光"也讳,一旦有人犯了他的讳,他便发怒,还打骂,但由于他总打不过别人,于是改为"怒目而视",而未庄闲人便更爱拿他开玩笑。久而久之,他便学会用一些自欺欺人的话以自慰。

每当他用这种妙法克服怨敌之后,便跑去喝酒、赌钱,不管输赢,他总是能取得心理上的胜利。

阿Q因被赵太爷打耳光而出了名。一次阿Q在与王胡比捉虱子时冒犯了王胡,被王胡捉住在墙上碰了几个响头。正当他头晕气愤之时见到了钱太爷的儿子——去东洋留学后剪了辫子的假洋鬼子。

阿Q十分痛恨剪了辫子的人,便小声地骂"秃子、驴……"假洋鬼子听见后又用文明棍使劲打他的头,阿Q开始还觉委屈,很快却又忘却了,此时偏看见了小尼姑。他记起刚刚王胡、假洋鬼子给他的屈辱,便上前去调戏小尼姑,且在众人的哄笑中得意扬扬。

小尼姑骂他"断子绝孙的阿Q"后哭着走了，阿Q便得意地回到土谷祠睡觉去了。此时他记起了小尼姑骂的话，"不孝有三，无后为大"，他觉得自己需要一个女人。

他便去向赵太爷家的女仆吴妈求爱。吴妈被吓坏了，大叫着往外跑。赵太爷为此狠狠地打他，罚了他很多钱，还扣了他的毡帽和破衫。

因吴妈那件事，未庄的人都开始用古怪的眼光看他，且不再雇他。阿Q肚子饿，便跑到尼姑庵偷了几个萝卜，被老尼姑发现，让黑狗追了出来。阿Q无法生活，便进城去了。

刚过了这年的中秋，阿Q又回到了未庄，此时阿Q变得很阔，打酒时用现钱，满把是银的和铜的。村里人都格外眼红，阿Q的地位此时陡然上升。女人们传说，阿Q那儿有许多旧衣服，又便宜又好，这事儿后来让赵太爷知道了，也想向他买东西。赵太爷将其叫去，却得知只剩下门幕了，一下子便失了热情，与秀才怀疑阿Q手脚不干净。这个怀疑很快便在未庄传开了，人们对阿Q又敬而远之。原来，阿Q进城果然是做了贼，但只是在门口望风，同伙出事后他吓得跑了回来。

宣统三年（1911年）的一天晚上三更天，举人老爷的一只大乌篷船驶进了未庄，同时也把不安带来了。人们传闻革命党进城了，举人老爷将财物藏到了赵秀才家。阿Q本来对革命党是深恶痛绝的，认为革命是与他为难，但看到未庄的人慌张的神情，便十分快意，大声嚷道："造反了！造反了！"

这天夜晚，赵家遭抢了，阿Q被抓进县衙审了一会儿便让其画押，阿Q后悔没有把圆圈画圆，却没料想自己已被当作替死鬼。阿Q被反绑着抬到一辆车上时才省悟要被杀头。密密麻麻的人群围着他，想看他杀头的场面。阿Q后悔没有唱戏，就喊"过了二十年又是一个……"人群中发出豺狼嗥叫般的声音，阿Q在喝彩的人群中似乎看到那种狼般的眼睛，在恶狠狠地咬他的肉和他的灵魂。"救命……"阿Q还没有喊出来，全身已似微尘般地散架了。消息传到未庄，大家都说他坏，有人笑他居然临死前没唱一句戏，白跟了一趟。

【历史评说】

《阿Q正传》是最早被介绍到世界文坛去的中国现代小说，是中国现代文学屹立于世界文学之林的伟大作品。这部作品分9章，曾分期连载于1921年12月至1922年2月的《晨报副刊》上，当时署名巴人。小说描写了在辛亥革命前后，江南乡村小镇未庄有一个无业无产的赤贫者阿Q，展现了他短暂人生的艰难。阿Q没有土地，没有家室，寄居在土谷祠中，靠替人打短工维持生计，几乎是一无所有。他甚至无名无姓，赵太爷的一个巴掌，就使他失去了姓"赵"的权力。作者十分同情阿Q，哀其不幸，怒其不争，但他写此作品"实不以滑稽或哀怜为目的"。他曾在《〈阿Q正传〉序（俄译本)》中说："我也只得依了自己的觉察，孤寂地姑且将这些写出，作为在我的眼里所经过的中国的人生"，"要画出这样沉默的国民的魂灵来"。

阿Q现在已经成了"精神胜利法"的代名词。他没有社会地位及经济地位，却在残酷的经济剥削面前麻木不仁。他沾沾自喜于一些虚妄的光荣，而这种"光荣"却来自他自己都不相信的昨天和明天。

他连自己的姓氏都无法说清，却还自吹"我们先前——比你阔的多啦！"连老婆都没有，却宣称"我的儿子会阔多啦！"他常被别人欺侮打骂，却想出"儿子打老子"这样的话来找到平衡，甚至打自己的脸来想象打到别人的脸上找到平衡。他浅陋无知，却嘲笑未庄人少有进城，未见世面，他又鄙薄城里人的一些说法做法有违未庄常理，于是，在内心中便有了超过城里人和乡下人的双重满足感。他软弱无能，常被别人欺侮，娶不起老婆，却去欺负小尼姑，并在他人的哄笑中得意扬扬。他在生活中到处碰壁，但由于他独特的"精神胜利法"，又总能"反败为胜"，变成幻想中的强者。鲁迅曾幽默地说，他就觉得"Q"字上面的小辫子好玩。"Q"字恰似一个留辫子的中国人的侧影，是清朝的"国粹"，鲁迅是把阿Q塑造成具有劣根性的典型的中国人。

阿Q的"精神胜利法"还表现在他缺乏理性，缺乏自我意识。他从未思考过自己的处境地位，也没有利于自己发展的应有态度以及如何改变自己的处境。相反，他把经统治者改造过的圣人思想作为自己可怜的那一点思想，本能地适应异己的吃人的社会现实。例如，他深恶造反，认为造反就是与他为难；他心中充满对女性的幻想，却又严于"男女大防"，见男女在一块说话，他就认为"一定要有勾当了"，"或者大声说几句'诛心'的话，或者在冷僻处，便从后面掷一块小石头"作为惩戒。他的存活是缺乏自我个性的。

解读阿Q，还应联系当时的历史背景。受帝国主义列强欺凌的中华民族在当时的国际环境中的地位类同于受践踏的阿Q在未庄环境中的地位。因此，写阿Q，仿佛写出了中华民族在近代的苦难历史。近代的中国不断蒙受了鸦片战争、甲午中日战争、八国联军侵华等奇耻大辱。在统治阶层中逐渐出现了在惨痛的失败中寻找自欺欺人的"胜利"的病态心理，以古国深厚优良的传统文化来掩饰近代落后的疮疤，这种自欺欺人的心理也如传染病一样传染给重重的下层民众。以"精神胜利法"为基本性格特点的阿Q，是由他那个时代整整一代人的苦难生活堆积出来的典型塑像。

阿Q和一切不朽的文学人物一样，是说不尽道不完的。不同时代、不同民族、不同层次的读者从不同的角度去解读他，有着自己的发现与发挥，从而构成一部多姿多彩的阿Q解读史。

20世纪20年代至40年代，人们从启蒙与救亡的角度出发，开始了"民族自我批判"，阿Q成为反省国民弱点的一面镜子，认为"精神胜利法"是中华民族觉醒与振兴的最顽固的思想障碍之一。50年代末至70年代末，人们提出要对文学作品进行阶级分析，阿Q便又成为典型的"落后农民"，批评家认为鲁迅是"从被压迫农民的观点"对辛亥革命进行了尖锐的批判。近年来，人们开始探讨"阿Q精神"的人类学内涵，作出精彩的分析如下：

阿Q作为一个"个体生命"的存在，几乎面临人的一切生存困境。其中包括基本生存欲望不能满足的生活困恼、无家可归的无奈、面对死亡的恐惧等，而阿Q的一切努力挣扎都是一次绝望的轮回，人只能无可奈何地返回自身。因此，为了摆脱完全的绝望境地，"精神胜利法"的选择是无可厚非的。然而这种"精神胜利法"却令人坠入更加绝望的深渊，因此，人的生存困境就是永远也无法摆脱的。鲁迅正是因为能够以深邃的见解正视了这一生存状态，揭示了人类精神现象的重要侧面，所以使自己具有了超越时代、民族的意义与价值。

对阿Q的探讨是不会终结的。由于阿Q性格具有巨大的广泛性和典型性，诠释了我们内心和周围世界中很难完全排除掉的一种独特的心理逻辑，这一独特而又典型的形象已经走进世界艺术人物典型的最前列，并得到世界各国人民的同情与理解。

【书海拾贝】

阿Q伏下去，使尽了平生的力画圆圈。他生怕被人笑话，立志要画得圆，但这可恶的笔不但很沉重，并且不听话，刚刚一抖抖的几乎要合逢，却又向外一耸，画成瓜子模样了。

"过了二十年又是一个……"阿Q在百忙中"无师自通"地说出半句从来不说的话。

《林家铺子》

【名家传略】

茅盾（1896年—1981年），原名沈德鸿，字雁冰，浙江桐乡县人，我国现代进步文化的先驱者、伟大的革命文学家。其主要著作有《蚀》、《子夜》、《虹》、《腐蚀》、《锻炼》、《农村三部曲》和《林家铺子》等。

【经典阐述】

日本入侵东北三省时，全国掀起了抵制日货运动。林小姐由于穿着东洋货，在学校里受到同学们的嘲笑，她愤怒地回到家里。此时，母亲也在为家里卖东洋货而担忧。林老板是谨小慎微经营杂货铺的小商人，且已颇有经营之道。但目前的情况使得他很沮丧。不得已，他只好决定当掉金项圈以贿赂当权者。

第二天，林先生的铺子又重新开张了。街市上渐渐热闹了起来，他想，快过年了，人们总要买些年货吧。可到了下午，才算做了几笔生意。晚上算总账时，还欠着不少的客账，这时，朱三太太来要利息了，不得已，林先生把当天的收入都给了她。而林小姐也赊账买了自己喜爱的布，林先生只有无奈地苦笑。

又过了两天，林先生的铺子因"大放盘"生意出奇的好，林小姐和母亲都十分高兴。只有林先生心里矛盾着，他每销出一元钱的物品就加添了五分钱的血本亏损。店员寿生到现在收账还没有回来，而讨债的人已经上门了，这时，传来日军侵犯上海的消息。顿时人心惶惶，上门讨债的客人毫不留情地拒绝了林先生延期的请求。迫不得已，林先生只好到恒源钱庄去借钱，但钱庄老板竟跟他催要以前欠的六百元钱。

由于开战，商会要求大家分摊军饷。林先生只好答应。这时，出去收账的寿生回来了，林先生于是把大部分收回来的欠银都给了堵门要债的上海客人。党老爷敲诈他、钱庄威逼他、同业又中伤他。而又要吃倒账，凭谁也受不了这样重的磨难，林先生感到这一次他彻底完了！

凄凉的年关终于捱过去了；由于许多铺子倒闭，林先生的账便无法收回来了，而欠恒源钱庄的钱又必须在正月十五还清，此时的林先生家变得就像一个冰窖。市井萧条，连当铺都停当了，店里拿不出钱进货，只剩下一些日用品，恰在这时从上海逃来大量难民，这些日用品便成了紧俏货，生意一时红火起来。这一切惹得要债的也蜂拥而至，林先生无奈，只得向商会会长求救，不料商会会长竟提出要林小姐做卜局长的小妾，林先生感到祸不单行，不久，便被党部的人带走了。

林先生被扣，一家人惶惶不安，商会会长用债务和卜局长要挟，寿生想尽办法抵出了全部货物，终于赎回了林先生。林大娘决定要林先生和女儿逃走，在走之前让林小姐和寿生成了亲，自己和寿生留下应付局面。

林家铺子终于倒闭，许多债权人在林家铺子里闹得凶，恒源钱庄和其他的债主争执着怎样分配底货。铺子里虽已淘空，但连"生财"合计却也只够偿还债权者七成，然而谁都想给自己争得九成甚至十成。虽有警察在，但场面依旧十分混乱，有哭有叫的、有喊有闹的，有的警察竟也乘机占便宜……人们决定到党部去告状，结果与警察发生了冲突，人群被冲散了……

【历史评说】

《林家铺子》叙述的是20世纪30年代前期，江南小镇上一个杂货店的倒闭过程，林老板精明能干又善于经营，但在农民购买力锐减、敲诈勒索盛行、商会和局长威逼、同行造谣中伤的恶劣环境中，他却也只能落得个破产逃走的结局，小说深刻揭露了国民党统治者趁危而大发国难财的罪行。

【书海拾贝】

林先生坐在账台上，抖擞着精神，堆起满脸的笑容，眼睛望着那些乡下人，又盯着自己铺子里的两个伙计、两个学徒,满心希望货物出去,洋钱进来。

《骆驼祥子》

【名家传略】

老舍(1899年—1966年),原名舒庆春,字舍予,生于北京,满族人,我国现代著名的小说家、剧作家、人民艺术家和语言大师。"老舍"为其最常用笔名。

其主要著作有《骆驼祥子》、《离婚》、《四世同堂》、《龙须沟》、《茶馆》、《月牙儿》等,另有《老舍剧作全集》、《老舍散文集》、《老舍诗选》、《老舍文艺评论集》以及《老舍文集》等。

长篇小说《骆驼祥子》是老舍的代表之作,是20世纪30年代中国最优秀的作品之一,是现代中国一部杰出的长篇小说。它奠定了老舍在中国现代文学史上的重要地位,被誉为"抗战前夕中国最佳的长篇小说"。1945年,该书英译本在纽约出版,并立即风靡美国。此书已被列入世界文学名著。

老舍1899年2月3日出生在北京一个满族贫民家庭。父亲舒永寿曾当过清皇城的一名护军,1900年死于八国联军入侵北京的炮火中。老舍7岁入私塾,1918年,毕业于北京师范学校,因品学兼优,被任为京师公立第十七高等小学校校长。在近二十年的教学生涯中,他还担任过北郊劝学所劝学员、教育会所文书、天津南开中学教员等职。

1923年,老舍创作并发表了首篇短篇小说《小玲子》。1924年,他被伦敦大学东方学院聘为该校的汉语讲师。在此期间,老舍阅读了大量英文作品。同时,老舍还进行了小说的创作,完成的作品有长篇小说《老张的哲学》、《赵子曰》、《二马》,均发表在了《小说月报》上。1929年,老舍离开英国,在新加坡做了短暂的停留,1930年经上海回到北平,不久,被聘为济南齐鲁大学、青岛山东大学教授。从此以后,老舍的创作进入了旺盛阶段,他陆续创作了众多的小说作品。除了《猫城记》、《离婚》、《牛天赐传》、《月牙儿》、《我这一辈子》等小说之外,还创作并完成了他重要的代表作《骆驼祥子》。这部作品曾经从1936年9月起连载于《宇宙风》。

老舍在抗日战争爆发后,积极投入到了抗日救亡的活动之中,他辗转南下来到汉口,而后又去了重庆。1938年,武汉成立中华全国文艺界抗敌协会,他被选为理事兼总务部主任,主抓文协日常工作,积极地倡导和团结众多文艺工作者从事抗日文艺活动。

1946年5月,老舍和曹禺同赴美国讲学,并继续文艺创作。任职期满后,老舍仍在美国进行创作,最后完成了又一部长篇《四世同堂》。

1949年10月，老舍应周恩来之邀回到北京，曾任政务院文教委员会委员、政协全国委员会常务委员、中国文联副主席、中国作家协会副主席兼书记处书记、北京市文联主席、中国民间文艺研究会副主席、中国戏剧家协会理事等职。1966年8月24日，老舍因不堪忍受凌辱和迫害，投湖自杀。

老舍的作品非常丰富，多取材于城市下层居民的生活，讲究情节的波澜起伏，语言简练流畅，追求幽默风趣。如《骆驼祥子》、《离婚》、《四世同堂》、《猫城记》、《正红旗下》、《月牙儿》、《我这一辈子》等，均被译成多种文字在国外出版。主要的小说作品还包括《老张的哲学》、《赵子曰》、《二马》、《文博士》、《离婚》、《牛天赐传》、《火葬》、《鼓书艺人》、《赶集》、《樱海集》、《蛤藻集》、《火车集》、《贫血集》、《东海巴山集》。此外他还著有童话《小坡的生日》，长诗《剑北篇》，剧本《残雾》、《国家至上》（与宋之的合著）、《面子问题》、《桃李春风》（与赵清阁合著）、《张自忠》、《大地龙蛇》、《谁先到了重庆》、《归去来兮》及新中国成立后的剧本《龙须沟》、《茶馆》、《方珍珠》、《春华秋实》、《青年突击队》、《西望长安》、《女店员》、《红大院》、《全家福》、《宝船》、《神拳》、《荷珠配》、《柳树井》，报告文学《无名高地有了名》等，通俗文艺集《三四一》，杂文集《老舍幽默诗文集》、《福星集》，创作经验集《老牛破车》、《小花朵集》、《出口成章》等。

【经典阐述】

《骆驼祥子》是老舍的经典著作，它标志了老舍的创作进入一个全新的阶段。作品以军阀统治时期的北平为背景，讲述了一个破产的农民祥子为了维持生计，从农村流落到城里，在车行里做人力车夫的故事。祥子希望凭着年轻力壮和自己的耐力买一辆洋车，做一个自食其力的人力车夫。他苦干三年，终于买到一辆新车，但第一趟出车就撞碰上了军阀士兵，结果连人带车一并被掳走。祥子重新振奋精神，到曹教授家继续苦干，省吃俭用积攒起了准备买车的钱，结果又被特务孙侦探在搜捕时敲诈了去。因为受了车行老板刘四女儿虎妞的诱惑，被迫与她结了婚，但是他们之间并没有真正的爱情。最后，他用虎妞的私房钱买了一辆旧车，不久后，虎妞却因难产而死，为了给她办丧，祥子又被迫卖掉了洋车。在窘迫生活的打击下，祥子的身心受到了严重的摧残，从此一蹶不振。但他对生活还存有一丝希望，他希望可以靠自己的努力将其钟爱却被迫卖身的小福子从下等妓院里赎出来。然而最后，小福子却因折磨和屈辱而自杀，含恨离开了人世。祥子终于崩溃，开始沦为一个懒惰自私的无赖，成为一具没有希望和思想的行尸走肉。

祥子原本是个年轻力壮、对生活充满信心的年轻人，他对生活的要求并不高，只是期望拥有一辆洋车，做一个自由自在的劳动者。为了这个理想他全力以赴，吃苦耐劳，却屡次地遭到洗劫。每当他燃起生活的热情，重新追求目标时，总被当头泼了一盆彻骨的冰水，他的这一愿望"像个鬼影，永远抓不牢，而空受那些辛苦与委屈"。祥子最终走向堕落，他不想劳动，浑浑噩噩度日；他仇视一切，开始用暴力还击别人；他丧失了羞耻心，去逛妓院，染上了性病；他穷困潦倒，最后谁家死了人，他去给人家打灵幡混口饭吃，成了一个被人讨厌的人。祥子的悲惨命运并不仅仅是个人的悲剧。这种悲剧是由于当时那种黑暗混乱的社会制度造成的。到处是军阀混战、特务横行，没有一处安宁的所在，没有一个能够让贫弱者喘息的地方。堕落后的祥子就是"社会病胎里的产儿，个人主义的末路鬼"。老舍说过："人把自己从野兽中提拔出，可是到现在人还把自己的同类驱到野兽里去。祥子还在那文化之城，可是变成了走兽。一点也不是他自己的过错。"作者正是要通过祥子的悲剧，从纵深的层面无情地揭露和控诉那个不公平的旧社会把人变成鬼的罪行。

在祥子的身上，可以看到普通劳动者所具备的很多优良而可贵的品质。祥子具有坚韧向上的精神，生活常常无情地将他的努力化为泡影，他没有立即倒下，而是为了心中的信念执着地起来奋斗，社会给予他不幸，他不轻易认命，不仅为此而做过挣扎，甚至要用加倍的努力来实现自己憧憬和向往的美好未来。小说集中地表现了作家对于城市贫民的真挚同情和深刻理解："一个拉车的吞的是粗粮，冒出来的是血；他要卖最大的力气，得最低的报酬；要立在人间的最低处，等着一切人一切法一切困苦的击打。"字里行间都流露着作者对苦难的劳动人民深深的同情。

作品还刻画出祥子正直善良的性格特点。祥子自己虽然多灾多难，但从来不吝惜对弱者的同情和关心。他关心贫弱委屈的少女小福子，照顾老马与小马祖孙两代，冒着被捕的危险去为曹先生送信。这和后来糜烂堕落的祥子有着很大的差别，作者在同一个人身上做了强烈的对比，这种强大的落差使得读者为之动容。正直善良的灵魂被旧社会的铁蹄踏碎，美好的事物被毁灭，悲剧的意义就在于要让读者在痛心的同时，明白悲剧产生的原因。主人公祥子作为一名社会底层的劳苦大众，遭受的是重重的压榨与欺凌，性格中自然具有潜在的反抗性。可是这种反抗是自发的，没有明确的目标，也没有有效的抗争手段及方法，在强大的反动势力的铁蹄下，这种个人的反抗显得微不足道而且软弱。盲目的个人追求，从一开始就注定了祥子的悲剧命运。

在塑造祥子这个人物的同时，作者又将笔力拓展到了广阔的社会领域，通过祥子生活中的其他人物表现了当时畸形的社会现状。小说呈现了二三十年代中国城市社会黑暗、动荡、无任何安全感。书中写到车厂主人刘四对车夫们进行贪婪的盘剥；政局混乱，大学教授曹先生被政治迫害；巫婆陈二奶奶害死了正在难产的虎妞；老马小马祖孙两代的惨淡的遭遇；小福子沦为被侮辱的玩物。祥子的老婆虎妞，是一个具有多重性格的人物形象。她是个大胆泼辣而且有点心理变态的三十多岁的老姑娘。她作为刘四的女儿，在父亲的车行掌管事务，失去了最美好的光阴，她在苦闷中也渴望幸福。

虎妞的性格中也继承了父亲的贪婪、刁钻、喜欢指使人呵斥人等许多剥削者的特点。她的惨死和小福子的自杀，是作者对于社会恶势力的痛斥。

【历史评说】

《骆驼样子》同老舍其他多数作品一样，取材于市民生活，是描写北京市民生活的典型代表作。他的作品中所描写的自然风光、世态人情、习俗时尚以及所运用的群众口语，都呈现出浓郁的"京味"。这样便给作品加上一层平易、亲切、真实的底蕴色彩。他作品中的语言鲜活、凝练、雅俗共赏，独树一帜，这种在作品中融入鲜明的地方特色的艺术手法，为中国现代文学开拓了重要的题材领域。这标志着我国现代小说（主要是指长篇小说）在民族化与个性化的追求中的重大突破。

《骆驼样子》是中国30年代最优秀的作品之一，在现代也是一部杰出的长篇小说；它为老舍在中国现代文学史上占有的重要地位奠定了基础。它现已跨入世界文学名著之列。

【书海拾贝】

一个拉车的吞的是粗粮，冒出来的是血；他要卖最大的力气，得最低的报酬；要立在人间的最低处，等着一切人一切法一切困苦的击打。

《激流三部曲》

【名家传略】

巴金，原名李尧棠，字芾甘。祖籍浙江嘉兴，1904年11月25日生，是我国现代文坛泰斗。

巴金1920年考入成都外语专门学校，攻读英语，同时还参加了进步组织，参与反封建的活动，在《时事新报·文学旬刊》发表过《被虐者的哭声》等新诗。

1923年，巴金从成都外语专门学校毕业后到上海，不久又到南京东南大学附中读书，毕业于1925年夏。在此期间，巴金积极参加了很多社会活动。他于1927年赴法国，在法国广泛地涉猎了西方资产阶级思想家、革命家及无政府主义活动家的著述，并开始从事翻译和创作。在法国蒂埃里堡，巴金"有苦闷无处发泄，心里有很多话要说，就进行了小说创作"。1928年底，巴金回到上海，继续从事文学创作。1929年完成了他的首部长篇小说《灭亡》，发表于《小说月报》。1931年，巴金著名的《激流三部曲》之一《家》在《时报》上连载，引起了文学界不小的震动。

"九·一八"事变后，中国发生严峻的民族危机，于是年轻的巴金投入到轰轰烈烈的抗日救亡运动之中，在北京曾担任《文学季刊》的编委。1934年，他赴日本旅行，1935年归国，而后任上海文化活动出版社总编辑，编辑了《文化生活丛刊》、《文学丛刊》、《文学季刊》，创办了《文学月刊》，并同鲁迅等人先后联名发表《中国文艺工作者宣言》和《文艺界同人为团结御侮与言论自由宣言》。

抗日战争爆发后，巴金频繁往返于上海、广州、桂林、昆明、重庆等地，曾任中华全国文艺界抗敌协会理事，做过《呐喊》等刊物的编辑工作。此期间，也是巴金创作的旺盛时期，他的许多小说、散文以及杂文就是在此时创作的。《激流三部曲》其中的两部长篇小说《春》和《秋》，分别于1938年和1940年完成并出版。

抗战胜利后，巴金主要从事翻译、编辑和出版工作。新中国成立后不久，在首届全国文代会上，巴金被选为文联常委，并历任中国文联第三、四届副主席，中国作家协会第二、三届副主席及第四、五届主席，中国作家协会上海分会主席，上海市文联主席，《文艺月报》、《上海文学》、《收获》杂志主编，另又任中国文联第二届至第四届委员，中国作家协会第一届至第四届理事，全国第五届人大常委，全国第六届至第八届政协副主席，中国作家协会主席。

巴金主要著作有长篇小说集《激流三部曲》；处女作长篇小说《灭亡》；长篇小说《新生》、《爱情三部曲》（《雾》、《雨》、《电》）、《春天里的秋天》、《抗战三部曲》（《火》之一、之二、之三）、《第四病室》、《寒夜》等；中短篇小说《可爱的人》、《复仇》、《死去的太阳》、《英雄的故事》、《明珠和玉姬》、《光明》等；散文集《随想录》（5卷）等；诗歌《散文诗》；译作有长篇小说《父与子》、《处女地》、《木木》；戏剧《丹东之死》、《前夜》；回忆录《往事与随想》等。出版的有《巴金文集》（14卷）、《巴金全集》（26卷）、《巴金译文全集》（10卷）等。

在国内，巴金是与茅盾、老舍、曹禺齐名的著名作家；在国外，巴金及其著作同样享有很高的声誉，曾被授予1982年意大利国际但丁奖、1983年法国荣誉军团勋章、1985年美国文学艺术研究院名誉外国院士称号及1990年苏联人民友谊勋章。国际天文联合会批准了北京天文台的申请，同意以"巴金星"命名8315号小行星，这是全世界给予巴金的一项崇高而永久的荣誉。

【经典阐述】

《激流三部曲》以成都为背景，描写了封建大家族高家四代人在1910年到1920年中国处于动荡时期的生活，讲述了一个封建大家庭走向没落的过程，以及青年一代冲破封建宗法束缚，走向新生活的经历，描绘出封建宗法制度的溃退和革命潮流在青年一代中掀起的改变旧生活的伟大力量。此外，《激流三部曲》尾场《憩园》，主要讲述了一座以"憩园"命名的花园的先后两代主人的命运。

《激流三部曲》的第一部《家》，在我国现代文学史上有着极其重要的地位，1933年5月，由上海开明书店首次出版。《家》中描写了高家三兄弟的恋爱故事，其中觉慧与鸣凤构成了剧中第一个恋爱悲剧；觉新与钱梅芬及瑞珏构成了另两个悲剧事件。他们的不幸都与高老太爷有着直接或间接的联系。作品在描写青年一代爱情悲剧的同时，揭示了造成这种悲剧的根源。高觉慧在"五四"新思潮的影响下，积极参加学生运动，创办杂志，十分厌恶家中那种在道德礼法掩饰下的腐败现象，他的祖父高老太爷是家中的"太上皇"，一手包办儿孙的婚姻，造成了梅芬、鸣凤、瑞珏、觉新等人的家庭悲剧，觉慧不满觉新的"作揖主义"，积极支持二哥觉民抗婚。最后，当作为封建大家庭的象征高老太爷死去时，觉慧便毅然离家出走，奔向新的生活。

《激流三部曲》第二部是《春》，1938年3月由上海开明书店出版，以高克明把女儿嫁给轻荡的陈公子，周伯涛则把女儿蕙嫁给品行恶劣的郑莘为背景。尽管她们都对自己的婚事不满，但生性懦弱的蕙逆来顺受，觉新虽对她充满同情爱慕又不敢帮她摆脱困境，她只得按父命出嫁，最后含恨死去。蕙的死给了高家的年轻人一个警示，在觉民、琴等人的鼓舞和帮助下，淑英终于逃到上海，迎来了自己生命中自由、美好而绚丽的春天。这部小说表现了不合理的封建婚姻制度对妇女的摧残以及对封建专制的婚姻制度的控诉与批判。

《激流三部曲》第三部是《秋》，由上海开明书店1947年7月出版。作品《秋》从封建家族后继者的堕落上以及从深受封建观点毒害最深的懦弱者的反抗上，描写了作为封建大家庭象征的高家的最后衰败。主要情节是：在经过一系列事变之后，克明和觉新虽仍想维持高家的门面，但它已经到了无法挽救的地步。克明的儿子不争气，克安、克定公开纳妾嫖娼，克定的女儿淑贞在父母的逼迫下而自杀。克明死后，克安、克定闹着分家竟将高公馆卖掉，高家彻底崩溃。《秋》是解剖封建社会教育弊病的一部小说。巴金在揭示愚昧、专制的封建家庭教育残害灵魂之深的同时，又深入地提示了这种反动教育对这些少年生命的深深伤害，梅的夭折就是对万恶的封建制度杀害下一代的血泪控诉。

【历史评说】

在《激流三部曲》中，作者描写了一群封建专制下丑恶残忍的刽子手形象。高老太爷统治者的性格是专制主义制度造成的，却也反过来加重了这个制度的黑暗和罪恶。郑国光则是一个卑微和庸俗的怪物。克安、克定、陈大胡子等人，巴金在表现他们的糜烂破败的私生活的同时，也表现了他们变态的个性。冯乐山、陈克家等则是一群地地道道的衣冠禽兽。

家庭是社会的基本单位，从一个家庭或家族的命运中可以地反映出社会来。在高家这个大家族里，我们可以看到专制主义的一切典型特征。全部权力、财产高度集中在高老太爷一个人的手中，处理年轻人生死的大权也捏在他的手里。他最喜欢说的话就是："我说是对，哪个敢说不对？我说要怎样做，就要怎样做！"在这个封建大家庭里，"老太爷举筷，大家跟着举筷，他的筷子放下，大家的筷子跟着放下"。《家》中吃年夜饭时的盛会，把封建等级制度描写得格外生动。巴金有意识地把家庭制度作为社会制度的代表，在"家"里令人看到一个微缩的社会。高老太爷庭训觉慧："你们学生整天不读书，只爱闹事。现在的学堂真不像样，制造出来的都是捣乱的小人物。我原说不要你们进学堂的，现在的子弟一进学堂就学坏了。"可见这个家庭是多么的狭隘自闭，惧怕和敌视新思想、新事物。小说的主人公觉新，便是专制主义重压下的病态灵魂。封建制度把一个原先极有才华、极有希望的青年的前途给毁了。"他愤怒，他奋斗，他以为他的行为是正当的。然而奋斗的结果只给他招来更多的烦恼和更多的敌人。"他是高家的一个悲剧人物。觉新具有典型意义，作家通过这个形象，挖掘出了在封建主义重压下我们民族的懦弱苟且的国民性。

在两代人的斗争中，旗帜最鲜明、斗争最坚决的是三少爷觉慧，他第一个认识到高家内部的腐朽和统治的不合理性，对现存制度的合理性表示怀疑和否定。觉慧作为高家的第一个掘墓人，这个形象反映了只有革命才是唯一的出路。

《激流三部曲》对于封建专制制度的罪恶的揭露则主要是通过年轻一代惨遭迫害的情节来完成的。鸣凤，这个16岁的婢女爱上了三少爷觉慧。正是由于这个而种下了悲剧的种子，不同的阶级出身成为不可逾越的爱情障碍；鸣凤外表非常温柔平和，然而内心却是激荡起伏的，她始终处在极其矛盾的状态之中。鸣凤的自杀充分反映了高公馆的阶级压迫。在所有被残害的女性中，只有鸣凤表现出最顽强的反抗。

作品中除表现直接的阶级压迫外，梅、瑞珏以及蕙也都是封建宗法制度、封建礼教的牺牲品。在《激流三部曲》中，年轻一代的女性大多数是品德极为纯洁高雅的人，美好个性相继毁灭，才造成作品极其浓重的悲剧色彩，给读者的心灵以强烈的震撼。

《激流三部曲》深刻地披露了封建伦理观念对人性的麻痹和毒害。例如书中讲到当克明得知女儿淑英与觉民公开外出后，大发雷霆，将淑英痛斥了一顿，淑英因此被气病。但当克明听说淑英有病时，根本毫不在意，"他甚至不到淑英的房里去一趟"。当淑英离家出走后，这个感情麻木、冥顽不灵的父亲竟还公然表示绝不原谅淑英"大逆不道"的行为，还恶毒地说："在我看来二女已经死了。"

《激流三部曲》在结构上也独具特色，小说中人物众多且头绪纷繁，但作者却安排得有条不紊，起伏有致。它以事件为主线索，将一个又一个的场面和事联起来。每一部分的首尾都落在各部分中同一件事上，从而形成三部独立完整的著作，而整部《激流》又被这样一些相似的情节、场景前后呼应，因而又形成一部完整的作品。

在动荡、巨变、大浪淘沙的年代里，《家》、《春》、《秋》奏起的时代进行曲，在对青年进行反封建的启蒙教育方面，曾起了很大的作用。特别是其中的《家》起的作用更大。在《激流三部曲》的鼓舞下，大批出身于封建家庭的青年知识分子，摆脱了旧家庭的束缚，投入了革命的洪流；也有不少青年男女询问、探索着个人解放的出路，说明了这部作品是何等地深入人心。中国作家提名委员会在写给巴金的信中,称赞巴金为中国当代最为杰出的作家和思想家,他大半个世纪以来的文学创作,奠定了享誉世界的崇高声望和国际文化界尊崇的优异基础。信中称赞巴金一生"为自由、为民主、为人类心灵的解放、为人性的恢复而号呼转徙,为追回人类的良知而始终在不遗余力地奋斗","他对人性和人类尊严的执着探讨和神圣理解,已经被载入当代中国文化和人类文化的史册"。而《激流三部曲》《家》、《春》、《秋》,正是巴金呼吁自由、民主,尊重人格、人性解放的最鲜明的一面旗帜。

【书海拾贝】

他站在门口,好像把守住一道关口似的。他的脸也涨红了。愤怒抓住了他,热情鼓舞着他。他完全忘记这些人是他的长辈。他愤怒地而且轻蔑地问道……

《边 城》

【名家传略】

沈从文(1902年—1988年),京派小说代表人物,原名沈岳焕,湘西凤凰县人,主要作品有《月下小景》、《八骏图》、《边城》、《长河》、《从文自传》和《湘行散记》等。

【经典阐述】

《边城》发表于1934年,主要描写了山城茶峒码头团总的两个儿子天保和傩送与摆渡人的外孙女翠翠的曲折爱情故事。

民国初年,在湘西山区一个偏远的小镇——茶峒城,离城两里有个渡口,摆渡的是70岁的老船夫,还有他的外孙女翠翠。

17年前,翠翠的母亲因和一个屯防军人相爱而生下一个孩子,那军人因其母无远走的勇气而商量殉情。男的首先服了毒。女子到溪边投水自尽。

茶峒城里有一位叫顺顺的船总,他家拥有4条船,在方圆几十里内颇有声望。顺顺有两个相貌英俊的儿子,他们都长到了该娶亲的年龄。年纪大的像爸爸叫天保,豪放豁达、不拘小节;年幼的气质近于白脸黑发像母亲,不爱说话,眼眉却秀拔出群,一望即知其为人聪明而又富于情感,叫傩送。

边城一年中最热闹的日子是端午、中秋与过年。端午时节,有人赛船,有人在水里比赛捉鸭子;船与船的竞赛、人与鸭子的竞赛,直到天晚才结束。

在一个端午节的划船赛上,翠翠偶然与傩送相遇。自那次相遇后的两年里,翠翠的心里一直装着一个人儿。而傩送的心里也萌发了微妙的情感。这时,天保让父亲派人到翠翠家提亲。但是老祖父却不明白翠翠的内心,翠翠的羞涩也使她不能直接表白。

老人家想起了边城人特有的求婚方式，他让天保在月圆之夜唱歌给翠翠，让他自己打动翠翠。

傩送知道后，也让哥哥知道了自己的心事。这一对感情至深的兄弟都爱上了翠翠；于是兄弟俩商定，同时到翠翠家对岸小溪的高崖上唱情歌听从天命。在那个月夜，翠翠被歌声打动。老船家把一切看到眼里。而他并不知道，那晚只有傩送在唱，天保天生没有好歌喉。

老船夫向天保说起翠翠听到歌声时的感受时，天保便明白了一切，于是他驾船远行了。半个月后，天保的死使顺顺和傩送的心里都有了一个解不开的结。他们觉得这跟老船夫和翠翠有关。老船夫因此而受到沉重打击。

这时，恰好中寨王团总派人到顺顺家为女儿提亲，他们以一座新碾房为女儿做嫁妆，使顺顺欣然同意；可傩送内心想着翠翠，拒绝了这桩婚事，但父命难违，只好以跟货船下辰州、出去闯闯的理由远走逃避，老船夫见翠翠婚事无望，自己夙愿落空，心力交瘁，终于在一个雷雨交加的夜晚死去。老船夫死后，渡口的木船上只剩翠翠一个人，翠翠却明白了许多老人在世时所不明白的事。但悲痛并没有使她走母亲走过的路，她接替了老船夫的工作，终日为来来往往的行人摆渡，同时守候在渡船上，等待着傩送的归来。

【历史评说】

《边城》是我国文学史上一部优秀的抒发乡土情怀的中篇小说，它展示给读者的是湘西和谐的生态环境，其中的一切都是那样纯净自然。然而最终美好的一切只能存留在记忆里：天保与傩送一个身亡，一个出走；祖父也在一个暴风雨的夜晚死去，爱情故事以悲剧告终。《边城》表现的是一种人生的形式，一种优美、健康、自然，而不悖乎人性的人生形式，为人类的"爱"字做了恰如其分的说明。

【书海拾贝】

两岸多高山，山中有可能造纸的细竹，长年作深翠颜色，逼人眼目。近水人家多在桃杏花里，春天只需注意，凡有桃花处必有人家，凡有人家处必有桃花。

《呼兰河传》

【名家传略】

萧红（1911年—1942年），生于黑龙江呼兰县一个地主家庭，著名女作家。原名张乃莹，萧红是其笔名，代表作有《生死场》、《马伯乐》、《呼兰河传》等。

【经典阐述】

《呼兰河传》创作于1942年，是萧红以自己的家乡和童年生活为原型而创作的。

故事发生在叫呼兰河的小城。第一人称"我"在文中以一小女孩作为这个故事的叙述者。

在一个僻远热闹的小城,人们过着日出而作、日落而息的生活。城中的交通要道上有一个"大泥坑",常有一些骡马和小孩被淹死里面,可居民都在看热闹,没有人采取过相应的防护措施。有的说该拆墙,有的说该种树,但没有一个人说填平的,尽管坑并不深。

我的祖父年近七十,是一个慈祥、温和的老人。家里祖父最关心我,所以一天到晚。他常教我读诗,又带我到后花园游玩,我走不动的时候,祖父就抱着我,祖孙俩相依相伴快乐无比。

我们把没住的房子租给别人,所以多了几家邻居,四边的一间破草房租给一家喂猪的;还有一间草房租给一家开粉坊的,他们经常一边晒粉、一边唱歌,过得很快乐;厢房里住着个拉磨的;粉坊旁的小偏房里住着个赶大车的胡家。胡家养了一个小童养媳——团圆媳妇。她12岁,成天都乐呵呵的,可胡家想从各方面管住她,总是无缘无故打她,左邻右舍却也支持胡家,都说应该打,于是胡家就越打越凶,时间也越打越长,小团圆媳妇被折磨得生病了。老胡家听了跳大神的话,决定给小团圆媳妇用开水洗澡。洗澡时,很多人来看热闹,她被滚烫的水烫了三次,几天后便死去了。

我有一个亲戚我叫他"有二伯",他是个老光棍,性情怪异,不大爱同人搭腔,只喜欢同石头、麻雀、黄狗谈天。听祖父讲,有二伯三年前就到了我家,战争时期,多亏有二伯在,才守住了家,他最怕人骂他"绝后",只要听到有人这样骂他,悲痛不已。但他却是我的一个很好的玩伴。

拉磨的那个邻居被人们叫做"磨官冯歪嘴子",他不但会拉磨,还会做年糕。有一次,我去磨坊买年糕,看到里面炕上躺着一个女人和一个小孩,原来冯歪嘴子成家了,那女人就是同院老王家的大姑娘王大姐。冯歪嘴子的幸福生活遭到了邻居们的羡慕甚至嫉妒,他们都说王大姐坏,谣言不断,冯歪嘴子更是受尽了人们的冷嘲热讽。过了两三年,王大姐在生下第二个孩子后因难产而死,冯歪嘴子常常含着眼泪,但他看到大儿子渐渐懂事,小儿子也会拍手笑了,他就不再绝望。在儿子身上,他看到了希望。

时间飞逝,从前那后花园的主人,而今也不见了。祖父死了,我因灾荒年月生活困难,也逃荒去了。这里面没有动人的故事,只因他们充满我幼年的记忆,难以忘却,便记在这里了。

【历史评说】

《呼兰河传》的艺术表现比较独特:虽然写人物,都没有主角;叙述故事,却没有主轴;全书七章虽可各树一枝却又俨然是一整体。萧红以她娴熟的技巧、抒情诗的散文风格以及其浑重而又轻盈的文笔,成就了她"回忆式"的巅峰之作。

【书海拾贝】

晚饭一过，火烧云就上来了。照得小孩子的脸是红的，把大白狗变成红色狗了。红公鸡就变成金的了。黑母鸡变成紫檀色的了，喂猪的老头子，往墙根上靠，他笑盈盈地看着他的两只小白猪，变成了小金猪了……

《传 奇》

【名家传略】

张爱玲（1921年—1995年），原名张瑛，祖籍河北，现代著作名家，生于上海一个没落的官宦之家。她的主要作品有散文集《流言》、散文小说合集《张看》、小说集《传奇》、《倾城之恋》、《半生缘》、《赤地之恋》等。

【经典阐述】

《传奇》共收录了中短篇小说共16篇，其中包括《倾城之恋》、《金锁记》、《茉莉香片》、《沉香屑——第一炉香》、《沉香屑——第二炉香》、《红玫瑰与白玫瑰》等。

《倾城之恋》中白公馆28岁的六小姐，白流苏，离婚已七八年，一直在娘家住着，平日里难免受兄嫂及下人的冷言语。

热心的徐太太张罗着为白家七小姐做媒，男方是从小在英国长大、回国才几年的范柳原。徐太太安排七小姐和范柳原见面的晚上，流苏陪着七小姐。那男子虽粗枝大叶，算不得什么美男，但却也有自己的一种风采。那次见面，范柳原竟看中了流苏而不是七小姐。柳原请徐太太说服流苏去香港。

在香港，柳原每天都陪着流苏到处玩，晚上又常带她出去散步，直到深夜。然而，柳原却闭口不提结婚。流苏便回到上海，想以退为进，从而希望柳原会带着"较优的议和条件"向她妥协。

然而一直是熬到十一月底，范柳原才从香港发来电报，却是让她再次去香港。一个秋天，她已经老了很多！于是她带着失落的心情，第二次离开了家去香港，这次他们之间变得率直得多。

不久，柳原说要去英国，为流苏在巴尔顿道的一座山坡上租了一所房子。柳原走的第二天，战争便爆发了，轰炸声弥漫了整个香港。流苏正处于惊吓中时，柳原却突然出现了，在兵荒马乱中他们相依为命。在一片炸弹声中，两人却在报纸上刊出了结婚启事。

过了一段时间，战争暂时停止了，柳原便回到了上海。其间，流苏只回过一次白公馆。柳原现在不跟她闹着玩了，他说俏皮话的对象换成了同房的别的女人。流苏一面想：这是好现象，说明他把她当作名正言顺的妻子；另一面却还是有些怅惘。

《金锁记》中的时代为清末民初，小镇上天真烂漫的少女曹七巧与京城大户姜家的三少爷季泽一见钟情，可七巧的哥哥曹大年贪图钱财要把妹妹嫁给患有软骨病的仲泽，为了接近季泽，答应这门婚事。失望至极的季泽在仲泽的婚宴上喝得大醉，令七巧心痛欲裂。此后，季泽越来越消沉，常常夜宿妓院，七巧到妓院劝阻，与酒醉的季泽同居了一晚，并由此怀孕，生下一子，因此招致众人的诸多非议。仲泽为保护妻子，临终时坚定地声称自己是这孩子的亲生父亲，姜老太太亦为维护自家的名声，痛斥众人对七巧的打击。

老大伯泽夫妇为了倾吞家产，利用七巧对季泽的感情，设下一个个圈套，造成七巧和季泽重重误会，使得他们本来纯洁的情感在金钱和岁月的摧残下渐渐消逝。后来七巧的人格开始扭曲，性情变得冷酷，她亲手毁掉了儿女的婚姻和幸福，变为一个刻薄自私、终日靠鸦片麻痹灵魂的女人。

【历史评说】

现代女作家有以机智聪慧见长者，有以抒发情感著称者，而张爱玲能将才情打成一片，在作品中深深进入而又保持超脱，文字在她的笔下，才真正地有了生命。从她的作品里读者可以品味繁华将尽、满目沧桑的感受。

【书海拾贝】

固然，女人是喜欢被屈服的，但是那只限于某种范围内。

《金粉世家》

【名家传略】

张恨水（1895年—1967年），原名张心远，安徽省潜山县人，出生于江西广信，是我国著名的章回体小说大师。张恨水一生中共创作长篇小说120余部，另外，其诗歌、散文与杂文也影响深远，可谓著作颇多。

张恨水是20世纪现代文学史上最高产的作家之一，他一生创作120余部小说，三四十年代以《春明外史》、《金粉世家》、《啼笑因缘》等作品赢得无数读者的青睐，成为当时小说最畅销的作家。

从《金粉世家》至《啼笑因缘》，张恨水日臻创作高峰，经常为六七家报刊供长篇连载。每至深夜，索稿人排队等候。他常常坐在放满鲜花、盆景的书房，备好竹纸，文如泉涌，几千字一挥而就。五六篇手稿同时交与来者，书中人物不会混杂、跳格，前后情节也不重叠或遗漏。据悉，有一次张恨水在麻将桌上赌瘾正酣，报馆催稿，他左手打牌，右手书稿，"手挥目送，文不加点"，从不出错。他酷爱李煜的词"胭脂泪，留人醉，几时重。只是人生长恨水长东"，便取名恨水。

【经典阐述】

《金粉世家》是张恨水早期新闻生涯积累的生活素材,以国务总理小儿子金燕西与平民女子冷清秋从自由恋爱、到结婚离弃的悲剧为主线,深刻描写了豪门盛衰和世态人情,堪称经典之作,至今读来仍有其不朽的艺术魅力。

20世纪20年代初,国务总理金铨之子金燕西与女学生冷清秋邂逅,一见钟情,此后便欲罢不能。

为了得到清秋的爱,燕西每天在校门口等候。一见清秋放学出来,他便跟踪其后,清秋都以精明的智慧甩开了燕西。清秋的不屈更加吸引了燕西,他不惜重金买下了清秋家隔壁的房子,还主动与清秋的舅父宋世卿交友,其舅舅为了攀上高枝,便不断安排机会给燕西,却反而加深了清秋的反感。当燕西得知清秋喜欢做诗后,便马上成立了一个诗社,聘来一大群文人墨客帮自己写诗画画。每天清秋放学回家,就从隔壁传来燕西朗朗的吟诗声,句句情深意切。日复一日,清秋终于改变了对他原有的看法,转而认定燕西是个才华横溢的风流才子。

清秋家境贫寒,她怕遭到燕西家族的反对,始终没有公开他俩的关系。此事却被出身显贵的燕西原女友白秀珠知晓,她便在金公馆大闹一番。

青年诗人欧阳于坚也喜欢上了清秋,且对其百般关心和体贴,在诗文创作上给了她莫大的启迪。清秋后来发现燕西求爱的"杰作"原均出于欧阳于坚之手,二人之间便渐渐产生朦胧的好感。

清秋终于被迎娶到金府的豪门大宅。清秋因对豪门内种种礼节毫不知情,在婚礼上便引来金家几位少奶奶的嘲笑。

金公馆中,各房儿孙矛盾不断,金铨、金太太被闹得心乱如麻,不得安宁。金铨国务总理的职务也摇摇欲坠,几个儿子又不争气,面对内忧外患的压力,金铨命丧黄泉。顶梁柱倒了,金太太无法支撑起这硕大的家族。不久,几个儿子便纷纷闹着分家。玉芬嫁祸于清秋,说是清秋首先闹着分家的,又传出清秋与欧阳于坚有染,燕西不问青红皂白也责怪她。清秋有苦难言。她知道,面对金家中庞大的势力,她是无力反抗的。

燕西与秀珠公开交往,他不顾全家以各房及清秋的感受,夜不归宿。燕西将分家的钱一再挥霍,清秋稍一过问便与之吵闹。清秋忍受不了,想回娘家,却又怕母亲伤心,最后还是留下来了。

清秋顺利产下一男婴。但奉子成婚的谣言却在金公馆盛传,使清秋感到无地自容。

热心的八妹在白秀珠家找回燕西,他应付地看了一下清秋,便要偷偷从箱子里拿钱,被清秋发现,清秋欲制止,燕西便说出绝情的话,二人大吵,燕西扬长离去。从此,燕西再也没有回家,与秀珠鬼混并策划着同去德国。

清秋执意要搬回娘家,被金家百般阻拦,她只好把自己软禁在常年没有人住的空房子里,准备与世隔绝。正值四分五裂之时,金公馆却在一夜间被火烧了变成一片废墟,清秋在大火中失踪。三姨太挟巨款逃跑。冷太太跑到金公馆要女儿。金太太迫于无奈,只好答应想尽一切办法寻找清秋。清秋带着孩子和满腹的心酸与润之一起去了南方,投入到了新生活的洪流中。

　　燕西终于觉醒,发现自己失去了生命中最珍贵的另一半,他四处寻找清秋的下落,但毫无结果,意冷心灰之下便远渡重洋,永远地告别了这块心酸的土地。

　　一代豪门家族——金粉世家就这样解体了……

【历史评说】

　　张恨水长于创作通俗文学,发表过《春明外史》、《金粉世家》、《啼笑因缘》、《八十一梦》等许多影响颇深的作品,全部作品在3000万字以上,是当之无愧的通俗文学大师。中国20世纪通俗文学史上的两个集大成者,1949年后就是现在为大家所熟悉的金庸,1949年前是张恨水。

　　在文学作品研讨会上,很多人把他和鲁迅一并作为中国近代文学的两个代表,鲁迅是雅文学的代表而张恨水是俗文学的代表。可以说,他在中国文学史上有一个承上启下的作用,他上承曹雪芹,下接琼瑶。

　　张恨水一生留下3000万字,创作百余部小说,迄今为止还没一个中国小说家超过他。他对小说写作痴迷的程度,以及写作的快速,令人惊为"天人"。仅1928年一年,他竟同时在报刊上连载6部小说,其中就有备受几代人欢迎的《金粉世家》,当时被誉为"新红楼梦"。作为一代报人和有社会责任感的作家,身处战乱和民族矛盾突出的时代,张恨水在许多篇章里有很多犀利的政论,他的小说也有"抗战小说"、"国难小说"之誉。

　　他的小说追求情节的曲折和起伏,注重语言的平易晓畅,注意读者的审美心理以及欣赏习惯,运用章回休这一艺术形式来表现现代生活。

　　他的小说刻画形象逼真,描写生动,文字浅显易懂,口语自然,内容上主张恋爱真诚的婚姻自主。他的思想似乎是旧民主主义的,在当时却有着一定的进步意义。

【书海拾贝】

　　山上是很幽静的,人的心思一定,远处的香味,只要还有一丝在空气里流动着,也可以闻得到,这就叫心清闻妙香了。

　　快乐不光是吃喝嫖赌穿,最大的快乐,是人精神上可以得着一种安慰。

《沉 沦》

【名家传略】

郁达夫（1896年—1945年），名文，字达夫。他幼年家庭贫困，1913年跟随长兄东渡日本，开始了艰辛的留学生活。近十年的留学生活，加重了郁达夫思想中的忧郁，对他的作品和生活甚至性格都产生了巨大的影响。他这样描述在日本时的心情："一种被侮辱、绝望、悲愤、隐痛的混合作用，是没有到过日本的中国同胞绝对地想象不出来的。"当时，日本军国主义已严重膨胀，滋生着侵略扩张的野心。"是在日本，我开始看清了我们中国在世界竞争场里所处的地位……是在日本，我早就悟到了今后中国的命运，与四万五千万同胞不得不受的炼狱的历程。"中国留学生作为弱国子民，到处都受到欺凌和侮辱。因为时代的黑暗、祖国的贫弱，因此郁达夫长期饱受痛苦的煎熬，使他的忧郁感伤情绪与日俱增。

郁达夫曾经这样介绍自己创作《沉沦》的初衷："在那荒淫残酷、军阀专权的岛国里面……眼看到故国的陆沉，身受到异乡的屈辱，与所感所思、所经历的一切，概括起来没有一点不是失望，没有一处不是忧伤，同丧失了夫主的少妇一般，毫无气力、毫无勇毅、哀哀切切、悲鸣出来的，就是那一卷那时惹起了许多非难的《沉沦》。"他这由于切肤之痛所发出的忧郁感伤的呐喊，必然反映在他的作品里。

在文学创作的同时，他还积极参加各种反帝抗日组织，先后在上海、武汉、福州等地从事抗日救国宣传活动。

他不是共产主义战士，却是一个很彻底的民主主义者。在南洋，他也曾谈及自己和"左联"的关系："替穷人说话是我的夙愿。左联的很多作家和我都是挚友，尤其是鲁迅，我们之间无话不谈。他和左联的关系，是由我做的媒介。我的个性不适合做那样工作，所以左联成立一月之内便宣告退出了。不管人怎么议论，我不辩解，而在暗中营救左翼作家的事，做得并不少。自问比挂空名不做实事的人，心中踏实得多。"夏衍先生曾说："达夫是一个伟大的爱国者，爱国是他毕生的精神支柱。"

新加坡沦陷后他流亡至苏门答腊，由于他精通日语被迫做过日军翻译，在此期间他利用职务之便暗暗救助、保护了大量文化界难友、爱国侨领及当地居民。

1945年8月29日，他49岁时，被日本宪兵残酷杀害，1952年经中央人民政府批准，被追认为革命烈士。

【经典阐述】

《沉沦》是郁达夫早年的一篇代表作。小说通过对一个留日中国学生的抑郁性格和变态心理的细致刻画，抒写了"弱国子民"在异国所受到的屈辱和冷遇，以及渴望真挚的友谊和爱情而却终不可得的失望与苦恼；同时也表达了盼望祖国早日强大起来的强烈愿望。

作品中主人公在"五四"运动和西方新思潮的感召下已经觉醒，他热切地渴望恢复其自身价值，渴望着真诚的爱情。但是，在这"文明"的现代社会，特别是他这样一个身处异国的弱国子民，所有追求都成了不可实现的理想。他的生活处于一种极端矛盾的情况下：自身方面，他内心的情火熊熊燃烧，而现实给他的却是残酷的抑制，于是，在一种青春欲望的鼓动下，他竟用病态和变态的行为去满足自己的欲望，走向了沉沦；在国家这一大的方面，他热爱祖国，却眼睁睁看着祖国日益"消沉"，这使他的自尊心与自卑感发生了剧烈的矛盾冲突。他渴望着理解、温暖和同情，还有"从同情而来的爱情"，但他却无法实现这种爱。在心理上，他才华横溢，却受社会歧视；在生理上，他渴望爱情，却始终未曾找到。他在孤独和忧郁中挣扎，以至于进妓院麻醉自己寂寞的心。在"贪恶的苦闷与向善的焦躁"的双重夹击下，自卑与自责又构成了他心理上更深刻的矛盾和苦恼。终于，伴着个人理想的彻底破灭，他走向投海自尽的绝路。

郁达夫通过大胆率直的描写，呼喊出了那一代知识分子所共有的内心需要，进而痛诉了受帝国主义与封建势力双重压迫的罪恶社会，因此在当时产生了很大的影响，引起了许多知识青年的共鸣。

【历史评说】

《沉沦》是我国现代文学史上的第一本小说集，包括《沉沦》、《南迁》和《银灰色的死》三篇小说，该作品惊世骇俗、名噪一时、影响巨大，造成了当时的"郁达夫热"。

《沉沦》中饱含强烈的爱国主义和反帝反封建思想。小说以悲壮的结局，通过描写青年一代的不幸遭遇对帝国主义、封建社会进行痛斥。由于祖国的落后，他们处处被人歧视，揭示了民族的灾难给青年们的心灵戴上了沉重的枷锁，当人们问他来自哪里时，他总觉得像站在"断头台"上一样难受。"原来日本敌视中国人，同我们轻视猪狗一样"，使他那一颗被侮辱与被损害的心挣扎在忧郁和苦难的深渊。他憎恨日本，"他们都是我的仇敌"，表现了作者对帝国主义专权的憎恶。作者以沉重的心情，通过"我"的告白，剖析了悲剧的原因："我何以要到日本来，我何苦学习，既然到了日本，那自然不得不被他们日本人轻侮的。中国呀中国！你怎么不富强起来。我不能再隐忍过去了。""祖国呀祖国！我的死是你害我的！你快富强起来吧！你还有许多儿女在那里受苦呢！"《沉沦》就是以切肤之痛喊出了青年的苦恼，并把这沉重的苦恼与祖国、民族的深重灾难联系起来。无可否认，这是使这篇小说在当时社会引起强烈反响的重要原因。

在坦率揭示病态心理上，小说一方面体现了对封建道德的反抗精神，另一方面也暗示了主人公本身怯懦、妥协无争、自暴自弃的弱点。

郁达夫的小说写爱情且也写性苦闷，以感伤的抒情文字来表现个性解放的欲求，从个人的体验中倾听时代的声音。正如郭沫若所说："他的清新的笔调，在中国的枯槁的社会里面好像吹来了一股春风，立刻吹醒了当时无数青年的心。"

胡愈之先生曾对郁达夫做过这样的评价：在中国文学史上，将永远铭刻着郁达夫的名字，在中国人民反法西斯战争的纪念碑上，也将永远铭刻着郁达夫烈士的名字。

郁达夫同时代的黎锦明这样评价《沉沦》："今日青年在革命上所生的巨大的反抗性，可以说是从《沉沦》中那苦闷到了极端的反应所生的。虽然一部《沉沦》并不是记述关于性的问题、革命心理的文字，然而那真情实感的启示，比《呐喊》那较鲜明的激动，尤其来得深远。"

【书海拾贝】

在稠人广众之中，感得的这种孤独，倒比一个人在冷清的地方，感得的那种孤独，还更难受。

祖国呀祖国！我的死是你害我的！你快富强起来吧！你还有许多儿女在那里受苦呢！

《围 城》

【名家传略】

钱钟书（1910年—1998年），字默存，我国现代著名学者、文学家，重要的学术著作有《谈艺录》、《管锥编》等，他知识渊博，才气充盈舒逸，处世淡泊自甘，被学界称为才学兼胜的奇才。

【经典阐述】

《围城》是钱钟书唯一一部长扁小说，出版于1947年。故事主要写抗战初期知识分子的群相。

方鸿渐留学归国后，就陷入家庭、婚姻和职业的重重包围。他在欧洲"留学"四年，转了三个学校、专业，生活散漫，毫无心得，但父亲和夭折未婚妻的父亲却一再向他催要毕业证书，没有办法他只好在骗子那出钱买了一张"美国克莱登大学博士"的假文凭。他宽慰自己这是为了尽晚辈的孝心，但没想到老丈人却将其照片和留学履历登在报纸上了，令他回国后羞愧难当。

在回中国的邮船上，他就与澳门女郎鲍小姐发生了性关系，但鲍小姐上岸后便投入未婚夫怀抱，令方鸿渐苦恼。为了寻找心理安慰，他亲近"艳如桃李，冷若冰霜"

的苏文纨，从此逐渐被婚姻、爱情、情欲的网缠紧。苏文纨喜欢方鸿渐，而方鸿渐却深深爱上了她的表妹唐晓芙。唐晓芙天真、美丽、纯洁，令方鸿渐无比倾心，但他却狠不下心拒绝苏文纨的亲近。有个叫赵辛楣的自幼爱慕苏文纨，苏文纨却只是欣赏他，于是赵、方二人便在苏面前斗智争宠。

苏文纨向方鸿渐求爱失败，由爱转恨而决定拆散唐晓芙和方鸿渐。她把方鸿渐在船上与鲍小姐的风流韵事以及他已有妻室的事告诉唐晓芙。唐晓芙痛骂方鸿渐，方鸿渐羞愧无比，淋雨离去。唐晓芙后来离开了上海，苏文纨则嫁给了"新古典主义"诗人曹元朗。周经理即原老丈人夫妇看到方鸿渐与官家小姐苏文纨分手，便改变了对他的看法，将其逐出家门，而赵辛楣竟与他结成"患难之交"，不计前嫌，一起离开孤岛上海，去湖南三间大学任教。

与他们同行的还有同去当中文系主任的李梅亭。李梅亭带了一个高大箱柜，里面一半装着准备卖高价的西药。这箱子一路为他们添了不少麻烦。其中还有刚毕业前去当助教的孙柔嘉，方鸿渐一路上格外关心同情无依无靠的孙小姐，赵辛楣却警告他别小看孙柔嘉，她可不是一般的女孩子，极富心机。

三间大学是个充满近乎官场派系争斗、尔虞我诈的是非之地。方鸿渐由于不愿在履历中填上博士头衔，被降格为副教授，没想到外文系主任韩学愈戴的也是"克莱登大学博士帽"，他怕方鸿渐揭露他，就对方鸿渐百般排挤。李梅亭的主任位置已被教育部次长的伯父汪处厚占据，校长高松平只好高价收购李的西药，并给他一个训导长的职位来敷衍老朋友。

汪处厚的太太美丽动人又很聪明，比丈夫小20来岁，校长高松平暗恋汪太太，赵辛楣也因她像苏文纨而堕入情网。

后赵辛楣被汪处厚以"行为不端"而逼走，方鸿渐也因故被解聘，孙柔嘉看出方鸿渐随和风趣，设计使方鸿渐与她订婚。

方鸿渐与孙柔嘉到香港结婚。而此时的苏文纨已成为往返香港与重庆贩运私货的摩登女人，方孙二人遇苏小姐后感觉颇为失意。二人矛盾越来越多。二人返回上海后，方家挑剔这个出外从业的媳妇不明妇道和礼教，孙家的亲朋却挑剔方鸿渐"本领小脾气大"，以致家庭矛盾日益尖锐。方鸿渐由于在一家报社谋职薪水只有柔嘉一半而被孙家的人轻视，柔嘉姑母为方鸿渐找到一份高薪工作，方鸿渐却认为她和姑母贬损自己的人格。孙柔嘉愤然离去。

失魂落魄的方鸿渐回到家中，心中茫然一片。方鸿渐和衣倒在床上，麻木而软弱，只有那只祖传走慢的时钟从容地打点着时光，这饱含了对人生的讽刺和感伤。

【历史评说】

《围城》像一个七彩缤纷而又充满智慧的万花筒，透过它的镜片，你可以看到形色各异的知识界众生相,领略到新颖透辟的文化与智慧,令人爱不释手,回味悠长,它是现代文学中难得的传世佳作之一。

小说借主人公之口引用英国的一句古话:"结婚仿佛金漆的鸟笼,笼子外面的鸟想住进去,笼内的鸟想飞出来。"又引用法国哲人的话,说结婚"是被围困的城堡,城外的人想冲进去,城里的想逃出来",揭示了整个现代文明的危机以及现代人的人生困境。

作者在该书初版序言中说:"在这个书里,我想写现代中国某一部分社会、某一类人物。写这类人,我没忘记他们是人类,只是人类,具有无毛两足动物的基本根性。"作者写作的笔调是诙谐幽默的,但用意是忧世伤生的,曾被人誉为新的《儒林外史》。

《围城》描写以方鸿渐为典型的一批归国留学生、教授、名士,在洋场、乡镇、学校和家庭的一座座"围城"之间奔突颠踬,展示了洋学衔和旧学问错综时期知识分子的众生相。作者用充满同情但又带着调侃讽刺的口吻描写了他们怎样不断地陷入家庭、婚姻和职业的重重包围,仿佛是流浪儿,灵魂彷徨无主,无处归依,虽努力挣扎但似乎永远走不出那一座人为或自设的围城。作者虽同情他们的尴尬处境,但又毫不客气地揭露出他们的无能懦弱以及官场化、商场化的迂腐、虚伪和卑琐。应当说,作者审视人生的视角是独特的,眼光是犀利的。

《围城》采用了大跨度的横向移动式的结构间架,以人物的行踪来贯穿故事,转移城市达8个之多,但又构成了一个圆。从方鸿渐等人由法国邮轮回到上海开始,其间经历宁波、金华、鹰潭、吉安、湖南三闾大学、桂林、香港等地,到故事结尾方鸿渐在上海百般失落为结,充满寓意。全书在巨大的地理幅员中,聚集了各具面目的典型角色近70人,这些人物本身都充满个性特色,没有绝对的恶人(如传统小说中常见的那样),但也没有一个无瑕完美的"好人"。多多少少的缺点使他们可厌、可笑,但又十分可亲,普通得如隔壁邻人,栩栩如生,平凡至极,使我们在细读时仿佛能感到他们温热的呼吸。在这种内涵巨大的文笔囊括中,作者无拘无束地挥洒着那种贯穿经传、驰骋古今、融汇中西的讽刺笔墨,佳言妙句,连翩而至,内中显示作者洞悉人生的大智慧,是一部知识密集度最大的现代小说。

令《围城》显示异彩的,不仅是它的寓意和涵括性,还有它那字字珠玑、充满机智与情趣的语言。作者以其渊博的知识储备和卓越的联想能力,对中外风习、典故、名人逸事信手拈来,不但契合人物的身份口吻,而且充满了然世事之后的那种从容机敏,读来时常令人拍案叫绝。比如在写方鸿渐为了应付父亲、丈人的要求,购买假博士文凭时,作者想到了《圣经》,"这一张文凭,仿佛有亚当、夏娃下身那片树叶的功用,可以遮羞包丑"。活灵活现地写出了方鸿渐此举的尴尬与好笑。作者让方鸿渐这样自欺欺人地安慰自己,"撒谎欺骗有时并非不道德。柏拉图《理想国》里就说兵士对敌人，医生对病人，官吏对民众都应该哄骗。圣如孔子，还假装生病，哄走了儒悲，孟子甚至对齐宣王也撒谎装病。父亲和丈人希望自己是个博士，做儿子女婿的人好意思教他们失望么？"不责备自己的懒散不上进，却拿古代圣贤打掩护，生动地刻画出了他阿Q式的心理，只是这位现代"阿Q"在中西伟人的名字言语修饰下，显得滑稽而冠冕堂皇罢了。作者在写方鸿渐父亲的迂腐古板时，不动声色地写道："书桌上正摆着《镜花缘》和商务印书馆第十版的《增广校正验方新编》，他想把《镜花缘》里的奇方摘录在《验方新编》的空白上"，巧妙地以医药学和小说的知识相错综，写出了人物的煞有介事，十分有趣。据说方父这一形象就是钱钟书以自己的父亲钱基博为原型塑造的。钱老是我国著名古文家，敦厚庄重，不苟言笑，国学造诣极深，对钱钟书要求十分严厉。钱钟书一方面在书中写出了方父抗战时期的气节，也以善意的笔写出了他的刻板，不仅使人物血肉丰满，而且也写出了钱钟书对上一代学人的理性思考。

　　钱钟书之所以能形成如此独特的文风，不仅因为他百科全书般的广博知识，天性的幽默诙谐，还与他独特的关于人生的思考分不开。《围城》的创作成功不仅基于他海外求学、西南联大就职的人生经历，也有赖于他对现代知识分子的深刻解读。作者在序言所说的立志描写人类的"基本根性"——虚伪与真诚，卑琐与高洁，诚实与欺骗，求上进与常懒惰等的混杂交织使他写出了一个个真实的人，而那种充满期待与懊悔、寻找与失落的悲悲喜喜则写出了真实的人生。作者立志在此，也在此取得了成功。

　　令钱钟书赢得世人普遍尊重的，不仅在于他无法比拟的学识，对社会厚重的学术贡献，机趣横溢、可堪传世的小说佳作，还在于他高洁的人品，淡泊名利的人生态度。钱钟书对身外之物极其淡漠。《围城》被拍成电视连续剧取得全国轰动时，电视台要付他高额稿费，他分文未收。国内18家省级电视台联合拍摄《当代中华文化名人录》，他被列于第一批的36人中，他也婉谢。当有人告诉他会有经济方面的收入时，他笑笑说："我都姓了一辈子钱，难道还会迷信钱吗？""文革"时期，他坚定不移地拒绝参与时有发生的对于学者同事的责难。在他看来，最大罪恶是知识分子的背叛，是一个知识分子出卖另一个知识分子。他对他这一代知识分子提出总括性判断：他们是害怕离开政治的人，而他则选择了另一种道路——尽可能少地牵扯政治，他的自我估计是低而凄楚的，他认为自己是一个"不怕孤独的"人，选择了孤独也许是另一种勇敢，他既不害怕没有从政治方面得益，也不怕朋友因政治而对他背离。在孤独的生活中，他与夫人杨绛相濡以沫，亲密无间。他们蜗居书斋，杜门避嚣，专心治学，孜孜不倦。曾有人说，对钱钟书最好的纪念，莫过于潜心研究他的"钱学"和"尊重他的自甘落寞身名"，说这样话的人，是真正理解和尊重他的。

【书海拾贝】

　　拍马屁跟谈恋爱一样，不容许有第三者冷眼旁观。

苏小姐理想的自己是:"艳如桃李,冷若冰霜。"让方鸿渐卑逊地仰慕然后屈服地求爱。谁知道气候虽然每天华氏一百多度,这种又甜又冷的冰淇淋作风全行不通。

《青春之歌》

【名家传略】

《青春之歌》是杨沫的自传体小说,写于1958年,是中国当代文学史第一部描写学生运动和塑造革命知识分子形象的优秀长篇小说,是她成功的代表作。书中以林道静的成长与爱恨为索引,抒发了青春与热情,被译为多种外文,在国际上,各国华人深受影响,是流传最广的长篇小说之一,是17年革命文学的经典叙事。同名电影被作为新中国建国十周年的"献礼片"深受人们的喜爱。

杨沫,原名杨成业,笔名杨君默、杨默,当代女作家,祖籍湖南湘阴,生于北京。曾就读于温泉女中,由于家庭破产而失学,当过小学教员、家庭教师和书店店员等。1934年开始创作文学,发表作品,大部分是些反映抗日战争的散文和短篇小说。抗战爆发后在冀中参加中国共产党领导的游击战争,在那做妇女宣传工作。1943年担任《黎明报》、《晋察冀日报》等报纸的编辑和副刊主编。中华人民共和国成立之后,曾担任过北京电影制片厂编剧、北京市作协副主席、中国作协理事、全国人大常委等职。她的主要代表作《青春之歌》是一部描写中国共产党领导的爱国主义学生运动的优秀长篇小说,成功地塑造了知识青年林道静这一艺术典型形象。小说在读者中特别是青年学生中影响广泛,由作者改编成电影剧本,拍成同名电影上映。杨沫的作品还有中篇小说《苇塘纪事》,短篇小说选《红红的山丹花》、《杨沫散文选》,长篇小说《东方欲晓》、《芳菲之歌》、《吴华之歌》,长篇报告文学《不是日记的日记》、《自白——我的日记》,以及《杨沫文集》等。

【经典阐述】

《青春之歌》是当代中国文学史上的一部优秀长篇小说。1931年"九·一八"事变之后,日本军队迅速占领了东北三省。在这民族存亡千钧一发的危急关头,蒋介石集团不思救亡,反而还在叫嚣"攘外必先安内",继续"反共"、"剿共"活动。《何梅协定》、"华北五省自治运动"、"冀东防共自治政府"的成立和"冀察政务委员会"等一系列事变的出现,激起全国各阶层人民的反对和不满。爆发全国范围的抗日反蒋救亡运动。青年学生自始至终站在抗日斗争的最前列。他们经过黑暗中的彷徨的、摸索,终于在新的历史时期找到了自己的出路,那就是跟着中国共产党走上革命的道路。《青春之歌》以"九·一八"事变到"一二·九"运动为历史背景,以学生运动为导线,描述了当时中国知识界形形色色人物的精神面貌,展示了我国革命知识分子所走的道路。

《青春之歌》主要描述了女主人公林道静的成长到成熟到最终走上革命道路的过程。林道静身于官僚地主家庭，生母出生佃户，深受林家折磨，生母死后，她受到百般虐待，形成乖僻、孤独和强烈反抗的个性。在中学所受的教育使她成为30年代知识分子的典型。异母想把她嫁给官僚的做法，迫使她出走北戴河。初到他地，在黑暗的社会下，她中了圈套，绝望跳海，被余永泽救起之后，两人恋爱同居，余热衷名利，两人最终感情破裂。与此同时，林道静在与北大爱国学生以及共产党人卢嘉川的接触中，深受其影响。在革命者的指引下，林道静由此走上革命道路。

【历史评说】

优秀长篇小说《青春之歌》主要艺术特性就在于人物形象的塑造。主人公林道静是作者杨沫以自己亲身的生活感受、生平经历为主要题材写成的，因而真实、富有感染力。同时，林道静的形象还具有一定的典型性，她那个时代革命知识分子的成长历程，表明了他们走向革命道路的主要特点：他们一般从个人遭遇和学习革命理论开始，由反抗封建家庭、探寻个性解放，到谋求民族解放、阶级的解放；由对劳动人民的同情，到为劳苦大众奋斗。在这一成长过程中，作者深刻揭示出：党是中国青年的唯一路标，一个人只有在党的领导下，走与工农相结合的道路，才能使自己的青春焕发灿烂的光辉。

在《青春之歌》中，作者还成功地塑造了一组优秀共产党员的形象。作者对北大党的负责人卢嘉川的刻画主要是通过南京请愿和狱中斗争，集中体现了他出色的领导才能和坚强不屈的英雄品格。还有一位抗日救亡运动的领袖人物江华，与卢嘉川相比显得更加稳健、敦厚、质朴，具有更多的工人阶级的特征。女共产党员林红是林道静狱中的难友，作者描写了她顽强的斗争精神和坚贞的革命品格，像一株红梅傲然怒放。

卢嘉川、江华、林红等共产党员的光辉形象，作者是把他们作为"党的使者"来塑造的。他们不但细心地帮助了林道静成长，成了林道静最心爱、最敬佩的航标，而且他们以自己刚毅顽强的性格和对党无限的忠诚，教育和影响着其他的革命同志和周围的进步青年。他们是知识分子的楷模，是无产阶级先锋，也是中华民族振兴的希望。

卢嘉川身上最突出的特点就是英勇顽强、稳重机敏，还有高度的革命乐观主义精神。小说大幅度地表现他不怕牺牲、铁骨铮铮的革命英雄主义气概。其中最精彩感人的是描写他在监狱里对凶残的敌人的顽强斗争。他用残废了的躯体，用自己的生命在监狱里组织了党支部，团结了苦难的战友，领导了为争取改善政治犯的生活而进行的绝食斗争。在临刑前，他想到的仍然是"为共产主义事业，为祖国和人民的和平幸福去死，这是我最光荣的一天"。作者在江华身上赋予更多的是工人阶级的气质。他稳健、沉着、淳厚、质朴。他跑过许多地方，干过许多职业，一心一意为人民，全心全意为革命。党叫他到哪里他就到哪里，哪里有工作需要他就到哪里去，没有丝毫个人杂念，全身心地投入到无产阶级革命事业中。小说虽然对林红的着墨不多，但她那大义凛然、视死如归的革命气节，她那顽强的斗争意志和崇高的共产主义风格，却像大理石的浮雕那样屹立在我们眼前。

作品还描写了其他的知识分子形象。其中有蝇营狗苟、自私冷酷，最后拜倒在胡适门下的个人主义者余永泽，有经不起革命考验，最终背叛革命的叛徒戴瑜；有思想空虚、贪图享乐，最终向右转化的小资产阶级女性白莉苹；还有起初以读书为"天职"，最后终于走上街头反抗反动军警的王晓燕和她的父亲王鸿宾教授……作者通过对他们不同的世界观、政治理念和人生的描绘，概括出了那个时代复杂的阶级关系和社会风貌。

从"五四"以来，我国现代文学史上曾出现过一系列青年知识分子形象。例如鲁迅笔下"恋爱至上"的子君，叶圣陶作品里"教育救国"的倪焕之，巴金《家》中高氏大家族的第一个"叛徒"高觉慧，柔石小说中"个人奋斗"的肖涧秋，碌碌无为、百般受挫又一事无成的赵安涛等。他们都在寻找实现个人理想的"道路"，探索知识分子的"出路"。当他们还未把个人命运与追求人民大众的革命事业联系起来的时候，他们难免会有彷徨、苦闷、动摇、幻灭、孤独和失落之感。但《青春之歌》中林道静的思想境界比起他们有了很大的发展、更全面的提炼。她经历了三次重大的思想转变，经历了由小资产阶级知识分子到无产阶级革命战士的艰苦转变。从这个角度看，林道静形象的塑造，是作者对以前作家在创作实践中所探索的"知识分子出路问题"的一次成功的总结。这在我国当代文学史上是一次带有开拓性的尝试和贡献。

在语言风格上，作者以流畅、简练的语言和热情的笔调行文，尤其带有浓烈的抒情色彩。小说第二部第二十章对林红的刻画，第二十五章林道静对刘大姐的部分感想、对卢嘉川的深情的缅怀等，写得情真意切、感人肺腑，既真挚委婉、诗情洋溢，又曲折入微、纤毫毕见。而对各类人物的内心世界揭示得那么细腻真切、楚楚动人，又全仗作者驾驭语言的功力。

杨沫的读者很多，也得到文艺评论家们好评与鼓励。文学巨匠茅盾发表了《怎样评价〈青春之歌〉》（1958年4期《中国青年》）称赞《青春之歌》"是一部有一定教育意义的优秀作品"，"林道静是一个富于反抗、追求真理的女性"。在人物描写、结构和语言三方面，茅盾也具体地指出了其中的不足。何其芳称《青春之歌》是"流荡着革命激情的小说"，巴金赞扬《青春之歌》"是一部热情洋溢，对青年们有教育作用的好书"，它的主要成就"是由于作者以学生运动为主线概括了当时革命斗争的各个侧面，斗争的复杂性和由此而引起的各种阶级关系的变化，构成了故事情节的生动性。其中共产主义思想的光辉照亮了一群青年革命者的精神面貌。这就使艺术表现上精彩绝伦，促人奋发"。当时人们称赞《青春之歌》，主要是从林道静参加党的领导下的学生运动，揭示了"青年知识分子在党的教育下成长为无产阶级革命者的必由之路"这一层面去分析。这并没有错，但是因为当时历史环境的限制，人们并没有真正认识到或虽然感觉到却没有深入探究《青春之歌》独具的艺术魅力。

【书海拾贝】

又过了半天，喝了一点稀米汤，道静年轻的生命真的复活了。可是痛，浑身上下全痛得像要粉碎了似的，针刺似的、火烧似的。可是，她不喊叫。

《红 岩》

【名家传略】

《红岩》写于1961年，作者为罗广斌、杨益言。

罗广斌（1924年—1967年）、杨益言（1925年— ）都是在重庆解放前投身反蒋斗争的共产党员。被捕后，他们在"中美合作所"集中营内亲眼目睹了许多革命者顽强不屈的斗争和壮烈牺牲的场面，并且自己也亲身经历了光明与黑暗的生死挣扎。新中国成立后，那些革命壮士的英雄形象和感人事迹时刻萦绕在他们心头。他们饱含着对敌人的痛恨和对先烈的景仰之情，成就了纪实文学《圣洁的鲜花》、《江姐》等，记述先烈的斗争历史。1958年，他们又创作了革命回忆录《在烈火中永生》。《红岩》（中国青年出版社1961年出版）就是将这些纪实性作品的材料经过艺术加工，反复锤炼创作而成的。丰富的生活素材和崇高的革命理想，使《红岩》成了一部革命现实主义的文学著作。

《红岩》的历史背景是：解放战争正以雷霆万钧之势向前推进，反革命的最后堡垒重庆正处于重重包围之中，盘踞在这里的国民党反动派垂死地挣扎，而被关押在"中美合作所"集中营里的共产党员则同他们展开了一场胜利前光明与黑暗的生死争斗。为了表现这种在全局上我们处于绝对优势而在局部处于暂时劣势的局面，作者将笔触从渣滓洞、白公馆延伸开去，把震撼人心的狱中斗争、城市地下党的活动和学生运动以及农村的武装斗争这三条线索融为一体，描绘了重庆解放前夕革命者同敌人殊死斗争的最后一幕，从一个重要侧面反映了解放战争走向全面胜利的斗争形势和时代风貌。

【经典阐述】

《红岩》是当代文学中一部优秀的革命英雄传奇，曾震撼过许多青年读者的心。

《红岩》的故事情节如下：

1948年，正处于国民党统治最黑暗的时期。为了配合工人运动，重庆地下党工会书记许云峰命甫志高建立沙坪书店，作为地下党的临时联络站。甫志高为了表现自己，不顾联络站的机密性，擅自扩大书店规模，销售进步书刊。一天，区委书记江姐要去华蓥山根据地，甫志高送江姐到码头，江姐嘱咐他要注意隐蔽，他嘴上答应，却没放在心上。江姐到离根据地不远的一座县城时，发现自己的丈夫、华蓥山纵队政委彭松涛的人头被高挂城头。见到纵队司令员"双枪老太婆"后，她强忍悲痛，坚决要到丈夫生前战斗的地方参加革命工作。甫志高却自作主张吸收一个叫郑克昌的青年入店工作，许云峰知道情况后大吃一惊，几经分析发现郑克昌形迹可疑，便让甫志高通知所有人员迅速转移。甫志高却根本不听劝告，反认为许云峰嫉妒自己的工作成绩，结果被捕并成了可耻的叛徒。由于他的告密，许云峰、成岗、余新江和刘思扬等人很快相继被捕。特务头子徐鹏飞得意忘形，妄图借此将重庆地下党一网打尽。然而，他使尽各种伎俩，都没能从许云峰等人身上得到任何所需的东西。凶残的敌人为了逼供，疯狂地折磨政治犯。他们给犯人食用腐烂的食物，而且在炎热的夏天限制饮水量，妄图用炎热、蚊虫、饥饿和干渴动摇革命者的意志。为了粉碎敌人的阴谋，狱中难友趁放风时在墙角挖出一眼泉水，在护水的斗争中，龙光华英勇牺牲，全狱难友绝食抗议敌人的暴行，敌人没办法只好妥协让步。

　　叛徒甫志高带领特务潜入乡下，江姐不幸被捕，关押在渣滓洞里。在狱中，她受尽了折磨，凶残的敌人把竹签钉进了她的十指。面对毒刑，她傲然宣告："毒刑拷打是太小的考验，竹签子是竹做的，共产党员的意志是钢铁。"年关将近，全国革命形势喜人，国民党当局在受到沉重打击后试图寻求和谈。阴历年三十，渣滓洞全体难友举行了一个特别的联欢会。更令人高兴的是，地下党派人与他们取得了联系。敌人为了表示和谈的"诚意"，假意释放了一些政治犯，来自资本家家庭的共产党员刘思扬也在其中。在他被送回刘公馆的第二天晚上，一个自称姓朱的人潜入刘家，说他受区委书记李敬原的委派，前来了解刘思扬在狱中的表现，并要他详细汇报狱中地下党的情况。正当刘思扬对此人怀疑时，李敬原派人前来报信，揭穿了这个伪装特务郑克昌的真面目。刘思扬来不及转移，又被抓起来关进另一所监狱"白公馆"。郑克昌在诱骗刘思扬失手后，又伪装成同情革命的记者高邦晋打入渣滓洞，他妄图通过苦肉计刺探狱中地下党的秘密。余新江等人识破了他的阴谋，并借敌人之手除掉了这个阴险的特务。解放军日益逼近重庆，地下党准备组织狱中暴动。在白公馆装疯多年的共产党员华子良与狱中党组织联络上了。同时，关在地窖中的许云峰用手指和铁镣挖出了一条秘密通道。当解放军攻入四川，即将解放重庆的时候，徐鹏飞等狗急跳墙，提前秘密杀害了许云峰、江姐、成岗等人。就在许云峰等人被害的那天晚上，渣滓洞和白公馆同时发生了暴动。刘思扬等一些同志牺牲了，但更多的同志终于冲出了魔窟，伴随着解放军隆隆的炮声，去迎接黎明时分灿烂的曙光！

　　《红岩》为我们塑造了一组革命英雄的整体形象。这些不同年龄、不同性别、不同经历、不同性格的共产党员和革命者，经过作者的精心刻画，都以各自独特、鲜明的形象出现在我们面前。江姐是作者倾心刻画的一个关键人物，她对党忠诚，对敌斗争从容不迫，对革命同志血肉情深。在赴华蓥山途中，她看到城墙上悬挂着丈夫的头颅，为了不暴露身份，强忍悲痛仍旧镇定自若地去与"双枪老太婆"会面。在就义前，她镇静地与战友们一一告别，亲吻"监狱之花"，梳理好头发，换上整洁的蓝旗袍，整理衣服，而后从容走向刑场，用生命实现了她所说的"如果需要为共产主义的理想而牺牲，我们每一个人，都应该也可以做到脸不变色，心不跳"的铮铮誓言。

许云峰是作者着力刻画的另一个主要人物形象。他经验丰富、胆识过人、沉着机智、顾全大局。在沙坪书店识破敌人的阴谋后，他果断布置撤退转移；为掩护市委书记李敬原安全转移，他主动出击模糊敌人的视线；面对敌人的审问，他巧妙地把徐鹏飞引入错误的判断，从而保护了组织和同志的安全。此外，齐晓轩、成岗、华子良等人，作者虽着墨不多，但却给人留下了深刻的印象。《红岩》在对反面人物的刻画上也很独特，作者没有采用漫画化的手法，简单地把敌人丑化一通，而是用高度的艺术概括，写出他们的反动本质和性格特征。

结构宏伟而严谨，错综复杂而有条不紊，是《红岩》又一个显著的艺术特色。小说从三个侧面反映纷繁复杂的社会生活，但却能做到条理清晰、章法井然。作者采用了类似于古代长篇小说《水浒传》的结构模式，以一些主要人物的活动为中心，从各个方面展开，如以许云峰等的活动牵引出地下斗争的线索，以江姐等的活动牵引出武装斗争的线索，以成岗等的活动牵引出工人运动的线索，以成瑶等的活动牵引出学生运动的线索，以甫志高的叛变使众多人物齐聚狱中，牵引出狱中斗争的线索，等等。又以《挺进报》的斗争将这些纷纭繁复的斗争联在一起，构成一个整体系统。所有的斗争，又都是围绕粉碎敌人挽救覆灭的阴谋、迎接重庆解放这一共同目标叙述的，表现出了作者在艺术构思上独具匠心。

此外，注重心理活动的描写和环境气氛的渲染，也是《红岩》的一个鲜明的写作特色。通过描写狱中的隐蔽斗争和在特殊情境下人物的内心活动显得更加丰富复杂，《红岩》在通过人物的语言、行动塑造人物形象的同时，也十分注意刻画人物的心理活动和环境气氛的渲染作用。由于艺术手段的巧妙运用，人物的精神世界就得到了充分的展示，人物形象的塑造也得到了有力的烘托。所有这些特点，都使得《红岩》有别于其他同种性质的长篇小说，在塑造传奇英雄的同时，也显示了英雄性格所包含的较高的思想深度。

【历史评说】

《红岩》是当代文学中一部优秀的革命英雄传奇，它如实记载了中国革命在取得胜利的紧要关头，光明与黑暗之间展开的殊死斗争。书中众多英雄人物所表现出来的大无畏的牺牲精神和坚定不移的理想与信念，以及他们在最后的殊死搏斗中所散发出来的精神光焰，震撼了一代又一代青年读者的心。《红岩》所创造的"红岩精神"，既是中国共产党宝贵的精神财富，也是人类精神文明所取得的珍贵遗产。它展示了共产党人矢志不渝的崇高理想、百折不挠的革命斗志、视死如归的献身精神以及同舟共济的团结精神。他们彻底摒弃了个人私利，为解放天下劳苦大众，实现共产主义的最高理想而时刻努力着。为人类最美好的事业而献身，这是他们所引以为豪的。因此，面对刽子手的屠刀，他们镇定自若，含笑与战友们握手告别；有的吟诵着气吞山河的诗句，大义凛然地迈进刑场；有的迎着弹雨冲上前去，以自己的血肉之躯掩护战友……邓颖超同志在1985年重返重庆时，激动地写道："红岩精神，永放光芒。"1991年4月，江泽民总书记视察重庆时，特意参观了红岩村纪念馆，写下"发扬红岩精神，沿着老一辈革命家开创的道路奋勇前进"的词句。时至今日，人们仍为"红岩精神"所吸引，所感动，所激励，所振奋。

【书海拾贝】

如果需要为共产主义的理想而牺牲，我们每一个人，都应该也可以做到脸不变色、心不跳。

《吾国与吾民》

【名家传略】

林语堂，1895年10月10日出生于福建省龙溪县一个传教士家庭，卒于1976年3月26日。他是中国著名的文学家及学者，原名和乐，后改玉堂，又改语堂，曾用过毛驴、宰予、岂青等笔名。林语堂从小便接受了西方文化的熏陶，他于1912年考入上海圣约翰大学，毕业后在清华大学任教。1919年赴美留学，在哈佛大学文学系攻读硕士学位。1922年获文学硕士学位。同年转赴德国入莱比锡大学，专攻语言学。1923年获博士学位后回国，在北京大学、北京女子师范大学分别担任教务长和英文系主任，支持爱国学生运动。1924年后负责《语丝》的编撰工作。1926年任厦门大学文学院院长。1927年任外交部秘书。1932年后陆续创办并主编《论语》半月刊，1934年创办《人间世》，1935年创办《宇宙风》，提倡"以自我为中心，以闲适为格调"的小品文，推动了小品文的创作，成为"论语派"主要人物。1936年旅居美国，在美国用英文创作了《吾国与吾民》、《京华烟云》、《风声鹤唳》等文化著作和长篇小说。1944年曾回国到重庆讲学。1945年于新加坡筹建南洋大学，任校长。1947年任联合国教科文组织美术与文学主任。1952年在美国与人创办《天风》杂志。1966年定居台湾。1967年受聘为香港中文大学研究教授。1975年任国际笔会副会长。1976年于香港逝世。林语堂一生留下了很多优秀的散文、小说、政论等作品及译著,主要作品除了《吾国与吾民》外,还包括《生活的艺术》、《剪拂集》、《开明英文读本》、《开明英文文法》、《大荒集》、《风声鹤唳》、《语堂文存》、《京华烟云》、《人生的盛宴》、《林语堂经典名著》、《无所不谈》、《语堂随笔》、《雅人雅事》、《林语堂幽默文选》、《新的文评》、《我的话》、《中国文化精神》、《有不斋文集》、《俚语集》、《行素集》、《欧风美语》、《文人剪影》(与人合集)、《语言学论丛》、《平心论高鹗》和《赖柏英》等。

【经典阐述】

《吾国与吾民》一书,又名《吾土吾民》,是林语堂的代表之作,同时也是他在西方文坛的成名之作。原书是作者用英文写成的,后来经郝志东、沈益洪共同将全书翻译为中文,由上海学林出版社出版。这部全译本《吾国与吾民》增补了原著中的一些重要而颇具争议的篇章,有《蒋介石其人其谋》、《收场语》、《我们的出路》、《领袖人才的要求》等。在原著原有风格的基础上,又附加了译者的附记、索引等内容,使得整部书的思想及内容更为完备。

《吾国与吾民》是林语堂的主要代表作之一,共有两大部分,第一部分是"背景",分《中国人》、《中国人的性格》、《中国人的心灵》、《人生的理想》四章。

在阅读此书之前,很有必要先了解一下作者当时的创作初衷和所处的时代。20世纪30年代的中国是动荡的、混乱的,广博的中华民族的精神,在错综复杂的环境中显得模糊而朦胧,令人无所适从。当时"中国最重要的事情之一,是中国的青年知识分子正在重新认识自己的国家"。(赛珍珠序)林语堂也是这批知识分子中的一员,他认识到当时的中国"无疑是这个地球上最混乱、最受暴政之苦、最可悲、最孤弱、最没有能力振作起来稳步向前的国家"。当时他从个人和周围人群对中国命运的焦虑和担忧中,又提出崭新的理论,探究了潜在的和必然的希望,断言中国是伟大且不会轻易分解的。

研究中国问题的人比比皆是,当时也出现了宣传和介绍中国人的著作。林语堂之所以提笔撰文,洋洋洒洒地写出一部不算薄的《吾国与吾民》,据作者本人说"只是表达了一下自己的观点",这当然是林语堂的谦词,事实上并没有他说的那么简单。介绍中国的文章虽然很多,但即使是所谓的"老中国通"们,他们了解中国也仅仅局限于一些表面的、肤浅的事物。他们虽然长期在中国生活,并被视为是中国问题的权威,然而他们在本质上和中华民族存在着一层捅不开的隔阂,由于不能从根本上理解中国,于是也暴露出他们对中国的疑惑、恐慌,继而远远地避开。将这样的人推举为研究中国问题的权威,是个不能容忍的错误。更有甚者,在仅有的几篇对中国问题的著述基础之上,反复强化对中国简单而呆板的论调。

林语堂抑制不住诚挚的民族感情,他迫切地要澄清淤积的历史偏见,主动担负起了客观地介绍、评价中国的沉重责任。从客观公正这个意义上来讲，林语堂认为要做到此点，就一定要摆脱主观意识，不受武断思想所左右，排除西方观点以及政治、经济、宗教等因素的干扰，"像感觉自己心脏的跳动那样去感觉事物，用自己心的眼睛去观察事物"。

林语堂在《吾国与吾民》一书的自序中，说道："……然而我欢迎人们为我辩护，也随时准备接受人们对我的批判"，由此可见作者创作此书的态度是非常坦诚直率的，要揭露内在的真相，就难免会触动某些表面意义上的爱国主义者们虚伪的神经，让这些人在被揭开伤疤后的疼痛中引发羞耻。然而，《吾国与吾民》绝对不是在亵渎。持这种观点的人可能是理解力颇弱，或者是要哗众取宠，或者有其他的不可告人的目的。我们应当了解，作为一个学者，既有着深厚的传统文化根基，同时又接受过西方高等教育，他是中国的林语堂，但更是世界的林语堂。这就是他为什么能够从两种"对立的忠诚"，即"对古老中国的忠诚"与"对开明与智慧的忠诚"的挣扎中跳出来，站在公正的角度审视和评价中国及中国人的原因。赛珍珠在为该书做序时这样评价《吾国与吾民》："它实事求是，不为真实而羞愧。它写的骄傲，写的幽默，写的美妙，既严肃又欢快，对古今中国都能给予正确的理解和评价。"

假意的吹捧才是对中国的真正亵渎，这种做法看似隐蔽却又的确丑恶得昭然若揭。在书中，林语堂毫不留情地揭示了当时中国社会各方面的弊端和流毒，将旧中国压在箱底的老古董都翻了出来，给世界一个真实的中国。

林语堂列举了中华民族曾经的辉煌，他指出这曾经是一个傲视世界的强大国家，对全世界贡献巨大。过去的中国在艺术文化和生活领域遥遥领先，令许多国家惊叹不已。然而在国内战争和帝国主义列强的侵略下，这个曾经充满活力与斗志的民族却显得异常的漠然。正是这种漠然引发了作者的思考，力求探究中国的前途，寻找中国"成功地生存下去"的出路。

在《中国人的性格》一章中，作者围绕民族性简略地勾勒出了中华民族的特点，好品质当中也围绕一些很糟糕的东西。在林语堂看来中国人公认的"遇事忍耐"、"退一步海阔天空"的思想很不可取。但在当时的历史条件下，这种品质演变成了一种"恶习"，受此影响，中国陷入了一个更为痛苦和艰难的境地。

"遇事忍耐"所以会成为中华民族的一个主导思想，很大程度上是由于传统的家族制度，在当时"遇事忍耐"被曲解为"识大体"、"顾大局"，从而扼杀了个人应有的地位和价值。

作者还列举了中国人"最糟糕最昭著"、"最恶劣"的另外两个特点：消极避世和超脱老狡，并对二者进行了深入分析。

"消极避世"暴露了"中国人缺乏组织能力"的弱点；"超脱老狡"应该是一种较

之"消极避世"更为"高明"的方法,故而大都掌握在阅历丰富、世故老成的人手中,是一种麻木不仁和自私心理的体现。

此外,书中还提到了诸如"老成温厚"、"因循守旧"、"耽于声色"等特点。

"老成温厚"给人以某种保持镇定的感染,使人趋于平静。同时作者就这一特点,以更深的层面挖掘了其产生的社会根源,他认为是社会的压力导致了"老成温厚"的产生。确实,世故的冷眼沉重地打击了青年的积极向上的热情,使青年们丧失年轻人所特有的"活力和浪漫"。因此作者指明了这种"老成温厚"具有消极的一面。

在当时的中国,和平思想并没有被提到一个很高的位置上,然而它覆盖了中国人的日常行为和思想,林语堂认为中国的百姓"永远厌恶战争",并提出中国历来的内战都缺乏战争所具有的真正意义,毫无值得夸耀之处。

应该赞许中国人"知足常乐"的品质。中国人能够随遇而安,在生活的辛酸或困苦中寻找到快乐,而且尽可能地挖掘生活中值得慰藉精神的事物。中国人又是幽默滑稽的,幽默能让人从严肃的问题中得到舒缓。"滑稽"也是幽默,是一种"闹剧性的幽默"。然而滑稽在严肃的政治改革运动中却取代了严肃,中国内战中的许多严肃的政治问题,其实不过是一场自欺欺人的闹剧。

在《中国人的心灵》一章中,林语堂将"智力"放在首位,在文明当中尊重脑力劳动者的这一显著特点。作者对中国人的"智慧"表示了自己的担忧,因为在中国并不缺乏智慧,相反,有过多的例如"超脱老狡"、"避世洁身"的"智慧",成为了中华民族的隐患。作者认为"女性化"在中国人心灵中就是:"中国人的头脑,就像女性的头脑充满了庸见。"正基于此,中国人的心灵才"缺乏科学",并且还习惯用情理作为思考和判断的准则。

在《人生的理想》一章中,林语堂着重阐述了中国的人文主义、宗教、中庸之道、道教和佛教思想,对这些因素在中国人思考人生意义的过程中所产生的重大影响进行分析。

《吾国与吾民》的第二部分是"生活",分为《妇女生活》、《社会与政治生活》、《文学生活》、《艺术家生活》、《人生的艺术》、《中日战争之我见》六章。

在《妇女生活》一章中,作者研究了"妇女的从属地位"、"家庭与婚姻"、"理想的女性"、"女子教育"、"恋爱与求婚"、"妓女与姬妾"、"缠足"、"妇女解放"等当时中国的社会现象及问题。

在《社会生活与政治生活》一章中,作者对中国人缺乏公共精神的原因给予回答,揭露了家庭制度对社会带来的负面影响,具体探讨了家族制度所造成的"裙带关系"、社会腐败及"礼俗"等一系列社会问题。

在《文学生活》一章中,作者阐述了中国人对文化的划分及中国的学府、散文、诗歌、戏剧、小说和西方文学对中国的影响，另外还对文学与政治的关系进行分析。

《艺术家生活》一章通过介绍中国的艺术家、书法、绘画和建筑，展现了中国人的精神风貌；《人生的艺术》则从"人生的乐趣"、"住宅与庭院"、"饮食"、"人生的归宿"四部分进行阐述。

在最后一章《中日战争之我见》中，作者从中日战争出发，对日本失败的结局和中国发展的趋势前途进行了探讨，反映了中国对领袖人才的呼吁和寻求。

【历史评说】

《吾国与吾民》一书中充满了智慧，是一部思想与现实作用下的著作。

《吾国与吾民》一书在美国反响强烈。赛珍珠称赞它是"最真实、最深入、最重要的一本关于中国的书"。美国的书评家奥佩（T. F. Opie）也给予了高度评价："不管是了解古老的或是现代的中国，只要读一本《吾国与吾民》就足够了。"

【书海拾贝】

我可以坦诚相见，我并不为我的国家感到惭愧。我可以把她的麻烦公之于众，因为我并没有失去希望。中国比她那些小小的爱国者要伟大得多，所以不需要他们涂脂抹粉。她会再一次恢复平稳，她一直就是这样做的。

《朱自清文集》

【名家传略】

朱自清（1898年—1948年），原名朱自华，字佩弦，号秋实，祖籍浙江省绍兴市，生于江苏省东海县，散文家、诗人。他1903年定居扬州，故自称"我是扬州人"。朱自清一生共有著作27种，约190万字，包括诗歌、散文、文艺批评、学术研究等多种体裁。

【经典阐述】

朱自清的散文以叙事性和抒情性的小品文为主。其作品的题材可分三个系列：一是以抨击黑暗现实为主要内容的散文，其中最为著名的有《生命价格——七毛钱》、《白种人——上帝的骄子》以及《执政府大屠杀记》等；二是以《背影》、《儿女》、《悼亡妇》为代表的散文，主要描写个人与家庭生活，表现豪情，具有浓厚的人情味；三是以写自然景观为主的借景抒情的小品，《绿》、《春》、《桨声灯影里的秦淮河》、《荷塘月色》等都是其中的名篇。而后两类散文是朱自清写得最为出色的，《背影》、《荷塘月色》都是脍炙人口的名篇。

【历史评说】

《朱自清文集》中的作品素朴缜密、清隽沉郁，尤以语言洗练、文笔清丽而著称于世，极富真情实感。李广田评论其风格说："他的作品一开始就建立了一种纯正朴实的新鲜作风。"

【书海拾贝】

月光如流水一般，静静地泻在这一片叶子和花上。薄薄的青雾浮起在荷塘里。叶子和花仿佛在牛乳中洗过一样，又像笼着轻纱的梦。

《徐志摩诗全编》

【名家传略】

徐志摩（1896年—1931年），浙江海宁人，富商家庭。笔名云中鹤、南湖、诗哲。

徐志摩是"新月派"的代表诗人，在我国现代文学发展史上具有较大影响和重要地位。他的诗作在感情的宣泄、意境的营造、节奏的追求和形式的探究诸方面均有其特殊的美学价值，都为后世留下了宝贵的财富。徐志摩对我国新诗的发展做出了不可磨灭的贡献。茅盾先生在20世纪30年代曾说："我觉得新诗人中间的志摩最可以注意，因为他的作品最足供我们研究。"

中学时代，徐志摩与郁达夫是同班同学。1916年考入北京大学，并于同年应父命与16岁的张幼仪结婚，1918年赴美留学，1920年赴英国，就读于剑桥大学，攻读博士学位，在此期间徐志摩于婚外爱恋林徽音，并于1922年3月与原配夫人张幼仪离异。同年8月辞别剑桥回国，历任北京大学、清华大学教授，常发表诗作，1923年与胡适等成立新月社。1924年，印度大诗人泰戈尔访华，徐志摩任翻译，后随泰漫游欧洲。同年与有夫之妇陆小曼相识并相恋，1926年10月，与陆小曼结婚。1927年在上海光华大学任教授，1929年兼任中华书局编辑。1930年秋，应胡适之邀，任北京大学教授。在此期间，徐志摩为了生计，于北平与上海之间疲于往返，但是仍旧难以满足早已移情别恋的陆小曼，只是碍于旧情，不好再次离异，但他已陷于深深的痛苦中。1931年11月19日，他从南京乘飞机去往北平，途中飞机失事，不幸遇难，死于泰山脚下，时年35岁。

【经典阐述】

《徐志摩诗全编》包括《志摩的诗》、《翡冷翠的一夜》、《猛虎集》、《云游》几部分，其中最有名一首是《再别康桥》。

再别康桥

轻轻的我走了，正如我轻轻的来；我轻轻的招手，作别西天的云彩。那河畔的金柳，是夕阳中的新娘；波光里的艳影，在我的心头荡漾。软泥上的青荇，油油的在水底招摇；在康河的柔波里，我甘心做一条水草！那榆荫下的一潭，不是清泉，是天上虹。柔碎在浮藻间，沉淀着彩虹似的梦。寻梦？撑一支长篙，向青草更青处漫溯，满载一船星辉，在星辉斑斓里放歌。但我不能放歌，悄悄是别离的笙箫；夏虫也为我沉默，沉默是今晚的康桥！悄悄的我走了，正如我悄悄的来；我挥一挥衣袖，不带走一片云彩。

康桥（剑桥）是英国著名的剑桥大学所在地。1920年10月至1922年8月，诗人曾在此游学。康桥时期也成了徐志摩一生的转折点。诗人在《〈猛虎集〉序文》中说，在24岁以前，他对于诗的兴味远不如对于相对论或民约论的兴味。正是康河的水，开启了诗人的灵感，唤醒了久蛰在他心中的诗人的使命。因此他后来曾满怀深情地说："我的眼是康桥教我睁的，我的求知欲是康桥给我拨动的，我的自我意识是康桥给我胚胎的。"1928年，诗人重游故地。11月6日，在归途的南中国海上，他吟成了这首传世之作。这首诗最初刊登在1928年12月10日《新月》月刊第1卷第10号上，后收入《猛虎集》。可以这样说，"康桥情结"贯穿在徐志摩一生的诗文中，而《再别康桥》无疑是其中最出名的一篇。

《再别康桥》这首诗，比较典型地表现了徐志摩诗歌的风格。诗歌记下了诗人1928年秋重到英国、再别康桥的情感体验，表现了一种含着淡淡忧愁的思绪。康桥的一切，早就给他留下了美好的印象，如今又要和它告别了，万缕柔情涌上心头。

作者对康桥有着极大的依恋，所有人物事件都能拨动作者的心弦。诗歌开头用三个"轻轻的"为全诗定下哀而不伤的基调。然后通过人物所见来表达那浓浓的离愁别绪。"那河畔的金柳"像自己心中的新娘，让读者马上可以联想到微风中的垂柳如一位婀娜多姿的可人儿，让人不禁心旌摇荡："波光里的艳影，在我的心头荡漾。"作者用层层剥笋的方式进一步表达对康桥的依依惜别之情。这是作者梦想自由飞翔的地方，沉淀着作者"彩虹似的梦"，作者想重温旧梦，"寻梦？撑一支长篙，向青草更青处漫溯"，虽然昔日不会重来，但回想起以往的激情岁月，作者想要大声高歌，要"在星辉斑斓里放歌"，但理性告诉作者，这肃静的学府不宜做过分的喧哗，作者只能按捺住这激动之情，以沉默的方式向自己心爱的地方告别，轻轻地离开这个给自己梦与幻想的地方。

通读全篇给人留下的是曲径通幽的恬静和余音绕梁的回味，让人想反复阅读，不忍释卷。全诗共七节，排列错落有致，韵律在其中慢慢铺展开来，颇有"长袍白面，郊寒岛瘦"的诗人气度。

康桥因有志摩而成就了灵性，径自走向中国文学史灿烂光辉的一页。志摩也因为有了康桥而找到精神的皈依与寄托。

【历史评说】

因为徐志摩，中国人才知道了剑桥、英国以及欧洲的文学及文化，且几十年来一直视剑桥为现代文学的圣地、学术研究的圣殿，相信那里至今仍充盈着19世纪以来英国学术自由的空气，可以洗涤漂净人类最纯粹的心灵，并启开人类最纯粹的理性及思想。毫不夸张地说，徐志摩在中国埋下了成千上万颗丰润肥沃的种子，直到今日仍然开着绚丽的花朵。

作为中国现代文学史上著名的资产阶级绅士诗人，徐志摩可以说是新诗的诗魂，人称"诗哲"、"诗圣"也并不过分，茅盾说他既是中国的布尔乔亚的"开山"诗人又是"末代诗人"，自他之后的诗人中未见有能与之并驾齐驱的。他的新诗堪称千古绝唱，其行为与品格也同样受到同人、朋友以及学生的赞赏与爱戴，对爱情的执着追求虽成为文坛风流佳话，亦留有许多遗憾之处，但他天真无邪，崇尚自由、平等、博爱的人道主义精神，以及追求人生真谛的精神是惊天地、泣鬼神的。

难怪这位英年早逝的诗坛巨星的噩耗传来，震惊了海内外，胡适连呼："天才横死，损失的是中国文学！"在他的众多朋友中，包括师辈的梁启超，同辈的郁达夫、陈西滢、刘海粟等，亦包括晚辈的陈梦家、沈从文等，没有一个不赞赏佩服他的才华及品行的，正如沈从文所言："他那种潇洒与宽容，不拘迂，不俗气，不小气，不势利，以及对于普遍人生方汇百物的热情，人格方面美丽放光处，他既然有许多朋友爱他崇敬他，这些人一定会把那种美丽人格移植到本人行为上来。"足见他独特的人格魅力。作为新月社的灵魂人物，他创作的诗歌的成就当奉为20世纪文学之精华，而他的散文风格也是独具一格的，陈西滢、沈从文、梁实秋、周作人都曾一致称赞他的文章华彩之美，他的学生们更是推崇备至，赵景深认为像徐志摩那样"文采华丽，连吐一长串珠玑的散文作者，在现代还找不到第二个"。甚至有人认为他的散文"是诗的一种形式"。可以说，徐志摩的散文是有其独特韵味的。

【书海拾贝】

偶　　然

我是天空里的一片云，偶尔投影在你的波心——你不必讶异，更无须欢喜——在转瞬间消失了踪影。你我相逢在黑夜的海上，你有你的，我有我的，方向；你记得也好，最好你忘掉，在这交会时互放的光亮！

雪花的快乐

假如我是一朵雪花，翩翩的在半空里潇洒。我一定认清我的方向——飞飏，飞飏，飞飏，——这地面上有我的方向。不去那冷寞的幽谷，不去那凄清的山麓，也不上荒街去惆怅——飞飏，飞飏，飞飏——你看，我有我的方向。在半空里娟娟的飞舞，认明了那清幽的住处，等着她来花园里探望——飞飏，飞飏，飞飏——啊，她身上有朱砂梅的清香！那时我凭藉我的身轻，盈盈的，沾住了她的衣襟贴近她柔波似的心胸——消溶，消溶，消溶——溶入了她柔波似的心胸！

《艾青诗选》

【名家传略】

艾青（1910年—1996年），原名蒋海澄，浙江金华人，现实主义诗人。其主要著作有诗集《大堰河》、《他死在第二次》、《向太阳》、《旷野》、《北方》、《黎明的通知》、《归来的歌》等，诗集《诗论》，长篇小说《绿洲笔记》等。

【经典阐述】

《艾青诗选》收录了艾青40多年来所创作的诗歌和诗论70余篇，书末还附了几篇评价文章以及诗人年表。其中有诗71首，代表了诗人各个阶段、各种风格的创作情况，体现了其独特创的作特色。

从内容上看，艾青的诗大致可分为四种类型。

首先，艾青的大部分作品都表现出对土地、对人民的热爱，例如《大堰河——我的保姆》、《雪落在中国的土地上》、《农夫》、《我热爱这土地》等。

《大堰河——我的保姆》以主人公"我"与乳母大堰河及其一家的关系为主线，以大堰河一生的悲惨遭遇为副线，深刻地展示了旧中国农村凋敝衰败的景象和勤劳善良的中国农民的凄苦人生，同时也抒发了诗人对大堰河的真挚感情。这首诗写于诗人被监禁期间，一个下雪的早期，诗人由眼前飘洒的雪片，联想到大堰河"被雪压着的草盖着的坟墓"，含泪写了这首诗。毫无疑问，他从农民母亲那里获得了对抗命运的力量。

诗人悲愤地诉说着民族的苦难："雪落在中国的土地上／寒冷在封锁着中国呀"（《雪落在中国的土地上》）；同时，他也以真诚的歌喉，倾吐着对祖国大地的热爱。诗人把自己比拟为一只鸟，即使喉咙嘶哑，也要歌唱"这被暴风所打击着的大地"，即使死了，"连羽毛也要腐烂在土地里面"，"因为我对这土地爱得深沉"（《我热爱这土地》）。诗人放声赞颂那些为祖国和民族挺身而战的战士。

其次，对光明、希望的追求也是艾青诗作中的一个主要内容。在他创作的初期就有一组诗作，呼唤"太阳"（《太阳》），呼唤"黎明"。1978年复出后，一首近300行的抒情长诗《光的赞歌》更是将他对光的赞颂推向极致。这首诗通过回顾人类的历史中光明与黑暗的搏斗，表达了诗人深刻的思想和真切的感受。诗中，艾青以他全部的感情，气势磅礴地讴歌了"只知放射，不求报偿"、"大公无私，照耀四方"的光明，着力鞭挞了"凝固得像花岗岩"似的黑暗。而诗中袒露出来的诗人对政治和人生的见解，更使这首诗蕴含了极高的美学价值。

艾青情感丰富，他的视线超越了国家与民族的界限，进而关怀着整个世界，整个人类，他有相当一部分作品反映了他这一思想情感，如《墙》。

另外，艾青也有很多描绘日常生活和自然现象的小诗，如《树》、《小蓝花》、《镜子》等，它们都是诗人真实生活体验的喷涌。

【历史评说】

艾青的诗歌多表现人民的疾苦和民族的命运，以及对光明的向往和追求，风格雄浑朴素。在他的诗中，个人的喜怒哀乐之情与时代的风云变幻熔为一炉，滚滚的诗情与时代的脉搏共同跳荡。"七月派"诗人绿原曾这样评价他："中国的自由诗从'五四'发源，经历了曲折的探索过程，到30年代才由诗人艾青等人开拓成为一条壮阔的河流。"(《〈白色花〉序》)，显然，这评价对艾青再贴切不过了。

【书海拾贝】

一个浪，一个浪/无休止地扑过来/每一个浪都在它脚下/被打成碎沫、散开……/它的脸上和身上/像刀砍过的一样/但它依然站在那里/含着微笑，看着海洋……

《女神》

【名家传略】

郭沫若的第一部新诗集就是《女神》。《女神》是"五·四"运动以后影响最大的一部诗集，是中国新诗发展史上的首座里程碑，在文学史上有着巨大的贡献，是其探索自由诗体，开创新文学诗坛浪漫主义的创作源头，奏响了反帝反封建的时代旋律，开辟了新文学的先河。

郭沫若，原名郭开贞，号尚武，笔名郭鼎堂、麦克昂等，我国现代著名的剧作家、诗人、历史学家、考古学家、古文字学家等，他是中国文化战线上继鲁迅之后的又一面光辉的旗帜。

1892年，郭沫若出生于四川乐山沙湾的一个地主家庭，父亲郭朝沛主要以经商为业，略通医术，母亲杜邀贞是一位没落的官宦之家的后代，因此粗通文墨，知书达理。在这样开明的家庭环境中，郭沫若不仅学习了"四书五经"、《古文观止》、《春秋散文》、《史记》、《汉书》等古代文史经典，还有机会涉猎《三国演义》、《水浒》、《红楼梦》等当时的"闲书"，阅读了大量中国的诗、词、曲等作品以及国外的许多文学作品，尤为酷爱诗歌。这些对郭沫若后来在文学、历史以及考古学等方面的发展都产生了很大影响。郭沫若不仅钻研书本，而且从小就有很强烈的爱国热情和政治意识，在中小学期间他就参加了反帝爱国运动。

1914 年，郭沫若赴日本留学，主修医科。在此期间，他看了泰戈尔、海涅、雪莱、歌德、斯宾诺莎等人的文学作品，倾向于泛神论思想。"五四"运动的剧烈浪潮，激起了郭沫若改造社会和振兴民族的热情，他为此不断地从事着文学活动，并于 1919 年开始发表新诗和小说，1920 年出版了与田汉、宗白华的通信合集《三叶集》。

郭沫若在"五四"运动初期，就已开始接触惠特曼的《草叶集》。惠特曼及其《草叶集》对郭沫若创作诗歌产生了强烈的影响，激起了他心中澎湃的热情："个人的郁积、民族的郁积，在这时找到了喷火口，我也找到了喷火的方式，我在那时差不多是狂热了。"

自 1919 年下半年至 1920 年上半年，郭沫若的诗歌创作进入了旺盛期，有大量的诗篇问世。1921 年 8 月，郭沫若将这一时期所作的 154 首诗歌结集出版，这就是轰动一时的诗歌集——《女神》。《女神》革命精神强烈，时代色彩鲜明，艺术风格浪漫，开创了"一代诗风"。

《女神》出版后，郭沫若与成仿吾、郁达夫等发起组织创造社。1923 年在日本完成学业后，他放弃医疗事业回到祖国，在上海从事《创造周报》等刊物的编辑工作。

在翻译过程中，郭沫若接触到了河上肇的《社会组织与社会革命》一书，由此对马克思主义有了比较系统全面的了解。1926 年，郭沫若受聘到广东大学担任文科学长。同年夏，参加了北伐战争，任国民革命军政治部副主任。1927 年参加了南昌起义并加入中国共产党。1928 年，郭沫若赴日本，开始了长达十年的流亡生涯。其间从事研究中国古代历史和古文字学的工作，并写了相关的学术著作，对学术领域做出了巨大的贡献，享有极高的声誉。同时他还积极支持留日青年和国内文艺界的革命活动。1929 年春，郭沫若参与并倡导无产阶级革命文学运动。1930 年加入中国左翼作家联盟。

抗日战争爆发后，郭沫若告别家眷，只身一人回到祖国，投身于抗日救亡的洪流之中。他筹办《救亡日报》，历任报社社长、中华全国文艺界抗敌协会理事，出任国民政府军事委员会政治部第三厅厅长和文化工作委员会主任，主持有关抗战文化宣传工作。抗战胜利后，他仍然坚持参加反抗蒋介石实行法西斯独裁统治、争取民主和自由的斗争。

新中国成立后，郭沫若曾担任政务院副总理兼文化教育委员会主任、中国科技大学校长、中国科学院院长、中国科学院哲学社会科学部主任、历史研究所第一所长，历任全国人大常委会副委员长、全国政协副主席、全国文联主席等职，主要从事政治社会活动和文化的组织领导工作，并曾任中国人民保卫世界和平委员会主席、中日友协名誉会长，为促进世界和平、中外友好邦交等事业做出了很大的贡献。

郭沫若于 1978 年 6 月 12 日逝世，终年 86 岁。他的一生，为世人留下了丰富而宝贵的文化著作，在中国新文化运动中贡献突出并占有十分重要的地位。他的主要作品有历史剧《棠棣之花》、《屈原》、《蔡文姬》、《武则天》，诗集《新华颂》、《百花齐放》、《骆驼集》、《星空》、《瓶》、《前茅》、《恢复》，文艺论著《读〈随园诗话〉札记》、《李白与杜甫》等，小说《漂流三部曲》、散文《小品六章》等。他对中国的科学文化事业做出了许多的重大贡献。著作结集为《沫若文集》17卷本（1957年—1963年），新编《郭沫若全集》分文学、历史、考古三编，1982年起陆续出版发行。许多作品已被译成日、俄、英、法等多种文字。

【经典阐述】

诗集《女神》的产生具有时代背景，"五四"运动爆发之时，革命运动反封建斗争的剧烈进行，给当时身在他乡、期望祖国新生的爱国主义青年学生郭沫若以极大鼓舞，引起他强烈的共鸣。受歌德的影响，他翻译了《浮士德》等，同时开始创作诗剧。在这个时期他出版了主要的创作成果《女神》。

《女神》分三部分，连同序在内，共包括57篇作品。集子中最早的诗创作于1916年，大部分作品集中在1919年至1920年间，正值"五四"高潮时期。那种具有强大的破坏力与颠覆性的时代精神，给青年和祖国的新生，提供了新的机遇。闻一多在《〈女神〉之时代精神》中曾描述："不独艺术上他的作品与旧诗词相去最远，最要紧的，他的精神完全是时代的精神——20世纪的时代精神。"《女神》内容和形式都是崭新的，最突出特点就是具有"五四"的时代精神。

郭沫若以"女神"自己的诗集命名，当时他解释说，由男神为中心的宇宙而变为以女神为中心的宇宙有天界革命的意义，"大体上男性的象征可以认为是独立自主，其流弊是专制独裁；女性的象征是慈爱宽恕，其极致是民主和平。以男性从属于女性，即是以慈爱宽恕为存心的独立自主，反专制独裁的民主和平"。茅盾在《我走过的道路》中的这样评论《女神》："剧中女神象征着诗人；女神不愿再在壁龛中做神像，象征着诗人不应再住在'象牙之塔'。"以上这些话，是《女神》的主题精神。

《女神》中的代表作《凤凰涅槃》集中、鲜明地体现了炽热的爱国主义情怀。《凤凰涅槃》是根据阿拉伯"凤凰自焚"的神话和我国有关传说写成的。"涅槃"是印度梵语音译过来的。佛教认为菩萨死去时，它的幻身——肉体虽然消灭了，但本性是永存的，这就是涅槃。郭沫若借凤凰之口，"诅咒"黑暗的旧中国，表现了破坏一切、扫荡一切、创造一切的狂热之情。"凤凰涅槃"便象征着中国的再生，"涅槃"后的凤凰得到了新生，在革命火焰的洗礼得到了升华，她变得美丽动人、芬芳高贵、自由雄浑。

整部《女神》从始到终都洋溢着一种叛逆与革命，同时又富有进取的革命精神的热情，这是《女神》时代精神的又一具体表现。例如《女神之再生》，突出表现出狂涛般的民主要求和空想社会主义理想色彩。"——破了的天体怎么处置呀？——再去炼些五色彩石来补好他罢？——那样五色的东西此后莫中用了！我们尽他破坏不再补他了！待我们新造的太阳出来，要照彻天内的世界，天外的世界！"

郭沫若要以新造的太阳代替"补天"，体现了"五四"运动彻底的革命精神和新的理想。

在《女神》中，郭沫若通过《笔立山头展望》、《我是偶像崇拜者》等作品，对新世纪的物质文明进行了歌颂，从而又在另一个方面再次体现了"五四"的时代精神。

【历史评说】

诗集《女神》在文学史上的突出贡献，是其大胆移植和探索自由诗体形式，开创新文学诗坛浪漫主义的创作源头，用奔放粗犷的歌喉唱出了反帝反封建的时代强音。热情、冲动、活跃、多变是其重要特点。瞿秋白说它"代表着黎明期的浪漫主义运动"，"开辟了新文学的途径"。

陈毅曾把郭沫若的诗体称为"女神体"，这种"女神体"的独特首先表现在它具有强烈的浪漫主义革命精神。诗中没有对现实清醒的深刻的认识，无情揭发一切黑暗丑陋的方面，只是以火一般炽热的激情诅咒黑暗的现实，颂扬朦胧但却坚定的革命理想，以激励起热情改革社会。正如郭沫若所说的："这改革社会的要求，在初自然是不分明的，只是朦胧地反抗旧社会，想建立一个新社会。"其次，《女神》有着绚丽多彩的风格，是一部浩歌激烈的悲壮的诗，也是一部荡人心魂的幽婉的诗，更是一部狂风暴雨般的诗。再次，《女神》打碎旧格律诗的束缚，实现诗体的解放，以充沛的革命浪漫主义激情与大胆创新的艺术形式，在诗歌领域起了划时代的意义。《女神》在继承我国古典诗歌优良传统，同时吸取了外国优秀诗歌的优良成分的基础上，大胆创新。

郭沫若创作的诗集《女神》，很明显受到了美国诗人惠特曼的诗集《草叶集》极其深刻的影响。《女神》大胆而深入地歌颂了人，唱出了个性解放的时代强音。这和《草叶集》体现的人道主义、个性解放的强烈要求是相一致的。在《天狗》一诗中，诗人自比是"一条天狗"，有足够的勇气和力量，把月、日、星球、宇宙全部吞食，并把自我融化为全宇宙的总能量。郭沫若以恢宏的气势、雄浑的格调呼喊着："我飞奔，我狂叫，我燃烧。我如烈火一样地燃烧！我如大海一样地狂叫！我如电气一样地飞跑……我便是我呀！我的我要爆了！"淋漓尽致地张扬自我，呼唤着个性解放。在艺术风格的体现上，《草叶集》显得雄浑粗犷，以雄而不丽占主导，《女神》中的《立在地球边上放号》、《天狗》、《匪徒颂》、《晨安》、《凤凰涅槃》、《地球，我的母亲！》等诗歌，就是这类风格的代表。

《草叶集》打破一切传统英式诗格律，创造了富于变化的自由诗体。惠特曼的诗体用革命精神，鼓舞、启示了郭沫若。作为诗人、剧作家的郭沫若是勇敢的探索者和创新者。郭沫若从古汉语、口语、外国语中汲取、提炼诗的句式、语言、节奏，来表达自己汹涌起伏的感情，创造真正的自由诗体。这首诗利用神话题材和象征手法，想象奇特大胆，充分体现了积极浪漫主义的色彩，打破广大古典诗歌的平仄、对仗、节奏、韵脚等模式，用奔放、舒展的长短句式，表达了20世纪觉醒了的中国青年的心声；在艺术上彻底地打破以往旧体诗词的束缚，成功地创造和运用了新的自由诗体，成为白话文真正取代历史悠久的文言文旧体诗的标志，从而为我国新诗体的发展奠定了雄厚的基础。

郭沫若凭借这种不拘一格的自由诗风和豪迈的性格，以深厚的文学功底，在中国新诗历史上，树立了《女神》这座不朽的丰碑。诗集《女神》一经出世，便飞速地在全国各地的文艺界引起了强大的反响及轰动。论者公认：郭沫若的《女神》是我国新诗发展史上第一座光荣的里程碑，它在巩固新诗的阵地，给予封建旧诗词打击上，在披荆斩棘，启迪后进，开一代诗风上，产生过重大历史作用，成了"五四"文学革命运动中现代诗歌的奠基作。《女神》是"五四"新时期新文学运动中诞生的最早和影响最大的一部新诗集。

这部诗集在中国新诗发展史上具有极其重要和划时代的意义。它巩固了新诗体的阵地，动摇了旧体诗词的地位。郭沫若的《女神》和鲁迅的《呐喊》、《彷徨》三部文学作品集，成为了中国新文学的三块奠基石。

【书海拾贝】

我要去创造新的光明，不能再在这壁龛之中做神。我们要去创造个新鲜的太阳，不能再在这壁龛之中做甚神像。

我如烈火一样地燃烧！我如大海一样地狂叫！我如电气一样地飞跑！

《繁星》、《春水》

【名家传略】

冰心（1900年—1999年），原名谢婉莹，笔名冰心，福建长乐人，出生于一个海军军官家庭。其主要著作有散文集《寄小读者》，诗集《繁星》、《春水》，儿童文学集《小橘灯》等。

【经典阐述】

诗集《繁星》，由164首小诗组成。冰心一生喜欢"爱的哲学"，她认为"有了爱，便有了一切"。在《繁星》里，她不断唱出爱的赞歌。她最热衷于赞颂母爱。冰心赞颂母爱，歌颂人类之爱，赞颂童心。同时她也赞颂大自然。赞颂大自然、母爱和童心，成为冰心终生创作的永恒的主题。

《春水》是《繁星》的姊妹篇，由182首小诗和《迎神曲》、《送神曲》、《一朵白蔷薇》等29首诗组成，在《晨报副镌》上最先发表。不过《春水》的问世要比《繁星》晚三个月。

在《春水》里，冰心虽然依然在歌颂母爱，歌颂亲情，歌颂童心，歌颂大自然，但是，她却用了更大的篇幅，来含蓄地表达她本人和她那一代青年知识分子的苦恼和烦闷。她用稍带忧愁的温柔的笔调，述说着心中的感受，同时也在探索着人生的意义和表达着要认知真实世界的愿望。

冰心的《繁星》和《春水》都是一些崇尚自然、母爱、人类之爱的清丽的小诗。其内容可分为以下几个方面：

表达了弱者的心声，以反映环境气候的冷暖："秋深了！/树叶儿穿上红衣了！/她是多么害怕风雨啊"，"大风起了！/秋虫的鸣声都息了！"这秋虫，这红叶，都无力抗拒外界的压力，无力把握自己的命运。因此，不能不十分强烈地流露感伤的情怀。

表达了作者同情弱者的感情："弱小的草呵！/骄傲些罢，/只有你普遍地装点了世界。"

作者鼓舞青年人要相信自己，创造自己美好的生活："在这漠漠的世界上，只能提着自信的灯儿/进行在黑暗里。""青年人，/珍重地描写罢，/时间正翻着书页，/请你着笔！"

歌唱自然、母亲和童真："造物者/倘若在永久的生命中/只容有一次极乐的应许/我要至诚地求着/我在母亲的怀里/母亲在小舟里/小舟在月明的大海里。"感情非常真挚，意境也很是幽远，母爱、童真与大自然已融为一体了！

写对人生的思考，富有哲理意味："成功的花，人们只惊羡她现时的明艳/然而当初她的芽儿/浸透了奋斗的泪泉/洒遍了牺牲的血雨。"作者以生动鲜明的形象，说明了成功的艰辛和不易及通往成功的路上困难重重的道理。

总之，《繁星》、《春水》大多是诗人瞬间灵感的创作，诗中有关于母亲、童真、人类、自然和上帝的爱，也有关于死亡、永生、黑暗、哀伤、沉默和悲观的理解，还有些令人难以磨灭的绵绵抒情诗，在韵律、节奏、音乐性上有刻意追求，有不少诗有"新月派"诗的韵律风格。

【历史评说】

《繁星》、《春水》在表现手法上的主要特色是意境优美、想象力丰富，语言清新典雅。冰心以其独特的女性纤柔，感情深沉浓烈地歌吟着纯真的爱，歌颂着大自然的美，同时也以独特的方式表达了对某些社会丑恶现象的斥责。

【书海拾贝】

真理，在婴儿的沉默中，不在聪明人的辩论里。

《茶 馆》

【名家传略】

老舍（1899年—1966年），原名舒庆春，字舍予，生于北京，满族人。现代著名作家，人民艺术家和语言大师。主要著作有《龙须沟》、《茶馆》、《骆驼祥子》、《四世同堂》等，被誉为现代中国的"市民作家"。

【经典阐述】

《茶馆》是老舍于1956年至1957年创作完成的三幕话剧。第一幕：戊戌变法失败后那年秋天，生意兴隆的老北京裕泰茶馆，掌柜王利发，迎送着来来往往的茶客。茶馆里贴满了"莫谈国事"的纸条。

做贩人口生意的刘麻子要把家境贫寒的康顺子介绍给庞太监做老婆。裕泰的东家秦仲义想要收回茶馆房子，说要开工厂实业救国，但当下茶馆的生意正兴隆，也就暂时打消了这个念头。

常四爷刚说出"大清国要完"的话，躲在一旁的官差宋恩子、吴祥子就把他连着松二爷一起抓走了。

第二幕：因战乱不断，北京城内的大茶馆相继歇业，裕泰是当时仅存的一家。王利发想出不少改良的法子，前面卖茶，后面改成了公寓，茶座一律是小桌与藤椅。墙上的"醉八仙"大画不见了，换成了惹眼的外国香烟广告，只留下了"莫谈国事"的纸条，字显得更大了。

王掌柜正忙着布置，准备第二天开张，催粮的巡警和路过的大兵都过来揩油。兵荒马乱的年月，唐铁嘴的光景却比从前好。他丢掉鸦片改抽了白面儿。常四爷和松二爷听说茶馆要开张，送东西到店里来道喜。常四爷被抓去坐了一年多牢，后来"扶清灭洋"时当了义和团跟洋人打了几仗；现在靠卖菜过活，但还是又倔又硬。松二爷却不比以前，没了旗籍的凭靠，衣食便没有着落了，只剩下黄鸟与其做伴。

宋恩子、吴祥子又到茶馆来抓捕学生，乘机敲诈了些钱财。王掌柜好不容易才打发他们走，回身却见刘麻子坐在茶馆里重操旧业，他仍旧那么缺德，这次他想给两个逃兵找一个媳妇。宋、吴又回来，逼迫两个逃兵交出大洋，并说刘麻子是逃兵。康顺子因为庞太监去世被赶了出来，走投无路，带着义子康大力又回到了裕泰。王掌柜不想多添两张嘴，但内当家王淑芬不忍撵他们走，就留下来帮工了。

第三幕：抗战胜利后，裕泰茶馆却败落，里面变得黯淡无光，"莫谈国事"的纸条边上贴上了一张"茶钱先付"的新纸条。

王掌柜的儿子王大栓正垂头丧气地独自收拾屋子，家里人正在谈论着前一天晚上偷偷从西山回来鼓动罢课罢教的康大力的事。康顺子怕连累王掌柜一家要走。王掌柜本想找女招待来招徕生意,谁料刘麻子的儿子小刘麻子说宪兵司令部沈处长要霸占茶馆。

王掌柜遣走家人,在耗尽其一生心血的茶馆中独自徘徊。正在此时常四爷与秦二爷来了。久别重逢,三人各自感慨着自己的遭遇。秦二爷"实业救国"的理想破灭了,常四爷也年老体衰,王掌柜想到自己想尽方法改良,只不过是为了能够活下去,可是竟也不能了。三位老人含着热泪借撒纸钱来祭奠自己。不久,王掌柜就上吊了。

【历史评说】

《茶馆》叙述的是三个时代的茶馆生活,通过一个茶馆以及往来茶馆的人物反映了半个世纪旧中国社会的演变,展现了戊戌变法失败后、北洋军阀割据时期以及国民党政权覆灭前夕三个时期的生活场景,概括地讲述了中国社会各阶层矛盾的尖锐对立与冲突,揭示了半封建半殖民地中国的必然历史命运。《茶馆》的艺术结构以及其人物构造、语言运用等,都表现了老舍高超的艺术造诣和他将有的创造性思维,它被公认为是老舍最杰出的代表作。

【书海拾贝】

人总得活着吧?我变尽了方法,不过是为了活下去!

《雷 雨》

【名家传略】

曹禺(1910年—1996年),原名万家宝,字小石,祖籍湖北省潜江县,出生于天津一个封建官僚之家。

曹禺主要著作有《雷雨》、《日出》、《原野》、《蜕变》、《北京人》、《明朗的天》、《胆剑篇》、《王昭君》等。其中,《雷雨》是曹禺的第一个艺术杰作,它标志着现代话剧的成熟。

1933年的夏天,在清华大学图书馆一个专门陈列外文杂志的房间里,每天都会有一位清秀斯文的青年大学生在这里奋笔疾书。他挥汗如雨,全神贯注。谁也不曾想到,这位年仅23岁的青年就是日后执中国现代话剧之牛耳的天才剧作家——曹禺;而他正在创作的这部作品,便是标志着中国现代话剧走向成熟的经典之作《雷雨》。

曹禺的父亲是一个官场失意的军事将领,赋闲在家后满腹牢骚、脾气暴躁,整个家庭中弥漫着令人抑郁而窒息的气氛。这种氛围是他在后来作品中一直致力于反映小人物在日常生活中受压迫与摧残、遭压抑与扭曲的悲剧命运的心理动因。

因为受到继母的影响和熏陶,曹禺自幼喜爱传统的戏曲艺术,对流行的文明新戏更是情有独钟。1922年进入南开中学后,他参加了南开新剧团,学习了丰富的舞台艺术,加深了对戏剧艺术特殊规律的理解。1930年曹禺升入南开大学后不久又转入清华大学西洋文学系，阅读了《易卜生全集》等欧美现代及古典名剧，为他以后走上戏剧创作道路奠定了基础。

在中国剧坛的名人录中，曹禺的名字就如闪闪发光的瑰宝，为中国话剧赢得了世界声誉。作为一种非中国本土所产的艺术形式，中国话剧是在曹禺手中成熟并走向世界的。他用鬼斧神工般的笔墨，逼真自然地描绘了中华民族的生活，雕塑出一个又一个令人惊叹的艺术形象，形成了鲜明的创作个性及民族风格。他的一系列优秀剧作，既是中国戏剧史和中国现代文学史上的瑰宝，同时又是中国人民对世界文化的巨大贡献，不论过去、现在或未来，都会以其撼人心魄的艺术生命力吸引并感动千万读者和观众。

纵观曹禺一生的创作道路，可以分为三个阶段。

第一个阶段指1933年至1936年，他创作有《雷雨》、《日出》（1935年）、《原野》（1936年），三个作品致力于揭露封建势力，特别是封建意识对人们心灵的压抑和束缚，表达个性解放的主题。第二个阶段是指从抗战开始至新中国成立的13年，主要创作有《黑字二十八》（与宋之的合作）、《蜕变》、《北京人》等剧，还改编了巴金的同名小说《家》。这一时期他的剧作不论是在主题内涵还是艺术风格上都呈现出鲜明的民族特色。从新中国成立直至曹禺1996年去世，是他创作的第三个阶段，先后创作了《明朗的天》、《胆剑篇》、《王昭君》等剧，更深层次地展露出剧作家的艺术才华。

曹禺的剧作不仅有着极高的文学性，并且也有着极好的剧场效果。扣人心弦的情节，个性丰满的人物，紧张激烈的矛盾冲突，优美精练的台词，都会在不知不觉中把观众引入一个五彩斑斓且又诗意浓郁的艺术胜境。也正因如此，曹禺的剧作不仅在1949年前就广受欢迎，创下了极高的上座率，而且在1949年后更是成为各大剧院的保留剧目而长演不衰。除此之外，他的四大经典名作——《雷雨》、《日出》、《原野》、《北京人》，还被改编成电影或电视剧搬上荧屏，撼动了亿万观众的心灵。

【经典阐述】

《雷雨》是曹禺的第一个艺术杰作，也是现代话剧成熟的标志。同一切经典性作品一样，《雷雨》也是说不尽的。不同的读者可以从不同的角度去进行理解和阐释。有人把它读解为一部"暴露大家庭罪恶"的社会问题剧，认为它揭露了腐朽没落的封建制度；有人将其看做是一首展示人类生存困境的"寓言诗"，认为其反映了人和命运的永恒冲突，表达了作者对宇宙间压抑着人的本性而人又不可能把握的某种神秘力量的恐惧之情。也许正是这种可以进行多重阐释的可能性，赋予《雷雨》以无限的艺术魅力。

剧中主人公蘩漪这一形象是曹禺对现代戏剧人物画廊的一大贡献。在她身上，闪烁着曹禺艺术才华的独特光辉，倾注了作家的充沛激情。作为一个个性初步自觉的女性，蘩漪在双重的悲剧中走完了她全部的心灵历程。一方面，她承受着周朴园封建专制的威压，心灵极度痛苦，另一方面，她拼命抓住周萍这棵弱不禁风的小草，试图以此摆脱自己的悲剧命运。然而，周萍背叛爱情的行径，反而把她抛入了更加绝望的深渊。她之所以隐忍周朴园的专制，是因为她心灵中还有爱情存在，周萍的背叛使她开始不顾一切地进行报复。"最残酷的爱和最不忍的恨"交织在一起，使蘩漪在暴风雨中走向疯狂，也最终导致了周家的覆亡。蘩漪的反抗，自有一股摧枯拉朽的神力，与"五四"时期狂飙突进的时代精神一脉相承。

《雷雨》剧情如下。周公馆，住着周家一家人——老爷周朴园、太太蘩漪、大少爷周萍、二少爷周冲、仆人鲁贵、四凤等。

由于矿上罢工，周老爷公务繁忙，无暇见到蘩漪，蘩漪对此却也不甚关心，只是关心地向四凤打听大少爷何时回来的消息。四凤每次听到太太的问话都十分紧张，因为她正与大少爷恋爱，又从父亲鲁贵那儿听说大少爷和太太之间有过私情，好在她聪明伶俐，拿话瞒了过去。但她更担心的是母亲从济南回来后可能会知道自己在公馆做仆人的事，更摸不清太太葫芦里卖的什么药。

二少爷周冲欢跳着进屋告诉母亲他喜欢四凤，蘩漪很是惊讶，但又为儿子敢于对抗父亲的行为感到欣慰，夸他说："你这性格倒还像你母亲。"正在这时，大少爷周萍回来了。他只跟弟弟打了招呼，并不理睬蘩漪，他想忘掉他们之间发生的事。但蘩漪主动跟他打招呼，周冲也对哥哥说："你不晓得母亲病了吗？"周萍这才勉强问候了蘩漪一句。蘩漪心下便不甚高兴了。

周朴园为使周冲服从于他，便强迫蘩漪喝下她不想喝也没有必要喝的药。蘩漪泪流满面，十分痛苦。她是周朴园的第二个太太，比周朴园大儿子周萍大7岁。在周朴园眼里，她是神经病患者，她得不到任何柔情，无奈之中，她爱上了软弱的周萍，他们的幽会和疯狂的情感被鲁贵发现，但鲁贵并没有声张，只是委婉地说这房子"闹鬼"。渐渐地，周萍对这种乱伦式的偷情感到恐惧和厌恶，又喜欢上了年轻、有活力的四凤。蘩漪让四凤的母亲鲁妈来，就是为了让她带走四凤，她好与周萍重归旧好。但来到周公馆的鲁妈不是别人，正是30年前周朴园的第一个妻子，也是周萍的生母鲁侍萍。

30年来周朴园为了表示对她的思念，一直按照她的喜好摆放室内的家具，其中还放了她一张旧照。鲁妈来后正好被引进这间屋子，她认出了周公馆，并决定立刻带走四凤。但言谈中却被周朴园认了出来，周朴园误以为侍萍是专门来寻他的，就想用钱把她打发走，却被侍萍拒绝了，她提出想见一下儿子周萍，周朴园答应了她。更出人意料的是，矿上领导罢工的工人鲁大海却是被周朴园抛弃的儿子，知道实情以后的周朴园认为这是对自己作孽的惩罚。周朴园、周萍、鲁大海三人为了矿上罢工一事引起矛盾争执，兄弟二人更是互相厮打了起来，目睹这一切的侍萍痛苦不堪。

侍萍不想让女儿四凤重蹈自己的覆辙而决意要带其离开周公馆，而四凤却因自己的恋情而不愿离去，敏感的侍萍看着抽泣的女儿，怀疑她有瞒着自己的隐情，焦急地进行追问。好吃懒做深知内情的鲁贵担心女儿的离开会影响自己的享受，便借故岔开了话题，侍萍仍蒙在鼓里。

率真的周冲对父兄白天的作为极为不满，而当他得知鲁大海是四凤的哥哥时，便送了100元钱到四凤家以示理亏，侍萍、大海都出去了，贪心的鲁贵便把钱接了。他知道周冲也喜欢四凤，便借口出去让周冲、四凤单独待在一起。大海这时恰好回来，一见周冲便怒气冲天，先斥骂，后嘲弄，周冲很是委屈，只好接过大海从鲁贵那里要回的钱悻悻离去。

侍萍正好撞见即将离去的周冲，她心惊肉跳，盘问女儿和周家少爷之间的关系。四凤不知该如何回答便哭倒在她的怀里。侍萍让四凤发誓，从此以后再不与周家的人相见。

深夜，周萍偷偷来会四凤，四凤不见，周萍用计让四凤开窗，爬了进去。二人抱头痛哭，难舍难分。

侍萍和大海要来四凤的屋子，四凤惊慌失措，只催周萍赶快逃走，但刚刚还开着的窗子已被人从外面扣死。事情暴露，四凤羞愧难当，号哭着逃出门去。

周公馆内是死一般的寂静，这种沉寂恰恰预示着最大的悲剧，湿淋淋的繁漪和周萍在客厅相遇，繁漪哀求周萍带她离开，哪怕是与四凤共侍一夫她也毫无怨言。但无论怎样周萍都不肯答应。繁漪陷入绝望，便失去了理智。她要报复，不顾一切地报复。

四凤来到周公馆找周萍，而恰好此时侍萍和大海因担心四凤出事也赶到这里。侍萍还在努力想拆散周萍和四凤，四凤终于说出她已有身孕的隐情。侍萍为了儿女的幸福，隐瞒了二人是亲兄妹的实情，让周萍带四凤远走高飞，有生之年再也不要回来。

繁漪却突然带着周冲出现在客厅。她企图利用周冲对四凤的爱情拆散四凤和周萍。周冲却祝哥哥和四凤幸福。繁漪气愤至极，当众讲出了自己与周萍的私情。她声称，自己不是妻子，不是母亲，只是一个女人，一个快要闷死、枯死又被周萍激活的女人。

但无论她怎样费尽心机，都没有影响周萍和四凤远走的决心。繁漪喊来了周朴园，并恶意让周萍喊侍萍"妈"，以此承认她的岳母身份。并不知情的周朴园闻声而至后误以为侍萍是来认亲子周萍的，竟讲出了侍萍是周萍生母的隐情。四凤经不住打击，便号哭着冲出门外，周冲追出去拉她，结果二人都触电身亡。周萍在书房内用手枪结束了自己的生命。繁漪也精神失常。侍萍也在巨大的打击下失去了理智。鲁大海离家出走。

后来，周朴园将其公馆捐给教会做了教堂，在《圣经》祈祷声与音乐中默默地忏悔着自己的一生。而可以与他相伴的，除了两个疯女人以外便只剩下无穷的寂寞和孤独。

【历史评说】

谈中国话剧不能不谈曹禺，谈曹禺不能不谈《雷雨》。从结构到人物塑造再到戏剧语言，《雷雨》充满着一种贵族气。它处在中国话剧绕不过去的历史地位上。

话剧艺术是外来的艺术品种，在中国的出现也比较晚。早期的话剧作家们的创作都受到过外国剧作家们创作的影响，曹禺当然也不能例外，对他的创作影响最深的有两个人，一个是挪威的易卜生，一个是美国的奥尼尔。他自己曾说："我从事戏剧工作已数十年，我开始时对戏剧及戏剧创作产生的兴趣、感情，应该说，是受了易卜生不小的影响。"他还说："十八九岁的时候，我把易卜生英文版的大多数作品都读了。他那种宁肯孤立，也要对大多数宣战的思想，对我影响不小。"奥尼尔也是对曹禺影响很大的剧作家，他也曾说过："美国的奥尼尔也是对我影响较大的剧作家。"透过奥尼尔的戏剧形式和艺术表现方法，曹禺敏锐地看到，奥尼尔最终的目的是表现他对人生的认识。对此，曹禺极为欣赏，他在《雷雨》等剧作中所体现出来的对悲剧观念的理解与奥尼尔有着异曲同工之妙。但是和别的剧作家们不同，曹禺在借鉴的同时努力地探索出了一条民族化的戏剧路子，这与他对中国传统戏剧的喜爱有着很大的关系。《雷雨》的创作就是一个成功的例子。

关于《雷雨》的主题，曹禺曾经说过这样的一段话："我念起人类是怎样可怜的动物，带着踌躇满志的心情，仿佛是自己来主宰自己的命运，而时常不是自己来主宰……他们怎样盲目地争执着，泥鳅似的在情感的火坑里打着昏迷的滚，用尽心力来拯救自己，而不知千万仞的深渊在眼前张着巨大的口，他们正如一匹跌在沼泽里的羸马，愈挣扎，愈深沉地陷落在死亡的泥沼里。"有人说看《雷雨》时感觉它所表达的主题思想很是含混，有无法理出头绪来的感觉，其实曹禺在里面要探究的是人精神世界里更深沉的东西，触及的是人的精神世界里对未来无可捉摸的悲剧的命运，表现出对人精神道路的探索和关怀。

内容决定着形式。《雷雨》可是说是内容与形式结合得很完美的佳作，它无论是从故事情节、戏剧效果等艺术角度来看，还是从更深的人生哲理意蕴角度来考量，都是一部精彩之作，这也是它在中国现代戏剧史上的地位不可替代的重要原因。

曹禺创作的话剧显示了独特的艺术结构，他的剧作构思精巧，戏剧冲突紧张、剧烈，他还将外国话剧的结构方式尝试着运用到自己的话剧创作中。《雷雨》里，作者采用了西方17世纪古典主义戏剧家们所热衷使用的"三一律"（即时间的一致、地点的一致和表演的一致）的结构方法，把两个家庭里八个人物的故事放置在短短一天之内进行演绎，将牵扯出的恩恩怨怨和剪不断理还乱的矛盾纠葛，叙述得扑朔迷离、回肠荡气，使故事有着极大的吸引力和很成功的舞台效果，同时使整个戏剧表现出一种贵族气息，显得典雅、华贵。

《雷雨》中人物之间的关系十分复杂，周萍和繁漪是有着乱伦的暧昧关系的，但是渐渐地他厌倦了这种不正常的关系，不愿在这种不明不白不可见阳光的关系里迷失自己，我们可以认为他对四凤的恋情正是在这样的情况下萌生的。在四凤这里来说她是爱着周萍的，可是周萍的弟弟周冲却也在追求着四凤，在大的戏剧冲突之余，作者在这里又构置了一个三角恋爱的小情节。这个小小的三角故事也是贯穿戏剧始终的，周冲独特个性的刻画也正是在借助这个三角爱情故事的发展中得到了完善。他的最后的死是这个故事的终结。再来看四凤。她与周萍是同母异父的兄妹，她的父亲鲁贵正在周家当着佣人；她和鲁大海也是同母异父的兄妹，鲁大海呢？他又是在自己亲生父亲——周朴园的矿上当着工人……人物的关系就这样复杂地扭结在一起，大的情节里巧妙地插进了小的情节，而小的情节又始终服从着大的情节发展的需要，实在是太有戏可看了。这种错综复杂的人物关系的安排，使得结构显得非常紧凑，人物的矛盾冲突更集中、更尖锐，主题思想的表达也就更深刻。

在内容的具体安排上，作者不是从故事的开始讲起的，而是从故事发展的中间接近高潮的时候开始演出，也即是戏剧的开始就意味着高潮的来临。此前需交代的内容，在情节的演进中通过人物语言一一揭示，这样使得结构不枝不蔓，很成功地满足了"三一律"的要求。戏剧的第一幕，除鲁侍萍之外所有的主要人物都已经登场，而且矛盾冲突也有了暗示和介绍，如周冲爱恋四凤，周萍与蘩漪的苟且乱伦，蘩漪与周朴园的矛盾，等等。有论者把这种结构方式称之为"锁闭式"结构，认为这种结构方式使得戏剧的结构紧凑、戏剧冲突激烈，在规定的时间里集中了最大的戏剧容量。这实在是作者的过人之处。如鲁侍萍与周朴园的事，那是发生在三十年前的，作者在有限的时间和空间里，通过人物的语言进行了交代，从而推动了故事情节，让情节带出三十年前的故事。当周朴园得知眼前的鲁侍萍是无锡人，就向她打听"三十年前，在无锡有一件很出名的事情"和一个梅姓的小姐时，他们有这样一段对话：

鲁侍萍：这是个下等人，不很守本分的。听说她跟那时周公馆的少爷有点不清白，生了两个儿子。生了第二个，才过三天，忽然周少爷不要了她，大孩子就放在周公馆，刚生的孩子抱在怀里，在年三十夜里投河死的。

周朴园：（汗涔涔地）哦。

鲁侍萍：她不是小姐，她是无锡周公馆梅妈的女儿，她叫侍萍。

周朴园：（抬起头来）你姓什么？

鲁侍萍：我姓鲁，老爷。

周朴园：（喘出一口气，沉思地）侍萍，侍萍，对了。这个女孩子的尸首，说是有一个穷人见着埋了。你可以打听得她的坟在哪儿么？

鲁侍萍：老爷问这些闲事干什么？

周朴园：这个人跟我们有点亲戚。

鲁侍萍：亲戚？

周朴园：嗯——我们想把她的坟墓修一修。

鲁侍萍：哦——那用不着了。

周朴园：怎么？

鲁侍萍：这个人现在还活着。

周朴园：（惊愕）什么？

鲁侍萍：她没有死。

这段对白含蓄而又意味深刻，里面包含了两个人物和他们过去经历的许许多多的信息。语言简少，内容却很是丰赡，可以说是很精典的戏剧语言。

提出"锁闭式"结构的人认为，这种结构在"现在的戏剧"的表演过程中再现"过去的戏剧"，以推动"现在的戏剧"的发展，由上面的例子我们可以看到，《雷雨》做得是很成功的，这也使"三一律"的结构方式得到了保证，维持了戏剧典雅一面的特点。

【书海拾贝】

周家的罪恶，我听过，我见过，我做过。我始终不是你们周家的人。我做的事我自己负责。不像你们的祖父、叔祖，同你们的好父亲，背地里做出许多可怕的事情，外表还一副道德面孔，是慈善家，是社会上的好人物。

《上海屋檐下》

【名家传略】

夏衍（1900年—1995年），原名乃熙，字端先，浙江杭州人。作家，著名剧作家。1919年参与创办《浙江新潮》，开始走向文学道路。译有高尔基的《母亲》等名著。中华人民共和国成立后曾任文化部副部长、中国文联副主席、中国电影协会主席等。著有理论专著《写电影剧本的几个理论问题》等，改编创作了《祝福》、《林家铺子》等电影剧本。1994年10月，被国务院授予"有杰出贡献的电影艺术家"荣誉称号。

【经典阐述】

这个故事发生在黄梅时节，从开幕到终场，细雨从没停过。雨大的时候可以听到檐漏的声音，但是说不定只要一分钟，又会透出不爽朗的太阳。湿重的空气造成的低气压也就影响了这些居民的心境。从他们的谈话举动里，便可知道他们的忧郁，焦躁和性急……

剧本通过描写一座弄堂房子中五户人家一天里的经历，真实地展现了抗战爆发前夕上海小市民的痛苦生活。沦落风尘的弃妇施小宝，被流氓逼迫去卖淫，想挣扎，却力不从心，终于还是跳不出邪恶势力的魔掌。老报贩"李陵碑"孑然一身，其独生子在"一·二八"战事中参军牺牲，使他孤苦无依，精神错乱，成天哼着"盼娇儿，不由人，珠泪双流……"酗酒解愁。洋行职员黄家楣，因为失业正陷于贫病交困中，恰巧这时辛辛苦苦供他到大学毕业的父亲从乡下来了。老父亲满以为自幼就被看作是

"天才"的儿子，在上海早有了"出息"，实际上"天才在亭子间里面"。儿子儿媳还企图用借债、典当把窘状隐瞒过去，谁知老父亲耳聋心不聋，私下弄清了实情，立刻托故回乡，临走还把自己最后一点血汗钱偷偷留给了孙子。小学教师赵振宇安于贫困，与世无争，可他的妻子却愁穷哭苦，为讨菜贩的一点小便宜竟至连拐带骗，关门抵拒。"回身摸袋，故意迟疑，好容易将两个铜板交给卖菜的，当卖菜的挑起菜正要走的时候，她就很快地从他的筐里面拿了一支菱白。"剧中二房东林志成、杨彩玉一家的故事是该剧的主要线索。林志成是一个工厂中的底层职员，他由于做着亦"牛"亦"狗"的工作而整天担忧、赌气，还因为被监禁十年、杳无音信的匡复的突然归来而禁不住良心的谴责。匡复是革命者，林志成的好友，也是杨彩玉的丈夫和葆珍的亲生父亲。匡复在被捕时托付志成照顾其妻女，后因匡复数年音讯杳无，志成与彩玉便在患难中相爱并且同居。现在匡复意外地出现，志成哑然如遭雷击，惶然不知所措，只从牙缝里挤出"你……你……"两个字，冲到匡复身边"差不多抱住了他，但是一瞬间后，面色又惨变了"。他想以倒茶找烟来掩饰自己的窘态，却欲盖弥彰。匡复探问妻女的下落，他欲说不能；匡复听说妻女很好而感激他的救助，更使他羞愧难言。而妻子与朋友同居，这对满怀喜悦来找寻妻女的匡复来说，更是当头一棒。他内心异常混乱，随即颓然坐下，只茫然地、"学语似的"说："同——居了！"长期的牢狱生活损害了他身体的健康，而眼前的尴尬局面又给了他意外的打击和酸辛。彩玉过去是同情革命的少女，为同匡复结合而脱离家庭，但匡复被捕后，孤苦、贫穷的磨难逼得她生活窘迫，她误以为匡复已经遭难便与林志成结合，变成一个小心翼翼、言听计从的家庭主妇、生活的奴隶，尽管其感情还在前夫与后夫之间痛苦地挣扎着……剧本于戏剧冲突所表现的人物的种种生活处境和精神面貌，都是与那个社会密切相关的，都是那个压得人透不过气来的政治气候带来的结果。文中通过人物的不幸命运，对当时的黑暗社会和国民党反动统治提出了深沉强烈的痛诉。

但作者对这群人物的未来还是抱着希望和信心的。他把希望寄托在葆珍等小孩子身上。孩子们高唱《勇敢的小娃娃》歌，朝气蓬勃，表达了"大家联合起来救国家"的信心。是这歌声促使匡复重新振作而毅然出走。他声称，这"决不是消极的逃避"，并鼓励朋友们"勇敢地活下去"！他作为一个革命者，用革命的理想克服了个人生活上的伤痛，走上"救国家"的人生大道。——舞台上从远处响起惊雷之声，这预示着令人沉闷的黄梅天即将成为过去。

【历史评说】

作品写于20世纪30年代抗战前夕，通过揭露国民党统治下的黑暗现实，暗示了雷雨将至的美好前景，力图使观众"听到些将要到来的时代的脚步声"。作者有意用阴晴不定、沉闷压抑的黄梅天气，暗示当时白色恐怖下令人窒息的环境。剧作从沉闷抑郁的黄梅天开始，至传来"轰轰然的远雷之声"结束，蕴含着作者对未来的美好追求。

剧本展现画面真切，透露出强烈的时代气息和鲜明的政治倾向。主人公匡复的被捕入狱以及出狱回家，暗示出了国民党对革命者的镇压和形势的变化。林志成工厂的工人闹事，侧面展现了当时国内局面。老报贩李陵碑的独生儿子的牺牲，使人联想到战火给中国人民带来的苦难。小姑娘葆珍反复教唱的儿歌："强盗来，打不打？打打打，一个不够有大家！我们都是勇敢的小娃娃，大家联合起来救国家。"更是显露了全民奋起抗日救亡的民族精神。

【书海拾贝】

　　这是一个郁闷得使人不舒服的黄梅时节。从开幕到终场，细雨始终不曾停过。雨大的时候丁冬的可以听到檐漏的声音，但是说不定一分钟之后，又会透出不爽朗的太阳。空气很重，这种低气压也就影响了这些住户们的心境。从他们的举动谈话里面，都可以知道他们一样地都很忧郁，焦躁，性急……所以有一点很小的机会，就会爆发出必要以上的积愤。